浙江省教师招聘考试专用教材

教育基础知识·幼儿园

山 香 教 育 考 试 命 题 研 究 中 心　　主 编

图书在版编目(CIP)数据

浙江省教师招聘考试专用教材. 教育基础知识. 幼儿园 / 山香教育考试命题研究中心主编. -- 北京 : 首都师范大学出版社, 2023.9

ISBN 978-7-5656-7708-3

Ⅰ. ①浙… Ⅱ. ①山… Ⅲ. ①教育学—幼教人员—聘用—资格考试—教材 Ⅳ. ①G451.1

中国国家版本馆CIP数据核字(2023)第157442号

浙江省教师招聘考试专用教材

JIAOYU JICHU ZHISHI YOUERYUAN

教育基础知识·幼儿园

山香教育考试命题研究中心　主编

策划编辑　张文强

责任编辑　杨林玉　曹亮亮　　　封面设计　山香教育

首都师范大学出版社出版发行

地　　址　北京市海淀区西三环北路105号

邮　　编　100048

咨询电话　010-68418523(总编室)　010-68982468(发行部)

网　　址　http://cnupn.cnu.edu.cn

印　　刷　河南黎阳印务有限公司

经　　销　全国新华书店

版　　次　2023年9月第1版

印　　次　2023年9月第1次印刷

开　　本　889mm×1194mm　1/16

印　　张　25.5

字　　数　680千

定　　价　68.00元

24年内容沉淀

将心注入，只为考生上岸

24年

SHANXIANG
EDUCATION

品牌
故事

山香女孩

抖音扫码 - 山香教育

一段真实感人的故事

一个中国招教的传奇

一个大山中质朴的女孩

只为了能守候心中的爱情

执著地踏上教师招考之路

几经心酸、坎坷数载

终含泪圆梦

师者大爱无疆

回首仍在招教路上迷茫无助

痛苦挣扎的考生

她忍痛放弃来之不易的光辉事业

决然分享自己的招教秘籍

掇菁撷华、纳优去粕，无微不至、倾心辅导

只为复制精彩，再造成功

她圆了一批又一批考生的教师之梦

她让一批又一批的考生喜泪盈眶

她收到了一句又一句的致谢和感恩话语

她已经不是一个她了

而是更多的她，创造了中国招教奇迹！

她就是——山香教育！

SHANXIANG
EDUCATION

目录

高效备考从扫码开始……

扫码听讲的4个理由

1 海量真题免费刷
2 参加模考体验佳
3 时政打卡天天有
4 备考咨询专业答

第一部分 学前卫生学

第二部分　学前教育学

第三部分　学前心理学

第五部分　幼儿教育法规政策

专家微课视频索引

(扫描正文中下列知识点处的二维码,即可获取专家微课视频)

学前卫生学

SHAN XIANG

内容导学

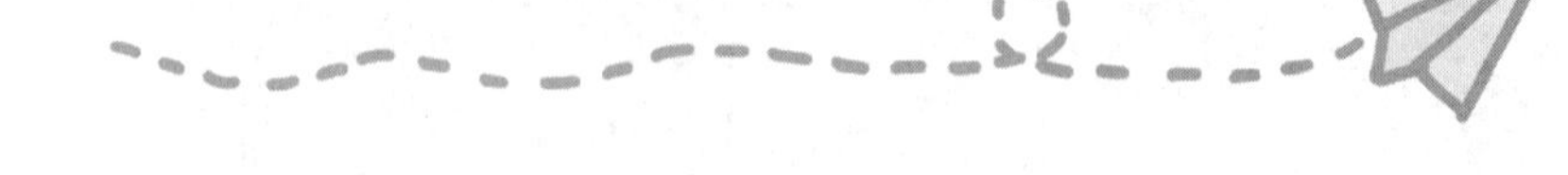

- 幼儿园教师招聘考试学前卫生学部分共四章。
- 第一章主要是对学前儿童生长发育特点与卫生保健进行阐释，考查题型主观题、客观题均有涉及。
- 第二章主要是对学前儿童营养与膳食的讲述，考查题型侧重于客观题。
- 第三章主要是对学前儿童常见疾病和意外事故的防护的讲述，考生要学会在实践中运用该知识，考查题型主观题、客观题均有涉及。
- 第四章主要是学前儿童心理障碍及问题行为的预防与矫正，考生要注意在实际生活中的运用，考查题型侧重于客观题。
- 考生要重点掌握第一章、第三章的内容，并结合历年真题有针对性地进行复习。

学前儿童生长发育特点与卫生保健

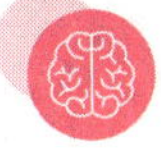

思维导图

- 学前儿童生长发育特点与卫生保健
  - 学前儿童各系统的发展与卫生保健
    - 神经系统
      - 大脑皮质活动的特性（重点）
      - 神经系统发展的特点（重点）
      - 神经系统的保育要点
    - 感觉器官
      - 视觉器官——眼
      - 听觉器官——耳
      - 嗅觉和味觉——鼻和舌
      - 触觉——皮肤
    - 运动系统
      - 骨骼的特点（重点）
      - 肌肉发展的特点（重点）
      - 关节的发展特点（重点）
      - 运动系统的保育要点
    - 循环系统
      - 血液循环系统发展的特点
      - 淋巴系统发展的特点
      - 循环系统的保育要点
    - 呼吸系统
      - 呼吸运动的特点
      - 呼吸系统的保育要点
    - 消化系统
      - 消化系统发展的特点
      - 消化系统的保育要点
    - 泌尿及内分泌系统
      - 泌尿系统的发展特点与保育要点
      - 内分泌系统的发展特点与保育要点
  - 幼儿的生长发育
    - 主要规律
      - 连续性与阶段性的统一、不均衡性、程序性、个体差异性、相互关联性
    - 影响因素
      - 遗传
      - 环境（营养、疾病、体育锻炼和劳动、生活制度、环境污染）
    - 评价的指标
      - 形态指标（身高和体重是最基本的指标）
      - 生理功能指标
      - 心理指标

浙江考向

本章属于学前卫生学的基础知识，也是浙江招教重点考查的章节，内容较为琐碎，需要识记的知识较多。现对本章考向分析如下：

高频考点	常考题型	能力层级	考查热度
大脑皮质活动的特性	单选	识记	★★
学前儿童神经系统发展的特点	单选	理解	★★
视觉器官——眼	简答	识记	★★★
学前儿童血液循环系统发展的特点	单选	识记	★★
学前儿童消化系统的保育要点	单选、简答	识记	★★★

核心考点

第一节 学前儿童各系统的发展与卫生保健

一、神经系统

考点1 大脑皮质活动的特性 【单选】 ★★

特点	含义
对侧支配	大脑的左、右两半球各将人体相反一侧置于自己的管辖之下，具有对侧支配的特点
倒立分布且皮质区面积与功能相关	躯体不同部位在皮质的代表区呈倒立分布，即皮质感觉运动区最上部支配下肢与躯干，中部支配上肢，最下部支配头、面部
睡眠	睡眠可以消除疲劳，使精力和体力得到休息和恢复
动力定型	若一系列的刺激总是按照一定的时间、顺序，先后出现，重复多次后（强化），这种时间和顺序就在大脑皮质上“固定”下来（神经联系的牢固建立），每到一定时间大脑就自然地重现这一系列的活动，并提前做好准备
优势原则	人们学习和工作的效率与有关的大脑皮层区域是否处于“优势兴奋”状态有关。若有关的大脑皮层区域处于兴奋状态，人们的注意力会比较集中，理解力、创造力也会大大增强，思维非常活跃，从而提高学习或工作的效率；否则，效果不理想。兴趣能促使“优势兴奋”状态的形成，人们对感兴趣的事物，往往表现为特别专注，对其他出现的无关刺激则可“视而不见”“听而不闻”
镶嵌式活动原则	当人在从事某一项活动时，只有相应区域的大脑皮质在工作（兴奋过程），与这项活动无关的区域则处于休息状态（抑制过程）。随着工作性质的转换，工作区与休息区不断轮换。好比镶嵌在一块板上的许多小灯泡，忽闪、忽灭，使大脑皮质的神经细胞能有劳有逸、以逸待劳，维持高效率

大脑皮质活动的特性

真题面对面

[2021临海，单选]经过较长时间的教育和培养，幼儿养成按时吃饭、按时睡觉，上课不吵不闹的习惯，这是利用了大脑皮质活动中的（　　）

A. 动力定型　　B. 优势原则

C. 镶嵌式原则　　D. 保护性抑制

答案：A

考点2 学前儿童神经系统发展的特点 【单选】 必背 ★★

1. 神经系统发育迅速

神经系统是发育最早的系统，妊娠3个月时，胎儿的神经系统就已经基本发育完善。

（1）脑优先发育

新生儿脑重为350～380克，1岁时脑重为950克，3岁时脑重约为1100克，6岁时脑重已达1250克，接近成人脑重的90%。1岁后大脑神经逐渐网络化。

（2）神经纤维逐渐髓鞘化

神经纤维外层髓鞘的形成，表明神经传导通路和神经纤维形态发育的成熟程度。但总的来说，在婴幼儿时期，由于神经髓鞘的不成熟，当外界刺激作用于神经而传到大脑时，因无髓鞘的隔离，兴奋易于扩散，刺激在无髓鞘神经纤维中传导的速度也较慢，表现为：容易兴奋激动、注意力不集中，对外来刺激的反应较慢且易于泛化。

(3)脑的可塑性强

在脑的发育过程中，良好的教育能使幼儿大脑的发育达到最佳水平。

2. 中枢神经系统的发育顺序不均衡——先皮下，后皮质

新生儿出生时，脊髓和延髓的发育已基本成熟，所以功能较完善，这就保证了呼吸、消化、血液循环和排泄器官的正常活动。

新生儿的小脑发育很差，这是婴儿早期肌肉活动不协调的重要原因。1岁左右小脑的发育迅速，此时幼儿动作发展特别快，已学会了许多基本动作。3岁时小脑的发育基本和成人相同。肌肉活动的协调性大大增强，因此，幼儿的生活与前期相比基本上能自理，这是孩子3岁可以进入幼儿园过集体生活的生理基础之一。

大脑皮质的发育是随年龄的增长而发育成熟的。出生时已具有与成人相似的六层结构，但皮质的沟和回较成人浅，神经细胞体积小，神经纤维短、分支少，因此，对外来刺激不能迅速而精确地进行传导和分化。3岁左右大脑皮质细胞体积不断增大，8岁时大脑皮质的发育基本接近成人。

3. 植物性神经发育不完善

交感神经兴奋性强而副交感神经兴奋性较弱。例如，婴幼儿心率及呼吸频率较快，但节律不稳定；胃肠消化能力极易受情绪影响。

4. 高级神经活动的特点

(1)兴奋过程占优势

幼儿大脑皮质活动过程的特点是兴奋过程强于抑制过程，即兴奋占优势。表现为容易激动，控制自己的能力较差。

随着年龄的增长，大脑皮质的功能日趋完善，兴奋过程的加强使幼儿睡眠时间逐渐减少，觉醒时间不断延长。抑制过程的加强，使幼儿学会控制自己的行为和较精确地进行各种活动。一般在8岁左右的儿童能较好地控制自己的活动。

(2)条件反射建立少

一般婴幼儿对外界的感知较少，所以大脑皮质条件反射的建立相对较少，使婴幼儿知识经验相对贫乏，因此对一切事物都感兴趣。表现为好奇、好问、好模仿，有强烈的求知欲。

(3)第一信号系统发育早于第二信号系统

孩子在6岁前，大脑中的语言中枢还不成熟，也就是说，左脑还没有定型，这个时期的孩子基本上是生活在形象世界即右脑世界里，用右脑观察和分析事物。幼儿第一信号系统发育早于第二信号系统，容易对具体的、鲜明的、形象的事物感兴趣，并且注意力维持的时间相对较长。因此，幼儿的教育教学活动要以直观教学为主。

(4)容易疲劳，易受毒物损害

由于幼儿大脑皮质的神经细胞很脆弱——易疲劳，加之易兴奋，抑制过程发育不完善，所以注意力很难持久，需要较长的睡眠时间进行休整。同时大脑皮质也容易受到一些毒物的损害，如铅、汞、锡、铝、硫化氢、一氧化碳等。

种类	含义	特点	典例
第一信号系统	对外界具体事物的刺激发生反应形成的条件反射	人和动物共有的	望梅生津
第二信号系统	在语言文字的基础上建立的条件反射	人类特有的	谈虎色变

真题面对面

[2017统考,单选]下列关于幼儿高级神经活动特点的描述,不正确的是(　　)

A. 兴奋过程占优势　　B. 条件反射建立少

C. 神经纤维完全髓鞘化　　D. 第一信号系统发育早于第二信号系统

答案:C

5. 脑细胞的耗氧量大

神经系统的耗氧量较其他系统高。在神经系统中,脑的耗氧量最高,幼儿脑的耗氧量为全身耗氧量的50%左右,而成人则为20%,因此幼儿脑的血流量占心排血量的比例较成人大。幼儿脑组织对缺氧十分敏感,对缺氧的耐受力也较差。所以,保持幼儿生活环境空气清新对其神经系统的正常发育和良好功能状态的维持都很重要。

6. 脑细胞能利用的能量来源单一,对血糖的变化敏感

人体中枢神经系统主要依靠葡萄糖氧化获得能量,对血液中葡萄糖(血糖)含量的变化非常敏感。幼儿体内肝糖原储备量少,在饥饿时可使血糖过低,从而造成脑的功能活动紊乱,直接影响幼儿脑的正常功能,因此应按时让幼儿进食,以保证其体内的血糖保持在一定水平上。

考点3　学前儿童神经系统的保育要点

(1)执行合理的生活制度,注意用脑卫生;(2)保证充足的睡眠;(3)保持室内空气新鲜;(4)提供合理的营养,保证大脑发育;(5)积极开展体育锻炼;(6)创造一个轻松愉快的生活环境。

二、感觉器官

考点1　视觉器官——眼　【简答】★★★

眼由眼球及附属部分组成。眼球是眼的主要部分。眼球由眼球壁及其内容物构成。眼球壁分三层,由外膜、中膜和内膜构成。眼的内容物包括房水、晶状体和玻璃体。其中,眼球壁的中膜是由虹膜、睫状体和脉络膜组成,我们说的“黑眼珠”“蓝眼睛”,实际上就是虹膜的颜色。

1. 学前儿童眼球的特点

(1)生理性远视

幼儿的眼球前后距离较短,物体往往成像于视网膜的后面,称为**生理性远视**。随着眼球的发育,眼球前后距离变长,一般5岁左右,就可以达到正常的视力。

学前儿童眼球的特点

(2)晶状体的弹性较大

幼儿晶状体的弹性好，具有很强的调节能力，所以他们能看清很近的物体。但较长时间看近距离的物体，会使睫状肌过度紧张而疲劳，引发近视。

知识再拔高

斜视和弱视

1. 发现儿童斜视要早治

儿童早期，特别是3岁以前是视觉发育的敏感期，适宜的视觉刺激有益于视觉功能的正常发育。应注意保护视力，及时发现、治疗和矫正眼疾。当两眼向前平视时，两眼的黑眼珠位置不匀称，称为**斜视**。

由于两眼位置不匀称，看东西时就不能同时注视一个物体，而出现双影。模糊的双影使人极不舒服，于是大脑皮质就抑制自斜眼传入的视觉冲动，只允许正常的那只眼睛看见东西。时间久了，眼位不正的那只眼睛就会出现斜视。

2. 尽早发现弱视

弱视是指视力低下但又检查不出眼睛有器质性病变的眼疾。弱视不是屈光不正，即使佩戴矫正眼镜，视力仍不能达到正常水平。

弱视的治疗，年龄越小，治愈率越高，最佳治疗年龄在3～6岁，年龄大于7岁，治愈率明显下降。虽然矫治弱视的方法不同，但**"常规遮盖法"**被公认为是一种**简便易行**的方法，即平日遮盖健眼，以提高弱视眼的视力，配合一些需精细目力的作业(如穿小珠子、剪纸等)，定期复查，以决定遮盖的时间长短。此外还有视觉刺激疗法、红色虑光胶片疗法等，对不同病因所致的弱视可有选择地应用。

2. 学前儿童眼的保育要点

(1)教育学前儿童养成良好的用眼习惯；(2)为学前儿童提供良好的采光环境、适宜的读物和教具；(3)注意眼的安全和卫生，预防眼外伤；(4)定期检查学前儿童的视力；(5)培养和发展学前儿童的辨色力；(6)供给足够的营养；(7)照顾视力差的学前儿童，减轻他们的用眼负担。

真题面对面

[2017统考，简答]简述学前儿童眼的保育要点。

答案：详见内文

考点2　听觉器官——耳

1. 学前儿童耳的特点

(1)外耳道壁骨化未完成。①学前儿童的耳正在发育过程中。5岁前，外耳道壁还未完全骨化和愈合，因此一旦感染，容易扩散到附近的组织与器官，直到10岁，外耳道壁才骨化完成，12岁听觉器官才发育完全。②学前儿童耳郭皮下组织少，血液循环差，易生冻疮。③感觉神经末梢丰富，皮肤与骨膜相贴甚紧，外耳道炎性肿胀会引起剧痛。

(2)咽鼓管短、粗，倾斜度小。学前儿童的咽鼓管比成人的短、粗，位置水平，倾斜度较小，所以咽、喉和鼻腔感染时，容易引起中耳炎。

(3)脑膜血管与鼓膜血管相连。学前儿童的脑膜血管与鼓膜血管相连，会由此感染脑膜炎或其他脑的疾病。

(4)耳蜗的感受性较强，对噪声敏感。学前儿童基膜纤维的感受能力较成人强，所以幼儿听觉比成人敏锐。

2. 学前儿童耳的保育要点

(1)禁止用锐利的工具给学前儿童挖耳；(2)做好中耳炎的预防工作；(3)避免噪声的影响；(4)避免药物的影响；(5)发展学前儿童的听觉；(6)注意观察学前儿童的异常表现，及早发现听觉异常。

考点3　嗅觉和味觉——鼻和舌

1. 鼻

在鼻腔上部的黏膜里，有嗅觉感受器，可以感受气味的刺激，产生兴奋，由嗅神经传入大脑，引起嗅觉。

学前儿童对各种气味的辨别能力较差，应通过各种活动引导学前儿童辨别各种物质所散发出来的气味，这对辨别有害健康食品和饮料来说，有一定的意义。

2. 舌

味觉感受器主要是味蕾，它分布在舌的表面和舌缘的舌乳头中，特别是舌尖和舌两侧。味蕾内含味觉细胞，溶解于水或唾液中的化学物质能透过味孔，使味蕾内味觉细胞兴奋，经味神经传入大脑皮质味觉中枢，产生味觉。

舌能辨别酸、甜、苦、咸四种基本味道。对甜味最敏感的是舌尖；对苦味最敏感的是舌根；对酸味最敏感的是舌两侧；对咸味最敏感的是舌尖和舌两侧。味觉对保证机体的营养和维持内环境的恒定起着重要作用，一般认为，**味觉是儿童早期最发达的感觉**，因为它具有保护生命的价值。

考点4　触觉——皮肤

1. 学前儿童皮肤的特点

(1)保护功能较差

①学前儿童表皮的角质层比较薄嫩，因此容易损伤和感染；

②学前儿童皮下脂肪较少，保护功能差。

(2)调节体温的功能差

①学前儿童皮肤里毛细血管网较密，通过皮肤的血量相对比成人多；

②年龄越小，皮肤的表面积相对地比成人大，由皮肤散发的热量也相对比成人多；

③学前儿童神经系统对体温的调节作用还不稳定，在外界温度变化的影响下，往往不能适应，这是婴幼儿易患感冒的原因之一。

(3)皮肤的渗透作用强

学前儿童皮肤薄嫩，渗透作用强，一些物质易通过皮肤吸收进入体内。例如，有机磷农药、苯、酒精等可经皮肤被吸收到体内，引起中毒。

2. 学前儿童皮肤的保育要点

(1)培养学前儿童良好的卫生习惯；(2)注意衣着卫生；(3)不用刺激性的化妆品，不应佩戴各种首饰；(4)加强锻炼，增强身体的冷热适应能力；(5)防中毒；(6)防烫伤。

三、运动系统

运动系统主要是由骨、关节、骨骼肌等组成。它是人们从事劳动和活动的主要器官，有保护脑和内脏器官的作用。

考点1　学前儿童骨骼的特点

1. 骨膜比较厚

学前儿童的骨膜比较厚,血管丰富,这对骨的生长及再生起重要作用。当学前儿童的骨骼受损伤时,因血液供应丰富,新陈代谢旺盛,愈合较成人快。

2. 全是红骨髓

学前儿童5岁前的骨髓全是红骨髓,造血功能强,有利于全身的生长发育。5~7岁时,脂肪细胞增生。

3. 有机物多、无机盐少,柔韧性大而强度低,容易弯曲变形

学前儿童骨骼含有机物比成人多,无机盐比成人少,故骨骼弹性大,可塑性强,容易变形。一旦发生骨折,常会出现折而不断的现象,称为“青枝骨折”。

4. 骨在不断生长,骨化未完成

儿童几种主要骨的发育特征如下:

(1)颅骨

乳儿的颅骨骨化尚未完成,有些骨的边缘彼此尚未连接起来,有些地方仅以结缔组织膜相连,这些膜的部分叫囟门。前囟门在12~18个月时闭合,后囟门最晚在2~4个月闭合。囟门的闭合,反映了颅骨的骨化过程。囟门早闭多见于头小畸形;晚闭多见于佝偻病或脑积水。

(2)腕骨

新生儿的腕骨是由软骨组成的。6个月后,逐渐出现骨化中心;10岁左右,8块腕骨的骨化中心才全部出现。所以,学前儿童的手部力量小,不能拿重物。

(3)脊椎骨

生理性弯曲不固定。成人脊柱有四个生理弯曲,即颈曲、胸曲、腰曲、骶曲。这些弯曲与人类直立行走有关,可以起到缓冲震荡和平衡身体的作用。新生儿脊柱除骶骨有弯曲外,其他弯曲还没有出现。学前儿童脊柱的每个椎骨之间,软骨层特别发达,所以,当学前儿童体位不正或身体长时间一侧紧张,都容易引起脊柱的侧弯变形。脊柱侧弯是指从后面看,脊柱某一段偏离中线,向左或向右弯曲。

(4)骨盆

正常骨盆是由髋骨、骶骨和尾骨共同围成的。学前儿童的髋骨是由髂骨、坐骨和耻骨借软骨连接在一起,一般在19~25岁软骨才完全骨化而形成一块完整的骨。

(5)足弓

足骨的跖骨及其联结的韧带形成凸向上方的弓形,称足弓。足弓具有弹性作用,可以缓冲行走时对身体所产生的震荡,还可以保护足底的血管和神经免受压迫。维持足弓主要靠韧带的强度和足底肌肉的力量。学前儿童过于肥胖,走路、站立时间过长,负重过度,都会引起足弓塌陷,形成扁平足。轻度扁平足感觉不明显,重者在跑、跳或行走时,会出现足底麻木或疼痛。

考点2　学前儿童肌肉发展的特点　【单选】★

1. 肌肉收缩力差,容易疲劳

学前儿童的肌肉柔嫩,肌纤维较细,间质组织相对较多,肌腱宽而短,肌肉中所含的水分较成人多,能量储备差。因此,学前儿童的肌肉收缩力较差,容易疲劳。但是,由于新陈代谢旺盛,疲劳后肌肉功能的恢复也较快。

2. 大、小肌肉群的发育不同速

学前儿童各肌肉群的发育是不平衡的。支配上、下肢的大肌肉群发育较早，1岁左右会走，3岁时上、下肢的活动更加协调，5岁时下肢肌肉发育较快，肌肉的力量和工作能力都有所提高。而小肌肉群如手指和腕部的肌肉群发育较晚，3～4岁还不能运用自如，往往不会很好地拿笔和筷子，5岁以后这些小肌肉群才开始发育，能比较协调地做一些较精细的动作。随着年龄的增长和通过各项活动的锻炼，学前儿童动作的速度、准确度及控制活动的能力，都会不断提高。

真题面对面

[2019统考，单选]关于学前儿童运动系统的特点，以下说法不正确的是(　　)

A. 学前儿童骨骼的弹性大，可塑性强，软骨较多，骨骼容易变形

B. 学前儿童足弓周围韧带较松、肌肉细弱，若长时间站立、行走，足底负重过多，易引起足弓塌陷

C. 学前儿童关节窝较浅，周围韧带较松，容易脱臼

D. 学前儿童肌肉中水分较多，蛋白质及储存的糖原较少，因此肌肉柔嫩，收缩力差，力量小，易疲劳，而且疲劳后很难恢复

答案：D

考点3　学前儿童关节的发展特点

学前儿童关节的关节窝较浅，关节附近的韧带较松，所以关节的伸展性及活动范围比成人大，但牢固性差，容易发生脱臼。譬如牵着学前儿童的手上楼梯、过马路或为学前儿童脱衣服时，如果动作太粗暴、猛烈，往往会引起脱臼。

考点4　学前儿童运动系统的保育要点　【单选】　★

(1)培养学前儿童各种正确的姿势，防止脊柱和胸廓畸形；(2)合理组织户外活动和体育锻炼；(3)供给足够的营养；(4)衣服、鞋帽应宽松适度。

真题面对面

[2021临海，单选]下列不属于学前儿童运动系统保育要点的是(　　)

A. 教育儿童保持正确姿势

B. 组织适当的体育锻炼和户外活动

C. 注意预防传染病

D. 供给足够的营养

答案：C

四、循环系统

人体细胞要运进它所需要的氧气和养料，排出二氧化碳和废物，必须依靠循环系统。循环系统包括血液循环系统和淋巴系统。

考点1　学前儿童血液循环系统发展的特点　【单选】　★★

血液循环系统包括血液、心脏和血管，其主要功能是通过血液在全身流动运送物质。

1. 学前儿童血液发展的特点

(1)血液相对量比成人多，年龄越小，比例越大。(2)血浆含水分较多，血液中血小板数目与成人相近，但

含凝血物质较少。(3)红细胞的数目和血红蛋白量不稳定。(4)白细胞中中性粒细胞比例较小,机体抵抗力相对较差。

2. 学前儿童心脏的特点

(1)心脏相对重量大于成人。新生儿心脏约占体重的0.8%,成人为0.5%。初生时,心脏重20~25克。1岁时心脏重60~75克,为出生时的2~3倍,5岁时为出生时的4倍,9岁时为出生时的6倍。青春期达到成人水平。心脏发育过程中有两次增快阶段,即2岁以前和青春期后期。

(2)心脏排血量较少。学前儿童心肌纤维细,弹性纤维少,所以,学前儿童的心室壁较薄,心脏的收缩力差,每次心跳脉搏的血量少,负荷力较差,不宜做时间较长或剧烈的活动。六七岁后,弹性纤维开始分布到心肌壁,增加了心脏的收缩功能和心脏的弹性。

(3)心率快。心脏受交感神经和迷走神经双重支配。学前儿童支配心脏的迷走神经发育尚未完善,对心脏的抑制作用较弱,以交感神经支配为主。到5岁左右,随着迷走神经的发育,心脏的神经支配开始具有成人的特征,到10岁时完全成熟。因此,学前儿童年龄越小,心率越快。

记忆有妙招

学前儿童心脏的特点:**大少快**。**大**(心脏相对重量大于成人)**少**(心脏排血量少)**快**(心率快)。

3. 学前儿童血管的特点

(1)管径粗,毛细血管丰富。学前儿童血管内径相对成人较宽,毛细血管非常丰富,因此血流量大,供给身体各部分的营养物质和氧气充足。

(2)血管比成人短。学前儿童的血管比成人短,血液在体内循环一周所需的时间短,如3岁为15秒,14岁为18秒,成人为22秒。供血充足,有利于机体的新陈代谢。

(3)血管的管壁薄,弹性小。学前儿童年龄越小,血管壁越薄,血管弹性也越小。随着年龄的增长,血管壁加厚,弹性纤维增多,弹性加强。到12岁时,已具有成人动脉的构造。

(4)血压低。学前儿童的年龄越小,血压越低,这与他们心脏收缩力较弱、心排血量较少、动脉管径较大等有关。10岁以后接近成人。

记忆有妙招

学前儿童血管的特点:**粗短薄低**。**粗**(管径粗)**短**(血管比成人短)**薄**(血管的管壁薄)**低**(血压低)。

真题面对面

1. [2017统考,单选]下列关于幼儿身体发展特点的描述正确的是(　　)

A. 学前儿童年龄越小,心率越慢、血压越低、呼吸越慢

B. 学前儿童年龄越小,心率越慢、血压越低、呼吸越快

C. 学前儿童年龄越小,心率越快、血压越高、呼吸越快

D. 学前儿童年龄越小,心率越快、血压越低、呼吸越快

2. [2020杭州,单选]婴幼儿的心率特点是(　　)

A. 年龄越小,心率越快　　B. 年龄越小,心率越慢

C. 时常忽快,时常忽慢　　D. 时常停止

答案:1. D　2. A

考点 2　学前儿童淋巴系统发展的特点

淋巴系统是循环系统的一个组成部分，是血液循环系统的辅助系统，包括淋巴管、淋巴结、脾、扁桃体等。淋巴系统的主要功能是运输淋巴液入静脉，是静脉回流的辅助装置。淋巴结、扁桃体和脾具有生成淋巴细胞，清除体内的微生物等有害物质和生产抗体等免疫功能。这里主要介绍淋巴结和扁桃体的特点。

1. 淋巴结的特点

学前儿童淋巴结尚未发育成熟，因此屏障作用较差，感染易于扩散，局部轻微感染就可使淋巴结发炎、肿大，甚至化脓。学前儿童经常患的扁桃体炎、口腔炎、龋齿、中耳炎、头皮疖肿等疾病均可引起颈部淋巴结肿大。12～13岁时，淋巴结才发育完善。

2. 扁桃体的特点

2岁以后，扁桃体增大较快，在4～10岁时达到发育高峰，14～15岁时逐渐退化，故学前期常见的扁桃体肥大往往是生理现象。

考点 3　学前儿童循环系统的保育要点

(1)合理营养，防治贫血；(2)服装宽松适度；(3)一日活动要做到动静交替、劳逸结合；(4)科学组织体育锻炼和户外活动，增强心脏功能。

五、呼吸系统

呼吸系统由呼吸道和肺两部分组成。呼吸道是气体的通道，它包括鼻、咽、喉、气管和支气管。临床上通常把鼻、咽、喉称为上呼吸道，气管和支气管统称为下呼吸道。肺是主要的呼吸器官，是进行气体交换的主要场所。

考点 1　学前儿童呼吸运动的特点

1. 呼吸量少，频率快

婴幼儿胸廓短小呈圆桶形，呼吸肌较薄弱，肌张力差，呼气和吸气动作表浅，故吸气时肺不能充分扩张，换气不足，使每次呼吸量较成人少。而该年龄段代谢旺盛，需消耗较多的氧气，因此只能通过加快呼吸频率来满足生理需要，年龄越小，呼吸频率越快。

2. 呼吸不均匀

学前儿童年龄越小，呼吸的节律性越差，往往是深度呼吸与表浅呼吸相交替，这与呼吸中枢发育不完善有关。

3. 以腹式呼吸为主

(1)婴儿期呼吸肌发育不完全，胸廓活动范围小，呼吸时表现为膈肌上下移动明显，呈腹式呼吸；

(2)2岁时站立行走后，腹腔器官下降，肋骨由水平位逐渐成斜位，呼吸肌也逐渐发达，学前儿童开始出现腹胸式呼吸。

记忆有妙招

呼吸运动的特点：**少快不均腹为主**。**少**(呼吸量少)**快**(频率快)**不均**(呼吸不均匀)**腹为主**(以腹式呼吸为主)。

考点 2　学前儿童呼吸系统的保育要点

(1)培养学前儿童良好的卫生习惯；(2)保持室内空气新鲜；(3)加强适宜的体育锻炼和户外活动；(4)严

防异物进入呼吸道;(5)教育学前儿童以正确的姿势活动和睡眠;(6)保护学前儿童声带。

六、消化系统

消化系统由消化道(口腔、咽、食道、胃、小肠、大肠、直肠、肛门)和消化腺(唾液腺、胃腺、肠腺、肝脏、胰腺)等组成。

考点1　学前儿童消化系统发展的特点

1. 口腔

(1)牙齿

牙齿的主要功能是咀嚼、磨碎食物,使食物和消化液混合,还能辅助发音。机体在整个发育期间,先后长出两组牙齿,第一组是乳牙,第二组是恒牙。

(2)舌

学前儿童的舌短而宽,灵活性较差,对食物的搅拌及协助吞咽的能力不足,也容易造成吐字不清。

(3)唾液腺

学前儿童的唾液腺在初生时已形成,但唾液腺的分泌功能较差,3~6个月时逐渐完善,由于吞咽能力较差,加上口腔比较浅,所以唾液往往流到口腔外面,这种现象称为"**生理性流涎**",可随年龄增长而消失。随着唾液量的增加,学前儿童消化淀粉类食物的能力也逐步增强。唾液腺中分泌淀粉酶、溶菌酶和大量黏液素,具有杀菌、湿润口腔和初步消化淀粉的功能,对学前儿童的健康比较重要,是"生命之津"。

2. 食管

学前儿童的食管比成人的短而狭窄,黏膜薄嫩,管壁肌肉组织及弹力纤维发育较差,易于损伤。

3. 胃

新生儿胃呈水平位,至开始行走时,才逐渐变为垂直。由于贲门括约肌发育较弱,幽门括约肌发育较好,所以低龄乳儿吃奶时如果吸入空气或喂奶后振动胃部,容易溢奶。

学前儿童年龄越小,胃的容量越小。因胃壁肌肉组织、弹力纤维及神经组织发育较差,蠕动能力不及成人。由于胃腺数目少,分泌的胃液在质和量上均不如成人,其酸度和酶的效能也没有达到成人的标准,所以消化能力较弱。故应该少食多餐,给婴幼儿提供的食物以及每餐的间隔时间,应考虑到年龄特点。

4. 肠

(1)吸收能力较强

学前儿童肠管的总长度相对地比成人长,其肠管总长度约为身长的6倍,成人则仅为4.5倍。学前儿童肠黏膜的发育较好,有丰富的血管和淋巴管,因此吸收功能比成人强,但屏障作用小,也容易吸收食物中的有害物质,从而引起中毒症状。

(2)消化能力较差

学前儿童肠壁肌层及弹力纤维发育的不完善。肠的蠕动功能比成人弱,容易发生肠道功能紊乱,引起腹泻或便秘。再加上学前儿童小肠内各种消化液的质量差,所以学前儿童的消化能力较差。

(3)肠的位置固定较差

学前儿童的肠系膜发育不完善,所以肠的位置固定较差,如坐便盆或蹲的时间过长容易出现脱肛现象。由于肠壁薄、固定性差,若腹部受凉、饮食突然改变、腹泻等,可使肠蠕动加强并失去正常节律,从而诱发肠套叠。

5. 肝

(1)学前儿童肝脏相对比成人大,5~6岁时肝重约占体重的3.3%,而成人只占2.8%;

(2)学前儿童肝细胞发育不健全,肝功能也不完善,胆囊小,分泌胆汁较少,对脂肪的消化能力较差;

(3)学前儿童的肝糖原贮存量较少,饥饿时容易发生低血糖,甚至会出现"低血糖休克"。

(4)肝解毒能力差,损害肝功能的药物要慎用;

(5)肝细胞再生能力较强,代谢旺盛,肝病相对容易复原。

6. 胰腺

学前儿童的胰腺很不发达,出生时重2~3.5克,4~5岁重约20克,而成人为65~100克。婴幼儿胰腺富有血管及结缔组织,实质细胞较少,分化不全。随着年龄的增长,胰腺的结构与功能不断完善。

考点2 学前儿童消化系统的保育要点 【单选、简答】 必背 ★★★

1. 爱护牙齿,注意用牙卫生

乳牙不仅是咀嚼的工具,而且对促进颌骨的发育和恒牙的正常生长很重要。乳牙要使用6~10年,因此,应采取切实有效的措施保护牙齿。

(1)养成进食后漱口的好习惯

学前儿童进食后应及时用温水漱口,及时清除掉口腔里的食物残渣。

(2)正确刷牙

学前儿童在3岁后应逐渐学会刷牙,早晚各1次,晚上尤其重要。家长或教师应教会儿童正确的刷牙方法。

正确的刷牙方法:顺着牙缝竖刷,刷上牙自上而下,刷下牙自下而上;磨牙的里外要竖刷,咬合面横刷;刷牙时间不要太短,要使牙齿里外及牙缝都刷到。为有效祛除牙菌斑,每次刷牙的时间不宜少于3分钟。

(3)不吃过冷过热的食物,不用牙齿咬坚硬的东西

牙齿受忽冷忽热的刺激或咬核桃等硬东西,牙釉质可能会产生裂缝或脱落,从而损伤牙齿。

(4)预防牙齿排列不齐

①纠正学前儿童的不良习惯,如托腮、咬舌、咬指甲、吃手指等,这些都可能使颌骨的发育或乳牙的萌出受影响,导致牙齿排列不齐。

②换牙期间,若乳牙没有掉,恒牙就会被挤到唇侧或颊侧,形成"双层牙",应将乳牙拔掉,使恒牙正常萌出。

③避免外伤。乳牙牙根浅,牙釉质也不如恒牙坚硬,怕的是"硬碰硬",一旦牙齿被硬东西硌伤了,就不能重新长好。受了损伤的牙齿就更容易龋齿。所以,要教育孩子,避免用牙咬果壳等硬东西。

(5)合理营养和户外活动

牙齿的主要构成物质是磷酸钙,应合理搭配营养,保证钙、磷的摄取,教育学前儿童不要咬坚硬的东西;同时,还应经常参加户外活动,适当接受紫外线的照射,保证身体中维生素D的含量,以免体内缺钙。

(6)定期检查

一般每半年检查一次,便于尽早发现问题并及时处理。

真题面对面

[2022宁波,简答]幼儿教师应如何指导幼儿保护牙齿?

答案:详见内文

2. 养成良好的饮食习惯

(1)学前儿童的消化能力较弱,所以应培养学前儿童细嚼慢咽、定时定量、少吃零食、不偏食、不吃过冷过热的食物等习惯。(2)应避免进食时说笑,以防食物呛入气管。

3. 注意饮食卫生,防止病从口入

学前儿童消化能力较差,所以应少吃一些不易消化的食品。要注意饮食卫生,教育孩子饭前便后要洗手。

4. 保持愉快情绪,安静进餐

组织儿童进餐时,可播放轻松愉快、悠扬悦耳的音乐,如果在餐厅就餐,餐厅的灯光应柔和,墙壁粘贴水果等壁画,释放香喷喷的气味等激发学前儿童的食欲,促进副交感神经的兴奋,增强消化器官的功能。

进餐前后不宜处理学前儿童行为上的问题,以免影响学前儿童的食欲。

5. 饭前饭后不做剧烈活动

(1)剧烈运动时,大部分血液涌向运动器官,从而使消化器官的血液量减少;

(2)剧烈运动时,交感神经的兴奋性增强,使消化器官的功能减弱;

(3)尤其是饭后胃肠充满食物,剧烈活动将牵拉胃肠系膜,导致胃下垂等疾病的发生。

6. 养成良好的排便习惯

让幼儿养成定时排便的习惯。不要让幼儿憋着大便,以防形成习惯性便秘。另外,平时应经常组织学前儿童参加户外活动,多吃蔬菜、水果,多喝开水,预防便秘。

真题面对面

[2019统考,单选]关于学前儿童消化系统的特点,以下说法正确的是(　　)

A. 学前儿童肝糖原的储存量多,饥饿时不容易出现"低血糖症"甚至"低血糖休克"

B. 学前儿童的肠壁薄,肠管相对较长、固定性差,不容易发生肠套叠

C. 学前儿童如果经常将"便意"憋回去,日久就会便秘

D. 学前儿童若习惯于偏侧咀嚼,不会导致另一侧的颌骨发育不好、两侧面颊不对称

答案:C

七、泌尿及内分泌系统

考点1　学前儿童泌尿系统的发展特点与保育要点

1. 学前儿童泌尿系统的发展特点

肾脏	肾盂和输尿管	膀胱	尿道
①幼儿肾脏的重量相对地大于成人; ②在1岁和12~15岁两个阶段肾脏的发育最快	小儿肾盂和输尿管相对比成人宽,管壁肌肉和弹力组织发育不全,紧张度较低,弯曲度大,因此容易出现尿流不畅,引起尿路感染	①年龄越小,每天排尿次数越多; ②年龄越小,控制排尿能力越差,时常出现遗尿的现象	①幼儿尿道较短,女孩尿道更短; ②尿道黏膜容易损伤和脱落

2. 学前儿童泌尿系统的保育要点

(1)供给充足的水分;(2)养成学前儿童定时排尿的习惯;(3)注意会阴部的清洁卫生,预防尿路感染;(4)不摄入过咸的食物,保护肾脏。

考点2　学前儿童内分泌系统的发展特点与保育要点

1. 学前儿童内分泌系统的发展特点

(1)脑垂体分泌的生长素较多

脑垂体是人体最重要的内分泌腺，它分泌生长激素、促甲状腺素、促性腺素、促肾上腺素、催产素、催乳素等多种激素，这些激素对机体的新陈代谢、生长发育和性成熟等有重要作用，并能调节其他内分泌腺的活动。在昼夜间，垂体分泌激素的速度是不均衡的，脑垂体分泌的生长激素促进机体生长发育。白天分泌较少，夜间分泌较多。在学前期，若生长激素分泌不足，则生长迟缓，可患垂体性侏儒症，表现为身材矮小，但智力正常。相反，如果生长激素分泌过多，就会造成生长速度过快，导致巨人症。由于学前儿童的睡眠时间较长，脑垂体分泌的生长素较多，加速了骨骼的生长发育。

(2)缺碘影响甲状腺的功能

甲状腺是关系儿童生长发育和智力发展的内分泌腺，它是人体最大的内分泌腺，通过分泌甲状腺激素来调节新陈代谢，影响中枢神经系统的兴奋性，促进生长发育。碘是合成甲状腺素的原材料，碘的缺乏会严重影响学前儿童甲状腺的功能，阻碍学前儿童的正常发育。孕期若缺碘，可致使甲状腺机能不足，婴儿出生后易患**克汀病**，又称**呆小症**，表现为智力低下、身材矮小、耳聋。但碘元素摄入过多也可能导致甲亢、甲状腺癌等，特别是沿海常食用海产品的城市居民，应少食加碘盐。

(3)幼年时胸腺发育不全会影响免疫功能

由骨髓造的淋巴干细胞在胸腺素的作用下才具有免疫功能。幼年时如果胸腺发育不全，会影响机体的免疫功能，以致反复出现呼吸道感染或腹泻等疾病。

2. 学前儿童内分泌系统的保育要点

(1)制定合理的生活制度，要保证学前儿童有充足的睡眠，以促进其生长发育；

(2)合理营养，预防碘缺乏病，合理摄食海产品，提倡食用加碘盐；

(3)不乱服营养品，防止性早熟。

★★　考点大默写　★★

1. 幼儿专注于感兴趣的事物，而对其他事物视而不见、听而不闻，这体现了幼儿大脑皮质活动的__________原则。
2. 幼年时期，脑垂体分泌的生长激素不足，可患__________症。
3. 动静交替、劳逸结合地组织活动，利用了大脑皮质活动的__________原则。
4. “常规遮盖法”是一种简便易行的有效方法，主要用来治疗__________。
5. 某幼儿被蚊子叮咬后，妈妈为他大面积涂花露水，结果出现了酒精中毒症状，这是因为幼儿皮肤__________。
6. 学前儿童骨骼含有机物比成人多，无机盐比成人少，故骨骼弹性大，可塑性强，容易变形。一旦发生骨折，常会出现折而不断的现象，称为__________。
7. 幼儿容易激动，控制自己的能力较差，这体现的幼儿高级神经活动的特点是__________。
8. 幼儿的眼球前后距离较短，物体往往成像于视网膜的后面，称为生理性远视。随着眼球的发育，眼球前后距离变长，一般__________岁左右，就可以达到正常的视力。

【参考答案】

1. 优势　2. 垂体性侏儒　3. 镶嵌式活动　4. 弱视　5. 渗透作用强　6. 青枝骨折　7. 兴奋过程占优势　8. 5

第二节　幼儿的生长发育

生长是指身体各个器官、系统以及全身的大小、长短和重量的增加与变化,是机体量的改变。例如,体重的增加、头围的增长等都是生长。生长源于细胞数目的增多、增大和细胞间质的增加。发育是指细胞、组织、器官和系统功能的不断成熟与完善,属于质的变化。如运动能力的提高、心理的变化、消化能力的改善等都是发育。

一、幼儿生长发育的主要规律

1. 生长发育是连续性与阶段性的统一

生长发育从幼稚到成熟是一个连续、统一的过程。在这个连续的过程中,还存在着阶段性,每一阶段有其自身特点。这些阶段之间相互联系,前一阶段是后一阶段发育的基础,后一阶段是前一阶段发育的延续,如果前一阶段出了问题,就会影响后一阶段的发育。

2. 幼儿生长发育的不均衡性

(1)生长发育的速度不均等

各年龄阶段生长发育的速度不同,有快有慢,呈波浪式。

(2)身体各部分的生长速度不均等

在生长发育过程中,身体各个部分的生长速度不同,因而身体各部分的增长幅度也不一样。每一个健康的儿童在迈向身体成熟的过程中,头颅增长了1倍,躯干增长了2倍,上肢增长了3倍,下肢增长了4倍。从人体整个形态上看,则从新生儿时期较大的头颅、较长的躯干和短小的双腿,逐步发展为成人时较小的头颅、较短的躯干和较长的双腿。

(3)身体各系统的发育不均衡

人体各系统的生长发育是不均衡的,神经系统发育最早,儿童在6岁时脑重已达成人的90%;肌肉、骨骼和一般内脏器官发育趋势和身长、体重的增长规律相似,也呈波浪式;淋巴系统的发育也比较早,10岁左右达到高峰,12岁左右淋巴系统几乎到达成人时期的200%;而生殖系统在出生头12年里几乎没什么发育,到青春期迅速发育,并很快达到成人水平。尽管儿童身体各系统发育先后不一致,但它们又是统一协调的。各系统发展的先后顺序由儿童发展的需要调节。神经系统的优先发展保障了大脑对身体其他器官的指挥和控制,淋巴系统的超常发展为机体提供了强大的免疫保障,生殖系统的滞后发展保证了机体成熟后繁衍后代的质量。

3. 生长发育具有程序性

生长发育遵循由上到下、由近到远、由粗到细、由简单到复杂的规律。例如,出生后运动发育的规律是:先抬头、后抬胸、再会坐、立、行(由上到下);从臂到手,从腿到脚的活动(由近到远);从全掌抓握到手指拾取(由粗到细);先画直线后画圈、图形(由简单到复杂)。

4. 生长发育具有个体差异性

生长发育有其一般的规律，但每个儿童生长发育又有自身的特点。由于先天遗传以及后天环境条件的不同，个体在整个生长时期都存在着广泛的差异，呈现出高矮、胖瘦、强弱、智愚的不同。

5. 生长发育具有相互关联性

学前儿童身体各系统的发育时间和速度虽然各有不同，但机体是统一的整体，各系统的发育并非孤立地进行，而是互相联系、互相影响、互相适应的。因此，任何一种对机体起作用的因素，都可能影响到多个系统。例如，适当的体育锻炼不仅能促进骨骼肌肉的发育，而且也能促进呼吸系统、循环系统和神经系统发育。

二、影响学前儿童生长发育的因素

影响学前儿童生长发育的因素可分为遗传因素和环境因素，遗传因素决定了发育的可能范围，环境因素决定了发育的速度和最终达到的程度。

1. 遗传

遗传是指子代和亲代在形态、结构和功能上的相似，它是保持物种稳定的基础。遗传对学前儿童的生长发育具有很大的作用。研究表明，人类的身高、体型、智力和体重等均受遗传的影响，其中，身高和体型受遗传的影响更大。

2. 环境

(1)营养。**营养**是学前儿童生长发育的物质基础。充足和合理的营养素供给，有助于学前儿童的生长潜力得到最好的发挥。

(2)疾病。**疾病**对学前儿童生长发育的干扰作用十分明显，疾病的预防重于治疗。在幼教机构，应重视疾病的预防。

(3)体育锻炼和劳动。幼儿经常参加体育锻炼和适当的劳动，可以加快机体的新陈代谢，使其身体各个器官和系统充分发挥作用、提高功能并更好地相互协调。此外，锻炼和劳动对骨骼和肌肉的影响比较显著，能促进骨骼钙化，增强骨骼硬度，使肌肉生长得粗壮。

经常进行锻炼和劳动可以提高身体的综合素质，增强对气候变化的适应能力和免疫力，缓解精神压力，促进生长发育，提高健康水平。而且还对促进智力发展和培养良好的个性起到积极作用。

(4)生活制度。在合理的生活制度下，幼儿的生活有规律、有节奏，能够养成良好的生活习惯，使其身体各部分活动和休息适度，营养消耗也能及时地补充，这将有利于幼儿的生长发育。

(5)环境污染。环境污染对幼儿发育有较大危害。

此外，季节和气候以及社会经济、文化教育和生活环境对幼儿生长发育也有一定影响。在一年之中，春季身高增长最快，秋季体重增长最快。调查发现，生长发育水平存在南北差异，具有“北高南低”现象。生活环境直接影响学前儿童的生长发育。良好的生活环境可以陶冶他们的情操，激励他们积极向上，保持愉快的生活状态，促进学前儿童的生长发育；相反，生活贫困、疾病流行、文化落后，以及不和谐的家庭环境等会对学前儿童的身心发育造成不良影响。

三、学前儿童生长发育评价的指标 【单选】 ★

评价学前儿童生长发育的指标，包括形态指标、生理功能指标和心理指标。

1. 生长发育的形态指标

常用的形态指标是身高、体重、头围、胸围和坐高。其中,身高和体重是最基本的指标,不但测定简单,而且能较为准确地评定生长发育状况。个体的身高、体重值在判定标准均值±2个标准差范围内(约占儿童总数的95%)均可视为正常。但在均值±2个标准差外的儿童,不能据此定为异常,需定期连续观察,结合其他检查,慎重做出结论。

(1)身高是判断身体发育特征和评价生长发育速度时不可缺少的依据

新生儿出生身高一般为50厘米,1~6个月的学前儿童,平均每月身高增长2.5厘米,7~12个月平均每月增长1.5厘米,周岁时身高为出生身高的1.5倍,4岁时身高为出生身长的2倍。

学前儿童2岁以后,平均每年身高增长5厘米,可用公式估算:2~7岁身高=年龄×5+75(厘米)。

(2)体重是代表体格生长,尤其是营养状况最易取得的重要指标

体重是指人体的总重量。在一定程度上代表儿童的骨骼、肌肉、皮下脂肪和内脏重量及其增长的综合情况。从体重、身高可以推测儿童的营养状况。

粗略估算学前儿童体重,可按以下公式进行:

6个月以内体重=[出生体重+月龄×700]克

7个月至1岁体重=[6000+月龄×250]克

2~7岁体重=年龄×2+8(千克)

(3)头围代表了颅和脑的大小及其发育的情况

头围是判断大脑发育障碍如脑积水、小头畸形等的主要诊断标准,是6岁以下学前儿童生长发育评价的一项重要指标。

(4)胸围反映了身体形态及呼吸器官的发育状况

胸围表示胸廓的容积以及胸部骨骼、胸肌、背肌和脂肪层的发育情况,并在一定程度上反映身体形态及呼吸器官的发育状况。婴儿出生时胸围比头围小1~2厘米,一般1岁时赶上头围。

(5)坐高

坐高通常表示躯干的长度,可以间接地了解内脏器官的发育情况,坐高是头顶至坐骨结节的长度。儿童随年龄的增加,下肢的增长速度不断加快,故坐高占身高的比例随年龄增长而降低。

2. 生理功能指标

(1)生长发育的功能指标

生长发育的功能指标是指身体各系统、各器官在生理功能上可测出的各种量度。呼吸系统常用的指标是肺活量和呼吸频率;循环系统常用的指标是心率、脉搏和血压;运动系统常用的指标为握力和背肌力。

(2)生化和临床检验指标

主要指反映身体内部生物化学组成成分含量的有关指标。如血液中红细胞、血红蛋白、白细胞、血脂的含量。

真题面对面

[2021杭州,单选]考查运动系统发育状况的基本生理功能指标是(　　)

A. 握力和背肌力　　B. 肺活量

C. 脉搏和血压　　D. 身高和体重

答案:A

3. 心理指标

一般通过感觉、知觉、语言、记忆、思维、情感、意志、能力和性格等进行观察。通过对学前儿童心理的观察和研究，可以针对学前儿童从小到大的年龄特征提出心理卫生的措施，促进儿童生长发育达到最好的水平。

注：本节作为学前卫生学的基本内容，历年考试较少涉及，考生以了解为主，不再设置考点大默写。

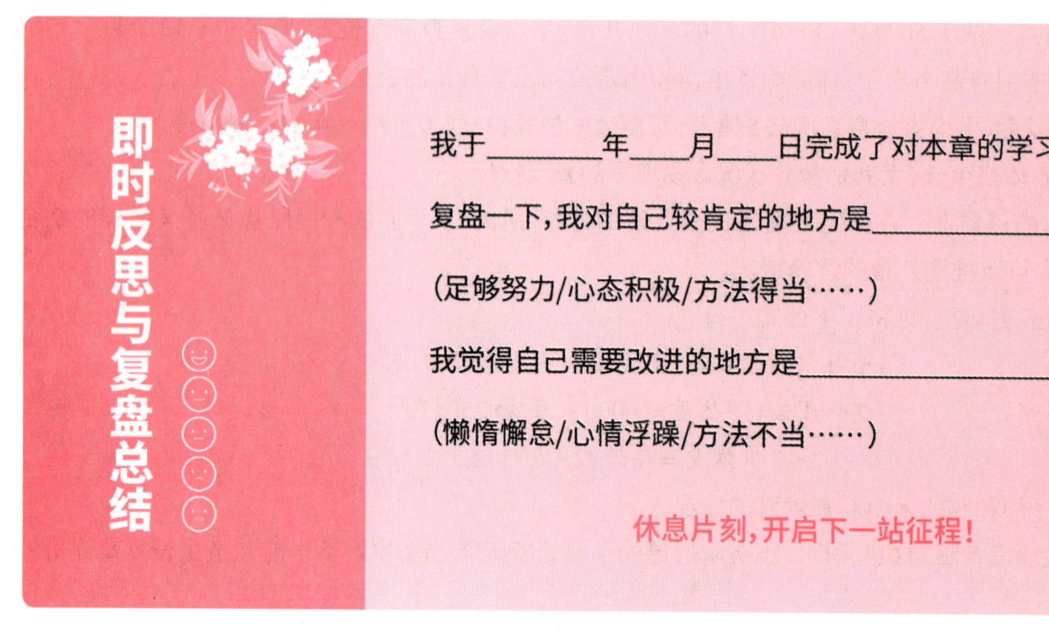

扫码免费领取：

①精选历年考试真题及解析

②获取当地考试资讯，从容准备

③山香老师备考指导，不走弯路

④备考交流群，互动答疑，督促学习

免费领取方式：

①扫码关注公众号

②回复“资料”进行领取

第二章 学前儿童营养与膳食

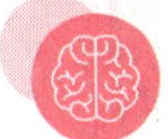

思维导图

- 学前儿童营养与膳食
  - 营养基础知识
    - 蛋白质
      - 构成、更新和修复机体组织
      - 调节生理功能
      - 供给能量
    - 脂类
      - 人体组织的重要组成成分；供给机体能量；保护机体组织、器官，维持体温恒定；提供脂溶性维生素；提供必需脂肪酸；促进食欲，增加饱腹感
    - 碳水化合物
    - 矿物质（无机盐）
      - 钙（钙缺乏容易发生佝偻病，导致骨骼变形）
      - 铁（缺铁时，易患缺铁性贫血）
      - 锌（锌缺乏会发生异食癖）
      - 碘（缺碘会生长发育迟缓、智力低下，严重者发生“呆小症”）
    - 维生素
      - 维生素A（严重缺乏会造成夜盲症和干眼病）
      - 维生素C（缺乏会造成毛细血管通透性增加，导致坏血病）
      - 维生素D（有助于预防佝偻病，又称抗佝偻病维生素）
    - 水
  - 幼儿膳食配置与管理
    - 选择适合幼儿特点的食物
    - 编制科学合理的膳食计划
      - 编制标准化食谱
      - 制定科学的膳食制度
    - 搞好食物调配与烹饪，创设健康膳食环境

浙江考向

本章属于学前卫生学的基础章节，内容少，知识点琐碎，需要识记的知识少。现对本章考向分析如下：

高频考点	常考题型	能力层级	考查热度
编制科学合理的膳食计划	单选	识记	★★

核心考点

第一节 营养基础知识

营养素是指食物中所含的能够维持生命和健康并促进机体生长发育的化学物质。营养素分为蛋白质、脂类、碳水化合物、矿物质、维生素和水六大类。其中，蛋白质、脂类、碳水化合物能够提供机体所需要的能

量，故称为产能营养素。营养素需要量是指维持正常生理功能所需要营养素的量，而营养素供给量是指在满足机体正常生理需要的基础上，按食物生产和饮食习惯而规定的适宜数量，比营养素需要量充足。

记忆有妙招

营养素的类别：双水蛋白只为物。双水（碳水化合物和水）蛋白（蛋白质）只（脂类）为（维生素）物（矿物质）。

一、蛋白质

1. 蛋白质的生理功能

（1）构成、更新和修复机体组织

蛋白质是构成人体组织的重要物质。任何一个细胞、组织和器官中都含有蛋白质。在人体受到损伤时，更需要蛋白质参与修复和更新组织。

（2）调节生理功能

蛋白质通过构成一些重要的物质，如酶、激素、抗体等来调节生理功能。

（3）供给能量

每克蛋白质大约可提供4kcal的能量，幼儿需要的总能量约15%来源于蛋白质。但供给能量不是蛋白质的主要生理功能。

2. 蛋白质的构成

氨基酸是组成一切蛋白质的最基本单位。体内各种蛋白质由20多种氨基酸所构成。其中，不能在人体内合成或合成速度较慢，不能适应机体的需要，而必须从食物中获得的氨基酸称为必需氨基酸。

3. 蛋白质的食物来源及参考摄入量

瘦肉、鱼、奶、蛋4类食物是动物性蛋白质的主要来源，豆类、硬果类和谷类是植物性蛋白质的主要来源。其中动物性食物的蛋白质与大豆蛋白质所含的必需氨基酸种类比较齐全且比例适当，属于优质蛋白质。1～6岁幼儿每日膳食中蛋白质的推荐摄入量为45～55克，其中一半应来源于优质蛋白质。

二、脂类

1. 脂类的构成

脂类是中性脂肪（三酰甘油）和类脂的总称，后者包括磷脂、糖脂和固醇类等。通常称脂类为脂肪。

2. 脂类的生理功能

（1）人体组织的重要组成成分；（2）供给机体能量；（3）保护机体组织、器官，维持体温恒定；（4）提供脂溶性维生素，并促进脂溶性维生素的吸收；（5）提供必需脂肪酸；（6）促进食欲，增加饱腹感。

3. 脂类的食物来源及供给量

亚油酸在各种植物油中普遍存在；亚麻酸在豆油和紫苏油中含量较多，磷脂含量丰富的食物有蛋黄、肝脏、大豆和花生，胆固醇在动物内脏、脑组织、蛋黄中含量较多，在乳类和鱼类中含量较少。

一般认为，我国1～6岁儿童每日膳食中脂肪供给的能量约占总能量的30%～35%。脂肪摄入过多，为动脉粥样硬化埋下隐患，因此，要从幼儿时期开始预防动脉硬化，适当限制胆固醇和饱和脂肪酸的摄入量。

三、碳水化合物

1. 碳水化合物的组成

碳水化合物是一大类含有碳、氢、氧元素的化合物，又称糖类。

食物中所含的碳水化合物，一部分可被人体吸收；另一部分则不能被消化吸收，两部分各有其生理作用。

(1)可被吸收的糖类

能被人体吸收的糖类包括单糖(葡萄糖、果糖、半乳糖等)、双糖(蔗糖、麦芽糖、乳糖)及多糖中的淀粉、糊精等。

(2)不能被吸收的糖类

不能被人体吸收的糖类包括多糖中的纤维素、果胶等，总称“膳食纤维”。

2. 碳水化合物的生理功能(可吸收部分)

(1)提供热能；(2)构成组织；(3)维持神经系统的生理功能；(4)合成肝糖元和肌糖元；(5)有抗生酮作用；(6)减少蛋白质的消耗。

3. 膳食纤维的生理功能

膳食纤维的生理作用，包括有利和不利于机体健康的两个方面。

(1)有利的作用

①纤维素可吸收和保留水分，使粪便质软，并能刺激肠蠕动，有助于通便。

②膳食纤维能延缓糖的吸收，具有降低血糖，减少机体对胰岛素需要的功能。

③由于膳食纤维体积大，可使其他的食物摄入量减少，对控制肥胖有积极意义。

(2)不利的作用

①食入过多的膳食纤维可引起肠胀气，且过分刺激肠黏膜，使粪便中排出的脂肪增多。

②食入过多的膳食纤维可影响某些矿物质如钙、锌的吸收利用，也可影响铁和叶酸的吸收利用。

4. 碳水化合物的食物来源

(1)谷类。谷类是主要供给热能的食物。谷类富含淀粉，淀粉在体内分解成葡萄糖，葡萄糖氧化释放出热能。

(2)根茎类。根茎类食物如甘薯、马铃薯、山药等富含淀粉，是提供热能的主要食物。

(3)蔗糖。蔗糖是纯碳水化合物，只供热能，不含其他营养素。在儿童膳食中，搭配着吃些甜食，可以调剂口味，但甜食不宜过多。若甜食过多，会使进食量减少，影响营养素的全面摄入。

(4)乳糖。乳类所含的糖为乳糖。

(5)蜂蜜。蜂蜜除含糖、可供热能外，还含有无机盐和维生素，另外还含有多种酶。

(6)果糖。水果、蔬菜可提供少量果糖。

四、矿物质(无机盐)

1. 钙

(1)钙的生理功能

钙是构成人体骨骼和牙齿的重要成分，并在维持神经和肌肉的兴奋性、血液凝固、心动节律方面发挥重要作用。幼儿时期摄入充足的钙有助于增加骨密度，从而延缓成年后发生骨质疏松的年龄。幼儿骨骼中的钙1～2年更新一次，成人10～12年更新一次。

(2)影响钙吸收的因素

有的因素能促进钙的吸收。机体需要量大时，对钙的吸收率相应高一些。维生素D、乳糖和膳食中丰富的蛋白质有利于促进钙的吸收。

有的因素不利于钙的吸收：①谷类和豆类的外皮含有植酸，可与钙结合形成不溶性的植酸钙，蔬菜中的草酸与钙结合形成不溶性的草酸钙，这些钙盐均会降低钙的吸收率；②过多摄入脂肪，可因未消化的脂肪酸与钙结合形成不溶性的钙皂，使钙自粪便排出；③食物中的纤维素也会妨碍钙的吸收。

(3)钙的食物来源

钙的食物来源首选牛奶，它含钙丰富，吸收率也较高。其次是豆类、豆制品和绿叶蔬菜，如小白菜、油菜、芹菜等。海产品如小虾皮、小鱼干、紫菜等也是钙的良好来源。我国4岁以上儿童钙的适宜摄入量为每天800 mg。幼儿钙缺乏会影响骨骼和牙齿发育，容易发生佝偻病，导致骨骼变形。另外，由于血钙偏低，神经和肌肉兴奋性增加，会引起手足搐搦症和惊厥。

2. 铁

铁是合成血红蛋白的原料，参与维持正常造血功能和体内氧的运送。

由于谷类中的植酸和蔬菜中的草酸影响铁的吸收，植物食品中铁的吸收率一般较低，大约在10%以下。动物食物中的铁是血红素铁，吸收率较高，吸收率在11%～22%。食物的维生素C有利于铁的吸收。铁的食物来源是猪肝、瘦肉等动物性食品。植物性食品中的黑色食品如黑木耳、黑豆、黑芝麻以及芝麻酱、黄豆等含铁量较高，但吸收率较低。乳类贫铁，乳儿喂养必须在4～6个月及时补充铁。机体缺铁时，易患缺铁性贫血。

3. 锌

锌是人体重要的必需微量元素之一。它对促进幼儿的生长发育、保持正常的味觉、促进创伤愈合和提高机体免疫力有重要作用。锌的缺乏会引起蛋白质合成障碍、细胞分裂减少，导致幼儿生长发育迟缓、停滞、性发育延迟、智能发育迟缓、伤口愈合不良、食欲减退，甚至发生异食癖。

高蛋白食物含锌量较高，海产品次之，蔬菜和水果普遍含锌不高。

4. 碘

碘是合成甲状腺素的原料。甲状腺素具有调节新陈代谢、促进神经系统发育的生理功能。碘缺乏会导致甲状腺素合成不足，造成碘缺乏病。碘缺乏的典型症状为甲状腺肿大。胎儿发育期缺碘，婴儿出生后就会生长发育迟缓、智力低下，严重者发生“呆小症”，即“克汀”，表现为聋、哑、矮、傻。缺碘对神经系统的损害是不可逆的。

含碘丰富的食物主要是海产品，如海带、海虾、海鱼、紫菜等。

矿物质的缺乏症是容易混淆的知识点，现将关键信息以表格的形式进行提炼，以帮助考生清晰记忆。

矿物质	生理功能	主要来源	缺乏症
钙	构成骨骼和牙齿等	牛奶、豆类、绿叶蔬菜等	佝偻病
铁	合成血红蛋白等	动物性食物	缺铁性贫血

续表

矿物质	生理功能	主要来源	缺乏症
锌	保持正常味觉、促进创口愈合等	高蛋白食物	食欲减退;异食癖
碘	合成甲状腺素	海产品	呆小症;克汀病

五、维生素

1. 维生素A

维生素A

维生素A与正常视力有密切关系,是维持暗视力所必需的物质。另外,维生素A也是维持上皮细胞的健全、生长发育和机体的免疫力所不可缺少的物质。维生素A严重缺乏会造成夜盲症和干眼病。还可有皮肤干燥、粗糙,毛发干、脆,易脱落,并易于反复发生呼吸道、消化道感染。

一般情况下,正常的膳食不会引起维生素A摄入过多。但是,若给婴幼儿服用过多的浓缩鱼肝油或维生素A制剂,则会导致中毒。维生素A急性中毒表现为食欲减退、烦躁、呕吐、前囟隆起。维生素A慢性中毒,表现为骨痛、毛发脱落、体重不增等。

人体从食物中获得的维生素A有两大类,一类来源于动物性食物中的维生素A,主要存在于动物肝脏、鱼肝油、蛋、牛奶中;另一类来自植物性食物中的胡萝卜素,一般橙黄色、深绿色蔬菜和水果中含量较高,如胡萝卜、西兰花、菠菜、豌豆苗、芒果等,胡萝卜素在体内可以转化为维生素A。

2. 维生素B_1

维生素B_1又称硫胺素,是一种水溶性维生素。它参与糖类的代谢,对维持神经系统正常功能起着重要作用。同时,维生素B_1可以促进肠蠕动,辅助消化。维生素B_1缺乏常引起“脚气病”,表现为乏力、肢体麻木、水肿、感觉迟钝等。

维生素B_1广泛存在于瘦肉、动物内脏、豆类、坚果类食物中,粮谷类食物外皮中维生素B_1含量丰富,但米面碾磨过细、过分淘米或烹调中加碱,会丢失大量维生素B_1。

3. 维生素C

维生素C是水溶性维生素,又名抗坏血酸。维生素C可以促进胶原合成,参与胆固醇代谢,增强机体免疫力,还能促进铁的吸收和利用。维生素C缺乏会造成毛细血管通透性增加,导致坏血病。

维生素C的食物来源是各种新鲜的蔬菜和水果。猕猴桃、柑橘、鲜枣等富含维生素C。维生素C溶于水,容易在空气中氧化,烹调时,菜要现洗现切,急火快炒。

4. 维生素D

维生素D能调节钙、磷代谢,维持血钙浓度稳定,在促进骨骼和牙齿的正常生长和钙化过程中起着重要作用。维生素D有助于预防佝偻病,又称抗佝偻病维生素。

维生素D可从食物中摄取,也可由皮肤合成。人体皮肤中的7-脱氢胆固醇通过紫外线照射后,可转变为维生素D,晒太阳是人体获得充足有效维生素D的最好来源。维生素D膳食来源主要有三个方面:普通食物、维生素D强化食物及维生素D制剂。海鱼、动物肝脏和蛋黄等动物性食品含有丰富的维生素D。

维生素D中毒的症状:起先是烦躁、睡眠不安、食欲减退,继而出现恶心、呕吐,严重的可损害心、肾功能。

维生素的缺乏症是容易混淆的知识点,现将关键信息以表格的形式进行提炼,以帮助考生清晰记忆。

维生素	生理功能	主要来源	缺乏症
A	维持暗视力及上皮细胞健全、生长发育和机体免疫力	动物性食品、植物性食物中的胡萝卜素	夜盲症和干眼病;皮肤干燥、粗糙,毛发干、脆,易脱落;呼吸道、消化道感染
B_1	参与糖类代谢;维持神经系统正常功能;辅助消化	瘦肉、动物内脏、豆类、坚果类食物	脚气病
C	增强免疫力,促进铁的吸收等	新鲜的蔬菜和水果	坏血病
D	调节钙、磷代谢	动物性食品;紫外线	佝偻病

六、水

水是维持正常生命活动不可缺少的物质。新生儿体重的80%是水,幼儿体重的65%是水,成人体重的60%是水。人体丢失20%的水就会威胁生命。

水是细胞的主要成分,促进细胞的新陈代谢,起着运输、润滑和调节体温的作用。幼儿对水的需要量相对比成人多,应让他们及时喝到符合卫生要求的水。

各年龄儿童每日水的需要量大致如下:初生至1岁,120~160毫升/每千克体重;2~3岁,100~140毫升/每千克体重;4~7岁,90~110毫升/每千克体重。

考点大默写

1. 在各类维生素中,缺乏__________常引起脚气病,表现为乏力、肢体麻木、水肿、感觉迟钝等。
2. 阳光中的紫外线照射到皮肤上可合成__________。
3. 婴幼儿生长发育速度减慢,智力低下,甚至患呆小症(克汀病)。这主要是因为缺乏矿物质__________。
4. __________可以促进胶原合成,参与胆固醇代谢,增强机体免疫力,还能促进铁的吸收和利用。
5. __________与正常视力有密切关系,是维持暗视力所必需的物质,严重缺乏会造成夜盲症和干眼病。
6. __________是合成血红蛋白的原料,参与维持正常造血功能和体内氧的运送。
7. 学前儿童对营养和热能的需要,从种类上看,蛋白质、脂类、__________、矿物质、__________和水六大类缺一不可。
8. 具有抗生酮作用的营养素是__________。
9. __________是构成人体骨骼和牙齿的重要成分,并在维持神经和肌肉的兴奋性、血液凝固、心动节律方面发挥重要作用。
10. 幼儿__________缺乏症,主要表现为食欲减退、味觉异常,可有异嗜癖、生长发育迟缓等症状。

【参考答案】

1. 维生素B_1　2. 维生素D　3. 碘　4. 维生素C　5. 维生素A　6. 铁　7. 碳水化合物;维生素　8. 碳水化合物　9. 钙　10. 锌

第二节　幼儿膳食配置与管理

一、选择适合幼儿特点的食物

幼儿的食物中应该有足够的蔬菜和水果，因为维生素对孩子生长发育很重要。有的幼儿不喜欢吃蔬菜，保教人员可通过改变烹调方法及食用方法，达到让幼儿摄入蔬菜的目的。

幼儿的年龄越大，可食食物的性质和种类就越接近成人。但应注意不要让幼儿食用太多酸、辣及油腻的食物。

二、编制科学合理的膳食计划 【单选】 ★★

编制膳食计划是调整膳食环境、保证幼儿合理营养的重要措施，也是幼儿园膳食调配和管理的重要环节。

1. 编制标准化食谱

(1)编制标准化食谱的原则

①选择富含优质蛋白质、多种维生素、粗纤维和无机盐的食物，多吃时令蔬菜、水果。

②配餐要注重粗细粮搭配、主副食搭配、荤素搭配、干稀搭配、咸甜搭配等，充分发挥各种食物营养价值上的特点及食物中营养素的互补作用，提高其营养价值。

③食谱所列的烹调方法和食物应适合儿童的消化能力。

④常常变换食物种类，烹调方法多样化、艺术化。

(2)标准化食谱的设计

①按照幼儿的能量需求，确定各年龄段男女能量需求量。

②各餐点热能的合理分配。

③确定三大产能营养素的摄入量。蛋白质、脂肪、碳水化合物供能占总热量的百分比分别为：蛋白质占10%～15%，脂肪占30%～35%，碳水化合物占50%～60%。

④食物量的确定。主食的品种与数量主要按照各类主食选料中碳水化合物的含量确定。一天的主食主要保证两种以上的粮谷类食物原料。副食中蛋白质的2/3由动物性食物提供，1/3由豆制品供应，查食物成分表并计算各类动物性食物及豆制品的供应量。设计蔬菜的品种与数量，一餐选择三至四种蔬菜。

2. 制定科学的膳食制度

膳食制度是指规定每日进餐次数、每餐间隔时间及合理分配各餐食品的数量和质量的一种制度。建立科学的膳食制度，使幼儿膳食定时、定量。膳食制度要根据不同年龄幼儿胃的排空时间、胃肠功能特点和生活作息时间来制定。

通常，幼儿一日膳食次数可定为三餐两点或三餐一点。一般要求早餐吃好，中餐吃饱，晚餐适量。要重视早餐的重要性，早餐不足或结构不合理，会使幼儿上午活动时身体能量供应不足，导致血糖过低，影响幼儿的身体健康。三餐热量分布合理是指早、午、晚三餐食物的供热量比应分别占25%～30%、30%～35%、25%～30%，两次加餐占10%。点心可根据不同情况安排上午、下午各一次或只安排下午一次。两餐之间的时间间隔要合适，不宜过长或过短，以3.5～4小时为宜。

真题面对面

[2021 临海，单选]从数量上看，幼儿加餐摄取的热能占全天热能的(　　)左右。

A. 25%　　B. 20%　　C. 10%　　D. 5%

答案：C

三、搞好食物调配与烹饪，创设健康膳食环境

(1)根据幼儿的饮食心理特点，搞好食物调配与烹饪；

(2)创设愉快、健康的进餐环境，培养良好的饮食习惯。

注：本节作为幼儿营养与膳食的基础知识，历年考试较少涉及，考生以了解为主，不再设置考点大默写。

即时反思与复盘总结

我于________年____月____日完成了对本章的学习。

复盘一下，我对自己较肯定的地方是________________

(足够努力/心态积极/方法得当……)

我觉得自己需要改进的地方是________________

(懒惰懈怠/心情浮躁/方法不当……)

休息片刻，开启下一站征程！

第三章 学前儿童常见疾病和意外事故的防护

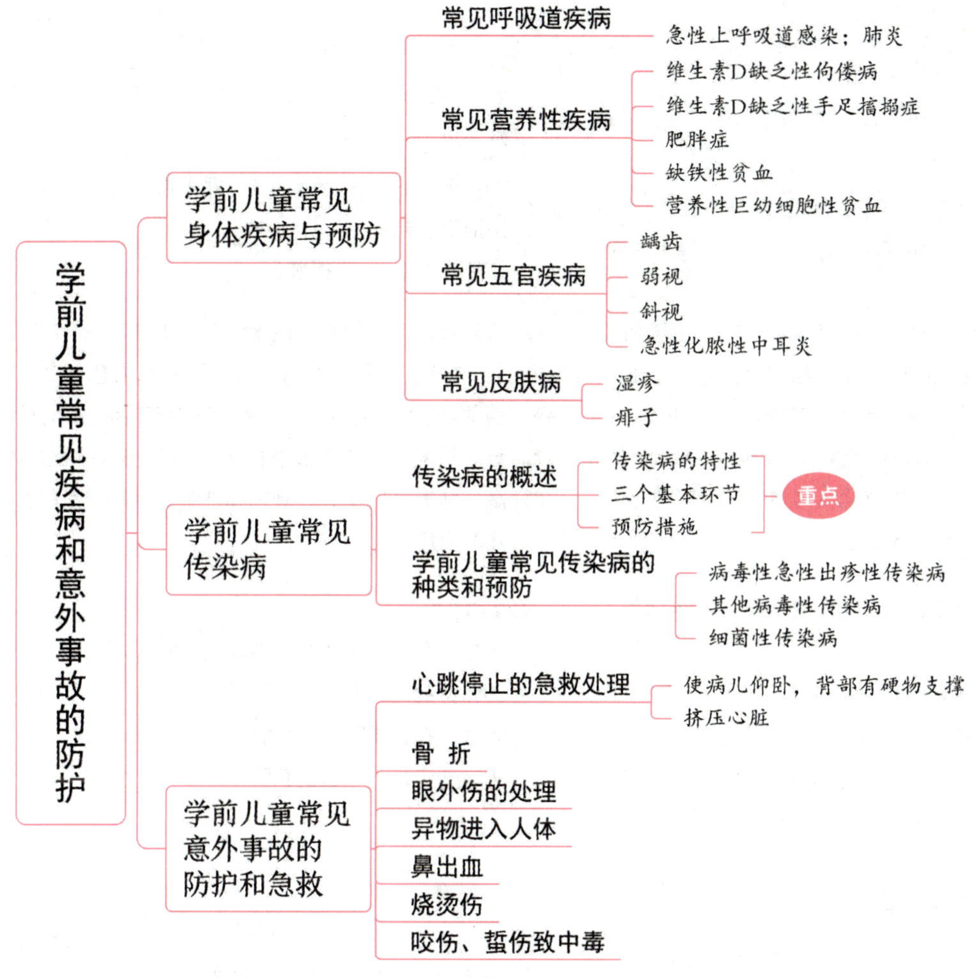

浙江考向

本章属于学前卫生学的基础章节，内容多，知识点琐碎，需要识记的知识多。现对本章考向分析如下：

高频考点	常考题型	能力层级	考查热度
传染病流行过程的三个基本环节	简答	识记	★★★
预防传染病的主要措施	简答	识记	★★★
手足口病	单选	识记	★★
鼻出血	简答	识记	★★★
咬伤、蜇伤致中毒	单选	识记	★★

核心考点

第一节 学前儿童常见身体疾病与预防

一、常见呼吸道疾病

	急性上呼吸道感染	肺炎
概述	每人每年可发病数次，一年四季均可发生。简称“上感”	以冬、春季节及气候骤变时多见。在1～2岁以下小儿中特别多见
病因	以病毒为主的病原体的侵犯，营养不良、缺乏锻炼或过敏体质等。另外，居住拥挤、被动吸烟等也可致病	①主要由细菌或者病毒自上呼吸道、气管、支气管下降，侵入肺泡而引起； ②免疫力低，更易得肺炎
症状	轻症潜伏期约1～2天，有时5～7天，主要为流水样鼻涕、鼻塞、打喷嚏、微咳、咽部不适，患儿多于3～4日内自愈。重症者在起病时即有高热，可达40℃，甚至更高，持续1周左右，高热初期可发生惊厥，患儿全身无力，食欲不振，睡眠不安，鼻涕很多，咳嗽频繁，咽部充血，颈部或耳后淋巴结肿大	起病急，发热（营养不良者体温可不高，或反而降低），咳嗽短促，胸痛，呼吸困难，气急，烦躁不安，面色苍白，严重者鼻翼扇动，指甲或唇周青紫，听诊呼吸音粗糙或稍减低，有湿罗音。继发于上呼吸道感染者，原有的咳嗽加剧，体温突然升高。肺炎可出现心力衰竭和呼吸衰竭等严重的并发症，必须及时治疗
预防	①避免接触急性上呼吸道感染者，隔离患者； ②及时为患者治疗； ③加强营养，坚持“三浴”锻炼； ④保持居室空气新鲜； ⑤及时增减儿童所穿、盖的衣物； ⑥不宜穿着过多，以防出汗后吹风受凉	①应注意学前儿童的体格锻炼，增强体质； ②保持空气新鲜，改善缺氧状况； ③患儿衣着要宽松，以免加重呼吸困难； ④饮食应易消化且富有营养

二、常见营养性疾病

	维生素D缺乏性佝偻病	维生素D缺乏性手足搐搦症	肥胖症	缺铁性贫血	营养性巨幼细胞性贫血
病因	①紫外线照射不足； ②食物中维生素D摄入不足； ③生长速度过快，所需维生素D更多； ④其他疾病影响； ⑤某些药物的影响	绝大多数见于婴儿时期，发病原因与佝偻病相同，主要是由于维生素D缺乏，以致血清钙下降，神经兴奋性增强	①多食； ②少动； ③遗传； ④心理因素； ⑤内分泌疾病	①先天储铁不足； ②饮食中铁的摄入量不足（这是导致缺铁性贫血的重要原因）； ③生长发育过快； ④疾病的影响	缺乏维生素B_{12}、叶酸食物

续表

	维生素D缺乏性佝偻病	维生素D缺乏性手足搐搦症	肥胖症	缺铁性贫血	营养性巨幼细胞性贫血
症状	①多汗、夜惊、烦躁、睡眠不安；小儿经常因多汗摇头擦枕，致使枕部秃发； ②骨骼病变，如出现鸡胸、漏斗胸	①惊厥； ②手足搐搦； ③喉痉挛	①食欲旺盛，食量超常，偏食； ②懒动，喜卧，爱睡； ③体格发育较正常小儿迅速。体重明显超过同龄同身高者。脂肪成全身性分布，以腹部为主	①患儿常烦躁不安、精神不振、食欲减退； ②肝、脾和淋巴结轻度肿大	①面色苍黄，易疲倦，头发稀疏； ②患儿表情呆滞、嗜睡； ③多数患儿可有肢体、头部、口唇无意识的颤抖； ④哭时少泪，无汗
预防	孕妇及小儿应多做户外活动，多接触阳光，遵医嘱补充维生素D	与预防佝偻病的方法相同。 ①对于婴幼儿的腹泻应及时治疗，防止发生电解质紊乱； ②病毒性肝炎容易并发低血钙症，应及早补充维生素D_2或D_3	①掌握婴儿哺乳量； ②掌握幼儿的运动量； ③减少遗传的影响	①应坚持母乳喂养； ②及时治疗钩虫病及各种感染性疾病； ③定期进行贫血检查	①合理喂养； ②及时治疗各种感染性疾病

三、常见五官疾病

	龋齿	弱视	斜视	急性化脓性中耳炎
病因	①口腔中细菌的破坏作用； ②牙齿牙缝中的食物残渣； ③牙齿结构上的缺陷，如牙釉质发育不良、牙齿排列不等	①斜视性弱视； ②屈光参差性弱视； ③形觉剥夺性弱视； ④先天性弱视	发热疾病及精神创伤常为斜视发生的诱因	化脓性细菌侵入中耳发生感染
症状	根据牙齿的破坏程度可以分为浅龋、中龋和深龋： ①浅龋时牙齿变色，表现出褐色和黑褐色斑点，表面粗糙但无自觉症状。 ②中龋腐蚀到牙本质，形成龋洞，遇冷、热、酸、甜等刺激，有酸痛不适感。 ③深龋腐蚀已达牙本质深层或牙髓，可致牙髓炎，因脓液积聚在髓腔内，压迫神经末梢，可引起剧烈牙痛	患弱视的儿童，不能建立双眼平视功能，难以形成立体视觉，故不能很好分辨物体的远近、深浅等，难以完成精细活动	斜视的主要症状是患儿失去双眼单视功能而视物成双，长期的斜视易导致弱视	①患儿发热，可伴有惊厥； ②年长儿耳痛难忍，幼儿哭闹，用手抓耳，不时摇头； ③鼓膜穿孔，脓液流出； ④化脓期有时伴有腹泻、呕吐、脱水

续表

	龋齿	弱视	斜视	急性化脓性中耳炎
预防	①从小注意口腔卫生； ②注意正确的刷牙方法； ③要根据儿童的年龄选择大小适宜的牙刷； ④多晒太阳，合理营养； ⑤定期进行口腔检查	早发现，早治疗。凡弱视者均应散瞳验光，佩戴合适的矫正眼镜，或遵医嘱采取其他矫治措施	佩戴合适矫正镜片或手术治疗	及早治疗上呼吸道感染，避免外力引起鼓膜损伤

★★ 考点大默写 ★★

1. 为幼儿做视力检查时，发现幼儿不能很好地分辨物体的远近、深浅等，且难以完成一些精细活动，初步判断幼儿患有____________。
2. 某幼儿发热，咳嗽短促，胸痛，呼吸困难，气急，烦躁不安，面色苍白，唇周青紫，听诊呼吸音粗糙或稍减低，有湿罗音，则该幼儿最有可能患了____________。
3. 某幼儿夜间经常惊醒哭闹、多汗，出现枕秃，还伴随有骨骼病变。他可能患有____________。

【参考答案】

1. 弱视　2. 肺炎　3. 佝偻病

第二节　学前儿童常见传染病

一、传染病的概述

传染病又称感染性疾病，是由病原微生物（细菌、病毒和真菌）和寄生虫（原虫和蠕虫）感染人体后所产生的疾病，具有传染性和流行性。由寄生虫引起的疾病又称寄生虫病。

考点1　传染病的特性

在人体外环境中，有一些能侵袭人体的微生物，称为病原体。由于传染病的致病因素是有生命的病原体，它在人体内所引起的疾病与其他致病因素所引起的疾病有本质的区别，因此，传染病有它自己的特性。

传染病不同于其他疾病，它有四个基本特征，也有特殊的临床表现，可与其他疾病相区别。

1. 各种传染病都有其特异的病原体

病原体是指外界环境中的一些能侵袭人体的微生物和寄生虫，它是传染病的致病因素。各种传染病都有其特异的病原体，如微生物中的病毒、细菌、衣原体、立克次体、真菌、原虫、蠕虫等，多数传染病的病原体是病毒，对于历史上的许多传染病，人们都是先认识其临床特征，然后才知道其病原体的。

2. 传染病有传染性和流行性

传染病的病原体可以由人或动物经过一定的途径，直接或间接地传染给他人。个体是否传染上某种疾病，与病原体的致病力以及自身的抵抗力有关。当病原体的传染力超过人群普遍的免疫力时，就可以在一定的地区、一定的时间引起广泛的流行。

3. 传染病有感染后的免疫性

正常人体感染病原体后，无论是隐性或显性感染，都能产生针对该病原体的特异性免疫。不同的传染病产生的免疫程度是不同的，一般来说，病毒性传染病（如麻疹、甲肝等）感染后免疫力常可保持终身，但也有例外，如流感的免疫时间很短，可多次感染；细菌、原虫感染后免疫时间一般较短，只有数月或数年（如菌痢），但也有例外，如伤寒的免疫时间较长。

4. 病程的发展有一定的规律性

传染病的发生、发展和恢复，一般有下列四个阶段：

（1）潜伏期

从病原体侵入人体到开始出现临床症状，这段时期称为潜伏期。潜伏期通常相当于病原体在机体内定居、繁殖、转移、引起组织损伤和功能改变，出现临床症状之前的整个过程。

由于病原体的种类、数量、毒性及人体免疫力的不同，潜伏期的长短不一，大多数传染病的潜伏期是几天、几十天，而另一些传染病的潜伏期为数月甚至数年。熟悉各种传染病的潜伏期，是进行流行病学调查、检疫接触者的重要依据，一般参考某种传染病的最长潜伏期，决定该传染病的检疫期限。

（2）前驱期

从出现一般传染病所共有的发热、头痛、疲乏、食欲不振等症状后到开始出现传染病所特有的明显症状，这段时期称为前驱期。由于前驱期患儿仅有一般性症状，故易被忽视和误诊。如果起病急速可不出现前驱期。

（3）症状明显期（又称急性期）

这段时期出现各种传染病的特有症状，不同的传染病在发烧的持续时间、皮疹类型及出疹时间等方面各不一样。

（4）恢复期

机体免疫力增长至一定强度，病原体消失，体内病理、生理变化终止，组织功能逐步恢复正常。但在恢复期有时因为病原体的再度繁殖，急性期症状重新出现，病情会恶化，如伤寒、甲型肝炎等。如果传染病人在恢复期结束以后，机体的某些功能仍长期未能得到恢复，则称为后遗症，后遗症的发生多见于中枢神经系统传染病，如乙型脑炎、脊髓灰质炎等。

考点 2　传染病流行过程的三个基本环节　【简答】　必背　★★★

传染病的流行过程就是传染病在人群中发生、发展和转归的过程。传染源、传播途径和易感者构成了传染病发生和流行的三个基本环节，缺少其中任何一个环节，都不会形成传染病的流行。

1. 传染源

传染源是指病原体在其体内生存、繁殖并向体外排出的人和动物。传染源的类型分以下几种：

（1）病人

病人指感染了病原体并表现出一定症状的人。例如，麻疹、病毒性肝炎、细菌性痢疾等传染病，带有病原体的病人是唯一的传染源。病人排出病原体的整个时期称为传染期，传染期的长短决定病人隔离时间的长短。

（2）病原携带者

病原携带者包括病后病原携带者（也称恢复期病原携带者）和健康病原携带者。病后病原携带者是指患传染病以后，症状虽已消失，但仍然能够排出病原体的病人。健康病原携带者是指病原体虽然已经侵入人体，但并未表现出任何临床症状，却能排出病原体的人。这种潜伏性感染病人，往往成为流行过程的主要危险。

（3）受感染的动物

动物传染了病原体后也能成为传染源而传播疾病，如被狂犬病毒感染的狗、猫就是狂犬病的传染源。

2. 传播途径

病原体从传染源体内排出，经过一定的方式，又侵入他人体内，所经过的途径称为传染途径。病原体主要通过以下几种途径，传播给易感儿童。

(1)空气飞沫传播

病原体由传染源的唾液、痰以及鼻咽分泌物通过空气、飞沫、尘埃等作为媒介，经过呼吸道侵入机体，感染疾病，如麻疹、流感、猩红热等。由于空气飞沫传播是呼吸道传染病的主要传播方式，日常生活中应注意环境卫生，加强室内通风换气，并宜采用湿式打扫。

(2)水、食物传播

病原体由口通过胃肠道侵入机体，使人受到感染。饮食传播是消化道传染病的主要传播方式，如伤寒、菌痢、甲型肝炎等。有些传染病，如血吸虫病，是因接触被污染的水，病原体通过皮肤侵入人体的，故保护水源、饮用开水是减少传染病的重要措施。

(3)接触传播

接触传播有两种形式，即直接接触和间接接触。直接接触是指病原体直接从传染源到达易感者体内感染致病，如狂犬病、破伤风、梅毒。间接接触是指病原体通过污染各种物品(桌椅、玩具、文具)、用品(衣物、碗筷、杯子、毛巾)，再经易感者接触而致病，又称日常生活接触传播。流感、水痘、手足口病、红眼病(急性结膜炎)、乙肝、沙眼等疾病可由间接接触传染。

(4)医源性传播

医务人员在检查、治疗疾病时以及实验操作过程中，通过血液、注射等造成疾病感染，如输入了带有乙型肝炎病毒的血液而感染上乙型肝炎，又如与某种病原携带者共用了注射器而感染上疾病等。

(5)虫媒传播

因吸血节肢动物如蚊子、跳蚤、虱子及白蛉等叮咬人体而传播疾病，如流行性乙型脑炎、疟疾、黑热病等。

(6)土壤传播

人体接触带有病原体的土壤而感染疾病，如破伤风、钩虫病等。土壤传播与儿童接触土壤的机会及卫生习惯有关。

(7)母婴传播

病原体从母亲传给亲生子女，其主要类型有：

出生前传播：病原体通过胎盘传播给胎儿，如风疹病毒、乙型肝炎病毒感染；或病原体从阴道通过子宫的细微破口进入羊水，再感染胎儿，如疱疹病毒感染。

出生时经产道传播：如巨细胞病毒、乙型肝炎病毒感染，这种传播方式较为多见。

母乳传播：如巨细胞病毒、乙型肝炎病毒等都可通过母乳传播。

出生后母婴密切接触传播：母亲或在妊娠和分娩时虽已带有病原体但未传染给孩子，或在生育后感染上病原体，由于后来与子女的密切接触，而将病原体传播给子女。

(8)自身传播

有时带有病原体的儿童可发生反复的自身感染，如患有蛲虫病的孩子睡眠时雌虫到体外肛门周围大量产卵，患儿用手抓痒而沾染虫卵，又通过口腔吞入，反复感染，使疾病延续不愈。

真题面对面

[2022 台州温岭，简答]简述传染病传播的途径。

答案：详见内文

3. 易感者(易感人群)

易感者(易感人群)指体内缺乏对某种传染病的免疫力或免疫力较弱,病原体侵入后可能发病的个体或人群。人群的易感性的高低,主要取决于人群免疫水平的高低。人群免疫来自自然感染后免疫和预防接种后免疫。易感人群的多少,对传染病的发生和流行有很大影响。

考点3 预防传染病的主要措施 【简答】 必背 ★★★

传染病具有流行性,往往能在短时间内使众多人群感染发病,危害极大,故必须加强预防。预防传染病的关键在于针对其发生和流行的三个基本环节,采取综合性措施。

1. 发现和管理传染源

总的来说,对传染源要早发现、早报告、早隔离、早诊断及早治疗,具体措施如下:(1)早发现病人;(2)早隔离病人;(3)对传染病的接触者进行检疫。

2. 切断传播途径

教职工应严格执行卫生制度,养成良好的个人卫生习惯,并注意培养幼儿良好的生活卫生习惯,防止病从口入,儿童所用物品应经常进行消毒,消毒方法一般有物理消毒法和化学消毒法(即使用化学消毒剂),各种物品及脏物的消毒方法。这里主要介绍物理消毒法。

物理消毒法是简便易行、较为有效的消毒法。它又分为机械法、煮沸法、日晒法三种。

(1)机械法

机械法采用洗涤、通风换气等方法,排除部分或全部的病原体,但不能有效地杀灭病原体。

(2)煮沸法

煮沸法是简便可靠的消毒方法。被消毒的物品必须全部浸入水中。一般致病菌在煮沸1~2分钟后即可灭活。甲型或乙型肝炎病毒,煮沸15~30分钟方能灭活。各种耐热的物品、金属器皿和食具等均可煮沸消毒。

(3)日晒法

日晒法是利用紫外线消毒灭菌。一般附着在衣服、被褥等物品表面的病原体,在阳光下暴晒3~6小时就可灭活。流感、百日咳、流脑、麻疹等病原体,在阳光直射下很快就会灭活。

3. 保护易感者

(1)预防接种

预防接种又称人工自动免疫,是指运用人工的方法使人获得特异性免疫的能力,也就是将各种病原体的毒性降低,制成疫苗,通过适当的途径接种到人体内,从而达到预防传染病的目的。人工自动免疫后,人体免疫力可在1~4周内出现,并且可持续较长时间。预防接种是当前最有效、最经济、最简便的预防传染病的方法。

(2)体育锻炼

锻炼可增强儿童体质,提高机体免疫力和抵抗力。幼儿园和家庭要重视幼儿的体育锻炼,每天保证幼儿有2小时的户外活动时间和足够的运动量。

(3)营养与睡眠

保证营养供给充足,提供平衡膳食;保证睡眠充足、有规律的一日生活,均可增强幼儿体质,提高免疫力。

真题面对面

[2023绍兴,简答]简述预防传染病的措施。

答案:详见内文

二、学前儿童常见传染病的种类和预防

考点1　病毒性急性出疹性传染病

	麻疹	风疹	幼儿急疹	水痘
病因	由麻疹病毒引起的急性出疹性传染病	风疹病毒引起的急性出疹性传染病	病因尚不明确，目前大多认为是由病毒引起	病原体是水痘——带状病毒
症状	①潜伏期6~18天不等，平均为10~11天； ②前驱期：发热同时出现上呼吸道炎症； ③出疹期2~5天不等	①潜伏期10~21天不等，一般为16~18天； ②前驱期很短，一般为咳嗽、喷嚏、流涕、咽痛、头痛、结膜炎、食欲不佳、发热等； ③发疹期。通常于发热后第1~2天即出现特殊的斑丘疹	①潜伏期一般为7~17天，平均为10天； ②发热期，起病急骤，无前驱症状，一般为39℃~41℃； ③出疹期，皮疹为玫瑰红色斑疹或斑丘疹，多呈分散性	①潜伏期11~24天不等，一般为13~17天； ②偶有前驱症状； ③出疹期，皮疹先见于头皮、面部，渐延及躯干、四肢
预防	①普遍接种麻疹疫苗； ②患儿需隔离	一般预防方法与麻疹相似	注意与病人接触过的儿童在10天内的一般情况，如发生高热，即需暂时隔离。加强患儿的营养和水分供应	①隔离病人直至全部皮疹结痂，室内通风换气，用紫外线对空气进行消毒； ②接种水痘减毒活疫苗

考点2　其他病毒性传染病　【单选】★★

种类	病因	症状	预防
流行性感冒	由流行性感冒病毒引起的常见急性呼吸道传染病	流行性感冒潜伏期为数小时至1~2天。起病急，高热、头痛、咽痛、乏力、眼结膜充血。以胃肠道症状为主者，可有恶心、呕吐、腹痛、腹泻等症状；以肺炎症状为主者，发病1~2天后即出现咳嗽、气促、气喘、口唇发绀等症状。部分患儿有明显的精神症状，如嗜睡、惊厥等。婴幼儿常并发中耳炎	①对流感患儿要尽早隔离治疗； ②对密切接触者要加强观察； ③室内应通风、有阳光照射； ④托幼机构应定期消毒儿童玩具及其他用品，儿童被褥等不能交叉使用
流行性腮腺炎	由流行性腮腺炎病毒所致的急性呼吸道传染病	以腮腺的非化脓性肿胀和疼痛为特征，潜伏期为14~21天	①患儿需隔离至腮肿完全消退； ②接种腮腺炎减毒活疫苗及腮腺炎—麻疹—风疹三联疫苗
流行性乙型脑炎	由乙脑病毒引起的急性中枢神经系统传染病	起病急，高热，体温可达39℃~40℃，患儿头痛、嗜睡、呕吐、精神萎靡、食欲不振、昏迷、惊厥	①消灭蚊虫，在冬春季节早期消灭蚊幼虫； ②预防接种乙脑灭活疫苗； ③对猪、马进行人工免疫
病毒性肝炎	由不同种病毒原引起的一组传染病	①甲型肝炎多为黄疸型，乙型肝炎多为无黄疸型； ②儿童的表现有：食欲减退、恶心、乏力，或偶尔呕吐、腹泻，肝大并有压痛、肝功能异常，不喜欢吃油腻食物等	①急性肝炎病儿应隔离治疗； ②预防接种是目前预防甲肝和乙肝的最佳措施

续表

种类	病因	症状	预防
带状疱疹	由水痘带状疱疹病毒引起的急性炎症性皮肤病	出疹前可有发烧、不适。数日后出现皮疹	①按医嘱给病儿用药,如维生素B_1、B_{12}等。②局部用炉甘石洗剂,以消炎止痛
狂犬病	由狂犬病毒引起的中枢神经系统急性传染病,又称恐水病	患者低热、头痛、烦躁、恶心,随之对声、光、风等刺激敏感	①用20%的肥皂水或0.1%的新洁尔彻底冲洗半小时,再用70%酒精、碘酊擦拭几次;②及时、全程、足量注射狂犬病疫苗;③加强对家畜饲养的管理,杀灭野犬、狂犬并焚毁或深埋
手足口病	手足口病是由多种肠道病毒引起的常见传染病,四季均可发病,以夏、秋季多见。传播途径主要为粪-口途径和呼吸道飞沫传播	发病早期类似感冒,发热,一般为38 ℃左右,部分患儿可伴有咳嗽、流涕、食欲不振、恶心、呕吐、头疼等症状。同时或1~2日后手掌或脚掌处出现米粒大小的疱疹,有时也会出现在臀部或膝盖处。疱疹周围有炎性红晕,疱壁厚,疱内液体较少	15字防病口诀是:勤通风,勤洗手,喝开水,食熟食,晒衣被

勤通风

勤洗手

喝开水

食熟食

晒衣被

真题面对面

[2018统考,单选]保健医生在晨检时发现一位幼儿手指背面、侧缘、手掌的周围发生红色斑丘疹,口腔内在舌、硬腭、颊黏膜、齿龈上发生水疱,初步诊断为(　　)

A. 带状疱疹　　B. 手足口病　　C. 猩红热　　D. 百日咳

答案:B

考点大默写

1. 传染病流行的三个基本环节是________、传播途径、________。
2. 幼儿园传染病预防的三个环节分别是发现和管理传染源、切断传播途径、________。
3. 甲型或乙型肝炎病毒,煮沸________分钟方能灭活。
4. 物理消毒法是简便易行、较为有效的消毒法。它分为机械法、________、________三种。
5. 在传染病的发展过程中,从病原体侵入人体到开始出现临床症状,这段时期称为________。
6. 在日常生活中,我们强调一些卫生常识,如饭前便后洗手。从预防传染病流行的角度,这是为了________。
7. "吃熟食、喝开水、勤洗手、晒衣被"主要是为了预防________病。
8. 发现和管理传染源的具体措施包括________、________、对传染病的接触者进行检疫。

【参考答案】

1. 传染源;易感者 2. 保护易感者 3. 15~30 4. 煮沸法;日晒法 5. 潜伏期 6. 切断传播途径 7. 手足口 8. 早发现病人;早隔离病人

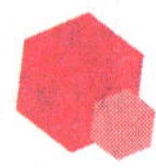

第三节 学前儿童常见意外事故的防护和急救

一、心跳停止的急救处理

当病儿心跳停止,要立即用人为的方法来维持病儿的血液循环,使心脏重新跳动。常用的心脏跳动挤压法,具体的操作方法如下:

1. 使病儿仰卧,背部有硬物支撑

将病儿脸朝上躺在平直的模板或平整的地面上,背部有硬物支撑。如果原来躺在软床或帆布担架上,要移至硬板或地面上,才能使心脏挤压有效。

2. 挤压心脏

(1)对新生儿:用双手握住其胸,用两拇指压胸骨(乳头连线的中央),使胸骨下陷约1厘米左右,然后放松,每分钟按压120次左右。

(2)对3岁以下小儿:左手托其背,右手用手掌根部按压胸骨偏下方,使胸骨下陷约2厘米左右。胸骨下陷则挤压心脏,心脏收缩将血液注入动脉;当救护者手放松时(手不偏离原位),心脏舒张,静脉血回流入心脏。如此,每分钟按压80次左右。

(3)对年长的儿童:救护者把右手掌放在胸骨偏下方,左手按压在右手上,成交叉式,以助右手之力,每分钟按压60~80次。

在进行胸外心脏挤压时,要垂直向下用力,挤压面积不可过大,以免伤及肋骨,更不能挤压左胸乳头处,该处为坚硬的肋骨,非但起不到按压心脏的效果,还可能造成肋骨骨折,刺伤肺脏,使病情加重。

二、骨折

幼儿在意外事故中使骨的完整性遭到破坏而导致骨折。折断的骨不穿破皮肤而外露的骨折,称为单纯骨折(又称闭合性骨折)。如果折断的骨刺伤局部的肌肉,骨的断端外露,神经受到伤害的骨折,称为复杂骨折(又称开放性骨折)。

骨折的处理措施:

(1)急救的重点应是及时止痛、止血,防止休克,不要盲目地搬动患儿,特别是在可能伤及患儿的脊柱和颈部时更应注意,以免加重伤势,或引起严重的并发症甚至危及生命。

(2)固定骨折,限制断骨的活动。可使用绷带和夹板,将骨折处上下关节都固定起来。上肢应采用曲肘固定,下肢应采用直肢固定。绷带不宜绑得过紧,时间不宜过长。伤肢固定时应露出指或趾尖,以观察血液循环的情况。

(3)对开放性骨折,在夹板固定前应先止血,局部消毒处理,不要将外露骨骼推入伤口,应盖上消毒纱布后再用夹板固定,送医院治疗。

三、眼外伤的处理

1. 角膜异物

沙子、铁屑等异物已嵌在角膜上,应迅速送医院处理。不得自己用针等锐物去挑拨异物,因为异物细小,须在良好的照明、严密的无菌条件下进行操作,方能防止损伤角膜和预防感染。

2. 钝挫伤

被弹弓子打在眼上或被足球、土块、木块击伤眼睛，可致眼钝挫伤。眼球受到撞击，会出现视网膜震荡、出血。可立即用毛巾冷敷，减少眼内出血，并速送医院。

3. 刺伤、划伤

被铁丝、小刀、毛衣针、树枝等刺伤或划伤眼睛，可使眼球部分破损或完全破裂。若完全破裂，有眼内组织脱出(最常见的是深褐色的虹膜脱出)及水样物流出。可用消毒的纱布或干净的毛巾敷盖眼睛，但不必还纳已经脱出的眼内容物，否则会增加感染的机会；也不要用力压迫眼球，因为任何外力都会使眼内容物被挤出眼球，导致失明。

4. 鞭炮炸伤

逢年过节，孩子都喜欢放鞭炮。生活在矿区的孩子偶尔在煤堆中捡到废旧的雷管玩耍，常因此引起眼爆炸伤。爆炸的冲击力对眼球往往是严重的震荡并伴有穿通伤，处理方法见刺伤、划伤的处理。

四、异物进入人体

1. 气管异物

当人们在吞咽食物的时候，会厌软骨盖住气管口，以免食物误入“歧途”进入气管。但儿童会厌软骨的工作不如成人机灵敏感，因此当儿童正吃东西时突然大哭、大笑，会厌软骨来不及盖住气管，使食物呛入气管，形成气管异物。异物以圆滑的食物最为多见。儿童气管发育不完善，驱赶力较弱，很难将气管异物“赶走”，造成异物在气管内的停留。当异物将气管完全堵住时，儿童会出现呼吸困难，面色青紫。较小的异物还要继续下滑，常常滑入右侧支气管，导致右侧肺不能工作，也会出现呼吸困难。

海姆立克急救法是针对气管异物患者的急救方法，利用冲击腹部膈肌下软组织产生向上的压力，压迫两肺下部，从而驱使肺部残留空气形成一股气流。这股带有冲击性、方向性的长驱直入气管的气流，就能将堵住气管、喉部的食物硬块等异物冲出气道，使患者获救。儿童救治的具体操作方法如下：

(1)较大儿童：救护者站在患儿身后，从背后抱住其腹部，双臂围环其腰腹部，一手握拳，拳心向内按压于受害人的肚脐和肋骨之间的部位；另一手掌捂按在拳头之上，双手急速用力向里、向上挤压，反复实施，直至阻塞物吐出为止。

(2)1岁以下婴儿：救护者坐在椅子上，将婴儿俯卧、头低脚高位，一手托其下颌，另一手用手掌根部撞击婴儿背部两侧肩胛骨之间的区域，拍击5次，然后让婴儿仰卧于大腿上，用双手的食指和中指做“挤压器”，放在两乳头连线中间向下一横指的地方，迅速轻柔地向里、向上挤压5次，以上两种冲击法交替进行。

2. 消化道异物

儿童有时候会误吞骨头、纽扣等异物，这些异物有时会卡在食道里，有时还会沿着食道进到胃里。异物若卡在食道，患儿的食道部位会有明显的疼痛，在吞咽时，疼痛更明显，致使进食困难。如果异物在食道停留时间过长，还会引起局部及附近部位发炎，严重的会导致食道壁穿孔。一旦发生食道异物，应立即送患儿到医院医治，禁止采用吃东西把异物顶到胃中的做法。

3. 鼻腔异物

儿童出于好奇，有时会将纸团、小珠子、豆粒等塞入鼻孔，形成鼻腔异物。若疏于医治，可出现大量带黏液的血脓性分泌物。一旦发现儿童将异物塞进一侧鼻孔，千万不要用镊子试图将异物夹出，尤其是圆滑的异物，很难夹住，越捅越往深处走。正确的做法：让儿童将无异物的鼻孔按住，然后用力擤鼻涕；还可用羽毛、纸刺激儿童鼻黏膜，引起喷嚏反射。如果上述方法排不出异物，则应到医院处理。

4. 外耳道异物

儿童如将豆粒、小珠子等塞入耳中，或有小昆虫钻入耳中，会形成外耳道异物。儿童会感到耳鸣，耳内有东西，听力往往也会下降。若是苍蝇、蚂蚁等小昆虫钻进耳内，爬来爬去，使儿童感到疼痛，较易被发现。此时可用灯光对着外耳道口，利用昆虫的趋光性，引诱它爬出来；也可将半茶匙稍加热后的食油、甘油倒入耳内，再让患儿病耳朝下，控制5～10分钟，被淹死的昆虫可随液体一道流出。

对于其他外耳道异物，最好到医院处理。因为在没有良好的照明条件、必要的机械和技术不熟练的情况下操作，易损伤儿童的外耳道皮肤，也可能将异物推入深处，损坏鼓膜，还有可能将异物推向中耳，造成更严重的后果。

5. 眼内异物

眼内异物多由灰沙落入眼中所致。儿童会因异物刺激感到疼痛、睁不开眼。处理眼内异物，不能用手或手帕揉擦，可让儿童用力眨眼，利用泪水将异物带出。也可用温水或蒸馏水冲洗眼睛，还可翻开上、下眼睑，找到异物后用干净的棉签，纱布擦去。若运用上述方法不能取出，儿童仍感极度不适，有可能是角膜异物，应立即去医院治疗。

五、鼻出血 【简答】 必背 ★★★

1. 病因

鼻出血

婴幼儿鼻出血的原因很多，如鼻部外伤、某些全身性疾病、鼻黏膜干燥、鼻腔异物等都可引起鼻出血，最常见于用手抠挖鼻痂、发热及空气干燥时。鼻出血的程度不同，由短时间流几滴到长时间的大量流血。

2. 处理方法

(1)安慰儿童不要紧张，让儿童安静坐下，头略向前低，不能仰卧位，也不能头向后仰，以免血液呛入呼吸道。

(2)压迫止血。将患儿衣领、腰带松开，用口呼吸，并用拇指和食指捏住患儿的鼻翼，同时用湿毛巾冷敷鼻部或前额，一般压迫5～10分钟即可。

(3)若出血较多，用上述方法不能止血，可用0.5%麻黄碱或1/1000肾上腺素湿棉球填塞出血侧鼻孔，一定要达到出血部位。

(4)止血后，2～3小时内不能做剧烈活动，避免再出血。

(5)若幼儿有频繁的吞咽动作，一定让他把“口水”吐出来，若吐出的是鲜血，说明仍继续出血，应尽快送医院处理。

若幼儿常发生鼻出血，应去医院做全面检查，确定是否有血液病或其他疾病。

真题面对面

[2020杭州，简答]简述幼儿鼻出血常见原因和处理办法。

答案：详见内文

六、烧烫伤

烧伤、烫伤是幼儿园常见的意外事故，多由高温(如热水、蒸汽、火等)、电以及化学物质作用于幼儿的皮肤和黏膜而引起这些部位的损伤。在幼儿烧(烫)伤事故中，最常见的是开水、热汤、热粥引起的烫伤，火烧伤次之，偶有化学烧伤及电击伤。

学前儿童的皮肤娇嫩，同样的刺激对学前儿童的伤害比成人更严重。对烧、烫伤的急救处理可从以下几点入手：

1. 立即清除造成烧伤、烫伤的根源

如遇火焰灼伤，应迅速将儿童脱离火源，扑灭伤者身上的余火。对热汤、热粥烫伤儿童，应立即脱去浸湿的衣服，不易脱去时，切忌强行撕拉，可用剪刀剪破撕开，充分暴露创面。若不慎沾有化学药品时，要用专用冲洗剂冲洗。

2. 根据受伤的程度不同及时处理创面

根据烧(烫)伤的深浅不同，烧(烫)伤可分3度：

一度烧(烫)伤，只损伤皮肤表皮层，局部皮肤红肿、疼痛、无水疱。处理时可将损伤部位用凉水或冷开水反复冲洗，若手足灼伤可直接浸于冷水中，至疼痛缓解后去除冷水。可在伤面上涂清凉油或烫伤药膏等，一般4～5天可痊愈，不留疤痕。千万不可随意乱抹肥皂水、牙膏、酱油等。

二度烧(烫)伤，伤及真皮层，局部除红肿外，还出现水疱，疼痛剧烈。

三度烧(烫)伤，伤及皮下组织和肌肉，甚至累及骨骼。

对二、三度烧(烫)伤的患儿，可用干净的纱布、毛巾等覆盖创面，或用干净的床单包裹住，不要弄破水疱，及时送医院救治。有时烧(烫)伤面积较大，患儿可能烦躁口渴，可少量多次喝些淡盐水。

注意，对于化学用品(如酸)引起的灼伤，不可用凉水冲，要用专用冲洗剂进行处理。烧烫伤后，千万不要揉搓、按摩、挤压烫伤的皮肤，也不要急着用毛巾拭擦，以免表皮剥脱。不要给伤处涂抹酱油、醋、碱、牙膏或紫药水之类的东西，这样不但不能减轻伤情，而且会继续刺激创面，加深受伤程度，增加感染的机会，加重患儿的痛苦。

七、咬伤、蜇伤致中毒 【单选】 必背 ★★

1. 蛇咬伤

被毒蛇咬伤后，蛇毒会很快扩散，危及生命。因此，一旦被蛇咬伤，要立即阻止蛇毒扩散，其方法是：用带子或撕下衣服，捆扎伤口靠近心脏的一端，以阻断淋巴、阻断血流。紧接着用清水或盐水冲洗伤口，将留在表面的毒液冲走。用刀片以伤口牙痕为中心，划个十字切口，并用手挤伤口，使毒液流出，也可用拔火罐或吸奶器把毒液吸出来。这样反复几次，使毒液流净，将结扎带子解开，迅速送医院治疗。为了避免毒蛇咬伤，不要带儿童到潮湿、低洼地散步，也不要带儿童去长满野草和茂密的树丛中去，更不要让他们在青草或稻草上玩耍和躺着。

2. 狗咬伤

被狗咬伤后，第一时间应快速彻底冲洗伤口。清洁流水冲洗15分钟，肥皂水冲洗15分钟，冲洗的水量要大，水流要急，最好对着自来水龙头急水冲洗，以最快速度把沾染在伤口上的狂犬病毒冲洗掉。并应及早注射狂犬病疫苗。

真题面对面

[2021临海，单选]小光的胳膊被狗咬伤了，教师在第一时间发现后采取的正确处理方法是(　　)

A. 用止血药粉或者药膏涂抹在伤口上　　B. 用自来水对着伤口急水冲洗

C. 用嘴去吸吮伤口　　D. 用牙膏、醋等非医疗物品冲洗伤口

答案：B

3. 黄蜂、蜜蜂蜇伤

儿童在蜂窝附近或花丛中玩耍，有可能遭蜂蜇。蜂蜇后毒物进入儿童体内，会引起被蜇处表面皮肤红肿，并伴有剧烈疼痛，而后奇痒无比，以后症状慢慢消失。一旦遭蜂蜇后，首先要找到并取出昆虫的毒刺，然

后在蜇伤处涂些液体。黄蜂毒液呈碱性，可在伤口涂食醋等弱酸性液体；蜜蜂的毒液呈酸性，可在伤口涂淡碱水、肥皂水等弱碱性液体，以达到减轻疼痛和消除水肿的目的。若蜇伤后还伴有中毒症状，应立即送医院。

真题面对面

[2018统考，单选]户外活动时，有幼儿被蜜蜂蜇伤，作为带班老师的你应尽快在受伤幼儿的患处涂(　　)

A. 弱酸性溶液　　B. 清水

C. 弱碱性溶液　　D. 强碱性溶液

答案：C

★★ 考点大默写 ★★

1. 幼儿突然出现剧烈呛咳，伴有呼吸困难，面色青紫。这种情况最可能是异物落入________。
2. 对开放性骨折，在夹板固定前应先________。
3. 当病儿心跳停止，对年长的儿童挤压心脏，救护者把右手掌放在胸骨偏下方，左手按压在右手上，成交叉式，以助右手之力，每分钟按压________次。
4. 精英幼儿园某大班的幼儿在程老师的带领下到当地一所公园进行活动，顽皮的幼儿小明玩耍的时候不小心被一只黄蜂蜇伤，皮肤立刻红肿、疼痛，这时，程老师应该尽快将弱________性液体涂于受伤处。

【参考答案】

1. 气管　2. 止血　3. 60~80　4. 酸

即时反思与复盘总结

我于________年____月____日完成了对本章的学习。

复盘一下，我对自己较肯定的地方是________________

(足够努力/心态积极/方法得当……)

我觉得自己需要改进的地方是________________

(懒惰懈怠/心情浮躁/方法不当……)

休息片刻，开启下一站征程！

第四章 学前儿童心理障碍及问题行为的预防与矫正

思维导图

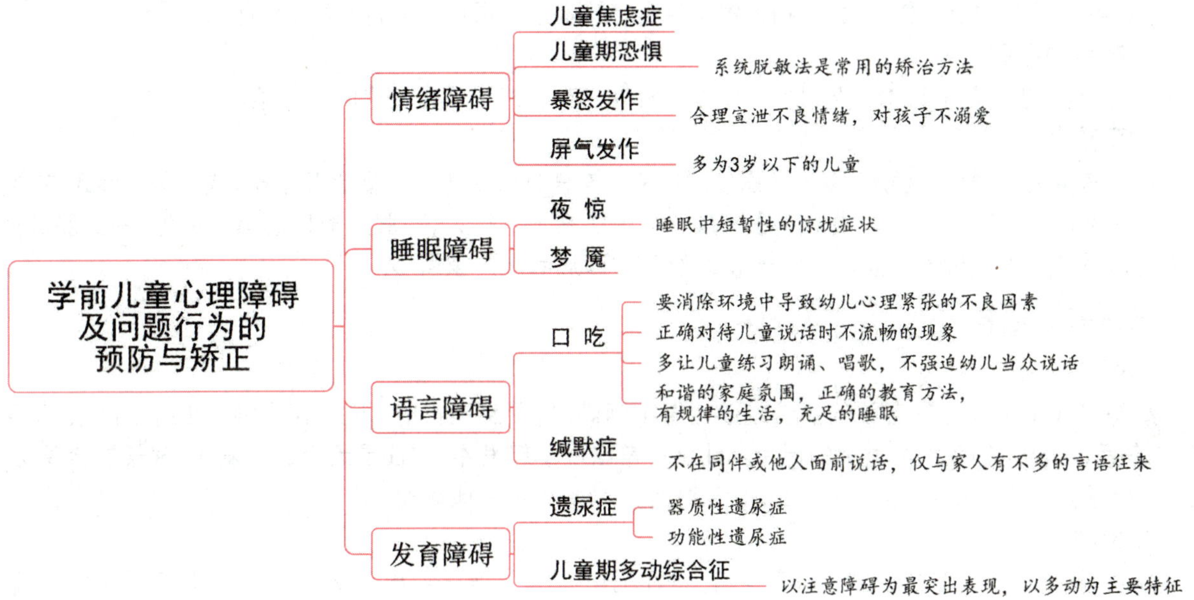

浙江考向

本章属于学前卫生学的基础章节，内容少，知识点琐碎，需要识记的知识少。现对本章考向分析如下：

高频考点	常考题型	能力层级	考查热度
屏气发作	判断	识记	★★

核心考点

第一节 情绪障碍

一、儿童焦虑症

1. 概念

焦虑症是在儿童时期无明显原因下发生的发作性紧张、莫名恐惧与不安，常伴有自主神经系统功能的异常，是一种较常见的情绪障碍。

2. 病因

儿童焦虑症与先天素质和后天环境因素有密切关系。这类孩子先天就有敏感、自信心不足、自尊心又很强的性格特点，容易紧张、多虑。他们的家长也常有敏感、多虑的表现，而且对孩子的教育方法不当。

3. 治疗

创造良好的环境，增进家庭和睦、改进养育方法，着重培养儿童的自信心、勇气、胆略和独立的生活能力，减少其依赖性，增强他们的社会交往和集体意识，减少心理过程中的阴暗因素，促使其热爱生活、热爱集体、热爱大自然。

二、儿童期恐惧

1. 概念

儿童期恐惧是一种心理卫生问题。它是指儿童对某些物体或情景产生过分激烈的情感反应；恐惧强烈、持久，影响正常的情绪和生活，特别是到了某个年龄本该不再怕的事，仍表现惧怕。

2. 产生的原因

(1)特殊刺激引起的直接经验；(2)恐惧是一种“共鸣”；(3)恐惧是受恐吓的结果。

3. 预防

在日常生活中诱导、鼓励儿童去认识自然现象。在任何情况下都不要恐吓孩子，或让他们看恐怖影视。家长处事不惊，本身就是一种“模仿疗法”，孩子会模仿家长的行为，克服儿童期恐惧。另外，系统脱敏法也是常用的矫治方法。儿童期恐惧不同于儿童期恐怖症，后者要严重得多。

三、暴怒发作

1. 概念

暴怒发作是指儿童在自己的要求或欲望得不到满足，受到挫折时，就哭闹、尖叫、在地上打滚、用头撞墙、撕东西、扯自己的头发等过火的行为。儿童经常出现暴怒发作，往往是因为每次发作，家长就会妥协，满足他的要求。发作的结局，强化了行为，越演越烈。

2. 预防

预防：从小培养儿童合理宣泄不良情绪。对孩子不溺爱。第一次出现暴怒发作，家长不妥协，坚持讲道理，绝不迁就不合理的要求。

四、屏气发作 【判断】 ★★

1. 屏气发作的概念

屏气发作又称呼吸暂停症，该症的主要特征是，在遇到不合己意的事情时，突然出现急剧的情绪爆发，发怒、惊惧、哭闹后随即发生呼吸暂停。

发生屏气发作多为3岁以下的儿童，3岁以后很少发生，6岁以后更为罕见。

真题面对面

[2021杭州，判断]当婴幼儿遇到不合己意的事情时，突然出现急剧的情绪爆发，发怒、惊惧、哭闹后随即发生呼吸暂停。这种表现称为暴怒发作。

答案：×

2. 预防

(1)尽量解除可引起儿童心理过度紧张的种种因素，不要溺爱孩子。

(2)对正在发作的孩子，家长要镇静，立即松开孩子的衣领、裤带，使其侧卧，轻轻扶着孩子。孩子恢复正常后，可以给他讲故事，带他玩等转移他的紧张情绪。

★★ 考点大默写 ★★

1. ____________是指儿童对某些物体或情景产生过分激烈的情感反应，恐惧强烈、持久，影响正常的情绪和生活，特别是到了某个年龄本该不再怕的事，仍表现惧怕。

2. ____________是指儿童在自己的要求得不到满足，受到挫折时，就哭闹、尖叫、在地上打滚、用头撞墙、撕东西、扯自己的头发等过火的行为。

3. 发生屏气发作多为____________岁以下的儿童，3岁以后很少发生，6岁以后更为罕见。

【参考答案】

1. 儿童期恐惧　2. 暴怒发作　3. 3

第二节　睡眠障碍

一、夜惊

夜惊指睡眠中突然出现的短暂性惊扰症状。常见于4～7岁儿童，男孩多于女孩。通常在青春期开始后消失。

1. 表现

夜惊是一种意识蒙眬状态，在开始入睡一段时间后突然惊醒，瞪目坐起，表情恐怖，有时喊叫，内容与受惊因素有关。时间一般为3～5分钟左右。患儿当时神志迷糊，清醒后不能回忆，或偶有片段回忆。部分儿童在发作时伴有梦游症，或在床上走动，或起床下地做一些机械的动作，清醒后完全不能回忆。发作次数不定。

2. 诱因

受惊和紧张不安是主要的精神因素。鼻咽部疾病导致睡眠时呼吸不畅，以及肠道寄生虫病也是导致夜惊的常见原因。

3. 矫治

排除脑瘤、癫痫等病史后，儿童一般不需特殊治疗。消除引起儿童紧张不安的精神因素和有关疾病因素，保证有规律的作息，一段时间后，症状可自然消失。

二、梦魇

1. 表现

梦魇也是睡眠障碍的一种表现。表现为儿童做噩梦（如从树上跌落、突然失足落水等），伴有呼吸急促、心跳加剧，自觉全身不能动弹，以致从梦中惊醒、哭闹。醒后仍有短暂的情绪失常，紧张、害怕、出冷汗、面色苍白等。对梦境能有片段的记忆。

2. 矫治

只要不是经常发作，可不做特殊治疗。

3. 预防

（1）生活有规律，使儿童体内的生物钟正常运转；（2）培养开朗的性格；（3）化解心理冲突。

注：本节作为儿童睡眠障碍的基础知识，历年考试较少涉及，考生以了解为主，不再设置考点大默写。

第三节　语言障碍

一、口吃

口吃为常见的语言节奏障碍。口吃的发生并非因发音器官或神经系统有缺陷，而是与心理状态有密切关系。口吃出现的年龄以2～4岁为多。2～3岁，一般是口吃开始发生的年龄，3～4岁是口吃的常见期。

1. 口吃的表现

口吃表现为正常的语言节律受阻，无法控制地重复某些字音或词句，发音延长或停顿。常伴有跺脚、摇头、挤眼、歪嘴等动作，才能费力地将字迸出。

有口吃的儿童大都性格内向、不开朗、自卑、羞怯、退缩、情绪易急躁、冲动。

出于对口吃的恐惧心理和高度注意，越怕口吃越口吃，终成心理痼疾。

2. 引起口吃的诱因

(1)精神创伤：受惊吓；迁入陌生的环境，久久不能适应；家庭破裂，失去温暖；等等。

(2)模仿：儿童喜欢模仿，觉得口吃者滑稽可笑，先模仿，终成口吃。

(3)心理紧张：心理紧张是引起口吃的重要因素。如突然的精神刺激、环境的改变、精神紧张过度等，这些都可以导致孩子发生口吃现象。

(4)成人的教养方式不当，尤其是当孩子发音不准、说话不流利的时候，成人过分的指责给孩子造成心理压力，从而导致口吃。

(5)疾病：儿童患百日咳、流行性感冒、猩红热等传染病，或脑部受创伤后，都可造成大脑皮质功能减退而发生口吃。

3. "发育性口齿不流利"不是"口吃"

值得注意的是，2～5岁的儿童正是语言和心理发展十分迅速的阶段，词汇也逐渐丰富，但言语功能尚未熟练，还不善于选择词汇，因此说话时常有迟疑、不流畅的现象。这种现象称为"发育性口齿不流利"，不是口吃。

如果家长或教师对儿童上述口齿不流利的现象，流露出担心、不安的心情，并时时提醒"别结巴"，或强迫儿童"把话再说一遍"，儿童在开口前先心理紧张了，怕说不好，就更加张口结舌，很有可能真发展成口吃。

4. 口吃的矫治

(1)要消除环境中导致儿童心理紧张的不良因素。解除儿童的心理紧张是矫治口吃的重要方法。特别是4岁以后，儿童已经出现对自己语言的意识，如果对他的口吃现象加以斥责或过急要求改正，将会加剧其紧张情绪，形成恶性循环。甚至由此导致儿童避免说话，或回避说出某些词，难以纠正口吃。这种情况发展下去，还将对儿童的性格形成产生不良影响，导致孤僻等性格特征。家长、教师不要议论其口吃，更不能耻笑、责骂。

(2)正确对待儿童说话时不流畅的现象，成人和孩子说话时要正确示范，要教给孩子正确的说话方法。成人宜用平静、从容、缓慢、轻柔的语气语调和儿童说话，来感染他们，使他们学会说话时不着急，呼吸平稳，全身放松，特别是不去注意自己是否又结巴了。

(3)多让儿童练习朗诵、唱歌。不强迫儿童当众说话。

(4)和谐的家庭氛围，正确的教育方法，有规律的生活，充足的睡眠，都有助于儿童恢复正常的语言节律。

二、缄默症

缄默症是指儿童在无任何语言障碍情况下的缄默不语，患儿不在同伴或他人面前说话，仅与家人有不多的言语往来。这是在受惊、生气、恐惧等精神诱因刺激下的保护性反应，常见于身体衰弱和心理胆怯的儿童。有些患缄默症的儿童还有其他异常行为。缄默症也可能是其他疾病(如伤寒病、舞蹈病)的伴随症状，应注意鉴别。消除精神紧张，适当改变环境，转移儿童对自己言语的注意力，是较为有效的治疗方法。

注：本节作为儿童语言障碍的基础知识，历年考试较少涉及，考生以了解为主，不再设置考点大默写。

第四节 发育障碍

一、遗尿症

考点1 遗尿症的定义

儿童在5岁或5岁以上，仍不能控制排尿，经常夜间尿床，白天尿裤，称"遗尿症"。所谓"经常"，是指5岁，每月至少有2次遗尿，6岁，每月至少有1次遗尿。

考点2 遗尿症的原因

遗尿症有两大类：器质性遗尿症和功能性遗尿症。

1. 器质性遗尿症

因躯体疾病引起的遗尿症，称为"器质性遗尿症"。常见的疾病如下：

(1)泌尿系统感染或先天泌尿道畸形；(2)肠寄生虫；(3)包茎；(4)儿童糖尿病。

2. 功能性遗尿症

功能性遗尿症，是指已排除了各种躯体疾病的遗尿症。在遗尿症中，功能性遗尿症占大多数。因此，人们一般说的遗尿症就只指功能性遗尿症。

功能性遗尿症主要由于大脑皮质功能失调所致。诱因多为精神方面的障碍，**如精神紧张、不安，受过惊吓，大病一场之后，生活环境改变，不能适应等等**。睡眠过深，没有养成好的控制排尿习惯，也是主要诱因。

这里仅介绍功能性遗尿症的矫治：

(1)消除可致儿童精神不安的因素，包括因遗尿带来的心理压力；(2)绝不可耻笑、责骂有遗尿症的儿童，否则心理压力越来越大，遗尿也越加频繁；(3)白天避免过累；(4)避免临睡前过度兴奋；(5)控制饮水；(6)唤醒排尿；(7)针灸、药物治疗。

考点3 "精神性尿频"不是"遗尿症"

某些新入幼儿园的小朋友，出现遗尿，检查尿液未发现异常，儿童在家里并不遗尿。这种情况常与儿童刚进入陌生环境，还不适应有关。儿童因为紧张、不安，总觉得有尿而往厕所跑，或因为紧张而尿了裤子。如果受到批评，紧张情绪加剧，更不能控制排尿。这种因精神紧张，偶尔遗尿的现象，不是"遗尿症"。

对刚入园的小朋友，老师要帮助他们熟悉环境，多给予关心、照顾，鼓励他们参加各种有趣的活动。当他们熟悉了环境，紧张不安的心理解除了，尿频、尿急的现象也就随之消失。

二、儿童期多动综合征

儿童多动综合征(简称多动症)，又名轻微脑功能失调(MBD)，或"注意缺陷障碍"(ADD)，是一类以注意障碍为最突出表现，以多动为主要特征的儿童行为问题。

考点1 分类

(1)单纯的活动和注意障碍：以注意持续时间短暂和容易分散，以及活动过度为主要表现，无明显的品行障碍或其他特殊技能的发展迟缓。

(2)伴有发展迟缓的多动症：伴有言语发展延迟、笨拙、阅读困难或其他特殊技能的发展迟缓。

(3)多动症伴有品行障碍，但没有发展的迟缓。

(4)其他。

考点2 多动症的表现

多动症在不同年龄阶段的表现不尽相同。(1)在婴儿期，主要表现为不安宁、易激怒、饮食情况差；(2)在先学前期和学前期，则主要表现为注意力集中时间短暂、有破坏行为、不能静坐、对动物残忍、有攻击行为和冲动行为、情绪易波动、遗尿等；(3)学龄儿童的多动症症状最为突出，表现为学习困难、上课不能安静听讲、小动作多、不能完成作业、容易激动、好与人争吵、注意力集中时间短暂等。所有这些表现并非每个患有多动症的儿童都具备。总之，小动作多、易冲动、注意力有明显缺陷是多动症的主要表现。

考点 3　病因

多动症是由多种原因引起的一组综合征。先天原因(某种神经递质的缺陷、神经髓鞘发育落后)、后天某些原因造成的脑损伤以及不良的教育都有可能诱发和促使症状的出现和发展。

考点 4　矫治

对于学前儿童，治疗多动症一般不宜使用药物。

1. 心理治疗

调整家庭环境，父母要改变管束过严、动辄打骂和溺爱放任两种不正确的教育方法，以消除各种紧张刺激。严格作息制度，增加文体活动，对治疗也有积极作用。

2. “视、听、动”能力训练

多动儿童常在绘画、语言、动作技能以及社会性等方面较一般儿童发展迟缓，因此要从改善基本的能力入手，进行训练。

3. 注意力训练

(1)视觉注意力训练：通过让儿童凭借视觉来感知信息以达到训练注意力的目的。

(2)听觉注意力训练：通过让儿童用听觉感知信息，从而达到训练注意力的目的。

(3)动作注意力训练：通过让儿童来完成特定的动作，达到训练注意力的目的。

(4)混合注意力训练：通过让儿童的几种感知器官同时参与活动，从而达到训练注意力的目的。

家长或幼儿园老师可以利用各种机会对儿童进行复习性训练。训练的难度，可以根据儿童完成的情况进行增减。如果儿童完成得好，可以增加难度，但不能太难，以儿童经过努力能完成的程度为宜。

注：本节作为儿童发育障碍的基础知识，历年考试较少涉及，考生以了解为主，不再设置考点大默写。

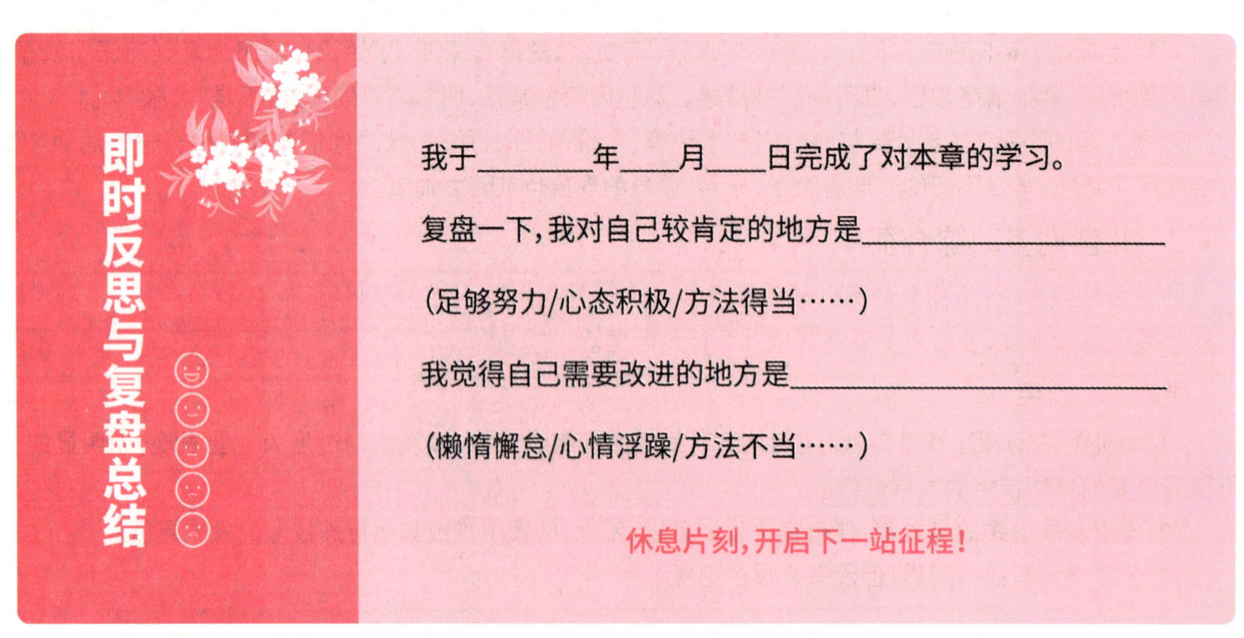

学前教育学

SHAN XIANG

内容导学

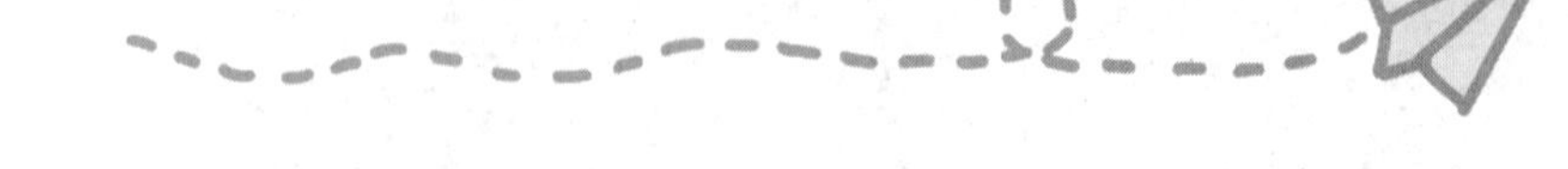

- 幼儿园教师招聘考试学前教育学部分共六章。
- 第一章主要是对学前教育基本理论的阐述,考查题型主观题、客观题均有涉及;
- 第二章主要是对学前教育制度的阐述,考查题型侧重客观题;
- 第三章主要是对学前教育的目标与内容的阐述,考查题型侧重客观题;
- 第四章主要是对学前教育中的儿童与教师的阐述,考查题型主观题、客观题均有涉及;
- 第五章主要是对幼儿园一日生活与环境创设的阐述,考查题型侧重客观题;
- 第六章主要是对幼儿园与家庭、社区及小学的衔接的阐述,考生要注意在实际生活中的运用,考查题型主观题、客观题均有涉及。
- 考生要重点掌握第一章、第四章和第六章的内容,并结合历年真题有针对性地进行复习。

第一章 学前教育基本理论

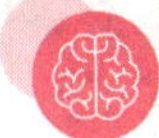思维导图

- 学前教育基本理论
  - 近现代中外学前教育的发展历史及趋势
    - 近现代社会学前教育的兴起和发展
      - 慈善性质的托儿所、保育所、幼儿学校等机构的建立
      - 幼儿园的建立和发展
    - 现代学前教育的发展趋势
      - 保障儿童权利、促进教育民主成为学前教育发展的指导思想
      - 政府加大干预学前教育的力度
      - 学前教育的现代化水平提高
  - 近现代学前教育理论流派
    - 早期的学前教育理论流派概况（重点）
      - 夸美纽斯
      - 洛 克
      - 卢 梭
      - 裴斯泰洛齐
    - 国外近现代学前教育理论流派（重点）
      - 福禄贝尔学前教育理论流派
      - 蒙台梭利学前教育理论流派
      - 进步主义学前教育理论流派
    - 中国近现代学前教育理论流派及代表（重点）
      - 陈鹤琴
      - 张雪门
      - 陶行知
  - 学前教育的性质、任务与价值
    - 学前教育的概念
      - 从出生到6岁前儿童的教育，可分为早期教育（0～3岁）和幼儿教育（3～6岁）
    - 学前教育的性质
      - 基础性
      - 非义务性与公益性
      - 先导性和启蒙性
    - 学前教育的任务
      - 托儿所的任务
      - 幼儿园的任务：①幼儿园对幼儿实施保育和教育；②幼儿园同时面向幼儿家长提供科学育儿指导
    - 学前教育的价值
      - 对个体发展的价值
      - 对教育事业、家庭和社会的价值
  - 学前教育的原则
    - 一般原则
      - 尊重儿童的人格尊严和合法权益的原则
      - 发展适宜性原则
      - 目标性原则
      - 主体性原则
      - 科学性、思想性原则
      - 充分发掘教育资源，坚持开放办学的原则
      - 整合性原则
    - 特殊原则
      - 保教合一的原则
      - 以游戏为基本活动的原则
      - 教育的活动性和直观性原则
      - 生活化和一日活动整体性的原则
  - 学前教育学的概念、任务和研究方法
    - 学前教育学的概念
      - 是研究0岁至入学前儿童的教育现象及教育问题，揭示学前教育规律的科学
    - 学前教育学的任务
    - 学前教育学的研究方法
      - 常用的研究方法：观察法、调查法、实验法、个案研究法
      - 研究新动向：质的研究和行动研究

浙江考向

本章属于学前教育学的基础章节，也是浙江招教重点考查的章节，内容较为琐碎，需要识记的知识较多。现对本章考向分析如下：

高频考点	常考题型	能力层级	考查热度
福禄贝尔的幼儿园	单选	识记	★★
福禄贝尔学前教育理论流派	单选	识记	★★
蒙台梭利学前教育理论流派	单选、判断	识记	★★★
进步主义学前教育理论流派	单选	识记	★★★
陈鹤琴	填空、简答	理解	★★★
张雪门	单选	识记	★★★
陶行知	单选、判断	识记	★★★
学前教育的性质	单选	识记	★★
学前教育的价值	简答	识记	★★★
学前教育学常用的研究方法	简答	理解	★★★

核心考点

第一节　近现代中外学前教育的发展历史及趋势

一、近现代社会学前教育的兴起和发展

文艺复兴以后，工业革命逐步兴起，大量劳动妇女走出家门到工厂就业，低龄孩子的照料、教育成为一项社会问题，社会学前教育逐步发展起来。

考点 1　慈善性质的托儿所、保育所、幼儿学校等机构的建立

1. 欧文的幼儿学校

罗伯特·欧文是19世纪英国空想社会主义思想家和教育家，他于1816年创办的新兰纳克幼儿学校(后改名为“性格形成新学园”)，是英国也是世界上最早的学前教育机构。

(1)欧文幼儿学校的教育内容

①欧文幼儿学校非常重视幼儿的智育教育

在智育方面，欧文提倡发展儿童的“推理能力”，即认识事物、理解事物的能力。

②欧文的幼儿学校重视道德教育

幼儿学校道德教育的主要任务就是养成幼儿遵守纪律的习惯，培养他们与小伙伴友好相处，要求任何孩子都不能损伤游戏伙伴。

(2)欧文幼儿学校的评价

欧文从性格形成的观点出发，非常重视幼儿教育。他把幼儿教育看作是国民教育中最重要的一个部分，是为社会改良服务的，他的幼儿学校的兴办就是这种思想的具体化。他尝试把工人阶级的幼儿放到最好的教育环境里，通过集体合作的游戏、实物教学、教师的人道主义态度等教育形式和手段，来促进幼儿合理性格的形成。欧文的幼儿学校在世界学前教育史上占有重要的地位，堪称是欧洲最早的幼儿教育机构，也是历史上为工人阶级创立的**第一所幼儿教育机构**。但是，由于欧文将发展教育的希望寄托在统治者身上，并试图仅仅通过教育来改造社会，因此他的思想和实践有一定的局限性。

2. 法国的托儿所运动和母育学校

(1)托儿所运动

19世纪初，巴黎第12区区长柯夏多次到英国考察、研究幼儿学校，借鉴其经验，在巴黎开办起法国最早的专门招收贫穷家庭2～5岁儿童的“托儿所”，在照顾幼儿生活的同时，对他们进行宗教和道德教育，以及知识启蒙教育。随后，法国各地纷纷办起类似的托儿所，法国政府大力支持，认为它是初等教育的基础。1840年，法国创设了由国库支付的托儿所基金。有效的行政管理和大量的财政资助成为法国托儿所迅速发展的主要动力。

19世纪中叶，在别劳夫人的努力和法国政府的支持和协助下，福禄贝尔幼儿园运动在法国掀起了热潮，并取得了许多重要成果。

19世纪下半期，法国继续颁布系列法令来指导幼儿教育的发展，并确立了近代幼教制度。与此同时，法国的幼教机构开始向双轨制方向发展，法国的幼儿园成为上流社会子女的专利品，平民子女则只能进传统的托儿所。这种双轨制的现象与英国相似。

(2)母育学校

1881年，法国通过《费里法案》，同年8月2日，在政府颁布的教育法令中又宣布，改托儿所为“母育学校”，并将其并入免费的公共教育系统，实施统一的“母性养护及早期教育”。1881年8月颁布的政府文件中还对“母育学校”做出了如下的定义：“母育学校”是初等教育的设施，那里的男女儿童将共同接受体、德、智全面发展的教育。“母育学校”招收2～6岁儿童，根据不同年龄男女混合编班。保教内容有：德育、日常生活知识、语言训练、唱歌、绘画、书法、体操、博物以及初步读、算等，宗教教育被取消。1886年，法国政府规定：凡拥有2000名居民以上的乡、镇，都必须建一所“母育学校”。同时，法国政府又发布政令，对“母育学校”应具备的设施做了规定。1881年的两个法令基本上确立了法国的近代幼儿教育制度。“母育学校”也一直被作为法国统一幼儿教育机构的名称。

3. 德国的保育所

在英国幼儿学校对德国产生影响之前，德国已有了自己的学前教育设施，其中比较著名的就是被称为“巴乌利美设施”的保育所。

“巴乌利美设施”是由巴乌利美侯爵夫人于1802年设立的一个保育所，它是作为一个救济贫民的设施而产生的，是让穷苦孩子的母亲们安心去劳动，不用为了留在家中的孩子而牵肠挂肚设立的一个机构。正像巴乌利美夫人自己讲的那样，这种设施是“把被留在家里的幼儿集合在一起进行保护的地方”。当然它的设立也是出于让穷苦孩子快乐生活的目的。巴乌利美保育所的重点是放在保护孩子们的健康上，教育只是处于附带和从属地位。它作为德国最早的幼儿保育和教育设施，被人们所关注，成为德国学前教育史上光辉的一页。

德国学前教育起步较早。19世纪40年代以前，出现了一大批幼儿教育机构。1802年，利佩·德莫尔创建了接收2～4岁儿童的学塾。1819年，瓦德蔡克在柏林设立最早的托儿所。

4. 日本私立托儿所的建立

1890年，民间人士赤泽钟美夫妇于新泻市创立了日本学前教育史上的第一所托儿所，这所托儿所与幼儿园不同，不是国立的，而是由私人出于慈善动机开办的私立机构，它是专门为贫民的子女而开设的，主要起着看管孩子的作用。

从赤泽钟美夫妇创办第一所托儿所开始，日本学前教育事业的发展走上了一个新的轨道，从此日本就存在幼儿园和托儿所两类学前教育机构，到20世纪，日本逐渐形成了独具特色的幼儿园与托儿所的二元学前社会教育机构，这一体制一直延续至今。

考点2　幼儿园的建立和发展

福禄贝尔的幼儿园

1. 福禄贝尔的幼儿园　【单选】　★★

同偏重看护的托儿所、保育所、幼儿学校等机构相比，幼儿园的出现是近现代社会学前教育的转折。德国教育家福禄贝尔被誉为“幼儿园之父”(幼儿教育之父)。1837年，福禄贝尔在勃兰根堡创办了一所发展幼儿活动本能和自发活动的机构，招收工人和手工业者的幼儿入学，使用自己设计的“恩物”开展游戏教学。1840年，福禄贝尔将该机构命名为“幼儿园”。它标志着世界上**第一所幼儿园的诞生**。福禄贝尔将幼儿教育机构命名为幼儿园具有象征意义：幼儿园意为幼儿的花园，在这一特殊的花园里，儿童是植物，教师为园丁，通过合理的教育，儿童就能像植物一样自然、健康地成长。但是，福禄贝尔及其幼儿园的命运是坎坷的。由于福禄贝尔支持当时德国的进步活动，1851年，普鲁士颁布了幼儿园禁令。直到1860年才取消幼儿园禁令。1872年，政府颁布有关幼儿园的法令后，幼儿园进一步发展起来。

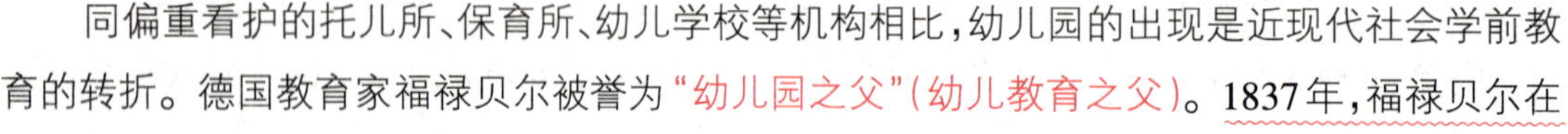

真题面对面

[2021绍兴，单选]世界上第一所幼儿园的创立者是(　　)

A. 洛克　　B. 夸美纽斯　　C. 福禄贝尔　　D. 卢梭

答案：C

2. 麦克米伦姐妹的保育学校

第二次世界大战前，英国幼儿教育的发展以保育学校的创立、发展和幼儿教育方法的改革为主要内容，幼儿园被纳入保育学校系统。英国保育学校的创始人是麦克米伦姐妹。

1908年，麦克米伦姐妹在博乌开设实验诊疗所；1910年改称德普特福特学校治疗中心；1911年发展为野营学校；1913年正式命名为“野外保育学校”。该校为5岁以下儿童提供教育，特别是贫民和工人的子女。其办学的首要目的是为幼儿提供适宜的环境及增进幼儿健康。

办学特点是：糅合欧文、裴斯泰洛齐、福禄贝尔及蒙台梭利的教育方法，反对拘谨的形式主义教学，注重幼儿的手工教育、感觉训练、言语教育、家政活动训练及自由游戏，在郊外开设校区，注意环境的布置以及采光、通风等条件。麦氏保育学校的创办受到英国社会各界的赞誉，英国政府也大力支持保育学校。

1919年，保育学校开始接受国库补助。同年，英国的幼儿园改称为**保育学校**。1923年，以**麦克米伦**为首的英国保育学校联盟成立，致力于推广保育学校及保育学校教师的培训工作。在某种意义上说，麦氏的保育学校使欧文传统的幼儿教育思想得到发扬光大。

3. 美国第一所英语幼儿园和进步主义幼儿园运动

(1)美国第一所英语幼儿园

1860年,**伊丽莎白·皮博迪**在波士顿开办了**美国第一所英语幼儿园**,使学前教育在美国得到了普及和发展,她也因此作为美国学前教育运动的先驱者而被载入史册。伊丽莎白·皮博迪与妹妹玛利·曼一起为进一步宣传福禄贝尔思想,于1863年出版了《幼儿园指南》。在书中着重阐述了幼儿园和小学的区别,她强调应把幼儿园办成儿童的乐园,让儿童在其中自主地活动和游戏。她还在自己的幼儿园中创办了美国第一所幼儿园保育人员培训所。美国初期的学前教育是在福禄贝尔理论指导下形成的。

(2)进步主义幼儿园运动

19世纪末至20世纪二三十年代,在杜威的实用主义教育思想、哲学思想的影响下,美国发起了进步主义幼儿园运动,对福禄贝尔幼儿园运动进行了反思与批判,希冀加强教育与社会生活的密切联系。杜威是美国进步主义教育运动的精神领袖,他肯定了福禄贝尔关于儿童的自我活动和游戏以及社会参与等原则,但反对神秘的神学色彩,反对恩物和作业脱离儿童的生活经验的形式主义做法,为进步主义幼儿园运动提供了理论依据。

进步主义幼儿园运动的主要领导人是安娜·布莱恩和帕蒂·希尔。布莱恩是进步主义幼儿园运动的先驱。布莱恩的批评和改革对美国幼儿教育领域产生了很大的影响,使美国幼儿教育界日益形成两大对立的派别——进步派(或称自由派)和传统派(或称保守派)。两派展开了长期针锋相对的论战,实际上最终促进了美国学前教育理论和实践的发展。希尔于1893年接管了路易斯维尔免费幼儿园协会和路易斯维尔师范学校,经过12年的努力,使这里成为进步主义幼儿园运动的中心。希尔还发明了一组大型木玩具,被称为"希尔积木"。

4. 日本第一所幼儿园

1874年3月,文部省决定成立以培养幼教师资为目的的东京女子师范学校。由于该校的成立,1876年,在文部省的提议下,决定在东京女子师范学校内建立附属幼儿园。这样,日本第一所幼儿园——东京女子师范学校附属幼儿园建立。它是日本学前教育史上的首创。

东京女子师范学校附属幼儿园首批招收幼儿75人。最初管理人员只有6人,分别担任不同的工作:监事(相当于园长)1人,首席保姆1人,保姆2人,助手2人。东京女子师范学校附属幼儿园于1878年开始招收保姆实习生,之后设立了保姆训练班,通过保育实践为学前教育培养师资。因此,东京女子师范学校附属幼儿园不仅是日本学前教育机构的先驱,在日本学前教育史上占据着重要地位,而且也是明治维新后培养学前教育师资的一个重要基地。

1877年,文部省还制定了东京女子师范学校附属幼儿园规则,对幼儿园的目的、入园年龄、保育时间、保育科目和保育费用等方面进行了规定。比如规定幼儿园的目的是:"发掘学龄前儿童的天赋知觉,启迪其固有的心智,滋补其健全的体魄,使其通晓交际情谊,具备良好的言谈举止。"还规定入园年龄一般为3~6岁,但也可在特殊情况下接收2岁以上或超过6岁的儿童。这一规定被后来日本各地成立的幼儿园所仿效,其影响深远。

理解各国幼儿园诞生的意义。东京女子师范学校附属幼儿园是日本历史上第一家幼儿园。美国第一所英语幼儿园是伊丽莎白·皮博迪在波士顿开办的,她是美国学前教育的先驱者。考生应注意区分记忆。

5. 我国的湖北幼稚园

我国创办的第一所学前教育机构是1903年9月在湖北武昌创办的湖北幼稚园，由湖北巡抚端方在武昌寻常小学堂内创办了这所幼稚园，聘请了户野美知慧等三名日本保姆负责经办，由户野美知慧任园长，并拟定了《湖北幼稚园开办章程》，首开中国儿童公共教育的历史先河。1904年清政府颁发《奏定学堂章程》，规定学前教育机构为“蒙养院”，湖北幼稚园更名为“武昌蒙养院”，也叫“武昌模范小学蒙养院”。

真题面对面

[2020宁波，单选]我国的第一所学前教育机构是1903年在(　　)创办的。

A. 上海　　B. 广东　　C. 湖南　　D. 湖北

答案：D

二、现代学前教育的发展趋势

考点1　保障儿童权利、促进教育民主成为学前教育发展的指导思想

20世纪60年代以来，各国采取多种措施，大力发展学前教育，扩大学前教育的规模，尤其强调保障处境不利的学前儿童特别是那些身体残疾的学前特殊儿童的保育和教育权利的实现。欧美发达国家不仅重视学前特殊儿童的教育，而且提倡实施学前全纳教育或称学前融合教育，主张将学前特殊儿童和健康的学前儿童安置在同样的机构中接受平等的保育和教育服务，这充分体现了尊重儿童权利和教育民主化的要求。

考点2　政府加大干预学前教育的力度

从保障儿童教育的权利、促进教育民主化的宗旨出发，“二战”后，各国加大了对学前教育干预、调整的力度，出台了相应政策、提供专项经费，支持和促进学前教育的发展。

考点3　学前教育的现代化水平提高

学前教育现代化是教育现代化的重要组成部分，其实质是学前教育满足、适应社会现代化发展需要。它表现为：

1. 学前教育的普及水平显著提高

联合国教科文组织、联合国儿童基金会等国际组织发布的《全民教育全球监控报告》显示，目前，世界各国政府在为3周岁以上的幼儿提供保教计划方面扮演了积极的角色，70%的国家将3周岁作为幼儿接受教育的起始年龄，在发达国家，大多数幼儿在入小学前至少能接受两年免费的保育和教育。当代发达国家的学前教育已着重关注3周岁前的婴幼儿以及处境不利的学龄前儿童的保育和教育问题。

2. 学前教育制度灵活多样，能够适应社会各方面发展的要求

从形式上看，学前教育包括了幼儿园、托儿所、日托中心、家庭日托、小学学前班等，既有私立的学前教育机构，也有公立的学前教育机构；从职能上看，强调保育和教育两种功能的“一体化”成为各国学前教育改革的共同趋势。

3. 幼儿教师的专业化水平提高

(1)幼儿教师学历的提升方面，全美幼教协会在1994年提出的学前教育专业人员的学历，应该从高中层次一直到博士研究生；(2)幼儿教师专业资格制度，正逐步在各国建立。

4. 现代科学技术成果在学前教育中得到广泛应用

(1)各种心理学、脑科学等研究成果能够及时应用和指导学前教育理论研究和实践改革;(2)各种科学技术成果促进了学前教育的内容、手段等的发展。

★★ 考点大默写 ★★

1. 我国最早创办的学前教育机构是____________。
2. 1837年,____________在德国勃兰根堡开办了一所招收学龄前儿童的教育机构,1840年命名为幼儿园。
3. 世界上最早的学前教育机构是____________创办的幼儿学校。
4. 我国第一所学前教育机构是____________年创办的。

【参考答案】

1. 湖北幼稚园　2. 福禄贝尔　3. 欧文　4. 1903

第二节　近现代学前教育理论流派

一、早期的学前教育理论流派概况

考点 1　夸美纽斯　【单选】 ★

夸美纽斯是17世纪捷克教育家,是人类教育史上里程碑式的人物。他一生致力于民族独立、消除宗教压迫以及教育事业改革,曾担任捷克兄弟会牧师及兄弟会学校校长。对幼儿早期教育价值的发现,可以追溯到柏拉图、亚里士多德、昆体良、奥古斯丁等人,他们都有关于幼儿教育的言论。但是第一个专门对学前教育提出了深刻认识并有系统论述的是夸美纽斯。

1. 教育原则

夸美纽斯提出教育适应自然的原则。首先,教育要适应自然界及普遍法则。夸美纽斯认为,应该研究宇宙万物、人的本性及其活动规律。他认为秩序便是存在于宇宙万物和人的活动中的普遍规律。教育活动同样也是有秩序的,“秩序便是把一切事物交给一切人们的教学艺术的主导原则,这是应当并且只能以自然的作用为借鉴的”。其次,教育要适应人的自然本性以及人的认识发展规律。最后,教育要符合儿童的年龄特征。他从儿童心理发展的角度来划分学前儿童教育的任务,将儿童的发展分为婴儿期、儿童期、少年期和青年期4个阶段,每个阶段为6年,6岁前属于幼儿教育阶段,由母亲在家庭中教育;6~12岁为初等教育阶段,入国语学校接受教育;12~18岁入拉丁文学校,应学会四种语言,获得百科全书式的知识;18岁以后应施以大学教育,其课程应该是真正普遍的。

2. “泛智”教育与普及教育

夸美纽斯从“泛智主义”的思想出发,提出了普及教育思想:所有的人通过接受教育而获得广泛的、全面的知识,从而使智慧得到普遍发展。

3. 夸美纽斯的著作

(1)《大教学论》。夸美纽斯的《大教学论》是西方第一本独立形态的教育学著作,被视为系统教育理论产生的标志。

(2)《世界图解》。夸美纽斯编写了世界上第一本图文并茂的儿童读物《世界图解》,该书被誉为“儿童插图书的始祖”。

(3)《母育学校》。夸美纽斯为父母们编写的学前家庭教育指南《母育学校》,是世界上第一部论述学前教育的专著,集中体现了他的学前教育思想。夸美纽斯认为,学前教育应当在家庭中进行,家庭就是母育学校,母亲就是母育学校的教师。母育学校是为幼儿以后所要学习的一切奠定基础,这一时期的幼儿所接受的应当是简易的实物课程。

真题面对面

[2023永康,单选]下列关于学前教育的发展历史,表述不正确的是(　　)

A. 福禄贝尔在学前教育发展历史上第一个有系统地把游戏列入课程,制作了“恩物”

B. 夸美纽斯的著作《母育学校》是世界上第一本配有插图的教科书

C. 我国创办的第一所学前教育机构是湖北幼稚园

D. 儿童之家的创立者是意大利的教育家蒙台梭利

答案:B

考点2　洛克

洛　克

洛克是英国著名的实科教育和绅士教育的倡导者,他关于教育的专门著作是《教育漫话》,其次还有《工作学校计划》《理解能力指导散论》《人类理解论》等。洛克的幼儿教育思想主要有以下几个方面:

1. 提出了“白板说”

洛克像培根一样反对流行的“天赋观念”论,他从唯物主义的立场出发,提出了著名的**“白板说”**。他认为人出生后心灵如同一块白板,没有任何标记和观念;人的一切知识都是后天得来的,都建立在经验的基础上。“我们的一切知识都是建立在经验上的,而且最后是起源于经验的。”根据这种观点,洛克认为,人的发展是由教育决定的,而不是由先天的遗传因素决定。

2. 提倡“绅士教育”

洛克认为,教育的目的就是**培养绅士**。所谓绅士,就是一种有德行、有学问、有能力、有礼貌的人。他认为一国之中的绅士教育是最应该注意的。他认为,一旦绅士受到教育,走上了正轨,其他的人很快就都走上正轨了。为了达到绅士教育的目的,洛克设计了一整套具体的实施办法,为幼儿安排了包括德育、智育、体育在内的教育内容,并且详细提出了各项教育的要求和方法。不过洛克所注重的绅士教育是贵族子弟的教育,主张把他们培养成为身体强健、举止优雅、有德行、有智慧、有才干的事业家。

3. 论幼儿体育

洛克在《教育漫话》中认为,一个绅士要使自己的事业获得成功,达到个人幸福的目的,就必须要有强健的体魄。在西方教育史上,洛克是第一个提出并详细论述儿童体育问题的教育家。

对于幼儿体育的实施应该包括以下五个方面:一是不要娇生惯养;二是多参加户外活动;三是养成良好的生活习惯;四是注意预防疾病;五是身体锻炼要顺应自然。

4. 论幼儿德育

洛克认为,德行是人生最重要的、最不可缺少的品德,因此,德育是教育的核心。其目标是具有良好的德行,并养成良好的礼仪。

具体来讲，幼儿德育的实施应该包括以下方面：一是说理；二是及早管教；三是树立榜样；四是道德练习；五是采用惩罚；六是严宽结合；七是爱护名誉。

5. 论幼儿智育

洛克认为，相对于身体锻炼和德行培养来讲，智育是教育的辅助。其目标是传授学问以及发展智力。

具体来讲，幼儿智育的实施应该包括以下方面：一是鼓励好奇心；二是强调心智自由；三是学习有用的知识；四是注重联想；五是寓教于乐。

考点3　卢梭

卢梭的主要著作有《论人类不平等的起源和基础》《社会契约论》《爱弥儿》等。卢梭的教育思想主要集中于他的教育著作《爱弥儿》一书中。

1. 论自然教育

针对传统的封建教育压抑人性和违反自然的弊病，卢梭提出了自然教育理论，即教育要"归于自然"，这是他的政治观、哲学观和宗教观的基础，也是他的教育观的基础。

卢梭所提倡的自然教育的核心思想是：强调对幼儿进行教育必须遵循自然的要求，顺应幼儿的自然本性，反对成人不顾儿童的特点，强制儿童接受违反自然的教育；否定儿童天生是有罪的，认为儿童的心灵是纯真的、美好的。这可以说是第一次把儿童作为一个独立的、平等的人来看待。

(1)教育的三个来源

卢梭指出，教育有三个来源，即"自然""人"和"事物"。在他看来，自然的教育、人的教育和事物的教育三方面是相互联系的，因为我们每一个人都是由这三方面教育培养起来的。

(2)教育遵循自然

卢梭提倡的自然教育，归根结底就是教育要服从自然的永恒法则，适应幼儿天性的发展，促进幼儿身心的自然发展。卢梭认为，人的天性发展是有秩序的，教育必须适应不同时期幼儿天性的发展水平。教育在适应幼儿天性的同时，还要适应幼儿的个性差异。卢梭认为，每一个人的心灵有它自己的形式，必须按它的形式去指导它。适应幼儿的个性差异，也包括了适应男女两性的天性差异。

(3)教育的目的是培养"自然人"

从自然教育这个基本原则出发，卢梭明确提出，教育要以培养"自然人"为目的，在他看来，这种"自然人"是身心发达、体脑两健、不受传统束缚、天性发展的新人。他们不依从任何固定的社会地位和社会职业，能适应各种客观发展变化的需要。

2. 论教育年龄分期

卢梭激烈批评传统的封建教育制度不顾幼儿天性的发展，抹杀了幼儿与成人的区别。他强调应该根据幼儿的特点来进行教育。因为在万物中人类有人类的地位，在人生中幼儿有幼儿的地位，所以，必须把人当人看待，把幼儿当幼儿看待。

从自然教育理论出发，卢梭根据受教育者的年龄特征把教育阶段分成四个时期：(1)婴儿期(出生～2岁)；(2)幼儿期(2～12岁)；(3)少年期(12～15岁)；(4)青年期(15～20岁)。

3. 论幼儿教育的方法

从自然教育理论出发，卢梭还具体阐述了幼儿教育的方法。

(1)给予行动的自由

卢梭认为，为了使幼儿身体能够得到自然发展，幼儿刚从母胎出生就要给予其行动的自由。

(2)合理的养护和锻炼

卢梭认为，幼儿的养护和锻炼应该顺应自然。幼儿应该由父母亲自喂养；应该让幼儿穿着宽松、朴素；给予幼儿充足的睡眠时间；在对幼儿进行养护的同时，应该注意对幼儿进行锻炼，包括体格和品质方面的锻炼。卢梭反对对幼儿娇生惯养和溺爱。

(3)注意语言的发展

卢梭认为，为了更好地促进幼儿语言的发展，成人要发出一些幼儿能听得懂的声音，要少、要清楚、要容易、要常常翻来覆去地说给他们听；而且在孩子语言发展的过程中切不可操之过急。

(4)感觉教育

卢梭认为，2～12岁这个阶段幼儿的语言有所发展，但是理智还没有开发，因此教育的重点应放在幼儿的感觉发展方面，他认为这个时期主要应进行感觉教育。卢梭从其哲学的认识论出发，非常强调人的感觉经验的作用。他认为，感觉经验是理性发达的凭借。要培养人的理性，必须充实人的感觉经验。他还认为，幼儿的感觉必须要通过教育才能够得到充分发展。

(5)重视模仿

卢梭认为，幼儿具有一种模仿的本能，这在他们的自然发展过程中会表现出来。幼儿的模仿不仅表现在道德上，也表现在感官发展上。为了使幼儿有好的模仿榜样，教育者要严格管束自己。

(6)自然后果法

以自然教育理论为依据，卢梭在道德教育上提出了“自然后果法”。他强调，对于幼儿的过失，不必加以责备和处罚，而要利用幼儿过失所造成的自然后果，使他们自食其果，从而使他们认识其过失并予以改正。

考点4　裴斯泰洛齐　【单选】　★

裴斯泰洛齐是19世纪瑞士著名的民主主义教育家，也是一百多年来世界上享有盛誉的教育改革家，他是世界上第一个明确提出“教育心理学化”口号的教育家，并且是西方教育史上第一位将教育与生产劳动相结合的思想付诸实践的教育家。裴斯泰洛齐的代表作有《隐士的黄昏》《林哈德与葛笃德》《我对人类发展中自然进程的追踪考察》等。

1. 提倡爱的教育

为了培养身心和谐发展的完人，裴斯泰洛齐提出实施和谐发展的教育内容，包括德育、智育、体育和劳动教育。裴斯泰洛齐把道德教育放在重要的地位，道德教育应是整个教育体系的关键，他主张把道德教育作为家庭教育和学校教育的主要内容。道德教育的任务，就在于发展儿童积极的爱。在裴斯泰洛齐看来，道德教育就是“爱”的教育。如果没有爱的情感，一切教育也就难以取得成效。这种爱的情感是通过母亲与孩子、教师与孩子之间的信任和爱表现出来的。

爱的教育贯穿在裴斯泰洛齐的全部教育观点和教育活动之中，在他的教育实践中始终充满着深厚的爱的思想感情。他热爱儿童，尊重儿童，对儿童充满了信任和友爱，忧儿童之忧、乐儿童之乐，以父亲般深厚的感情教育儿童，使儿童的道德、智慧和身体都得到较大的发展。

但是，他同时指出爱不是万能的，也不是无限度的，爱如果变成溺爱、纵容、放任，则是教育中的极大祸害。所以他又主张爱要与威严结合。“用单纯的慈爱办教育也是没用的，只有慈爱和威严互相结合才行。”裴斯泰洛齐是提倡“爱的教育”和实施“爱的教育”的典范。

2. 提出要素教育理论

要素教育理论是裴斯泰洛齐教育理论的精华，是他的教学理论的核心。裴斯泰洛齐认为教育过程必须从一些最简单的因素开始，逐渐转向复杂的因素。德育、智育、体育和劳动教育，不同的方面有不同的要素，各育都能找到一定的最简单的要素作为实施教育的起点。

道德教育最简单的要素是儿童对母亲的爱，以这个要素为起点，使儿童逐渐扩展到对其他人的爱，最初爱自己的父母，进而爱兄弟姐妹，然后扩展到爱上帝、爱全人类，从而上升到博爱境界。裴斯泰洛齐认为，孩子受到母亲的爱抚、照顾，感到愉快、满足，于是“爱的种子就在孩子心里发展起来了”。

智育的要素就是“对事物产生一种最初的印象”，而儿童在对事物产生最初的印象时，往往是对事物的形状、数目和名称三个基本点产生较强的印象，即只要抓住了这三个要素来培养儿童的能力，就可以发展儿童的想象力、观察力和思维能力。因此，他认为教给儿童记数、学习语言、辨别形状，是知识教育的关键。

体育最简单的要素是关节活动，如抛、搬、推、拉、转等基本动作，这也是儿童体力发展的基础。由于劳动是体力活动的一个方面，因此关节活动也是劳动教育的基本要素。儿童从小就要进行各种关节的运动，再逐步扩展到全身的、更为复杂的体力劳动。

真题面对面

[2021临海，单选]裴斯泰洛齐的要素教育理论中，(　　)最基本的要素包括数目、形状、名称。

A. 体育　　B. 德育　　C. 智育　　D. 劳动教育

答案：C

二、国外近现代学前教育理论流派

考点1　福禄贝尔学前教育理论流派　【单选】★★

19世纪中叶，福禄贝尔创办了世界上第一所幼儿园，而且创立了一整套幼儿教育理论和相应的教育方法、教材、玩具等，因此被誉为“幼儿园之父”(幼儿教育之父)。由于他的实践和理论建树，幼儿教育理论形成了独立的体系，幼儿园教育也成为教育中的一个独立的领域。对现今幼儿教育实践仍具有指导意义的理论主要有：

1. 幼儿自我发展的原理

福禄贝尔认为，幼儿的行为是其内在生命形式的表现，是由内在的动机支配的。通过这些行为，幼儿才可以成长发展。保育者的任务是帮助幼儿除去阻碍生命发展的障碍，让其自我得到发展。命令式的、强制的、干涉的教育方法对幼儿的发展是无效的，教育者必须尊重幼儿的自主性，重视幼儿的自我活动。

2. 游戏理论

福禄贝尔是第一个阐明**游戏教育价值**的人。他认为幼儿是通过游戏将内在的精神活动表现出来的，“游戏是生命的镜子”；他还认为游戏中玩具是必需的，幼儿通过玩具“可直觉到不可观的世界”。他制作的玩具取名为**“恩物”**，意为“神恩赐之物”。“恩物”的基本形状是球体、立方体和圆柱体，现在仍有很多幼儿园在使用。为了纪念福禄贝尔的贡献，人们为他建了一个纪念碑，纪念碑的造型仿照了“恩物”中的球体、圆柱体等。

3. 协调原理

福禄贝尔说，人不是单独一人存在的，他是家族中的一员，社会的一员，也是民族的一员，是宇宙中的一分子。因此，我们应该让孩子和周围的环境、社会、自然结合，协调一致。能够得到真正的协调是最美好的事。

4. 亲子教育

福禄贝尔认为，要让孩子在爱中成长，首先就必须教育母亲，这或许是他幼时没得到母爱的一种体验。因此，他创立了世界上第一个为母亲们开办的“讲习会”，后来还专门写了一本《母亲之歌与爱抚之歌》。

真题面对面

[2017杭州，单选]创办了世界上第一所幼儿园，被世人誉为“幼儿教育之父”的教育家是(　　)

A. 裴斯泰洛齐　　B. 福禄贝尔　　C. 张雪门　　D. 弗洛伊德

答案：B

考点2　蒙台梭利学前教育理论流派　【单选、判断】　必背　★★★

被誉为20世纪初的“幼儿园改革家”的蒙台梭利原是一名精神病学的医生，她在研究和治疗智力发展水平迟缓幼儿的实践中，取得了明显的效果。她相信把自己的方法和经验用于正常幼儿的教育一定会更有效，于是她就转向了正常幼儿的教育，于1907年在罗马贫民区创办了一所“儿童之家”，不按年龄分班，在一个班级里，既有大龄孩子，也有小龄孩子，在教师的指导下共同学习、游戏、开展活动。在那里，蒙台梭利采用了特殊的教育方法，进行了举世闻名的教育实验，创造了教育的奇迹。以她的名字命名的教育方法——蒙台梭利教学法传遍了全世界。今天，世界各国都有蒙台梭利幼儿园，并用她的教育思想、方法、教具进行教育。她的主要著作有《蒙台梭利法》《童年的秘密》《教育人类学》等。

蒙台梭利教育理论的要点是：

1. 幼儿自我学习的法则

蒙台梭利认为，每个幼儿都是一个遵循自身内部法则的生物体，都有各自不同的需要和发展进程表。她在教育过程中发现，幼儿有强烈探索环境和周围一切的本能，这种生命的冲动促使幼儿从生活中学习并发展自我。因此，她视教育为促进幼儿内在力量自然发展的过程，强调幼儿的自由活动，反对成人中心的教育，反对传统的班级统一教学，允许幼儿个别学习。她说“我的教学法就是要培养和保护幼儿自身的学习积极性”。

2. 重视教育环境的作用

蒙台梭利认为，儿童的心理发展既不是单纯的内部成熟，也不是环境、教育的直接产物，而是机体和环境交互作用的结果，是“通过对环境的经验而实现的”。因此，一个有准备的环境是关键。她认为，幼儿的发展离开适宜的环境是不可能实现的。因此，教育就是给幼儿创造一个好的学习环境。

这个环境具有以下特点：(1)一个自由发展的环境，有助于幼儿创造自我和自我实现；(2)一个有秩序的环境，幼儿能在那里安静而有规律地生活；(3)一个生气勃勃的环境，幼儿在那里充满生气、欢乐和可爱，毫不疲倦地生活，精神饱满地自由活动；(4)一个愉快的环境，几乎所有的东西都是为幼儿设置的，适合于幼儿的年龄特点，对幼儿有极大吸引力。

3. 教师的作用

在蒙台梭利教育中，教师不是传统的灌输知识的机器，而是一个环境的创设者、观察者、指导者。教师为幼儿精心设计环境和学习材料，提供必要的发展手段，保证幼儿能展开自由的学习。蒙台梭利明确指出，幼儿自由学习的质量是由教师的质量决定的，正是教师才使幼儿的自由得以实现。

4. 幼儿的自由和作业的组织相结合的原则

蒙台梭利认为，给予幼儿自由和教师对作业的组织是一个统一体的两个侧面。她说，理想的作业组织给了幼儿自我发展的可能性，给了幼儿发泄能量的机会，才使每个幼儿获得了满足。没有作业组织的自由将是毫无效益的。没有作业手段、被放任自流的幼儿将一事无成。因此她认为，教师在为幼儿的自由发展创造条件的同时，也要设置必要的纪律。

5. 重视感觉教育

在蒙台梭利教育中，**感觉教育**是重要内容。她认为3～6岁是幼儿身心迅速发展的时期，幼儿的各种感觉先后处于敏感期，因此，必须对幼儿进行系统的和多方面的感官训练，使他们通过与外部世界的直接接触发展敏锐的感觉和观察力，为高级的智力活动和思维发展奠定基础。为此，她专门设计了一套教具，如用以辨别物体形状、大小、高低、长短的镶嵌板，辨别声音、音色的音筒，辨别味道、气味的瓶子，练习小肌肉活动的纽扣板，等等。

蒙台梭利的教育理论也受到不少批评，主要是指责她的教育偏重智能而较忽视幼儿情感的陶冶，忽视幼儿的社会化活动；其感觉教育教具脱离幼儿的实际生活，过于狭隘、呆板，操作法过于机械等。然而，尽管如此，蒙台梭利教育的伟大功绩、对世界幼儿教育的巨大贡献是不可否认的，她的理论的基本精神，特别是重视幼儿身心发展特点，重视幼儿的自主性和自我学习，重视环境的作用，以及她对教师作用的观点等，无论在蒙台梭利时代还是在今天，都具有不衰的生命力。

真题面对面

1. [2018统考，单选]强调感官教育，并以教具作为课程的实施手段，希望以此发展儿童的感觉能力和逻辑思维能力的儿童教育家是(　　)

A. 蒙台梭利　　B. 柏拉图　　C. 卢梭　　D. 夸美纽斯

2. [2018杭州，判断]蒙台梭利认为3～6岁儿童首先应该从感知训练开始，使他们直接接触实物，储存大量的感性经验。

答案：1. A　2. √

考点3　进步主义学前教育理论流派　【单选】　必背　★★★

进步主义学前教育理论流派是以杜威实用主义教育思想为指导而形成的，主要出现在美国，对福禄贝尔和蒙台梭利的学前教育理论均有所批判。

杜威的主要著作有《我的教育信条》《儿童与课程》《学校与社会》等。1896年，杜威在芝加哥大学哲学、心理学和教育学系创办了隶属于该系的实验学校(被称为“杜威学校”)。该校按儿童发展阶段进行编制，其中第一阶段招收4～8岁儿童，称为“学前教育部”。杜威将自己的教育信念落实到实验中，这一实验被美国学者称为“美国幼儿教育发展史的经典性记录”。

1. 杜威的儿童观

(1)重视儿童的本能。杜威的教育观及其教育理论是建立在其儿童观基础之上的。杜威认为儿童的本性在于他与生俱来的本能、冲动和需要。

(2)儿童具有自我生长的能力。这种能力是儿童在活动中通过与环境相互作用而获得发展的。

(3)儿童与成人在心理上存在着很大的差异。

2. 杜威关于教育本质的论述

杜威从不同的角度,多方面地论述了教育本质问题。他提出了三个重要论点来对教育本质进行概括,这就是:"教育即生长""教育即生活""教育即经验的不断改造"。他还从心理学、社会学、哲学角度分别对这些观点进行了论证。

(1)"教育即生长"

杜威从其生物化的本能论心理学出发,认为教育就是促进儿童本能生长的过程,即教育的本质和作用就是促使儿童的本能生长。在《明日之学校》中,杜威提出:"教育不是把外面的东西强迫儿童或青年去吸收,而是要使人类'与生俱来'的能力得以生长。"在《民主主义与教育》中,他更为明确地提出:"教育即是生长,除它自身之外,并没有别的目的,我们如要度量学校教育的价值,要看它能否创造继续不断的生长欲望,能否供给方法,使这种欲望得以生长。"

(2)"教育即生活"

在"教育即生长"这一观点的基础上,杜威又从他的社会学观点出发,提出教育的本质即是生活。他指出,儿童的本能生长总是在生活过程中展开,或者说生活就是生长的社会性表现。他说:"生活即是发展,发展、生长即是生活。"按照他的分析,既然"教育即生长"成立,那么"教育即生活"也就容易理解了。在杜威看来,最好的教育就是从生活中学习,学校教育应该利用儿童现有的生活作为其学习的主要内容。

教育是儿童现在生活的过程,而不是未来生活的新任务。与此相对应,杜威又提出"学校即社会",教育既然是一种社会生活的过程,那么学校就是社会生活的一种形式。学校应该"成为一个小型的社会,一个雏形的社会"。

(3)"教育即经验的不断改造"

这一观点是以杜威的主观唯心主义经验论的哲学理论为基础提出来的。在杜威看来,既然经验是世界的基础,因此,教育也就是通过儿童自身的活动去获得各种直接经验的过程。教育的主要任务并不是教给儿童既有的科学知识,而是要让儿童在活动中自己去获取经验。在这里杜威把儿童的"求知"和"知识"本身混淆了,实质上就是夸大个人的主观经验,抹杀知识的客观性和真理性。于是要求在教育过程中尊重儿童的身心发展条件和水平,顾及儿童兴趣,提高儿童参与教育过程的积极性和主动性,创设有利于儿童发展的外部条件。

3. 杜威的教育原则

(1)"儿童中心论"

杜威认为教育应该把重心放在儿童的身上,以儿童为中心,即尊重儿童真正的面貌来熟悉儿童,尊重自我指导学习,尊重作为学习的刺激和中心活动。因此儿童在托幼机构所从事的一切活动均应根据儿童的兴趣来进行,活动方式要灵活多样,不应受任何拘束。教师只是儿童的助手,对儿童的活动事先不做任何设计和安排,教师的任务在于为儿童的活动创造条件,提供各种教具、玩具等。因而在儿童的活动中,自由游戏占重要的地位。

由此出发，杜威认为，学校生活组织应该以儿童为中心，一切必要的措施都应该是为了促进儿童的生长。因为是儿童而不是教学大纲决定教育的质和量，所以，教学内容、计划和方法以及一切教育活动都要服从儿童的兴趣和经验的需要，也就是我们现在所说的以儿童为中心。

在杜威看来，教育以儿童为中心是与儿童的本能和需要协调一致的。心理是一个生长的过程，教育必须从心理学上由探索儿童的能力、兴趣和习惯开始，而以儿童为中心正体现了这一点。

(2)“从做中学”

在教学理论上杜威提出了“从做中学”这一基本原则。杜威所说的“从做中学”，实际上也就是“从活动中学”“从经验中学”。他认为，儿童应该从自身的活动中进行学习，教学应该从儿童的经验和活动出发。

真题面对面

1. [2021温州，单选]以下属于美国实用主义教育学家杜威关于教育思想的观点有(　　)

①教育即生活　②工作是儿童的天职　③学校即社会　④五指课程

A. ①②　B. ①③　C. ①③④　D. ①②③④

2. [2021绍兴，单选]提倡“从做中学”理论的教育家是(　　)

A. 皮亚杰　B. 维果斯基　C. 杜威　D. 福禄贝尔

答案：1. B　2. C

三、中国近现代学前教育理论流派及代表

考点1　陈鹤琴　【填空、简答】　必背　★★★

陈鹤琴先生是我国著名的儿童教育家。他于1923年创办了我国最早的幼儿教育实验中心——南京鼓楼幼稚园，创立了“活教育”理论，一生致力于探索中国化、平民化、科学化的幼儿教育道路。他被誉为“中国幼儿园之父”。他还开创了我国儿童心理的科研工作，是我国最早的以观察实验法研究儿童心理发展的学者之一。他先后在江西和上海创办省立、国立实验幼师和幼专，为我国幼儿教育师资培训事业做出了不可磨灭的贡献。他的幼儿教育理论和实践对我国幼儿教育产生了很大的影响。

1. 反对半殖民地半封建的幼儿教育，提倡适合国情的中国化幼儿教育

他批评当时的幼儿园不是抄袭日本就是模仿欧美，生搬外国的教材、教法，全然不顾中国国情。“抄来抄去，到底弄不出什么好的教育来。”他坚决主张“处处以适应本国国情为主体，那些具有世界性的教材教法也可以采用，总之以不违反国情为唯一的条件”。同时，他积极地推进为中国平民服务的、培养民族的新生一代的幼儿教育，大声疾呼“幼稚园不是专为贵妇们设立的，还要普及工农幼稚园”。指出这是中国求进步，摆脱半封建半殖民地状况，发展进步合理的社会之需要。

2. 反对死教育，提倡活教育

1940年，陈鹤琴在江西省立实验幼稚师范学校时开始提出“活教育”思想，经过几年的教育实验，到1947年，他在上海逐步整理出“活教育”的理论体系。什么是活教育呢？他引证陶行知描写当时教育情形的两句警语：“教死书，死教书，教书死；读死书，死读书，读书死。”他决心使这种腐败的死教育变为前进的、自动的、有生气的活教育。其表述为：“教活书，活教书，教书活；读活书，活读书，读书活。”陈鹤琴的活教育理论体系包括三大纲领(目的论、课程论、方法论)以及教学原则和训育原则。

(1)三大纲领

①目的论

陈鹤琴指出活教育的目的就是"做人,做中国人,做现代中国人"。这样的人应该具备什么条件呢?第一要有强健的身体。他认为一个人身体的好坏,对于他的道德、学问、事业有很大影响。第二要有建设的能力。当时中国百废待兴,急需建设人才。第三要有创造能力。他坚信儿童本来就有强烈的创造欲,只要善于启发、诱导、教育、训练,是可以培养出创造力的。第四要有合作的态度。改变中国人在团体活动中缺乏合作的精神,必须从小训练他们能合作、能团结。第五要有服务的精神。抗战胜利后,随着形势的发展,他又进一步提出"做人,做中国人,做世界人",要"爱国家,爱人类,爱真理"的要求。这说明陈鹤琴的活教育的目的论不仅体现了他的爱国主义精神,而且反映了他具有放眼世界的胸怀。

②课程论

陈鹤琴指出:"大自然、大社会,都是活教材。"针对传统教育书本万能的旧观念所形成的课程固定、教材呆板的死教育现象,陈鹤琴认为大自然、大社会才是活的书、直接的书,应该向大自然、大社会学习。

③方法论

活教育方法论的基本原则是"做中教、做中学,做中求进步"。活教育重视直接经验,强调以"做"为中心,主张在学校里的一切活动,"凡儿童自己能够做的,应当让他自己做"。做了就与事物发生直接的接触,就得到直接的经验,就知道做事的困难,就认识事物的性质。陈鹤琴把教学过程分为四个步骤:实验观察、阅读参考、发表创作、批评研讨。教师的责任是:引发、供给、指导、欣赏。

(2)教学原则

陈鹤琴根据"心理学具体化,教学法大众化"的指导思想,提出了活教育的17条教学原则,即:①凡儿童自己能够做的,应当让他自己做;②凡儿童自己能够想的,应当让他自己想;③你要儿童怎样做,应当教儿童怎样学;④鼓励儿童去发现他自己的世界;⑤积极的鼓励,胜于消极的制裁;⑥大自然、大社会是我们的活教材;⑦比较教学法;⑧用比赛的方法来增进学习的效率;⑨积极的暗示,胜于消极的命令;⑩替代教学法;⑪注意环境,利用环境;⑫分组学习,共同研究;⑬教学游戏化;⑭教学故事化;⑮教师教教师;⑯儿童教儿童;⑰精密观察。以上17条教学原则可以综合概括为活动性原则、儿童主体性原则、教学法多样化原则、利用活教材原则、积极鼓励原则和教学相长的民主性原则等,其基本精神为当代心理学和教育学的科学研究所证实,尤其适用于学前教育。

(3)训育原则

陈鹤琴认为训导工作在整个的教育工作中可以说是最繁重、最重要的。有了训育原则,才不至于使训育工作茫无头绪,无所适从。他提出的训育原则如下:①从小到大;②从人治到法治;③从法治到心理;④从对立到一体;⑤从不觉到自觉;⑥从被动到自动;⑦从自我到互助;⑧从知到行;⑨从形式到精神;⑩从分家到合一;⑪从隔阂到联络;⑫从消极到积极;⑬从"空口说教"到"以身作则"。

真题面对面

1. [2021临海,简答]简述陈鹤琴活教育理论思想中方法论的原则。
2. [2019统考,简答]简述陈鹤琴活教育理论的三大纲领。

答案:1. 详见内文　2. 详见内文

3. 幼儿园课程理论

(1)课程的中心

陈鹤琴先生反对幼儿园课程脱离实际,主张将儿童的环境——自然的环境、社会的环境作为幼稚园课程系统的中心,让儿童能充分地与实物和人接触,获得直接经验。

(2)课程的结构

陈鹤琴先生认为"应当把幼稚园的课程打成一片,成为有系统的组织"。虽然他把课程内容划分为:健康活动、社会活动、科学活动、艺术活动和文学活动,但这五种活动是一个整体,如人的手指与手掌,手指只是手掌的一部分,其骨肉相连,血脉相通,因此被称为"五指活动"。

(3)课程的实施

强调以幼儿经验、身心发展特点和社会发展需要作为选择教材的标准;反对实行分科教学,提倡综合的单元教学,以社会自然为中心的"整个教学法";主张游戏式的教学。

真题面对面

[2020丽水,填空]陈鹤琴的五指活动课程有健康、社会、科学、艺术、________。

答案:文学

4. 重视幼儿园与家庭的合作

陈鹤琴先生十分重视家庭对幼儿的影响,积极主张幼儿园与家庭合作起来教育幼儿。他说:"儿童的教育是整个的、是继续的。"只有两方配合,才会有大的效果。

陈鹤琴先生丰富的幼儿教育思想和实践是我国幼儿教育事业发展过程中的宝贵财富。在我国幼儿教育深入改革的今天,学习和研究他的思想和教育理论,继承和发扬他为幼儿教育事业奋斗的精神,对我们建设有中国特色的幼儿教育理论体系具有重大的意义。

真题面对面

[2021绍兴,简答]简述陈鹤琴的幼儿教育思想。

答案:详见内文

考点2 张雪门 【单选】 必背 ★★★

张雪门,著名的幼儿教育家,行为课程理论的代表人。在他几十年的幼教理论钻研与实践中,注重课程研究,逐步形成了"行为课程"的理论体系。

张雪门认为:"生活就是教育,五六岁的孩子们在幼稚园生活的实践,就是行为课程。"他认为这种课程"完全来源于生活,它从生活而来,从生活而开展,也从生活而结束,不像一般的完全限于教材的活动"。他的主要著作有《幼儿教育新论》《中国幼稚园课程研究》等。张雪门与南京的陈鹤琴有"南陈北张"之称。

1. 幼稚园行为课程的组织

张雪门认为幼稚园课程的组织与小学、中学和大学各级学校的课程不同,它有自己的特点和要求,其特点有三个:(1)"幼稚生对于自然界和人事界没有分明的界限,他看宇宙间一切的一切,都是整个儿的。"所以编制课程时如果分得太清楚太系统,反而不能引起儿童的反应。(2)"幼稚生时期,满足个体的需要,实甚于社会的希求。”所以编制课程时,应兼顾社会和个体两方面的需求。(3)“幼稚园的课程,须根据儿童自己直接的经验。”虽然这种经验不如传授式的经济和整齐,但对于幼儿来说,却有重大意义。

2. 幼稚园行为课程的教学方法

张雪门指出行为课程的要旨是以行为为中心,以设计为过程。只有行为没有计划、实行和检讨的设计步骤,算不得有价值的行为;只有设计没有实践的行为又是空中楼阁。所以行为课程的教学方法应当是起于活动而终于活动的有计划的设计。

行为课程既经设计,就应根据设计精选有助于幼儿成长进步的、自然的良好行为并指导其进行。同时在进行中要把握住远大而客观的标准,注意劳动中亦需劳心的原则。由于行为课程的教学方法是采取单元教学,因此它一般是先根据幼儿的学习动机,决定其学习目的,再根据目的估量行为的内容。

行为课程的内容可以包括幼儿的工作、游戏、音乐、故事、儿歌,以及常识等学科的教材。但在实施时,则应彻底打破各学科的界限。在活动进行中,教师应在各科教材中选择与学习单元有关的材料并加以运用,适当配合幼儿实际行为的发展,使各科教材自然地融合在幼儿生活中,力求做到从生活中来,从生活中发展,也从生活中结束。

张雪门的幼稚园行为课程理论的基本思想就是“生活即教育”“行为即课程”,强调通过儿童的实际行为,使儿童获得直接经验,同时要求根据儿童的能力、兴趣和需要组织教学,主张采取单元设计的方法,打破各种学科的界限。这种课程理论,虽然从学校教学的一般规律来看,并不是完全科学的,但对学前儿童的教育来说,却有非常明显的积极意义。

3. 论幼稚师范的见习和实习

幼稚师范教育思想是张雪门的幼稚教育思想的重要组成部分。他认为研究幼稚教育如果仅限于研究幼稚园教育,抛弃了师范教育,无异于“清溪流者不清水源,整枝叶者不整树木,绝不是彻底的办法”。张雪门的幼稚师范教育思想和实践有一个十分鲜明的特点,就是他非常注意实践,一开始就从“骑马者应从马背上学”这一基本指导思想出发把见习和实习放在突出的重要地位。

真题面对面

1. [2021绍兴,单选]提出幼稚园行为课程理论的教育家是(　　)

A. 陈鹤琴　　B. 陶行知　　C. 蔡元培　　D. 张雪门

2. [2018统考,单选]提出“骑马者应从马背上学”的思想并运用于幼稚师范生的见习和实习的幼儿教育家是(　　)

A. 陈鹤琴　　B. 张雪门　　C. 陶行知　　D. 蔡元培

答案:1. D　2. B

考点3　陶行知　【单选、判断】　必背　★★★

陶行知

陶行知先生是我国伟大的人民教育家。在教育救国的思想影响下,他毕生从事旧教育的改革,推行生活教育、大众教育,为我国教育做出了重大贡献。在教育实践中,陶行知创立了生活教育理论和教、学、做合一的教育方法。在幼儿教育方面,他主要的贡献和观点如下:

1. 农村幼儿教育事业的开拓者

陶行知先生猛烈地批判旧中国幼儿教育的弊端,坚决主张改革外国化的、费钱的、富贵的幼稚园,建立适合中国国情的、省钱的、平民的幼稚园。他积极宣传中国幼儿教育的新的发展方向，认为工厂、农村是幼稚园的新大陆。特别难能可贵的是，身为留美归来的大学教授，他身体力行地积极推行平民的、乡村的教育，在南京郊区创办了我国第一所乡村幼稚园——南京燕子矶幼稚园，还创建了乡村幼儿师范教育、农村幼教研究会等。

2. 重视幼儿教育

陶行知先生高度评价幼儿教育的社会价值，向社会宣传幼儿教育的重要性。他说“幼儿教育实为人生之基础”，是“根本之根本”，“小学教育应当普及，幼稚教育也应当普及”，并提出普及的具体三大步骤，即唤起国人明白幼儿的教育是最重要的教育；改革幼儿园，面向乡村工厂；改变训练教师的制度。

3. 生活教育理论

陶行知将杜威的实用主义教育理论进行改造，形成了生活教育理论，主要内容是：“生活即教育”“社会即学校”“教、学、做合一”。

（1）“生活即教育”

基于杜威的教育本质论，陶行知认为生活教育是给生活以教育，用生活来教育，为生活向前向上的需要而教育。继而他提出“生活即教育”，一方面，生活就是教育，两者密不可分；另一方面，生活决定教育，有什么样的生活水平，就对应什么样的教学水平，生活给予教育什么样的支持，教育便支持你怎样去过以后的生活。并且，教育能改造生活。生活教育就是供给人生需要的教育，是教人生活的教育，而生活是社会的生活，故改造了生活也就是改造了社会，这便是“教育即社会的改造”。所以教育不能脱离人的生活而教，必须与人的现实产生联系。

（2）“社会即学校”

他提出“社会即学校”，就是要完全将学校与社会的“高墙”拆掉，要将学校延伸到社会和大自然之中，在社会的大环境当中，任何人都可以做老师，任何人都可以做学生，任何可以利用的东西都能供我们教学。而杜威的观点只是将社会中的一些东西搬到学校当中，将学校化身成一个微型的“社会”。

（3）“教、学、做合一”

“教、学、做合一”是生活教育理论的教学核心方法，它是对杜威“做中学”思想的进一步改造。陶行知所倡导的“教、学、做合一”是指教的方法要根据学的方法，学的方法要根据做的方法，怎么做就怎么学，怎么学就怎样教，强调教与学以“做”为中心，最终都是为了“做”。“做”不是单纯的体力劳动，而应该是在劳力上的劳心，在实践过程中获得“真知”。

真题面对面

1. [2019统考，单选]我国倡导生活教育理论的思想家是（　　）

A. 陈鹤琴　　B. 梁启超　　C. 陶行知　　D. 蔡元培

2. [2018杭州，判断]陈鹤琴先生提出生活教育，倡导教、学、做合一的教育方法。

答案：1. C　2. ×

4. 解放儿童的创造力

陶行知先生认为教育要启发、解放儿童的创造力，为他们提供手脑并用的条件和机会。具体包括六个方面：（1）解放儿童的**头脑**，把他们的头脑从迷信、成见、曲解和幻想中解放出来；（2）解放儿童的**双手**，给儿童动手的机会；(3)解放儿童的**眼睛**，让他们去观察，去看事实；(4)解放儿童的**嘴巴**，给儿童说话的自由，尤其是要允许他们发问；(5)解放儿童的**空间**，让他们接触大自然、大社会；(6)解放儿童的**时间**，给他们自己学习、活动的时间，给他们一些空闲时间消化所学知识，学一点他们自己渴望要学的学问，做一点他们自己高兴要做的事。

著名教育家的相关内容涉及较多，为方便考生更清晰地识记，现将重要内容通过表格梳理如下：

教育家	常考点	
夸美纽斯	地位	第一个专门对学前教育提出了深刻认识并有系统论述的人
	著作	①《母育学校》：世界上第一本论述学前教育的专著； ②《世界图解》：世界上第一本图文并茂的儿童读物； ③《大教学论》：西方第一本独立形态的教育学著作
	教育思想	①教育原则：教育应适应自然；②泛智教育
洛克	地位	西方教育史上，第一个提出并详细论述儿童体育问题的教育家
	教育思想	①提出了"白板说"；②提倡"绅士教育"
卢梭	著作	《爱弥儿》
	教育思想	①论自然教育；②教育方法(自然后果法)
裴斯泰洛齐	地位	世界上第一个明确提出"教育心理学化"口号的教育家
	教育思想	①提倡爱的教育；②提出要素教育理论
福禄贝尔	实践	创办了世界上第一所幼儿园
	称号	"幼儿园之父"(幼儿教育之父)
	教育思想	①幼儿自我发展的原理； ②游戏理论：第一个阐明游戏教育价值，制作的玩具取名为"恩物"； ③协调原理：让孩子和周围的环境、社会、自然结合，协调一致； ④亲子教育：创立了世界上第一个为母亲们开办的"讲习会"
蒙台梭利	实践	1907年在罗马贫民区创办了一所"儿童之家"
	称号	20世纪初的"幼儿园改革家"
	教育思想	①幼儿自我学习的法则； ②重视教育环境的作用：一个有准备的环境是关键； ③教师的作用：环境的创设者、观察者、指导者； ④幼儿的自由和作业的组织相结合的原则； ⑤重视感觉教育
杜威	教育思想	①教育的本质："教育即生长""教育即生活""教育即经验的不断改造"； ②教育原则："儿童中心论""从做中学"

续表

教育家	常考点	
陈鹤琴	实践	创办我国最早的幼儿教育实验中心——南京鼓楼幼稚园
	称号	“中国幼儿园之父”
	教育思想	①反对死教育,提倡活教育 目的论:“做人,做中国人,做现代中国人”; 课程论:“大自然、大社会,都是活教材; 方法论:基本原则是“做中教、做中学,做中求进步”。 ②幼儿园课程理论 课程的中心:自然的环境、社会的环境; 课程结构:“五指活动”(健康、社会、科学、艺术、文学); 课程实施:整个教学法、游戏式教学
张雪门	地位	行为课程理论代表人
	称号	“南陈北张”中的“北张”
陶行知	实践	创办我国第一所乡村幼稚园——南京燕子矶幼稚园
	教育思想	①生活教育理论:“生活即教育”“社会即学校”“教、学、做合一”; ②解放儿童的创造力:解放头脑、双手、眼睛、嘴巴、空间、时间

考点大默写

1. ____________是第一个阐明游戏教育价值的人。
2. 福禄贝尔发明的“恩物”的基本形状是球体、立方体和____________。
3. 卢梭是自然主义教育的代表人物,他的教育思想主要集中于其教育著作____________。
4. 在杜威的教育观念中,教育的本质包括教育即生长、____________、教育即经验的不断改造。
5. 杜威认为教学活动应该以____________为中心。
6. 夸美纽斯撰写的世界上第一部论述学前教育的专著是____________。
7. 洛克所注重的____________是贵族子弟的教育,主张把他们培养成为身体强健、举止优雅、有德行、有智慧、有才干的事业家。
8. 被誉为20世纪初的“幼儿园改革家”的是____________。
9. 强调教师必须为幼儿创造一个能激发其主动性的“有准备的环境”的儿童教育家是____________。
10. 创立“活教育”理论的教育家是____________。
11. 提出“教、学、做合一”的教育方法的教育家是____________。
12. 陶行知创办的我国第一所乡村幼稚园是____________。
13. 我国最早的幼儿教育实验中心的创办者是____________。
14. 陈鹤琴反对实行分科教学,提倡综合的单元教学,以社会自然为中心的____________。
15. 20世纪30年代,我国幼教界有“南陈北张”之称,“南陈”指陈鹤琴,“北张”指的是____________。

16. 陶行知提出的“六大解放”包括：解放幼儿的头脑；解放幼儿的双手；解放幼儿的____________；解放幼儿的嘴巴；解放幼儿的____________；解放幼儿的时间。

17. 在陈鹤琴看来，____________、____________是活教育课程的教材。

18. 在蒙台梭利教育中，教师不是传统的灌输知识的机器，而是一个环境的创设者、____________、指导者。

【参考答案】

1. 福禄贝尔 2. 圆柱体 3.《爱弥儿》 4. 教育即生活 5. 儿童 6.《母育学校》 7. 绅士教育 8. 蒙台梭利 9. 蒙台梭利 10. 陈鹤琴 11. 陶行知 12. 南京燕子矶幼稚园 13. 陈鹤琴 14. 整个教学法 15. 张雪门 16. 眼睛；空间 17. 大自然；大社会 18. 观察者

第三节 学前教育的性质、任务与价值

一、学前教育的概念

学前教育是以学龄前儿童(即从出生到入小学前的儿童)为对象的教育活动。根据我国教育制度的相关规定，儿童入小学的年龄是6周岁以后，所以，通常意义上，学前教育是指从出生到6岁前儿童的教育，可以细分为早期教育(0~3岁)和幼儿教育(3~6岁)。

学前教育有广义和狭义之分，从广义上说，凡是能够影响和促进学前儿童身体成长和认知、情感、意志、性格、行为等方面发展的活动，如儿童在成人的指导下看电视、做家务、参加社会活动等，都可以称为学前教育。广义的学前教育包括了针对学前儿童的社会专门机构的教育、社区教育和家庭教育。而狭义的学前教育是指学前教育工作者整合儿童周围的资源，对0~6岁儿童的发展施以有目的、有计划、有系统的影响活动。也就是说，狭义的学前教育是指幼儿园和其他专门开设的学前教育机构的教育。

二、学前教育的性质 【单选】 ★★

学前教育的性质

考点1 基础性

教育是民族振兴的基石，是社会发展的基础。世界各国已经认识到，教育落后阻碍着国家的发展，所以，教育就成为社会发展的一种**基础性**措施。

学前教育对于促进个体早期的全面健康发展、巩固和提高义务教育质量与效益、提升国民素质、缩小城乡差距、促进教育和社会公平具有重要价值，这是学前教育基础性的体现。

考点2 非义务性与公益性

1. 非义务性

学前儿童去学前教育机构接受教育是自愿的而非强制的，家长完全可以根据孩子和自己方面的情况，综合考虑是否送孩子进托儿所或者幼儿园，以及送孩子进哪所托儿所或者幼儿园。

学前儿童在学前教育机构的学习可以很自主与自由，因故未上学前教育机构，事后家长和教师不得强迫他们进行课程补习。不过学前教育的**非义务性**，并不意味着学前教育**公益性**的丧失。由于学前教育属于最基础的教育，它的发展关系到整个教育发展的方向，因此，仍然需要政府的大量投入以确保学前教育的公平公正。

2. 公益性

学前教育的公益性是指学前教育具有造福公众、让社会获益的性质。坚持教育的公益性是我国教育事业健康发展的基本要求。

考点 3　先导性和启蒙性

学前教育是儿童教育的开始，合理的学前教育可以让儿童未来的发展有个好的开始，所以具有**先导性**。要培养出适应未来社会发展的开拓性人才，及早进行良好的学前教育，可有利于后续教育的展开。

学前教育对幼儿的教育来说，具备启蒙性。因为幼儿对客观世界的认识尚处于蒙眬的阶段，还不能分门别类地接受系统科学知识。

学前教育的**启蒙性**是指对学前儿童的教育要与他们的现实发展需要联系起来，要启于未发、适时而教、循序渐进，不损伤“幼嫩的芽”，并且要促使其茁壮成长。总之，把握幼儿教育的启蒙性质，在于严格区别于小学教育，防止小学化或成人化倾向，使教育目标确实建立在幼儿教育工作规律的基础上。

真题面对面

[2017统考，单选]我国学前儿童家长可以根据孩子及家庭情况综合考虑是否送孩子进托儿所或幼儿园。这体现了学前教育的性质具有(　　)

A. 公益性　　B. 非义务性　　C. 基础性　　D. 公共性

答案：B

三、学前教育的任务

考点 1　托儿所的任务

托儿所具有社会福利性和教育性双重性质，教育任务的具体要求：(1)发展婴儿的基本动作，进行适当的体格训练；(2)发展婴儿模仿、理解和运用语言的能力；(3)培养婴儿友爱、礼貌、诚实、勇敢等良好品德；(4)培养婴儿良好的饮食、睡眠、衣着、盥洗等文明习惯。

考点 2　幼儿园的任务

我国幼儿园具有为幼儿和幼儿家长服务的**“双重任务”**。《幼儿园工作规程》指出，幼儿园的任务：一是“贯彻国家的教育方针，按照保育与教育相结合的原则，遵循幼儿身心发展特点和规律，实施德、智、体、美等方面全面发展的教育，促进幼儿身心和谐发展”。二是“幼儿园同时面向幼儿家长提供科学育儿指导”。

1. 幼儿园对幼儿实施保育和教育

我国幼儿园教育是学校教育制度的基础阶段，和其他各级各类学校一样，应该使受教育者在德、智、体、美等方面得到全面发展，为社会主义现代化建设培养建设者和接班人。幼儿的成长离不开幼儿教师生活上无微不至的关怀和心灵上春风化雨般的哺育。对幼儿进行科学的保育和教育是幼儿教师的天职。幼儿园是我国对幼儿实施保育和教育的专门组织，幼儿园通过对幼儿实施德、智、体、美等方面全面发展的教育，促进幼儿身心和谐发展。

2. 幼儿园同时面向幼儿家长提供科学育儿指导

幼儿期是人生发展过程中的特殊时期，幼儿园还负有为家长提供科学育儿指导的任务。幼儿园教师应主动加强与幼儿家长的联系与沟通，帮助家长树立正确的教育理念，争取幼儿家长对幼儿园保教工作的理解与支持，以达到家园相互配合、共同促进幼儿身心和谐发展的目的。

四、学前教育的价值 【简答】★★★

考点1 学前教育对于个体发展的价值 必背

学前教育对个体发展的价值是指学前教育可以促进学前儿童在身体、认知、社会性和情感等方面健康全面和谐地发展。学前期是人生发展的重要时期，这一时期的环境和教育质量直接影响儿童今后的发展。学前教育对个体发展的价值主要表现在以下几个方面：

1. 促进生长发育，提高身体素质

学前儿童生长发育不成熟，缺乏自我保护意识，容易受到伤害。学前教育机构能够合理地安排营养保健和一日生活，科学地组织体育锻炼，培养学前儿童良好的生活卫生习惯，增强其对疾病的抵抗能力和对环境变化的适应能力，帮助学前儿童增强体质、健康成长。

2. 开发大脑潜力，促进智力发展

学前期是智力发展的关键期，学前儿童处于大脑开发，特别是语言和感知觉发展的敏感期，需要开展适宜的早期教育。

3. 发展个性，促进人格的健康发展

人的性格、思想品德和行为习惯都是在一定的教育影响下逐渐形成和发展起来的，在学前时期受到的教育影响，常常会在人的一生中留下印记。

4. 培育美感，促进想象力、创造性的发展

学前儿童喜欢用形象、声音、色彩、身体动作等来思考和表达。根据这一特点，学前教育以美熏陶、感染学前儿童，满足其爱美的天性，萌发其美感和审美情趣，激发他们表现美、创造美的欲望，发展他们艺术的想象力、创造力，促进其健全人格的形成。

真题面对面

[2022台州温岭，简答]简述学前教育对个人发展的意义。

答案：详见内文

考点2 学前教育对于教育事业、家庭和社会的价值

学前教育不仅对个体的身心发展十分重要，而且对家庭的幸福、教育事业的发展和社会的稳定与进步也具有重要的作用。

1. 学前教育对教育事业发展的价值

学前教育作为我国学制的第一阶段，通过帮助学前儿童做好上小学的准备（包括社会适应性、学习适应性、身体素质以及良好的学习与行为习惯、态度和能力等方面准备），从而帮助儿童顺利地适应小学的学习和生活。由此可见，学前教育对于基础教育乃至教育事业的整体发展具有重大影响。

2. 学前教育对家庭和社会的价值

众多事实表明，孩子能否健康地成长和发展已成为决定家庭生活是否和谐幸福、家庭生活质量是否提高的一个关键性的因素。家庭又是社会的最基本的单位，每一个学前儿童都连接着一个或几个家庭，因此学前教育牵动着整个社会。

当前我国学前儿童的入园率正在逐步上升，学前教育机构不仅承担着从时间上为家长参加工作和学习

提供便利的任务，而且在家长普遍重视孩子发展和早期教育的现代，学前教育的质量更成为家长关注的核心，直接关系着家长能否放心地工作、安心地学习。高质量的学前教育，在一定程度上确保了未来公民的素质，确保了国家竞争力。所以，重视学前教育也是我们目前教育政策的一个基本方向。

知识再拔高

经济发展对学前教育的影响

1. 社会经济的发展促进学前教育机构的产生与发展。经济最终决定、制约整个社会的发展，因而必然地决定、制约着教育的发展。经济水平为学前教育提供了发展的可能性和必要性。

2. 学前教育发展的规模和速度受社会经济水平的影响和制约。国家是否愿意为幼儿教育提供人力、物力和财力，是否愿意大力推进学前教育，其决定因素就是经济是否需要学前教育以及人们对幼儿教育的需求状况。

3. 学前教育的目标、内容、手段和设施受社会经济发展水平的影响。学前教育的目标，在不同的经济发展阶段中，经历了如下变化：(1)工业社会初期——主要为工作的母亲照管儿童；(2)工业社会——不限于看护儿童，对儿童施行促进其身心发展的教育；(3)现代社会初期——以发展儿童智力为中心；(4)现代社会(20世纪80年代以后)——促进儿童身体的、情绪的、智能的和社会性的全面发展。在社会经济发展的影响下，学前教育内容和手段有了很大的变革。

考点大默写

1. 狭义的学前教育是指学前教育工作者整合儿童周围的资源，对0~6岁年龄阶段儿童的发展施以________、有计划、有系统的影响活动。
2. 学前教育的________性，决定了对学前儿童的教育要与他们的现实发展需要联系起来，要启于未发、适时而教、循序渐进。
3. 家长可以根据自己和孩子的情况，综合考虑是否送孩子进幼儿园以及送孩子进哪所幼儿园。因故未上学前教育机构，事后家长和教师不得强迫孩子进行课程补习。这体现了幼儿园教育的________。
4. 幼儿园的双重任务是指幼儿园对幼儿实施保育和教育以及幼儿园为家长________。

【参考答案】

1. 有目的　2. 启蒙　3. 非义务性　4. 提供科学育儿指导

第四节　学前教育的原则

一、学前教育的一般原则

1. 尊重儿童的人格尊严和合法权益的原则

(1)尊重儿童的人格尊严

儿童与教师是平等的人与人之间的关系。教师要将儿童作为具有独立人格的人来对待，尊重他们的思想感情、兴趣、爱好、要求和愿望等。如果教师的言行中处处体现对儿童的尊重，注意倾听儿童的想法，尊重他们的意愿，就会使儿童意识到他们是有价值、有能力、不可缺少的，从而建立起自信心，获得良好的自我概念，为其自身的继续发展奠定基础。反之，教师如果随意呵斥、责备、惩罚儿童，让儿童常常感到委屈、羞辱，他们便会认为自己是无能、被人看不起的，从而丧失基本的自尊与自信。这种消极的自我概念一旦形成，将会影响儿童终身的发展。

(2)保障儿童的合法权益

儿童是不同于成人的、正在发展中的社会成员，他们享有不同于成人的许多特殊的权利，**如生存权、受教育权、受抚养权、发展权等**，这反映了人类对儿童在社会中的地位和权利的认可与尊重。但是，儿童毕竟是稚嫩、弱小的个体，他们对自己权利的行使还必须通过成人的教育和保护才能实现。家庭、学校、社会应当保障未成年人的合法权益不受侵犯。

2. 发展适宜性原则

学前教育的出发点和最后归宿都是促进儿童身心和谐发展，促进每一个儿童在现有的水平基础上获得充分的最大限度的发展。教师进行学前教育与课程的设计、组织、实施都应着眼于促进儿童的发展。所提出的教育目标，既不可任意拔高，也不能盲目滞后，内容的安排应以儿童身心发展的成熟程度为基础，注重儿童的学习准备。按维果斯基的理论来说，即是要找准每个孩子的“最近发展区”，使每个孩子通过教学活动都能在原有的基础上有所提高，即“跳一跳，摘个桃”。教师应在充分了解儿童已有知识和理解能力、智力水平的基础上，提出“略为超前”的适度的教育要求，把儿童发展的可能性与积极引导二者辩证地结合起来，既不低估或迁就儿童已有的水平，错过发展的机会，又不可拔苗助长，超出发展的可能性。遵循发展适宜性原则包含几层含义：

(1)教育设计、组织、实施既符合儿童的现实需要，又有利于其长远发展。

(2)教育设计、组织、实施既适合儿童的现有水平，又有一定的挑战性；教育活动内容的安排与要求、活动过程的推进应循序渐进。

(3)教育必须促进儿童体、智、德、美诸方面全面发展。每一个方面的发展也应该是全面的、整体的，包括情绪、情感、良好习惯、智能、技能、创造性的发展等，不能偏废任何一个方面。

(4)为每个儿童着想，关注个体差异。教育必须面向每个儿童，使每个儿童都能在原有发展水平上充分地发展。要保证每个儿童有同等的受教育机会，教师必须平等地、一视同仁地对待所有的儿童。学前教育除了适宜年龄特点外，还应实施适宜于个体的教育，注重个性化教学，因材施教。

3. 目标性原则

教师不能任凭自己的爱好兴趣或喜怒哀乐想怎么做就怎么做，实施教育的所有过程都必须紧紧围绕教育目标来进行。贯彻这一原则应注意：

(1)把握目标的方向性和指导性

首先必须明确教育目标及其特点，把握教育目标的中心内涵和精神实质。由于教育目标是分层次的，有总体教育目标，有阶段教育目标，有各领域、科目的教育目标，有具体的教育活动目标。其中，总体目标是具有方向性和指导性的，必须牢牢把握清楚、准确；阶段目标是承上启下的，相对于教育的总体目标而言，它是小目标，对于教育活动的具体目标来说，它又具有一定的总体性；而每一次教育活动的具体目标，则是实现总体目标的基本单位。三个层次的教育目标相互制约，共同控制着课程组织的具体过程。

(2)注重教育目标实施过程的动态管理

课程发展目标是教师制订教育计划、组织教育活动的基本依据。实施过程中要求教师不仅要注重基本目标的达成度，更要注重针对本班儿童的发展情况，及时调整目标或生成新的目标，形成以儿童发展为本的目标实施的动态过程。

4. 主体性原则

儿童是学习的主体，只有儿童积极参与、主动建构，课程才能内化为他们的学习经验，促进其身心发展。发挥主体性原则，要尊重儿童人格、尊重儿童需要、激发儿童的主动性。在学前教育中，教师要充分扮演好环境的创设者，儿童学习的观察者、引导者的角色，体现“导”的艺术，要把活动的主体地位让给儿童，让儿童真正成为活动的主人。教师要承认学前儿童的主体地位，认识到学前儿童是学习、发展的主体，是一个独立的、完整的、成长着的、拥有极大发展潜能的主体。贯彻这一原则应注意：

（1）准确把握儿童发展的特点和现状

在教育与课程的设计、组织、实施、评价等不同环节，应以准确把握儿童发展的特点和现状为基础，充分考虑儿童的兴趣和需要，尊重儿童的学习特点、学习兴趣、学习背景、学习意愿等，为儿童提供主动学习的机会。

（2）在活动之前要善于激发学前儿童的学习兴趣和动机

活动中教师不是只考虑如何教的问题，而应更多考虑儿童的实际情况，激发学前儿童学习的内部驱动力，思考儿童如何学习，如何才能充分调动儿童的积极性、主动性和创造性，让学前儿童努力探索新知识、积累新经验。与此同时，教师要观察儿童的活动情况，适时给予支持、指导和帮助。儿童积极主动地学习离不开教师积极主动地引导，而教师科学巧妙地引导，离不开教师主体性的发挥。只有教师发挥积极性、主动性、创造性，才能使教育计划的设定、教育活动的开展不流于形式，真正促进儿童的发展。

5. 科学性、思想性原则

由于学前儿童教育的启蒙性特点，着重在儿童学习的兴趣、方法、情感态度的养成教育上，其教育目的是促进儿童身心和谐发展，富有个性地成长，所以学前儿童教育必须保证它的科学性、思想性。贯彻科学性、思想性原则，要做到以下几点：

（1）教育内容应是健康、科学的

选择的教学内容应该是健康、科学的，对儿童有积极向上的引领作用，而且内容和方法都应该是正确规范的，有利于学前儿童正确地感知客观事物和现象，形成正确的概念和对事物科学的态度。

（2）教育要从实际出发，对儿童健康发展有利

要从实际出发，对儿童进行有针对性的教育；教育形式要活泼，教学方法要多样；教师和家长要以身作则，言行一致，成为学前儿童行为的表率。

（3）教育设计和实施要科学、正确

教师和家长要了解儿童的年龄特征和认识事物的规律，根据儿童的实际选择，安排相应的教学内容；教师对知识的掌握应该要准确无误，要注意各学科、各知识之间的联系，选择多种教学手段和方法，科学地组织幼儿一日活动，合理安排活动时间和活动量。

6. 充分发掘教育资源，坚持开放办学的原则

我们必须认识到儿童自身、儿童群体以及家庭、社会都是宝贵的教育资源，要充分发挥他们的教育作用。教育资源存在于儿童的生活中。在家庭、社区、幼儿园、街道、市场、田野，在儿童自身和儿童群体中，在看电视、听广播、交谈、游戏、旅游等各种活动中，都存在着丰富的教育资源，都在对儿童发挥着强大的影响

作用，其广泛性、灵活性、多样性、即时性，是幼儿园教育难以比拟的。如果闭门办学，不仅会造成教育自身的封闭、狭隘，而且也是教育资源的极大浪费。

当今时代，幼儿园必须在与社会系统的合作中去完成自身的教育任务，发挥幼儿园教育在学前儿童成长中的导向作用。所以，在学前教育中，幼儿园必须是“开放的”，必须与家庭、社区紧密结合。这既是社会发展对学前教育提出的客观要求，又是学前教育自身发展的内部需求。贯彻该原则要注意以下几点：

（1）与家长合作共育

家庭是儿童成长最自然的生态环境，家庭是人的第一所学校，家长是学前儿童第一任教师，家长更是重要的教育力量。对于幼儿园的教育，家长参与能够大大提高儿童活动的兴趣和积极性，从而增进在幼儿园里的活动；家长是教师最好的合作者，家园合作共育能使课程计划的可行性、课程实施的适宜性、教育的连续性和有效性都得到保证。

（2）开门办学，与社区合作

社区的积极参与将使幼儿园的教育变得更为生动、更富有时代气息。不少幼儿园在与社区的合作中，直接利用社区丰富的教育资源，让儿童走进社会的大课堂。如参观社区各种机构、设施；与社区的劳动模范、解放军战士、医务人员、警察叔叔共同活动；去慰问敬老院的爷爷奶奶，或请他们到幼儿园做客、参与活动，等等。

可以说，无论是社区环境、社区资源，还是社区文化，对幼儿园的课程实施效果都产生不可忽视的影响。

（3）幼儿园、家庭、社区一致的教育

幼儿园、家庭、社区一致的教育就是指家庭和幼儿园或托儿所、社区在育儿理念、育儿方式等方面方向一致，积极协作，密切配合，互为补充，相互作用，形成教育合力，最终促进儿童身心健全和谐发展。否则，就会导致教育的积极影响被抵消。如在幼儿园很懂得讲卫生、会分享，在家里由于长辈溺爱，孩子比较霸道，这样家庭教育就会对儿童发展产生消极作用。

7. 整合性原则

整合性原则是指将学前教育看作是一个完整的系统，保证学前儿童身心整体健全和谐的发展，综合化地整合课程的各要素实施教育。贯彻整合性原则应注意以下几点：

（1）活动目标的整合

目标的确定不能单纯追求知识技能的获得，而应全面考虑情感态度、习惯个性、知识经验、技能能力等综合素质的培养和提高，即活动教育的主要目标应是整个人的发展。

（2）活动内容的整合

活动内容的整合是以目标的整合为前提，主要表现是使同一个领域的不同方面的内容或不同领域的内容之间产生有机的联系。内容的整合最终应落实到具体的教育活动之中。例如，语言教育领域，不仅可以在语言教育领域内部对知识学习和能力培养进行整合，而且还可以将社会、科学、艺术等领域的学习内容整合在一起。

（3）教育资源的整合

教育资源的整合是与教育内容紧密相关的，教育资源中蕴含了多种教育内容，对教育资源的整合，有利于教育内容的整合，有利于拓展学前教育的空间，丰富学前教育的方法、形式和手段。幼儿园、家庭及社区都有丰富的教育资源，应充分地加以运用，并进行有机的整合，使它们真正协调、一致地对学前儿童的成长产生积极的、有效的影响。

(4)活动形式和活动过程的整合

将具有一定联系性的教学活动、游戏、日常生活等活动以及各活动的过程加以整合，将集体活动、小组活动、个别活动加以互补运用和整合，使教育活动一致地对儿童的成长产生积极的、有效的影响。

记忆有妙招

学前教育的一般原则：**科目要合体，资源尊适宜**。**科**（科学性、思想性）**目**（目标性）**要合**（整合性）**体**（主体性），**资源**（充分发掘教育资源）**尊**（尊重儿童的人格尊严和合法权益）**适宜**（发展适宜性）。

二、学前教育的特殊原则

1. 保教合一的原则

学前教育的特殊原则

保教合一的原则，也称保教结合或保教并重，指对幼儿保育和教育要给予同等的重视，并使两者相互配合。它是我国幼儿教育中所特有的一条原则，可以说具有很强的中国特色。这一原则最早来源于中国共产党领导下的老解放区的幼儿教育工作中。

(1)保育和教育是幼儿园两大方面的工作

保育主要是为幼儿的生存、发展创设有利的环境和提供物质条件，给予幼儿精心的照顾和养育，帮助其身体和机能良好地发育，促进其身心健康地发展；教育则重在培养幼儿良好的行为习惯和态度，发展幼儿的认知、情感、能力，引导幼儿学习必要的知识技能等。这两方面构成了幼儿园教育的全部内容。

(2)保育和教育工作相互联系、相互渗透

幼儿园保育和教育不可分割的关系是由幼教工作的特殊性和幼儿身心发展的特点决定的。虽然保育和教育有各自的主要职能，但并不是完全分离的。教育中包含了保育的成分，保育中也渗透着教育的内容。

(3)保育和教育是在同一过程中实现的

对幼儿实施保育的过程，实质上也是对幼儿在德、智、体、美诸方面实施有效影响的过程。保育和教育不是分别孤立地进行的，而是在同一教育目标指引下，在同一教育过程中实现的。保教结合是全面发展教育方针在幼儿期的具体体现，也是我国幼教实践工作的总结。幼儿教育工作者要充分认识保教结合在幼儿全面发展中的意义，真正地将保教结合的思想落实到幼儿园每一个环节的工作中。

(4)良好的工作伙伴与师生关系是实现保教合一的前提

①建立良好的工作伙伴关系

作为一名教师或是保育员，要正确地认识自己的工作与本身的价值，在工作中尽量地给幼儿呈现一个正确的社会关系，让幼儿的社会性得到正确的发展及情感的陶冶。在日常教育活动中，教师与保育员往往因为自身儿童观与教育观的不同而会有一些冲突。面对这一问题，教师与保育员要保持冷静的态度，不应该在幼儿面前出现相互指责的现象，而是要在休息的时间，相互就某一问题进行探讨，如果双方都坚持自己的观点，可一同去请教老教师，或是一同找有关的书籍进行研讨。我们坚决反对那种当面不讲、背后乱说的做法。

②建立良好的师生关系

《幼儿园教育指导纲要（试行）》中明确指出："要建立良好的师生、同伴关系，让幼儿在集体生活中感到温暖，心情愉快，形成安全感、信赖感。""教师的态度和管理方式应有助于形成安全、温馨的心理环境，言行举止应成为幼儿学习的良好榜样。"

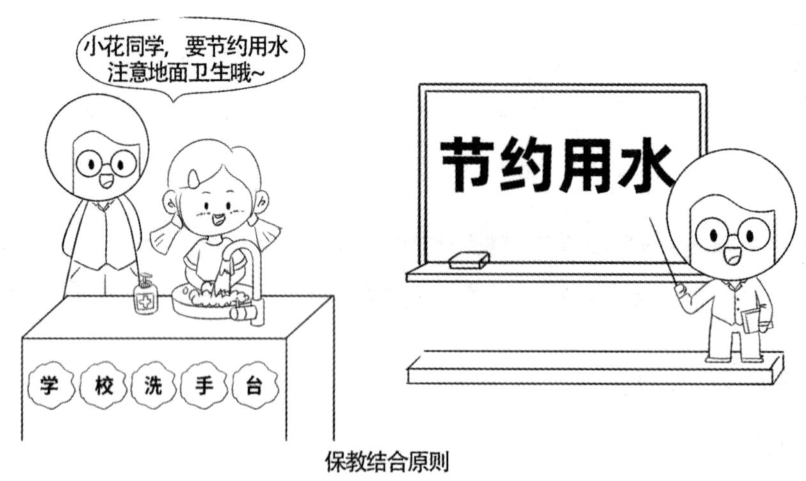

保教结合原则

2. 以游戏为基本活动的原则

游戏是学前教育机构的基本活动。游戏最符合儿童身心发展的特点，是儿童最愿意从事的活动，最能满足儿童的需要，有效地促进儿童发展，具有其他活动所不能替代的教育价值。

（1）游戏是儿童最好的一种学习方式

对于学前儿童来说，游戏也是一种学习，是一种更重要、更适宜的学习。福禄贝尔说："儿童早期的各种游戏，是一切未来生活的胚芽。"幼儿最自然的活动方式就是生动活泼的游戏。蒙台梭利说："游戏就是儿童的工作。"游戏是以过程为导向，以乐趣为目的，以内驱动机为主的活动。陈鹤琴指出："小孩子生性好动，以游戏为生命。"游戏是学前儿童身心发展的需要，是促进他们身体、智能、道德品质、情感、创造性发展以及成长的重要手段。在游戏活动中易于唤起儿童的学习兴趣，使儿童在玩中学，学中玩，学得轻松愉快。

（2）游戏是幼儿课程内容和形式的结合

游戏既是课程的内容，又是课程实施的背景，还是课程实施的途径。游戏所涉及的内容是与儿童的兴趣相关联的，游戏应该与儿童的行为相关联，游戏应该与儿童的主动、自发相关联。教师要充分发挥游戏对儿童发展的作用，保证游戏的时间和空间，提供丰富的游戏材料，使儿童充分自主、愉快地游戏，通过游戏促进其身心发展。

3. 教育的活动性和直观性原则

学前儿童认知的直觉行动性与形象性的方式和特点，决定了他们不可能像中、小学生那样，主要通过课堂书本知识的学习来获得发展，而必须通过活动去接触各种事物和现象，与人交往，实际操作物体，才能逐步积累经验，获得真知。离开了活动，就没有儿童的发展。幼儿园的教育，不能只让儿童静坐着看和听，而应该想尽各种办法，引导儿童主动活动。因为，对他们来说，只有在活动中的学习，才是有意义的学习，才是理解性的学习。教师应从儿童身心发展的特点和水平出发，以活动为基础展开教育过程。同时，活动形式应多样化，让儿童能在多种多样的活动中得到发展。贯彻这一原则要注意以下几点：

（1）教育的活动性

①以活动为中介，通过各种活动促进儿童的发展

学前教育促进儿童的发展主要是通过活动来进行的。学前儿童通过参与各种活动得到各方面的发展。因此，在活动的设计、组织、实施过程中，教师要为儿童提供丰富的材料和充分的活动空间、时间，开展各种

类型的活动，以及进行人际交往的机会，为儿童积极主动活动提供可能。教师既要相信儿童，放手让他们进行各种活动，又要适时地支持和引导，进行必要的指导和帮助，同时还应鼓励儿童在活动中的积极性、主动性和创造性，使活动真正成为儿童发展的手段。

活动过程要了解儿童的活动状态，这包括儿童心理觉醒水平、兴趣中心和需要、活动准备状态、习惯性行为、动机和情绪背景、学习和活动方式及其特点等。因此，研究和了解儿童状况，对于实现课程组织实施活动化具有实质性价值。

②教育活动的多样性

幼儿园的活动不应当是单一的。因为活动的内容、形式不同，在儿童发展中的作用是不一样的。教师要注意教育活动的多样性，才能有效地促进儿童发展。如从类型来说，有集中教育活动、游戏活动、日常生活活动、亲子活动、劳动等；从活动的领域来说，有健康的、科学的、语言的等领域的活动；从表现形式来看，有听说表达类、运动类、动手制作类、小实验等活动；从组织形式来看，有集体活动、小组活动、个别活动。

(2)教育的直观性

由于学前儿童思维的具体形象性和第一信号系统占优势的特点，使得他们只有在获得丰富的感性经验的基础上，才能理解事物。学前儿童主要是通过各种感官来认识周围世界的，是通过直接感知认识周围事物，形成表象并发展为初级的概念。对学前儿童的教育应考虑体现直观形象性。

①教师要根据不同年龄儿童的身心发展水平，运用各种形式的直观教学手段，从具体的、有情节的事物向无情节的事物过渡，从实物类型的直观向图片、模型、语言直观等过渡。

②教师通过演示、示范、运用范例等直观教学手段，变抽象为形象，化枯燥为生动的同时，还可以辅以形象生动的、声情并茂的教学语言，帮助儿童理解教学内容。

③通过具体可见或可操作的活动，使儿童比较容易直观形象地理解所学的内容，更快地获得各种知识经验。

4. 生活化和一日活动整体性的原则

由于学前儿童生理、心理的特点，对儿童的教育要特别注重生活化，并发挥一日活动的整体功能。

(1)教育生活化

生活化首先就是指教育生活化，也就是说要将富有教育意义的生活内容纳入课程领域。例如，课程安排依照幼儿园生活的自然秩序展开；课程内容可以依据节日顺序展开；或者依据时令、季节变化规律来组织课程；等等。加强教育同生活的联系，就是要将学前儿童在各种情境中的经验加以整合，不论是在日常生活中学习积累的，还是在非日常生活中应该了解和认识的，都纳入课程组织结构中加以统整。

(2)生活教育化

生活化还有一种含义就是指生活教育化，也就是将学前儿童日常生活中已获得的原有经验，加以系统化、条理化，在生活中适时引导，促进学前儿童发展。在幼儿园中，在成人看来并不重要的小昆虫、小石子、树叶等各种各样的自然物，都是学前儿童眼中的宝贝，教师若能对学前儿童的世界加以观察，并有效将这些内容组织起来，将会使学前儿童在感知生活的过程中得到发展。如教育活动设计不仅仅是课堂教学活动的设计，还应包括一日活动的各个环节，寓教育于一日活动之中，及时抓住机会对儿童实施教育。通过帮助儿童组织已获得的零散的生活经验，使经验系统化、完整化。此外，活动的内容选择、活动的实施等都要注意生活化。

教育生活化和生活教育化两个概念的区分见下表：

原则	关键信息	例子
教育生活化	针对生活中有价值的内容，开展专门的教育活动进行施教	生活中发现幼儿不愿意分享，于是专门组织教育活动引导幼儿学会分享
生活教育化	在生活中进行引导	小朋友玩游戏时出现了争抢玩具的现象，老师直接进行教育

(3)发挥一日活动整体功能

幼儿园一日活动是指幼儿园每天进行的所有保育、教育活动。它不仅包括由教师组织的活动，**如儿童的生活活动、劳动活动、教学活动等**，还包括儿童的自主自由活动，**如自由游戏、区角自由活动等**。幼儿园应充分认识和利用一日生活中各种活动的教育价值，通过合理组织、科学安排，让一日活动发挥一致的、连贯的、整体的教育功能，寓教育于一日活动之中。

①一日活动中的各种活动不可偏废

无论是儿童吃喝拉撒睡一类的生活活动，还是教学、参观访问等活动；无论是有组织的活动，还是儿童自主自由的活动，都各具重要的教育作用，对儿童的发展都是不可缺少的。因此不能顾此失彼，随意削弱或取消任何一种活动。

②各种活动必须有机统一为一个整体

每一种活动不是分离地、孤立地对儿童发挥影响力。一日活动必须统一在共同的教育目标下，形成合力，才能发挥整体教育功能。因此，如何把教育目标渗透到各种活动中，每个活动怎样围绕目标来展开，就成为实践中应当特别关注的问题。

记忆有妙招

学前教育的特殊原则：**整货直包邮**。**整**(生活化和一日活动整体性)**货**(教育的活动性)**直**(直观性)**包**(保教合一)**邮**(以游戏为基本活动)。

考点大默写

1. 基于幼儿“最近发展区”实施教学，使幼儿的发展水平在原有基础上有所提升，体现的是学前教育的____________原则。
2. 教育生活化是指要将富有教育意义的____________纳入课程领域。
3. 教师在活动前要善于激发幼儿的学习兴趣和动机，这体现的是学前教育的____________原则。
4. 教师不能任凭自己的爱好兴趣或喜怒哀乐想怎么做就怎么做，实施教育的所有过程都必须紧紧围绕教育目标来进行。这体现了学前教育的____________原则。
5. 学前教育的整合性原则包括活动目标的整合、____________的整合、教育资源的整合、活动形式和活动过程的整合。

6. 学前教育的____________原则是指将学前教育看作是一个完整的系统，保证学前儿童身心整体健全和谐的发展，综合化地整合课程的各要素实施教育。

7. ____________和____________是实现保教合一的前提。

8. 幼儿园保育和教育不可分割的关系是由幼教工作的特殊性和____________决定的。

9. ____________原则是我国学前教育中所特有的一条原则。

10. 幼儿园的教育只让儿童静坐着看和听，这违背了学前教育的____________原则。

【参考答案】

1. 发展适宜性　2. 生活内容　3. 主体性　4. 目标性　5. 活动内容　6. 整合性　7. 良好的工作伙伴；师生关系　8. 幼儿身心发展的特点　9. 保教合一　10. 活动性

第五节　学前教育学的概念、任务和研究方法

一、学前教育学的概念

教育学是研究教育现象和教育问题，揭示教育规律的一门科学，教育学的根本任务是揭示教育规律。

学前教育学是教育学的一门分支学科，是研究0岁至入学前儿童的教育现象及教育问题，揭示学前教育规律的科学。

学前教育学的研究对象有两方面：一是学前教育现象，即构成学前教育活动的诸要素及各要素的组合；二是学前教育问题，即学前教育活动在不同时代、不同情境下所面临的矛盾。

知识再拔高

教育理论的类型

布雷岑卡建议将以往的教育学的性质和功能加以分析，认为存在不同种类的教育理论。他将教育理论分为三类：教育的科学理论——教育科学；教育的哲学理论——教育哲学；教育的实践理论——实践教育学。三类理论各有分工：教育科学主要研究教育事实，揭示教育规律，说明教育“是什么”；教育哲学主要从哲学观点出发，透过理性批判，建立价值与规范；实践教育学为教育行为和教育活动提供实用的命题系统。

真题面对面

[2019统考，单选]根据学前教育理论的性质，下面不属于学前教育理论类型的是(　　)

A. 学前教育的实践理论　　B. 学前教育的研究理论

C. 学前教育的科学理论　　D. 学前教育的哲学理论

答案：B

二、学前教育学的任务

学前教育学的任务有三个方面：

(1)总结我国学前教育的经验，研究学前教育基本理论，引进国外学前教育的理论和实践，以探讨我国学前教育的规律及今后发展趋势；

（2）通过对学前教育实践的理论研究，用科学的教育观念指导学前教育实践，不断提高学前教育机构和家庭的科学教育水平；

（3）依据基本理论的研究为国家和有关部门制定学前教育的政策、措施和进行教育改革提供理论依据和策略思想。

三、学前教育学的研究方法

考点 1 常用的研究方法 【简答】 必背 ★★★

1. 观察法

（1）观察法的含义和优缺点

观察法

观察法是研究者运用感官或借助一定的仪器设备对处于自然状态中的客观事物进行有目的、有计划的考察和探究，从而获取科学事实、探索科学规律的一种科学研究方法。观察法是实证研究最基本的方法，也是托儿所、幼儿园里最常用、最实用的研究方法。

观察法的主要优点是所观察的行为发生在自然环境中，被观察者的行为比较自然。尤其是在需要了解行为的自然状态或对一些隐秘行为进行研究时，其他方法难以取代。不足之处是观察者处于被动状态，他只能消极等待被观察者的某些行为出现。而且，观察积累的资料只能说明“是什么”，不能解释“为什么”。因此，在使用观察法时，要和其他方法相结合，由观察发现的问题还需要其他研究方法作进一步的探讨。

（2）观察法的类型

分类依据	类型	概念
环境条件是否进行控制和改变	自然观察法	在自然状态下所进行的观察，即对要观察的事物存在的条件不加控制或改变
	实验室观察法	研究者根据研究的目的，在对观察对象发生的环境和条件加以控制或改变的条件下进行的观察
是否借助仪器设备	直接观察法	观察者直接运用自己的感官对研究对象的行为进行感知的观察方法
	间接观察法	研究者借用一定的仪器设备来考察研究对象的方法
是否参与研究对象的活动	参与性观察法	观察者在不暴露观察目的的情况下参与到研究对象的活动中去，在与研究对象共同活动时从内部进行的观察
	非参与性观察法	观察者不参与被观察者的任何活动，完全以局外人的身份所进行的观察
是否对观察活动进行严格的控制	有结构观察法	在观察前有明确的观察目标、详细的观察内容和指标体系，能对整个观察过程进行系统、有效的控制，并要求有完整的观察记录的观察
	无结构观察法	只有一个总的观察目的和一个大致的观察内容范围，记录简单，对观察过程也不进行严格控制的观察
对研究对象行为取样的方式不同	时间取样观察法	研究者根据研究对象行为表现的时间特点确定具体的观察时间，对选定时间内研究对象的特定行为表现和相关事件进行全面的观察和记录
	事件取样观察法	研究者根据自己对要观察的研究对象的行为的认识，选择与该类行为的发生密切相关的事件进行全面系统的观察

(3)观察研究的设计

①观察内容的确定。确定观察的内容就是解决在观察活动中应观察什么的问题。

②观测指标的设计。在以量化方法为主的观察研究中要求研究者为要观察的研究对象的行为表现设计出科学的观测指标。

所谓观测指标就是衡量观察对象行为表现及其变化的数量化表征。在观察研究中,观察指标一般有三种类型,即定类指标、定序指标和定比指标。

③观察方法的选择。一般来说,选择观察方法时应系统地考虑以下三个方面的因素:观察的目的;研究对象活动的特点;观察者具备的观察条件。

④观察记录方法的选择和设计。观察记录的主要方法可以分为三类:描述记录法;仪器记录法;表格记录法。

真题面对面

[2017统考,简答]简述观察研究的设计思路。

答案:详见内文

(4)学前教育观察研究的实施

①观察的准备。观察的准备工作是多方面的,主要有:做好观察的计划;培训观察人员;获准进入现场。

②实施现场观察。观察者要做好现场观察工作,必须注意和处理好以下五个方面的问题:严格执行观察计划;选择最佳观察方位,并合理地使用仪器设备;边观察边思考;防止主观偏见;合理地处理突发事件。

③观察资料的整理和分析。

④形成研究结论,撰写观察报告。

2. 调查法

调查法是教师围绕某一教育现象,采用问卷、谈话、座谈等多种形式收集资料,并对所获得的资料进行定量、定性分析,指出所存在的问题,提出教育建议的一种研究方法。例如,教师通过与大班幼儿进行个别谈话,发现“庆祝活动”和“游戏活动”是引起幼儿愉快情绪体验的较强刺激物,在幼儿园的教育活动中,教师就可以加重这些活动的分量,以进一步发展幼儿的积极情绪。

3. 实验法

(1)实验法的含义

实验法是研究者以一定的理论假设为指导,根据研究的目的,有计划地操纵某些条件,控制某些条件,并观测特定的教育现象随之发生的变化,以探索不同教育现象之间的因果关系,揭示教育活动规律的研究方法。

(2)实验法的主要类型

分类依据	类型	概念
实验研究的场所不同	现场实验	在实际的教育情景中进行的实验
	实验室实验	研究者根据研究的需要在经过专门设计的、人工高度控制的环境中进行的实验

续表

分类依据	类型	概念
实验者在实验过程中对无关变量的控制程度	前实验	最原始的一种实验类型，是对任何无关变量都不进行控制的实验
	准实验	在实验中未按随机原则来选择和分配被试，只把已有的研究对象作为被试，且只对无关变量做尽可能控制的实验
	真实验	严格按照实验法的科学性要求，随机地选择和分配被试，系统地操纵自变量，全面地控制无关变量的实验
实验研究的目的不同	探索性实验	探索人们还没有认识的教育规律和新的教育方法的实验，它以创新为研究目的，是一种富于开拓性的实验研究
	验证性实验	以验证已取得的认识成果和实践活动方法为目的的实验
同一个实验中自变量的多少	单因素实验	在同一个实验中研究者只操纵一个自变量的实验
	多因素实验	在同一个实验中需要操纵两个或两个以上的自变量的实验

(3)实验研究的一般程序

①实验的准备。这个阶段的具体任务主要有以下几个方面：确立实验研究的课题，形成研究假设；查阅研究文献，确立实验研究的理论基础；实验设计。

②实验的实施。这个阶段研究者应具体完成三个方面的任务，即操纵自变量；控制无关变量；观察和测量因变量。

③实验的总结和评价。在实验的总结和评价阶段，研究工作的主要任务有：对实验中收集到的各种资料进行统计和分析，并在此基础上对实验假设进行检验并得出实验研究的结论；对实验的过程和结果进行全面的评价，分析实验的内、外效度；撰写实验报告，对实验的过程和结论进行全面的表述。

4. 个案研究法

个案研究法是教师利用观察法、调查法、作品分析法等方法对班级个别儿童进行全面系统的研究，以揭示儿童发展普遍规律的一种研究方法。*例如，幼儿园小班里有一个3岁的儿童，入园以来从未哭过。有客人来参观时，他能在教师的提醒下，主动向客人介绍自己的绘画作品、纸工作品等。据此，教师可以以这个儿童为研究对象，探索提高儿童适应能力和社会交往能力的途径和方法。*

考点2　研究新动向

1. 质的研究及其在学前教育研究中的应用

(1)质的研究概念

质的研究也称为“实地研究法”或“参与观察法”，它是基于经验和直觉之上的研究方法，以研究者本人作为研究工具，凭借研究者自身的洞察力在与研究对象的互动中理解和解释其行为和意义建构的研究方法。质的研究是与量的研究相对应的一种研究方式，强调教育现象充满着意义和诠释，应该以整体的观点研究教育现象，反对把自然科学研究物的方法简单地应用于复杂的教育现象中。

(2)质的研究特点

①质的研究以描述性资料为主，以现场的观察记录、关键人物的访谈实录、图片、实物为主要资料来源；

②质的研究对现场的人、事、物作整体性的研究；

③质的研究强调在自然情境中做临床性的探究，注重情境发展线索，从现场的关系结构中发现事件发生、发展的意义；

④质的研究是从研究对象的角度来研究问题，注重现场参与者的观点，从局内人的观点了解他们是如何看待世界的；

⑤质的研究具有归纳的取向，从资料搜索的过程中发展和归纳概念理论，而不是收集资料和证据来评估验证理论假设；

⑥质的研究强调研究者亲自体验被研究者的内在生活和人性特质；

⑦质的研究是学习的过程，研究者向被研究者了解他们的世界观和价值观，并获得自己价值观的新知觉；

⑧质的研究关注的是过程，而不只是结果。

(3)质的研究在学前教育研究中的应用

由于质的研究的研究对象是人，在学前教育研究领域，构成研究对象的主要是幼儿教师、家长、幼儿、幼儿园管理者等，质的研究适合对这些个体做深入细致的探索研究，具体研究问题可表述为以下四个方面：

①教师发展方面

这方面以幼儿教师作为研究对象，比较适合于研究幼儿教师的专业发展领域的问题，如幼儿教师为什么会选择这一职业；幼儿教师的专业成长、教师发展的影响因素等，当然这些也适合于研究幼师专业的学生。

②家庭教育方面

家庭教育对儿童发展具有重要意义。这方面以家长、抚养人、教育者等作为研究对象，研究问题的范围非常广。例如，家长的教养方式对儿童发展的影响、儿童特殊的人格特征的影响因素研究等，适合于对影响个体发展的家庭教育因素做深入的探究。

③儿童心理方面

这方面以儿童作为研究对象，适合于做个案研究，尤其适合于对某些特殊儿童或者有特殊问题的儿童开展研究。

④幼儿园管理方面

这方面主要以幼儿园管理者作为研究对象，主要研究问题涉及幼儿园管理方式对教师成长的影响、园长的管理风格与幼儿教师的工作认同感的关系、影响园长管理方式的因素等。

当然，现实生活中的具体教育问题往往与教育过程中各个对象都有关系，如“留守儿童教育问题研究”，这个问题既是家庭教育问题，也是儿童发展问题。家长、抚养者、儿童生活环境、教育者等都是这个研究问题需要关注的对象。从这个意义上来讲，质的研究对研究对象的整体性理解要求显得尤为重要。

2. 行动研究及其在学前教育研究中的应用

(1)行动研究的含义和特点

所谓**行动研究法**，是一种适合小范围的教育改革的探索性研究方法，它是研究者为科学地解决教育活动中的实际问题，在对问题诊断分析的基础上来拟订和实施行动计划的一种循环研究的程序性方法。此处的行动是指带有探索和研究性质的教育实践活动。

行动研究法作为一种特殊的研究方法，着重于将教育科学研究和教育实践活动合二为一，用行动的方式来认识和解决教育活动中的实际问题，和其他类型的方法相比，它具有如下几个方面的特点：

①行动研究法有很强的**实践性**；②行动研究法有很强的**开放性**；③行动研究法有很强的**灵活性**；④行动研究伴随持续的对研究计划的修正。

（2）行动研究的步骤

行动研究的基本过程大致分为四个环节，这四个环节是循序渐进的：①计划，主要包括明确问题、收集信息、分析问题、制订行动计划；②行动，主要包括实施行动项目，对行动的监控、调整；③考察，主要包括观察、记录、访谈、问卷、收集背景资料；④反思，主要包括整理描述结果、分析解释原因、评价行动、构想纠正失误和克服困难的新行动计划。

（3）行动研究在学前教育研究中的作用

①行动研究能促进幼儿教师的专业发展；②行动研究克服了教育理论与教育实践相脱节的弊端；③行动研究可以给师范生提供大量的实际工作案例；④行动研究有利于提高幼儿园行政管理的效能。

考点大默写

1. ____________是实证研究最基本的方法，也是托儿所、幼儿园里最常用、最实用的研究方法。
2. ____________是研究者根据研究对象行为表现的时间特点确定具体的观察时间，对选定时间内研究对象的特定行为表现和相关事件进行全面的观察和记录。
3. ____________是教师利用观察法、调查法、作品分析法等方法对班级个别儿童进行全面系统的研究，以揭示儿童发展普遍规律的一种研究方法。
4. ____________是研究者为科学地解决教育活动中的实际问题，在对问题诊断分析的基础上来拟订和实施行动计划的一种循环研究的程序性方法。

【参考答案】

1. 观察法　2. 时间取样观察法　3. 个案研究法　4. 行动研究法

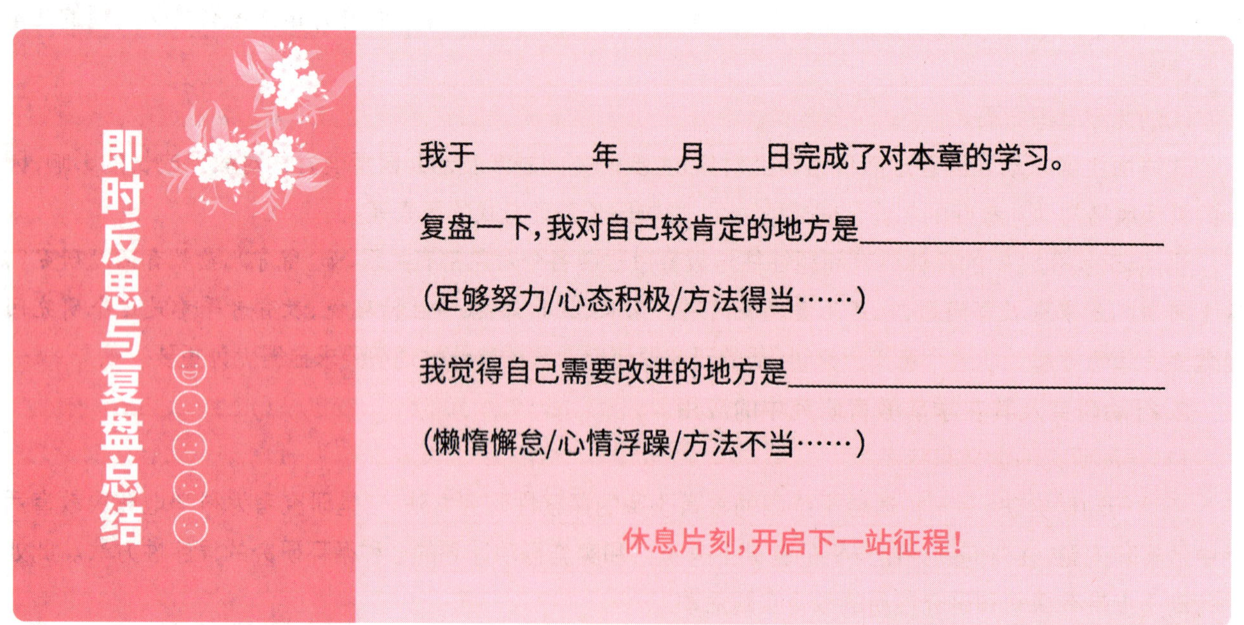

第二章 学前教育制度

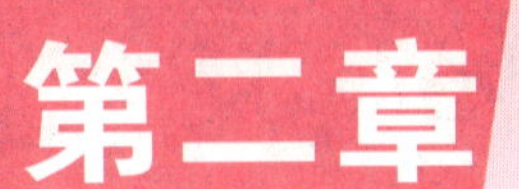

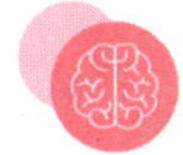

思维导图

- 学前教育制度
  - 学前教育制度概述
    - 学前教育制度的含义与构成
      - 含义：是国家关于学前教育目的、任务、方针和实施办法的总和
      - 构成：①学前教育机构或组织系统；②学前教育机构或组织系统的形式和运行规则
    - 学前教育制度的特点
      - 客观性、取向性、历史性、强制性、灵活性
    - 影响学前教育制度制定的因素
      - 生产力发展水平和科学技术发展状况
      - 社会政治经济制度
      - 儿童身心发展规律
      - 人口发展状况
      - 本国学前教育制度的历史发展和国外学前教育制度的影响
      - 民族文化传统也是建立学制的一个制约因素
  - 我国学前教育制度的发展
    - 我国学前教育机构地位的演变
      - 蒙养院—蒙养园—幼稚园—幼儿园
    - 我国学前教育管理制度的发展
    - 我国当前学前教育管理体制及其特点
      - 政府负责，学前教育事业管理地方化
      - 分级管理，教育部门发挥主管主导作用
      - 分工负责，学前教育事业管理社会化
    - 我国当前学前教育机构发展的特点
      - 突破计划经济的束缚，多形式、多渠道发展
      - 走上规范化、法制化轨道
  - 国外学前教育制度的发展
    - 国外有影响的学前教育法规（重点）
      - 英国的学前教育法规
      - 法国的学前教育法规
      - 美国的学前教育法规
      - 日本的学前教育法规
    - 当代国外学前教育的发展趋势
      - 学前教育中心的转移
      - 尝试不分年级的教育
      - 多形式和多功能的学前教育机构
      - 倡导多元文化教育

浙江考向

本章属于学前教育学的基础章节，也是浙江招教考查的章节，内容较为琐碎，需要识记的知识较少。现对本章考向分析如下：

高频考点	常考题型	能力层级	考查热度
我国学前教育机构地位的演变	单选	识记	★★
美国的学前教育法规	单选	识记	★★

核心考点

第一节　学前教育制度概述

一、学前教育制度的含义与构成

学前教育制度是国家关于学前教育目的、任务、方针和实施办法的总和，反映了社会政治、经济、文化的发展水平和状况及社会的儿童文化历史传统，受社会政治、经济的发展状况和水平的制约。包括：(1)学前教育机构或组织系统；(2)学前教育机构或组织系统的形式和运行规则。

二、学前教育制度的特点

1. 客观性

学前教育制度反映社会政治经济状况对学前教育的要求，受社会生产力发展水平的制约。

2. 取向性

学前教育制度的取向性主要表现为阶级性，即总是体现某一阶级的价值取向。社会主义学前教育取向及宗旨是：为了最大限度地满足和保障广大幼儿及学前教育发展的需要，开发每个儿童的潜能，发展并完善儿童健康的人格，为保障儿童快乐的童年和适应未来社会发展提供可能性。

3. 历史性

学前教育制度会随着时代的变化发展而不断更新。

4. 强制性

对幼儿、家长和幼儿教育工作者有一定的强制作用。

5. 灵活性

学前教育制度必须符合幼儿的身心发展特点，符合各国的学前教育国情，符合时代对幼儿发展的要求。此外，教学方法、管理形式等要灵活多样。

三、影响学前教育制度制定的因素

学前教育制度的制定为我国学前教育机构提供了标准，同时也促进了我国学前教育理论和实践的发展。

1. 生产力发展水平和科学技术发展状况

学前教育制度的建立，必须考虑生产力发展水平和科学技术发展状况，要与它们的要求相适应。*例如，随着科技的不断发展，学前教育也出现了新的景象，从传统的学前教育发展到社区学前教育、网络学前教育等。*

2. 社会政治经济制度

学前教育制度也是社会发展到一定历史时期的产物，反映一定历史时期政治经济制度的要求，并为一定的统治阶级服务。学前教育制度中关于学前教育机构的性质、任务、目的、要求、入学条件、修业年限等都受统治阶级的有关方针、政策的制约，反映了统治阶级的愿望和要求。

3. 儿童身心发展规律

学前教育制度的建立必须依据儿童的身心发展规律。入学年龄、修业年限、各个学前教育机构的分段等都要考虑儿童的身心发展规律。例如，我国规定幼儿园的入园资格是3至6周岁(或7周岁)，就是因为儿童到了3岁以上，大脑及各方面的发育才适合幼儿园教育的需要。

4. 人口发展状况

教育的对象是人，学前教育也不例外。教育事业的规模、教育结构的调整、教育发展规划的制订、教育经费的投入等，都与人口问题分不开。此外，人口的分布、人口增长率以及人口的年龄结构，都对学前教育制度的建立、改革有直接或间接的影响。

5. 本国学前教育制度的历史发展和国外学前教育制度的影响

学前教育制度的建立还必须吸取本国原有学前教育制度中的有用成分，同时借鉴外国学前教育制度的经验。每个国家的学前教育制度都有其形成和发展的过程，建立新的学前教育制度，既不能脱离本国学前教育制度的历史沿革，也不能忽视其他国家学前教育制度改革的有益经验。

6. 民族文化传统也是建立学制的一个制约因素

不同国家、地区的文化传统不同，特别是东西方之间的差异更大。因此，制定学制时，必须要考虑本地区、本民族的文化传统特点，不能脱离民族文化传统的实际。其他国家和地区的学制特点只能作为参考，而不能照搬照抄。如我国的语言文字比较复杂，学习起来相对困难些，制定学制时，就必须考虑这一特点，在时间安排上做适当的延长。

★★ 考点大默写 ★★

1. ____________是国家关于学前教育目的、任务、方针和实施办法的总和，反映了社会政治、经济、文化的发展水平和状况及社会的儿童文化历史传统，受社会政治、经济的发展状况和水平的制约。
2. 学前教育制度的特点包括客观性、取向性、____________、强制性、____________。

【参考答案】

1. 学前教育制度　2. 历史性；灵活性

第二节　我国学前教育制度的发展

一、我国学前教育机构地位的演变 【单选】★★

1903年，在中国湖北出现了我国第一所学前教育机构，它是伴随着新教育制度的产生而建立的。值得注意的是，最初的学前教育机构并没有正式纳入学校系统中。学前教育机构从诞生到改革，而后不断发展到今天，成为学制系统中不可缺少的部分，经历了许多波折，并逐渐经过国家立法来巩固地位。学前教育机构成长到如今，历经了长时间的演变和发展。

时间	有关法规文件	学前教育机构的地位
1904年	清政府颁布《奏定学堂章程》,即"癸卯学制"	定幼儿教育机构为蒙养院,附设在育婴堂和敬节堂内
1912年	中华民国教育部公布《学校系统令》,称壬子学制。不久,又陆续颁发了各种学校令,与壬子学制结合,并称为壬子癸丑学制	改蒙养院为蒙养园,附设于小学、女子师范学校内
1922年	中华民国教育部公布《学校系统改革案》,即"壬戌学制"(或称"新学制")	改蒙养园为幼稚园,规定小学下设幼稚园
1951年	中央人民政府政务院公布《关于改革学制的决定》	规定实施幼儿教育的组织为幼儿园,任务在于使儿童的身心在入小学前就获得健全的发育
1996年	《幼儿园工作规程》	幼儿园是对三周岁以上学龄前幼儿实施保育和教育的机构,是基础教育的有机组成部分,是学校教育制度的基础阶段
2001年	《幼儿园教育指导纲要(试行)》	幼儿园教育是基础教育的重要组成部分,是我国学校教育和终身教育的奠基阶段
2010年	《国务院关于当前发展学前教育的若干意见》	学前教育是终身学习的开端,是国民教育体系的重要组成部分,是重要的社会公益事业
2016年	修订版《幼儿园工作规程》	幼儿园是对3周岁以上学龄前幼儿实施保育和教育的机构,幼儿园教育是基础教育的重要组成部分,是学校教育制度的基础阶段

真题面对面

[2021温州,单选]我国幼儿教育机构名称,随着时间推移发生过一系列变化,下面是按时间先后顺序排列的是(　　)

A. 幼稚园—蒙养园—蒙养院—幼儿园　　B. 蒙养园—蒙养院—幼稚园—幼儿园

C. 蒙养院—蒙养园—幼儿园—幼稚园　　D. 蒙养院—蒙养园—幼稚园—幼儿园

答案:D

二、我国学前教育管理制度的发展

在我国学前教育法制化的历史进程当中,比较重要的法律法规有以下几种:

1.《奏定学堂章程》

在《奏定学堂章程》中,有一章是专门为学前教育制定的,即《奏定蒙养院章程及家庭教育法章程》,这个是中国近代历史上第一个为学前教育制定的法规。其内容包括蒙养院对象、蒙养院设置、蒙养院保姆的来源与培训等。虽然,从整个设置内容上看,它完全是照搬日本的形式,从人员聘请到课程制定、教学方法等都是参照日本,显示出极大的弊端,但是它的颁布和实施确实推动我国学前教育进入一个新的发展阶段。

2.《幼稚园课程标准》

该标准的制定,是基于许多教育家在全面了解当时的国情后,进行了一系列的探索而成。其主要内容有三个方面：幼稚教育总目标、课程范围、教学方法要点。对各方面要求论述十分详尽，操作性较强。它的公布意味着我国开始有了自己统一的幼稚园课程标准。

3.《幼稚园规程》

该规程由当时的国民政府颁布，这也是我国学前教育史上又一重要法规。其内容主要规定了幼稚园教育的目的，后来加以修正，改为《幼稚园设置办法》。

4.《幼儿园暂行规程》和《幼儿园暂行教学纲要》

中华人民共和国成立后，为改革旧的幼儿教育，建立和发展社会主义幼教事业，中央教育部制定了《幼儿园暂行规程》和《幼儿园暂行教学纲要》，规定了中华人民共和国幼儿园的教养目标和双重任务，明确了各年龄班幼儿的身心特点和相应的教育内容，以及教养员的责任等，使全国幼儿教育工作者在新旧交替的历史性转折时期方向明确，保教工作有章可循，有力地推动了中华人民共和国幼儿教育事业的发展。

5.《幼儿园工作规程（试行）》和《幼儿园管理条例》

《幼儿园工作规程（试行）》于1989年6月颁布，经历了两次修订，它是关于幼儿园内部的法规，我国各类型的幼儿园都需要自行遵守。它是为适应时代的要求，为建立富有中国特色的学前教育事业而制定的。它贯穿了国家对学前教育的基本指导思想，充分考虑了我国幼儿园的差别，吸纳了国内外优秀的学前教育思想，对我国幼儿园教育的目标、任务、教育原则、组织方法等做出了一系列规定。跟过去的工作文件相比，它更具灵活性和适应性，能够真正推进我国学前教育事业的进一步发展，更能指导我国学前教育的各项工作。

《幼儿园管理条例》是新中国成立以来，经国务院批准颁发的第一个幼儿教育法规。它对幼儿园的基本条件、行政管理、保教工作等都做出了具体的规定。值得注意的是，它是首次以教育法规的形式提出“国家实行幼儿园登记注册制度”。

这两个法规的制定，标志着我国学前教育向法制化进程迈了一大步，进而推动了学前教育的全面改革。

6.《幼儿园教育指导纲要（试行）》和《中国儿童发展纲要（2001～2010年）》

《幼儿园教育指导纲要（试行）》是由教育部颁布，包括总则、教育内容与要求、组织与实施、教育评价等方面，将教育内容划分为五大领域，并强调相互渗透。它是在总结我国近年来学前教育改革的经验，并充分吸收世界范围内学前教育优秀思想与研究成果的基础上制定的。它立足于我国学前教育改革实际，坚持贯彻党的基本方针，推行先进的教育理念，从幼儿园基本的原理和规律出发，具体规定了我国幼儿园教育内容的基本范畴、目标和要求。

《中国儿童发展纲要（2001～2010年）》是国务院根据第十个五年计划纲要的总要求，基于我国儿童现实发展情况而提出的。它以促进儿童发展为主题，以提高儿童身心素质为重点，从儿童与健康、儿童与教育、儿童与法律保护和儿童与环境四个领域，提出了2001年至2010年我国儿童发展的目标和策略，进一步保障了儿童的生存和发展的权利，在基本普及九年义务教育的基础上，逐步完善了儿童保护的法律体系，有效地推动了我国学前教育法制化进程。

7.《国家中长期教育改革和发展规划纲要（2010～2020）》和《国务院关于当前发展学前教育的若干意见》

进入21世纪，人口增长速度不断上升，各地频频爆出“入园难”“入园贵”“教育质量低下”等问题，特别是农村教育的问题尤为突出。为了解决这些问题，中共中央、国务院印发了《国家中长期教育改革和发展规划纲要(2010～2020)》，这是21世纪第一个中长期教育改革和发展规划纲要，也是在此后一段时间内指导全国教育改革和发展的纲领性文件。它主要分为总体战略、发展任务、体制改革和保障措施四个部分，其中第二个部分将各级各类教育的任务单独列出，特别是对“学前教育”部分有详细的论述，这为全面提高我国的学前教育水平和改善教育质量提供了各项保障措施。

为贯彻落实上述文件精神，进一步满足适龄儿童的发展需要，国务院办公厅发布了《国务院关于当前发展学前教育的若干意见》，简称“国十条”，它可分为四个部分，即学前教育的地位与发展原则、学前教育的资源建设、规范学前教育管理和加强组织领导。“国十条”在我国学前教育事业面临巨大的困难和严峻的挑战之际及时出台，与时俱进，立足现实突出问题，为积极促进儿童发展、提高全社会对儿童教育重要性的认识，发挥着极为重要的推动作用，开创了我国学前教育事业发展的新局面。

8.《3～6岁儿童学习与发展指南》和《幼儿园教师专业标准(试行)》

《3～6岁儿童学习与发展指南》是为进一步贯彻落实《幼儿园教育指导纲要(试行)》精神，帮助幼儿园和家庭对儿童的保育和教育实施科学的指导，基于儿童年龄发展特点，结合在我国境内对儿童教育情况现状调查的分析，研制而成，是一套比较系统、科学、明确的目标与指导建议。它从五个领域结合各年龄段儿童突出的表现明确了其发展的目标并给出了丰富的教育意见，它的颁发有利于转变公众错误的教育观念，提高学前教师及家长们科学育儿的能力，能够有效防止和克服幼儿园“小学化”倾向，是实现有效地、科学地引导3～6岁儿童发展的指导性文件，也是首次将不同年龄阶段儿童的一般发展水平进行系统规定的文件，它的公布为我国学前教育事业的发展指明了方向。

学前教育事业进入新的发展时期，人们越发关注教育质量的提高，质量改善的关键在于教师专业水平的发展和提高。2012年，《幼儿园教师专业标准(试行)》颁布，它首次以法律的形式，严格规范了教师应具备的基本知识及能力，并指明了教师未来的职业发展方向，同时，为考察教师专业水平和教师队伍建设情况提供了一个基本的评价标准，进一步推动了我国学前教育事业向着规范化发展。

三、我国当前学前教育管理体制及其特点

在我国，国家对各级各类教育管理实行中央与地方两级管理体制。从建国以来至今，随着学前教育事业的发展，学前教育管理体制也逐步建立和完善起来。幼儿教育属于基础教育的一部分，管理体制为“地方负责、分级管理和有关部门分工负责”。1987年国务院办公厅转发的原国家教委等部门《关于明确幼儿教育事业领导管理职责分工请示的通知》明确指出：“幼儿教育事业必须在政府统一领导下，实行地方负责、分级管理和有关部门分工负责的原则。”1989年，经国务院批准，由原国家教委发布的《幼儿园管理条例》中又以法规的形式，将这一体制确立下来。这一管理体制具有以下特征：

考点1　政府负责，学前教育事业管理地方化

学前教育是基础教育的一部分，把发展学前教育的责任和权力交给地方的目的是充分调动地方发展和管理学前教育的积极性，使之能够根据当地经济和社会发展的实际需要，统筹规划，合理布局，使学前教育更好地适应当地群众生产和生活的需要，有利于因地制宜地加强领导和管理。同时有利于我国幼教事业发

展方针的贯彻落实，学前教育事业管理体制的地方化，可直接促进幼教事业发展在办园途径上的多渠道化以及办园形式上的灵活多样化。另外，学前教育事业管理体制与基础教育管理一致起来，便于地方行政教育部门操作。

地方负责即政府负责，强调地方各级人民政府要把学前教育作为基础教育的重要一环来抓。一方面要贯彻国家有关学前教育的方针政策、法令和宏观计划；另一方面还应依据当地实际，制定地方具体政策、规章制度，对地方学前教育事业发展做出规划和布局方案，管理当地各类幼儿园。

考点2　分级管理，教育部门发挥主管主导作用

1. 教育行政部门发挥主管作用，实现行业化、专业化管理

教育行政部门是政府管理各类教育的职能部门，担负着当地政府对有关幼儿教育决策的参谋者及贯彻执行的组织者的作用。其职能主要是综合管理、社会协调和业务指导。

2. 各级政府的教育职能部门对幼儿教育的领导职责

国家教育部作为执政层，主要职责是决策，确定国家关于幼儿教育的大政方针，实施宏观管理。国家教育部的有关司处，按照“统一领导、分级负责”的原则，统一管理全国幼教事业。

地方各级教育行政机构在地方各级人民政府统一领导下，行使管理教育的权力。其中，省（自治区、直辖市）地市教育行政部门为行政层，其职责是承上启下，贯彻中央决策，同时对地方学前教育事业进行宏观管理，加强地方法规建设和制定规划，对当地学前教育工作进行指导、监督。

县（区）、乡（街）为基层教育行政，属管理层。其职责为贯彻执行国家和上级方针政策指示，制订发展本县乡学前教育的具体计划及实施的措施方案，直接负责本辖区内各类园的管理和领导，起着具体实施学前教育行政管理的关键作用。

考点3　分工负责，学前教育事业管理社会化

由于学前教育事业本身涉及卫生、福利、文化、经济等诸多领域，因而必须依靠和动员全社会的关心、支持和参与。因此，除地方各级政府及其教育部门负责管理，还需“有关部门分工负责”。

教育行政部门作为政府的主管职能部门，应主动争取政府其他部门和社会力量的支持，搞好社会协调。各级学前教育行政管理机构还应注意依靠各种群众组织，调动他们的积极性，特别应继续发挥妇联、工会等群众组织参与学前教育工作的领导、管理和协调作用，形成发展和搞好幼教事业的合力。我国学前教育事业管理体制的确立及其在管理实践中具有重要意义和作用：

（1）适应我国经济文化发展不平衡的国情；（2）使学前教育事业的发展既有统一方针政策等规范性要求，又能发挥把握办学的灵活性、主动性，避免“一刀切”、整齐划一；（3）利于增强教育行政部门的主管意识，发挥主管作用；（4）利于调动地方和各有关部门建设和管理幼儿园的积极性。

四、我国当前学前教育机构发展的特点

1978年，党的十一届三中全会召开，我国社会主义建设进入了崭新的历史阶段。随着经济的持续发展和改革开放，学前教育机构的发展也出现了重大变化。主要表现在：

考点1　突破计划经济的束缚，多形式、多渠道发展

1. 多种渠道幼儿园的发展

（1）教育部门办的幼儿园

1978～1988年，第一个十年，园数增长1倍多，入园幼儿人数增长3倍；1988～1998年，第二个十年，园数增长2倍，入园人数增长1倍多。教育部门办的幼儿园在全国总数中所占比例增长较快，这类幼儿园教育质量高，起示范性、实验性的作用，家长竞相争送幼儿入园，常常供不应求。

（2）其他部门办的幼儿园

包括工矿企业、机关学校、团体等部门办的。1978～1988年，第一个十年，园数、入园幼儿人数均有所下降，园数竟少于20年前，在全国所占比例下降。这类幼儿园"硬件"较好，"软件"一般，质量高于民办。1988～1998年，第二个十年，园数、人数急剧下降。原因是工矿企业办的幼儿园"下马"较多。此类幼儿园面临的问题较多，困难较大。

（3）民办（集体）幼儿园

包括城镇街道和农村集体办的幼儿园。园数逐年下降，入园人数有所增长。在全国总数中所占比例较大，却呈递减趋势。农村幼儿园发展快但不稳定。民办园数、人数逐年递增，但规模较小。城乡集体幼儿园则逐年递减。

2. 幼儿园的不同收托形式

（1）全（整）日制幼儿园

①是幼儿园多种收托形式中的一种。

②幼儿白天在园，时间少则6、7小时多则11、12小时。城市多提供餐点、午睡，农村则很少。

③是我国幼儿园的主要收托形式。

（2）寄宿制幼儿园

①是幼儿园多种收托形式中的一种。

②在这种幼儿园中，幼儿昼夜在园；由幼儿园全面负责幼儿的食宿、医护、保教等，每周由家长接回1次或2次。

③这类幼儿园主要招收部队、机关、工厂、学校等单位职工的子女。

（3）幼儿学前班

①是幼儿园多种收托形式中的一种。

②学前班应该根据5～6周岁幼儿的生理、心理发展特点和规律，创设良好的环境，通过各种活动，促进幼儿身心和谐发展，为幼儿入小学做准备，为培养年轻一代打下良好基础。

③主要招收入学前一年的幼儿，5～6岁或6～7岁。学前班多为半日制。

④多数附设在小学内。城乡都有，但农村发展较快。

（4）混合班

①是幼儿园多种收托形式中的一种。

②同一班内，混合收入3～6岁幼儿。

③多在居住分散、幼儿人数少的农村举办。

3. 不同规格幼儿园的发展

(1)示范性幼儿园

①我国按不同规格划分的三类幼儿园中的一种,以教育部门办的为多。

②其任务是在全面贯彻教育方针、科学管理、探索教育规律、总结推广经验方面起示范带头作用,并担负辅导一般幼儿园的任务。

③为了适应教育改革,还成立了实验幼儿园,实验研究教育改革中的新问题。

(2)乡镇中心幼儿园

①我国按不同规格划分的三类幼儿园中的一种,一般由乡镇政府为主举办。

②其任务是对本乡镇各村幼儿园起示范带头、辅导促进作用。

乡镇中心幼儿园是农村幼儿教育发展和提高的核心,房舍、师资、设备等条件一般比较好,教育质量也高于本乡镇各村的幼儿园。

(3)一般幼儿园

①我国按不同规格划分的三类幼儿园之一,即除示范(含实验)性幼儿园外独立设置的幼儿园。

②此类独立园既有发展,数量不少。

③由于经济条件和领导重视程度不同,质量差异极大。

4. 城乡幼儿园的发展

(1)20世纪七八十年代的发展概况

①农村幼儿园在三种地区的幼儿园中占大多数。

②城市幼儿园和县镇幼儿园发展比较稳定。

③农村幼儿园发展不稳定,时增时减,时快时慢,带有一定的盲目性。

(2)1990年至2000年城乡幼儿园历年发展情况

①20世纪90年代中期农村幼儿园仍占多数,但比例有所下降。

②县镇幼儿园呈持续上升趋势。

③城市幼儿园虽有所增长,但速度不快。

考点2　走上规范化、法制化轨道

1989年以后,国家颁布了一系列法律法规,使我国幼儿教育管理从此跨入了规范化、法制化的轨道。

五、我国托幼机构管理的策略

托幼机构教育是指在托儿所、幼儿园等机构中由专职的幼教工作者按照社会的要求,以促进幼儿身心全面健康发展为目的而开展的教育实践活动。

1. 满足需要,调动教职工工作积极性

幼儿教师的心理需要是多方面的,主要有经济需求——福利、待遇;政治需求——受人尊重,良好人际关系,参与管理;自我发展——进修学习、提高理论素养和业务能力、事业成功等。

2. 创设宽松、和谐、民主、平等的工作氛围,给教职工一个温馨、安全的工作环境

对于幼儿园而言,这一"良好的环境"既包括外界对幼儿园工作的理解和支持,又包括幼儿园内部适宜的物质环境和幼儿园管理中宽松、和谐、民主、平等的工作氛围和环境。完备适宜的物质环境是指有声有色的园落布局，如建筑风格、花圃、草坪、林荫斜径、富有情趣的环境布置、先进的教学设施、现代化的办公设备、及时的信息提供，具体的专家指导、学历、继续教育的资金、时间保证，等等，它们以空间、时间、资金信息等物质保障的形式，对人们起着陶情润智、启思导行的作用，因而幼儿园管理者应根据本园实际因地制宜地为教职工创设适宜的物质工作环境，实现幼儿园物质环境的优化、绿化、美化、知识化、家庭化。“宽松和谐”指的是良好的人际关系，也就是干群关系和谐、师幼关系融洽、同事团结协作、同伴友爱互助、无尊卑之分、彼此信赖、互相尊重的一种宽松和谐的人际环境。

3. 营造一个民主的氛围，让教职工参与评价幼儿园管理者的工作

在管理中，管理者以宽敞的心胸接受评价，把自己置身于群众的监督下，及时与被管理者进行沟通，定期召开教代会、工代会，开展教职工意愿问卷，召开民主生活会、座谈会，进行网上征询意见等，让群众评议自己的工作和决策、对幼儿园工作中的问题提出意见等，从而对自己的工作不断地进行分析，反思、总结、提升，及时发现问题，解决问题，以真诚的态度换取群众的密切配合，促进了工作的开展。

★★ 考点大默写 ★★

1.《奏定学堂章程》规定幼儿教育机构的名称为____________。

2.《壬子癸丑学制》中将蒙养院改称为____________。

3. 新中国成立以来，经国务院批准颁发的第一个幼儿教育法规是____________。

【参考答案】

1. 蒙养院　2. 蒙养园　3.《幼儿园管理条例》

第三节　国外学前教育制度的发展

一、国外有影响的学前教育法规

考点 1　英国的学前教育法规　【单选】 ★

1964～1979 年，工党执政期间，教育改革的重点是中等教育，学前教育主要是关注扩大学前教育规模问题。1967 年，英国中央教育咨询委员会提交《普洛登报告》，报告提出了 13 条发展学前教育的建议，核心是：大力发展幼儿教育、增加保育设施，接受政府资助的学前教育机构应增加教育的成分，整合各类幼教机构等。报告还提出了许多著名的口号，如“儿童是学习的主人”“儿童是教育的中心”等。1972 年，教育科学大臣发表《教育白皮书》，肯定《普洛登报告》中的学前教育建议，提出 10 年内实现幼儿教育全部免费，扩大 5 周岁以下的幼儿的教育。

真题面对面

[2017 统考，单选]提出了“儿童是学习的主人”“儿童是教育的中心”等口号的是英国的(　　)

A.《教育白皮书》　　B.《普洛登报告》

C.《幼稚园令》　　D.《费里法案》

答案：B

考点2 法国的学前教育法规

1881年和1882年，法国政府两次颁布了法国历史上实施最长久的一个教育法令《费里法案》，该法案确立了国民教育的义务、免费和世俗化三原则，并规定学前教育同样享有免费原则。这为普及学前教育创造了条件，也促进了学前教育世俗化。受凯果玛学前教育思想的影响，同年8月，法国政府又颁布了一项教育法令，将托儿所等学前机构统一改为“母育学校”，并将其纳入公共教育系统。

考点3 美国的学前教育法规 【单选】★★

1965年秋，美国开始在全国范围内实行开端计划，这是根据“向贫穷宣战”的《经济机会法》制定实施的计划，是美国早期教育上最大众化和最成功的联邦项目之一，旨在为低收入家庭3～5岁的儿童服务，提高其学习技能和社会技能，并为其提供医疗健康服务等。目的在于对“处境不利者”的子女进行“补偿教育”，使贫穷家庭的幼儿做好入小学的准备，实现“教育机会均等”。开端计划对美国儿童早期教育产生了重要影响，它使得绝大多数美国贫困儿童在生活上和教育上都得到了一定补偿，引起了美国全民对贫困儿童的关注，掀起了教育学家和研究者对学前教育的研究热情，也使得国家投入大量的人力物力研究早期教育问题，并更加深刻地认识到学前教育对于儿童尤其是贫困儿童的重要作用。开端计划对提高贫困儿童的学前教育入学率，缩小贫富阶层儿童的入学准备起到了重要作用，一定程度上促进了美国学前教育的均衡发展。

2000年颁布的《早期学习机会法》，其目的在于提高儿童早期发展的义务性项目、服务和活动的有效性，提高父母教育的有效性，促进儿童全面发展。

2002年正式通过的《不让一个儿童落后法》是基于美国儿童阅读、数学、科学水平持续下降而发起的全国性的教育改革，这项改革确定了一个明确的目标：“每个儿童都应该接受好的教育，也就是说不允许任何一个儿童在学业上掉队，每个儿童必须会学习。”此法涉及学前教育方面的主要是“阅读优先项目”。为保证项目的有效实施，法案在师资培训和经费方面提供了保证。其中有多处对联邦政府，特别是对教育部、健康与人类服务部在“阅读优先”“早期阅读优先”“同一起跑线”等学前教育项目科研中的联邦管理职责做出了相应规定。《不让一个儿童落后法》是美国政府重视教育，特别是早期教育、基础教育的集中体现。

真题面对面

[2019统考，单选]美国为保障“每个儿童都应接受好的教育，都应学会学习”，并据此推动“早期阅读优先项目”的教育法案是(　　)

A.《早期学习机会法》　　B.《不让一个儿童落后法》

C.《家庭援助法》　　D.《残疾儿童早期援助法案》

答案：B

考点4 日本的学前教育法规

1926年，文部省制定了日本第一部《幼稚园令》。该法令规定，幼儿园教育是学校教育中的一环。该法令首次明确了幼儿园在日本教育体制中的位置；规定幼儿园是为父母都从事生产劳动、无暇进行家庭教育的幼儿所设的保育机构；以保育幼儿身体健康、培养善良性格、辅助家庭教育为目的；其招生对象为劳动者子女，而非富裕家庭子女；放宽入园年龄的限制，不满3岁的儿童也可以入园等。

1947年3月，日本国会通过了“二战”之后最重要的两部教育法——《教育基本法》和《学校教育法》。作为“二战”后日本教育理念的支柱，《教育基本法》被称为“教育的根本法”“教育界的宪法”。它以1946年颁布的《日本国宪法》为依据，以“尊重个人尊严和个人价值”的西方教育理念为中心，阐明教育要为建设民主与文明的国家、促进世界和平与人类福利而作出贡献，教育要尊重个人的价值，培养热爱真理与和平的人，并以创造具有普遍价值且富有个性的文化为其宗旨。该法分为11个条目，分别从教育目的、教育方针、教育的机会均等、义务教育、男女共学、学校教育、社会教育、政治教育、宗教教育、教育行政等方面规定了原则性的内容，也有鼓励发展幼儿教育等条款。

二、当代国外学前教育的发展趋势

1. 学前教育中心的转移

20世纪80年代以来，世界发达国家的学前教育目标有一个明显的变化，那就是由“智育中心”向注重整体发展的方向转变。20世纪60年代，美、日、苏等国在冷战和“知识爆炸”等因素的压力下，都以高、新、难等原则进行中小学课程改革，教学内容逐级下放。尤其是美国心理学家布卢姆关于儿童早期智力发展的观点，受到许多国家的重视，加强早期智力开发成为美、苏、日、德等国教育改革的重要内容之一。在这种情形下，人们倾向于把早期教育误解为早期智力开发，导致“智育中心”，忽视学前儿童社会性和情感的发展。

1985年6月在日本召开的“日、美、欧幼儿教育保育会议”的中心内容，就是要求从“智育中心”转向幼儿个性的全面发展。人们意识到，各育之间是相互联系的，社会和情感问题应被看成智能发展的一个重要组成部分。美国幼儿教育界也普遍重视通过社会教育促进幼儿智力、社会交往能力、价值观和自我意识的发展。

2. 尝试不分年级的教育

不分年级教育在世界发达国家已成为影响现行教育改革的一种重要潮流。1990年，法国政府颁布关于建立初等教育三年制学习阶段改革计划的法令，进行打破传统的年级概念的改革尝试。其做法是：将2至11岁儿童的教育分为三个阶段，每个阶段一般由三个学年组成。第一个阶段称作初步学习阶段，包括幼儿学校的小班和中班，儿童年龄为2至5岁。第二阶段称作基础学习阶段，包括幼儿学校的大班和小学前两个年级，儿童年龄为5至8岁。第三个阶段称作深入学习阶段，包括小学后三个年级，学龄为8至11岁。

不分年级教育形式古代已出现。到近代，年级制和班级授课制在推动义务教育的普及和发展方面发挥了重要的作用。但这种制度过于强调整齐划一，忽视儿童的个性差异，因而在19世纪末开始的欧美教育革新运动中就受到批评。

（1）不分年级教育的指导思想的核心是重视儿童个体发展的差异性，允许超前和落后，使优秀学生和后进生都能获得有效发展。

（2）不同年龄儿童混合在一起共同活动，通过社会交往，无论是年龄大的儿童还是年龄小的儿童，都能学到大量知识，并获得社会能力的发展。

（3）不分年级的教育还促进了教师对儿童的因材施教，以及父母和教师之间相互联系的加强。

（4）不分年级制有利于幼小衔接，使儿童从幼儿园教育自然地过渡到正规的学校教育。

3. 多形式和多功能的学前教育机构

各国学前教育事业在二战后虽然有较大发展，但一般来说，正规的学前教育机构，如幼儿园和保育学校等仍难以满足社会上的各种不同需要。近年来，许多国家学前教育机构的办学形式日益多样化和灵活化。

(1)扩大幼儿园服务社会的功能

日本除实行全日制和半日制保育以外，还发展临时保育事业，以方便家庭主妇出门临时购物，或为那些母亲突然生病以及有其他紧急情况的儿童提供服务；为未入园儿童及家长提供活动条件；为低龄学童提供放学后的托管服务；开展家长培训和利用假期为社区的各种活动提供服务等。

(2)学前教育机构微型化和家庭化

如瑞士和挪威等国被称作“日间妈妈”的家庭式微型幼儿园。这类教育机构仍以裴斯泰洛齐和福禄贝尔重视家庭教育的观点为指导，把家庭视为幼儿教育的主体，其他组织形式不过是家庭的补充。20世纪80年代以来，美国出现了日托之家。美国人认为家庭是教养儿童的合适场所，他们珍视日托之家那种温馨的家庭气氛。英国的“学前学校”也属于这类机构。这些家庭式的微型幼儿园一般都设在开办人自己家里。除自己的孩子以外，他们也另外招收少量其他人家的孩子。这类教育机构由于适应了他们国家早期教育发展的迫切需要，因此发展极为迅速。

(3)学前教育社区化

学前教育社区化是当今世界发达国家学前教育发展的一个重要趋势。

一般来说，社区教育必须以发达的经济实力作为后盾。美国、日本、英国和澳大利亚等国的社区学前教育都比较发达。社区学前教育的基本特点是非正规性、开放性、综合性和地域性等。社区学前教育设施大致有三种：

①专为儿童设立的，如儿童馆、儿童咨询所、儿童公园等；

②儿童和家长共同参与服务的，如图书馆、博物馆、儿童文化中心和各种终身教育中心等；

③所谓“父母教育”，如母亲班、双亲班和家长小组会议等。20世纪70年代左右，英国就出现了“玩具馆”，到1996年已发展到一千多家。它实际上集社区中心、收藏馆和学校为一体。玩具馆的设立者充分认识到游戏和玩具在儿童成长中的重要性。玩具馆酷似图书馆，所不同的是书架上陈列的是玩具而非书籍。

4. 倡导多元文化教育

多元文化教育是当今世界教育的一个热门话题。联合国教科文组织21世纪教育委员会认为，教育的使命就是教学生懂得人类的多样性。同时，还要教他们认识到地球上的所有人之间具有相似性而且是相互依存的。同时，建议从幼儿时期开始，教育机构就应利用各种机会来进行这种教育。多元文化教育实际上包括两个组成部分：(1)国内；(2)国际。就国内而言，多元文化教育即在多民族的各种文化共存的国家背景之下，允许和保障各民族的文化平等和共同发展，以丰富整个国家的文化教育。这是一国以内为了解各民族文化而实施的多元文化教育或跨文化教育。这种教育的目的或中心在于满足少数民族儿童的需要，促进民族团结。从国际上讲，多元文化教育即要加强全球观念的培养。

★★ 考点大默写 ★★

1. 提出“儿童是学习的主人”“儿童是教育的中心”等口号的是英国的__________

2. 法国的__________确立了国民教育的义务、免费和世俗化三原则，并规定学前教育同样享有免费原则。

3. __________是基于美国儿童阅读、数学、科学水平持续下降而发起的全国性的教育改革。此法涉及学前教育方面的主要是“阅读优先项目”。

【参考答案】

1.《普洛登报告》 2.《费里法案》 3.《不让一个儿童落后法》

我于______年___月___日完成了对本章的学习。

复盘一下，我对自己较肯定的地方是________________

（足够努力/心态积极/方法得当……）

我觉得自己需要改进的地方是________________

（懒惰懈怠/心情浮躁/方法不当……）

休息片刻，开启下一站征程！

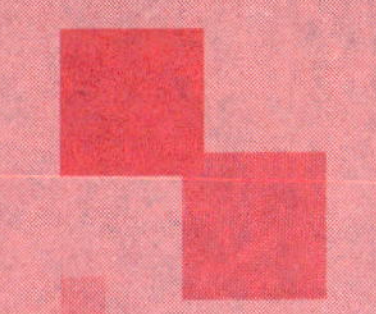

第三章 学前教育的目标与内容

思维导图

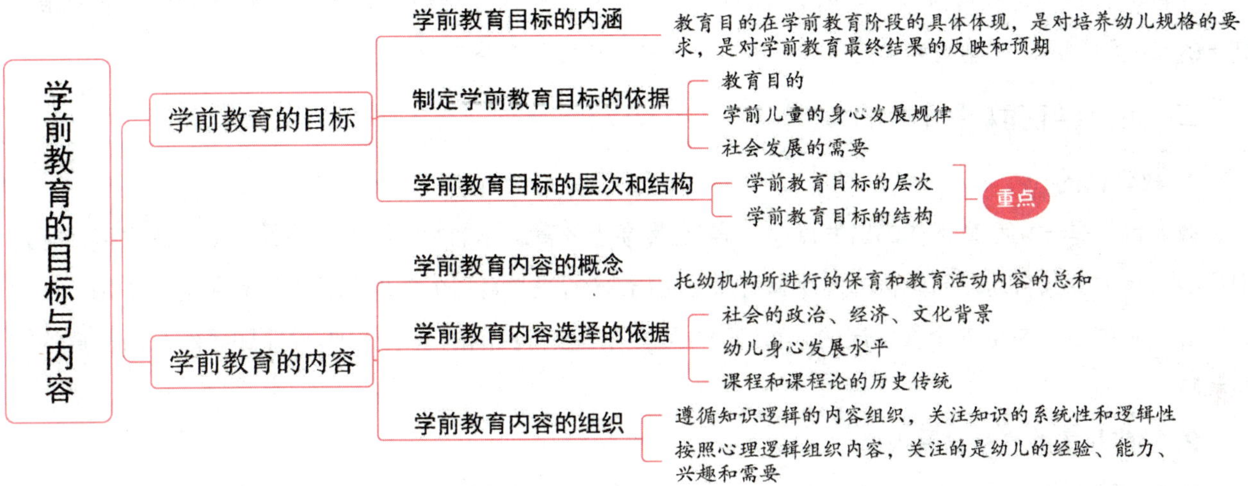

浙江考向

本章属于学前教育学的基础章节，也是浙江招教考查的章节，内容较为琐碎，需要识记的知识较少。现对本章考向分析如下：

高频考点	常考题型	能力层级	考查热度
学前教育目标的层次	简答	识记	★★

核心考点

第一节 学前教育的目标

一、学前教育目标的内涵

学前教育目标是教育目的在学前教育阶段的具体体现，是对培养幼儿规格的要求，是对学前教育最终结果的反映和预期。它制约着学前教育任务的确定和学前教育内容的选择。

二、制定学前教育目标的依据

1. 教育目的

教育目的是一切教育工作的出发点和归宿，它贯穿于教育工作的始终和方方面面。幼儿园教育目标是根据教育目的并结合幼儿园教育的性质和特点制定出来的，是教育目的在幼儿园教育阶段的具体化。我国幼儿园教育的目标是培养全面发展的儿童，它体现了我国教育目的的基本精神，并兼顾了幼儿园教育的性质和特点。

2. 学前儿童的身心发展规律

学前教育的终极目标指向儿童的发展。因此，必须研究和把握儿童身心发展的实际水平、需要和可能性，在此基础上确定儿童进一步发展的潜力、方向和节奏。因此，了解学前儿童身心各方面发展的特点和可能性对于确定教育目标来说是必不可少的。如果对学前儿童提出过高、过难或过低、过易的教育要求，都会违背幼儿身心发展规律，达不到发展潜能的目的。所以，制定教育目标必须以幼儿身心发展的客观规律和要求为依据。

3. 社会发展的需要

学前教育目标总要反映社会的愿望和要求，并关注社会的变化。不同的社会、不同的阶级或社会集团，总是根据自身的利益和需要来规定培养新一代人的方向。社会主义的学前教育，要为学前儿童进入小学打好基础，培养社会主义事业的建设者和接班人。

随着社会经济文化的发展与进步，社会价值观念的变化会通过各种途径影响学前儿童，其中有积极影响，也必然存在着一定的消极影响。幼儿园应立足现实，对教育目标进行适当的调整。与传统的社会相比，当前的信息技术时代需要全面发展的综合创新型人才，既要身心健康，又要能创新发展、合作共赢。学前教育要依据这一要求，在制定教育目标时准确地反映这一社会新变化，把全面发展作为重要培养目标。

三、学前教育目标的层次和结构 必背

考点 1 学前教育目标的层次 【简答】 ★★

学前教育目标的层次是把教育目标按照一定的维度在纵向上进行一定的划分，使之由抽象宏观趋于具体微观，更好地发挥目标的“导航”作用，保证我国教育目的的逐层具体化，逐层落实到儿童的发展上。具体来说，学前教育目标可分为以下五个层次：

幼儿园课程总目标,即幼儿园教育目标(长远目标)

↓

年龄阶段目标(中长期目标)

↓

学期目标(中期目标)

↓

月(或几周)计划(主题活动)的教育目标(近期目标)

↓

某一教育活动目标(近期具体目标)

1. 幼儿园课程总目标

幼儿园课程总目标即《幼儿园工作规程》中阐述的幼儿园教育目标。《幼儿园教育指导纲要(试行)》是从幼儿学习的范畴按学习领域提出五大领域的目标,强调各领域“相互渗透,从不同的角度促进幼儿情感、态度、能力、知识、技能等方面的发展”,同样以实现德、智、体、美全面和谐发展为目的。这类目标比较宏观,表述抽象、概括。它是通过幼儿园三年的教育实现的,属于长远目标。

2. 年龄阶段目标

年龄阶段目标即幼儿园小、中、大三个年龄段的目标。各年龄段目标是课程总目标依据幼儿年龄特征的分步实施,彼此之间承上启下,衔接紧密,属于中长期目标。

3. 学期目标

学期目标即各年龄段目标在第一、第二学期的分步实施。

4. 月(或几周)计划(主题活动)的教育目标

它表述的是在较短时间内所期望达到的成果,是学期目标得以实现的保证。

5. 某一教育活动目标

它表述的是一个具体的教学活动所期望达到的成果,是月(或几周)目标在每日教学过程的具体反映,可以说是实现课程总目标的最小单位。

学前教育目标的层次不同,其可操作性就有区别。越是具体的、下位的目标越具有可操作性。上位目标一定要分解为下位目标,才能得以实施。

真题面对面

[2023萧山,简答]简述学前教育目标的层次。

答案:详见内文

考点2 学前教育目标的结构

如果说学前教育目标的层次主要是从纵向角度对教育目标作分析的话,那么,学前教育目标的结构则主要是从横向角度来分析学前教育的目标。由于学前教育目标的横向扩展是从课程目标开始的,最先涉及目标的结构问题,便是课程目标的制定这一环节,因此,这里主要从课程目标的层面对学前教育目标的结构作分析。从课程目标的层面看,可从三个不同的角度确定学前教育目标,使学前教育目标形成三种不同的结构。

1. 从教育的基本内容的角度确定学前教育目标

即把学前教育的目标分为体育的目标、智育的目标、德育的目标和美育的目标。这四育的目标相互联系,有机结合,形成了学前教育目标的基本结构。

2. 从学前教育目标的现实媒体——相关的学科或领域表现教育目标

相关的领域表现的教育目标有健康领域的目标、语言领域的目标、社会领域的目标、科学领域的目标、艺术领域的目标。这些目标形成一种领域目标结构。

3. 从幼儿身心发展的角度确定学前教育目标

美国著名教育心理学家布卢姆等人在《教育目标分类学》中曾以儿童身心发展的整体结构为框架,为教育目标的建立提供了一个比较规范、清晰的形式标准,把教育目标分为认知、情感、动作三大类:

(1)认知领域,主要包括知识的掌握、理解或回忆、再认,以及认知能力的形成、发展等方面的目标。

(2)情感领域,主要包括兴趣、态度、习惯和价值观等方面的目标。

(3)动作技能领域,主要包括神经肌肉协调的操作技能、动作技能和行动等方面的目标。

每一领域又由易到难、由简到繁、由低级到高级分为若干层次,如认知领域分为知识、领会、应用、分析、综合和评价六个层次;情感领域分为接受、反应、评价、组织和性格化五个层次;动作领域则分为反射动作、基础动作、技巧动作、知觉能力和体能(耐力、力量、韧性、敏捷性)五个层次。

布卢姆等人的教育目标分类学标准体现了对儿童全面发展的关注。

★★ 考点大默写 ★★

1. 制定学前教育目标的依据有:教育目的、__________、社会发展的需要。
2. 根据布卢姆等人教育目标分类的观点,杨老师在“秋天的颜色”活动中设置的“明白诗歌中植物和秋天颜色的对应关系,理解轻轻地、沙沙地、悄悄地等形容词”。这一活动目标属于__________领域的目标。
3. 从教育的基本内容的角度确定学前教育目标,学前教育的横向目标应包括体育的目标、智育的目标、__________的目标和美育的目标。
4. 年龄阶段目标即幼儿园小、中、大三个年龄段的目标,属于__________期目标。
5. __________是教育目的在学前教育阶段的具体体现,是对培养幼儿规格的要求,是对学前教育最终结果的反映和预期。

【参考答案】

1. 学前儿童的身心发展规律　2. 认知　3. 德育　4. 中长　5. 学前教育目标

第二节　学前教育的内容

一、学前教育内容的概念

学前教育内容是指托幼机构所进行的保育和教育活动内容的总和。所谓保育是指幼教机构中教养人员为促进幼儿健康成长而从事的卫生保健和安全防护工作。所谓幼儿教育是指各种教育教学活动。

二、学前教育内容选择的依据

1. 社会的政治、经济、文化背景

社会政治、经济和文化背景制约学前教育内容的选择。如国家的政治经济制度决定了一个国家的教育目的，教育内容是教育目的的具体化。因此，学前教育内容要反映社会发展的需要。

2. 幼儿身心发展水平

幼儿身心发展的水平直接影响学前教育内容的范围和难易程度。如幼儿身心发展水平低就决定了学前教育内容粗浅性的特点。

3. 课程和课程论的历史传统

学前教育内容受课程理论的影响。如美国的幼儿教育在很大程度上吸收了杜威、蒙台梭利等人活动学习的观点，主张发挥儿童的主动性，让儿童在活动中学习。此外，学前教育内容具有继承性，受国家历史传统的影响，在继承中不断发展。

三、学前教育内容的组织

学前教育内容的组织要遵循相应的原则，尽量从贴近幼儿生活的内容着手，形成以幼儿生活为中心的由近及远的内容结构，如：幼儿的家庭生活、邻里生活、社会及国家重要问题及事件，并把这些教育内容通过由易到难的原则进行安排，尽量从丰富儿童感性经验的内容开始，把不同层次，不同领域的内容有机联系，使幼儿的学习完整而全面。

幼儿园教育内容的组织一般有两种思路，一种是遵循知识逻辑的内容组织，关注知识的系统性和逻辑性，按照知识的难易，由简到繁的编排教学内容。另一种是按照心理逻辑组织内容，关注的是幼儿的经验、能力、兴趣和需要，以幼儿的经验编排教育内容。在实践中，不管是哪一种组织方式，都有其优点和缺点，但对幼儿来说，更要注重幼儿的兴趣、经验，将知识和幼儿生活联系起来组织教育内容。教师可通过一日生活的渗透式教学方式，也可以以主题活动形式，把各领域知识有机组织并实施，促进幼儿全面发展。

考点大默写

1. ____________是指托幼机构所进行的保育和教育活动内容的总和。

2. ____________指幼教机构中教养人员为促进幼儿健康成长而从事的卫生保健和安全防护工作。

【参考答案】

1. 学前教育内容 2. 保育

我于________年____月____日完成了对本章的学习。

复盘一下，我对自己较肯定的地方是____________________

(足够努力/心态积极/方法得当……)

我觉得自己需要改进的地方是____________________

(懒惰懈怠/心情浮躁/方法不当……)

休息片刻，开启下一站征程！

第四章 学前教育中的儿童与教师

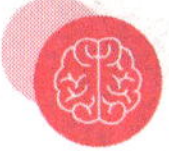

思维导图

- 学前教育中的儿童与教师
  - 儿童观
    - 儿童观的含义
      - 是成人如何看待和对待儿童观点的总和
    - 儿童观的价值取向
      - 国家本位的儿童观
      - 家族本位的儿童观
      - 个人本位的儿童观
    - 儿童观的发展演变
      - 古代的儿童观："小大人""私有物""有罪的"
      - 近代的儿童观："白板""种子""自然人"
      - 现代社会的儿童观：尊重儿童的权利
    - 正确儿童观的树立
      - ①儿童有各种合法权利；②儿童的成长受制于多种因素；③儿童发展的潜力要及时挖掘；④儿童是连续不断发展的；⑤儿童发展具有差异性；⑥儿童通过活动得到发展；⑦儿童发展具有整体性
  - 幼儿教师
    - 幼儿教师劳动的特点（重点）
      - 劳动对象的主动性和幼稚性
      - 劳动任务的全面性和细致性
      - 劳动过程的创造性和复杂性
      - 劳动手段的主体性和示范性
      - 劳动周期的长期性和劳动效果的滞后性
    - 现代幼儿教师的角色分析
      - 教育者
      - 公共关系的协调者
      - 幼儿游戏的伙伴
      - 幼儿的第二任母亲，也是幼儿的知心朋友
      - 既是学前教育实践者，也是学前教育理论的研究者和建构者
    - 幼儿教师的职业素养（专业素养结构）
      - 幼儿教师的职业道德
      - 幼儿教师的儿童观和教育观
      - 幼儿教师的专业知识和技能
      - 良好的心理素质
      - 健康的身体素质
    - 幼儿教师专业发展的阶段及方法
      - 阶段：第一阶段：顺应阶段；第二阶段：适应阶段；第三阶段：发展阶段；第四阶段：专业化阶段
      - 方法：①观摩和分析优秀教师的教学活动；②开展微格教学；③进行专门训练；④进行教学反思
  - 师幼关系
    - 师幼关系的内涵
      - 幼儿教师与幼儿在保教过程中形成的比较稳定的人际关系
    - 现代优质师幼关系的特征
      - 互动性、民主性、互主体性、分享性、激励性
    - 建立优质师幼关系的策略
      - 关爱幼儿
      - 与幼儿经常性的平等交谈
      - 参与幼儿的活动
      - 与幼儿建立个人关系
      - 积极回应幼儿的社会性行为

浙江考向

本章属于学前教育学的基础章节，也是浙江招教考查的章节，内容较为琐碎，需要识记的知识较少。现对本章考向分析如下：

高频考点	常考题型	能力层级	考查热度
现代社会的儿童观	简答	理解	★★★
幼儿教师劳动的特点	单选	识记	★★

核心考点

第一节 儿童观

一、儿童观的含义

儿童观是成人如何看待和对待儿童观点的总和。儿童观和教育观一样，属于社会意识形态，是社会存在的一种反映。它主要包括这几个方面：人们对儿童的地位和权益的看法，对儿童的特质和能力的认识程度，儿童期的意义以及儿童在其发展过程中所起的作用等。儿童观的形成要受社会政治、经济、科技发展水平、文化传统和社会习俗等多种因素的影响和制约。儿童观的结构可以分为自然的、社会的和精神的三个层面，即承认儿童是自然的、社会的和精神的存在。

二、儿童观的价值取向

儿童处于复杂的关系体系之中，主要包括和国家、家庭(族)、自身等的关系。这些关系中价值主体的不同，反映了不同的价值取向，即国家本位、家族本位与个人本位。

考点 1　国家本位的儿童观

国家本位的儿童观是以国家利益为根本出发点，在国家利益和家族、个人利益出现矛盾时，将国家利益放在首位。这种儿童观将儿童看成国家的财富、未来的劳动者，是国家延续与富强的一种“工具”，往往从国家兴亡的高度看待儿童选拔、教育等问题。

考点 2　家族本位的儿童观

家族本位的儿童观是以家族利益为根本出发点，在家族利益和国家、个人利益出现矛盾时，将家族利益放在首位。这种儿童观将儿童作为家族的“私有财产”，是家族继承、繁衍和光宗耀祖的“工具”，往往从家族兴盛衰败的角度对待儿童的教育、婚姻、职业等问题。

考点 3　个人本位的儿童观

个人本位的儿童观是以儿童利益为根本出发点，在个人利益和国家、家族利益出现矛盾时，将个人利益放在首位。这种儿童观打破了儿童对国家或家族的人格依附关系，使儿童成为一个具有自身独特个性的独立个体，往往从儿童自身发展的需要和规律出发看待儿童的成长、教育等问题。

三、儿童观的发展演变

考点1 古代的儿童观

1. 以成人为本，儿童对成人具有依附关系，儿童没有作为人的权利

古代社会是以成人为本位的社会，一切活动都围绕着成人展开，儿童没有"地位"，没有作为人的基本权益，儿童只是成人的附属品，对成人具有依附关系，儿童自身的兴趣、愿望根本得不到重视和理解，一切要听从于成人的命令和安排，甚至连最基本的生存权利都得不到保障。

2. 儿童是国家未来的兵源和劳动者，是家族香火的"延续"，是光宗耀祖的"希望"

在古代，儿童被看作是国家的财富，是未来的兵源和劳动者，同时又被看作是传宗接代的工具，是家族香火的延续，将来可以光宗耀祖。因此，人们开始重视儿童以及对儿童的教育。统治者为维护其统治，也实施了一些关心儿童的措施，但其出发点并不在于儿童自身，儿童并没有因作为社会群体的一员而受到尊重，让儿童接受教育也是由于国家或家族的利益，以把他造就成符合成人所期望的某种类型的人。

3. 人们对儿童的特质和能力有了最初的认识，认为儿童是"无知无能"的，具有"可塑性"

随着对儿童的关注的加大，人们开始注意到儿童与成人在身体、能力和知识经验等方面的差异，把儿童看作是"软弱无知"的，但他们在身体和行为上具有"可塑性"，可以通过教育来培养和训练他们。柏拉图认为教育就是对儿童的习惯给予的影响和培养，主张儿童的教育应是在奴隶主国家最优秀的男女公民监督之下进行。3～6岁的儿童都要送到专门的儿童游戏场去，要特别注意给儿童讲故事、组织儿童做游戏，还要有音乐、唱歌。亚里士多德首次提出按年龄划分受教育的阶段，他把从出生到7岁列为教育的第一个时期，认为在这个时期里要顺应自然，以儿童身体的生长发育为主。这些观点为日后人们对儿童的进一步认识奠定了基础。

4. 以男性为中心，男尊女卑，女童的地位极其低下

古代社会是一个以男性为中心的社会，男女不平等，女性受歧视的现象极为严重。由于男孩被视为家族香火的延续，将来可以支撑门户，光宗耀祖，因而在家中备受宠爱。而女孩在家中地位极其低下，不能受到与男孩平等的待遇。

考点2 近代的儿童观

随着封建制度的解体，资本主义制度的确立，社会生活各方面都有了巨大的进步。人们对儿童也有了新的认识和进一步的研究。"儿童的被发现"和"儿童期的确立"成为该时代儿童观发展的显著标志。

1. 对儿童有了"新的发现"，人们开始意识到儿童作为一个独立个体所具有的价值和权益

14～16世纪的文艺复兴运动，提倡人权，反对神权，提出的"以人为中心，一切为了人类"的新观念，给儿童的命运带来了重大的转机。它要求人们热爱儿童、尊重儿童，反对把儿童看作是天生的罪人。资产阶级提出的"天赋人权""人人生而平等"的观点，使人们开始意识到儿童作为一个独立的个体存在所具有的价值，人们也开始认识到儿童自身的权益和各种需要。卢梭对儿童的发现，从根本上扭转了过去以成人的标准来要求儿童的传统，这是第一次把儿童作为一个独立、平等的人来看待。

2. 儿童具有天赋力量，具有可发展的潜能

随着科学技术的进步，人们对儿童的特质有了进一步的认识。人们不再把儿童看作是无知的、软弱无能的，而是认为儿童生来就蕴藏着一切道德的、理智的、身体的、能力的萌芽。福禄贝尔认为，儿童具有天赋力量，可以通过教育，使儿童的这种内在能力得到发展。

3. 女子的地位有所改善,但男女不平等的问题依然存在

到了近代社会,女子的社会地位有所提高,女童也可以进入学校接受教育,但性别歧视、男女不平等的现象依然存在。人们认为男女天生就存在差别,女子接受教育的目的与男子不同,女子接受教育主要是为了培养贤妻良母。

考点3 现代社会的儿童观 【简答】 必背 ★★★

1. 儿童是人,具有与成年人一样的人的一切基本权益,具有独立的人格

每个儿童均有固定的生命权,儿童从出生那天起,其生命就受法律的保护,并不为成人或家庭私有,更不能被其随意处置。儿童自出生起就有获得姓名、国籍的权利,以及尽可能知道谁是其父母并得到其父母或其他养护人照料的权利。儿童同样具有言论自由的权利,享有思想、信仰和宗教自由的权利。每个儿童都享有受教育的权利,且教育机会均等。儿童的这些权益都要受到国家和政府的尊重与保护。

2. 儿童是一个不断发展的整体,应尊重并满足儿童各种发展的需要

儿童身心各方面的发展是一个有机的整体。所谓完整儿童是指全面发展、和谐平衡的儿童,其发展是身体的、认知的、情感的、社会的和人格的整合性的发展。成人及社会应承认儿童所具有的各种发展的需要,并尽可能为儿童创造良好的环境与条件,不仅要保证其身体的正常的生长发育,还要给他们提供充分参加文化、艺术、娱乐和休息活动的机会,使其获得在该社会条件下最充分的发展。

3. 儿童的发展具有个体差异性

儿童发展中共性与个性并存。儿童的个性发展,有些特征与共性一致,有些特征在发展速度上会超前或滞后于共性;此外每个儿童都有鲜明的个性差异,同龄儿童中,也没有完全一样的儿童,对儿童个性的尊重和自由的发展,是创造性的前提。

4. 儿童具有巨大的发展潜能,在适当的环境和教育的条件下,应最大限度地发展儿童的潜力

现代科学与技术的发展,尤其是生理学、生化学、脑神经科学及心理学等学科的发展,使人们对儿童的特质和能力有了更深入的认识。研究表明,新生儿甚至在胎儿时期,就有了听觉、触觉、记忆力和情感等方面的反应,所以新生儿就具有很大的学习潜能,这些潜能必须在适当的环境和教育条件下才能被挖掘出来,并得到充分的发展。

5. 儿童具有主观能动性

传统的儿童观把儿童看作是消极被动的,认为儿童的发展要么是由先天的遗传素质决定,要么是由后天的环境决定,完全忽视了儿童作为人所具有的主观能动性。20世纪下半叶以来,人们开始用积极主动的观点看待儿童在发展中的作用,认为每个儿童都是独立的生命实体,有自己的兴趣、需要,有自己的认知结构和心理状态,他们总是主动地对外界刺激加以选择,接受自己所需要的东西,拒绝不需要的东西,具有创造力。儿童的发展是由生物的、社会的、主观的和客观的等多种因素相互影响、相互作用的过程。在这一过程中,儿童起着积极主动的作用,儿童是外部世界的探索者、发现者,是活动的主体,只有让儿童在活动中充分发挥其积极主动性和创造力,才能使儿童得到真正的发展。

6. 男女平等,不同性别的儿童应享有均等的机会和相同的权益,受到平等的对待

二战后,随着女权运动的高涨,妇女的政治地位、经济地位和社会地位有了很大的提高。女孩与男孩一样享有人的一切基本权益,享有均等的受教育的机会。《儿童权利公约》明确指出:每一个儿童都享有该公约所载的一切权利,不因儿童的种族、肤色、性别、语言、宗教、政治或其他见解等而有任何差别。尽管如此,妇女的地位仍有待于进一步提高，要真正地实现男女平等还需要相当长的时间去努力。但人们已经认识到，提高妇女地位并使她们有平等的机会接受教育、培训等，是对一个国家的社会和经济发展做出的宝贵贡献。

真题面对面

[2023台州，简答]简述现代社会儿童观的内容。

答案：详见内文

四、正确儿童观的树立

为了树立正确的儿童观，学前教育工作者应认识到以下几点：

正确儿童观的树立

考点1 儿童有各种合法权利

每个儿童都拥有出生权、姓名权、国籍权、生存权、发展权、学习权、游戏权、娱乐权、休息权、教育权等，应该得到我们的承认、尊重和保护。早在17世纪30年代，捷克教育家夸美纽斯就提出：儿童是无价之宝，是任何事物都无法相比拟的宝物，我们要像尊重上帝那样尊重儿童。瑞典教育家爱伦·凯在19世纪末期就预言：20世纪将是儿童的世纪，并著下了《儿童的世纪》一书，倡导人们要热爱儿童，尊重儿童，保护儿童的权利，培养儿童的个性。

考点2 儿童的成长受制于多种因素

影响儿童发展的因素是多种多样的，归纳起来主要有生物因素和社会因素两大类，它们相互作用，共同制约着儿童的发展。

1. 生物因素是儿童成长的生理基础

生物因素主要指的是遗传素质，它是儿童从父母身上获得的各种基因，为儿童后天发展成为一个正常的人提供了**生理基础和物质条件**。儿童在遗传素质上存在着差异，这种差异使儿童在发展上也出现了差异。同时遗传也对儿童的身体健康有影响。

2. 社会因素是儿童成长的关键条件

社会因素主要指的是环境，它包括自然环境和社会环境，教育是一种独特的社会环境。它们为儿童的成长开辟了广阔的空间，决定了儿童发展的速度和水平。儿童生活的环境不同，其发展水平也不同。一方面，生活在不同家庭环境里的儿童，发展的水平也不同；另一方面，生活在不同托幼机构里的儿童，发展的程度也不同。

考点3 儿童发展的潜力要及时挖掘

儿童发展有极大的潜力。生理学、脑科学研究表明，儿童在1个月至6岁期间，其大脑不是按天而是按小时生长的，儿童吸收知识几乎毫不费力。神经心理学家、生物化学家，通过对人类神经系统可塑性的研究指出：儿童的经验决定其大脑的结构，大脑在敏感期接受信息的质量和数量又决定着神经元结构的密度和效率。

考点4 儿童是连续不断发展的

儿童在不同的年龄阶段具有不同的身心发展特征，他们会对同一个环境做出截然不同的行为反应。儿童随着年龄的增长，身心发展水平日益提高，并且儿童的发展呈现出阶段性，前一个阶段是后一个阶段的基础，后一个阶段是前一个阶段的继续，彼此相连，不能分割。

考点5 儿童发展具有差异性

1. 儿童发展有性别差异

同一年龄的儿童，在发展上呈现出性别的差异。美国的研究表明，男女婴儿在听讲童话故事或音乐会时，用脑的部位正好相反。教育实践证明，幼儿性别之间发展的差异，在幼儿园的各科教育上有所表现。

2. 儿童的发展有个体差异

同一年龄的儿童，在发展上还有个别差异。不同的儿童在对物体的感知、判断推理、兴趣爱好等都有所差异，同时，儿童还在情感、意志、个性等方面的发展上存在着差异。

3. 儿童的发展有文化差异

同一年龄，不同国家的儿童，各自所受到的文化熏陶不同，在发展上也有差异。

考点6 儿童通过活动得到发展

活动是幼儿发展的基础和源泉。活动对学前儿童的发展有着重要的价值，不论是在婴儿期，还是在幼儿期均如此。

幼儿的活动可大致分为内部活动和外部活动两类。内部活动是指不可见的幼儿的生理、心理活动；外部活动指可见的幼儿的实践活动。内部和外部的活动实际上是不可分割、交融在一起进行的。无论哪种活动，幼儿都是活动的主体。这里主要介绍幼儿的实践活动。

幼儿的实践活动主要指幼儿与周围环境中的人或物直接相互作用的外部活动，它是与幼儿的生理、心理活动交融为一体，统合进行的最富有发展价值的综合性活动。幼儿实践活动大致分为两类：一是实物操作活动；二是人际交往活动。

1. 实物操作活动

实物操作活动是幼儿摆弄和操作实际物体，如玩具、工具、日常用品等，与物体相互作用的活动。

实物操作活动对幼儿发展有极其重要的意义：(1)幼儿在实物操作活动中发展自我意识；(2)幼儿在实物操作活动中发展思维能力；(3)实物操作活动是获取知识的重要源泉。

2. 人际交往活动

人际交往活动是指幼儿与成人(主要是教师和家长)、幼儿同伴之间相互作用，建立起某种关系与联系的社会性活动。具体来看，人际交往活动的作用表现在：(1)人际交往活动让幼儿体验社会角色；(2)人际交往是幼儿重要的信息源；(3)人际交往是幼儿实际的社会生活。

幼儿的活动是最基本的、元素式的活动，现实生活中幼儿的活动往往是其中两种或更多种活动的结合体。游戏就常常是上述活动的复合形式，表现为幼儿内部的生理、心理活动和外部实践活动最自然的融合形式。也即是说，游戏是上述各类活动赖以进行的最好载体。因此，游戏在幼儿发展中具有十分重要的、不可替代的价值。这也正是幼儿园教育必须以游戏为基本活动的依据所在。

考点7 儿童发展具有整体性

儿童生理、心理、精神、道德、社会性的发展是儿童发展的各个不同的侧面，它们构成一个整体，相互联系，彼此制约。“木桶原理”告诉我们，儿童发展的这几个侧面犹如组成一个木桶的各块木板，只有每块木板既长又厚实，才能盛很多水，如果某块木板短小又单薄，那水就盛的很少，甚至不能盛水。同时，儿童的发展也是一个整体，它应该包括各个不同的侧面。所以，要满足儿童各方面发展的需要，不应孤立片面地强调某一方面而忽视另一方面，以保证儿童整体性的发展。

★★ 考点大默写 ★★

1. ____________是成人如何看待和对待儿童观点的总和。

2. 现代儿童观认为，儿童是人，具有与成年人一样的人的一切基本权益，具有____________。

3. 儿童观的结构可以分为自然的、社会的和____________三个层面。

4. ____________本位的儿童观打破了儿童对国家或家族的人格依附关系，使儿童成为一个具有自身独特个性的独立个体，往往从儿童自身发展的需要和规律出发看待儿童的成长、教育等问题。

5. 影响儿童发展的因素是多种多样的，归纳起来主要有____________和____________两大类。

6. 幼儿的活动可大致分为内部活动和外部活动两类。____________是指不可见的幼儿的生理、心理活动；____________指可见的幼儿的实践活动。

【参考答案】

1. 儿童观　2. 独立的人格　3. 精神的　4. 个人　5. 生物因素；社会因素　6. 内部活动；外部活动

第二节　幼儿教师

一、幼儿教师劳动的特点 【单选】 ★★

幼儿教师劳动的特点

1. 劳动对象的主动性和幼稚性

(1)主动性

在幼儿教师的劳动中，儿童是劳动的对象。在幼儿教师对儿童施加影响的教育过程中，儿童既是“教”的客体，又是“学”的主体。儿童不是消极被动地接受教师的教育影响，而是通过自身的内部作用来主动选择和接纳外界的影响，形成自己的经验和知识结构，发展自己的思想感情。劳动对象的主动性，使幼儿教师的劳动比较复杂，幼儿教师必须了解儿童，针对每个儿童的发展水平，激发儿童的活动兴趣，使之积极投入到活动中去。

(2)幼稚性

幼儿教师的劳动对象不仅具有主动性，而且还具有幼稚性。幼儿教师劳动的对象是低年龄段的儿童。他们正在慢慢长大，开始独立的行动，用语言表达自己的愿望和感情。他们的思维还处在具体形象的水平，知识经验还很少，许多事物还是第一次认识，许多行动还是第一次尝试。幼儿教师要了解儿童，尊重儿童的兴趣和愿望，从儿童的角度出发来考虑教育的内容和方法，才能很好地引导儿童在原有水平的基础上不断地向前发展。

2. 劳动任务的全面性和细致性

(1)全面性

幼儿教师的劳动任务是要根据教育目的和培养目标，向儿童进行德、智、体、美等方面的教育，使其身心健康、活泼地成长，为入学打下基础。在幼儿园中，幼儿教师要全面负责儿童的整个活动，不仅照料儿童的生活起居，指导他们进行身体锻炼，关心他们身心的健康，还要指导他们开展游戏、学习、劳动、散步等各项活动，促进他们在智力、情感、社会性等方面的发展。可以说幼儿教师担负着妈妈、教师和朋友的任务。

幼儿教师劳动任务的全面性，还表现在关心本班的全体儿童，针对他们不同的个性，爱护和引导他们，使集体中的每个儿童都能获得健康的发展。

（2）细致性

幼儿教师劳动任务又是十分细致的。儿童独立生活能力较差，教师要精心地照料他们的生活，如帮助儿童洗手时把袖子卷起，随时按气温和活动量为儿童增减衣物，等等。儿童知识、智能的发展，需要教师的启发和引导，激发他们对周围环境的兴趣和求知欲。儿童品德和行为习惯的形成也是在教师的具体示范、反复说明和提醒下，逐步培养起来的。儿童身体健康情况及情绪的细微变化，也需要在教师细心的观察下发现并及时处理。

3. 劳动过程的创造性和复杂性

（1）创造性

幼儿教师劳动的创造性表现在三个方面：

①因材施教。学前儿童来自不同的家庭，接受着来自方方面面的影响，他们是千差万别的，每个人都有其独特的内心世界，都有自己的个性特点。要使每一个学前儿童都能得到充分的发展，针对他们的个别差异，提出不同的要求，采取不同的方法，创造性地开展工作。

②教育方法的不断更新。教育有法可循，但又无定法，照搬别人的或以往的经验，教育工作通常是不能收到好的效果的。因此，幼儿教师必须根据不同的情况创造性地选择和运用教育方法，并经常寻求和探索新的教育内容和有效的教育方法。

③幼儿教师需要“教育机智”。在教育过程中，有些因素是教育者很难控制的，事先预料不到的情况经常发生，幼儿教师必须有一定的教育机智。教育机智是教师在教育教学过程中的一种特殊定向能力，是指教师能根据学生新的特别是意外的情况，迅速而正确地做出判断，随机应变地采取及时、恰当而有效的教育措施解决问题的能力。教育机智包括：洞察力、思维力、反应力、判断力、应变力。教育机智是教师良好的综合素质和修养的外在表现，是教师娴熟运用综合教育手段的能力。教育机智可以用四个词语概括：因势利导、随机应变、掌握分寸、对症下药。

（2）复杂性

幼儿教师的劳动对象是千差万别的儿童，他们不仅有着不同的生活背景、个性差异、遗传因素等，而且处在快速成长和变化的时期。这就决定了幼儿教师不仅要在同一个时空下，对全体儿童实施相同的课程计划、课程标准，还要根据每个儿童的实际情况因材施教，采取最适合的教育方式进行有差别的个性教育教学。因此，教师劳动具有复杂性。

4. 劳动手段的主体性和示范性

（1）主体性

教师劳动不同于工人农民的劳动。工人农民的劳动手段都是“物”，是游离于自身之外的劳动工具，而教师的劳动手段则是教师自身，是凝结于自身的知识、智慧、才能、思想品德等。教育过程就是将教师自身具备的这些素质转移到儿童身上去。凭借教师自身的知识、智慧、才能、思想品德等去直接影响儿童，这就是教师劳动的主体性。

（2）示范性

幼儿教师劳动手段的主体性使幼儿教师的劳动呈现出强烈的示范性。幼儿教师的一言一行、一举一动都会成为儿童模仿学习的榜样，时时刻刻、潜移默化地影响着儿童在智力、思想、品德等方面的发展。这种示范性表现在教育过程的各个方面，在上课、开展游戏、日常生活管理中，幼儿教师的任何言行举止都会被儿童静悄悄地观察和感受，成为强有力的教育因素。因此，幼儿教师不仅要言传，更要身教。对幼儿教师来说，劳动的示范性是进行教育的一种有效工具和资源，在教育教学过程中幼儿教师应该重视示范性的价值，充分利用自身积极因素影响儿童，避免不良行为对儿童产生负面影响。同时，教师劳动的示范性要求幼儿教师要不断学习和反省，提高自我，完善自我，真正成为儿童成长过程中的良好榜样。

真题面对面

[2018统考，单选]幼儿教师与幼儿朝夕相处，教师的言行举止都是幼儿的榜样，这体现了幼儿教师劳动特点的(　　)

A. 劳动任务的全面性　　B. 劳动过程的复杂性

C. 劳动对象的主动性　　D. 劳动手段的示范性

答案：D

5. 劳动周期的长期性和劳动效果的滞后性

(1)长期性

幼儿教师劳动的任务是把儿童培养成为社会所需要的人，而人的成长是一个长期的过程。对儿童来说，知识经验的积累、智力的提高、道德观念或行为习惯的养成、健全人格的形成、审美情趣的陶冶等都是一个逐步的长期的过程，绝非一朝一夕就能完成。因此，幼儿教师的劳动具有长期性，幼儿教师在工作中要付出长期的大量的辛勤劳动，才能促进儿童的快速发展。

(2)滞后性

幼儿教师劳动周期的长期性，决定了幼儿教师劳动效果的滞后性。幼儿教师的劳动效果不是很快就能见成效，立即为社会所承认，而是需要一个漫长的时期才能看到效果。幼儿教师的劳动效果往往是通过儿童进入小学、中学、大学后的表现和将来参加工作后取得的成就体现出来的。幼儿教师的工作是为儿童实施启蒙教育，是对个体一生的教育和发展奠定基础的教育。因此，对幼儿教师劳动的社会价值的评价要客观、公正，不能急功近利，应从长远的观点出发看待幼儿教师劳动的意义，树立全社会尊重幼儿教师的良好风气。

二、现代幼儿教师的角色分析

1. 教育者

学前教育机构的**中心任务**就是教育、教导幼儿，因此幼儿教师主要的职责还是教育孩子。概括起来说，幼儿教师是教育活动的设计者、组织者和实施者。幼儿教师在学前教育活动中要充分发挥**主导作用**，教师要根据课程标准，设计丰富多彩的活动，并组织幼儿积极参与活动，通过活动来获得发展。具体来说，作为教育者的幼儿教师应履行以下职责：

(1)班级物质环境和文化环境的创设者

适宜的物质环境是幼儿获取各类经验的源泉，是激发幼儿自主性和创造性的主要途径。为了让幼儿能够通过物质环境学习，幼儿教师必须善于制作教具、玩具，布置好室内外环境。在保证安全与卫生的基础上，幼儿教师要考虑幼儿的年龄特点，激发幼儿想象、操作和创造的欲望，所提供的材料要能够对幼儿有新的启发，并且要注意整体性和有效利用原则。

除了物质环境以外，班级的文化环境和课堂气氛对幼儿的学习与发展也十分重要。幼儿教师还要与幼儿一起创设良好的精神氛围，如团结友爱、互相帮助、遵守纪律等。幼儿园的班级环境既要有良好的秩序，又要自由和轻松，还要鼓励幼儿互相尊重、互相合作。

(2)幼儿的观察者和研究者

每个幼儿都有自己独特的个性和丰富的内心世界，但幼儿并不善于表达自己的所思所想。因此，幼儿教师要尽可能地因材施教。这就要求幼儿教师必须细心观察、研读幼儿的语言和行为，通过观察和记录来发现幼儿的进步或行为的不良倾向，及时给予纠正，甚至可以保留幼儿的作品或为幼儿建立成长档案。这些观察和记录不仅是幼儿教师设计课程的依据，也是幼儿教师制订教育计划，与家长和社区沟通的重要内容之一。

(3)幼儿的榜样和示范者

幼儿理解力较弱，难以明白一些抽象的大道理，但幼儿喜欢模仿，所以幼儿教师要善于示范、表演，让幼儿具体地模仿学习。另外，幼儿的好奇心强，也容易受别人的暗示和感染，因此，幼儿教师要注意自己的言行，为人师表，为幼儿树立一个良好的榜样。

(4)幼儿学习的引导者

幼儿教师必须依照明确的教育目标，对幼儿施加具体有效的学习指导，以促进其身心健康发展。幼儿是自主发展的“主体”，因此在学前教育过程中幼儿教师要引导、启发幼儿主动、自觉地去学习、去体验，教师单纯地灌输或一味地包办、代替只会妨碍幼儿的发展。蒙台梭利认为，幼儿教师的工作就是引导幼儿在活动中学习，就是依据孩子的成熟程度为孩子提供活动的环境及作业的教具。幼儿教师对幼儿学习的引导还体现在很多方面，如提供新的玩具，设计问题，用问题引导幼儿的思考，参与探索活动，运用语言、动作、手势等不同的方式帮助幼儿自主建构。

2. 公共关系的协调者

近年来，幼儿的主体性成为学前教育工作者关注的焦点，师幼关系也产生了一些变化。教师不再是发号施令的命令者，幼儿也不再是被动的受控者。师幼关系变得平等、多样。所以，幼儿教师应当以适宜的方式参与幼儿的活动，成为师幼关系的协调者，确立以情感沟通为核心的平等、多样的交往方式，形成良好的师幼互动关系，更有效地促进幼儿的身心发展。另外，幼儿教师不仅要考虑如何处理好师幼关系，还要善于与同事、家长、社区等各方面的人员进行交流与合作。这些交流与合作当然应当以促进幼儿身心和谐发展为主要目标，这也是幼儿教师应成为协调者的原因所在。

3. 幼儿游戏的伙伴

幼儿喜欢游戏，游戏也是学前教育的主要途径。在幼儿快乐的游戏中，幼儿教师既是游戏材料的准备者、游戏活动的设计者，也是游戏活动的参与者和游戏中矛盾的协调人。幼儿教师作为幼儿游戏的伙伴，与幼儿一起做游戏、扮演角色，这个时候教师和幼儿处于平等的地位，教师的教导更易被幼儿所接受，往往能达到较好的教育效果。因此，做孩子的游戏伙伴是幼儿教师很重要的职责。皮亚杰非常重视幼儿的物质活动，主张教师做儿童游戏的伙伴。他认为，儿童是通过物质活动学习的人，教师要创造条件，让幼儿自我发现，帮助幼儿成为主动的探索者。教师应该放下架子主动与幼儿合作，成为儿童游戏的伙伴。

4. 幼儿的第二任母亲，也是幼儿的知心朋友

学前教育机构是幼儿在成长过程中所遇到的第一个社会性机构，可以说是幼儿迈向社会的第一站。由于幼儿社会经验缺乏、身心发展水平低，对成人的依赖性较强，当他们进入幼教机构后，会很自然地把对家长的依赖逐渐转移到幼儿教师身上，对家长的亲情也会逐渐迁移、扩展到幼儿教师身上。这就要求幼儿教师要注意满足孩子的这种心理需求，要做他们的亲人，给予幼儿以母亲般的热爱和照顾，这有利于消除幼儿离家后的焦虑与不安，使幼儿产生“托儿所、幼儿园是我家”的感觉，这样幼儿才能安心、愉快地在幼儿园生活和学习。一般来讲，女性教师比较细心、感情细腻，善于接近孩子、照顾孩子，所以比较容易在孩子心目中建立起母亲的形象。

幼儿虽然是幼稚的个体，思想还比较单纯，但幼儿已有丰富的情感，且比较敏感。在生活和学习的过程中他们会有愉快或痛苦的感受，高兴的时候希望有人分享，痛苦的时候希望有人分担和安慰，因此要求幼儿教师要善于做幼儿的知心朋友，要能够获得幼儿的信任和喜爱。这样才能洞察幼儿的内心世界，了解幼儿的喜与忧，有针对性地帮助幼儿，使幼儿能对周围的世界保持积极的情感体验，形成健康的自我。

5. 既是学前教育实践者，也是学前教育理论的研究者和建构者

幼儿教师的工作不是一成不变的，而是富有创造性的，出色的幼儿教师不仅要较好地扮演以上几种角色，还要成为学前教育的研究者。在工作的过程中，幼儿教师对幼儿的研究，对课程、教学和游戏的研究，对幼儿家长和社区环境的研究，对自身教学行为的反思等，都是永无止境的。

三、幼儿教师的职业素养(专业素养结构)

幼儿教师的职业素养是幼儿教育工作者对幼儿教师提出的专业化的要求，是幼儿教师开展幼儿教育工作必须具备的素质，主要包括职业道德、科学的儿童观和教育观、合理的知识结构和能力结构、良好的心理素质和身体素质。

考点 1　幼儿教师的职业道德

教师的职业道德是教师从事教育教学活动的基本行为规范，是教师对自己职业行为的自觉要求，也是顺利进行教育教学工作的重要保证。而幼儿园教师的职业道德，即是幼儿园教师在从事幼儿教育工作中应履行的行为规范和道德准则的总和。

1. 对待事业，要爱岗敬业

爱岗敬业是幼儿园教师做好本职工作的基本前提，热爱教育事业是幼儿教师的基本道德准则。教师只有喜欢、热爱幼儿园的工作，才会真正感受到教育孩子的价值与意义，进而才能心甘情愿地知难而上，对幼儿教育这一职业产生责任感。每位教师都应该拥有这样的信念：既然选择了幼儿园教师这个职业，就应该尊重自己的选择，对幼儿教育工作时刻抱着积极的态度，有为幼儿教育工作做出贡献的决心和信心。

2. 对待幼儿，要接纳热爱

热爱幼儿是幼儿教师职业道德的核心，是评价幼儿教师职业道德水准的重要指标。苏霍姆林斯基说过“教育技巧的全部奥秘也就在于如何爱护儿童”。热爱幼儿是良好的师幼关系得以存在和发展的基础。作为专业的教育者，教师的爱应该是普遍而广泛的。每位幼儿都有各自不同的性格特征和学习特点，教师应该认识到这些差异的普遍存在，并充分尊重幼儿的差异，平等地对待每一位幼儿，促进他们富有个性地全面发展。

3. 对待家长，要尊重合作

家长是幼儿园重要的合作伙伴，幼儿园教师要本着尊重、平等、合作的态度，与家长保持密切的联系，及时沟通幼儿在园和在家的表现。无论是幼儿园教师的职责，还是其专业教育者的地位，都要求教师在与家长的合作关系中处于更积极主动的位置。教师一方面要积极争取广大家长对幼儿园工作的理解、支持和主动参与，另一方面要以专业化的知识和判断帮助家长更新教育观念、改善教育行为、提高教育能力，共同促进幼儿的全面健康发展。

4. 对待同事，要团结协作

教师在教育教学过程中，要认真对待和处理好与其他教师的关系，这是教师完善自我、提高综合素质的有效途径，直接关系到教师教育活动的效果。幼儿园教育任务的完成、班级保教工作的开展都需要教师们集体的努力。只有教师集体中的所有成员都协调一致、相互支持，才能形成最大的合力。

5. 对待自己，要以身作则

幼儿园教师自身道德修养的高低直接关系着幼儿教育的质量。教师必须在思想品德、生活方式、言谈举止等各方面严格要求自己，为人师表，不断进取，成为幼儿的表率。同时，不断提高自身的业务水平也是对幼儿园教师的一项重要要求。只有勤奋学习、积极探索科学的教育规律，保持积极进取的态度才能不断提升自己的专业素质。

考点 2　幼儿教师的儿童观和教育观

幼儿教师应树立正确的儿童观和教育观。幼儿教师的儿童观和教育观影响着幼儿教师如何理解幼儿教育目的、教育内容，如何对待儿童，如何进行教育实践。

1. 儿童权利观和民主平等的师生观

（1）在教育上，教师应民主、平等地对待幼儿，应尊重他们的人格、尊严和基本权利，并保护他们的人格、尊严和基本权利免受剥夺和侵犯；

（2）不得任意处置、惩罚、虐待和歧视幼儿，应尊重他们的意愿、需要和兴趣，不可按自己的意志对他们采取任意的强制措施；

（3）每一个幼儿的基本权利是平等的，教师不可忽视对每一个幼儿的保护和教育。

2. 儿童特质观和适宜教育观

（1）在教育上，教师应避免从成人的角度去看待幼儿，而应该充分利用幼儿自身的特点和发展规律去教育他们，避免幼儿教育的成人化；

（2）既要认识到幼儿巨大的发展潜力，合理利用幼儿的学习潜能，及时对他们进行各方面的教育，又要避免对幼儿一味地加速训练，缩短他们的童年期。

3. 幼儿主体观和幼儿教育方法观

（1）在教育上，教师应尽可能利用活动和游戏，让幼儿在活动和游戏中直接感知、探索事物，直接与他人交往，并对他们进行适时和适当的指导和帮助，让幼儿在主动积极的活动和交往过程中获得身心各方面的发展；

（2）要注意了解每个幼儿的个别差异，了解每个幼儿不同的特点、兴趣、需要和愿望，对幼儿因材施教。

考点3 幼儿教师的专业知识和技能

1. 幼儿教师的知识结构

为了搞好幼儿教育工作，幼儿教师必须具备如下几方面的知识文化素养：

(1)广博的文化基础知识

托幼机构一般不设分科的教学任务，每个幼儿教师通常要承担孩子的语言、科学、艺术等多方面的教育任务。为了促进幼儿身心全面和谐地发展，幼儿教师必须具备较为广泛的文化科学知识。另外，幼儿对世界充满了好奇，幼儿的提问往往涉及动物、植物、天文、地理、文学等各个领域，涉及自然和社会的许多方面。这也要求幼儿教师要有广博的文化基础知识，并且要根据社会和科技的发展，不断地更新自己的知识，完善自己的知识结构。

(2)扎实的幼儿教育理论基础

幼儿教师若想做好自己的教育工作：

①必须了解幼儿。为此，幼儿教师必须具备一定的幼儿卫生学、心理学方面的知识。

②要善于运用教育规律。为此，幼儿教师必须学习幼儿教育学、幼儿营养学、幼儿教育评价学等学科的知识。

③为发挥幼儿家庭和社区的教育力量，幼儿教师还必须懂得教育社会学、教育文化学、教育人类学等方面的知识。托幼机构中艺术、健康活动频繁，这使得幼儿教师还需具备音乐、体育、美工、舞蹈等方面的知识。

2. 幼儿教师的能力结构

(1)观察和了解儿童的能力

观察，是幼教工作者了解幼儿身心发展水平和特点最方便、最主要、最常用、最有效的方法。实施教育，必须观察先行。幼儿教师的观察力主要指对幼儿直觉的、原样的、不加任何操作的自然观察能力，表现在随机的观察和有计划的观察中。随机观察可在一日生活的任何时候、任何环节发生。凭借这种能力，教师达到与幼儿的沟通，从而进行有效的指导。有计划的观察要求预先有拟定的观察项目，教师根据观察内容选择最有代表性的场景，列出最能反映问题本质的观察要点，然后按计划进行观察。了解幼儿的能力与教师的观察力和注意分配能力有关。

要求教师做到：要具有了解幼儿个性和学习情况的敏锐观察力，既能找出他们之间的共同的典型特征，又能发现每个幼儿的特点；要善于分配和灵活转移自己的注意力，以了解幼儿的反应。

(2)设计教育活动的能力

教育全班儿童，促进他们在德、智、体、美等方面的发展是幼儿教师的中心工作。幼儿教师应善于运用教学理论，结合幼儿的心理特点和接受能力，对教育活动进行设计，并选择恰当的教学方法，促进幼儿全面的发展。

(3)组织管理能力

幼儿教师的组织管理能力是指幼儿教师对教育教学情境的组织、领导、监督和协调的能力。主要表现为：制订班级教育工作计划和检查教育教学效果的能力；组织儿童的各种游戏(包括体育游戏、音乐游戏、绘画游戏等)、参观等活动的能力；与家长、社区合作、交往的能力等。

(4)对幼儿进行行为辅导的能力

幼儿行为辅导是指对符合社会文化、价值标准的良好行为的塑造，对幼儿良好行为表现的支持、鼓励，以及对不良行为表现的矫正和治疗。这不仅要求幼儿教师要掌握行为辅导的一般方法，如强化法、自然后果法、移情训练法、行为练习法、同伴交往法、榜样影响法等，而且要仔细观察幼儿的行为，思考幼儿出现某一行为背后的原因，切忌用惩罚法。

(5)沟通的能力

教师的沟通能力主要包括教师与幼儿、教师与家长的沟通能力和促进幼儿之间相互沟通的能力。

①教师与幼儿沟通的能力

教师与幼儿的沟通能力主要包括非言语沟通和言语沟通。不论哪种方式都需要一个安全、温暖、可信赖、无拘无束的交流环境，要求教师有积极主动、平等的态度，尽可能地从幼儿的角度来考虑问题，与幼儿交往。

第一，非言语的沟通。对幼儿来说，动作比语言更容易理解，更容易接受，所以在幼儿园教育中，这是一种重要的沟通方式。一方面，教师的微笑、点头、蹲下与幼儿交流、看着幼儿的眼睛、倾听他们说话的态度等，远比言语更容易表达教师对幼儿的尊重、关心、爱护、肯定。另一方面是幼儿需要教师的身体接触。心理学实验表明，身体肌肤的接触有利于安抚幼儿的情绪，让幼儿感到温暖、安全、消除紧张等。

第二，言语的沟通。与幼儿进行言语沟通时，教师本身的语言素养非常重要。鉴于幼儿的知识经验和理解能力较差，教师的口语表达应符合幼儿的接受水平，如说话的态度温和、语气坚定、表述简单明了、尽量用愉快的声调、走到幼儿身边说话等。教师应讲究语言艺术，由于幼儿的思维具有直觉行动性和具体形象性，因此教师的口语应该生动形象，引人入胜，并伴有动态语言。教师始终要用积极的语言与幼儿谈话，告诉幼儿应当做什么，而不是指出他不应当做什么。

②教师与家长沟通的能力

家长作为教师的合作者加入教育一方，不仅可以带来教育的优化，还可以形成教育的合力，有利于提高教育的质量。教师应如何与家长沟通呢?

第一，了解家长的技能。家园关系建构中，教师处于主动的一方，教师对家长的了解和尊重是沟通的前提。一般来说，教师需要了解家长的需求与期望、性格类型、教育观念和方法、职业、文化水平、待人接物习惯等，以确定自己的工作方法和沟通策略。

第二，掌握与家长交流的技巧。教师应当具备与家长交流的技巧，如与家长面对面交谈时，聆听的技巧，以适合家长的态度、语言、表达方式以及考虑家长的观点、心情进行谈话的技巧，以及向不同类型的家长传达信息(口头的或书面的)，特别是描述孩子行为、提出建议或意见的技巧等等。

第三，与家长的情感沟通。本着关心孩子成长的目的，确立平等信任的态度。教师应与家长建立情感上的联系，在与家长沟通时围绕孩子交流。

③促进幼儿之间的沟通

幼儿之间的沟通受到社会性发展、语言发展等方面的制约，需要教师有意识地进行帮助。

幼儿之间的口语沟通。幼儿之间的交谈可以极大地促进社会性、智力、语言的发展。促进幼儿之间的交谈，需要发展他们自我表达和理解他人的能力、听和说的能力，这是教师的一个重要任务。

幼儿间冲突的解决。幼儿的冲突是其沟通不畅的最激烈的表现形式，多发生在物的分配或活动机会的选择时。正确认识和对待幼儿的冲突，是教师的基本技能之一。帮助幼儿正确对待冲突、获得解决冲突的策略；通过冲突理解人际交往的规则，认识自己和别人的权利，克服自我中心，是幼儿园教育的重要内容。

(6)独立思维与创造的能力

幼儿教师的劳动是一种创造性的劳动，独立思维和创造能力便显得尤为重要。

①教育改革需要幼儿教师具有独立思维和创造的能力，教师只有在教育观念、教育方法上不断探索创新，才能跟上教育的发展；

②教育情境需要幼儿教师具有独立思考和创造的能力，在教育过程中，完全相同的教育情境是不存在的，教师不可能完全照搬别人的和自己以前的经验；

③教育对象的千差万别，要求教师采取不同的方式，因人施教，不断创造新的东西。

创设与利用环境的能力是独立思维与创造能力的一种表现。幼儿教师要善于调动幼儿参与环境建设的积极性，充分利用已有的空间和材料设施，创造性地使用废旧材料和自然材料，为幼儿创设活动化的物质环境；还要善于与幼儿建立和谐的师幼关系，调节幼儿之间的矛盾，创造良好的班风和气氛。

(7)适应新情境的能力

随着网络技术的发展，整个社会生产、生活方式发生了深刻的变革，教育也被赋予了新的使命，具有新的特征。面临网络时代的挑战，幼儿教师适应新情境的能力主要体现在以下方面：①交流与沟通技能；②浏览与查阅技能；③信息发布与网络参与技能。

(8)灵活转变角色的能力

教育活动中教师的角色是多元而特殊的，教育活动情境的复杂性决定了教师角色的多样性。由于教师的主要角色已经从传统意义上的"传道授业者"转变为儿童活动的支持者、合作者、引导者，这一角色身份的变化，要求教师在完成支持者、合作者、引导者的角色任务时，应当根据具体的教育对象、确定的教育目标、具体的教育情境、幼儿的学习方式灵活地处理各个角色之间的更替。

(9)反思能力(不断评价和反思的能力)

在教育活动过程中，教师除了创设情境和材料积极地与幼儿进行互动外，还应当及时地对幼儿的活动和学习做出分析评价，进而反思自己的教育行为策略以及对幼儿所产生的影响，以此来理解自己的教育行为与幼儿的行为或态度反应之间的关系。一般来说，这种对活动的评价和反思能力主要包括：

①活动或学习的目标是否与幼儿的已有经验水平相契合；②所提供的学习经验是否能有效地促进幼儿的认知发展；③所采用的活动组织形式是否适合幼儿的兴趣需要和年龄特点；④活动过程是否体现调动幼儿的主体性以及鼓励幼儿间的合作交往；⑤教师是否能为幼儿提供及时、适宜而有效的支持与指导等。

考点4　良好的心理素质　【单选】★

1. 幼儿教师的教育信念

幼儿教师的教育信念是指具有动力作用的教育观念系统，它直接支配和调节教育教学活动，影响教育教学效率。

(1)教学效能感。教学效能感是教师对自己影响幼儿学习活动和学习结果能力的一种主观判断。研究表明，幼儿教师的效能感对幼儿的自我效能感、学习能力和学习成绩有很大的影响。

(2)对幼儿发展的归因倾向是指教师对幼儿发展的原因上所持的态度。优秀教师一般倾向于外部与内部相结合的归因。

(3)对幼儿监控的态度。不同类型的教师监控幼儿的态度不同。家长式的教师，往往对幼儿采取高压控制，习惯运用惩罚措施，师幼之间形成的是控制者与被控制者的关系，缺乏相互沟通，信任度低。

(4)对待心理压力的态度。研究表明，教师心理压力过大，会出现工作迟缓、烦躁以及对幼儿缺少耐心和关注等。教师职业的众多冲突是引发教师压力与紧张的根源。如果一个教师对自己的角色有明确的意识，对于众多的影响因素有比较细致的思考，就会较少受他人期望的影响；如果一个教师与同事合作愉快，也会减少工作的压力和紧张感。

2. 幼儿教师的情感特征

(1)对幼儿真诚热爱，这是幼儿教师情感生活的核心；(2)对学前教育事业的热爱；(3)道德感、理智感、审美感。

3. 幼儿教师的教育机智

教育机智所依赖的主要心理品质是高度的责任感，对儿童的尊重和公平的态度，冷静沉着的性格等。幼儿教师的教育机智主要表现在：因势利导，随机应变，对症下药，掌握教育分寸。

4. 幼儿教师的个性

个性又称人格，是指一个人各种心理特征的总和。

幼儿教师应具备的主要人格特征包括：(1)正确的动机；(2)成熟的自我意识；(3)良好的性格。

真题面对面

[2018统考，单选]幼儿教师应具备的良好心理素质不包括(　　)

A. 积极的情感　　B. 正确的教育信念

C. 系统的专业知识　　D. 教育机智

答案：C

考点5　健康的身体素质

保教幼儿的工作极其繁重复杂，幼儿教师一天到晚与孩子生活在一起，要全面保教孩子，因此，必须具有较好的身体素质。幼儿教师应体貌端正、身体灵活、精力旺盛，且没有任何传染性疾病。

四、幼儿教师专业发展的阶段及方法

考点1　幼儿教师专业发展的阶段

第一阶段：顺应阶段

学习进入角色，摆脱混乱局面，需要精神上的支持(理解、鼓励、肯定、安慰)和班级管理技能方面的具体帮助。建议与老教师建立师徒帮带关系，加速专业成长。

第二阶段：适应阶段

工作1年左右，对幼儿有了解，可处理幼儿的一般问题，从“控制”局面转向如何组织教育活动、指导幼儿的学习和处理幼儿的特殊问题。建议通过书写教学计划、教育笔记以及现场观摩提高专业能力和自信心。

第三阶段：发展阶段

工作4～5年以后，渴望新体验，关注教育新趋势、新观点和新方法，更新和充实自己。建议与专家接触，提升专业素养。

第四阶段：专业化阶段

对幼儿发展和教育原理的理解水平提高，不仅在实践中运用自如，而且能探讨更深层次的问题，善于自我反思。建议参与座谈会、高层次进修、课题研究。

考点2 幼儿教师专业发展的方法

1. 观摩和分析优秀教师的教学活动

课堂教学观摩可分为组织化观摩和非组织化观摩。组织化观摩是有计划、有目的的观摩，非组织化观摩则没有这些特征。为培养、提高新手型教师和教学经验欠缺的年轻教师，可以进行组织化观摩；非组织化观摩要求观摩者有相当完备的理论知识和洞察力。

2. 开展微格教学

微格教学是指以少数的学生为对象，在较短的时间内(5～20分钟)，尝试做小型的课堂教学，可以把这种教学过程摄制成录像，课后再进行分析。这是训练新手型教师、提高教学水平的一条重要途径。

3. 进行专门训练

要想促进新手型教师的成长，人们可以对其进行专门化的训练。其中的关键程序有：每天进行回顾；有意义地呈现新材料；有效地指导课堂作业；布置家庭作业；每周、每月都进行回顾。

4. 进行教学反思

教学反思是指教师以自己的教学活动过程为思考对象，对自己所做出的某种教学行为、决策以及由此所产生的结果进行审视和分析的活动。布鲁巴奇等人1994年提出四种反思的方法：

(1)反思日记。在一天教学工作结束后，要求教师写下自己的经验，并与指导教师共同分析。

(2)详细描述。教师相互观摩彼此的教学，详细描述看到的情景，并对此进行讨论分析。

(3)交流讨论。来自不同学校的教师聚集在一起，首先提出课堂上发生的问题，然后共同讨论解决办法，最后得到的方案为所有教师共享。

(4)行动研究。为弄清课堂上遇到的问题的实质，探索改进教学的行动方案，教师以及研究者进行调查和实验研究。

★★ 考点大默写 ★★

1. 教师的沟通能力主要包括____________的沟通能力、____________的沟通能力和促进幼儿之间相互沟通的能力。
2. 在幼儿教师的劳动中，幼儿是劳动的对象。幼儿不是消极被动地接受教育，而是通过自身的内部作用来选择和接纳外界的影响，形成自己的认知结构，发展自己的思想感情，因此常常会出现意想不到的情况，如教学活动中幼儿常因为座位发生争执等。这体现了幼儿教师的劳动特点是____________。
3. “为人师表”体现了教师劳动手段具有____________的特点。
4. “十年树木，百年树人”说明教师劳动周期具有____________的特点。
5. 幼儿教师要事无巨细，对幼儿一日活动的各个环节给予关心和帮助。这体现了幼儿教师劳动的特点是____________。

6. 现代幼儿园教师的角色包括：教育者；公共关系的__________；幼儿游戏的__________；幼儿的第二任母亲，也是幼儿的知心朋友；既是学前教育实践者，也是学前教育理论的__________和__________。

7. __________是幼儿教师职业道德的核心，是评价幼儿教师职业道德水准的重要指标。

【参考答案】

1. 教师与幼儿；教师与家长　2. 劳动对象的主动性　3. 主体性和示范性　4. 长期性　5. 劳动任务的全面性和细致性　6. 协调者；伙伴；研究者；建构者　7. 热爱幼儿

第三节　师幼关系

一、师幼关系的内涵

师幼关系是指幼儿教师与幼儿在保教过程中形成的比较稳定的人际关系。相对于亲子关系和同伴关系，师幼关系对幼儿的学习和幼儿园适应方面的影响最为突出。它是一种"教学"关系，但又不是教育者与被教育者之间的事务性关系，而是带有明显的情感性特征。

二、现代优质师幼关系的特征

1. 互动性

师幼关系的互动性体现在相互性和双向性上。教师与幼儿真正的互动是一种双向的交流活动，在活动中进行沟通、交流、理解，彼此都表达自己的情感、体会、态度，并对对方产生一定的影响。教师不仅是问题的提出者、建议者、陈述者，同时也是接收者、倾听者。幼儿不仅是问题的接收者、回答者、执行者、倾听者，同时也是发问者、建议者、陈述者。

2. 民主性

现代优质师幼关系的重要特征之一就是在幼儿与教师的相互关系中，常常能够使儿童感受到教师的民主作风。

在实际的教育过程中，教师的作用不是发号施令，而是建议、劝告。比如教师与幼儿之间进行各种思想的自由交流，促进儿童的自由讨论，教师与儿童共同制定计划等，这既是一种民主的体现，也有助于教师与幼儿之间形成民主的关系。民主既是联合生活的方式，也是共同交流的方式，任何个人得出的结论都必须经受大家的检验、批评、质问，不允许任何一个人独断专行，这就是民主的方法和态度。

3. 互主体性

教师与儿童的互主体性（主体间性）是在活动中得以实现的，进一步讲，互主体性只有在相互交往的活动中才能体现出来。在相互交往中，教师必须把幼儿看作是他本人，必须强迫自己意识到，对方是一个独特的存在，一个基本上与其他人不同的存在，是以一种只属于他自己的方式存在的人。

互主体性体现为从对方那里得到承认，彼此映照，从对方那里"看到"自己。有的时候，一些孩子会主动向老师表达自己的问题、想法、意见、建议、主张等，并希望得到教师的回应。教师的回应对于幼儿来说十分重要，也是考查教师与幼儿关系是否体现互主体性的重要标准。幼儿期待教师的回应，不仅希望受到教师对自己的表达的重视，更想知道教师对这些表达的相应观点，希望从教师那里证明自己的表达所具有的意义。教师的主体性与幼儿的主体性之间能够通过一定的交往行为得到相互体认。

4. 分享性

优质师幼关系是主体之间的一种相互理解、融通、分享的关系。主体间相互认识、相互理解。教师与幼儿彼此倾听对方的表达，彼此经受、分享对方的经验，体谅对方的心灵感受，在分享中双方获得新的生命体验和意义。

5. 激励性

优质师幼关系的一个显著特点就是教师与幼儿之间在一定的活动中的相互激发。师幼关系中的“激发”主要体现于教师与儿童之间不同观点、意见、见解的相遇、相映、碰撞。一方面彼此激发对方的思考，另一方面在原有观点、意见、见解的基础上激发出对于双方来说都是新的观点、意见和见解。

三、建立优质师幼关系的策略

1. 关爱幼儿

关爱幼儿是对幼儿教师的基本要求，也只有在关爱幼儿的基础上才有可能与幼儿建立良好的关系。教师对幼儿的关爱，可以消除幼儿对教师的顾虑，敢于亲近教师、信赖教师，建立安全感。幼儿需要关爱，尤其是那些缺乏安全感的孩子，更需要得到关爱。*例如，幼儿入园适应过程中最常见的问题就是分离焦虑和不适应集体生活*。教师的关心、爱护会使幼儿有安全感，从而获得情感上的满足；使幼儿能够接受教师，把教师当作陌生环境中可依赖的保护者，为良好师幼关系的形成奠定最初的基础。

关爱给幼儿带来自信、安全、信任感，同时也形成了幼儿对教师的信赖关系。因此，教师对幼儿的关爱不是体现在一时一事之中，而是体现在教师与幼儿互动的整个过程之中。

2. 与幼儿经常性的平等交谈

教师应在日常生活中针对幼儿感兴趣的事物、话题与幼儿平等、亲切地交谈，这种形式的互动有利于良好师幼关系的形成。之所以强调与幼儿在日常生活中进行交谈或谈话，是为了强调交谈或谈话的随意性、自由性、平等性。因为在随意、自由、平等的交谈中，有利于师幼之间的良性互动，有利于师幼之间良好关系的形成。此外，教师面对幼儿要坦白诚实。

3. 参与幼儿的活动

师幼关系是以教师与幼儿之间一定的互动或交往活动为基础的，离开师幼之间的互动或交往活动，我们所说的“师幼关系”也就不复存在。在幼儿园的教育活动中，有许多是幼儿自主的活动，*如游戏活动、活动区活动以及幼儿的个别活动等*，教师应该积极地参与到幼儿自主的活动中去。这要求做到：(1)以普通的活动参与者心理参与；(2)积极主动地与幼儿交往；(3)对幼儿和幼儿的活动真正关注并感兴趣。

4. 与幼儿建立个人关系

教师与个别幼儿的关系，尤其是与班级里特殊的幼儿的关系，常常会影响着教师与其他幼儿的关系，教师应该设法与个别幼儿建立良好的个人关系，并以个人关系影响与其他幼儿的关系。由于这个孩子与教师的关系比较密切，教师不仅能够让其在有关的活动中充分展示他的活跃的一面，同时也由于这种密切的关系，使该幼儿感受到教师对他的期望，他能够努力学习自律，克服自己的不良行为。这样的孩子往往在幼儿同伴中有一定的影响力，他与教师的密切关系会影响到其他幼儿与教师保持一种良好的关系。

当然，教师要能够处理好自己与个别幼儿与其他大多数幼儿之间的关系，以个别关系带动与其他幼儿的普遍关系，而不能因个别幼儿的关系去损害与其他大多数幼儿的关系。

5. 积极回应幼儿的社会性行为

教师应对幼儿的社会性行为做出反应，给予积极的关注和回应。对于幼儿积极的社会性行为，教师应该给予肯定和赞赏，并设法引起社会性赞同，扩大其影响；对于幼儿消极的社会性行为，教师也应该做出恰当的反应，使幼儿感受到教师的态度和价值取向。对幼儿的行为做出积极的回应，不仅是对幼儿行为本身的一种评价，同时也是为了加强师幼互动，强化师幼关系。

考点大默写

1. 相对于亲子关系和同伴关系，师幼关系对幼儿的__________和幼儿园适应方面的影响最为突出。
2. __________是指幼儿教师与幼儿在保教过程中形成的比较稳定的人际关系。
3. 现代优质师幼关系的特征有互动性、__________、互主体性、__________、激励性。

【参考答案】

1. 学习　2. 师幼关系　3. 民主性；分享性

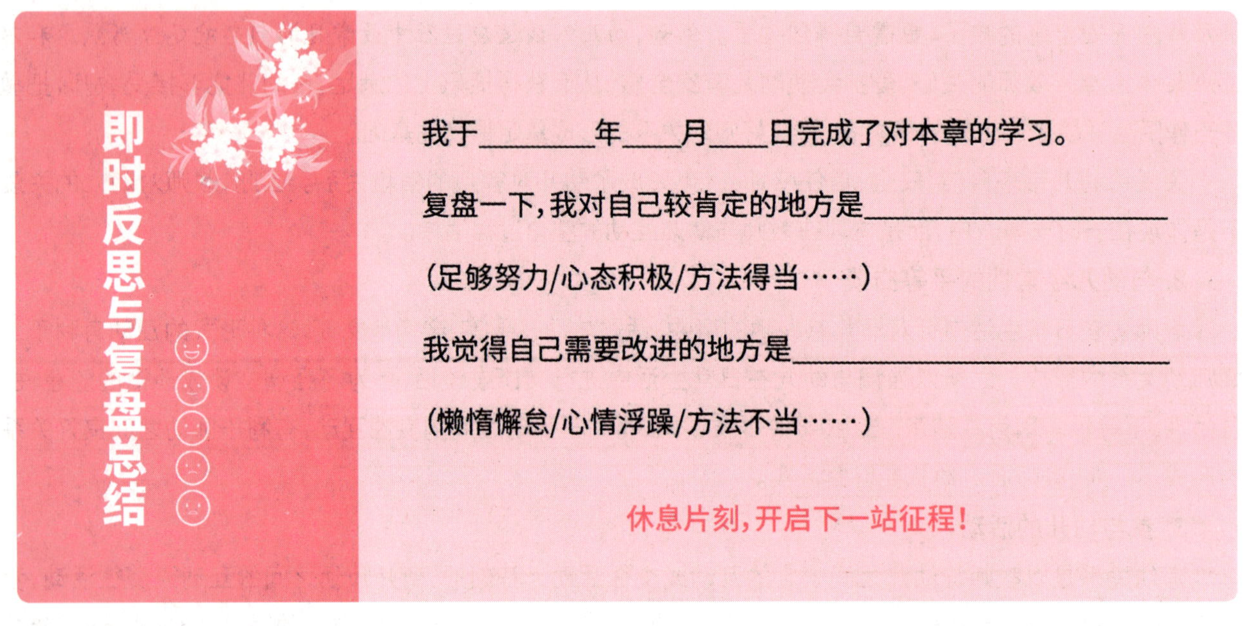

第五章 幼儿园一日生活与环境创设

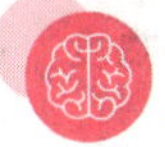

思维导图

幼儿园一日生活与环境创设

- 幼儿园一日生活
  - 幼儿园生活活动的概念
    - 广义：幼儿在园的一切活动
    - 狭义：幼儿园一日生活中除了教学、游戏活动以外的一切日常活动
  - 幼儿一日生活的特点
    - 自在性、习惯性、情感性
  - 幼儿园一日生活的环节与要求
    - 接待幼儿入园；早操；有组织的教育活动；间隙活动；游戏或自由活动；盥洗；进餐；睡眠；午点；户外游戏；劳动；散步；实验操作活动；离园；晚间活动
  - 幼儿园一日生活的教育意义
    - ①保护幼儿身体的健康发育；②有利于幼儿心理的健康发展；③培养幼儿良好的生活习惯；④促进幼儿的学习；⑤是全面完成幼儿园教育任务的保证
- 幼儿园班级生活常规管理（重点）
  - 常规训练的重要性
    - 可以培养幼儿的生活规律，使幼儿养成良好的行为习惯
    - 可以帮助幼儿适应幼儿园环境，学习在集体中生活
    - 可以培养幼儿的自律能力，维持班级的秩序
    - 能够增强幼儿的安全感，有助于幼儿健康成长
  - 常规养成的策略
    - 建立平等的师幼关系
    - 引导幼儿建立自信，鼓励幼儿主动发展
    - 要求和规则应切合孩子实际
    - 让孩子参与常规的制定
    - 规范行为，为儿童树立榜样，促进幼儿养成自觉的行为习惯
    - 与家长沟通，达成共识，形成教育幼儿的一致性
    - 给幼儿提供充分的实践机会
- 幼儿园环境创设
  - 概 述
    - 内涵：狭义的幼儿园环境是指在幼儿园中，对幼儿身心发展产生影响的物质与精神要素的总和
    - 分类：物质环境和精神环境
    - 特点：环境的教育性和环境的可控性
  - 教师在幼儿园环境创设中的作用
    - 准备环境、控制环境、调整环境
  - 意 义
    - 提供发展保障、促进身心健康、激发创造潜能
  - 一般原则（重点）
    - 安全性原则、环境与教育目标的一致性原则、发展适宜性原则
    - 幼儿参与性原则、开放性原则、经济性原则、启发性原则、动态性原则
  - 物质环境的创设方法
    - 空间设计和利用：活动室、寝室、盥洗室、走廊
    - 室内设备的布置：基本设备和玩具、教具
    - 活动区的创设
    - 室外设备及布置
  - 精神环境的创设方法
    - 教师要热爱儿童、尊重儿童、了解儿童，与儿童建立民主、平等、和谐的关系
    - 教师之间要真诚相待，友好合作，为儿童做好榜样
    - 教育儿童要友爱、互助
    - 重视幼儿园文化建设，帮助构建良好的儿童精神环境

浙江考向

本章属于学前教育学的基础章节，也是浙江招教重点考查的章节，内容较为琐碎，需要识记的知识较多。现对本章考向分析如下：

高频考点	常考题型	能力层级	考查热度
幼儿园生活活动的概念	多选	识记	★★
幼儿园一日生活的环节与要求	判断	识记	★★
常规训练的重要性	案例分析	掌握	★★★
常规养成的策略	案例分析	掌握	★★★
教师在幼儿园环境创设中的作用	简答	识记	★★★
幼儿园环境创设的一般原则	简答	掌握	★★★
活动区域的布局要求	单选、判断	识记	★★★

第一节　幼儿园一日生活

一、幼儿园生活活动的概念　【多选】★★

幼儿园的生活活动有广义和狭义之分。广义的生活活动是指幼儿在园的一切活动，包括幼儿园每天进行的保育、教育活动，包括由教师组织的活动（如幼儿的生活活动、劳动、教学活动等）和幼儿的自主自由活动（如自由游戏、区角自由活动）。狭义的生活活动特指幼儿园一日生活中除了教学、游戏活动以外的一切日常活动，主要包括进餐、饮水、睡眠、盥洗、如厕等，所用时间约占幼儿在园生活时间的一半。

真题面对面

［2021温州，多选］幼儿园的生活活动除如厕外，还包括（　　）环节。

A. 盥洗　　B. 进餐　　C. 饮水　　D. 午睡

答案：ABCD

二、幼儿一日生活的特点

1. 自在性

一日生活活动是一种具有自在性特征的活动，如果我们去观察学前儿童在家里的一日生活，可以发现，有很多儿童的日常生活一般都没有固定的活动内容。他们可以随意地去做自己喜欢的事情，种种活动既没有时间的限制，也没有确定的地点，玩腻了自然休息，饿了找东西吃，困了就睡觉，生活活动往往是听其自然、十分宽松的。

2. 习惯性

学前教育机构的日常生活是平常而琐碎的，但却日复一日地反复出现。在日常生活活动中，学前儿童的能力和习惯形成是日积月累的，并具有反复的特点。学前儿童良好行为习惯的养成贯穿于日常生活的方方面面，与他们各方面的发展有着紧密的联系。正如教育家陶行知先生所说，“教育就是培养生活习惯”。良好生活习惯的培养，重点是从日常生活中的琐事、小事做起。

3. 情感性

一方面，儿童要在日常生活中接触许多事物，遇到许多困难。他们不断克服困难，可以获得成功后的满足感和自信心。另一方面，儿童在日常生活活动中会逐步学会关注和理解自己及他人的情绪，学习用恰当的方式表达情感，提高了他们的人际交往能力。

三、幼儿园一日生活的环节与要求 【判断】 必背 ★★

1. 接待幼儿入园

接待幼儿入园，包括以下几项工作：

(1)接待幼儿

①教师要以热情、亲切的态度接待幼儿，要相互问好。教师的情绪、态度对幼儿有很大的感染作用，要使幼儿感到亲切、温暖，感到教师喜欢他、等待他、欢迎他。由此他也会喜欢老师，喜欢上幼儿园。②教师应有礼貌地向家长问好，用简洁的语言向家长了解幼儿在家的情况，听取家长的要求和意见。对双方需要及时商洽的问题交换意见，做好个别幼儿的药品交接工作。

教师利用晨间接待的机会，与幼儿亲切交谈，了解幼儿在家的情况，有计划地进行个别教育，对不爱活动、性格孤僻的幼儿要具体关照，给予帮助。吸引幼儿参加集体生活，为此，教师应提前做好接待幼儿的准备工作。

(2)晨、午、晚间检查及全日健康观察

①晨检

幼儿晨间来园时，身心状况正常才能积极参加幼儿园的活动。晨检的工作重点是“检”，即检查幼儿的身心状况。检查步骤可概括为一问、二摸、三看、四查。

一问	二摸	三看	四查
儿童入园时，询问家长，了解儿童在家的健康状况，如食欲、睡眠、大小便、精神等，以及有无传染病接触史	摸儿童额部、手心是否发烫，摸腮腺及淋巴有无肿大	观察儿童的精神状态以及脸色是否正常、眼睛是否有流泪、眼结膜是否充血、皮肤是否有皮疹等	检查儿童口袋里有无不安全的东西，如小刀、弹弓、别针、小钉子、玻璃片、黄豆等

在检查中如发现问题应及时处理。如果发现儿童有身体不适情况，应测体温，如发现为可疑传染病者，应隔离观察。

②午检和晚检

午检和晚检重点检查幼儿的精神、面色和皮肤。保健员每日午、晚间(整托)应巡视各班级一次，对可疑情况及时处理，并掌握儿童缺勤情况，及时了解缺勤原因，如果是传染病，则对该班的儿童应及时采取预防措施，对环境进行彻底的消毒处理。

③全日健康观察

保教人员在工作中要注意对幼儿的健康状况进行观察，随时了解幼儿的异常变化。主要观察幼儿的精神状况和异常症状。

第一，全日健康观察的意义。及时发现患病幼儿的早期症状和异常表现并及时处理，以减轻疾病对幼儿的伤害；及时发现传染病患儿并及时隔离，防止传染病在园内传播流行；检查有无危害物品被带入幼儿园。

第二，全日健康观察的重点。观察的重点是精神、食欲、大小便、体温及睡眠情况。儿童活泼好动，若表现出不爱玩、乏力等现象，往往是有病了。平时食欲旺盛，突然吃不下饭，恶心、呕吐，平时入睡快、睡得安稳，现在入睡困难或睡眠不安，大便次数增多，小便颜色异常，均应进一步找原因。一般先测量体温。

真题面对面

[2017杭州，判断]全日健康观察的重点是儿童的精神、食欲情况。

答案：×

(3)幼儿活动的指导

①值日生活动

教师要引导幼儿学会保持活动室的整洁、有序、美观。要有计划地组织中、大班幼儿参加活动室的清洁工作，如擦桌椅、整理玩具、整理图书、照料自然角、记观察日记。让幼儿参加这样一些力所能及的劳动，既发展了动作、熟练了技能，又培养了幼儿热爱劳动和相互友爱的优良品质，促进了幼儿独立性与自信心的发展。

②分散的活动

幼儿根据自己的兴趣、爱好，可以自由参加各种不同类型的活动。如看图书、搭积木、下棋、折纸、画画等。要让幼儿自由选择活动内容，自由选择玩具，自由选择伙伴，给幼儿自主权。

2. 早操(或间操)

以体操为主并配以跑步、体育游戏、器械活动等，宜按年龄组织团体活动；以锻炼身体，培养团体精神和对体育活动的兴趣为主要目的。

3. 有组织的教育活动

有组织的教育活动是教师从儿童的兴趣和实际水平出发，循序渐进地组织实施全面发展教育的活动。教师设计与组织教育活动应注意以下各点：(1)每个教育活动应有明确的、适宜的教育目的要求；(2)组织教育活动应充分利用周围环境的有利条件；(3)灵活采用集体的、小组的或个别的活动形式及多样化的方法；(4)教育活动中引导儿童运用各种感官积极参与活动过程；(5)促进每个幼儿在原有水平上发展；(6)每次教育活动的时间，可根据活动的内容、活动的方式和儿童年龄而定，有长有短，以儿童不过度疲劳为限；(7)每日均应安排有组织的教育活动。

4. 间隙活动

间隙活动是使幼儿大脑获得休息，调节幼儿身心的有效方法。在间隙活动时间里，教师要提醒幼儿上厕所、喝水。教师要保证幼儿每天喝足够的水，这是因为幼儿正处在生长发育最迅速的时期，活动量大，消耗水分较多，幼儿对水的生理需要相对比成人要多。班级幼儿饮水管理的具体要求如下：

(1)教师要根据季节变化供应冷暖适度、符合卫生标准的生活饮用水；

(2)按时组织幼儿集体喝水，每日上下午各1～2次集中喝水；

(3)保证幼儿按需喝水，鼓励幼儿用自己的杯子随渴随喝，引导不爱喝水的幼儿喝水；

(4)注意安全，谨防热水烫伤。

5. 游戏或自由活动

游戏时间内，可以组织幼儿进行各种游戏，也可以组织户外自由活动或体育游戏。游戏活动应丰富多彩，尽量安排在户外进行，要注意动静交替。无论组织哪种活动，都要注意在饭前半小时转入安静活动，进行盥洗，而后进餐。

6. 盥洗

在饭前10～15分钟组织幼儿盥洗。盥洗应使用流动水，每个幼儿要用各自的毛巾。让幼儿按顺序或分组盥洗，同时，还要教会幼儿正确洗脸、洗手，正确使用肥皂、毛巾，教会小班幼儿漱口和中大班幼儿刷牙。冬季要教幼儿使用润肤霜。

7. 进餐

进餐包括早餐、午餐、晚餐和两餐之间的点心。根据幼儿身体发育的特点，幼儿园要制定正确的饮食制度，幼儿进餐必须定时定量，开饭要准时，合理地安排就餐时间，规定正餐之间的时间间隔不少于3.5小时。正确组织幼儿进餐应做好以下工作：

(1)进餐的准备

由教师带领值日生布置好餐桌，准备好餐具，要为幼儿创设一个干净、安静的进餐环境。

(2)进餐过程

①要观察幼儿的食量，及时添饭，注意培养幼儿文明进餐的习惯；

②教师要教给幼儿正确的坐姿和使用餐具的方法；

③教育幼儿不挑食、不偏食；

④提醒幼儿细嚼慢咽，不洒饭菜，不弄脏衣服，不东张西望，不大声讲话；

⑤为保证幼儿吃饭时的良好情绪，教师在幼儿进餐前后不要处理问题或批评孩子，*例如，有的孩子打了人，做了错事，教师一般等他吃完饭，再做处理，以免影响幼儿的食欲；*

⑥教师要保证幼儿心情愉快，绝对不能让幼儿哭、叫，以免将食物吸进气管，更不能用禁止吃饭作为体罚的手段。

照顾幼儿吃好一顿饭的标志应是：吃饭过程中，幼儿情绪好；幼儿食欲好，食量够；饮食习惯好，吃得卫生。

(3)进餐结束

幼儿吃完最后一口饭才能离开座位，并把餐具、椅子整齐地放在指定的地方；要养成饭后擦嘴、漱口的习惯；幼儿进餐期间，工作人员不应打扫活动室，以免污染吃饭的环境。

8. 睡眠

午餐后要组织幼儿午睡，寄宿制幼儿园还要组织晚上睡觉。

(1)幼儿进入睡眠室，要保持安静，立即上床睡觉，不能在室内随便走动或说话，并要提醒和检查幼儿不把玩具和其他东西带到睡眠室内；

(2)要逐步教会幼儿能独立地穿脱衣服、鞋袜，并会整齐地叠放在固定的地方；

(3)教给幼儿正确的睡姿(右侧卧或仰卧)，并注意纠正幼儿不良的睡眠习惯；

(4)要掌握每个幼儿夜间小便的习惯，注意为他们盖好被子，对睡眠不安稳的幼儿要仔细观察，发现不适及时就医；

(5)睡眠室要保持安静；

(6)睡眠室内空气要新鲜，夏天要开窗睡觉，但要避免风直吹幼儿的头部，冬季在幼儿入睡前要开窗通风换气，刮大风时例外。

照顾好幼儿睡眠的三条标志：①按时睡，睡得好，按时醒，醒后精神饱满愉快；②睡够应睡的时间，要以孩子为主，不能任意减少或增加睡眠时间；③保持良好的睡眠姿势和习惯。

9. 午点

具体内容参看“进餐”。

10. 户外游戏

午点后至离园前这段时间，可安排各种游戏、户外体育活动、自由活动、娱乐、实验操作活动、劳动和散步等。天气好时，应尽量让幼儿到户外参加各种活动。户外活动可充分利用自然因素(阳光、新鲜的空气和风)增强幼儿体质。在这段时间里，可由教师组织幼儿集体活动，也可由幼儿自由选择开展活动。教师要为幼儿准备好玩具、材料及活动场地，要让全班幼儿情绪愉快地参加各种活动。

11. 劳动

日常生活中的劳动，早饭前可组织幼儿擦桌椅、床、柜等，下午一般可组织幼儿集体劳动，如大扫除、管理小菜园、修补图书、自制玩具等。教师要明确组织幼儿劳动是为了对幼儿进行教育，培养热爱劳动、克服困难、认真完成任务的好品德，不能把它作为惩罚幼儿的手段。幼儿劳动的内容、时间、劳动量和难易程度要符合幼儿身心发展水平，要注意安全、卫生。

12. 散步

(1)教师带领幼儿到室外长时间的步行，可以锻炼幼儿的毅力、耐力和组织性，同时教师还可利用散步，引导幼儿观察社会和自然；

(2)大自然对幼儿来说是最丰富的教科书，以其富有生机的美吸引着幼儿，观察大自然可以使幼儿开阔视野，增长知识，丰富美的形象，可以培养幼儿热爱祖国的情感；

(3)要让儿童充分接触自然界，让幼儿在草地上打个滚，在雪地上走走，让幼儿捉昆虫、采野花，让幼儿尽情地走，尽情地玩，让幼儿通过多种感官立体地感受自然界的美。

教师要和孩子们一起谈话，描述散步中的见闻。儿童的感受是肤浅的，必须经过成人的引导才能深化。儿童的认识具有无意性和偶然性，教师的引导、描述可以加深幼儿的认识。教师的描述要充满感情，语言要生动形象，使幼儿产生情感共鸣，更充分地体会、认识自然之美。

13. 实验操作活动

儿童的聪明才智不是通过一天一节课就能发展的，儿童对世界的热爱、对知识的兴趣、对未知世界的探索是在大量的实验操作活动和劳动中发展起来的。教师应准备供幼儿使用的工具，按年龄的不同，分别指导工具用法，并鼓励他们多实践，逐步积累使用多种工具的经验。儿童手指的灵活性比较差，但在幼儿期，进步却相当迅速。在没有危险的情况下，应该让幼儿多实践，如5岁多的幼儿可以练习锯木条(或薄木板)，可以用小刀刻塑料或纸。

14. 离园

幼儿一日或一周的集体生活结束后，要离开幼儿园转入分散的家庭生活。

(1)教师在幼儿离园前，应让幼儿做好结束工作，引导、帮助幼儿做好清洁和整理工作。环境应该整整齐齐，个人仪表应该干干净净，并要提醒幼儿带好回家的物品。可组织离园前的总结性谈话，对一日或一周生活进行简单小结，表扬鼓励幼儿的进步，提出回家的要求，让幼儿高高兴兴地回家。

(2)幼儿离园时，根据需要向家长介绍幼儿在园的情况和听取家长的意见。对暂时不能回家的幼儿要个别照顾、妥善安排，适当组织活动，消除幼儿因等待家长而产生的急躁不安的情绪。

15. 晚间活动

晚间活动是全托幼儿园一日活动的组成部分。由于教师累了一天，易忽视晚间活动的组织领导，造成晚间活动内容单调、贫乏。但晚饭后至上床睡觉这段时间相当长，科学、合理的安排晚间活动对幼儿的身心发展是很重要的。

一般来说，晚间可以组织一些安静的、活动量小的活动。如看电视(看电视的时间每周以1~2次为宜，要注意保护幼儿的视力)、演木偶戏、组织幼儿欣赏音乐以及自由游戏等。

四、幼儿园一日生活的教育意义

幼儿园一日生活的教育意义包括：(1)保护幼儿身体的健康发育；(2)有利于幼儿心理的健康发展；(3)培养幼儿良好的生活习惯；(4)促进幼儿的学习；(5)是全面完成幼儿园教育任务的保证。

★★ 考点大默写 ★★

1. 晨检的步骤可概括为一__________、二摸、三看、四查。
2. 检查儿童口袋里有无不安全的东西，这属于晨检步骤中的__________。
3. 全日健康观察的重点是__________、__________、大小便、体温及睡眠情况。
4. 幼儿正餐之间的时间间隔一般不少于__________小时。
5. 照顾好幼儿睡眠的三条标志是：按时睡，睡得好，按时醒，醒后精神饱满愉快；睡够应睡的时间，要以__________为主，不能任意减少或增加睡眠时间；保持良好的__________。

【参考答案】

1. 问　2. 四查　3. 精神；食欲　4. 3.5　5. 孩子；睡眠姿势和习惯

第二节　幼儿园班级生活常规管理

常规是指幼儿园日常生活和活动的规则，具体是指幼儿园对于幼儿什么时候应进行什么活动、活动中应遵守什么要求、哪些事情应该做、哪些事情不应该做、活动要采取什么方式等方面的要求。

一、常规训练的重要性 【案例分析】 必背 ★★★

1. 常规训练可以培养幼儿的生活规律，使幼儿养成良好的行为习惯

由于幼儿园里的幼儿来自不同背景的家庭，有些幼儿由于各种原因，生活作息没有规律，而幼儿园则是按照幼儿生理和心理的需要做出符合科学的合理安排，幼儿生活在其中，就能逐渐养成有规律的生活习惯、时间观念和有组织、有条理的办事能力，并逐步适应幼儿园的环境。幼儿吃饭不讲话、喝水要排队、上厕所不推挤等良好的行为习惯都是在一日活动中逐步养成的。

2. 常规训练可以帮助幼儿适应幼儿园环境，学习在集体中生活

幼儿园一日活动虽然是为满足幼儿自身需要进行的，但是在活动过程中，幼儿必须具备一定的知识技能，执行成人的要求和适应集体生活的规则，这样就能在自身需要和客观要求、主观能动性及外部条件的交互作用下，获得适应幼儿园环境的能力，并且不断学习怎么样在集体中生活。

3. 常规训练可以培养幼儿的自律能力，维持班级的秩序

自律是指控制自己并遵守一些共同规则的能力，幼儿通过遵守一日生活中的常规而逐渐培养这种自律能力。同时，由于幼儿的这种自律能力，班级秩序得以维护，幼儿园正常的游戏活动和教育活动得以正常进行。

4. 常规训练能够增强幼儿的安全感，有助于幼儿健康成长

人在一个有规律的环境里生活才会感到安全，幼儿也是如此。合理的常规为孩子创造了一种有序的、和谐的生活，使他们在心情愉快的情境中自然地形成一种符合其身心发展水平的规则意识和规范行为，使遵守规则成为孩子们的自主行为，同时促进幼儿身心健康的发展。

二、常规养成的策略 【案例分析】 必背 ★★★

1. 建立平等的师幼关系

在建立常规时，教师首先应从长期自居的“领导者”“指挥者”的宝座上走下来，从根深蒂固的“师道尊严”的束缚中走出来，不要板着面孔“发圣旨”，而应给孩子一个平等、公平、合理的受教育环境，教师可以在平等融洽的环境中与孩子共同讨论对他们的要求。

2. 引导幼儿建立自信，鼓励幼儿主动发展

幼儿还未形成清晰的自我概念，往往要通过别人的评价来认识自己，特别是当他们面对新环境和新问题的时候，更容易对自己没有信心，产生害怕、抵触情绪。老师是幼儿心目中最富有权威的人，他们对孩子的正确评价、肯定及支持的态度对于孩子的发展来说是最为重要的，这些积极引导能帮助孩子勇敢面对困难的挑战。

3. 要求和规则应切合孩子实际

各班的常规要求应从孩子的年龄特点出发，分阶段提出。9月份孩子刚入园，可要求孩子在教师的示范提示下，初步学习按教师的指令（如铃声）进出活动室，收放玩具。用某一段琴声告诉幼儿活动要开始了，赶快回到自己的位子上去。另外，在成人的帮助下能吃完自己的一份饭菜。10月份，要求幼儿习惯于听铃声做事情，把掉在地上的玩具捡起来，离开活动室时会把自己的小椅子轻轻摆放到自己的位子上，会用小勺吃完自己的一份饭菜，乐意在班上午睡，不依赖某种物品入睡等。到了第二学期，要求幼儿理解并执行一日活动各环节的转换指令，养成好习惯，如进出活动室慢慢走、不奔跑、不互相追逐，与教师一起收拾玩具，与同伴愉快地游戏等。每一项规则，由少到多、由易到难、由简单到复杂，由边教边帮到逐步学会独立完成。

4. 让孩子参与常规的制定

要让幼儿主动学习，最重要的就是让幼儿主动思考。让幼儿参与常规制定的过程实际上也是引发幼儿思考的过程。例如：午睡前要叠衣服，椅子小，叠起来很困难。有的孩子在床上、地上叠衣服，很不卫生。抓住矛盾，可以组织幼儿讨论：应该在哪里叠？怎样叠？由于是幼儿熟悉的事情，他们纷纷出主意想办法，并要求到前面示范。所以说，幼儿自己出的主意比老师提的意见更有影响，更容易遵守。

5. 规范行为，为幼儿树立榜样，促进幼儿养成自觉的行为习惯

幼儿的模仿性强，教师、家长的言谈举止、行为习惯都是他们学习和模仿的榜样。因此，在日常生活中，教师必须时时刻刻规范自己的言行举止，要求孩子做到的，自己必须首先做到，给幼儿树立好榜样；同时也要注意同伴影响的作用，抓住日常生活中的点滴小事，把握好教育时机，促进幼儿养成自觉的行为习惯。

6. 与家长沟通，达成共识，形成教育幼儿的一致性

幼儿常规的培养，除了老师的指导外，家长的配合也十分重要。对于那些各方面能力较差的孩子，教师平时应以帮助、鼓励为主，鼓励他们参与集体活动，对他们的要求可以适当降低，同时还要让家长做好配合工作，向家长介绍如何发现孩子的优点，如何给孩子创造自主做事的机会等。这样，教师与家长达成共识，形成教育幼儿的一致性，能更好地促进幼儿常规的养成。

7. 给幼儿提供充分的实践机会

幼儿的一天基本上由生活活动、游戏活动和教育活动组成，其中包括饮食、睡眠、盥洗、游戏、学习和交往等内容，通过这些活动，幼儿获得了“在不同情境下该如何做，不该如何做”的认知、体验和经验，逐步形成一系列正确的行为方式，并在反复实践中得到强化，进而逐步养成良好的常规。教师应尽最大的努力创造条件，给幼儿提供充分的实践机会，促进幼儿常规的养成。

真题面对面

[2021绍兴，案例分析]大五班班主任休产假，教研组组长钱老师接替了班主任的工作。在自主活动备受关注的今天，钱老师发现，大五班的孩子每天乱哄哄的，经常出现集体教学活动坐不住，注意力不集中，自主活动发生争吵，幼儿不会自我管理等问题。钱老师认为，这些问题与班级常规没有建立，“养成教育”的培养缺失，关注的学习品质没有受到重视有关。

问题：结合案例分析幼儿常规养成的重要性及其养成策略。

参考答案：(1)幼儿常规养成的重要性主要表现在以下几方面：

①可以培养幼儿的生活规律，使幼儿养成良好的行为习惯；

②可以帮助幼儿适应幼儿园环境，学习在集体中生活；

③可以培养幼儿的自律能力，维持班级的秩序；

④能够增强幼儿的安全感，有助于幼儿健康成长。

(2)幼儿常规养成的策略有以下几个：

①建立平等的师幼关系。在建立常规时，教师首先应从长期自居的“领导者”“指挥者”的宝座上走下来，从根深蒂固的“师道尊严”的束缚中走出来，给孩子以平等、公平、合理的受教育环境。案例中，教师可以与幼儿共同商讨制定班级的各项常规。

②引导幼儿建立自信，鼓励幼儿主动发展。老师是幼儿心目中最富有权威的人，他们对幼儿的正确评价、肯定及支持的态度对幼儿的发展来说是非常重要的，这些积极引导能帮助幼儿勇敢面对挑战。案例中，幼儿在集体教学活动中非常认真听老师说话时，或者在同伴之间非常有礼貌时，教师可以鼓励、表扬幼儿。

③规范行为，为儿童树立榜样，促进幼儿养成自觉的行为习惯。幼儿的模仿性强，在日常生活中，教师必须时时刻刻规范自己的言行举止，给幼儿树立好榜样；同时也要注意同伴影响的作用，把握好教育时机，促进幼儿养成自觉的行为习惯。案例中，集体教学活动坐不住的幼儿比较多时，教师可以对能安静坐好的幼儿进行表扬，从而激励其他幼儿以那些坐不住的幼儿。

④与家长沟通，达成共识，形成教育幼儿的一致性。幼儿常规的培养，除了老师的指导外，家长的配合也是十分重要的。案例中，教师应经常与家长沟通，让家长了解常规教育对幼儿的重要性，从而使家长在家庭教育中落实。

⑤给幼儿提供充分的实践机会。幼儿在各种各样的活动中，可以获得“在什么时候、什么情况下该如何做，不该如何做”的认知、体验和经验，逐步形成一系列正确的行为方式，并在反复实践中得到强化，进而逐步养成良好的常规。案例中，教师可以开展“合作互助”“做自己的小主人”等主题活动，并引导幼儿在实践活动中学会自我管理。

注：本节在历年考试主要以主观题的形式进行考查，考生以理解为主，不再设置考点大默写。

第三节　幼儿园环境创设

一、幼儿园环境概述

考点1　幼儿园环境的内涵

对于幼儿园教育而言，**广义的幼儿园环境**是指幼儿园教育赖以进行的一切条件的总和，它包括幼儿园内部的小环境，又包括园外的家庭、社会、自然、文化等大环境。**狭义的幼儿园环境**是指在幼儿园中，对幼儿身心发展产生影响的物质与精神要素的总和。

考点2　幼儿园环境的分类

幼儿园环境按其性质可分为物质环境和精神环境两大类。

1. 物质环境

广义的物质环境是指对幼儿园教育产生影响的一切天然环境与人工环境中物的要素的总和。包括自然风光、城市建筑、社区绿化、家庭物质条件、居室空间安排、室内装潢设计等。

狭义的物质环境是指幼儿园内对幼儿发展有影响作用的各种物质要素的总和。包括园舍建筑、园内装饰、场所布置、设备条件、物理空间的设计与利用及各种材料的选择与搭配等。

幼儿园教育需要一定的物质环境，它是幼儿园教育赖以进行的**物质基础**。物质条件的好坏与教育质量的关系密切。一个良好的物质环境能陶冶幼儿的性情，激发幼儿的好奇心、鼓励幼儿的探索行为，使幼儿在操作和摆弄各种材料的过程中，学习知识，获得各种社会行为，实现个人的发展。

虽然物质环境对幼儿的影响很大，但如果教师不具有高尚的师德，正确的教育观、发展观、儿童观及必要的教育教学技能的话，再好的物质条件，其效益也不能得到充分的发挥。如果盲目地追求幼儿园物质条件的高标准、超豪华，而不注意提高教师水平的话，是难以发挥物质环境的教育效益的。

2. 精神环境

广义的精神环境泛指对幼儿园教育产生影响的整个社会的精神因素的总和。主要包括社会的政治、经济、文化、艺术、道德、风俗习惯、生活方式、人际关系等。

狭义的精神环境指幼儿园内对幼儿发展产生影响的一切精神因素的总和。主要包括教师的教育观念与行为、幼儿园人际关系、幼儿园文化氛围等。

在具备了基本的物质条件后，对幼儿园教育起决定作用的是精神环境。

考点 3　幼儿园环境的特点

1. 环境的教育性

幼儿园作为专门的幼儿教育机构，其环境创设与其他非教育机构有显著区别，它是根据幼儿园教育的目标及幼儿的发展特点有目的、有计划、有组织地精心创设的。

在幼儿园教育中，环境创设不仅是美化的需要，更是教育者实现教育意图的重要中介，教育者把教育意图隐含在环境中，让环境去说话，让环境去引发幼儿应有的行为。因此，幼儿园的环境具有教育功能，是为实现教育目标服务的。

2. 环境的可控性

幼儿园内部环境与外界环境相比具有可控性，即幼儿园内部环境的构成处于教育者的控制之下。具体表现在两个方面：一方面社会上的精神、文化产品，各种幼儿用品等在进入幼儿园时，必须经过精心地筛选甄别，取其精华，去其糟粕，以有利于幼儿发展为选择标准。另一方面，教师根据教育的要求及幼儿的特点，有效地调控环境中的各种要素，维护环境的动态平衡，使之始终保持在最适合幼儿发展的状态。

如上所述，幼儿园环境具有教育性与可控性的特点。另外也不难看到，环境的教育性与可控性之间是相互联系的，环境的教育性决定了环境的可控性的特点，使可控性有了明确的标准和方向。而可控性又保证了教育性的实现，二者具有相互依存、相互制约的关系。

二、教师在幼儿园环境创设中的作用 【简答】 必背 ★★★

教师是幼儿园环境创设中重要的人的要素，在幼儿园环境创设中起着重要的作用。

考点 1　准备环境

为了使幼儿能够更快乐、更轻松地学习和游戏，教师必须准备一个与教育相适宜的环境，这是教师的职责所在。教师在准备环境时的作用主要表现在：

1. 让环境蕴含目标

教师在准备环境时，必须带着明确的目标，而不能随意准备。教师要将周围的人际因素和物质条件精心地加以组织，让环境中的一切都负载教育的信息，使幼儿能得到潜移默化的教育。

2. 增加幼儿的兴趣

环境不仅要体现教育目标，还要符合幼儿的需要和兴趣。因此，教师要将幼儿发展所必需的物质条件和精神条件都纳入到环境中，从而引导和发展幼儿的兴趣。

3. 增强幼儿的参与意识

幼儿的参与是教师准备环境时最重要的内容之一，也是教师发挥作用的最重要的一个方面。让幼儿参与准备和创设的环境，最能引起幼儿的关注和投入，也最能激发幼儿的兴趣，增强幼儿的主动性和积极性。

考点 2　控制环境

教师能够通过对环境的控制来激发、保持幼儿的活动积极性，帮助幼儿利用环境的条件来发展自己。

教师控制环境大致分为几个环节：(1)诱导幼儿进入活动；(2)帮助幼儿展开活动；(3)指导幼儿解决纷争、困难或情绪问题；(4)帮助幼儿结束活动。

考点 3　调整环境

环境必须随着幼儿的兴趣、需要、能力的变化以及教育目标、客观条件的变化而不断变化。因此，教师必须保持高度的敏感，随时审视环境，经常调整环境，使环境处于适宜幼儿发展的最佳状态。

准备环境、控制环境、调整环境，这是教师在幼儿园环境创设中的重要作用。环境中的物质材料、人际因素以及与幼儿的关系和相互作用是由教师来调控的，幼儿在环境中的活动也是由教师直接或间接引导的，没有教师的主导作用，幼儿在环境中的发展是不可能实现的。

记忆有妙招

教师在幼儿园环境创设中的作用：**准备空调**。**准备**（准备环境）**空**（控制环境）**调**（调整环境）。

真题面对面

[2023绍兴，简答]简述教师在幼儿园环境创设中的作用。

答案：详见内文

三、幼儿园环境创设的意义

1. 提供发展保障

幼儿在幼儿园中，要进行吃饭、睡觉、游戏等活动，只有提供相应功能的建筑、空间设备，才能使幼儿感到安全、方便、舒适和愉悦。

2. 促进身心健康

研究表明，宽敞的空间、齐全的设备可以使幼儿的机体得到锻炼；整洁、优美的环境会给幼儿美的享受；具有探索性的环境可满足幼儿的好奇心，激发幼儿的探索热情，培养幼儿的探究能力。

3. 激发创造潜能

幼儿不是环境创设的消极旁观者和享用者，而是环境创设的积极参与者和互动者。在环境创设的过程中，幼儿会参与设计构思、材料搜索、动手制作和布置的全过程，从而激发幼儿创造潜能。

四、幼儿园环境创设的一般原则 【简答】 必背 ★★★

1. 安全性原则

安全性原则是幼儿园环境创设的首要基本原则。安全性原则主要是指幼儿园的园舍建筑、设施设备、活动场地、玩具等有形的物质条件和园所的制度、文化、人际氛围、幼儿的言行举止等隐形的精神条件必须要符合国家颁布的卫生标准、安全标准和幼儿园教师专业标准，对幼儿的身体或心理没有危险和安全隐患，不造成幼儿的畸形发展。因此，创设幼儿园环境时，作为教师必须顾及幼儿身心两方面的安全：

（1）心理安全

这意味着在精神环境的创设中要让幼儿能真切地感受到教师对他的理解、关心和爱护，幼儿在幼儿园的集体生活中能够感受到大家的呵护和尊重。

（2）身体的安全

除必须注意活动室光线、色彩、温度、湿度、通风等条件外，特别要注意物品摆放的位置是否合适，活动中的材料对幼儿是否容易造成伤害，如废旧物品制作的玩具有没有易于划伤幼儿的角和边，材料的投放是否有利于幼儿自由自主地选择等。另外，还要教育幼儿不接近危险物品，如电源插座、电线等。

2. 环境与教育目标的一致性原则

环境与教育目标的一致性原则是指环境的创设要体现环境的教育性，即环境设计的目标要符合幼儿全面发展的需要，与幼儿园教育目标相一致。

幼儿园环境必须强调目标意识，要有利于幼儿德、智、体、美诸方面的全面发展，而绝不能允许与教育目标相悖的因素存在。因此，创设环境时，目标是依据，应把教育目标落实到月计划、周计划、日计划及每一个具体的活动中。例如，创设环境时就不能偏重智力发展，而忽视幼儿社会性、情感、意志等方面的发展。如果教室里的活动区都是幼儿独自活动的内容，如计算、画画、折纸、看图书、穿珠子等，而没有幼儿可以相互交往的区域和相应的活动条件的话，对于发展幼儿的语言和社会性就是非常不利的。因此，在创设环境之始，首先应考虑的是创设的环境是否有利于教育目标的全面实现。此外，对于一切干扰环境教育性的外来因素（如商业化倾向、不良文化产品等）要予以坚决地抵制，以保证良好环境的教育性。

3. 发展适宜性原则

发展适宜性原则是指幼儿园环境创设要符合幼儿的年龄特点及身心健康发展的需要，促进每个幼儿全面、和谐地发展。

从一般年龄特征来看，小班、中班、大班幼儿在身心发展特点上的差异是非常明显的，其身心发展所需要的环境也不尽相同。因此，教师要根据幼儿不同的年龄特征为其提供适宜的发展环境。例如，小班幼儿以平行游戏为主，喜欢相互模仿，因此，为小班幼儿提供的游戏材料，要注意同样的游戏材料的数量不宜过少，以适应小班幼儿游戏的特点。

4. 幼儿参与性原则

幼儿参与性原则是指环境的创设过程是幼儿与教师共同合作、共同参与的过程。

环境的创设过程应该是一个积极的教育过程。让幼儿参与环境创设过程的意义主要体现在：(1)培养幼儿的主体精神，发展幼儿的主体意识；(2)培养幼儿的责任感；(3)培养幼儿的合作精神。因此，教师要摒弃幼儿参与环境创设是“帮倒忙”的错误认识。

5. 开放性原则

开放性原则是指创设幼儿园环境时应把大、小环境有机结合，形成开放的幼儿教育系统。

随着社会科技与文化的日益发展，社会环境对教育的影响也越来越大。不管教师们、家长们是否愿意，社会环境都以它特有的潜移默化的方式强有力地作用于幼儿。因此尽管幼儿园小环境的教育功能很强，但如果仅仅局限于幼儿园封闭的小环境中，是不能搞好教育的。面对社会环境的复杂影响，与其消极被动地任其影响幼儿，不如主动地与外界结合。尽管外部因素不能左右幼儿的发展，但是可以选择、组织、利用其中富有教育价值的积极因素，努力控制与削弱消极因素，取其精华，去其糟粕，通过大小环境的配合，主要是与家庭、社区的合作，互相取长补短，同心协力，在一个开放的系统中，去培养适合新时代要求的幼儿。

6. 经济性原则

经济性原则是指创设幼儿园环境应考虑不同地区、不同条件园所的实际情况，做到因地制宜、因陋就简。这要求做到：(1)利用自然优势，就地取材；(2)利用废旧材料，一物多用。

7. 启发性原则

环境创设的内容应能刺激幼儿的好奇心，引起他们的求知欲，启发幼儿去思考、探索。如：在活动室里设置图书角，准备各种题材的图书，让幼儿在图书角里自由阅读。又如：利用各种不同质地的材料组成一幅画面，让孩子们用手去触摸，通过感知粗糙、细腻、坚硬、柔软、厚薄等不同的感觉，引发幼儿对以往生活体验的联想，促进幼儿的思维发展。

8. 动态性原则

动态性原则强调幼儿园环境创设是一项持续性的活动，在活动空间、内容、材料、规则等方面都应随幼儿的发展和教育活动的变化而变化。长期固定不变的环境内容会减少幼儿动手参与及与周围环境之间积极互动的机会。因此，幼儿园环境创设应遵循动态性原则，做到常变常新，随幼儿生活经验的丰富而调整，随幼儿兴趣、热点的转移而调整，随活动主题经验的拓展而调整，随幼儿同伴互动的丰富而调整。

记忆有妙招

幼儿园环境创设的一般原则：**全京启动开发幼教**。**全**（安全性）**京**（经济性）**启**（启发性）**动**（动态性）**开**（开放性）**发**（发展适宜性）**幼**（幼儿参与性）**教**（环境与教育目标的一致性）。

真题面对面

[2021 绍兴，简答]简述幼儿园环境创设应遵循的原则。

答案：详见内文

五、幼儿园物质环境的创设方法

考点 1　空间设计和利用

1. 活动室

色彩不宜以绿色为主，因为绿色能使人的心跳减慢，生理机能趋缓。各年龄班活动室的色彩也不宜强求一致，如小班儿童游戏活动的时间较长，活动室的色彩应活泼一些。

教师可以把布置的权利交给儿童，小班可以由教师设置主题，儿童在老师帮助下布置；大班儿童可以通过共同讨论确定布置的主题，然后讨论并完成布置。常用的布置主题有：心情墙、天气预报等。这部分布置的主要作用是通过环境和儿童的互动完成教育目标，所以要根据教育目标的完成情况不断更换。

（1）活动室是儿童一日生活中主要的活动场所，所以要有一个相对宽敞的区域供儿童进行动作较大的活动。

（2）活动室要有相对固定的位置摆放儿童使用的桌椅，便于儿童在进行写、画、手工活动以及就餐时使用。

（3）活动室要布置在适当的区域，以便配合教学活动共同完成培养目标。活动区一般会沿着活动室的某一面墙设置，每个活动区之间有一定的隔离设施，使活动区之间既相对独立又有一定的连接。

知识再拔高

主题墙的创设

1. 主题墙的功能

（1）教育功能。墙饰本身多具装饰功能，而不具备明确的教育功能，这里强调和突出的是“主题”或“主题活动”，墙饰一旦成为主题墙饰，就意味着是教师依据教育目标，结合本班幼儿生理和心理发展特点，将教育意图与幼儿的活动渗透在墙饰之中，成为有目的、有计划的教育环境创设，它承载具体的教育信息，凸显教育功能，而非装饰功能。

（2）记录功能。主题墙的创设不仅为幼儿的学习提供了交流、互动的平台，在实现教育功能的同时，也记录了活动开展和幼儿发展的整个情况。

（3）展示功能。每个主题活动过程中或活动后，教师和幼儿会一起将活动内容、探究过程和结果以照片、作品等形式展示在主题墙上，既帮助幼儿梳理、积累在活动中获得的相关经验，也极大地鼓舞了幼儿的自信心和参与活动的热情。

(4)对话功能。主题明确、内容丰富的主题墙，能够有效引发幼儿思考，引导其行为与活动，丰富其认知。可以说，幼儿观察、参与以及以自己的方式丰富主题墙创设的过程，都是一个与环境对话的过程。当幼儿认识到主题墙的存在并参与其中的时候，幼儿就能更深刻地理解其内容，更加喜欢与之交流、互动。

(5)美化功能。每一面主题墙饰从内容到形式都蕴涵着美感，在幼儿能驻足观察、欣赏的同时，也受到美的熏陶。

2. 主题墙的总体要求

(1)主题墙饰应与主题活动的教育目标、内容相一致。主题活动从主题的选择、目标的确定、内容的选择和方案的执行均以幼儿为主体，活动强调了幼儿的探究与兴趣。

(2)主题墙的设计要服从活动室整体的空间效果。主题墙饰不能在整面墙上做文章，要注意尺度的把握，位置和高度要适合近距离欣赏要求。要将教育的目的、内容、计划和要求等自然融入墙饰，并转化为形象具体、色彩鲜艳、生动有趣、赏心悦目、脉络清晰的主题网络，与活动室共同构成一个整体而有效的教育环境。

(3)主题墙饰装饰内容与形式要符合幼儿的理解能力和欣赏水平。幼儿喜欢造型生动、色彩鲜明、内容丰富、富于变化，以及具有特色的实物装饰形式，拟人化、儿童化的形象容易引起幼儿的注意。

3. 主题墙的设计内容

(1)在创设主题墙饰中注重幼儿自己动手创作，亲身体验，这有利于拓展和激发幼儿的学习兴趣，引发幼儿自我学习的好奇心和主动探究的求知欲，从而取得事半功倍的教育效果。

(2)主题墙不单要有美化环境的作用，而且最主要的是体现主题活动的教育价值。

(3)主题墙面环境在内容上不应再像以前过多重视作品的精致、漂亮、完整，而应以幼儿的参与为主。

(4)它可以是主题活动中幼儿收集的材料或操作的作品，也可以是浓缩了整个主题活动的教育内容，还可以以版块的形式呈现出来。

真题面对面

[2018杭州，简答]如何通过主题墙的创设和利用有效促进幼儿发展?

答案：详见内文

2. 寝室

寝室是儿童休息的地方，绝大多数幼儿园都要求儿童中午在幼儿园休息2个小时左右，所以寝室是儿童在园的重要物质环境，需要教师精心布置。寝室可以使用暗红、蓝色等深色的窗帘，有助于儿童心跳减缓、血压下降，较快地进入梦乡。寝室的墙面装饰画可以使用较淡的色彩，画面表现安静的活动，以保证儿童能尽快安静下来。注意寝室装饰画不要经常更换，以避免对儿童产生新奇的刺激。寝室不一定要有很大的空间，但儿童的床之间要间隔30~50厘米，以避免某些疾病通过飞沫传染。寝室应该有较好的通风条件，同时保证紧急疏散通道畅通。

3. 盥洗室

一般面积较小，当儿童集中使用时会比较拥挤。教师可在饮水处、洗手池等较容易拥挤的地面上画上小脚印，要求儿童按照脚印排队，有助于培养儿童良好的一日生活常规。盥洗室的墙面上还可以通过文字、图画宣传节约用水，培养儿童的环保意识。

4. 走廊

精心布置的走廊可以成为幼儿园教育环境的重要部分和最好的家园互动平台。门厅、楼梯等公共走廊一般由全园统一布置，一般会根据季节或幼儿园的特色布置相应的主题。活动室门前的走廊一般由教师根据本班孩子的特点布置，通常是家园互动的内容。如育儿知识专栏、教学专栏、家长来信专栏，也可以让家长参与走廊的布置。

考点 2　室内设备的布置

室内设备主要包括基本设备、玩具和教具。

1. 基本设备

基本设备是建园一般所须具备的普通用具，包括桌、椅、床、小柜等。

（1）桌、椅

桌、椅表面应能防水、防污，易于清洗。若室内空间不大，可采用折叠式。桌、椅高度应适于儿童身高，以免造成儿童姿势不良或影响学习活动的开展。桌、椅质料宜轻而坚固，使儿童易于搬动。桌、椅脚下应有橡胶垫，以免发出噪音并保护地面。桌、椅形状不必固定，视各园空间大小、经济情况及教育需要选择，一般有长方形、弧形的桌子。

（2）小柜

小柜为放置寝具、清洁用具或玩教具等用。质料宜坚固轻便，其大小与形式视使用对象的年龄、安置位置及用途而定。颜色应与室内环境协调。幼儿园常用小柜包括：衣物柜，放置儿童的衣服、鞋子；玩具柜，放置玩具，一般为开架，便于儿童取放玩具，尺寸大小视需要而定；教师用柜，放置教材、教具等，分格要多，以便分类放置，高度以儿童够不着为度。空间有限的幼儿园，可在儿童用柜上端加数格为教师用柜；清洁用具柜，放置清洁用品，高度以儿童够不着为度，不用时应锁好。

2. 玩具、教具

幼儿园的物质设备中，儿童操作的材料、玩具的质量如何是很重要的。

好的材料、玩具除了安全、卫生、美观、耐用之外，还应有变换性、多功能性，即一种材料或玩具可以用多种方式去摆弄它，去玩它，这对于保持材料、玩具的新鲜性，发展儿童的创造性是很有意义的。另外，材料、玩具应当是经济的，有的昂贵的玩具玩法固定，又容易损坏，其实并没有太大的发展价值。而水、沙、黏土等自然材料以及各种废旧物资，如果加以有效利用，是非常符合儿童特点及活动需要的。

考点 3　活动区的创设

1. 活动区的概念

活动区就是利用活动室、睡眠室、走廊、门厅及室外场地，提供、投放相应的设施和材料，为儿童创设的分区活动的场所。

2. 活动区的功能

每个儿童都是一个独立的个体，其个别性和独特性应该受到尊重与珍视。因此要根据每个儿童的兴趣、需要、水平，因人施教，把学习的权利交给学习的主体——儿童，让儿童更自由、更主动地学习。正是基于这种思想，人们根据儿童兴趣、学习能力及教育任务创设并不断更换各种活动区。

其主要功能包括：(1)活动区的创设，能适应儿童个别差异的需要，扩充儿童学习的领域；(2)引发儿童学习动机、培养儿童独立探索的精神；(3)提供给儿童相互学习与观摩的机会，培养儿童想象力、创造力、思考力以及观察力和动手操作能力；(4)为儿童创设互动的学习环境；(5)为儿童提供个别化的学习机会；(6)为儿童提供静态和动态相平衡的课程；(7)提供给教师观察与评价儿童的机会。

3. 活动区域的布局要求 【单选、判断】 必背 ★★★

(1)活动区域的界限性

所谓界限性，即各活动区要划分清楚，界限明确，便于儿童开展活动和教师进行管理。在划分界限时，除了考虑美观、漂亮之外，更要从教育的角度出发来设计。活动区之间的界限有以下几种形式的划分：其一，平面界限的划分。教师通过地面的不同颜色、图案或质地来划分不同的区域。*如在娃娃家里的地面上刷上温暖的红色，在积木区的地面上铺上地毯等让儿童看了一目了然，很快就会记住不同的区域。*其二，立体界限的划分。教师运用架子、柜子或其他物体隔离划分出不同的区域，形成封闭或开放的空间。其三，悬挂不同标牌或装饰物。教师可以用写有相关活动区的文字、图片或装饰物帮助幼儿区别各个区域。

(2)活动区域的相容性

所谓相容性是指在布置活动区时要考虑各个区域的性质，尽量把性质相似的活动区安排在一起，以免相互干扰。*如把以安静的阅读活动为主的图书区和以动脑为主的数学区放在一起，把操作活动为主的积木区和娃娃家放在一起等。*同时还要考虑，需要用水的活动区应当靠近盥洗间或取水处，自然区和图书区等需要明亮光线的区域应靠近窗户等。

真题面对面

1. [2020台州，单选]教师在进行活动区布置时把“图书角”和“观察角”放在一起，“建构角”和“娃娃家”放在一起，玩水、玩沙放在一起，这体现了活动区的(　　)

A. 界限性　　B. 转换性　　C. 相容性　　D. 暗示性

2. [2020宁波，判断]教师在布置活动区域时，尽量把性质相似的活动区安排在一起，体现了区域之间的转换性。

答案：1. C　2. ×

(3)活动区域的转换性

所谓转换性即教师在考虑划分各个区域的同时，也要考虑儿童可能出现的将一个活动区内的活动延伸转换至其他活动区的需要。*例如，幼儿在扮演区的活动可能会延伸至积木区；在自然角的活动，幼儿观察了自然角中的花，可能会延伸至美工区，在美工区画下来。*应该预见幼儿可能出现的延伸活动，并在活动区的设置上满足幼儿的这一需求。同时，密切观察幼儿在各个活动区的活动，细心了解幼儿的兴趣和需要，并及时调整活动区的种类和数量。

4. 活动区材料的投放

材料投放的不同方式也会影响儿童活动的动机、态度、坚持性、交往与创造的水平，从而影响活动的结果。为了更好地实现教育目标，我们可以预设不同类型的区域，根据不同区域的不同教育功能投放不同的材料，使材料与教育目标、儿童的实际发展水平相匹配，切实促进儿童的全面发展。在投放区域活动材料时，我们应该注意：

(1)目的性和适宜性

①目的性,即与教育目标的一致性

在区域活动中,材料的投放应该是有的放矢的,是与我们所要达成的教育目标紧紧相连的。将教育目标隐性地体现于材料之中,是区域活动的一大特点。这里有两层意思:第一层意思是:“一种材料能够实现多个教育目标”,第二层意思是:“一个教育目标可以通过多种材料的共同作用来实现”。教师要了解各个区域中的各种材料所隐含的不同教育功能,将幼儿发展目标与这些材料的教育功能较确切地对应起来,有目的地引导儿童进入到相应的区域活动中,通过儿童的操作活动,使儿童逐步接近预定的教育目标。因此,教师要积极地充分挖掘材料在不同区域内的多种教育,进一步提高材料投放的目的性。

根据学前儿童的学习特点,在同类区域中投放隐含不同教育目标的、满足他们发展需要的材料。例如,中班生活区的目标是训练儿童细致耐心和手眼协调能力,教师可提供不同的木珠、串线等材料,供不同水平的儿童自由选择不同大小孔的木珠,不同粗细软硬的绳子串珠。

材料和目标之间不是一一对等的关系,材料的目标功能是宽泛的。例如,投放珠子、毛线、剪刀、插塑等材料,可提高儿童的动手操作技能和增强手眼协调性;投放磁铁、水、风车等材料,可让儿童在观察、思考、分析和比较中发现新知,培养儿童乐于探索的精神。儿童在与众多材料的相互作用过程中,充分运用自身的各种感官,看看、做做、试试、比比、想想,提升思维能力,理解事物的多样化,使幼儿在活动中不断有所发现、有所提高和发展。

②适宜性

就是根据儿童的年龄特点投放材料,活动的材料应与儿童的年龄特点相符,能引起儿童游戏的兴趣。在活动区大目标明确后,教师就可根据本班儿童的基本发展水平、阶段性教育目标和主要任务,投放各种适宜的材料。

(2)丰富性和层次性

①丰富性,即提供数量充足和形式、功能多样的材料

第一,材料在数量上要多,能够满足幼儿自由选择不同或相同材料的需要。根据阶段目标和儿童发展的实际需要,应提供适合本年龄段儿童的足够数量、满足多种需要的玩具和材料,避免“僧多粥少”的现象,不使儿童因无操作材料而妨碍其创造。

第二,材料在类型上要全面多样。全面多样的材料能使儿童各方面的能力都能在原有基础上得到提高,并能引发儿童广泛的兴趣。从儿童发展所涉及的各个方面的需要出发,依据儿童的不同喜好、不同需要准备不同形式的材料,供儿童选择。

第三,区域材料尽量能一物多玩或有多种操作方法。多功能材料能促进幼儿进行探索、拓宽幼儿的思路、玩出新花样,帮助幼儿养成寻求多种方法去解决问题的习惯和能力。在提供材料时要考虑材料对儿童发展的价值。教师可以投放一些功能多样、一物多用的结构性低的、半成品的材料,如动物插塑、雪花片、吸管等。

但应注意两点:首先,丰富的材料并不是越多越好。儿童的注意具有不稳定性,过多过杂的材料投放,尽管吸引儿童参与活动,但也易分散儿童注意力,对良好习惯的养成没有好处。因此,在投放材料时,应做到有的放矢,并根据对儿童活动的观察,定期更换、补充。其次,有价值的材料并不是越精美越好。事实上,一些其貌不扬的原始材料,如卫生纸筒,在孩子们手中,可能是望远镜、小手电筒、卷发筒等。因而,教师应尽量少提供精美的成品材料,多研究、开发、投放一些半成品或原始的材料。

②层次性，即提供能满足不同水平儿童发展需要的材料

第一，要考虑不同能力的孩子，投放材料要有个别差异性。每个儿童都是一个独特的个体，这些个体之间难免会存在这样那样的差异。教师要允许和支持儿童以适合自己的方式、速度去学习、探索。根据不同发展水平的需要提供不同层次、不同要求的材料，让每个儿童在自己原有的水平上有所提高。只有这样，才能让每个儿童都体验到成功，从而满怀信心地对待生活，对待明天。

第二，要投放“有坡度”的材料。教师在选择、投放操作材料时，要将所要投放的材料与将要达成的目标之间，按照由浅入深、从易到难的要求，分解出若干个能与儿童的认知发展相吻合的层次。这个层次就是在实现教育目标的过程中，教师应根据儿童的发展阶梯，投放角度不同、难度不同的材料，以满足儿童操作、学习的需要。以美工区幼儿剪纸活动为例，儿童的发展阶梯是：剪不规则边→剪直线→剪曲线→折剪→剪厚纸→镂空剪，教师可以据此提供各种材质和厚度的纸张，并提出不同的“任务”：“做调料”（随意剪）、“做薯条”（剪直线）、做“花”（折剪）、做窗花（镂空剪）……这样材料和任务是递进性的。

（3）启发性、操作性、探索性

教师在投放材料的时候，心中要有目标，眼中要有儿童。切忌只从教师自己的眼光出发，而不顾儿童的发展和接受能力，想到什么就投放什么，随意投放材料，最终导致“事与愿违”。

材料要具有启发性，要有利于儿童创造能力的发展。例如，在探索区，教师为儿童提供了沙漏，这是用来计时的，玩过几次后，儿童就没有了兴趣。教师就在原有的基础上，把沙漏的孔变得有多有少，有的是三孔，有的是一孔，让儿童观察孔多漏得快还是孔少漏得快，并做观察记录。等儿童掌握了以后，教师又鼓励他们用各种材料自己制作沙漏，使材料具有操作性和探索性，增强了儿童的积极性，并通过自己的操作，开动脑筋，想办法解决问题，把潜在的创造性表现了出来。

材料最好要能让儿童直接操作、直接获得体验，进而获得相关经验。同时材料要有趣、可变、可操作，这样才能激发儿童主动参与操作。特别是科学探索区必须投放能激发儿童探索欲望的材料，如石臼、石磨、多棱镜、各种锁和钥匙、颜料、磁铁、沙漏、转盘等。

总之，应为儿童提供能激发创造欲望的可操作材料，让儿童的创造性思维在操作中得到锻炼和发展。

（4）自主性

要让儿童利用材料自主地进行设计制作。在这个过程中，要充分调动儿童的积极性和想象力。教师应注重引导儿童参与，充分发挥儿童的主体作用。教师要善于将收集材料和创设环境的过程作为儿童的学习过程，这也是一个十分重要的发展儿童自主性的教育过程。儿童提供材料与作品，是他们参与活动室环境创设的一个重要途径。

（5）兴趣性

学前儿童生理、心理发展的特点决定材料既要有趣又要能让他们做做玩玩，这样才能增强儿童学习探索的兴趣。形象生动、色彩鲜艳、可操作、有趣的材料最能吸引儿童的眼球，激发儿童的兴趣。儿童有了兴趣参与活动，教育目标才容易达到。有时和儿童的生活密切相关的材料和活动方式，也会让儿童的兴趣高涨。

儿童共同参与准备的材料，如投放他们的作品，可以增强儿童的自豪感和活动兴趣。例如，表演区各种纸偶、头饰都是儿童自己创作的作品，儿童在表演时会更有兴趣，这样既调动了儿童的积极性，又提高了儿童的创造力，而且，也是对儿童的一种尊重。

(6)整合性和开放性

区域的材料应该是一个开放的体系，要整合教育机构、教师、儿童、家庭以及社区等多方面的资源。

①教师要根据主题活动的目标，有计划、有目的、有选择地投放开放性材料。②教师要结合近期的教育目标和本地资源来投放材料。③充分利用废旧物品制作活动材料，提高活动的娱乐性和趣味性，也充分体现了材料投放的整合和开放。④教师应充分发挥家庭、社区和互联网在活动区材料投放中的作用。

这里所讲的“开放性”还有一层意思，那就是材料放置的开放性。许多教师习惯在区域活动结束后把材料放到橱柜里封闭起来，这样不利于儿童的自主发展。教师在投放材料的时候要注意开放性地投放材料，让材料呈现在儿童的眼前。

记忆有妙招

活动区材料的投放：**牧师封层草毯，发起曲子开喝。牧**（目的性）**师**（适宜性）**封**（丰富性）**层**（层次性）**草**（操作性）**毯**（探索性），**发起**（启发性）**曲**（兴趣性）**子**（自主性）**开**（开放性）**喝**（整合性）。

考点4　室外设备及布置

1. 室外设备

室外设备指幼儿园室外活动场地中所需的设备，其种类大致分为运动器械和无固定结构的材料（沙、水等）及玩沙、水的玩教具。

(1)体育活动器械

户外体育活动和游戏对增强儿童体质，培养儿童坚强、勇敢、自信的性格有重要作用。尤其是在住宅高层化，户外活动场地普遍缺乏的城市，充分利用幼儿园的有利条件积极开展户外体育活动，就更为重要。为开展户外体育活动，幼儿园应配备必要的体育活动器械。

(2)沙、水及玩沙、水的玩教具

沙、水可塑性大，富于变化，又可配合各种玩具开展游戏，可满足儿童想象力、创造力和成就感并丰富儿童的感觉经验。玩沙、玩水是儿童最喜欢的活动之一。因此应创造条件鼓励儿童玩沙、玩水，有条件的幼儿园可造木制或水泥制的沙地和水池。没有条件的，简单的办法就是用废旧木箱装入沙子或用水盆盛水供儿童玩。还需配备必要的玩沙、水的玩教具。

2. 室外活动场地设计

幼儿园室外活动场地大致可分为以下四个区域：

(1)固定器具区，用于放置大中型体育活动器械。*如秋千、滑梯等*，可分为数区，分散放置，以避免拥挤。

(2)水泥地，供儿童骑车、推车或玩拖拉玩具。行车水泥地应与儿童奔跑追逐的地方分开，以免相互冲撞。

(3)草地，供儿童奔跑、跳跃，开展游戏，周围可种植灌木树丛以起隔离作用。为避免被过度践踏，草地应设在离活动室较远的地方。如果园内无草地，则应保留一部分土地作为儿童开展体育活动的场地。

(4)泥土地，可供儿童种植植物、饲养小动物。

六、幼儿园精神环境的创设方法

1. 教师要热爱儿童、尊重儿童、了解儿童，与儿童建立民主、平等、和谐的关系

(1)教师要热爱儿童，对每个儿童关心、体贴，使儿童感到教师是爱护他们的，是可信任的，从而产生安全感。

(2)教师要在了解每个儿童发展水平、特点、兴趣的基础上,因材施教。

(3)教师要树立正确的儿童观。尊重儿童的人格和正当权利,尊重儿童的兴趣、爱好,坚持以正面激励为主,使儿童敢想、敢说、敢于探索和创造;引导、鼓励和帮助儿童参加各种活动,随时肯定、表扬他们的积极性和良好表现;维系良好的人际关系。

2. 教师之间要真诚相待,友好合作,为儿童做好榜样

保教人员自身的形象是幼儿园精神环境的重要组成部分。因此,保教人员的言行举止要文明、大方,以自己的言行去感染儿童。同时教师之间要互相尊重,真诚相待,友好合作,建立一个团结和睦的集体,做儿童的楷模。

3. 教育儿童要友爱、互助

儿童与儿童之间的伙伴关系是影响其心理发展的一个重要的社会因素。特别是目前幼儿园中很多孩子为独生子女,良好的伙伴关系不仅促进其社会性的发展,也可弥补家庭教育的不足。为此,教师要加强儿童的情感教育和集体教育,建立互助、友爱、和谐的伙伴关系,使幼儿生活在一个轻松、愉快的群体环境中,在集体中得到全面的发展。

4. 重视幼儿园文化建设,帮助构建良好的儿童精神环境

幼儿园文化是指幼儿园在长期的办园过程中所形成的共同价值观念、思想观念和行为方式。从某种意义上说,幼儿园文化蕴含着幼儿园的办园方向、目标确立、运营策略、社会责任以及园长对理想幼儿园模式的系统构想。可以说,幼儿园文化是本幼儿园特有的且为园内大多数成员所共同遵循的价值信念、行为规范,也是幼儿园得以可持续发展的强大内驱力。

教师要共同抓好物质环境和精神环境的建设,把物质环境和精神环境有机地结合起来,才能最大限度地发挥幼儿园环境的作用,使幼儿园真正成为儿童的乐园。

★★ 考点大默写 ★★

1. 幼儿园里的开关、插座一般设置在幼儿不易够到的位置,幼儿园小班一般不用体积过小的玩具等。这体现了幼儿园环境创设的__________原则。
2. 环境内容应随季节、节日、教学任务以及幼儿兴趣爱好、需要和能力的变化而不断更新。这是幼儿园环境创设中的__________原则。
3. 在幼儿园环境创设过程中,教师首要注意的是__________原则。
4. 布置自然角时,让幼儿讨论,老师按照幼儿讨论的结果布置。这运用了环境创设的__________原则。
5. 环境与教育目标的一致性原则是指环境的创设要体现环境的__________。
6. 教师在创设幼儿园环境时,通过大小环境的配合加强园所与家庭、社区的合作,互相取长补短,同心协力,培养适合新时代要求的幼儿。这体现了环境创设的__________原则。
7. 幼儿教师在布置活动区时要考虑各个区域的性质,尽量把性质相似的活动区安排在一起,以免相互干扰;同时也要考虑幼儿可能出现的将一个活动区内的活动延伸转换至其他活动区的需要。以上说法分别体现了幼儿园区域活动布局的__________和__________要求。
8. 王老师在益智区里投放了几张不同难度的记录表,幼儿可以根据自己的能力选择运用打钩、画图案、写数字等多种表征方式进行记录。王老师的做法体现了材料投放的__________。

9. 表演区里，教师和幼儿共同制作和收集了各种各样的帽子、面具、发饰、假发、项链、衣服、乐器……这体现了材料投放的__________。

10. 幼儿园环境按其性质可分为__________和__________两大类。

11. 幼儿园环境具有两个特点：环境的教育性和__________。

12. 教师在创设环境中的重要作用有准备环境、__________、__________。

13. 诱导幼儿进入活动，并帮助幼儿展开活动是教师在__________中起的作用。

14. 在具备了基本的物质条件后，对幼儿园教育起决定作用的是__________。

【参考答案】

1. 安全性　2. 动态性　3. 安全性　4. 幼儿参与性　5. 教育性　6. 开放性　7. 相容性；转换性　8. 层次性　9. 丰富性　10. 物质环境；精神环境　11. 环境的可控性　12. 控制环境；调整环境　13. 控制环境　14. 精神环境

我于________年____月____日完成了对本章的学习。

复盘一下，我对自己较肯定的地方是____________________

（足够努力/心态积极/方法得当……）

我觉得自己需要改进的地方是____________________

（懒惰懈怠/心情浮躁/方法不当……）

休息片刻，开启下一站征程！

第六章 幼儿园与家庭、社区及小学的衔接

思维导图

- 幼儿园与家庭、社区及小学的衔接
  - 家园合作
    - 概念：幼儿园和家庭都把自己当作促进儿童发展的主体，双方积极主动地相互了解、相互配合、相互支持，通过幼儿园和家庭的双向互动，共同促进儿童的身心发展
    - 幼儿园为什么要与家庭合作
      - 家庭是幼儿成长最自然的生态环境
      - 家庭是人的第一个学校
      - 家长是幼儿园重要的教育力量
    - 家园合作的意义
      - 有利于学前教育整体功能的发挥，提高教育的整体效率
      - 有利于儿童身心的全面和谐发展，形成健全的人格
      - 有利于教育影响的一致性，为儿童营造最佳发展环境
      - 有利于更好地利用家庭资源为学前教育注入新鲜血液
      - 有利于促进家长、教师和幼儿的共同发展
    - 家园合作的主要内容
      - 鼓励和引导家长直接或间接地参与幼儿园教育，同心协力培养幼儿
      - 幼儿园帮助家长树立正确的教育观念和教育方法，以走出家教观念的误区
    - 学前教育与家庭教育合作的策略（重点）
      - 集体形式：家长会；家长学校；家长开放日；家长接待日和专家咨询；家园联系栏；小报小刊和学习材料提供
      - 个别方式：家庭访问；个别谈话；家园联系册或联系卡；书信、电话、网络等；接送孩子时的随机交流
    - 家园合作中存在的问题及解决策略
      - 学前教育与家庭教育合作中出现的问题
      - 学前教育与家庭教育合作中存在问题的解决措施
  - 幼儿园与社区的合作
    - 幼儿园与社区合作的含义：幼儿园与其所处社区密切结合，共同为幼儿的健康成长服务
    - 幼儿园与社区合作的价值
      - 优化社区学前教育的功能
      - 提高幼儿园的教育质量
      - 促进社区学前儿童的社会化发展
    - 幼儿园对社区资源的利用
      - 利用社区的地域环境优化幼儿园教育
      - 利用社区的人口环境优化幼儿园教育
      - 利用社区的文化环境优化幼儿园教育
    - 幼儿园与社区合作的方式：请进来、走出去
    - 幼儿园与社区结合的问题
  - 幼小衔接
    - 幼儿园与小学衔接的含义
    - 造成幼儿园与小学不衔接的原因（重点）
      - 学前阶段与小学阶段的不同教育特点：办学性质；教学内容；教学方法；主导活动；作息制度及生活管理；师幼关系；环境设备的选择与布置；社会及成人对幼儿的要求和期望
      - 幼儿身心发展的阶段性与连续性规律
    - 幼小衔接的意义
      - 是学前儿童身心健康发展的需要
      - 是儿童入学适应不良现状的实践要求
      - 是幼儿园教育内容的重要组成部分
      - 符合世界幼儿园教育的发展潮流
    - 幼儿园实施幼小衔接工作的指导思想（重点）
      - 长期性而非突击性
      - 整体性而非单项性
      - 培养入学的适应性而非小学化
      - 家、园、校的一致性而非孤立化
    - 幼儿园方面的幼小衔接工作策略
      - 幼小衔接的工作策略
      - 幼小衔接工作中应注意的问题
    - 幼小衔接工作中的矛盾与解决办法
      - 幼小衔接工作中的矛盾
      - 幼小衔接工作中矛盾的解决办法

浙江考向

本章属于学前教育学的基础知识,也是浙江招教考查的章节,内容较为琐碎,需要识记的知识较少。现对本章考向分析如下:

高频考点	常考题型	能力层级	考查热度
学前教育与家庭教育合作的策略	单选、论述	理解	★★★
造成幼儿园与小学不衔接的原因	单选、简答、论述	识记	★★★

核心考点

第一节　家园合作

一、家园合作的概念

家园合作是指幼儿园和家庭都把自己当作促进儿童发展的主体,双方积极主动地相互了解、相互配合、相互支持,通过幼儿园和家庭的双向互动,共同促进儿童的身心发展。在家园合作中,幼儿园应该处于**主导地位**。

二、幼儿园为什么要与家庭合作

幼儿园为什么要与家庭合作

1. 家庭是幼儿成长最自然的生态环境

人类最初的幼儿教育是家庭承担的,随着社会生产力的发展,这一责任转移到幼儿园。幼儿教育发展到今天,家庭的重要性又重新受到重视。幼儿园不能消亡,但却不能让幼儿园完全取代家庭。

2. 家庭是人的第一个学校

父母对孩子的态度为幼儿以后对社会的态度奠定了基础。每个幼儿都从自己家庭的生活中获得不同于他人的经验、形成自己的行为习惯、发展待人处事的能力等。我国已经有研究证明,在幼儿的社会性发展方面,家庭教育的效果并不低于幼儿园。当然幼儿园与家庭的特点、长处各不相同,不能互相替代,但家庭对幼儿成长的重要性不能不予以高度的重视。

3. 家长是幼儿园重要的教育力量

家长与幼儿天然的联系使家长具有别人难以替代的优势,一旦家长与教师为着一个共同的目的携起手来,那教育效果就将倍增。家长作为重要的教育力量表现在:(1)家长的参与极有利于幼儿的发展;(2)家长是教师**最好的**合作者,是教师了解幼儿的**最好信息源**;(3)家长参与幼儿在园的活动能够大大提高幼儿活动的兴趣和积极性;(4)家长与教师的配合使教育计划的可行性、幼儿园课程的适宜性、教育的连续性和有效性等都能更好地得到保证;(5)家长本身是幼儿园宝贵的教育资源。

综上所述,幼儿园与家庭的合作是幼儿园教育提高质量的**必由之路**,是幼儿园教育自身发展的必然选择。

三、家园合作的意义

1. 有利于学前教育整体功能的发挥，提高教育的整体效率

学前教育是一项极为复杂的系统工程，根据美国学者布朗芬布伦纳的生态系统理论，儿童的发展受各种与其产生直接或间接联系的因素和系统的影响。学前教育不是幼儿园能单独承担的任务，它必须在家庭的配合下才能使得孩子在一个优质的环境中成长。家园的充分合作才能形成一个优质的教育平台，以发挥学前教育的整体功能，提高教育的整体效率。

2. 有利于儿童身心的全面和谐发展，形成健全的人格

儿童的身心全面发展包括德、智、体、美的全面和谐发展。一方面，家庭教育具有很强的主观性、随意性，容易造成大部分儿童的片面发展，需要幼儿园的指导。另一方面，儿童刚柔相济、健全人格的塑造需要男性家长的参与，以弥补幼儿园女性一统天下的格局。因此，幼儿园也需要家长的配合。

3. 有利于教育影响的一致性，为儿童营造最佳发展环境

每个儿童被送进幼儿园的那一刻都不是一张白纸，而是受其各自家庭背景影响的个性不同的个体。同时，家长的理念不同、对幼儿园教育的认识也不同，若没有与幼儿园形成共识，则会导致儿童在成长发展过程中出现很多困惑，他们往往会不知所措，甚至会形成双重人格。因此，教师和家长对幼儿在不同的生长环境中出现的问题进行讨论就能够形成一致的解决办法，更好地促进幼儿身体的健康成长和幼儿优良品质的形成。

4. 有利于更好地利用家庭资源为学前教育注入新鲜血液

家长对幼儿园教育的重要作用，不仅体现在个别幼儿教育问题的沟通以及教师对家庭教育的指导上，还体现在家长们不同的教育背景和不同的职业状况方面，这是幼儿园重要的教育资源。比如，可以让高学历的家长给幼儿园教师开展不同学科领域的教育讲座，让当警察的家长给幼儿园孩子们讲一堂安全知识教育的课等。

5. 有利于促进家长、教师和幼儿的共同发展

家园合作不仅能促进幼儿的发展，也能促进家长和教师的发展。家长通过和教师交流意见、参加家长交流会等形式，能够了解更多的家庭教育模式，增长自己的见识和教育水平。教师在此过程中也加深了对幼儿及家长的认识，在实践性反思中促进了自己的专业化发展。

总之，家园合作能够对家庭、幼儿园，最终能够为幼儿的健康、和谐成长创造良好的条件。没有家园之间良好的合作、衔接，会损害幼儿的健康成长。

四、家园合作的主要内容

1. 鼓励和引导家长直接或间接地参与幼儿园教育，同心协力培养幼儿

家长直接参与指家长参与到幼儿园教育过程中，如共同商议教育计划、参与课程设置、加入幼儿活动、深入具体教育环节与教师联手配合（共同组织或分工合作）、被邀请主持一些教育活动等；家长间接参与指家长为幼儿园提供人力、物力支持，或将有关意见反映给幼儿园和教师，如家长会、家长联系簿等，而自己不参与幼儿园教育各层次的决策和活动。一般的家园联系大多属于这一类。

2. 幼儿园帮助家长树立正确的教育观念和教育方法，以走出家教观念的误区

调查表明，我国家长在孩子的教育上还存在不少错误观念，如偏重智力、技能的培养，而轻视社会性的

发展,把幼儿的自我表达、与同伴交往、自我评价等都列为最不重要的项目。家庭教育的方法也一般比较简单、盲目,过分溺爱、娇惯孩子的现象十分普遍。因此,强化家长其“不仅是养育者,也是教育者”的意识,改善家长的教育行为、教育方法,优化家庭环境,贯彻《幼儿园工作规程》的要求,“帮助家长创设良好的家庭环境,向家长宣传科学保育、教育幼儿的知识”是幼儿园的重要任务。

五、学前教育与家庭教育合作的策略 【单选、论述】 必背 ★★★

1. 集体方式

(1)家长会

家长会有全园的、年级的、班级的。全园性的家长会议要求全体家长都参加,一般安排在学年(或学期)初与学年(或学期)末。**如开学初幼儿园要开展课程改革,进行全园部署,向家长传达课改精神,宣传教育新理念,指导家长配合,做好合作共育,共同促进儿童发展**。家长会也可分年级开,向家长介绍新学期该年龄段的教学工作、计划及家园配合的要求等,也可针对同年龄的儿童在教育方面的共同问题提供指导。

(2)家长学校

家长学校是幼儿园向家长进行家庭教育系统宣传和指导的主要形式。有些未办家长学校的幼儿园可适时举办家教主题讲座或报告会。举办家长学校主要是向家长系统的宣传先进的教育理念,指导家长教育孩子的正确方法,通过家长学校组织家长参与学习和活动,提高家长的学前教育认识水平和教育能力。家长学校的活动内容和形式可根据园所的具体情况而定。

(3)家长开放日

家长开放日指幼儿园定期或不定期地向家长开放,届时邀请家长来园观摩或参加幼儿园的活动。家长观摩或参加幼儿园的活动,可以从中具体了解幼儿园教育工作的内容、方法;可亲眼看到自己孩子在各方面的表现,得知孩子的发展水平与交友状况,特别是可以看到自己的孩子在与同龄幼儿相比较中显示出的优势与不足,从而有助于家长深入了解孩子,与教师合作有针对性地教育孩子。同时,家长在观摩与参与活动的过程中,还可以观察到教师的教养态度、教养方法、教养技能,领会教师的教育要求和方法,增进家长对幼儿园工作的认同感,以更好的借鉴和改进家庭教育方法。

(4)家长接待日和专家咨询

家长接待日是幼儿园安排一个固定的时间,由主管领导接待家长的来访,解答家长对园所及班级保育教育、管理等方面工作的疑问,听取家长的意见和建议,或设意见箱收集家长的意见,从而更好地改进和完善园所工作,拉近家园之间的距离。

专家咨询是幼儿园聘请一些学前教育专家定期对家长进行现场咨询,为家长提供直接有效的服务。需要咨询的家长们把自己平时在教育孩子方面存在的问题、困惑和对教师、幼儿园的意见和建议与专家进行面对面的沟通与交流,以解惑,这种形式很受家长欢迎。

(5)家园联系栏

大部分幼儿园都设有家园联系栏或家教园地,有面向全体家长的,也有各班办的。面向全体家长的家园联系栏一般都是介绍有关家教新观念、家教好经验、保健小常识、季节流行病的预防、亲子游戏等。各班的家园联系栏内容主要有介绍本班近期教育目标、需要家园合作的教育内容、孩子的发展情况与一些有针对性的家教指导性文章等。家园联系栏应办的生动活泼,能吸引家长,文章、资料要短小精悍。

(6)小报小刊和学习材料提供

有条件的幼儿园可举办面向家长的定期或者不定期的小报、小刊。其内容要丰富、文章精短、生动活泼,语言朴实亲切,既有老师的话,又有家长的话,紧紧围绕着对孩子的教育。

随着人们对家庭教育越来越重视,有关家教的报刊资料也日益增多,幼儿园可以有选择地向家长推荐、介绍。还可以将对家教有重要现实指导意义的资料及时印发给家长学习。

2. 个别方式

(1)家庭访问

家庭访问是加强幼儿园与家庭联系的一种常用方式。做好家访,首先,要有目的有计划地进行。其次,要实事求是地、全面地向家长介绍学生在校的情况、学生的优点与缺点。再次,要与家长互相尊重、信赖,以协作的态度与家长一起研究教育问题,落实教育措施,要帮助家庭改善儿童在家学习与生活的条件。最后,改变过去以教师为主体,学生、家长为客体的刻板做法。

(2)个别谈话

个别谈话是进行家长工作最简便、最经常、最及时的方法,教师可以利用家长到园接送孩子的时间与家长交谈有关教育孩子的情况,向家长反映问题,提出要求,商讨解决的办法。这种谈话时间比较短,一次谈话内容不宜过多。若是有明确目的的个别谈话,教师应事先做准备,包括汇集、分析有关孩子发展的材料,准备提出的问题及解决问题的初步设想,在交谈时教师不仅要态度诚恳,还应该设法营造宽松的氛围,使家长消除思想顾虑,轻松地参与交谈。

(3)家园联系册或联系卡

家园联系册是教师与家长围绕孩子的发展与教育进行书面联系与交流的形式,也可以制作成联系卡,用于教师与家长经常性的联系,简便易行,传递信息及时。家长可从联系册中经常得到孩子的近来表现、存在的问题及幼儿园对家庭在配合教育方面的具体要求;教师则可从联系册中获得幼儿园教育效果的反馈信息,了解幼儿在家中的表现,得知家长的意见和要求。家园联系册所写的内容要具体,不能空泛,要侧重反映幼儿的变化与新的情况。

(4)书信、电话、网络等

书信多用于向留守儿童的家长汇报孩子的成长情况,这种做法不仅能密切家园联系,往往也能促使家长虽然不在孩子身边,但仍然关注着孩子的发展,起到配合教育的作用。

电话联系最快捷、最能及时与家长沟通儿童在园所的情况,迅速处理一些应急事件。通过电话联系,教师可简短的向家长反映儿童在园所的表现及生活情况,使家长放心和安心。

教师可充分利用网络这一优势,及时把新的信息在网上公布给家长,同时还可在网上设留言板,将园长信箱、班主任信箱向家长公开。家长对幼儿园的管理和班级工作的意见和建议,可直接通过电子邮箱进行反馈与交流。

(5)接送孩子时的随机交流

每天家长接送孩子时是教师和家长进行交流的良好时机,教师可适时的利用。

真题面对面

1. [2021 临海,单选]下列选项中,适合家长开放日的内容是(　　)

A. 请家长参加大班幼儿离园告别会　　B. 允许家长随时看幼儿园的监控

C. 解决个别家长的问题　　D. 向家长进行定期汇报

2. [2022 台州温岭，论述]论述家园合作的策略。

答案：1. A　2. 详见内文

六、家园合作中存在的问题及解决策略

如今学前教育与家庭教育合作已经得到社会的广泛认可，但是学前教育与家庭教育合作还存在许多亟待解决的问题，需要双方采取有针对性的解决措施。

考点 1　学前教育与家庭教育合作中出现的问题

(1) 家长和教师之间存在矛盾与冲突。就教师方面来讲，大部分教师能做到热情接待家长、为家长保护隐私、采纳家长的意见和与家长通力合作，但鉴于学前教育机构在幼教上的权威性，在与家长的沟通中，教师始终处于权威地位，无法达到真正的交流合作。

(2) 合作不够深入，合作内容脱节。家园合作的形式虽然多样化，但是合作都不够深入。例如，在家园配合的过程中，直接参与的概率明显低于间接参与的概率。而且在开放日活动中，家长大部分都是参观，并没有深入到幼儿园的教学活动中，家长以参观的身份走马观花，既提不出合理的建议，也找不到归属感，家长无法看到自己孩子实实在在的进步。就合作的内容看，家长在参与幼儿园教学的时候，对幼儿园的状况以及活动的内容并不了解，这样的参与对于幼儿的教育来讲很难取得针对性的教育效果。

(3) 家长参与配合不够好，援助学前教育更少。配合和援助学前教育是更深意义上的参与。如意大利瑞吉欧幼儿园的家园合作共育非常成功，家长对幼儿园的保教活动的援助被家长看作分内的事情，经常主动为幼儿园的保教活动提供最大的援助，为幼儿园提供人力、物力、财力上的援助，为幼儿园提供义务劳动，在为教师做帮手的同时更深入地了解幼儿园的情况。在他们幼儿园中，任何一个有特长的父亲或者母亲都可以以自己的特长为主题举办一次幼儿园教育活动。但在我们国内，这种参与还是非常少。

(4) 母亲参与度明显高于父亲，不利于儿童阳刚性格的培养。目前，大家似乎形成了一条不成文的规则"带孩子是母亲的事"，因此，父亲参与幼儿园教育的比例明显低于母亲参与的比例。而儿童健全人格的发展需要父亲的参与，儿童智力和逻辑思维能力的发展需要父亲家庭教育的配合，儿童阳刚性格的培养需要父亲的影响。因此，如何充分发挥父亲在家园合作中的作用，是家庭参与、配合以及援助幼儿园教育中的一个不容忽视的问题。

考点 2　学前教育与家庭教育合作中存在问题的解决措施

学前教育与家庭教育合作共育过程中所产生的问题，既有学前教育机构(这里主要指幼儿园)方面的原因，也有家庭方面的原因，因此，问题的解决也是双方的事情。

1. 幼儿园要主动创造条件开辟沟通渠道

(1) 教师要以诚相待，放下权威，把"支持每个家庭在学校里找到归属感和幸福感，家长和教师共同思考家庭参与的途径，不断丰富和支持家长参与学校教育"作为宗旨，实现与家长真正意义上的沟通和交流。

(2) 引导家长对自己孩子在幼儿园活动中的表现进行观察。很多家长毕竟缺乏幼儿教育上的专业眼光，所以很多时候对孩子的表现及暴露的问题都"视而不见"。因此，教师要引导家长发现每一个观察细节中蕴涵的教育哲理，让家长懂得并逐渐进入儿童的世界。

(3) 利用现代科学技术和网络技术，建立幼儿园网站，为家园双方提供相互交流的平台，加强家园交流的双向互动和信息共享。家长不仅可以在幼儿园网站上得到园内信息、了解到最新的教育理念，还可以和

站内其他家长或者老师进行交流，实现教育教学互动信息共享。

(4)定期就儿童的家园表现进行交流。因为教师不能追踪儿童的家庭表现，父母也不可能总是参加幼儿园教学活动，幼儿园需要制定记录表，家长和老师记下孩子在家里和幼儿园的各种表现，在接送时间，或者在一对一家庭咨询活动中等进行交流，肯定幼儿的进步，制订下一步有针对性的教育计划，实现家园合作共育的一致性。

(5)家访工作要落到实处。教师在家访前要分析所访的孩子的状况，确定家访的目的，做好充分的家访准备。在家访过程中做到具有亲和力，同时围绕家访主题，做到有的放矢，让家长切实了解孩子在园受教育的情况以及孩子在园的表现，为家长解决实际问题。在和家长的谈话中，教师应认真倾听，深入了解幼儿在家中的表现并为家长分析家庭环境对孩子带来的有利影响，以及在平日生活中需要注意的细节，对孩子在家中的问题做到心中有数并在幼儿园教育中积极进行补救。家访结束，教师要保持电话等的联系，及时了解家访后教师建议的落实情况。

(6)在家长每日接送孩子时，教师应尽可能地和家长交流。研究表明，大多数家长都希望能够与教师进行积极的交流，但只有一半左右的家长与教师有交流行为。原因之一是家长基本上是在同一时间接送孩子，从而阻碍了大部分家长的交流行为，导致较少的交流行为发生。因此，教师必须制订接送交流计划，以确保在一定时间段与每位幼儿的家长都有机会交流。

从能够全面了解幼儿和促进幼儿发展的角度看，家长每周与教师交流2～3次是较理想的频率，这种交流频率使得家长和教师能够全面了解孩子在园和在家的情况，实现家园互补、合作促进幼儿发展。另外，因为祖父母和保姆接送孩子会影响双方的交流态度，因此，教师要鼓励孩子的父母来接送孩子，并热情、真实地反映孩子的情况。

2. 家长要积极参与幼儿园保教活动

(1)在家园合作过程中家长要谨记，在教育孩子的问题上家长和教师是平等、共育、合作的关系。即使自己是高学历、高管理阶层，也不应该轻视教师，在小问题上和教师斤斤计较，偏离教育目的和教育宗旨。在平等、共育、合作的基础上才能建立和谐一致的家园合作关系。

(2)家长要有参与幼儿园教学的积极性和兴趣。如在幼儿园的家长活动专栏里，积极地贡献自己的育儿经验，留下自己育儿过程中出现的问题；及时同教师进行交流；利用自身的优势支持和援助幼教活动；等等。

★★ 考点大默写 ★★

1. 在家园合作中，____________应该处于主导地位。
2. 幼儿教师了解幼儿的最好的信息源是____________。
3. 幼儿园定期或不定期地请家长来园或来班观摩半日活动，目的是让家长了解幼儿在园表现及幼儿园的保教情况。这种家园合作的形式是____________。
4. ____________是普及家教知识的有效渠道，其主要任务是系统地向家长讲授教育子女的科学知识。
5. ____________是进行家长工作最简便、最经常、最及时的方法。

【参考答案】

1. 幼儿园　2. 家长　3. 家长开放日　4. 家长学校　5. 个别谈话

第二节　幼儿园与社区的合作

一、幼儿园与社区合作的含义

“社区”一词最早由德国社会学家滕尼斯于1887年提出，目前有关社区的定义已达150余种。我国学前教育专家黄人颂认为“在一定地域里，在生活上互相联系，具有一定社会关系的人群就是一个社区”，这揭示了社区与学前教育之间的关系，认为社区的自然环境、社会习俗、人口等都会对幼儿园产生重大的影响。幼儿园是社区的一个组成部分，是社区的小环境。幼儿园与社区合作就是指幼儿园与其所处社区密切结合，共同为幼儿的健康成长服务。

二、幼儿园与社区合作的价值

考点1　优化社区学前教育的功能　【单选】★

社区是一个区域性或地域性的社会，随着社会的发展，以及学习化社会的到来，越来越要求社区承担部分的教育功能，其中自然包括了学前教育功能。幼儿园与社区的合作，可以在一定程度上优化社区的学前教育功能，具体表现为两方面：(1)向社区普及优生、优育、优教的知识，指导家庭的优生、优育、优教；(2)提高社区成员的文化素养水平，改进其陈旧观念与不良习惯，创造良好的社区生活环境与气氛。

真题面对面

[2019统考，单选]下面不属于幼儿园为社区提供的支持的是(　　)

A. 提供优生方面的服务与指导　　B. 提供优教方面的服务与指导

C. 提供优育方面的服务与指导　　D. 提供社区安全保障

答案：D

考点2　提高幼儿园的教育质量

幼儿园与社区进行合作的根本意义在于，通过营造一个无处不在、无时不在的教育环境，使社区内的各个家长和学前儿童都处于这一环境之中。家长从中学习关于学前教育的知识和方法，而学前儿童则受这种积极向上的环境影响，获得知识与才能，身心得到全面的发展。

考点3　促进社区学前儿童的社会化发展

幼儿园通过与社区进行合作，能扩大学前儿童与外部世界的交往范围。在幼儿园中，学前儿童有特定的交往对象，如教师、伙伴，以及幼儿园工作人员等。但是在社区中，学前儿童可以接触到形形色色的人，而在与这些人交往的过程中，学前儿童不仅能更加深刻地认识自己，而且在这个过程中也能了解他人，以及外部世界的复杂性。因此，学前教育与社区合作，能促进每个儿童自我价值感、自尊和健康的自我概念的发展，同时，学前儿童也可以学习与其他人联系，并从中获得社会知识。

三、幼儿园对社区资源的利用　【单选】★

1. 利用社区的地域环境优化幼儿园教育

社区的地域环境主要指的是社区的地理环境、资源环境和人工环境等。优越的地理环境、丰富的资源环境和独特的人工环境都是幼儿园应该加以利用的宝贵资源。

(1)幼儿园在利用地理环境的时候,要考虑社区的地理位置、地形地势和气候特征等因素。在沿海地区,教师可选择不同时间,带领幼儿去观看海浪的变化,在海边玩沙戏水;在丘陵地区,教师可利用当地的小山丘,开展各种体育游戏活动,如组织幼儿进行奔跑、爬山比赛;在四季分明的地区,教师可随着季节的更替,适时带领幼儿到社区中去走一走、看一看,指导幼儿用自己的眼睛发现季节对人的行为有什么影响等。

(2)幼儿园在利用资源环境的时候,应考虑社区的水资源、土地和矿物等因素。如果附近有水厂,教师可组织幼儿去参观,使幼儿认识到水的来源、净化、输送、饮用的全过程及污水处理问题等,体会到水的来之不易,萌发节约用水的意识。

2. 利用社区的人口环境优化幼儿园教育

幼儿园在利用社区的个人因素时,要从个体的知识结构、人格特征、行为模式、道德规范和心理需求出发。教师要注意把社区中具有很高威望的人、助人为乐的人、宽容大度的人、不断进取的人、责任感强的人等都吸引到幼儿园里来,为幼儿提供与他们共同生活、学习和游戏的时间和空间,使幼儿能潜移默化地受到他们的良好影响。

可以让孩子去访问社区中的工作人员,如居委会成员、保安、清洁工、邮递员、消防队员等。在访问的过程中,孩子们了解了正是有了社区中的人们在不同的工作岗位上相互奉献、相互关心,才有了大家这么美丽、安全、温馨的生活。

让社区人员成为教育者。在教育孩子的问题上,传统的观念就是老师是权威,其他资源都是为幼儿园服务的。事实上,社区与幼儿园应该是平等的合作伙伴,在影响孩子将来适应社会、适应自然方面都有同等的教育责任。所以,在教育活动中,社区中各行各业的人可以成为我们教育队伍中的一分子。在爱家乡的教育中,可以请经历了几代变化的老人来给小朋友讲新旧城市发展变化的故事。在爱自己的生命教育中,可请社区中的老司机给孩子们讲解交通规则。在关爱残疾人的活动中,可请残疾人给孩子讲残疾人的生活等。由于社区成员的参与,孩子们的生活和学习范围比以前就会扩大了许多,而且孩子的学习更具真实性,而在真实的环境中,一个人的情感也最容易受到感染。

真题面对面

[2017统考,单选]幼儿教师把社区中威望高的人、助人为乐的人、宽容大度的人、责任感强的人引入到幼儿园里来,幼儿园教育利用的这种社区教育资源属于(　　)

A. 人口资源　　B. 文化资源　　C. 地域资源　　D. 学校资源

答案:A

3. 利用社区的文化环境优化幼儿园教育

社区的文化环境包括社区的物质生活方式(如衣食住行方式、工作及娱乐方式)和社区的精神生活方式。幼儿园在发挥社区文化环境的教育功能时,要注意协调好以下几种文化之间的关系:

(1)处理好物质文化与精神文化之间的关系。我国人民的生活水平在不断提高,改善物质生活的场所越来越多,提炼精神生活的家园也层出不穷。幼儿园一方面要选择时机,增加幼儿对美发院、美容室、健身房、茶馆、咖啡屋、酒吧等的认识,另一方面还要加大比重,促进幼儿对书店、图书馆、博物馆、影剧院、美术馆、科技馆、电脑屋、少年宫等的理解。

(2)处理好传统文化与现代文化之间的关系。相比来讲，传统文化具有较强的区域性、民族性、历史性和稳定性，而现代文化则具有较强的世界性、共同性、综合性和现代性。所以，教师要积极应对这两种文化之间存在的矛盾和冲突，不能固守一方而排斥另一方，而需汲取两者精华，促使两者互补和结合。例如，当社区里的腰鼓队、龙舟队在进行表演时，教师可带领幼儿前去观赏；当社区里组织居民进行插花、弹钢琴、跳交谊舞、电脑打字、英语小品比赛时，教师也可指导幼儿参与比赛。

(3)处理好东方文化与西方文化之间的关系。为了促进幼儿对不同文化的认识、理解、尊重、宽容和接纳，教师既可以带领幼儿对比着参观面条店及水饺店、肯德基店及麦当劳店，鼓励幼儿说说中餐店和西餐店的异同点，也可以指导幼儿对比着观看二胡及古筝、钢琴及小提琴，启发幼儿讲讲中国民族乐器和西洋乐器有什么异同点。

另外，东西方文化也通过不同的节日反映出来，教师应在帮助幼儿体验、理解本国节日的基础上，为幼儿创造时机，让其更好地感受、认识外国的节日。例如，在“圣诞节”到来之际，教师可带领幼儿到社区的商店、礼品店走一走、转一转，让幼儿看看漂亮的圣诞树、圣诞小铃铛、圣诞小卡片，使幼儿沉浸到欢快的节日气氛中。

四、幼儿园与社区合作的方式

幼儿园与社区合作的方式主要有两种：一是幼儿园要“请进来”，积极有效地利用社区人力、物力和环境资源开展幼儿园教育活动。二是幼儿园的教育活动要“走出去”，主动融入社区、与社区资源相衔接。

1. 请进来

(1)请社区成员参与幼儿园教育活动的设计。幼儿园的各种教育教学、管理活动可以利用现代网络多媒体的手段公布于社区公众，征求社区公众对幼儿园工作的意见，根据社区群众的反馈，积极采纳合理的意见。特别是幼儿教师组织的一些社区集体活动，活动方案在社区群众的参与下，更能保证活动的顺利开展，同时更好地完成活动的教育意义。

(2)将社区资源引入幼儿园教育活动。幼儿园主要通过“家长导师”“亲子游戏”“家长辅助教学”等形式，鼓励社区家庭和幼儿园互动，将社区资源中可移动的部分“请进”幼儿园；对于不能移动或不便移动的，采取绘画、录音、录像等方式，将社区的影音图像带入教学情境中，从而使社区资源真正走进幼儿园的教育活动中。

(3)和社区成员的互动。利用一些节假日向社区开放园内活动，将社区活动和园内教育活动有机地结合起来。如在重阳节，邀请幼儿园小朋友的爷爷、奶奶、姥姥、姥爷来园，组织幼儿为他们表演节目，并自制礼物送给他们，同时让这些祖辈们对幼儿开展孝道的教育。既延伸了幼儿园的教育，又丰富了孩子们的日常生活。通过“请进来”的办法，让社区力量、资源加入幼儿园的教育活动，丰富、激活幼儿园的课程，由此生成的活动带有浓厚的生活气息，孩子们乐于参与，同时丰富多彩的活动还为不同能力的孩子提供了不同的发展空间，促进了孩子素质的普遍提高。

2. 走出去

(1)幼儿园教师主动走向社区，了解社区资源。幼儿园要利用社区资源，幼儿教师要有主动走出去、走向社区的意识。通过接触社区的管理者、居民，掌握社区的资源情况，了解社区的文化景观、生活设施设备、人员构成、家庭情况等，为利用社区资源作准备。

(2)组织幼儿走出去，感知社区生活，培养幼儿的社会认知、情感和技能。幼儿对社会生活的认识，对集体生活的态度与情感，在社区生活的实际能力，都可以在幼儿园老师组织走向社区的各种活动中得到实际体验与锻炼。幼儿园充分利用社区的环境资源，组织幼儿参观社区的农贸菜市场、超市，观察马路、红绿信号灯、交通岗亭，认识社区生活环境。组织幼儿到公园游玩、参观小区、逛逛超市，参观菜市场、医院、邮局、消防队、工厂等，丰富幼儿的社会生活经验，增长社会知识。

五、幼儿园与社区结合的问题

幼儿园与社区的结合是一个新的课题，如何结合还缺乏经验。在结合过程中主要的问题是：较多流于形式，实质性的教育效果不大；或打乱了幼儿园的生活常规，加重了教师和幼儿的负担；或将与社区结合的活动和幼儿园教育活动分离开来，不能有效地利用社区环境来深化幼儿园教育等。另外，对与社区的结合还存在很多不正确的认识，*如认为自己幼儿园周围的社区环境不好，所以不能合作；或认为与社区结合太麻烦，搞一次活动费好大劲；或认为幼儿什么也不会做，社区的活动搞多了影响幼儿园正常日程等*。因此，在幼儿园与社区结合的过程中应注意以下几方面：

(1)幼儿园与社区结合并不是要求幼儿园一定要在本工作之外去搞什么大型活动，参与社区的活动也并不一定是增加教师与幼儿负担的额外工作，幼儿园完全能将与社区结合的活动纳入到自己的教育内容中，二者应有机结合。

(2)幼儿园把与社区结合的活动深入到幼儿园的教育过程中，将大大扩展教育的深度和广度。

(3)应明确与社区结合的活动不仅对幼儿社会性发展等方面有重大意义，在幼儿科学素质、分析和解决问题的综合能力的培养上也有独特的作用。

(4)是否能开展与社区结合的活动，社区环境条件不是主要的，关键是园所领导及教师能否认识到与社区结合的价值，发现有教育价值的事情或现象并有效地利用。

★★ 考点大默写 ★★

1. 社区的________环境主要指的是社区的地理环境、资源环境和人工环境等。
2. 幼儿园与社区合作的方式主要有两种：一是幼儿园要“________”，积极有效地利用社区人力、物力和环境资源开展幼儿园教育活动。二是幼儿园的教育活动要“________”，主动融入社区、与社区资源相衔接。
3. 幼儿园在发挥社区文化环境的教育功能时，要注意协调好以下几种文化之间的关系：处理好________文化与精神文化之间的关系；处理好________文化与现代文化之间的关系；处理好东方文化与西方文化之间的关系。

【参考答案】

1. 地域 2. 请进来；走出去 3. 物质；传统

第三节 幼小衔接

一、幼儿园与小学衔接的含义

衔接，是指两个相邻的教育阶段之间在教育上的互相连接。幼小衔接期是指由幼儿园大班进入到小学一年级，此时期恰好是结束幼儿园生活，开始接受正规小学教育的初期，也是幼儿心理发展的一个转折期。幼儿园与小学的衔接工作是指幼儿园和小学根据身心发展的阶段性和连续性规律及儿童可持续发展的需要，做好两个阶段的衔接工作，使幼儿尽快地适应新的学习生活，避免或减少因两个学习阶段间存在的差异给幼儿身心发展带来的负面影响，为其入小学后的发展及终身发展打好基础。

二、造成幼儿园与小学不衔接的原因 【单选、简答、论述】 必背 ★★★

1. 学前阶段与小学阶段的不同教育特点

阶段 不同方面	学前阶段	小学阶段
办学性质	幼儿园教育是非义务教育，没有统一的教材，没有成套的考核条例，办学与教学随意性较强	小学是义务教育，有严格的教育要求，学校对学生学习成绩要进行考试、检查
教学内容	幼儿园所学的内容是与幼儿生活紧密相关的浅显知识	小学的教育内容是以符号为媒介的学科知识，其抽象水平相对较高，这种学习内容只有当学习者的思维具有一定的抽象、概括能力时才能理解和接受
教学方法	幼儿园教师多采用归纳法，即让幼儿看到许多有关的现象，让幼儿开动脑筋，自己去归纳、发现其中的规律	小学教师则多采用演绎法，即教师教学生一些规律性的知识，然后用例题来证明此规律是正确的，这一过程与幼儿阶段的学习过程正好相反
主导活动方面	多种多样、丰富多彩的游戏，幼儿在玩中"学"，教师指导方法比较直观、灵活、多样，没有家庭作业及考试制度	各种学科文化知识的学习，以上课为主要的教学形式，教学方法相对固定、单一，有一定的家庭作业及必要的考试制度
作息制度及生活管理	生活节奏是宽松的；一日生活中游戏活动时间较多；生活管理不带强制性，没有出勤要求；教师对幼儿在生活上的照顾比较周到和细致	生活节奏快速、紧张；作息制度非常严格，每天上课时间较长；纪律及行为规范带有强制性；教师对儿童在生活上的照料明显减少
师幼关系	教师与幼儿个别接触机会多，时间长，涉及面广，关系密切、具体	师生接触主要是在课堂上，个别接触少，涉及面较窄
环境设备的选择与布置	教室的环境布置生动活泼，有许多活动区域，其中有丰富的玩具和材料供幼儿动手操作、摆弄，幼儿可以自由选择游戏及进行同伴交往	教室的环境布置相对严肃，成套的课桌椅排列固定，教室内没有玩具，学生自由选择活动的余地较少
社会及成人对幼儿的要求和期望	对幼儿的要求相对宽松，幼儿的学习压力小，自由多，没有非完成不可的社会任务	对小学生的要求相对严格、具体，家长对小学生具有很高的期望，儿童的学习压力大，自由少，要负担一定的社会责任

记忆有妙招

学前阶段与小学阶段的不同教育特点：**主办方要做关怀内容**。**主**（主导活动）**办**（办学性质）**方**（教学方法）**要**（对幼儿的要求和期望）**做**（作息制度及生活管理）**关**（师幼关系）**怀**（环境）**内容**（教学内容）。

真题面对面

[2021临海,简答]试述幼儿从幼儿园进入小学,将面临哪些方面的转变。

答案:详见内文

2. 幼儿身心发展的阶段性与连续性规律

正确认识幼小衔接的实质,即处理好儿童发展的连续性与阶段性,将两个教育阶段自然衔接为辩证统一的整体。幼儿的成长有一定的阶段性,但是,幼儿发展的各个阶段不是截然分开的,是有连续性的,发展是一个渐进的过程,在前、后两个发展阶段之间存在一个兼具两个阶段特点的交叉时期,在这一时期,幼儿既保留了上一阶段的某些特征,又拥有下一阶段刚刚出现的某些特点,这一时期在教育学上被称为**过渡期**。

幼儿园与小学是两个根据幼儿不同发展阶段的特点而设立的、具有不同教育任务的教育机构。如前所述,两类机构的巨大差异说明,两类教育机构都比较重视阶段性,而忽视阶段之间的过渡,这是造成幼儿园与小学不衔接的根本原因。

具体表现在:

(1)对过渡阶段幼儿的发展特点和需要认识不清,两个机构之间缺乏相互了解和沟通,不能互相配合做好过渡阶段的教育工作;

(2)对处于过渡阶段的幼儿缺乏行之有效的教育方法,不能为幼儿提供有效的帮助,从而造成了许多幼儿入学后适应不良的问题。

真题面对面

1. [2019统考,单选]幼小衔接的实质是处理好学前教育和小学教育的(　　)问题。

A. 连续性和普遍性　　B. 差异性和阶段性

C. 连续性和阶段性　　D. 普遍性和差异性

2. [2020丽水,论述]如何看待幼儿园教育与小学教育不衔接?

答案:1. C　2. 详见内文

三、幼小衔接的意义

1. 做好幼儿园与小学的衔接工作,是学前儿童身心健康发展的需要

尽管幼儿园和小学是两个不同性质、不同教育任务和不同教育要求的独立教育机构,但儿童身心发展的内在规律决定了教育应从连续性、整体性出发,从生理、心理等各方面做好充分准备,实现从一个教育阶段到另一个教育阶段的自然、顺利过渡。

2. 做好幼儿园与小学的衔接工作,是儿童入学适应不良现状的实践要求

幼儿园阶段和小学阶段在主导活动、生活环境、规章制度、师生关系和社会要求等方面均存在较大差异。这些差异带来了儿童入学后出现的诸多身体、精神、社会适应等方面的不良反应和不适应状态。这些现实决定了学前儿童从幼儿园进入小学并开始新的生活之前应该接受一定的调整和准备工作,建立一系列过渡性的行为方式,以满足新的教育阶段的新要求。

3. 做好幼儿园与小学的衔接工作，是幼儿园教育内容的重要组成部分

做好幼儿园与小学的衔接工作，是幼儿园阶段的一项基本教育任务，是教育内容的重要组成部分而不是额外增加的工作。

4. 做好幼儿园和小学的衔接工作，符合世界幼儿园教育的发展潮流

幼儿园与小学的衔接问题，是世界性的问题。继续加强幼小衔接工作的研究和实践，可以进一步推动这一世界性问题的解决与发展，同时也是对世界学前教育工作的一大贡献。

四、幼儿园实施幼小衔接工作的指导思想

幼儿园实施幼小衔接工作的指导思想

1. 长期性而非突击性

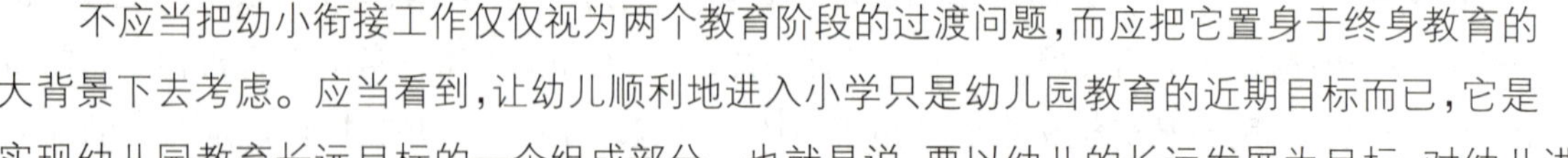

不应当把幼小衔接工作仅仅视为两个教育阶段的过渡问题，而应把它置身于终身教育的大背景下去考虑。应当看到，让幼儿顺利地进入小学只是幼儿园教育的近期目标而已，它是实现幼儿园教育长远目标的一个组成部分。也就是说，要以幼儿的长远发展为目标，对幼儿进行全面的素质教育。

对幼儿园来讲，在时间上要把幼小衔接工作贯穿于幼儿园教育的各个阶段而不仅仅是大班后期；在内容上要涉及幼儿发展的各个方面而不仅仅是知识准备；在人员上要包括幼儿园全体人员、家长及有关成人而不仅仅是大班老师。对小学来讲，也不能仅仅把衔接工作看成是幼儿园的事情，而应当遵循素质教育的精神，改革不适合幼儿发展的教育形式、方法等。总之，双方都应该立足于幼儿的终身发展，以全面提高幼儿各方面素质为教育的根本目的。只有这样，才能真正做好幼小衔接工作，为幼儿适应终身学习打下良好的基础。

2. 整体性而非单项性

幼小衔接是全面素质教育的重要组成部分，应当从幼儿德、智、体、美各方面全面进行，不应仅偏重某一方面。在幼小衔接中，偏重“智”的倾向比较严重。有的教师一谈到衔接，马上就想到让幼儿认汉字、学拼音、做算术题。而对于德、智、体、美各方面的全面准备重视不够。研究表明：健康的身体；积极的学习态度；浓厚的学习兴趣及求知欲；充足的自信心与自我控制能力；稳定的情绪；以及人际交往能力、独立性等，对幼儿顺利适应小学生活是至关重要的。幼儿入学后适应不良的主要原因是对新环境所需的身体、心理素质、独立自理能力等准备不足。幼儿入学适应困难不仅仅是在“智”的方面，更多的是由于身体、态度、习惯、意志、人际关系、交往能力、独立自理能力等方面的准备不足而造成的。要搞好幼小衔接工作，必须促进幼儿的德、智、体、美的全面发展，在全面发展教育过程中培养他们入学所必需的各种基本素质。

在衔接中仅偏重某一方面是错误的，而在某一方面中又偏重某些因素则更片面了。可见，幼小衔接工作应该是德、智、体、美全方位的素质教育，使幼儿在全面发展中顺利过渡，而决不能搞“单项突破”或片面发展。

3. 培养入学的适应性而非小学化

在幼小衔接工作中的另一误区就是小学化倾向严重。有些教师认为，要与小学搞好衔接工作就要提前用小学的教育方式对待幼儿，让幼儿园像小学。这种倾向主要表现为如下两个方面：

(1)提前让学前儿童学习小学的教材，使幼儿园的教育内容不是学前儿童熟悉的、与之关系密切的周围生活中具体的人或事，而是大量抽象的文字或符号。由于教学内容背离学前儿童的年龄特点，学前儿童不能或不甚理解，因此学习中只能较多地使用机械记忆和死记硬背的方法，体会不到学习的乐趣。这不但不

利于他们思维能力的发展，而且极大地挫伤了学前儿童对学习的兴趣，使他们未进学校就已经害怕学习、讨厌学习。这不仅影响学前儿童上小学，甚至可能给今后的发展埋下危机。

(2)用小学教育的组织形式与方法对待学前儿童。如用小学式的上课取代学前儿童的基本活动——游戏；教师长时间用言语讲授的方式进行知识灌输，追求立竿见影的短期学习效果；在管理方式上也完全小学化，如要求学前儿童上课手背后面，长时间不许动，更不许随便上厕所、喝水；还有的教师给学前儿童布置许多家庭作业，作业做不好还要受批评、惩罚等。这些做法，严重违背了学前儿童的身心发展特点，是造成儿童怕学、厌学、养成不良学习习惯的重要原因。

因此，幼小衔接工作的重点应当放在培养幼儿的入学适应性上。教师要针对过渡期幼儿的特点及实际情况，着重培养幼儿适应新环境的各种素质，帮助幼儿顺利完成幼小过渡，而不是把小学的一套简单地下放到幼儿园。

4. 家、园、校的一致性而非孤立化

在做幼小衔接工作的时候，幼儿园应充分发掘家庭和社区教育资源的作用，视家庭为“幼儿园重要的合作伙伴”“应本着尊重、平等、合作的原则，争取家长的理解、支持和主动参与，并积极支持、帮助家长提高教育能力”，同时建立幼儿园与小学之间的联系，共同搞好衔接工作。

目前，加强与小学的联系，我国的幼儿园应着重解决以下三个问题：

(1)了解小学教改情况，熟悉小学教学计划的基本精神及各科大纲和教材的基本内容；

(2)开展与小学搞好衔接的研究工作，帮助小学教师了解学前儿童身心发展水平和幼儿园的教育工作特点；

(3)了解以往学前儿童入学后的表现，共同探索改进幼儿园工作的重点和措施。

记忆有妙招

幼儿园实施幼小衔接工作的指导思想：**长征十一**。**长**(长期性而非突击性)**征**(整体性而非单项性)**十**(培养入学的适应性而非小学化)**一**(家、园、校的一致性而非孤立化)。

五、幼儿园方面的幼小衔接工作策略

考点1　幼小衔接的工作策略

1. 培养幼儿对小学生活的热爱和向往

幼儿对小学生活的态度、看法、情绪状态等，对其入学后的适应性影响很大。因此，幼儿阶段应注意培养幼儿愿意上学、对小学的生活怀着兴趣和向往、为做一名小学生感到自豪的积极态度，并让幼儿有机会获得对小学生活的积极情感体验。为此，幼儿园应当通过多种教育活动，特别是加强与家长、小学的合作，来让幼儿逐步了解小学，喜欢小学，渴望上小学，最后愉快、自信地跨进小学。

2. 培养幼儿对小学生活的适应性

幼儿入学后，是否适应小学的新环境、适应新的人际关系，对其身心健康影响很大。培养幼儿的社会适应性，特别是主动性、独立性、人际交往能力等，不仅关系着幼儿入学后的生活质量，也关系着他们在小学的学习质量，是幼小衔接的重要内容。

(1)培养幼儿的主动性

培养主动性就是要在幼儿园教育中，培养幼儿的自信心及对周围人和物的积极态度，激发幼儿对活动的参与欲望和兴趣，给他们提供自己选择、自己计划、自己决定的机会和条件，鼓励他们去探索、尝试，并尽量使他们获得成功的体验。

(2)培养幼儿的独立性

幼儿的独立性、生活自理能力对入学后的适应影响很大。很多幼儿因为不能自己管理好自己的学习用具和生活用品、不能自己按情况穿脱衣服、不能记住喝水或害怕独自上厕所等，从而影响身体健康和学习，使其对小学生活感到适应困难。

(3)发展幼儿的人际交往能力

幼儿人际交往能力的重要性表现在入学后对新的人际环境的适应上。适应能力差的幼儿胆小，不能主动地与同伴交往，或与同伴不能友好相处，遇到问题也不敢去找老师反映或寻求帮助等。结果没有新朋友，他们感到孤独、心情沮丧，学习的兴趣大大降低，学校对他们的吸引力也随之消失。

(4)培养幼儿的规则意识和任务意识

幼儿园应当注意培养幼儿的规则和任务意识，特别在大班阶段。教师可以通过开展规则游戏或其他活动，让幼儿逐步懂得生活、学习、游戏等都是有规则的，并让他们有机会体验到如果不遵守规则会造成怎样的后果，有意识地发展他们的自我控制能力。同时，幼儿园可在生活制度、作业课纪律等方面有所改变，让幼儿逐步养成遵守规则的习惯，以缩短入学后适应小学规则的时间。

(5)发展幼儿的动作，增强体质

小学的学习活动较之游戏活动显得枯燥，儿童入学后脑力活动增多，书写任务较多，学习压力增大，因此，儿童应具有健康的身体、强壮的体魄及抵抗疾病的能力、较强的手眼协调能力和运动能力。学前教育阶段除了保证必须的营养、做好保健工作外，更重要的是要积极锻炼儿童的身体，发展动作，以增强他们的体质，发展好手眼协调能力和运动能力。动作发展协调、身体强壮以及体能发展好的儿童易于适应小学的学习特点和紧张的学习生活。

记忆有妙招

培养幼儿对小学生活的适应性：**主人读懂乌龟**。**主**(主动性)**人**(人际交往能力)**读**(独立性)**懂**(动作)**乌龟**(规则意识和任务意识)。

3. 帮助幼儿做好入学前的学习准备

幼儿园在帮助幼儿做好学习准备方面需要做好以下工作：

(1)培养良好的学习习惯

从小养成良好的学习习惯，将使幼儿终身受益，如爱看书的习惯、做事认真的习惯、集中注意力听老师讲话的习惯、保持文具和书本整洁的习惯等。

(2)培养良好的非智力品质

非智力品质指影响智力活动的各种个性品质，主要是认知兴趣、学习积极性、意志、自信心等。应当培养幼儿的好奇心、对外部世界的兴趣和探索积极性，培养他们做事坚持到底、不怕困难的意志品质。

(3)发展思维能力和基础能力

不少家长想让孩子上学后学习好，就在入学前教孩子拼音、认字、做算术，甚至用小学一年级的课本来"系统"地教。这一现象在一些幼儿园也不同程度地存在。幼儿园应当坚决反对这种舍本求末的做法，而是应从根本上发展幼儿的智力，特别是智力的核心——思维能力。

4. 加强幼儿园教师业务能力培养

幼儿园的教育工作者，要了解幼小衔接阶段幼儿的心理变化规律，采取因势利导的策略激发学习兴趣，及时发现幼儿表现出的不利于适应小学学习生活的习惯和行为，尽早给予矫正。

5. 建立和健全幼儿园与小学的联系

(1)幼儿园教师应定期参观小学一年级的教学活动，主动参与一年级教师的教研活动，并向小学一年级教师介绍幼儿园的教育方法，展示幼儿的学习水平，在教育工作上做到衔接；

(2)幼儿园教师还应带领幼儿参观小学，使幼儿了解小学生的一般情况，让幼儿参加小学生的某些活动，同小学生联欢，举办作品交流展览，以引起幼儿入学的兴趣，激发他们求学和效法小学生的愿望。

考点2　幼小衔接工作中应注意的问题

有关研究表明，解决幼小衔接问题的关键在于转变观念、加强研究，根据幼儿身心发展的规律，做好过渡期的教育工作。在工作中应注意如下几点：

1. 进行幼儿园与小学教育的双向改革

幼儿园和小学双方都应把培养幼儿的基本素质作为衔接工作的着眼点，共同创造合理的过渡期的外部教育环境与条件，搞好衔接工作。

2. 转变观念，提高教师素质

广大的幼儿教师要认真研究过渡期幼儿的特点与发展需要，有的放矢地做好过渡期的教育工作。许多幼小衔接的研究结果证明，提高教师的素质是幼小衔接工作取得成功的保证。而提高教师素质的关键则在于转变旧有观念，提高教师对衔接意义的认识，加深广大教师对幼儿过渡期特点的理解，从而使广大教师能够自觉研究过渡期每个幼儿不同的发展特点及需要，有计划、有针对性地开展衔接工作。

3. 结合地区特点及幼儿身心发展的个别特点有针对性地进行幼小衔接工作

我国幅员辽阔，地区差异很大。各地区都要结合本地实际情况，立足于当地幼儿的具体情况，针对幼儿过渡中最主要的问题有的放矢地进行教育。不可盲目照搬照抄别人的经验与实验成果。城市幼儿在生活自理能力方面较弱，而农村幼儿却是在人际交往能力方面较弱。因此，不同地区幼小衔接工作的内容是有差异的，各自的侧重点不同。有针对性地做好衔接工作还要求教师明确：尽管幼小衔接的"坡度"确实存在，但由于幼儿身心发展存在个体差异，因而并非每个幼儿面临的问题都是一样的。因此，在教育中必须因人施教，在面向全体的同时照顾个体差异，对每个幼儿进行有针对性的教育，最大限度地改善每个幼儿在入学准备上的不足状态。

4. 加强家、园、学校、社区力量的相互配合

如前所述，幼小衔接工作仅仅依靠幼儿园或小学单方面的力量是不够的，幼儿园、小学、家长、社区必须互相配合，形成影响幼儿成长的教育合力。

此外，在整个衔接工作中，全社会对教育的支持，对幼儿的关心也是不可缺少的。幼儿园与小学应加强与社区的沟通与协作，大力宣传做好幼小衔接工作的重大意义。使全社会对此都达成共识，共同配合，做好衔接工作。

六、幼小衔接工作中的矛盾与解决办法

考点 1　幼小衔接工作中的矛盾

1. 小学和幼儿园之间对衔接工作不重视，缺少沟通

由于对儿童发展特征和不同的教育任务缺乏沟通交流，没有严格的联系制度。许多幼儿教师不知道小学一年级的具体教学要求，有的盲目拔高，有的不做准备。有些学前班、幼儿园不顾政策规定，不经教育行政批准，盲目引进拼音、识字教学。教学方法又与小学不一致，使儿童感到无所适从。

2. 把幼小衔接看作是单纯的物质准备和知识准备

提前学习小学的教学内容而不循序渐进，常形成“夹生饭”。孩子进入小学后自以为："这些我都知道”“这些我已经会了”，对学习失去了好奇心和新鲜感。教师讲解听不进去，做小动作，随便下座位或说话，注意力难以集中，不良学习习惯造成的负面影响使他们在今后的学习中付出沉重代价。家长急于求成，反而使儿童求知兴趣下降，学习动力不强，缺乏上进心。有些家长比孩子还紧张，到处询问哪里有幼小衔接培训班，却忽视了培养子女良好的心理品质、生活、学习习惯和基本的学习能力。一般来说，如果孩子学习有热情、有自信，具有一定的自控和独立解决问题的能力，入学后就能较好地适应小学的新环境、新要求。

3. 小学教师偏重教学技能、教学内容的研究

由于传统教育方式的影响，小学教师多半偏重教学技能、教学内容的研究，很少研究本班学生的心理动态、情感特点、兴趣爱好和困难所在。每个一年级小学生来自不同的家庭背景、受过不同的教育影响，教育者必须做到针对每个学生的具体特点，扬长避短，发掘其闪光点，调动其内在的学习主动性、积极性。

4. 家庭和学校的相互理解配合不够

部分家庭过度保护和娇宠孩子，使之入小学后在适应新环境上困难较大，反应较强烈。他们一般任性、娇气、依赖、自我为中心、生活自理能力差，比其他同学更容易感觉到学习负担，表现为精神疲劳、消瘦、瞌睡，性格比过去退缩。为此家长要鼓励孩子自立自强，训练其生活能力。教师要改变教育观念，改善同学间的关系，关心他们，减轻其心理压力，提高其自信心和成就感。

考点 2　幼小衔接工作中矛盾的解决办法

搞好幼小衔接工作需要幼儿园、小学和家庭的共同努力以帮助儿童顺利跨进学习、生活的新起点。

1. 有计划地加强与附近小学的联系制度

当前我国小学普及义务教育已趋制度化、规范化。幼儿园毕业生大都就近入学。这就为幼儿园与有关小学共同研究、开展幼小衔接工作提供了有利条件。

(1)定期沟通：了解彼此教育改革工作进程。幼儿园了解、熟悉一年级的小学教育计划、教学要求、各科大纲和教材的基本内容、具体进度，以便衔接工作的稳定性、一致性。

(2)联系本社区的小学共同研究大班与一年级之间各项要求的差距，制定大班搞好衔接工作的具体方案，向小学教师主动介绍儿童身心发展水平、年龄特征和教学特点、将入学儿童的发展情况等。

(3)调查以往毕业的儿童在小学的表现，找出衔接不当的问题，研究改进措施。

(4)邀请小学一年级优秀教师与优秀的本园往届毕业生来园座谈。

2. 积极开展对大班家长的宣传教育

幼儿园园长与大班教师共同负责动员家长做好以下几项工作。

(1)心理准备：幼儿对小学的态度、看法和情绪，与其入学后的适应能力关系很大。因此，教师和家长要

多带孩子参观小学环境，在游戏和故事中有意识地插入小学方面的知识和情节，让幼儿感知小学的印象。增强幼儿想当小学生、戴红领巾的兴趣和向往。

(2)能力准备：训练孩子的自制能力和纪律意识，养成良好的习惯。独立安排应负责的学习与劳动任务，学会生活自理，如穿、脱衣服，如厕，整理书包和学习用品，打扫房间等；同时还应训练孩子的自我保护能力，如会管好钥匙，会过马路，会加热饭菜，会处理意外事故，牢记家庭地址和父母的姓名、工作地点、电话号码等。

(3)学习准备（生活习惯与学习习惯）：家长要有意识地让孩子学会按课程表取书，学会有条理地整理书包和管理好学习用品，从小养成孩子放置东西整洁有序，爱惜书本和物品，看书、握笔姿势正确，在固定地点认真、专心地看书、绘画等学习习惯。

(4)物质准备：孩子进入小学之前，需要准备好书包、铅笔、橡皮等学习用品和水杯、餐具等生活用品，这个过程对孩子具有很强的吸引力。家长应尊重孩子的选择，和孩子一起商量着购买他们喜欢的用品，从而激发孩子对新的校园生活的向往之情。

3. 对大班幼儿开展专门的入学准备工作

(1)采取多种形式培养幼儿对小学生活的向往之情，激发良好的入学动机与愿望（培养入学意识）

幼儿园大班可以更集中、更有针对性地对幼儿进行一些专门性的入学准备活动，以激发幼儿渴望上学、向往小学生活的愿望和做一名小学生的自豪情感，并通过体验式的活动让幼儿获得直接的、积极的情感体验。为此，幼儿园可以开展以下的教育活动：

①引导幼儿设想自己的未来，培养上学意识；②通过游戏，使幼儿熟悉小学生的生活，因势利导加强学习意识的培养；③组织幼儿参观小学，直接尝试小学生的学习活动；④参加小学有趣的活动，激发幼儿对小学学习生活的向往；⑤组织幼儿毕业告别会，开展毕业离园教育。

(2)合理改变作息制度和环境布置，缩小与小学之间的差异

幼儿园可从大班下学期开始，在不影响幼儿身心健康的前提下，适当调整一日生活的作息制度，可适当缩短午睡的时间，减少游戏时间，延长集中教育活动的时间至35分钟左右，并适量增加课时和智力活动的强度。

在环境创设方面也可做适当的改变：①减少活动区角，扩大图书角，增加知识型图书的数量；②将惯常的围坐方式改为小学生的排列方式；③绒布板或磁性板改为黑板；④幼儿可带小书包入园，可自带阅读书籍和文具盒等学习工具，但教学内容不能小学化。

(3)培养幼儿良好的学习品质，提高幼儿期的学习能力

从幼儿园大班开始，可以将小学生应达到的基本要求融入幼儿园的一日活动中，逐步养成小学生应有的学习品质和行为习惯。如按时作息、按时上学、按时完成作业，遵守上课纪律、不做小动作、勤于动脑等。同时，还要不断提高幼儿的学习能力，重视培养幼儿听（专心听讲）、说（大胆表达）、写（前书写）、看（前阅读）的能力，从而使幼儿更快地适应小学的学习生活，并得以顺利过渡。

(4)加强幼儿独立生活和劳动习惯的培养

小学生在校期间的课余时间均由自己独立支配，生活需要自理，这就要求他们入学前要做好生活自理能力方面的准备：①培养幼儿的时间观念，增强独立自主的意识，提高处理事务的效率；②培养幼儿自觉、自理的能力，学会自己整理学习用品和生活用品；③培养劳动习惯，学会打扫卫生、洗刷餐具等基本劳动技能。

考点大默写

1. 幼儿园实施幼小衔接工作的指导思想包括：__________；__________；培养入学的适应性而非小学化；家、园、校的一致性而非孤立化。
2. 在幼小衔接过程中，应从根本上发展幼儿的智力。智力的核心是__________能力。
3. 在幼小衔接工作中，不应把其仅仅视为两个教育阶段的过渡问题，而应把它置身于终身教育的大背景下去考虑，这体现了幼小衔接工作中__________的指导思想。
4. 幼小衔接工作的重点应当放在培养幼儿的__________上。
5. 培养幼儿对小学生活的适应性主要包括培养幼儿的__________；培养幼儿的__________；发展幼儿的人际交往能力；培养幼儿的__________和任务意识；发展幼儿的动作，增强体质。

【参考答案】

1. 长期性而非突击性；整体性而非单项性　2. 思维　3. 长期性而非突击性　4. 入学适应性
5. 主动性；独立性；规则意识

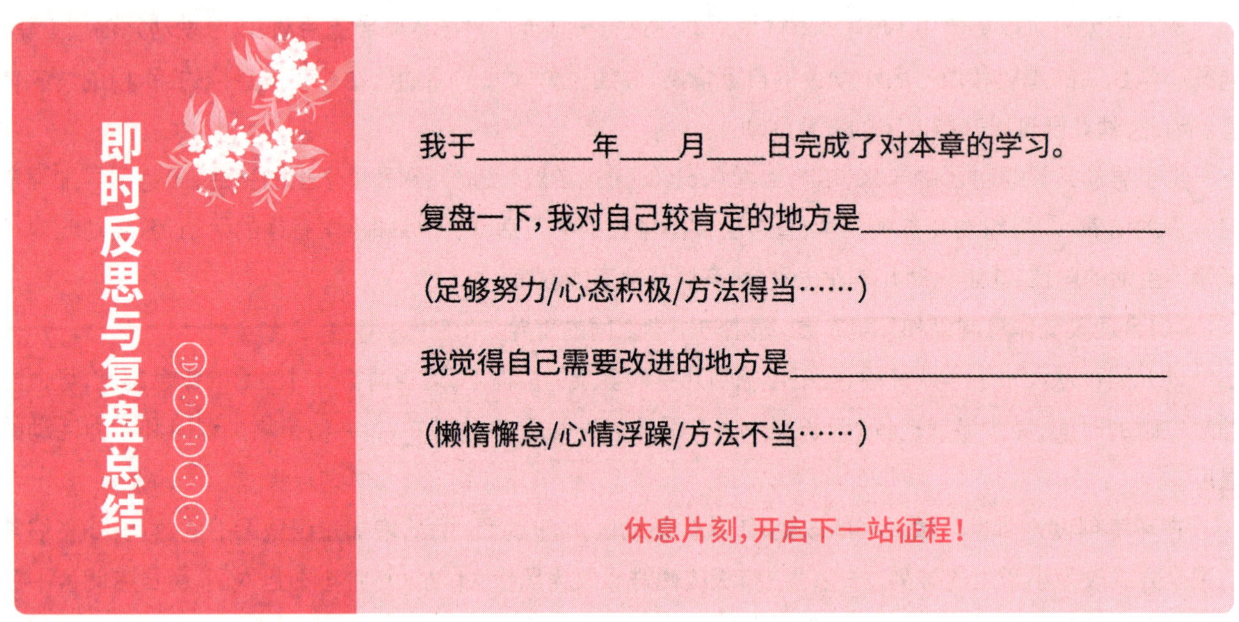

第三部分

学前心理学

SHAN XIANG

内容导学

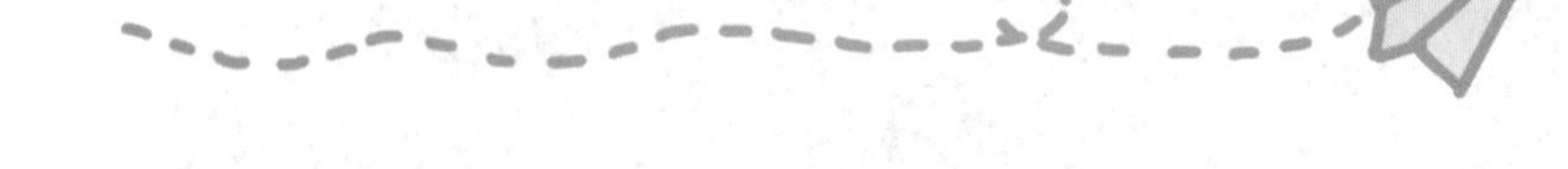

- 幼儿园教师招聘考试学前心理学部分共四章。
- 第一章主要是对学前儿童发展概述的阐述，考查题型主观题、客观题均有涉及。
- 第二章主要是对学前儿童认知发展的阐述，考查题型主观题、客观题均有涉及。
- 第三章主要是对学前儿童情绪、社会性发展的阐述，考查题型主观题、客观题均有涉及。
- 第四章主要是对学前儿童个性、道德发展的阐述，考查题型主观题、客观题均有涉及。
- 考生要重点掌握第二章和第三章的内容，并结合历年真题有针对性地进行复习。

第一章 学前儿童发展概述

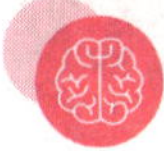

思维导图

- 学前儿童发展概述
  - 学前儿童身心发展的一般规律及其影响因素
    - 学前儿童发展的含义：指婴幼儿在成长的过程中，身体和心理方面有规律地进行量变与质变的过程
    - 学前儿童身心发展的一般规律：顺序性、阶段性、不均衡性（不平衡性）、个别差异性、互补性【重点】
    - 学前儿童身心发展的影响因素：遗传素质、环境、教育、学前儿童的主观能动性【重点】
  - 儿童发展主要理论流派
    - 精神分析理论
      - 弗洛伊德：①口唇期、肛门期、性器期、潜伏期、生殖期 ②人格有三个层次：本我、自我和超我
      - 埃里克森：基本的信任感对基本的不信任感；自主感对羞耻感；主动感对内疚感；勤奋感对自卑感；自我同一性对角色混乱
    - 皮亚杰的认知发展理论【重点】
      - 心理发展的实质和过程
      - 认知发展阶段理论：①感知运动阶段（0～2周岁）；②前运算阶段（2～7周岁）；③具体运算阶段（7～11周岁）；④形式运算阶段（11～15周岁）
    - 社会文化理论
      - 文化—历史发展观
      - 心理发展观：最近发展区：其上限是儿童无法依靠自己来完成的任务
      - 内化学说
    - 行为主义理论
      - 华生的发展心理学理论
      - 斯金纳的操作性条件作用理论
      - 班杜拉的社会学习理论
    - 人本主义理论【重点】
      - 马斯洛的需要层次理论：生理需要、安全需要、归属与爱的需要、尊重需要、求知需要、审美需要、自我实现的需要
      - 罗杰斯的健康人格理论：人格发展的关键在于形成和发展正确的自我概念
  - 儿童心理发展的年龄特征
    - 儿童心理发展年龄特征的内涵：在一定的社会和教育条件下，儿童在每个年龄阶段中形成并表现出来的一般的、典型的、本质的心理特征
    - 我国常用儿童发展阶段的划分：乳儿期（出生～1岁）；先学前期（1～3岁）；幼儿期（3～6岁）；学龄初期（6、7～11、12岁）；学龄中期或少年期（11、12～14、15岁）；学龄晚期或青年早期（14、15～17、18岁）
    - 有关儿童心理发展阶段的重要概念：转折期和危机期、关键期或印刻现象、敏感期或最佳期、最近发展区【重点】
    - 3～6岁幼儿心理发展的年龄特征【重点】
      - 幼儿初期（3～4岁）：最初步的生活自理，生活目标扩大；行为具有强烈的情绪性；爱模仿；思维仍带有直觉行动性
      - 幼儿中期（4～5岁）：活泼好动、爱玩、会玩；思维具体形象；开始接受任务；开始自己组织游戏
      - 幼儿晚期（5～6岁）：好学、好问；抽象概括能力开始发展；个性初具雏形；开始掌握认知方法
  - 儿童发展的生物基础
    - 脑和神经系统的发展
      - 神经系统的发展及其可塑性
      - 脑发育的表现：脑重量的增加；大脑皮层的发育；脑的反射活动
    - 学前儿童动作发展的规律
      - 从整体动作到局部动作（由整体到分化）
      - 从上部动作到下部动作（首尾规律）
      - 从中央部分的动作到边缘部分的动作（近远规律）
      - 从粗大动作到精细动作（大小规律）
      - 从无意动作到有意动作（无有规律）

浙江考向

本章属于学前心理学的基础知识，也是浙江招教重点考查的章节，内容较为琐碎，需要识记的知识较多。现对本章考向分析如下：

高频考点	常考题型	能力层级	考查热度
学前儿童身心发展的一般规律	单选、判断、简答	识记	★★★
学前儿童身心发展的影响因素	单选、简答	理解	★★★
皮亚杰的认知发展理论	单选	理解	★★★
社会文化理论——心理发展观	单选	识记	★★
马斯洛的需要层次理论	判断、简答	识记	★★★
有关儿童心理发展阶段的重要概念	单选	理解	★★★
3～6岁幼儿心理发展的年龄特征	简答	识记	★★★

核心考点

第一节 学前儿童身心发展的一般规律及其影响因素

一、学前儿童发展的含义

学前儿童发展是指婴幼儿在成长的过程中，身体和心理方面有规律地进行量变与质变的过程。其中，身体的发展是指婴幼儿机体的正常生长和发育，包括形态的增长和功能的成熟。心理的发展是指婴幼儿的认识过程，情感、意志和个性的发展。对学前儿童来说，其身体的发展与心理的发展是密切相关的。儿童年龄愈小，其身体发展和心理发展之间的相互影响也就愈大。

二、学前儿童身心发展的一般规律 【单选、判断、简答】 必背 ★★★

学前儿童身心发展的一般规律

1. 顺序性

身心发展的顺序性是指儿童的身心发展是一个由低级到高级、由简单到复杂、由量变到质变的连续不断的发展过程。*例如，在生理方面，身体的发展是先头部后四肢，先中心后边缘。在心理方面，记忆的发展是由机械记忆到意义记忆；注意的发展是由无意注意到有意注意。*

儿童身心发展的顺序性要求教育工作要做到循序渐进。一切知识技能的传授、智力的发展、体质的增强、思想品德的培养，都要遵循由具体到抽象、由简到繁、由低到高的顺序，不能“陵节而施”。

2. 阶段性

儿童身心发展在不同的年龄阶段表现出不同的总体特征及主要矛盾，面临着不同的发展任务，这就是身心发展的阶段性。

这一规律决定了教育工作必须根据不同年龄特点分阶段进行，在教育、教学的要求、内容和方法上不能搞“一刀切”，不能把不同年龄阶段的儿童混为一谈。同时，还要看到各年龄阶段之间的相互联系，不能人为地截然分开，要注意各阶段之间的“衔接”和“引导”工作。

3. 不均衡性(不平衡性)

身心发展的不均衡性是指发展不是一个匀速前进的过程。身心发展的不均衡性表现在两个方面:

一是同一方面的发展在不同年龄阶段发展速度是不均衡的。例如,身高、体重有两个增长高峰,一个在出生后第一年,一个在青春发育期。在这两个高峰期内,身高、体重的发展较之其他年龄阶段更为迅速。

二是不同方面发展的不均衡性,有的方面在较早的年龄阶段就已经达到较高的发展水平,有的则要到较晚的年龄阶段才能达到较为成熟的水平。如感觉、知觉等认识过程在出生后很快就能达到比较发达的水平,而思维要2岁左右才开始发展,到学前期仍处在比较低级的逻辑思维阶段。

由于人的身心发展具有不均衡性,个体身心发展在某些方面存在快速发展期。因此,心理学家提出了发展关键期的概念。所谓发展关键期是指身体或心理的某一方面机能和能力最适宜形成的时期。在这一时期内,对个体某一方面的训练可以获得最佳成效,并能充分发挥个体在这一方面的潜力。错过了关键期,训练的效果就会降低,甚至难以弥补。因此,教育者们应该充分利用儿童发展的关键期,对儿童实施科学合理的教育。

心理学家对儿童发展关键期进行了整理和归类:0~2岁:亲子依恋关键期。1~3岁:口语学习的关键期。0~4岁:形象视觉发展的关键期。4~5岁:书面语言学习的关键期。5岁左右:掌握“数”概念的关键期。

真题面对面

1. [2021杭州,单选]幼儿学习书面语言的关键期是在(　　)

A. 2~3岁　　B. 3~4岁　　C. 4~5岁　　D. 6~7岁

2. [2021杭州,判断]3~4岁是亲子依恋形成的关键期。

3. [2020台州,判断]关键期是针对人的身心发展具有阶段性提出的。

答案:1. C　2. ×　3. ×

4. 个别差异性

身心发展的个别差异性是指由于个体的遗传、社会生活条件、教育以及主观能动性等因素的不同,身心发展在不同人之间存在着差异。生理方面的差异显而易见。例如,在身高上,有的人高,有的人矮;在体重上,有的人胖,有的人瘦。个体发展的差异性不仅表现在生理方面,在心理方面同样如此,正所谓“人心不同,各如其面”。例如,在感知觉方面,有的人很敏锐,有的人很迟钝;在注意方面,有的人能够维持较长时间,有的人只能维持较短时间。

个体差异

在教育工作中要善于发现并研究个体间的差异特征,充分尊重每个儿童的个别差异,有的放矢、因材施教地挖掘儿童的潜力,选择最有效的教育途径对儿童进行有针对性的教育,使每个儿童都能得到最大限度的发展。

5. 互补性

儿童身心发展的互补性是指身心发展所具有的相互补偿的特性。它首先是指机体机能方面,即机体某一方面的机能受损或缺失后,可以通过其他方面的超常发展得到部分补偿。如失明者通过听觉、触觉、嗅觉等方面的超常发展得到补偿。除此之外,互补性也存在于心理机能与生理机能之间,如人的精神、意志、情绪状态对个体机能起到协调作用,帮助人战胜疾病和残缺。

儿童身心发展的互补性规律，要求教育工作者首先要树立信心，相信每一个儿童，特别是暂时落后或某些方面有缺陷的儿童，通过其他方面的补偿性发展，都会达到与一般正常儿童一样的发展水平；其次要掌握科学的教育方法，发现儿童的优势，扬长避短，长善救失，激发儿童自我发展的信心和自觉性。

真题面对面

[2018统考，简答]简述学前儿童身心发展的主要规律。

答案：详见内文

学前儿童身心发展的一般规律作为常考点，现将关键内容以表格的形式呈现来帮助考生梳理，方便考生理解：

规律	表现	例子	教育启示
顺序性	发展由低级到高级、由简单到复杂、由量变到质变（由……到……）	记忆的发展由机械记忆到意义记忆	循序渐进
阶段性	不同年龄阶段有不同特征	小中大班年龄特征不同	针对年龄特点施教
不均衡性	个体内部，发展速度有快有慢（同一方面不同速；不同方面不同步）	身高的发展，在不同的年龄阶段，发展速度不相同	抓关键期
个别差异性	不同人之间存在差异	人心不同，各如其面	因材施教
互补性	身身互补；身心互补	盲人听力灵敏；身残志坚	扬长避短

三、学前儿童身心发展的影响因素 【单选、简答】  ★★★

影响学前儿童身心发展的因素，概括起来有遗传素质、环境、教育及学前儿童的主观能动性几个方面。

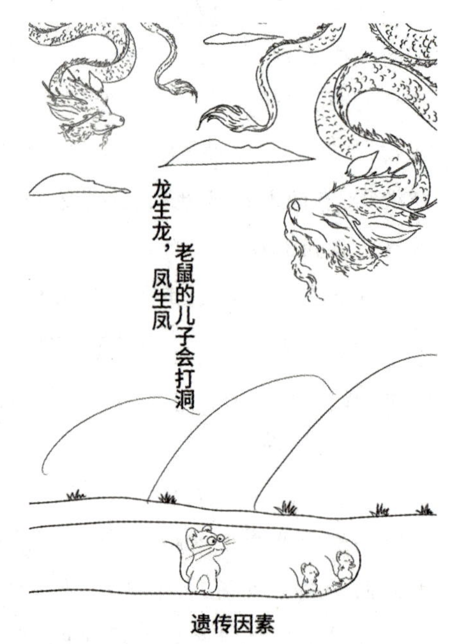

遗传因素

考点1 遗传素质

遗传素质是指个体从上代继承下来的生理解剖方面的特点，如体貌、身体的内部构造、神经类型等。遗传素质是学前儿童身心发展的生理基础和物质前提。

1. 遗传素质为学前儿童的发展提供可能性

学前儿童的发展总是以遗传获得生理组织、一定的生命力为前提的。没有这个前提，任何发展都不可能。遗传下来的特点，特别是大脑神经系统与学前儿童的发展有直接关系。例如，神经系统是一切心理发展的物质前提，无脑畸形儿不但不能产生正常的心理，也活不长。

2. 遗传素质的差异是造成学前儿童个体差异的原因之一

遗传素质决定了幼儿体貌、生理机能等方面的差异，也影响着学前儿童的心理，使学前儿童的心理出现一定的差异性。如在神经类型方面，天生敏感的孩子可能对周围的一切变化反应比较灵敏和迅速，而神经活动较迟钝的孩子，其心理反应可能就慢一些。

3. 遗传素质的成熟制约身心发展的水平及阶段

遗传素质为一定年龄阶段的身心特点的出现提供了可能和限制。有些早期运动机能是直接建立在成熟的生理基础上的，只要机体某一部分达到成熟，某种机能就会出现，如抓握动作。有些机能是靠学习获得的，但也受成熟水平的限制。如让6个月的婴儿进行步行训练，不但没好处，而且会有害于他的发展。

4. 遗传素质仅为人的发展提供物质前提，而不能决定人的发展

遗传素质为人的发展提供了巨大的可能性，但这种可能性能否变成现实则取决于后天的环境。

真题面对面

[2022宁波，简答]简述遗传如何影响幼儿的发展。

答案：详见内文

考点2　环境

环境通常按物质、精神进行分类，因此影响幼儿发展的因素亦可分为物质环境和精神环境两大类型。

1. 物质环境是学前儿童生存的物质基础

学前儿童作为一个生物体，首先必须与外界进行物质的交换。学前儿童必须吃饭喝水，吸收营养，通过新陈代谢，使机体正常发育。另外，学前儿童还需要住、行、玩等方面的物品，以维持其基本的生活。学前儿童由于年幼，对物质环境的被动依赖性较强，因而需要成人主动为其提供物质保障。

2. 精神环境是学前儿童心理发展的精神食粮

学前儿童需要不断地与环境相互作用，不断地从环境中吸取有关物体特性及发展规律的信息，以及人类社会的基本生活准则。只有这样，学前儿童才能形成健康的“人”的心理。为此，成年人要为孩子提供丰富、适宜的环境刺激，以利于学前儿童心理的发展。

环境因素

当然，学前儿童的生理和心理是相互联系的。物质环境对学前儿童的影响不仅限于生理方面，精神环境对学前儿童的影响也不仅限于心理方面，物质环境和精神环境对学前儿童身心两方面都可以交叉发生影响。

知识再拔高

遗传与环境对心理发展作用的学说

1. 第一个时期——谁起决定作用(遗传决定论和环境决定论)

(1)遗传决定论

遗传决定论的鼻祖是优生学的创始人——英国的高尔顿。遗传决定论强调遗传在心理发展中的作用，认为个体的发展及其个性品质早在生殖细胞的基因中就决定了，发展只是这些内在因素的自然展开，环境和教育仅起一个引发的作用。

(2)环境决定论

行为主义的创始人华生是环境决定论的主要代表人物。环境决定论者认为幼儿心理的发展完全是外界影响的被动结果，强调环境、教育的作用。

2. 第二个时期——各起多少作用(二因素论)

(1)斯腾的“会合论”

斯腾在《早期儿童心理学》一书中提道：“心理的发展并非单纯由于受外界影响，而是内在本性和外在条件辐合的结果。”“两种因素同为发展的不可缺少的成分，虽然其所占比重可因事而异。”

(2)格塞尔的“成熟论”

格塞尔的成熟论虽然本质上也是一种遗传决定论，但他并不否认发展需要环境的促进。“同卵双生子爬梯”实验论证了成熟论的观点。格塞尔并不完全否认学习、环境的作用，他认为“评价成长的特点时，我们不应该忽视环境影响……”

格塞尔发现，在发展过程中，儿童表现出了极强的自我调节能力。当儿童突然向前进入一个新领域后，又会适度退却，以巩固取得的进步，然后再往前进。所以在儿童的成长过程中，便形成了发展质量较高的年头与较低的年头有序交替的现象，称其为“行为周期”。

此外，美国心理学家吴伟士认为，儿童心理的发展等于遗传和环境的乘积。

3. 第三个时期——如何起作用(相互作用论)

第三个时期是在前期对遗传和环境都是发展不可缺少的因素的普遍认识基础上，进一步分析了二者的相互关系，提出遗传与环境相互作用的观点。代表人物有瑞士的皮亚杰和美国的杜威等。

真题面对面

1. [2023永康，单选]提出成熟是推动儿童发展的主要动力，儿童的学习取决于生理的成熟的是(　　)

A. 格塞尔　　B. 弗洛伊德　　C. 赞可夫　　D. 维果斯基

2. [2021临海，单选]根据成熟势力说，在发展过程中，儿童表现出了极强的自我调节能力，当儿童向前进入一个新领域后，又会适度退却，以巩固取得的进步，然后再往前进，所以在儿童的成长过程中，便形成了发展质量较高的年头与较低的年头有序交替现象，格塞尔称其为(　　)

A. 关键期　　B. 行为周期　　C. 平衡化　　D. 工具中介

3. [2020杭州，单选]验证生理成熟的是(　　)

A. 爬梯实验　　B. 点红鼻子实验　　C. 视崖实验　　D. 三山实验

答案：1. A　2. B　3. A

考点3　教育

幼儿教育也是一种环境，但它是一种特殊的环境。幼儿教育之所以特殊，主要体现在以下几个方面：

1. 幼儿教育有明确的目标

托幼机构是为教育学前儿童而专门设立的社会机构。托幼机构的社会作用就是教育学前儿童。托幼机构中的教育，能集中反映社会政治、经济、文化、科学等方面的客观要求，能按明确的教育目标选择教材、实施教学和评价教学。幼儿教育目标是幼儿教育工作的**出发点和归宿**，它贯穿于整个幼儿教育工作的始终。

2. 幼儿教育有专职教师

幼儿教师一般具有较丰富的知识、较全面的才能和较熟练的教育技能。幼儿教师通常要经过专门的训练才能任教。幼儿教师的专职就是教育学前儿童。为此，幼儿教师必须全身心地投入到幼儿教育工作中去。

3. 幼儿教育是一种最系统、最简捷的影响学前儿童的方式

由于幼儿教育有专职教师和明确的目的，幼儿教育给孩子施加的影响一般比较全面、系统和准确，针对性也较强。在幼儿教育中，要反复地筛选和提炼教学内容，对内容进行科学的组织安排；要采用合理的教学方式和方法，并由专职教师引导学前儿童学习。因此，幼儿教育的效率远远高于社会教育和家庭教育，幼儿教育已成为影响学前儿童身心发展的**最简捷有效的**一种方式。

正因为幼儿教育有如上三个方面的特征，幼儿教育在学前儿童的身心发展中起着主导作用，幼儿教育实施的好坏直接影响学前儿童身心素质的发展。因此，我们必须重视专门的幼儿教育工作。

考点4 学前儿童的主观能动性

学前儿童的主观能动性是其身心发展的动力，它是通过活动表现出来的。离开学前儿童的活动，遗传素质、环境和教育所赋予的一切发展条件，都不可能完成其成为人的发展过程。所以，从个体发展的各种可能性变成现实这一意义来说，学前儿童的活动是学前儿童发展的决定性因素。

1. 儿童心理本身内部的因素是儿童心理发展的内部原因

影响儿童心理发展的主观因素，笼统地说，包含儿童的全部心理活动。具体地说，包括儿童的需要、兴趣爱好、能力、性格、自我意识以及心理状态等。其中，最活跃的因素是需要。

性格同样影响幼儿心理活动的积极性。自我意识在人的心理活动中起控制作用。心理状态，包括注意、激情、心境等，是心理活动的背景，即心理活动进行时所处的相对稳定的水平，起着提高或降低心理活动积极性的作用。

2. 儿童心理的内部矛盾是推动儿童心理发展的根本原因或动力

儿童心理的内部矛盾可以概括为两个方面，即新的需要和旧的心理水平或状态。

新需要与旧水平发生矛盾，新需要否定旧水平。当水平提高后满足了需要，这种需要又被否定。新需要和旧水平的斗争，就是矛盾运动，儿童心理正是在这样不断的内部矛盾运动中发展。

儿童心理内部矛盾的两个方面又是互相依存的。一方面，儿童的需要依存于儿童原有的心理水平或状态。另一方面，一定的心理水平的形成，又依存于相应的需要。

综上所述，遗传、环境、教育和主观能动性是影响学前儿童身心发展的四个因素。这四个因素相互联系、相互影响，共同制约着学前儿童的身心发展。

★★ 考点大默写 ★★

1. 在一个人的发展过程中，有的方面在较低的年龄阶段就达到了较高的水平，有的方面则要到较高的年龄阶段才能达到成熟的水平。这反映了人的发展具有____________。
2. 教育者要在儿童发展的关键期施以相应的教育，这是因为人的发展具有____________。
3. 儿童心理的____________是推动儿童心理发展的根本原因或动力。
4. “孟母三迁”说明影响学前儿童发展的因素是____________。

【参考答案】

1. 不均衡性　2. 不均衡性　3. 内部矛盾　4. 环境

第二节　儿童发展主要理论流派

一、精神分析理论

考点1　弗洛伊德心理性欲理论

20世纪前期，奥地利心理学家弗洛伊德从自己的临床经验出发，提出了划分心理阶段的标准。

阶段	时期	表现
第一阶段	口唇期（0～1周岁）	吸吮、吞咽和咀嚼，减轻紧张感；"自我"开始出现
第二阶段	肛门期（1～3周岁）	肛门肌肉的训练能减轻紧张感；排便训练
第三阶段	性器期（3～6周岁）	快感集中于性器官；恋母、恋父情结—自居作用—"超我"开始发展
第四阶段	潜伏期（6～11周岁）	机体发展进入相当恬静时期，抑制所有性欲上的兴趣，主要发展社会和智力的经验，把儿童大量的能量导向情感安全领域；快乐来自外界
第五阶段	生殖期（12岁及以上）	性再次萌芽，中心转到对异性的感情上，并会发展一种成熟的爱情关系

弗洛伊德认为人格有三个层次：本我、自我和超我。本我处于潜意识层面，按快乐原则行事；自我处在意识层面，按现实原则行事；超我是意识层面中的道德部分，体现在根据情境对自我进行约束。

考点2　埃里克森心理社会化发展理论

美国精神分析学家埃里克森认为，人格发展是一个逐渐形成的过程，必须经历八个顺序不变的阶段，在本节中仅讲前五个阶段儿童成长和接受教育的特点。

阶段	年龄	冲突	获得的人格
第一阶段	0～1岁	基本的信任感对基本的不信任感	信任感
第二阶段	1～3岁	自主感对羞耻感	自主性
第三阶段	3～6岁	主动感对内疚感	主动性
第四阶段	6～11岁	勤奋感对自卑感	勤奋感
第五阶段	12～18岁	自我同一性对角色混乱	自我同一性

备注：这里只具体列出前五个阶段。其他三个阶段分别为：亲密感对孤独感（成年早期）、繁殖感对停滞感（成年中期）、自我整合对绝望感（成年晚期），不再赘述。

二、皮亚杰的认知发展理论　【单选】　必背　★★★

考点1　心理发展的实质和过程

皮亚杰的理论核心是"发生认识论"。皮亚杰认为，人的知识来源于动作，动作是感知的源泉和思维的基础。儿童心理发展的实质和原因就是主体通过动作完成对客体的适应。适应的本质在于取得机体与环境的平衡。适应分为两种不同的类型：同化和顺应。

儿童对环境做出的适应性变化并不是消极被动的过程,而是一种内部结构的积极建构过程,即儿童的认知是在已有图式的基础上,通过同化、顺应和平衡,不断从低级向高级发展。

1. 图式

图式是一种心理结构,是一系列整合的知觉、观念和行为在心理上的表征。从发展的角度来看,儿童最初的图式是遗传所带来的一些本能反射行为,如吸吮反射、定向反射等。

2. 同化

同化是指把环境因素纳入机体已有的图式或认知结构之中,以加强和丰富主体的动作。同化本质上是用旧的观点处理新的情况。例如,学会抓握的婴儿看见床上的玩具,会反复用抓握的动作去获得玩具。当他独自一个人,玩具又较远,婴儿手够不着(看得见)时,他仍然用抓握的动作试图得到玩具,即用以前的经验来对待新的情境(远处的玩具),这一动作过程就是同化。

考生容易混淆同化和顺应的内涵。同化:补充、完善认知结构(量变)。顺应:改变认知结构(质变)。

3. 顺应

顺应是指改变主体已有的图式或认知结构以适应客观变化。顺应本质上是改变旧观点以适应新情况。例如,婴儿为了得到远处的玩具,反复抓握而不能得到,偶然地,他抓到床单一拉,玩具从远处来到了近处,这一动作过程就是顺应。

4. 平衡

平衡是指同化和顺应之间的"均衡"。皮亚杰认为,同化和顺应过程对于认知能力的发展变化是非常重要的。儿童通过同化和顺应达到机体与环境的平衡,如果失去平衡,就需要改变行为以重建平衡。但平衡是相对的,不是绝对的。儿童在平衡与不平衡的交替中不断建构和完善认知结构,实现认知发展。

① 小孩天生有吸吮的图式。

② 原有的图式"吸吮"接纳新的刺激"奶瓶",认知结构没有发生根本变化,这是同化。

③ 小孩改变原有的图式"吸吮",学会用"咀嚼"的动作来接纳新的刺激,比如米饭、菜等,认知结构发生了根本变化,这是顺应。

④ 我们时而需要同化,时而需要顺应,以达到身体与环境的平衡,这就是平衡。

真题面对面

1. [2023永康,单选]瑞士心理学家皮亚杰用来阐述认知结构的四个基本概念是(　　)

A. 图式、同化、顺应、平衡　　B. 本我、自我、超我、忘我

C. 成熟、刺激、反应、模仿　　D. 最近发展区、最佳期、支架式教学、内化学说

2. [2023宁波,单选]学会抓握的婴儿看见床上的玩具,会反复用抓握的动作去获得玩具。当他独自一个人,玩具又较远,婴儿手够不着(看得见)时,他仍然用抓握的动作试图得到玩具。这一动作过程是(　　)

A. 图式　　B. 同化　　C. 顺应　　D. 平衡

3. [2018统考,单选]把环境因素纳入机体已有的图式或认知结构之中,以加强和丰富主体的动作。皮亚杰把这个过程称之为(　　)

A. 惩罚　　B. 消退　　C. 顺应　　D. 同化

答案:1. A　2. B　3. D

考点2　认知发展阶段理论

认知发展阶段理论

皮亚杰心理学的理论核心是"认知发展理论"。他将儿童认知发展分为四个阶段:

1. 感知运动阶段(0~2周岁)

通过探索感知觉与运动之间的关系来获得动作经验,儿童的认知能力从对事物的被动反应发展到主动的探究,认识事物的顺序是从认识自己的身体到探究外界事物;而且儿童渐渐获得了客体的永久性,即当某一客体在儿童视野中消失的时候,儿童知道该客体并非真的不存在了。本阶段儿童还不能用语言和抽象符号为事物命名。

2. 前运算阶段(2~7周岁)

该阶段儿童已获得了心理表征,他们可以将不在眼前的事物表征为图片、声音、表象、单词或其他形式,进而能运用符号进行思维和推理,但是他们的思维还缺乏逻辑性。皮亚杰认为,该阶段儿童的思维有以下特点:

(1)泛灵论

所谓泛灵论是指将人类的特征赋予无生命的物体。前运算阶段的儿童会认为任何物体都是有生命的。例如,前运算阶段的儿童画画,太阳或月亮上各画了一张笑脸。又如,如果让前运算阶段的儿童把洋娃娃扔到地上去,他会说不能扔到地上,会摔疼洋娃娃的。

(2)自我中心性

所谓自我中心就是指儿童往往只能考虑自己的观点,无法接受别人的观点,也不能将自己的观点与别人的观点协调。为研究这一阶段儿童思维的自我中心性,皮亚杰设计了著名的"三山实验",实验结果表明处于前运算阶段的儿童,其思维表现出明显的自我中心性特点,即幼儿还不会站在别人的立场上来观察世界、分析世界,只能站在自己的立场上去看问题。在现实生活中,我们也确实能够看到幼儿身上体现出的自我中心性,如他们难以理解为什么不能伤害别人的感情。

三山实验

知识再拔高

三山实验

三山实验材料包括高低、形状、颜色各不相同的三座山的模型,把它们放置在桌面上,使得从桌子的不同侧面看过去,三座山的景象各不相同。三座山以不同的颜色加以区别,一座山上有一间屋子,另一座山上有一个红色的十字架,第三座山上覆盖着白雪。让儿童坐在桌子的一边。首先让儿童从前后、左右不同方位观察这三座模型,然后让儿童看四张从前后、左右四个方位所摄的这些山的照片,让儿童指出和自己站在不同方位的另外一人(实验者或娃娃)所看到的沙丘情景与哪张照片一样。实验结果发现,前运算阶段的儿童无一例外地认为别人在另一个角度看到的沙丘和自己所站的角度看到的沙丘是一样的。皮亚杰认为,这个现象说明了这个年龄阶段的儿童通常依据自己的视角来看问题,还不会站在别人的立场上观察现象、分析问题,思维具有明显的自我中心特点。

(3)不能理顺整体和部分的关系

通过要求儿童考察整体和部分关系的研究发现，儿童能把握整体，也能分辨两个不同的类别。但是，当要求他们同时考虑整体和整体的组成部分的关系时，儿童多半会给出错误的答案。如向幼儿展示12朵花，其中6朵玫瑰花，6朵雏菊花。要幼儿指出这儿有几朵花，几朵玫瑰花，几朵雏菊花，幼儿都能做出正确回答。而当问幼儿“花多还是玫瑰花多”，幼儿却回答“一样多”。若向幼儿展示的花内玫瑰花较多，则他们回答“玫瑰花多”。这说明他们的思维受眼前的显著知觉特征的局限，而意识不到整体和部分的关系，皮亚杰称之为缺乏层级类概念(类包含关系)。

(4)思维的不可逆性

思维的可逆性有两种情况：一种是反演可逆性，认识到物体改变了形状或方位还可以改变回原状或原位，如把球状的橡皮泥变成香肠形状，幼儿会认为，香肠变大，大于球状了，却认识不到香肠再变回球状，两者就一般大了；另一种是互反可逆性，即两个运算互为逆运算，如A=B，则反运算为B=A；A>B，则反运算为B<A。幼儿难以完成这种运算，他们尚缺乏对这种事物之间变化关系的可逆运算能力。从皮亚杰作为研究者和一个四岁男孩的谈话中，我们可以看到思维缺乏可逆性是什么样子：

研究者：你有兄弟吗？

男孩：有。

研究者：他叫什么名字？

男孩：吉姆。

研究者：吉姆有兄弟吗？

男孩：没有。

这个例子说明该男孩的思维具有不可逆性的特点，知道自己有兄弟叫吉姆，而不知道自己也是吉姆的兄弟。

(5)缺乏守恒

守恒是指物体的量与物体的知觉特征如排列、外在形状等无关的知识。守恒的类型有数量守恒、长度守恒、体积守恒、质量守恒等。前运算阶段的儿童认识不到在事物的表面特征发生某些改变时，其本质特征并不发生变化。不能守恒是前运算阶段儿童的重要特征，他们通常被事物的表面现象所蒙蔽。皮亚杰设计了大量相关实验来考察儿童思维的守恒情况。

①数量守恒实验是给儿童呈现两排砝码或糖果，前后排列一致，让他们回答两排砝码或糖果的数量是否一样多，幼儿一般回答说一样多。实验者把其中的一排扩大或缩小间距，改变其外在形态，然后再让幼儿回答这两排的数量是否一样多。

②长度守恒实验是先向幼儿呈现两根相等的直线，移动其中一根，然后问幼儿移动后的两根直线是否相等。

③体积守恒实验是给儿童呈现两个一样的杯子，将水装至两个杯子的同一高度水平，让幼儿明白两个杯子中的水一样多，然后将其中的一杯水倒入一个较高或扁平的杯子中，问幼儿两杯水是否一样多。

④质量守恒实验是先向幼儿呈现两个一样质量的泥球，改变其中一个泥球的形状，然后问幼儿两个泥球的质量是否相等。

一系列的守恒实验表明，处于前运算阶段的幼儿还不能理解不变性原则，还没有获得守恒概念。

3. 具体运算阶段(7～11周岁)

这一阶段儿童的认知结构已发生了重组和改善，思维具有一定的弹性，可以逆转。儿童已经认知了长度、体积、重量和面积等的守恒，能凭借具体事物或从具体事物中获得的表象进行逻辑思维和群集运算。也就是说，儿童以逻辑思维为主，然后，获得了守恒概念，自我中心程度下降。

4. 形式运算阶段（11～15周岁）

这一阶段儿童的思维已超越了对具体可感知的事物的依赖。(1)儿童的思维是以命题形式进行的，并能发现命题之间的关系；(2)能够根据逻辑推理、归纳或演绎的方式来解决问题；(3)能理解符号的意义、隐喻和直喻；(4)能做一定的概括，其思维发展已接近成人的水平。

记忆有妙招

皮亚杰的认知发展阶段：**敢签巨星**。**敢**（感知运动）**签**（前运算）**巨**（具体运算）**星**（形式运算）。

三、社会文化理论

考点1 文化—历史发展观

苏联心理学家维果斯基从种系和个体发展的角度分析了心理发展实质，提出了文化—历史发展理论来说明人的高级心理机能的社会历史发生问题。

维果斯基区分了两种心理机能：一种是作为动物进化结果的低级心理机能，这是个体早期以直接的方式与外界相互作用时表现出来的特征；另一种则是作为历史发展结果的高级心理机能，即以符号系统为中介的心理机能。因此，人的心理与动物的心理相比，不仅是量上的增加，而且是结构的变化，形成新的意识系统。

从这个意义上说，维果斯基认为，人的智力是在活动中发展起来的，是各种活动、社会性相互作用不断内化的结果。人的高级心理机能是在与社会的交互作用中发展起来的，或者说人的高级心理机能起源于社会的交互作用。

考点2 心理发展观 【单选】 ★★

1. 低级机能向高级机能发展的四个主要表现

(1)随意机能的不断发展。随意机能是心理活动的主动性和有意性。

(2)抽象—概括机能的提高。

(3)各种心理机能之间关系不断变化、重组，形成间接的、以符号为中介的心理结构。

(4)心理活动的个性化。

2. 儿童心理发展的三个原因

(1)心理机能的发展起源于社会文化历史的发展，受社会规律的制约；

(2)从个体发展来看，儿童在与成人交往过程中通过掌握高级心理机能的工具——语言符号系统，从而在低级的心理机能的基础上形成各种新的心理机能；

(3)高级心理机能是外部活动不断内化的结果。内化就是简单地把外界的东西吸收过来，然后通过消化变成自己的。

3. “最近发展区”

在说明教学和发展的关系时，维果斯基提出了“最近发展区”的思想，认为教学必须考虑儿童已达到的水平并要走在儿童发展的前面。为此，在确定儿童发展水平及其教学时，必须考虑儿童的两种发展水平：最近发展区是指一种儿童无法依靠自己来完成，但可在成人和更有技能的儿童帮助下来完成的任务范围，也就是儿童能够独立表现出来的心理发展水平，和儿童在成人指导下能够表现出来的心理发展水平之间的差距。其上限是儿童无法依靠自己来完成的任务。

真题面对面

[2021 临海，单选]最近发展区是指一种儿童无法依靠自己来完成，但可在成人和更有技能的儿童帮助下来完成的任务范围。其上限是(　　)

A. 儿童无法依靠自己来完成的任务　　B. 儿童已能独立完成的任务

C. 他人已能独立完成的任务　　D. 他人还不能独立完成的任务

答案：A

4. 内化学说

维果斯基强调教学的作用，认为儿童通过教学才掌握了全人类的经验，并内化于自身的经验、体验中。其内化学说的基础是他的工具理论。他认为运用符号系统将促使心理活动得到根本改造。

四、行为主义理论

考点 1　华生的发展心理学理论

行为主义代表人物华生认为心理本质是行为，心理意识被归结为行为。华生发展心理学理论突出的观点是环境决定论，主要体现在以下两个方面：

1. 否认遗传的作用

(1)行为发生遵守刺激—反应公式，从刺激可预测反应，反之亦然。行为的反应是由刺激所引起的，刺激来自客观而不是遗传，因此遗传对行为的影响很小。

(2)承认机体在构造上的差异来自遗传，但生理构造上的遗传作用并不导致机能上的遗传作用，构造的未来形式取决于所处的环境。

(3)心理学以控制行为作为研究目的，而遗传是不能控制的，所以遗传的作用越小，控制行为的可能性则越大。

2. 夸大环境和教育的作用

华生从刺激—反应的公式出发，认为环境和教育是行为发展的唯一条件。

考点 2　斯金纳的操作性条件作用理论

1. 斯金纳的经典实验

斯金纳是美国心理学家，操作条件反射理论的创始人，新行为主义的代表人物。他的整个学习理论是根据他在特制的实验装置——斯金纳箱中的一系列动物实验结果提出的。箱内有一个伸出的杠杆，下面有一个食物盘，只要箱内的动物按压杠杆，就会有一粒食丸滚到食物盘内，动物即可得到食物。斯金纳将饥饿的白鼠关在箱内，白鼠便在箱内不安地乱跑，活动中偶然压到了杠杆，一粒食丸则滚到食物盘内，白鼠便吃到了食丸。以后白鼠再次按压杠杆，又可得到食物。由于食物强化了白鼠按压杠杆的行为，因此白鼠后来按压杠杆的速率迅速上升。由此斯金纳发现，有机体做出的反应与其随后出现的刺激条件之间的关系对行为起着控制作用，它能影响以后反应发生的概率。

2. 斯金纳操作性条件作用的基本规律

(1)强化

强化是采用强化物使机体反应概率增加的过程。强化物是指能够提高反应概率的刺激物。

①正强化:也称积极强化,是通过呈现想要的愉快刺激来增强反应频率,如儿童做对了某件事后得到成人的物质奖励或表扬。

②负强化:也称消极强化,是通过消除或中止厌恶、不愉快的刺激来增强反应频率,如儿童因有改正错误行为的表现,所以家长取消了限制儿童看电视的禁令。

无论是正强化还是负强化,最终都是为了提高反应的频率。

(2)惩罚

惩罚是指通过某一刺激减少某种行为频率的过程。惩罚包括正惩罚和负惩罚。

①正惩罚:个体行为出现之后,伴随着消极的刺激的增加,而导致行为出现频率减少的现象。例如,小孩撒谎后受到家长的责罚,那么,以后小孩撒谎的行为频率将会减少。

②负惩罚:个体行为出现之后,伴随着积极的刺激的减少,而导致行为出现频率减少的现象。例如,小孩子不愿意吃药,家长便取消了小孩子看电视的机会,而导致不愿意吃药的行为减少。

(3)消退

消退是指有机体做出以前曾被强化过的反应,如果在这一反应之后不再有强化物相伴,那么,此类反应在将来发生的概率便降低。

强化、惩罚、消退三者的比较见下表:

基本规律		行为后的刺激	行为发生概率	举例
强化	正强化	增加愉快刺激	增加	奖励、表扬
	负强化	撤销厌恶刺激		撤销处罚
惩罚	正惩罚	呈现厌恶刺激	减少	体罚、谴责
	负惩罚	撤销愉快刺激		不许看电视
消退		无		不予理睬

考点 3　班杜拉的社会学习理论

班杜拉深受行为主义学派和学习理论的影响,把学习理论运用于社会行为的研究中。由于班杜拉的奠基性研究,促使了社会学习理论的诞生,从而也使他在西方心理学界获得了较高的声望。

1. 观察学习

(1)观察学习的概念

班杜拉把观察学习定义为:"经由对他人的行为及其强化性结果的观察,一个人获得某些新的反应,或现存的反应特点得到矫正。在这一过程中,观察者并没有外显性的操作示范反应。"简言之,就是指人通过观察他人(榜样)的行为及其结果而习得新行为的过程。

(2)观察学习的过程

班杜拉认为,新行为的习得过程是一个复杂的认知过程,包括注意、保持、动作表征和动机作用四个具体过程。

(3)强化的种类

强化有直接强化、替代强化和自我强化之分。

直接强化是观察者的行为直接受到外部因素的干预。例如,幼儿园的小朋友做了一件好事,老师就给他一朵小红花,激励小朋友做好事的动机。

替代强化是观察者自己本身没有受到强化,在观察学习的过程中,他看到榜样的行为被强化而受到强化。这种强化也会影响观察者行为的倾向。例如,幼儿看到榜样攻击行为受到奖励时,就倾向于模仿这类行为;当看到榜样攻击行为受到惩罚时,就抑制这种行为的发生。

自我强化是观察者根据自己设立的标准来评价自己的行为,从而对榜样示范和行为发挥自我调整的作用。幼儿在发展过程中通过观察学习获得了自我评价的标准和自我评价的能力,当他认为自己或榜样的行为合乎标准时就给予肯定的评价,不符合标准时则给予否定的评价,这样幼儿就能够对行为进行自我调节。幼儿就是在这种自我调节的作用下,改变着自己的行为,形成自己的观念和个性。

2. 观察学习在社会化过程中的体现

社会化过程就是幼儿在与社会的交互作用中学习社会规范,以社会规范行事,成为社会认可的成员的过程。在社会学习中,社会引导成员用社会认可的方法去活动。班杜拉十分重视社会学习在幼儿社会化过程中的作用。

(1)攻击性

班杜拉认为,攻击性的社会化是一种操作条件作用。当幼儿用社会许可的方式表现攻击性时,例如,竞技运动、自我防卫等,成人就表扬、奖励幼儿;当攻击性以社会不许可的方式表现出来时,例如,打架、骂人、破坏财物等,成人就制止、责罚幼儿。这样就会增强幼儿模仿得到正面强化行为的动机和频率。

(2)亲社会行为

亲社会行为具体是指分享、合作、帮助等利他行为。班杜拉认为,采用训练、斥责等方法对幼儿的亲社会行为几乎没有效果。强制命令或许能一时奏效,但效果难以持久。只有正面的榜样示范才对促进幼儿亲社会行为的习得和表现有持久且有力的作用。

3. 个体、环境与行为的关系

人的个性就是在行为、人的内部认知因素和环境相互作用下形成的。一个人行为的产生首先依赖于他对环境榜样的观察,同时也依赖于他自身对观察的榜样的认识,依赖于人活动的内部诱因。行为、个人认知因素、环境三因素在相互影响的过程中发挥作用,呈三角模式。环境的影响只是潜在的现实,它是否发挥作用决定于人的主体条件和行为。班杜拉认为,在人与环境的相互作用过程中,既存在着人影响自己命运的机会,也存在着对这种自我定向的限制。人既受环境的影响,同时又能作用于环境,主动影响环境。人能通过符号作用,超越现实,对未来有所预测。

人的认知就是在这三者相互作用的过程中发挥着重要的作用。由于人具有认知能力,自我调节系统才能在观察学习过程中有选择地接受环境信息,有选择地反应这些信息,不断地形成和改变内部的认知结构,不断地形成人的个性的差异性。所以一个人可以反应此活动,也可以抑制操作此活动;在同样场合,一个人可以这样做,另一个人也可以那样做。

行为、个人认知因素、环境相互作用论是班杜拉社会学习理论的基本出发点,人的个性的形成由这三种因素决定。

五、人本主义理论

人本主义心理学把人文主义观点与心理学研究结合起来，主张把人性、潜能、价值和自我实现等内容作为心理学的研究对象，并吸收容纳了人性观、存在主义和现象学等思想内容。生物科学的发展为人本主义心理学研究人性的形成提供了必要的自然科学基础。

人本主义理论的主要代表人物是马斯洛和罗杰斯。

考点1 马斯洛的需要层次理论 【判断、简答】 必背 ★★★

马斯洛的需要层次理论是最富有影响力的需要理论。早期，他根据需要出现的先后及强弱顺序，把需要分成了五个层次，即生理需要、安全需要、归属与爱的需要、尊重需要和自我实现的需要。后来他又补充了求知需要和审美需要两种需要，即需要由五个层次扩充为七个层次。

1. 生理需要

生理需要是人对食物、水分、空气、睡眠、性等的需要。它是人的所有需要中**最基本**、**最原始**，也是最强有力的需要，是其他一切需要产生的基础。当一个人为生理需要所控制时，其他一切需要均退居次要地位。

2. 安全需要

安全需要是指希求受到保护与免遭威胁从而获得安全感的需要。人在生理需要相对满足的情况下，就会出现安全需要。婴幼儿由于无力应付环境中不安全因素的威胁，他们的安全需要就显得尤为强烈。在成人中，人们希望得到较安全的职位，愿意参加各种保险，都表现了他们的安全需要。

3. 归属与爱的需要

归属与爱的需要，也称社交需要，是指每个人都有被他人或群体接纳、爱护、关注、鼓励及支持的需要。它是生理和安全需要满足之后的更高一级的需要，包括被人爱与热爱他人、希望交友融洽、保持友谊、具有和谐的人际关系、被团体接纳、成为团体一员、有归属感等。

4. 尊重需要

尊重需要是在生理、安全、归属与爱的需要得到基本满足后产生的对自己社会价值追求的需要，包括自尊和他尊两个方面。具体表现为认可自己的实力与成就、自信、独立、渴望赏识与评价、重视威望和名誉等。这种需要得到满足，个体就会感受到自信、价值和能力，否则，就会产生自卑或保护性反抗。

5. 求知需要

求知需要，又称认知与理解的需要，是指个人对自身和周围世界的探索、理解及解决疑难问题的需要。马斯洛将其看成克服障碍的工具，当认知需要受挫时，其他需要的满足也会受到威胁。如何找到食物，如何摆脱危险，怎样得到别人的好感等，都离不开认知。

6. 审美需要

审美需要是指对秩序、对称、完整结构以及对行为完美的需要。审美需要是与其他需要相互关联，不可截然分开的，*如对秩序的需要既是审美需要，也是安全需要、求知需要。*

7. 自我实现的需要

自我实现的需要是最高层次的需要，是在上述几种需要得到满足后产生的。所谓“自我实现”，即追求自我理想的实现，是充分发挥个人潜能、才能的心理需要，也是一种创造和自我价值得到体现的需要。

马斯洛对以上七种需要进行了进一步的区分：位于需要层次底部的四种需要被称为缺失需要，它们是个体生存所必需的，必须得到一定程度的满足。但是，这些需要一旦满足，由此产生的动机就会趋于消失。

后三种需要是成长需要，它虽不是我们生存所必需的，但对于我们适应社会来说却有重要的积极意义。也就是说，缺失需要使我们得以生存，成长需要使我们能够更好地生活。

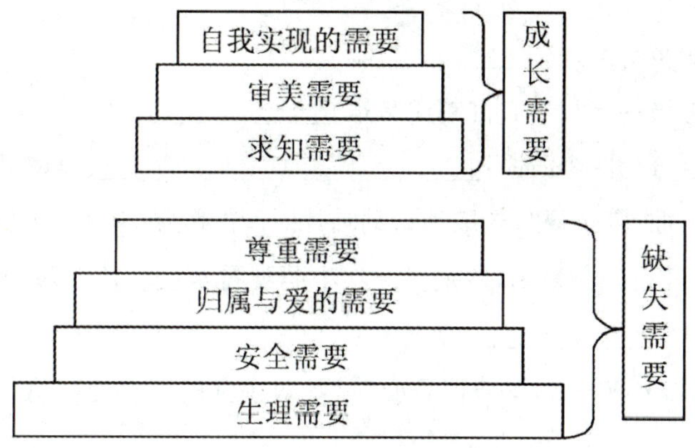

图3-1 马斯洛需要层次理论

较低级的需要至少必须部分满足之后才会出现对较高级需要的追求。例如，在一个非常饥饿的孩子面前同时摆上一堆书和一堆食物，让他选择其一，孩子肯定先选食物，吃饱以后再去选书读。与缺失需要相反，成长需要是永远得不到完全满足的需要，因为无论是求知，还是审美，都是永无止境的。

记忆有妙招

马斯洛的需要层次理论：**李安蜀中求美食**。**李**（生理需要）**安**（安全需要）**蜀**（归属与爱的需要）**中**（尊重需要）**求**（求知需要）**美**（审美需要）**食**（自我实现的需要）。

真题面对面

1. [2021温州，判断]尊重需要是马斯洛需要层次理论中最高层次的需要。
2. [2020杭州，简答]马斯洛的需要层次理论有哪几个方面？

答案：1. × 2. 详见内文

考点2 罗杰斯的健康人格理论 【单选】 ★

美国心理学家罗杰斯以自然人性论为基础，认为人格的形成是源自人性的自我压力，人格发展的关键在于形成和发展正确的自我概念。自我的正常发展必须具备两个基本条件：即无条件关怀和自尊。其中，无条件关怀是自尊产生的基础，因为只有别人对自己有好感和尊重，自己才会对自己有好感和自尊。如果自我正常发展的条件得以满足，个体就能依据真实的自我而行动，就能真正实现自我的潜能，成为自我实现者或称功能完善者、心理健康者。

真题面对面

[2020宁波，单选]罗杰斯认为，人格形成的原动力来自于自我实现的需要，人格发展的关键在于形成和发展正确的（ ）

A. 自我评价　　B. 自我认识

C. 自我实现　　D. 自我概念

答案：D

★★ 考点大默写 ★★

1. 提出“最近发展区”概念的教育家是__________。
2. 皮亚杰所做的研究儿童思维的自我中心性的实验是__________。
3. 皮亚杰将儿童的认知发展分为四个阶段：__________、__________、具体运算阶段、形式运算阶段。
4. 幼儿改正了不吃青菜的习惯，家长便给予取消看动画片时间的限制，这种强化属于__________。
5. 小萌上课总是睡觉，班主任得知此事后，取消了一次小萌观看学校文艺汇演的资格，之后她便很少在课堂上睡觉了。这种惩罚属于__________。
6. 萌萌怕猫，当她看到青青和小猫一起玩得很开心时，她对小猫的恐惧也降低了。从班杜拉的社会学习理论的视角看，这主要是__________强化。
7. 马斯洛的需要层次理论包括：生理需要、安全需要、归属与爱的需要、尊重需要、__________、__________和__________。

【参考答案】

1. 维果斯基　2. 三山实验　3. 感知运动阶段；前运算阶段　4. 负强化　5. 负惩罚　6. 替代
7. 求知需要；审美需要；自我实现的需要

第三节　儿童心理发展的年龄特征

一、儿童心理发展年龄特征的内涵

儿童心理发展的**年龄特征**是指在一定的社会和教育条件下，儿童在每个年龄阶段中形成并表现出来的一般的、典型的、本质的心理特征。其定义包含了以下几层含义：

1. 儿童心理发展的阶段，往往以年龄为标志

年龄是儿童生活时间的标志。儿童的生理发展和儿童的经验积累，都与生活时间相联系。儿童心理的发展和这两个方面也不可分。但是，年龄本身不能决定儿童心理发展的特征。不能把儿童心理年龄特征和儿童的实际年龄完全对应起来。

2. 儿童心理年龄特征是在一定的社会和教育条件下形成的

儿童心理发展的方向和趋势固然受客观的自身发展规律所制约，但由于社会和教育条件不同，儿童的年龄特征会出现差异。比如，原始社会生产发展水平极低，幼小儿童已经能够和成人一起参与社会生产劳动，因而儿童期很短。随着社会生产水平的提高，儿童需要更多的时间学习和准备参加社会生产劳动，儿童期逐渐延长，儿童心理的年龄特征也随之发生变化。可见，儿童心理年龄特征并不是随年龄增长而自发地出现的。

3. 儿童心理年龄特征不能代表这一年龄阶段中每一个儿童所有的心理特征

儿童心理年龄特征是指儿童心理在一定年龄阶段中的那些一般的、典型的、本质的特征，是从许多个别儿童的心理特征中概括出来的。它只能代表这一年龄阶段儿童心理发展的一般趋势和典型的特点，而不能代表这一年龄阶段中每一个儿童所有的心理特点。因为每个个体的遗传、环境、教育等条件不同，导致个体心理发展之间存在个别差异。所以,个体心理发展可能会存在与心理年龄特征不完全吻合的现象,发展早于或晚于这一年龄段的心理年龄特征都是正常的。

二、我国常用儿童发展阶段的划分

我国常用儿童发展阶段划分

对儿童心理发展年龄阶段的划分,许多学者根据不同的标准提出了各种意见。我们可以根据教育工作的经验及心理学研究中已经揭示的某些质的特点,把儿童心理发展划分为六个阶段:

(1)乳儿期(出生~1岁);(2)先学前期(1~3岁);(3)幼儿期(3~6岁);(4)学龄初期(6、7~11、12岁);(5)学龄中期或少年期(11、12~14、15岁);(6)学龄晚期或青年早期(14、15~17、18岁)。

但是,目前我国社会上和各种专业书籍中对儿童发展各阶段的命名常有出入,为了便于学习,我们表示如下:

- 儿童期(广义)
  - 学前期(广义)
    - 婴儿期(又称乳儿期)
      - 新生儿期(0~1个月)
      - 婴儿期(狭义)
        - 婴儿早期(1~6个月)
        - 婴儿晚期(6~12个月)
    - 先学前期(1~3岁)
    - 学前期(狭义)(又称幼儿期)
      - 学前(幼儿)初期(3~4岁)
      - 学前(幼儿)中期(4~5岁)
      - 学前(幼儿)晚期(5~6岁)
  - 学龄期
    - 学龄初期(又称儿童期)(6、7~11、12岁)
    - 学龄中期(又称少年期)(11、12~14、15岁)
    - 学龄晚期(又称青年早期)(14、15~17、18岁)

图3-2 年龄阶段划分

以上各阶段既是互相区别,又是互相联系的。这是因为各年龄阶段既有质的差别,不能混同,同时,两个相连的阶段也不是截然分开的。前一阶段往往孕育着后一阶段的一些特点,而后一阶段又往往残留着前一阶段的一些特点。两个阶段是互相联系、逐渐过渡的。教育工作者如果掌握儿童心理发展的这个规律,就能不失时机培养一定年龄阶段儿童应有的心理特征,同时又预见到未来的远景,从而自觉地促进儿童心理的发展。

三、有关儿童心理发展阶段的重要概念 【单选】 必背 ★★★

考点1 转折期和危机期

转折期和危机期

1. 转折期

在儿童心理发展的两个阶段之间,有时会出现心理发展在短时期内急剧变化的情况,这一时期被称为儿童心理发展的转折期。儿童的心理发展过程与其他物质发展过程一样,都具有规律性,遵循从量变到质变的过程。量变的过程表现为心理发展的阶段特点的稳定性,而质变的过程则表现为儿童心理特征的转折与飞跃,形成儿童心理发展的关键转折期。儿童从出生到成年,大体经历了五个关键的转折时期:

(1)新生儿(0~1个月):主要问题是要从生理上、心理上适应外界环境的巨大变化。这一时期新生儿的脑功能发育是否正常,将对以后的心理健康有重大影响。

(2)1岁左右：在此期间不应坐等孩子各项功能自行发展，而应主动训练儿童的注意力、言语表达能力及动作协调能力，尤其是爬行、滑梯、接拍球、跳绳等。这一过程应持续到3岁以前。

(3)3岁左右：3岁孩子最明显的变化就是表现出强烈的独立愿望，希望什么事情都自己来。虽然他们吃饭时可能弄得饭桌上到处都是饭粒，玩玩具时弄得满床、满地乱糟糟的，但他们自认为不错，不让家长帮忙。在这一时期家长千万不要压制、改变孩子的独立意识，而要因势利导训练和培养孩子的独立操作能力和独立思维能力，有意识锻炼孩子的胆量与勇气及适应外界的能力，继续加强动作协调能力的训练。

(4)6岁左右：6岁孩子明显的变化是社会角色改变了，他们将从幼儿园步入小学，每天需要完成作业，有了压力。在上学之初，应对孩子出现的某些问题特别加以注意，**如写作业拖拉、粗心大意，做事注意力不集中、经常虎头蛇尾，性格表现胆小、怕事、爱哭、爱发脾气等**。这些问题如果不及时加以矫正、训练，到了8、9岁时就会变得更加突出，从而使学习成绩明显下降。因此，对于刚上学的6岁孩子，老师和家长的教育重点应是培养孩子良好的学习习惯及行为方式。

(5)青春期(女孩12岁左右，男孩14岁左右)：心理学家把青春期称为"第二断乳期"。进入青春期的少男少女们，开始从心理上摆脱对家长的依赖，即使对于家长正确的建议，有时也会有逆反心理。他们在思想、情绪、行为、自我意识、处世态度等方面明显不同于儿童期，但与成人相比还很不成熟。这一时期的中学生最烦、最不愿接受的就是居高临下式的教育(即所谓的"家长式教育")。家长要学会和孩子平等相处，努力与他们交朋友，即使工作再忙、事务再多，也应经常抽时间陪他们聊聊天、说说话、去户外散散步等，千万不要对他们诉说的内容表现出不感兴趣，甚至厌烦。只有这样，他们才愿意与家长讲心里话。

2. 危机期

危机期是指在发展的某些年龄时期，儿童心理常常发生紊乱，表现出各种否定和抗拒行为的现象，**如经常与人发生冲突，违抗成人要求等**。由于儿童心理发展的转折期常常出现对成人的反抗行为，或各种不符合社会行为准则的表现，因此，也有人把转折期称为危机期。但心理发展的转折期和危机期还有所区别：转折期是儿童心理发展过程中必然出现的，但"危机"却不是必然出现的。"危机"往往是由于儿童心理发展迅速导致心理发展上的不适应。如果成人在掌握儿童心理发展规律的情况下，正确引导儿童心理的发展，化解其一时产生的尖锐矛盾，"危机"会在不知不觉中度过，或者说，"危机期"可以不出现。

考点2　关键期或印刻现象

关键期的概念最早出现于实验胚胎学中，此后很快引起了生物学、行为科学和心理学的关注。20世纪30年代，奥地利习性学家劳伦兹发现，小雁、小鸭、小鹅等在出生后数小时就能跟随自己的母亲。但是如果刚出生时就把它们与母亲分开，不久，这些小动物就再也不会跟随自己的母亲了。这说明动物某些行为的形成有一个关键时期，错过了这个机会，有关行为就难以形成。小动物的其他行为也有类似情况，劳伦兹将此情况叫作"印刻"，印刻发生的时期就叫关键期。

个体发展过程中环境影响能起最大作用的时期即关键期。关键期是指由生物学因素决定的、个体做好最充分准备来获得新的行为模式的发展时期，换句话说，它是儿童在某个时期最容易学习某种知识技能或形成某种心理特征，但过了这个时期，发展的障碍就难以弥补。学前儿童心理发展的关键期现象主要表现在语言发展和感知方面。

真题面对面

[2018统考,单选]儿童在发展过程中某个时期最容易学习某种知识技能或形成某种心理特征,过了这个时期,发展的障碍就难以弥补,被称为儿童心理发展的(　　)

A. 危机期　　B. 转折期　　C. 关键期　　D. 反抗期

答案:C

考点3　敏感期或最佳期

敏感期是指个体比其他时候更容易获得新行为模式的发展阶段,换句话说,敏感期就是儿童学习某种知识和行为比较容易,儿童心理某个方面发展最为迅速的时期,又叫最佳期。错过了敏感期或最佳期,不是不可以学习或形成某种知识或能力,但是比起敏感期和最佳期来说,就较为困难,发展比较缓慢。

关键期和敏感期是考生容易混淆的两个概念,都是儿童容易发展某方面的时期,它们的区别侧重强调其影响程度的不同:

关键期的影响通常更为深远,表现在错过了关键期,发展的障碍难以弥补。例如,狼孩卡玛拉,被人从狼窝里发现时已经8岁了。由于多年和狼生活在一起,不会使用人类语言。人们努力通过教育和训练想使她学会说话,但收效甚微,其根本原因就是错过了发展的“关键期”。

而在敏感期之后,个体仍然可以通过学习获得相关的技能或知识。只是错过了敏感期,发展会比较缓慢。

需要说明的是,在一些心理学的专著中,这两个概念几乎是等同的,即关键期也叫敏感期。但在考试过程中,这两个概念一般是有区别的。对这两个概念的理解主要是以选择题的方式进行考查,考生在做题时可以根据题意灵活做出选择。

考点4　最近发展区

最近发展区是维果斯基对儿童心理学的一个突出贡献。它是一种介于儿童看得见的现实能力与并不是显而易见的潜在能力之间的潜能范围。换句话说,最近发展区是指一种儿童无法依靠自己来完成,但可在成人和更有技能的儿童帮助下来完成的任务范围,也就是儿童能够独立表现出来的心理发展水平,和儿童在成人指导下能够表现出来的心理发展水平之间的差距。儿童的发展变化,就其本质上说,是不同时期一系列最近发展区的获得。在最近发展区中,儿童最容易掌握新的学习内容;在这个区域内,一切新的智力技能都首先经历儿童与成人共同完成的阶段,再最终被儿童掌握和内化;在这个区域内,儿童缺乏独立完成任务的能力,但是成年人可以通过适当的、逐步的要求来帮助儿童提高能力,使得儿童可以逐渐独立承担完成任务的责任。最近发展区的大小是儿童心理发展潜能的主要标志,也是儿童可以接受教育程度的重要标志。

最近发展区决定着教学的可能性,而教学也应当以它为目标。维果斯基写道:“教学不应以儿童发展的昨天为目标,而应以儿童发展的明天为目标。”只有在这种条件下,教学才会走在发展的前面。因此,教育教学的作用就在于创造“最近发展区”,推动或加速儿童内部的发展过程,为儿童的心理发展创造条件。教育应该适度超前于儿童的发展,教育者不仅要了解儿童的现状,还要判断儿童发展的动态和趋势,让孩子“跳一跳,摘个桃”,帮助儿童勇敢地迎接挑战,激发思考力、创造力和意志力,体验成功的快乐。

真题面对面

[2021绍兴,单选]教育学上称“跳一跳,摘个桃”说的是(　　)

A. 关键期　　B. 转折期　　C. 最近发展区　　D. 敏感期

答案:C

四、3~6岁幼儿心理发展的年龄特征 【简答】 必背 ★★★

考点1　幼儿初期(3~4岁)的心理特点

1. 最初步的生活自理,生活目标扩大

小班幼儿逐渐学会最初步的生活自理,能进餐、控制大小便、能在成人帮助下穿衣,能用语言表达思想和要求,能与他人游戏。

2. 行为具有强烈的情绪性

(1)小班幼儿的行动常常受情绪支配,而不受理智支配。情绪性强,是整个幼儿期幼儿的特点,但年龄越小越突出。

(2)小班幼儿情绪性强的特点表现在很多方面。如高兴时听话,不高兴时说什么也不听;如果喜欢哪位老师,就特别听那位老师的话。

(3)小班幼儿的情绪很不稳定,很容易受外界环境的影响。如看见别的孩子都哭了,自己也莫名其妙地哭起来;老师拿来新玩具,马上又破涕为笑。

3. 爱模仿

小班幼儿的独立性差,爱模仿别人。看见别人玩什么,自己也玩什么;看见别人有什么,自己就想要什么,所以小班玩具的种类不必很多,但同样的玩具要多准备几套。在教育工作中,多为儿童树立模仿的样板。教师常常是幼儿模仿的榜样,因此,应该时刻注意自己的言行举止,为孩子们树立好榜样。

爱模仿

4. 思维仍带有直觉行动性

思维依靠动作进行,是先学前期儿童的典型特点,小班幼儿仍然保留着这个特点。例如,让他们说出某一小堆糖有几块,他们就用手一块一块地数才能弄清,他们不会像大些的孩子那样在心里默数。

由于小班幼儿的思维还要依靠动作,因此他们不会计划自己的行动,只能是先做后想,或者边做边想。比如,在捏橡皮泥之前往往说不出自己要捏成什么,而常常是在捏好之后才突然有所发现:“面条!”

小班幼儿的思维很具体,很直接。他们不会做复杂的分析综合,只能从表面去理解事物。因此,对小班幼儿更要注意正面教育,讲反话常常引起违反本意的不良效果。对幼儿提要求也要注意具体,最好说“眼睛看着老师”,而不要说“注意听讲”。因为幼儿不容易接受这种一般性的抽象的要求。

考点2　幼儿中期(4~5岁)的心理特点

1. 活泼好动、爱玩、会玩

中班幼儿更加活泼好动,积极参加各种活动,反应、动作等比过去更加灵活。幼儿都喜欢游戏,但小班幼儿虽然爱玩却不大会玩。大班幼儿爱玩,也会玩,但由于学习兴趣日益浓厚,游戏的时间相对少了一些。中班处于典型的游戏年龄阶段,是角色游戏的高峰期。中班幼儿已能计划游戏的内容和情节,会自己安排角色。怎么玩，有什么规则，不遵守规则应怎么处理，基本都能商量解决，但游戏过程中产生的矛盾还需要教师帮助解决。

2. 思维具体形象

中班幼儿的思维可以说是典型的具体形象思维，他们较少依靠行动来思维，但是思维过程还必须依靠实物的形象作支柱。例如，他知道了3个苹果加2个苹果是5个苹果，也能算出6粒糖给了弟弟3粒还剩3粒，但还不理解“3加2等于几？6减3还剩多少”的抽象含义。

中班幼儿常常根据自己的具体生活经验来理解成人的语言。为了使教师说的话能让幼儿明白，必须注意了解幼儿的水平和经验，避免说过于抽象的语言。语言教学中，尽量用形象的解释来帮助儿童理解新词。

3. 开始接受任务

中班幼儿开始能够接受严肃的任务。在实验室进行的一些比较单调的任务，都只能从4岁开始。4～5岁幼儿的有意注意、有意记忆、有意想象等过程都比3岁幼儿有较大发展，自我控制发展迅速。在坚持性行为的实验里，4～5岁幼儿的坚持性行为发展最为迅速，其增长程度比3～4岁和5～6岁都大。在日常生活中，4岁以后的幼儿对于自己所担负的任务已经出现最初的责任感。小班幼儿完成值日生任务常常还是出于对完成任务过程的兴趣，或对所用物品的兴趣。中班幼儿开始理解到值日工作是自己的任务，对自己或别人完成任务的质量开始有了一定要求。

4岁以后幼儿之所以能够接受任务，和他的思维的概括性和心理活动有意性的发展有密切关系。由于思维的发展，他的理解力增强，能够理解任务的意义，由于心理活动有意性的发展，幼儿行为的目的性、方向性和控制性都有所提高，这些都是接受任务的重要条件。

4. 开始自己组织游戏

中班幼儿不但爱玩而且会玩，他们能够自己组织游戏，自己规定主题。他们不再像小班那样，出现许多平行的角色。他们会自己分工，安排角色。中班幼儿游戏的情节也比较丰富，内容多样化。在沙坑里玩沙，能够发展起钻地洞的游戏；搭积木时，搭好了“动物园”后，玩动物园游戏。在游戏中不但反映日常生活的事情，还经常反映电视电影里的故事情节。

中班幼儿在游戏中逐渐结成同龄人的伙伴关系。他们不再总是跟着成人，而是用更多的时间和小朋友相处，一同游戏，只有遇到困难的时候才求助于成人，或者是请求帮助解决活动中的实际障碍，或者是请求判断是非，有时则是要求成人对他们的成功加以肯定。

可见，从4～5岁开始，幼儿的人际关系发生了重大变化，同伴关系开始打破了亲子关系和师幼关系的优势地位，开始向同龄人关系过渡。当然，这时的同伴关系还只是最初级的，结伴对象很不稳定，成人的影响仍然远远大于小朋友的影响。

真题面对面

[2017统考，简答]简述4～5岁幼儿的心理特点。

答案：详见内文

考点3 幼儿晚期(5～6岁)的心理特点

1. 好学、好问

好奇是幼儿的共同特点，但大班幼儿的好奇与小、中班有所不同。小、中班幼儿的好奇心较多表现在对事物表面的兴趣上。他们经常向成人提问题，但问题多半停留在“这是什么”“那是什么”上。大班幼儿不同，他们不光问“是什么”，还要问“为什么”。问题的范围也很广，天文地理，无所不有，希望成人给予回答。

好学、好问是求知欲的表现，甚至一些淘气行为也反映幼儿的求知欲。家长、教师都应该保护幼儿的求知欲，不应该因嫌麻烦而拒绝回答孩子的提问。对类似破坏玩具的行为也不要简单地训斥了事，而应该加以正面引导，一面耐心讲道理，一面向幼儿介绍一些简单的机械原理，满足他们渴求知识的愿望。

2. 抽象概括能力开始发展

大班幼儿的思维仍然是具体形象的，但已有了抽象概括性的萌芽。例如，他们已开始掌握一些比较抽象的概念(如左、右概念)，能对熟悉的物体进行简单的分类(白菜、西红柿、茄子都是蔬菜，苹果、梨、葡萄都是水果)，也能初步理解事物的因果关系(针是铁做的，所以沉到水底下了；火柴棒是木头做的，所以能浮在水面上)。由于大班幼儿已有了抽象概括能力的萌芽，所以，也应该进行一些简单的科学知识教育，引导他们去发现事物间的各种内在联系，促进智力发展。

3. 个性初具雏形

大班幼儿初步形成了比较稳定的心理特征。他们开始能够控制自己，做事也不再“随波逐流”，显得比较有“主见”。对人、对己、对事开始有了相对稳定的态度和行为方式。有的热情大方，有的胆小害羞；有的活泼，有的文静；有的自尊心很强，有的有强烈的责任感；有的爱好唱歌跳舞，有的显示出绘画才能……

对于幼儿最初的个性特征，成人应当给予充分的注意。幼儿教师在面向全体幼儿进行教育的同时，还应该因材施教，针对每个人的特点，长善救失，使幼儿全面地健康地发展。

4. 开始掌握认知方法

5～6岁幼儿出现了有意地自觉控制和调节自己心理的方法。在认知活动方面，无论是观察、注意、记忆过程，或是思维和想象过程，都有了方法。4岁前，幼儿往往不会比较两个或几个图形的异同；而5岁以后，幼儿则能较好地完成任务。因为他们已经掌握了对比的方法：把图形或图形的相应部分一一对应地进行比较。注意的活动中，5～6岁幼儿能够采取各种方法使自己不分散注意。

记忆有妙招

幼儿初期的心理特点：**行李轻放**。**行**(思维仍带有直觉行动性)**李**(最初步的生活自理)**轻**(情绪性)**放**(爱模仿)。

幼儿中期的心理特点：**有人想活动**。**有**(开始自己组织游戏)**人**(开始接受任务)**想**(思维具体形象)**活动**(活泼好动、爱玩、会玩)。

幼儿晚期的心理特点：**任性好丑**。**任**(开始掌握认知方法)**性**(个性初具雏形)**好**(好学、好问)**丑**(抽象概括能力开始发展)。

★★ 考点大默写 ★★

1. 在学前心理学中，儿童在每个年龄阶段中形成并表现出来的一般的、典型的、本质的心理特征被称为__________。
2. __________岁儿童的行动具有强烈的情绪性。
3. 5～6岁幼儿的心理特点有：好学、好问；__________能力开始发展；个性__________；开始掌握认知方法。
4. 心理学家把__________称为“第二断乳期”。

5. ____________是指一种儿童无法依靠自己来完成，但可在成人和更有技能的儿童帮助下来完成的任务范围，也就是儿童能够独立表现出来的心理发展水平和儿童在成人指导下能够表现出来的心理发展水平之间的差距。

6. 儿童在某个时期最容易学习某种知识技能或形成某种心理特征，但过了这个时期，发展的障碍就难以弥补。这个时期称为____________。

7. 在发展的某些年龄时期，儿童心理常常发生紊乱，从而表现出各种否定和抗拒行为的现象。这一时期被称为____________。

8. 儿童心理发展的关键期现象主要表现在____________和____________方面。

【参考答案】

1. 年龄特征　2. 3～4　3. 抽象概括；初具雏形　4. 青春期　5. 最近发展区　6. 关键期　7. 危机期　8. 语言发展；感知觉

第四节　儿童发展的生物基础

一、脑和神经系统的发展

考点1　神经系统的发展及其可塑性

人脑大约由1万亿个细胞组成，其中有1千亿个神经细胞（简称神经元），其余为神经胶质细胞。神经元是大脑和神经系统的基本单位，负责接收和传递神经冲动（如图2所示）。

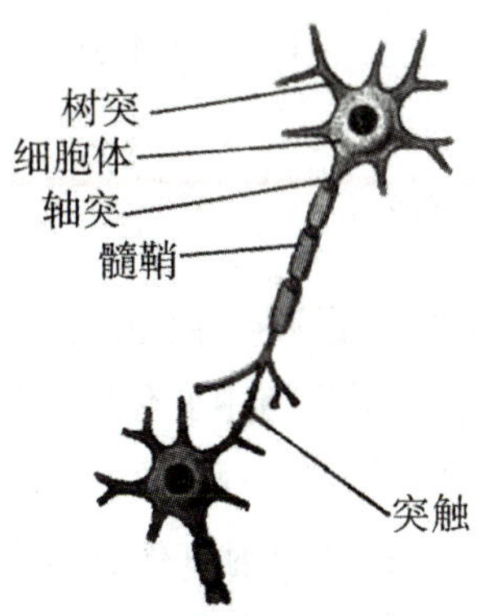

图3-3　神经元示意图

注：神经元之间的信息传递依靠突触结构完成，髓鞘的形成，使神经元之间的信息传递更加迅捷。

神经元由胚胎的神经管发育而成，在妊娠中期3个月即大脑发育加速期开始之前，个体所具有的绝大多数神经细胞（1千亿左右）就已经形成了。在神经系统逐渐发展的过程中，神经元也迁移到不同的位置，进而承担了特定的功能，这个过程就是神经元的分化。如一个神经元迁移到了视觉区（枕叶），那么这个神经细胞将分化成一个视觉细胞。因此，神经细胞在大脑皮层的部位（功能区）决定了它的结构和功能。

细胞分化和突触联系的形成反映了婴儿大脑的可塑性，反映了细胞对经验的高度反应性。

考点2　脑发育的表现　【单选】★

1. 脑重量的增加

5岁后，脑重量增加速度变慢，但脑细胞的结构和功能却不断地向着复杂化的方向发展。这些发展变化在一定程度上反映了大脑的发育和成熟状况。研究表明，婴儿脑重的增加并不是神经细胞大量增加，而主要在于神经细胞结构的复杂化和神经纤维的延伸。

2. 大脑皮层的发育

大脑皮层是人脑中最大的结构，占脑重的85%，也是最后停止生长的脑结构。因此，它比大脑的其他任何部位对环境性的影响都敏感。

大脑皮层的作用在于有意识地控制动作、学习和思维，它是控制和协调行为的重要组织。但在整个大脑的发展过程中，它却是发育最晚的部位。大脑的发展顺序是从脑干到皮层。婴儿出生时，大脑的低级层次相对比较成熟，在3个月前，婴儿的绝大多数行为是由脊髓、脑干和脑的低级部位调节的。到7个月时，中脑开始充分起作用，出现一些新的能力。大脑皮层在婴儿1岁时才开始发挥主要作用；到2岁时，大脑皮层大部分已发育成熟；8岁时，人的神经系统的各个部分几乎完全发育成熟，只有一小部分要持续到青少年中期才完全成熟。

对于我们大多数人，用右手使用工具的能力比左手强，这一现象叫右利手，而也有少数人则是左利手。根据观察发现，大约5～6个月的婴儿就开始表现出利手的倾向：他们中的大多数人都喜欢用右手去拿东西，大约2岁的时候，利手就比较稳定。这是和这一年龄阶段儿童脑的偏侧优势发展相符合的。利手现象的发展有它的生理基础，它反映了大脑的某一侧对控制、调节运动技能具有越来越大的优势，其他由优势脑半球控制的能力也得到更大的发展。

真题面对面

[2018统考，单选]人分右利手和左利手，根据观察发现，婴儿开始表现出利手的时间大约在（　　）

A. 3～4个月　　B. 5～6个月　　C. 7～8个月　　D. 9～10个月

答案：B

3. 脑的反射活动

新生儿首先依靠先天具有的对生命有意义的无条件反射来维持生活，但仅有这些无条件反射只能对固定的刺激做出固定的反应，不足以应付儿童生活环境中变化多端的刺激。因此，婴儿在出生后不久，就在无条件反射的基础上形成了条件反射。无条件反射是一种本能活动，实际上是一种生物性活动而不是心理活动。条件反射既是生理活动又是心理活动。条件反射在生理学上称为暂时联系，在一定条件下，经过多次结合，条件反射和条件刺激物才能建立起联系，条件反射形成后，如果多次不结合，联系就会消失。条件反射在心理学上称为联想。例如，望梅止渴。条件反射的出现，标志着心理活动的发生。条件反射形成是基于大脑皮质成熟、健全而正常的状态之上的。当儿童的大脑皮质还没有足够成熟时，不能建立条件反射，大脑皮质各部位生理成熟有早晚，不同条件反射的出现也有早晚。儿童出生后，开始训练儿童条件反射的时间越早，条件反射出现的时间也越早。出生第一个月，儿童已经能够建立条件反射，心理也就随之发生了。

二、学前儿童动作发展的规律

1. 从整体动作到局部动作（由整体到分化）

儿童最初的动作是全身性的、笼统的、弥漫性的，以后动作逐渐分化、局部化、准确化和专门化。例如，满月前儿童受到痛刺激后，哭喊着全身乱动；3岁孩子拿着笔认真画画时，不仅是手动，身体的动作、面部的动作也来帮忙；同样的动作，幼儿做得慢而不够准确，而且付出的努力相对较大，成人则做得又快又好。这是“从整体动作到局部动作”的表现。

2. 从上部动作到下部动作（首尾规律）

儿童动作的发展，先从上部动作开始，然后到下部动作。婴儿最早出现的是眼的动作和嘴的动作。半个月内的婴儿，双眼协调动作就已经出现。上肢动作发展早于下肢。6个月大的婴儿手的动作已经有较好的发展，而腿的动作还远未发展。儿童先学会抬头，然后能俯撑、翻身、坐和爬，最后学会站和行走，也就是从离头部最近的部位的动作开始发展。这种趋势也表现在一些动作本身的发展上。例如，婴儿学爬行，先是依靠着手臂匍匐爬行，然后才逐渐运用大腿、膝盖和脚来爬行。

3. 从中央部分的动作到边缘部分的动作（近远规律）

儿童动作的发展先从头部和躯干的动作开始，然后发展双臂和腿部的动作，再后是手的精细动作。也就是靠近中央部分（头和躯干，即脊椎）动作先发展，然后才发展边缘部分（臂、手、腿）的动作。例如，婴儿看见物体时，先是移动肩肘，用整只手臂去接触物体，然后才会用腕和手指去接触并抓取物体。这种从身躯的中央部位再到远离身躯中央的边缘部位的发展规律也叫作“近远规律”。

4. 从粗大动作到精细动作（大小规律）

动作可以分为粗大动作和精细动作。儿童动作的发展，先从粗大动作开始，而后才学会比较精细的动作。粗大的动作是指活动幅度较大的动作，也是大肌肉群的动作，包括抬头、翻身、坐、爬、走、跑、跳等。大肌肉动作常常伴随强有力的大肌肉的伸缩和全身运动神经的活动，以及肌肉活动的能量消耗。精细动作是指个体主要凭借手以及手指等部位的小肌肉或小肌肉群的运动，如画画、剪纸、穿珠子等。从四肢动作说，是臂和腿的动作先发展，以后才逐渐发展起手和脚的动作。例如，婴儿先是用整只手臂和手一起去够物体，以后才会用手指去拿东西。动作发展的这种规律，称为“大小规律”。

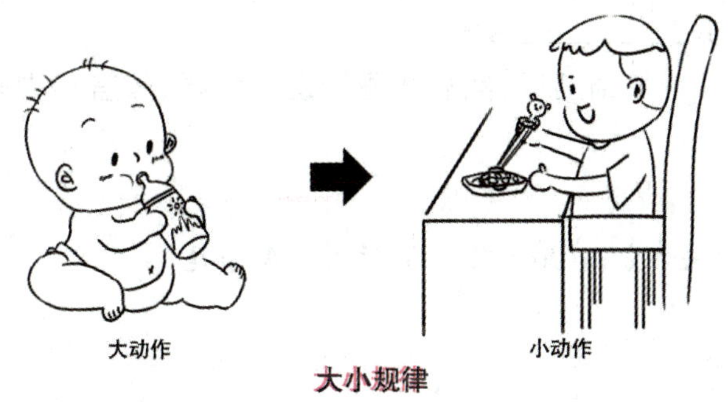

大小规律

5. 从无意动作到有意动作（无有规律）

婴儿最初的动作是无意的，以后越来越多地受到心理有意的支配。例如，初生婴儿已会用手紧握小棍，这是无意的、本能的动作；几个月以后，婴儿才逐渐能够有意地、有目的地去抓物体。学前儿童的动作最初是从无意动作向有意动作发展，以后则是从以无意动作为主向以有意动作为主的方向发展，即服从“无有规律”。

记忆有妙招

学前儿童动作发展的规律：**整首进大屋**。**整**（整体到分化）**首**（首尾）**进**（近远）**大**（大小）**屋**（无有）。

学前儿童动作发展的规律作为易混点，考生可结合下表准确理解、记忆：

学前儿童动作发展的规律	别称	特点
从整体到局部	由整体到分化	全身、笼统→局部、准确
从上部到下部	首尾规律	抬头→俯撑→翻身→坐→爬→站→走
从中央到边缘	近远规律	头部、躯干→双臂、腿部→手
从粗大到精细	大小规律	大肌肉→小肌肉
从无意到有意	无有规律	无意识动作→有意识动作

考点大默写

1. ____________的出现，标志着心理活动的发生。
2. 学前儿童动作发展的规律有：从整体动作到____________、从上部动作到下部动作、从____________的动作到边缘部分的动作、从粗大动作到____________、从无意动作到有意动作。
3. 儿童的发展从身体的中央部位开始，越接近躯干部分，动作发展越早，而远离身体躯干的肢端动作发展较迟。这是儿童动作发展中的____________规律。
4. 婴儿学爬行，先是依靠着手臂匍匐爬行，然后才逐渐运用大腿、膝盖和脚来爬行，即遵循动作发展的____________规律。

【参考答案】

1. 条件反射 2. 局部动作；中央部分；精细动作 3. 近远 4. 首尾

即时反思与复盘总结

我于________年____月____日完成了对本章的学习。

复盘一下，我对自己较肯定的地方是______________________

（足够努力/心态积极/方法得当……）

我觉得自己需要改进的地方是______________________

（懒惰懈怠/心情浮躁/方法不当……）

休息片刻，开启下一站征程！

第二章 学前儿童认知的发展

思维导图

- 学前儿童认知的发展
  - 学前儿童注意的发展
    - 注意的概念
      - 概念：心理活动对一定对象的指向和集中
      - 特点：指向性、集中性
    - 注意的分类
      - 无意注意、有意注意和有意后注意
    - 3~6岁幼儿注意发展的特征（重点）
      - 幼儿的无意注意占优势
      - 幼儿的有意注意初步发展
    - 学前儿童注意发展的趋势（重点）
      - 定向性注意的发生先于选择性注意的发生
      - 无意注意的发生发展先于有意注意的发生发展
    - 幼儿注意品质（重点）
      - 注意的广度（范围）：同时察觉和把握对象的数量
      - 注意的稳定性：注意保持时间的长短
      - 注意的转移：主动调换注意对象
      - 注意的分配：同时关注不同类事物（一边……一边……）
    - 幼儿注意分散的原因和防止措施
      - 幼儿注意分散的原因
      - 防止幼儿注意分散
  - 学前儿童感知觉的发展
    - 感知觉的概念
      - 感觉：对客观事物个别属性的反映
      - 知觉：对客观事物整体属性的反映
    - 学前儿童感知发展的主要阶段
      - 原始的感知阶段
      - 从知觉的概括向思维的概括过渡阶段
      - 掌握感知标准和观察方法阶段
    - 幼儿感知觉发展的主要特征（重点）
      - 视觉的发展：视敏度；颜色视觉
      - 听觉的发展：听觉敏度；听觉定位；听觉辨别
      - 触觉的发展：触觉的发生；口腔触觉；手的触觉
      - 空间、时间知觉的发展
    - 幼儿观察力的发展特点
      - 目的性逐渐增强；持续的时间逐渐延长；细致性逐渐增加；概括性逐渐增强；方法逐渐形成
    - 感知觉规律及其运用
      - 感觉：感觉的适应；感觉后像；感觉的对比；联觉；感觉的补偿
      - 知觉：选择性；理解性；整体性；恒常性
  - 学前儿童记忆的发展
    - 记忆的概念及基本环节
      - 概念：人脑对过去经验的反映
      - 环节：识记、保持、再认或回忆
    - 学前儿童记忆的发生与发展（重点）
      - 胎儿的听觉记忆
      - 新生儿记忆的表现
      - 婴儿记忆的表现
    - 记忆的分类
      - 根据内容：运动记忆、情绪记忆、形象记忆、语词记忆
      - 根据保持时间：瞬时记忆、短时记忆、长时记忆
      - 根据意志性和目的性：无意记忆和有意记忆
      - 根据理解程度：机械记忆和意义记忆
      - 根据信息加工处理的方式：陈述性记忆和程序性记忆
    - 学前儿童记忆的发展趋势（重点）
      - 保持时间的延长
      - 容量的增加
      - 内容的变化
      - 意识性与记忆策略的形成
    - 幼儿记忆发展的特点（难点）
      - 无意记忆占优势，有意记忆逐渐发展
      - 记忆的理解和组织程度逐渐提高
      - 形象记忆占优势，语词记忆逐渐发展
      - 幼儿记忆的意识性和记忆方法逐渐发展
    - 记忆的保持、遗忘及遗忘规律
      - 艾宾浩斯遗忘曲线：先快后慢，呈负加速
  - 学前儿童想象的发展
    - 想象的含义
      - 对头脑中已有的表象进行加工改造，建立新形象
    - 想象的分类（重点）
      - 无意想象和有意想象
      - 再造想象和创造想象
    - 学前儿童想象的发生及想象发展的趋势
      - 发生：1.5岁~2岁出现想象的萌芽
      - 趋势：无意→有意；再造→创造；夸张→合乎现实
    - 幼儿想象力的培养
      - 丰富幼儿的表象，发展幼儿的语言表现力
      - 在文学艺术等多种活动中，创造幼儿想象发展的条件
      - 在游戏中，鼓励和引导幼儿大胆想象
      - 在活动中进行适当的训练，提高幼儿的想象力
      - 抓住日常生活中的教育契机，引导幼儿进行想象
      - 引导幼儿的想象符合客观规律

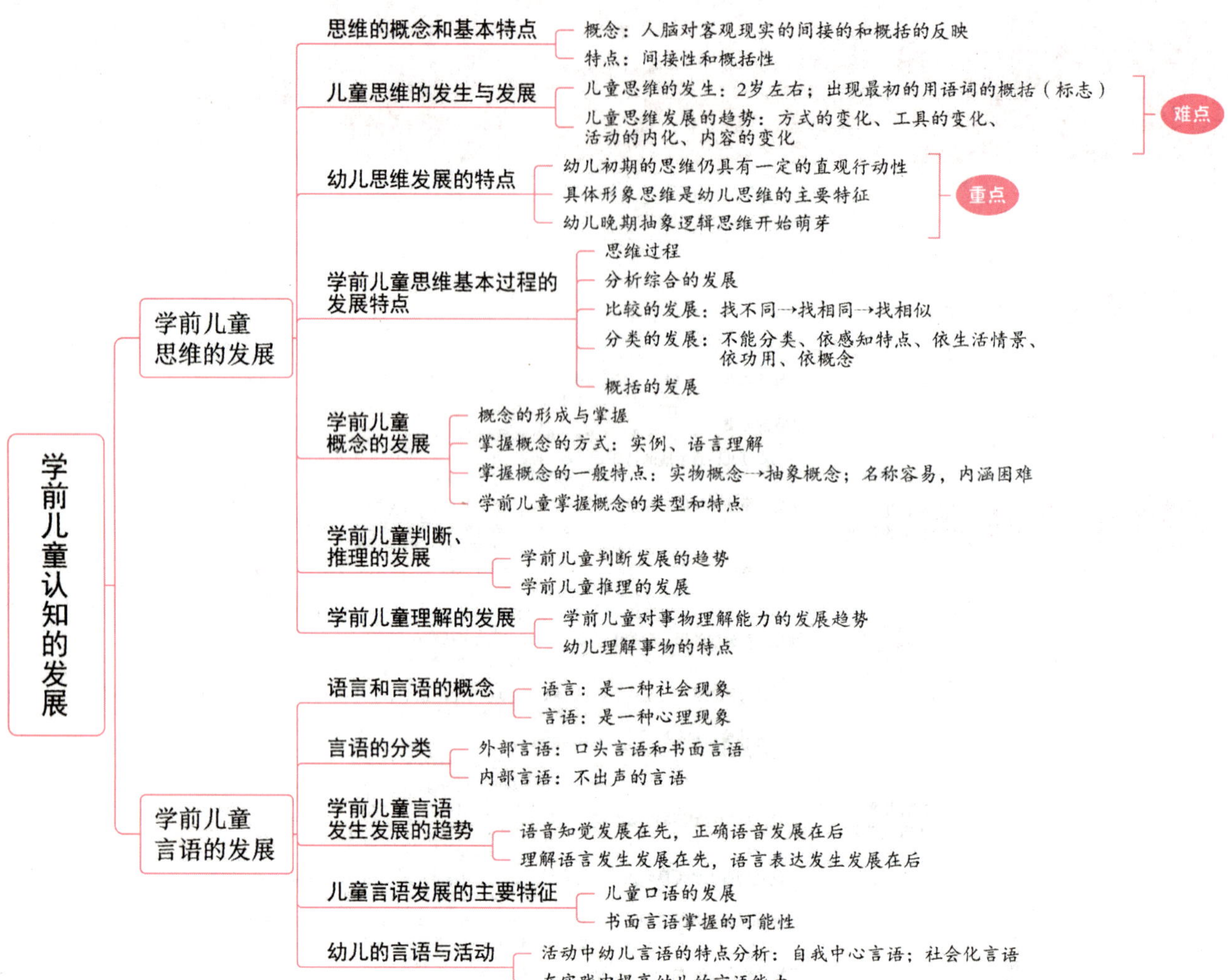

浙江考向

本章属于学前心理学的重要章节，也是浙江招教重点考查的章节，内容较为琐碎，需要识记的知识较多。现对本章考向分析如下：

高频考点	常考题型	能力层级	考查热度
3～6岁幼儿注意发展的特征	简答	理解	★★★
幼儿注意的品质	单选	理解	★★★
视觉的发展	单选	识记	★★
空间、时间知觉的发展	单选	识记	★★★
幼儿观察力的发展特点	单选	理解	★★
记忆的基本环节	单选	理解	★★
新生儿记忆的表现	名词解释	识记	★★
学前儿童记忆的发展趋势	单选	理解	★★★
幼儿记忆发展的特点	单选、简答	理解	★★★

续表

高频考点	常考题型	能力层级	考查热度
想象的分类	单选	理解	★★
学前儿童想象发展的趋势	简答	理解	★★★
幼儿想象发展的特点	单选、判断	理解	★★★
儿童思维发展的趋势	单选	识记	★★★
幼儿思维发展的特点	简答	理解	★★★
学前儿童比较的发展	单选	识记	★★
儿童言语发展的主要特征	单选、简答	识记	★★★

核心考点

第一节　学前儿童注意的发展

一、注意的概念

注意是一种心理状态，是心理活动对一定对象的指向和集中。指向性和集中性是注意的两个基本特点。

注意的指向性是指人在清醒的每一瞬间，心理活动都指向某个对象，而离开其他对象。也就是说人在清醒时不是什么都看，什么都听，什么都记的，而是有选择的，有一定指向的。当幼儿在听故事时，他的心理活动指向故事，老师讲到哪，他能跟到哪，听得很入神，别的事物他都不去注意。

注意的集中性是指心理活动在指向某一事物的同时，就会对这个事物全神贯注，把精神都集中到这一事物上，使人的活动得以进行下去并使活动得以完成。有时周围发生了别的事，他也不会察觉到，这就是人们常说的“视而不见，充耳不闻”。如我们在上课时，注意力集中在想自己的心事，对老师所讲的话完全没有听见；同样幼儿听老师讲故事，当他听得很入神时，周围的大人对他说话他可能都听不见。这就是幼儿的注意对事物的集中。

二、注意的分类

一般情况下，我们按照有无预先目的以及是否需要意志努力，将注意分为无意注意、有意注意以及有意后注意。

考点 1　无意注意

无意注意也称不随意注意，是指没有预定目的、无需意志努力的注意。例如，教师正在给孩子们讲故事，突然外面闪电打雷了，孩子们都看向窗外。这种注意预先没有目的性，也没有明确的认识任务，不需要个人的意志努力。

考点 2　有意注意

有意注意也称随意注意，它具有自觉的目的，并和意志努力相联系。例如，幼儿要用积木搭一个动物园，就必须集中注意，不受其他活动的干扰，并且坚持努力才能完成，这就是有意注意。这是一种人所特有的注意形式，与无意注意有着质的区别。

考点 3　有意后注意

有意后注意也称为随意后注意，是指有自觉的目的，但不需要意志努力的注意。有意后注意是注意的一种特殊形式。它是在有意注意的基础上，经过学习、训练或培养个人对事物的直接兴趣达到的。在有意注意阶段，主体从事一项活动需要意志努力，但随着活动的深入，个体由于兴趣的提高或操作的熟练，不用意志努力就能够在这项活动上保持注意。例如：一个学习外语的人在初学阶段去阅读外文报纸，这时还处于有意注意阶段，很容易会感到疲倦；随着学习的深入、外语水平的不断提高，当他消除了许多单词和语法障碍，能够毫不费力地阅读外文报刊时，可以说达到了有意后注意的状态。

三、3～6岁幼儿注意发展的特征 【简答】 必背 ★★★

3岁前儿童的注意基本上属于无意注意，3～6岁幼儿注意的特点是无意注意占优势地位，有意注意逐渐发展。

考点 1　幼儿的无意注意占优势

容易引起幼儿无意注意的诱因有如下两大类：

1. 刺激比较强烈，对比鲜明，新异和变化多动的事物

恰当地利用这些因素非常有利于对幼儿的教育以及幼儿教育活动的组织。

(1)教师选择和制作的玩具、教具必须是颜色鲜明，对比性强，形象生动，新颖多变的；

(2)要求教师说话清楚，符合幼儿特点，同时说话要抑扬顿挫；

(3)恰当安排、布置教育环境，既要避免繁杂干扰，又要能适当引起幼儿的注意，利于幼儿正常活动的开展；

(4)教育内容、方法要新颖，赋予各种容易引起幼儿注意的因素。

2. 与幼儿兴趣、需要和生活经验有关系的事物

幼儿兴趣、需要和生活经验的丰富，使得幼儿对更多的事物产生无意注意。只要幼儿感兴趣和爱好的事物都容易引起幼儿的无意注意。

(1)兴趣是引起幼儿无意注意的一个因素。幼儿兴趣各有不同，引起注意的对象也有可能不同。有的孩子在街上看见汽车会特别注意，而且可以注意很长时间，但对自行车则不会注意。这是因为他对汽车特别感兴趣。

(2)需要也是引起幼儿无意注意的一个重要条件。漂亮的玩具，极易引起幼儿的注意。幼儿非常喜欢玩，喜欢活动，喜欢游戏，如果有小朋友在游戏，其他小朋友就会马上去注意并要求参加进去。

(3)幼儿的生活经验也与幼儿的无意注意的产生有关。凡是幼儿很熟悉的事物或见过的东西，都非常容易引起幼儿的注意。如幼儿听过的故事、动画音乐很容易引起幼儿的注意，还有幼儿自己经常玩的玩具或吃的东西特别容易引起幼儿的注意，这些都与他们的生活经验有关系。

3～6岁幼儿随着知识经验和认识能力的发展，能够发现许多新奇事物和事物的新颖性，即与原有经验不符合之处。在整个幼儿期，新颖性对引起注意有重要作用。

考点 2　幼儿的有意注意初步发展

幼儿有意注意产生的条件如下：

幼儿的有意注意初步发展

1. 幼儿的有意注意依赖于丰富多彩活动的开展

幼儿的有意注意是在活动中发展起来的。在活动中，幼儿通过参与、体验活动的趣味性，努力把自己的注意力集中于活动中，使自己的活动有目的，并在老师的提醒下完成活动。所以幼儿园各种游戏、活动的开展对发展幼儿的有意注意具有积极的作用。

2. 幼儿对活动目的、活动任务的理解程度

幼儿如果明白老师、成人让他做的事，而且知道具体的任务是什么，他就会按要求完成任务，这一过程中幼儿是需要有意注意的。因此，各种生活制度和行为规则，是使幼儿有意注意、逐步发展的主要因素。让幼儿理解活动的目的，知道有什么任务，是有助于提高幼儿的有意注意的。但必须切记，为幼儿提供的活动，目的必须是明了的，任务必须是简单的，而且内容是幼儿能够理解的和能够记住的。

3. 幼儿对活动的兴趣与良好的活动方式

幼儿如果对所进行的游戏或活动感兴趣，那么，幼儿就会自觉地使自己投入活动，并且主动参与活动。在组织幼儿进行活动时，最好把幼儿的智力活动与幼儿的实际操作活动结合起来，这样有助于维持幼儿的有意注意。如让小朋友看图画书时，可以让幼儿用手指着画，这样就可以帮助幼儿注意图画书中的内容。反之，如果让幼儿单纯坐着听老师讲解，幼儿就不易将注意保持在这一活动上。

4. 言语指导和言语提示

成人对幼儿注意的组织常是通过言语指示来实现的。通过言语指示可以提醒幼儿必须完成的动作，注意哪些情况。例如，老师说："要搭高楼，最大的积木应该放在哪儿？小的应该放在哪儿？"这时幼儿就会注意大的积木，而且会去为大积木寻找适合的位置，这可以帮助幼儿维持注意，提高幼儿有意注意的水平。此外，幼儿自我言语指示，也有助于幼儿有意注意的发展。

5. 幼儿的性格与意志特点

性格中细心、坚持性强、不爱认输的幼儿，一般易于使自己的注意服从于当前的活动和任务。如在一个活动中，老师让两位幼儿各守一个"城堡"。结果发现，一个幼儿能把自己的注意始终保持在分配的任务上；而另一个幼儿虽然注意着"城堡"，但不能保持较长时间，并且最后竟随着奔跑的小朋友而去，忘了自己的任务。因此，教师要注意幼儿的这种个别差异，在活动中有目的地发展幼儿的注意力。

真题面对面

[2023绍兴，简答]简述幼儿有意注意产生的条件。

答案：详见内文

四、学前儿童注意发展的趋势 【单选】 ★

1. 定向性注意的发生先于选择性注意的发生

定向性注意是人与动物共有的无条件反射，它是一种不学而能的生理反应。定向性注意是儿童最早出现的最初级的注意，它在新生儿期出现，在婴儿期较明显，在成人身上也常可以观察到。从生理上说，这是一种本能的无条件反射，但同时也是无意注意的最初形态。这种定向性注意随着年龄的增长而占据的地位日益缩小。

选择性注意是指儿童偏向于对一类刺激物注意得多，而在同样情况下对另一类刺激物注意得少的现象。"感觉偏好"现象就是选择性注意的一种表现。所谓"感觉偏好"，是指婴儿对某些感觉信息比较喜爱，注意他们的时间比较长。研究发现，出生几天的儿童就能表现出视觉偏好，对某些视觉刺激的注视时间更长一些。

在儿童发展过程中，注意的选择性最初取决于刺激物的物理特性，以后逐渐转变为主要取决于刺激物对儿童的意义。随着年龄的增加，选择性注意范围的扩大，注意的事物日益增加。同时，选择性注意从更多地注意简单事物发展到更多地注意较复杂的事物。

2. 无意注意的发生发展先于有意注意的发生发展

儿童最初只有无意注意。定向性注意和婴儿的选择性注意都属于无意注意。在整个学前期，儿童无意注意的性质和对象不断变化，稳定性不断增长，注意对象的范围不断扩大。

无意注意是不自觉的，被动的注意；有意注意是人有意识去支配的，主动的注意，因而出现得较晚。婴儿期有意注意还没有发生。两岁以后，有意注意开始萌芽。随着言语和认识过程有意性的发展，在幼儿期，有意注意开始发展，使儿童的注意发生很大变化，心理能动性也大大增强。

真题面对面

[2020杭州，单选]幼儿早期形成的注意是(　　)

A. 选择性注意　　B. 定向性注意　　C. 有意注意　　D. 有意后注意

答案：B

五、幼儿注意的品质 【单选】 必背 ★★★

考点1　注意的广度

注意的广度也叫注意的范围，它是指一个人在同一时间内能够清楚地察觉和把握对象的数量。如"一目十行""眼观六路"，指的都是注意的范围。

心理研究认为，人的注意广度是生理性的。扩大注意的广度主要是把信息对象组成块，使各个对象之间能联系为一个整体。注意的紧张度(集中)与注意的范围有着密切的联系：注意的紧张度越高，注意的范围越小；注意的范围越大，要保持高度紧张的注意就越困难。

幼儿注意的范围比较小，但随着年龄的增长，注意的范围在逐渐扩大。但在实际生活中，注意广度受许多因素的影响。影响注意广度的因素主要有以下两个方面：

1. 注意对象的特点

研究发现，在活动任务相同的情况下，注意的对象排列有规律时，注意的范围就要大些，而排列没有规律的注意范围就小些；注意对象颜色相同时注意范围大些，颜色多杂时注意范围就小些；大小一致的对象注意范围大些，大小不一的对象则注意范围就小些；信息组块并有密切联系的对象注意的范围就大些，而信息零散毫无联系的对象注意范围就小些。

2. 活动的任务和个人的知识经验

一般来说，如果在活动中要求的任务比较多，那么人的注意范围就要受到一些限制。另外，一个人的知识经验也影响其注意的广度。而知识经验在这里起到了将各注意对象建立联系，使之形成整体的重要作用。

真题面对面

[2021绍兴，单选]"一目十行""眼观六路""耳听八方"，指的是注意的(　　)

A. 稳定性　　B. 选择性　　C. 转移　　D. 广度

答案：D

考点2　注意的稳定性

注意的稳定性是指注意力在同一活动范围内所维持的时间长短。注意的稳定性对幼儿活动的完成具有重要意义，幼儿要听完一个故事，做完一件手工，玩一个完整的游戏，听教师讲解完一段完整的知识都离不开稳定的注意。可以说注意的稳定性是幼儿进行活动的重要保证。幼儿注意的稳定性有如下几个特点：

1. 幼儿注意的稳定性比较差

幼儿注意的稳定性比较差，但随着幼儿年龄的增长其注意的稳定性逐渐提高。幼儿在不同的年龄阶段，其注意的稳定性是有明显差异的。

幼儿的注意稳定性比较差，与幼儿的自制能力差有密切关系。我们不能用成人的标准来要求幼儿长时间地注意一个事物。在设计活动、组织活动时，不应太单调、时间太长。

(1)活动中影响幼儿注意稳定性的因素

①对象本身的特点。如果注意对象内容丰富，复杂多变，注意就容易稳定。反之，那些内容贫乏、单调和静止的对象，就难于维持稳定的注意。

②活动的内容及活动的方式。在复杂而持续时间长的活动中，必须适当变化活动的内容和方式，才能维持稳定的注意。

③主体状态。一个意志坚强、善于控制自己的人，一个对事物抱有积极态度、对活动内容有着浓厚兴趣、对目的任务明确的人，能和各种干扰做斗争，保持稳定的注意。反之，如果一个人意志薄弱，对活动的目的任务不明确，缺乏兴趣，或处于身体有病、失眠、过度疲劳或心境不佳等不正常的状态，就难于使注意保持稳定。

(2)培养幼儿注意稳定性的方法

①提供新颖、生动的注意对象；②开展游戏化的活动；③结合操作化的活动。

2. 幼儿注意的稳定性存在明显的年龄差异

幼儿注意的稳定性存在年龄差异，年龄不同，注意的稳定性也不相同。在良好的教育环境下，3岁幼儿能集中注意3～5分钟，4岁幼儿能集中注意10分钟，5～6岁幼儿能集中注意15分钟左右。如果教师组织得法，5～6岁幼儿可集中注意20分钟。研究表明：游戏是幼儿最感兴趣的活动形式，在游戏条件下，幼儿注意稳定的时间比一般条件下，特别是比枯燥的实验室条件下长得多。

考点3　注意的转移

注意的转移是人们根据新的活动任务，及时、有意地调换注意对象，即把注意从一个对象转换到另一个对象上。注意的转移可以发生在同一活动的不同对象之间，也可以发生在不同活动之间。注意转移的快慢和难易，依赖于前后活动的性质、关系以及人们对它们的态度。如果前一种活动中注意的紧张度高，两种活动之间没有什么内在联系，或者主体对前一种活动特别感兴趣，注意的转移就困难而且缓慢。反之，就容易且迅速。例如，幼儿刚玩过激烈的竞赛游戏，马上坐下来学计算，注意就很难转移过来。

注意的转移与分心不同。转移是主动的，是主体根据任务需要，自觉地将注意指向新的对象或新的活动；分心是被动的，是受到无关刺激的干扰而使注意离开活动任务。幼儿易分心，不善于根据任务的需要灵活地转移注意。随着儿童活动目的性的提高和言语调节机能的发展，幼儿逐渐学会主动转移注意。

考点4　注意的分配

在同一时间内，把注意分配到两种或几种不同的对象与活动上，这就是注意的分配。如幼儿一边唱歌，一边跳舞；同学们一边记笔记，一边听老师讲课等都是注意的分配。幼儿注意的稳定性受外界因素的影响较大，其注意的分配能力比较差。

在良好的教育条件下，随着年龄的增长，幼儿注意分配的能力逐渐提高。例如，3岁幼儿自己活动时，顾及不到别人，所以只能自己单独玩；4岁幼儿则可以和别的小朋友们联合做游戏；5～6岁幼儿就能参加较复杂的集体游戏和活动，并能和其他小朋友协调一致。

作为幼儿教师，在工作中需要有注意分配的能力才能把工作做好。例如，教师在组织幼儿做操时，既要注意向全班幼儿发出指令，又要注意到个别幼儿的表现。幼儿园里孩子多，情况变化多端，幼儿又活泼好动，作为幼儿教师既要注意孩子的活动与安全，又要注意自己的教育活动。如故事不能讲错，动作要做对，边教唱歌曲边弹琴等，都是需要我们进行注意的分配，以便顺利地组织幼儿进行活动，并保证幼儿的安全。因此，注意的分配能力是幼儿教师工作所必备的心理素质条件。

真题面对面

[2017统考，单选]在音乐教学活动中，幼儿教师可以一边唱歌，一边弹琴。这体现的注意特性是(　　)

A. 选择性　　B. 稳定性　　C. 广度　　D. 分配

答案：D

六、幼儿注意分散的原因和防止措施

注意的分散是与注意的稳定相反的一种状态，它是指幼儿的注意离开了当前应该指向的对象，而被一些与活动无关的刺激物所吸引的现象，俗语叫作分心。

考点1　幼儿注意分散的原因

幼儿的无意注意占优势，自我控制能力差，注意力容易分散，这是幼儿注意比较突出的一个特点。一般来说，引起幼儿注意分散的原因有以下几点：

注意的分散与注意的稳定

1. 连续进行的单调活动

幼儿如果长时间处于单调的活动状态下，容易发生疲劳。例如，连续在很长时间教幼儿一首较长的儿歌，让幼儿长时间坐在那里跟着老师学。幼儿就容易由于疲劳而分心。因此，幼儿园在组织幼儿活动时，活动不能太单调，形式要多样化，而且，活动时间不能超过各幼儿年龄阶段所适合的时间。

2. 缺乏严格的作息制度

幼儿园应与家长经常联系，共同保证幼儿的生活合理、有规律，养成良好的生活习惯，从而使幼儿精力充沛地游戏和活动，并且防止幼儿注意的分散。

3. 无关刺激的干扰

幼儿很容易被新异、多变、强烈的刺激物所吸引，这些都容易使幼儿的注意分散。例如，幼儿正在听老师讲故事，教室里突然响起了清脆的鸟叫声，不少幼儿就会转头去注意教室里的鸟笼子。这就引起了幼儿注意的分散。这一点与我们前面讲到的引起幼儿无意注意的因素是一致的。

无关刺激的干扰引起幼儿注意的分散，也就是引起了幼儿的无意注意。因此，恰当地避免无关刺激的干扰在组织幼儿的活动中显得非常重要。

4. 注意转移的能力差

幼儿注意的转移还不灵活，他们往往不能根据活动的需要及时将注意集中在当前应该注意的事物或活动上。幼儿由于被前面内容的吸引而长时间地受到影响，注意难以迅速地调整到新的活动上去。因而幼儿在从事新的活动时，心里还“惦记”着前一个事物，出现了注意的分散。因此，教师要善于组织幼儿活动，适当安排，有效地引导幼儿将注意保持在当前的活动上。

5. 无意注意和有意注意没有灵活并用

虽然幼儿的注意以无意注意为主，但是两种注意在活动过程中是相互补充、交替进行的。教师在组织幼儿活动时，如果只用新异刺激来引起幼儿的无意注意，当新异刺激失去新异性时，幼儿便不再注意；如果只调动幼儿的有意注意，让幼儿长时间主动集中注意，则很容易引起身体疲劳，注意涣散。

6. 目的要求不明确

有时教师对幼儿提出的要求不具体，或者活动的目的不能被幼儿理解，也是引起幼儿注意分散的原因。幼儿在活动中常常因为不明确应该干什么，左顾右盼，注意力动摇，影响从事活动的积极性。

因此，教师在组织幼儿活动时，应设法使活动的方式与内容适合幼儿的特点，在可能的情况下增强活动的趣味性，以减少幼儿的疲劳；同时，也要引导幼儿集中注意坚持活动，培养幼儿的有意注意，防止其注意的分散。

考点 2　防止幼儿注意分散

针对幼儿注意分散的原因，教师应采用适当措施防止注意分散。

1. 防止无关刺激的干扰

游戏时不要一次呈现过多的刺激物；上课前应先把玩具、图书等收起、放好；上课时运用的挂图等教具不要过早呈现，用过应立即收起；对年幼的幼儿不要出示过多的教具。教师本身的装束要整洁大方，不要有过多的装饰，以免分散幼儿的注意。

2. 制定合理的作息制度

制定合理的生活起居制度，使幼儿有充分的睡眠和休息。

3. 养成良好的注意习惯

成人应培养幼儿“集中注意学习”“集中注意做事”的良好习惯。使他们在学习或参加其他活动时不要随便行动或漫不经心，成人这时也不要随便使唤他做事或打扰他，使幼儿在实践活动中养成集中注意的习惯。

4. 适当控制幼儿的玩具和图书的数量

这里不是指购买的数量，而是阶段时间内提供给幼儿的数量。

5. 使幼儿明确活动的目的和要求

在活动前，教师或家长应向幼儿提出明确的活动目的和要求。幼儿对活动的目的要求越明确，注意的有意性越强，越容易保持注意。

6. 灵活地交互运用无意注意和有意注意

教师可以运用新颖、多变、强烈的刺激，激发幼儿的无意注意。但无意注意不能持久，而且学习等活动也不是只靠无意注意就能完成的，因而还要培养和激发幼儿的有意注意。教师可向幼儿讲明学习本领和做其他活动的意义和重要性，说明必须集中注意的道理，使幼儿逐渐能主动地集中注意。即使对不感兴趣的事物也能努力注意，自觉地防止分心，教师应灵活运用两种注意形式，交替运用，使幼儿能持久地集中。

7. 提高教学质量

教师要积极提高教学质量，这是防止幼儿注意分散的重要保证，教师要多方面改善教学内容，改进教学方法。

8. 对幼儿进行有意注意的训练

这一点应该贯穿在日常生活的各个环节，在来幼儿园的路上，要求家长引导幼儿注意马路上的行人、车辆、道路两旁的植物等，特别是季节变化时，让幼儿注意以上事物和现象的变化。来到幼儿园，教师组织幼儿围绕在路上的所见所闻进行谈话；入园时，教师引导幼儿注意观察自然角内喂养的小蝌蚪、蚕宝宝有什么变化，如果能经常这样坚持反复要求和训练，就能使得幼儿逐渐形成一种专心做事的意识和习惯，提高自觉调节、控制自己注意方向的能力。

考点大默写

1. 注意的两个特点是__________与__________。
2. 小明从始至终地都能听老师讲故事，为了完成活动，小明能努力控制自己不做别的事。小明的这种注意类型是__________。
3. 天空中过往飞机的轰鸣引起儿童不由自主的注意，这种注意类型是__________。
4. 3~6岁幼儿注意的特点是__________占优势，__________逐渐发展。
5. 小班幼儿有意注意的时间一般是__________分钟。
6. 幼儿园李老师上音乐课时，一边弹琴，一边组织孩子们按音乐节奏做出各种动作，李老师的行为体现的注意的品质是__________。
7. 注意的广度也叫注意的__________，它是指一个人在同一时间内能够清楚地察觉和把握对象的数量。
8. 注意力在同一活动范围内所维持的时间长短指的是__________。
9. 注意的__________是人们根据新的活动任务，及时、有意地调换注意对象，即把注意从一个对象转换到另一个对象上。

【参考答案】

1. 指向性；集中性　2. 有意注意　3. 无意注意　4. 无意注意；有意注意　5. 3~5　6. 注意的分配
7. 范围　8. 注意的稳定性　9. 转移

第二节　学前儿童感知觉的发展

一、感知觉的概念

考点1　感觉的概念

感觉是人脑对直接作用于感觉器官的客观事物的个别属性的反映。如讲台，它具有色、形、凉、滑、硬等属性，这些个别属性在我们头脑中的反映，就是感觉。

感觉除了反映客观事物的个别属性（如颜色、声音、味道、气味、温度等各种属性），也反映我们机体各部分的运动情况和状态。如我们可以感觉到身体的姿势，四肢的运动，以及自身的不舒服等。

考点2　知觉的概念

知觉是人脑对直接作用于感受器官的客观事物的整体属性的反映。它和感觉一样，都是对直接作用于脑的客观事物的反映，但又有区别：感觉是对事物的个别属性的反映，而知觉却是对事物的整体属性的反映。

考点3 感觉和知觉的关系

	感觉	知觉
区别	反映事物的个别属性	反映事物的整体属性
	仅依赖于个别感觉器官的活动	依赖于多种感觉器官的联合活动
	受感觉系统的生理因素影响	受感觉系统的生理因素、人的过去经验、心理特点的制约
联系	(1)二者都是刺激物直接作用于感觉器官而产生的,都是我们对现实的感性反映形式; (2)都是人类认识世界的初级形式,反映的都是事物的外部特征和外部联系	

二、学前儿童感知发展的主要阶段

学前儿童感知的发展,大致可以分为以下阶段:

1. 原始的感知阶段

儿童最初的感知能力是与生俱来的。例如,许多无条件反射就是依靠触觉进行的。新生儿已经有了味觉和嗅觉。这些最初的感觉是生理性活动,同时又是原始的心理活动。

2. 从知觉的概括向思维的概括过渡阶段

出生后第一年,知觉的恒常性——知觉的概括,在婴儿认识事物的活动中起主要作用。例如,婴儿分辨亲人和陌生人,依靠的是对不同人脸的初步的概括性反映,这是知觉水平的概括。1岁以后随着语言的萌芽和发展,反映客观事物的概括性水平逐渐提高。婴儿对事物的知觉逐渐和具体表象联系起来,由此逐渐开始出现对物体形状、大小、空间和时间关系的复杂知觉。2岁左右,当婴儿的语言和思维真正发生时,对事物认识的概括性水平,逐渐从知觉的概括向思维的概括过渡。

3. 掌握感知标准和观察方法阶段

3岁以后,儿童对物体的感知渐渐和有关概念联系起来。例如,对颜色的知觉,已经不停留在对射入眼帘的光线波长的反映,而把它归入某种颜色的类别,并且能够学会叫出颜色的名称。例如,幼儿会说:“像桔子那样的颜色。”或说出:“橙色。”对物体的形状也是如此。幼儿对于空间和时间的感知,也逐渐学会用社会上惯用的概念来代表,即所谓掌握“感知标准”。例如,对“上午”“下午”时间的认识,已经不是单纯的时间知觉,而是掌握了时间概念。掌握感知标准的活动和思维活动已不可分割。

与此同时,幼儿感知活动的目的性也逐渐提高,形成了观察的能力。4~5岁以后,能够逐渐有意识地支配自己的感知活动,掌握了观察方法。

三、幼儿感知觉发展的主要特征

考点1 视觉的发展 【单选】 ★★

幼儿视觉的发展主要表现在两个方面:视敏度(视觉敏锐度)的发展和颜色视觉的发展。

1. 视敏度

视敏度即视觉敏锐度,是指人分辨细小物体或远距离物体细微部分的能力,也就是人通常所称的视力。

有人认为,年龄越小,视力越好,此话对幼儿来说,并非如此。随着幼儿年龄的增长,视敏度在不断提高,但发展速度不是均衡的。5~6岁与6~7岁的幼儿视敏度水平比较接近,而4~5岁与5~6岁幼儿的视敏度水平相差很大。

2. 颜色视觉

颜色视觉指区别颜色细微差异的能力,也称辨色力。幼儿期,颜色视觉的发展主要表现在区别颜色细微差别能力的继续发展。与此同时,幼儿期对颜色的辨别往往和掌握颜色名称结合起来。据实验研究,幼儿的颜色视觉发展有如下特点:

幼儿初期(3~4岁),已能初步辨认红、橙、黄、绿、蓝等基本色,但在辨认紫色等混合色和蓝与天蓝等近似色时,往往较困难,也难以说出颜色的正确名称。

幼儿中期(4~5岁),大多数能认识基本色,近似色,并能说出基本色的名称。

幼儿晚期(5~6岁),不仅能认识颜色,而且在画图时,能运用各种颜色调出需要用的颜色,并能正确地说出黑、白、红、蓝、绿、黄、棕、灰、粉红、紫等颜色的名称,6岁儿童在按照明度和饱和度选取相同的图片中,正确率已达80%。

幼儿期对颜色辨别力的发展,主要依靠生活经验和教育。研究表明,6岁前的幼儿基本上都喜欢亮度大的红、橙、黄色,性别差异不明显。7岁前的儿童对颜色的爱好基本上不受物体固定颜色的影响,7~8岁是转折期。

真题面对面

[2021临海,单选]宽宽能正确说出红、蓝、绿、棕、灰、粉红、紫等颜色名称,并能在按明度和饱和度选取图片中有较高正确率,宽宽可能是(　　)儿童。

A. 托班　　B. 小班　　C. 中班　　D. 大班

答案:D

考点2　听觉的发展

1. 听觉敏度

新生儿出生后就能听到声音,但听觉阈限在最好的情况下也比成人高10~20分贝,最差时要比成人高40~50分贝。随着年龄的增加,婴儿的听觉阈限逐步下降。4岁至7岁的儿童对纯音的听觉敏度不同于成人的听觉敏度。相比之下,在不同的频率上,儿童的音阈限值比成人高2~7分贝。13岁以前的儿童的听觉敏度在所有频率上都很低,在低频范围里更低一些。4~13岁儿童的音阈限的变化的大小,在低频区域内是6~7分贝,在高频区域内是2~5分贝。儿童对纯音的最低听觉阈限出现在14~19岁之间,也就是说,这一时期儿童的听力最好。

听觉除了要求"听见"声音,还要求能辨别声音的差异。差异包括声音的强度、频率、持续时间及定时。婴儿对这些差异具有一定的敏感性,最典型的反应是低频声音对婴儿的安抚作用。这种现象早在胎儿8个月时就表现出来了。胎儿对父亲的声音比对母亲的声音更容易接受。当然,婴儿的辨别不如成人精细,但其辨别能力随年龄增长而提高。

儿童对语言的听觉敏度随年龄增长而提高,其速率在不同年龄阶段各不相同。4~9.5岁期间发展较慢,以后发展相对加快。如,4~9.5岁期间,儿童的听觉阈限下降3~4分贝,而9.5~12.5岁期间,下降6~7分贝。

2. 听觉定位

婴儿的听觉定位表现出令人费解的U形发展。新生儿出生后5分钟就表现出听觉定位的能力。但2~3个月时,这一能力却消失殆尽。直到4~5个月时才再次出现。有可能早期的定位是一种皮层下的原始反射，而后来重新出现的定位能力是来自皮层相对成熟的反应，具有更多的认识功能。

3. 听觉辨别

2～3个月的婴儿能区分ba和pa，这种精细的分辨能力是先天的。如同婴儿将光谱分为四种基本类型一样，儿童也能把语音分为相应的基本语音单位。而且，婴儿会很快学会识别他经常听到的单词。4.5个月的婴儿，听到自己的名字时会转过头去，而对其他人的名字，即便是很相像的名字也不会转头。这么小的婴儿显然还不知道这名字就是他本人的，但由于经常听到而对它非常熟悉是个事实。婴儿的听觉辨别能力不仅表现在语音听觉中，也表现在音乐听觉中。值得注意的是，婴儿对语音的辨别得到经常的使用，因而这种能力得到保持，而音乐听觉如果不常使用，就会变得越来越弱。

考点3　触觉的发展

触觉是肤觉和运动觉的联合，是幼儿认识世界的重要手段。

1. 触觉的发生

儿童的触觉产生得也很早，刚出生时便有了触觉反应，许多种天生的无条件反射，如吮吸反射、防御反射、抓握反射等，都是儿童触觉的表现。再如，当新生儿的尿布湿了以后会哭闹，这其实也是儿童皮肤感到不适后的触觉反应。

2. 口腔触觉

儿童对物体的触觉探索最初是通过口腔的活动来实现的，在整个乳儿期，口腔触觉都是儿童认识世界的一种重要探索手段。儿童很早便有了口腔触觉的探索活动，并且其口腔触觉还具有辨别力。如3个月的婴儿在吸吮时，遇到熟悉的物体（如奶嘴、奶头）则逐渐降低吸吮的速度，出现习惯化现象，遇到新的物体后则又用力吸吮，出现了去习惯化现象。这说明婴儿的口腔触觉已经能够辨别熟悉和陌生的物体，具有一定的辨别力。

3. 手的触觉

随着年龄的增长，学前儿童的口腔触觉逐渐退居次要地位，取而代之的是手的触觉。儿童出生后，有本能的触觉反应，例如，抓握反射就是手的触觉的表现，这是一种无条件反射。先天的抓握反射随着婴儿的生长发育会逐渐消失。新生儿继抓握活动之后出现了手的无意性抚摸。婴儿的手无意地碰到东西，如衣服的边缘时，他会沿着边缘抚摸衣服。这是一种无意的触觉活动，也是一种早期的触觉探索。

考点4　空间、时间知觉的发展　【单选】　必背　★★★

1. 空间知觉

空间知觉包括形状知觉、大小知觉、方位知觉和距离知觉，是用多种感官进行的复合知觉。

（1）形状知觉

形状知觉是对物体形状的知觉。它依靠运动觉和视觉的协同活动。幼儿的形状知觉发展得很快。通常3岁的幼儿能区别一些几何图形。如圆形、正方形、三角形等。有的研究发现，4岁至4岁半是辨认几何图形正确率增长最快的时期。又有实验证明，5岁幼儿能正确辨别各种基本的几何图形，儿童最容易辨别的图形是圆形，幼儿叫出图形名称比辨认图形要晚。李季湄、周欣、罗秋英等人认为，幼儿认识形状由易到难的顺序是：圆形→三角形→长方形→正方形→梯形→半圆形→菱形→平行四边形→椭圆形。曹成刚、刘吉祥、张瑞平等人认为，幼儿认识形状由易

考生容易混淆幼儿认识形状由易到难的顺序，考生在做题时，注意观察考查的是哪一种说法，根据选项选择相对应的答案。

到难的顺序是:圆形→正方形→三角形→长方形→半圆形→梯形→菱形→平行四边形→椭圆形。

(2)大小知觉

大小知觉是人们对物体大小的感知能力。

2.5~3岁的孩子已经能够按语言指示拿出大皮球或小皮球,3岁以后判断大小的精确度有所提高。据研究,2.5~3岁是孩子判断平面图形大小能力急剧发展的阶段。

对图形大小判断的正确性,要由图形本身的形状而定。幼儿判断圆形、正方形和等边三角形的大小较容易,而判断椭圆、长方形、菱形和五角形的大小却有困难。

幼儿判断大小的能力还表现在判断的策略上。4~5岁的幼儿在判别积木大小时,要用手逐块地摸积木的边缘,或把积木叠在一起去比较。而6~7岁的幼儿,由于经验的作用,已经可以单凭视觉辨别出积木的大小。

(3)方位知觉

方位知觉是指对物体的空间关系和自己的身体在空间所处位置的知觉,包括辨别上、下、前、后、左、右、东、西、南、北、中的知觉。

幼儿方位知觉的发展趋势是:3岁辨别上下方位,4岁开始辨别前后方位,5岁开始能以自身为中心辨别左右方位,6岁幼儿虽然能完全正确地辨别上下前后四个方位,但以左右方位的相对性来辨别左右仍然感到困难。因此,教师在音乐、体育等教学活动中要用“镜面示范”,即从幼儿的角度来做示范动作。

考生在记忆方位知觉的发展趋势时,可以简略的对其进行概括后记忆。如3——上下;4——前后;5——自左右(以自身为中心辨别左右);6——四方位,难左右;7——辨左右。

真题面对面

1. [2021绍兴,单选]儿童开始能辨别前后方位是在(　　)

A. 3岁　　B. 4岁　　C. 5岁　　D. 7岁

2. [2021绍兴,单选]幼儿教师在示范时往往采用镜面示范,原因是(　　)

A. 幼儿以自身为中心来辨别左右的　　B. 幼儿好模仿

C. 幼儿分不清左右　　D. 幼儿看得更清

3. [2018统考,单选]幼儿开始以自身为中心辨别左右的年龄大约是(　　)

A. 3岁　　B. 4岁　　C. 5岁　　D. 6岁

答案:1. B　2. A　3. C

(4)距离知觉

距离知觉是辨别物体远近的知觉。幼儿可以分清他们所熟悉的物体或场所的远近,对于比较广阔的空间距离,他们还不能正确认识。幼儿常常不懂得近物大,远物小,近物清楚,远物模糊等感知距离的视觉信号。因此,他们画出的物体也是远近大小不分,在图画中,不善于把现实物体的距离、位置、大小等空间特性正确表现出来,不能正确判断图画中人物的远近位置。

深度知觉是距离知觉的一种。为了了解婴幼儿深度知觉的发展状况，吉布森和沃克设计了“视崖”实验。“视觉悬崖”是一种测查婴儿深度知觉的有效装置，这种装置把婴儿放在厚玻璃板的平台中央，平台一侧下面紧贴着方格图案。实验时，母亲轮流在两侧呼唤婴儿。

总之，幼儿的空间知觉有明显发展，但不精确。教师要在实践活动和教育的影响下促进幼儿空间知觉的发展。

真题面对面

[2017统考，单选]在绘画活动中，幼儿能够把现实物体的距离、位置、大小等空间特性正确表现出来，并判断图画中人物的远近位置。这说明幼儿具有了(　　)

A. 形状知觉　　B. 大小知觉

C. 方位知觉　　D. 距离知觉

答案：D

2. 时间知觉

时间知觉是对客观现象的延续性、顺序性和速度的反映。人总是通过某种衡量时间的媒介来反映时间的。任何变化速度均匀的现象都可以作为时间的标尺，其中包括外界的变化，也包括人体内部的一些生理状态。

幼儿前期，主要以人体内部的生理状态来反映时间，例如，“生物钟”即以生物节律周期来反映“时间”，到点感到饿，想要吃。幼儿期逐渐能够以外界事物作为时间的标尺。

幼儿初期，儿童不仅有生物性的时间知觉，还有了与具体事物和事件相联系的时间知觉。幼儿的时间知觉，主要是依靠生活中接触到的周围现象的变化，他们逐渐学习了借助于某种生活经验(生活作息制度、有规律的生活事件等)和环境信息反映时间。如他们理解的“早晨”就是起床、上幼儿园的时候，“下午”则是妈妈来接的时候。有时也会用一些带有相对性的时间概念，如“昨天”“明天”，但往往用错。如会说“我明天去过奶奶家了”。

幼儿中期，幼儿可以正确理解“昨天”“明天”，也能运用“早晨”和“晚上”等词，但是对较远的时间，如“前天”“后天”等，理解起来仍感困难。

幼儿晚期，在前面的基础上，又开始能辨别“前天”“大后天”等；并能学会看钟表等。但对更大或更小的时间单位，如几个月、几分钟等辨别仍感困难。

鉴于上述特点，对幼儿讲时间问题，应该结合具体事情。例如，通知他们后天看表演，要解释“后天就是睡了一个晚上，过了一天，再睡一个晚上就到了”。有规律的幼儿园生活常规，音乐、体育活动中有节奏的动作，观察自然界的规律性变化，对幼儿时间知觉的发展，都很有帮助。

真题面对面

[2021临海，单选]小米认为早上是去幼儿园的时间，下午是爸爸妈妈接小朋友回家的时间，小米是以(　　)认识时间的。

A. 自身的生理变化　　B. 自身的生活经验

C. 外界事物　　D. 时间标尺

答案：B

四、幼儿观察力的发展特点 【单选】 ★★

观察是一种有目的、有计划、比较持久的知觉过程，是知觉的高级形态。如果一个人的观察受到系统的训练和培养，就会逐渐形成稳定的个性品质——观察力。

观察力的发展在3岁后比较明显，幼儿期是观察力初步形成的时期，观察力的发展主要表现在以下几个方面：

1. 观察的目的性逐渐增强

随着年龄的增长，幼儿观察的目的性逐渐增强。任务越具体，幼儿观察的目的就越明确，观察的效果就越好。例如，让幼儿找出两幅图画的不同之处，如果明确告诉他们有几处不同，观察的效果就会显著提高。

真题面对面

[2019统考，单选]玩"找不同"游戏时，教师让幼儿重复自己的任务是什么，这有助于增强幼儿观察的(　　)

A. 持续性　　B. 目的性　　C. 概括性　　D. 整体性

答案：B

2. 观察持续的时间逐渐延长

观察持续的时间短，与幼儿观察的目的性不强有关。对于喜欢的东西，幼儿观察的时间就长些。学前期幼儿观察持续的时间随着年龄的增长显著提高。

3. 观察的细致性逐渐增加

幼儿的观察一般是笼统的，看得不细致是幼儿观察的特点和突出问题。例如，幼儿观察时，只看事物的表面和较明显的部分，而不去看事物较隐蔽、细致的特征；只看事物的轮廓，不看内在的关系。又如，6岁左右的孩子往往在认识"n"和"m""工"和"土""日"和"月"等相似符号时出现混淆。学习活动要求观察要精细，经过系统的培养，幼儿观察的细致性能够有所提高。

4. 观察的概括性逐渐增强

观察的概括性是指能够观察到事物之间的联系。据研究，幼儿对图画的观察逐渐概括化，可以分为四个阶段：(1)认识个别对象阶段，只有对图画中各个事物孤立零碎的知觉，不能把事物有机地联系起来；(2)认识空间联系阶段，只能直接感知到各事物之间的外表的、空间位置的联系，不能看到其中的内部联系；(3)认识因果关系阶段，观察各事物之间的不能直接感知到的因果联系；(4)认识对象总体阶段，观察到图画中事物的整体内容，把握图画的主题。

幼儿对图画的观察主要处于个别对象和空间联系阶段。

5. 观察方法逐渐形成

幼儿的观察，是以依赖于外部动作，向以视觉为主的内心活动发展。幼儿初期，观察时常常要边看边用手指点，也就是说，视知觉要以手的动作为指导。以后，幼儿有时用点头代替手的指点，有时用出声的自言自语来帮助观察。幼儿末期，可以摆脱外部支柱，借助内部言语来控制和调节自己的知觉。

幼儿的观察是从跳跃式、无序的，逐渐向有顺序性的观察发展。幼儿的观察是跳跃式的，东看一眼，西看一眼，不讲顺序。经过教育，幼儿能够学会有顺序地从左向右，从上到下，或从外到里进行观察。幼儿掌握观察方法，需要教师指导和培养。

五、感知觉规律及其运用

考点1 感觉的规律及其运用

1. 感觉的适应

感觉适应是指感受器在刺激物的持续作用下使感受性发生变化的现象。古语所说的"入芝兰之室,久而不闻其香;入鲍鱼之肆,久而不闻其臭"就是嗅觉的适应现象。

适应既可以表现为感受性的提高,也可以表现为感受性的降低。通常强刺激可以引起感受性降低,弱刺激可以引起感受性提高。此外,一个持续的刺激也可引起感受性的下降。例如,当一个人从光亮处走进电影院时,起初会感到伸手不见五指,要过一段时间才能慢慢看清周围的东西,这是视觉感受性提高的暗适应。反之,从暗处到光亮的地方,最初强光使人发眩,什么也看不见,但过一会儿视力就恢复了正常,这是视觉感受性降低的明适应。除了嗅觉和视觉适应外,还有味觉、肤觉等其他感觉的适应。

教师在组织教育活动和生活活动时,要有效利用幼儿的各种适应现象。由光线较强的户外进入光线较暗的室内时,要让幼儿有暗适应的过程,以避免幼儿发生摔跤、踩踏等安全事故。在让幼儿嗅闻某种气味时,不要闻得太久,以免因为适应而分辨不出。播放给幼儿听的音乐不应过响,以免幼儿的听觉感受性下降,甚至损伤听力。在教育活动中应避免单一的刺激持久作用于幼儿,否则会使幼儿对其变得不敏感,影响儿童参与活动的兴趣。

2. 感觉后像

感觉后像是指外界刺激停止作用后,还能暂时保留一段时间的感觉现象。电灯灭了,眼睛里还有灯泡的形象;声音停止,耳朵里还有余音在萦绕,这些都是感觉后像。感觉后像分为正后像和负后像。与刺激物的性质相同的感觉后像是正后像,比如灯灭后留下的视觉后像还是亮的灯。与刺激物的性质相反的感觉后像是负后像,比如灯灭后留下的视觉后像是亮背景下的暗灯泡的形象。彩色的负后像是刺激色的补色。如果视觉刺激呈现的频率达到一定程度,则后像会使这些断续的刺激引起连续的感觉,这种现象叫作闪光融合现象。

感觉后像现象在生活中十分常见,电影、动画及闪烁的霓虹灯利用的都是人的视觉后像。正是因为有视觉后像存在,我们才能将不连续的运动看成连续的。当然,后像也有不利的一面,在一些需要我们快速反应的活动中,后像可能会造成反应的延误。

3. 感觉的对比

感觉的对比是指同一感受器接受不同刺激而使感受性发生变化的现象。感觉对比分为同时对比和继时对比。同时对比是不同刺激物同时作用于同一感受器时产生的对比现象,而继时对比是不同刺激物先后作用于同一感受器时产生的对比现象。例如,"月明星稀",天空上的星星在明月映衬之下看起来显得比较稀少,而在黑夜里看起来就明显地增多,这是同时对比。在吃过甜点心之后再吃苹果,苹果变得发酸;而吃了酸苹果之后再吃甜点心,点心就显得格外甜,这是继时对比。

幼儿园教师掌握感觉的对比规律对教师制作和使用直观教具、提高幼儿的感受性具有重要意义。例如,运用颜色的对比,可以使活动室的美术装饰相互衬托,在白底的贴绒教具上面贴黑色的图形很突出,但贴"淡黄"的图形却不鲜明。制作多媒体课件可以利用视觉对比,突出要演示的对象,使幼儿看得清楚,印象深刻。

4. 联觉

联觉是指一种感觉兼有另一种感觉的心理现象。联觉的形式很多,其中比较典型的是颜色感觉的联觉，即某种颜色往往兼有冷暖感、远近感和轻重感。红、橙、黄色接近于阳光、烈火的颜色，所以引起温暖的感觉，称之为暖色。宽敞的房间涂上这些颜色，就使人感觉温暖、紧凑。蓝、青、绿色接近于碧空寒水的颜色，所以引起寒冷的感觉，称之为冷色。狭小的房间涂上这些颜色，就使人感到房间凉爽、宽敞。同时，色调的浓淡带有远近感，绘画艺术上的“近山浓抹，远树轻描”就是这种心理效应的实际应用。色调的浓淡能引起轻重的感觉。深色调使人感到沉重，淡色调使人感到轻松等。

联觉的应用在建筑物色调的设计上比较多。例如，高温车间采用冷色粉刷环境，使人有凉爽感，可以起到辅助降温的作用。医院的病房也可以根据治疗的需要，选用不同的色调粉刷病房环境。紫色可使人感到镇静，就可能使孕妇心情平静一些。

5. 感觉的补偿

由于某种原因造成丧失一种感觉能力的人，他们的其他感觉能力会由于代偿而得到特殊的发展，心理学称这种现象为感觉补偿。例如，有的盲人的听觉感受性比较高，他们能凭树叶碰击发出的声音来辨别树的种类，能凭脚步声的回音来判断障碍物的距离；有的盲人嗅觉特别灵敏，能“以鼻代目”来认人；有的聋哑人视觉高度发达，可以“以目代耳”与别人对话。

真题面对面

[2023永康，单选]学前儿童的感受性具有一定的变化规律，其中用来描述外界刺激停止作用后，还能暂时保持一段时间的感觉现象是(　　)

A. 感觉适应　　B. 感觉对比　　C. 感觉补偿　　D. 感觉后像

答案：D

考点2　知觉的规律及其应用

1. 知觉的选择性

作用于人的客观事物是纷繁多样的，但人不可能对客观事物全部清楚地感知到，只能根据需要选择少数事物作为知觉的对象，这种特性称为知觉的选择性。被选择的就成为知觉的对象，没有被选择的就成为背景。

在幼儿园的教学活动中，由于孩子自觉寻找知觉对象的能力有限，因此，教师要根据教学目的，引导全班幼儿选择共同的知觉对象。对象从背景中分离出来，受到以下几种条件的影响：

(1)对象与背景的差别

对象与背景的差别越大，对象越容易从背景中区别出来；反之，对象则容易消失在背景之中。例如，绿树中找红花容易，而在绿草中找青蛙就很困难。教师要根据一定的教学目的，适当运用对象与背景关系的规律。例如，为了让幼儿观察红花，就以绿树为背景；为了提高儿童的观察力水平，就让幼儿从绿草中寻找青蛙。根据这个规律，教师的板书、挂图和实验演示，应当突出重点，加强对象与背景的差别。对教材的重点部分，应使用粗线条、粗体字或彩色笔，使它们特别醒目，容易被幼儿知觉到。教学指示棒与直观教具的颜色不要接近。

(2)对象的活动性

在固定不变的背景上，活动的刺激物容易被知觉为对象。婴幼儿爱看活动的东西，与此规律有关。根据这个规律，教师应当尽量多地利用活动模型、活动玩具以及幻灯、录像等，使幼儿获得清晰的知觉。

(3)刺激物本身各部分的组合(相邻性原则)

在视觉刺激中,凡是距离上接近或形态上相似的各部分容易组成知觉的对象。在听觉上,刺激物各部分在时间上的组合,即“时距”的接近也是我们分出知觉对象的重要条件。根据这个规律,教师在绘制挂图时,为了突出需要观察的对象或部分,周围最好不要附加类似的线条或图形,注意拉开距离或加上不同的色彩。凡是说明事物变化与发展的挂图,更应注意每一个图的距离,不要将它们混淆在一起。另外,教师讲课的声调应抑扬顿挫,如果教师的讲课平铺直叙,很少变化,毫无停顿之处,幼儿听起来就不容易抓住重点。

(4)教师的言语与直观材料相结合

由于词的作用可以使幼儿知觉的效果大大提高,有些直观材料,光让幼儿自己观察还不一定看得清楚,如果加上教师的讲解,幼儿就能很好地理解。因此,教师对直观材料的运用,必须与言语讲解正确结合起来。通过讲解,联系幼儿已有的知识经验,并调动其学习兴趣,才能够收到较好的效果。

2. 知觉的理解性

在知觉的过程中,人总是用过去所获得的有关知识经验,对感知事物进行加工处理,并用词把它们表示出来,知觉的这种特性就是知觉的理解性。对知觉对象的理解情况与知觉者的知识经验直接有关。例如,一张X光片,医生可以从X光片中看出身体某部分的病变情况,而一般人做不到;操作工人在机器运转的声音中能够辨别出是否有故障,而非此行业的人则无法做到。

根据知觉的理解性,教师在教学过程中,要充分利用幼儿已有的知识经验,帮助幼儿理解知觉对象,把讲解与直观材料结合起来,通过语言揭示出直观材料不够完备之处,使幼儿能深入理解直观材料的意义。

3. 知觉的整体性

知觉的对象具有不同的属性,由不同的部分组成,但是人并不把知觉的对象感知为个别的孤立部分,而总是把它知觉为一个统一的整体,这种特性称为知觉的整体性。

知觉对象作为一个整体,不是各部分的机械相加。人们对一个事物的知觉取决于它的关键性的、强的部分,非关键性的、弱的部分一般被掩蔽。例如,一首歌,无论是男高音唱还是女高音唱,是童声唱,还是老人唱,人们都会把它知觉为同一首歌,而一旦改变其旋律就会成为另一首歌。在这里,不同的音色、音调不是一首歌的关键性部分,只有歌曲的旋律才是决定一首歌的关键因素。

幼儿的知识经验很肤浅,为提高他们的知觉效果,教师应指点他们在观察事物时把注意力放在事物的关键性特征上。在教学中要使幼儿获得整体性知觉,就要让幼儿运用眼、耳、口、手多种感官进行感知,从不同角度去认识。对事物属性、各部分的感知愈丰富、愈细致,对事物的整体性知觉就愈正确、愈完整。

4. 知觉的恒常性

当知觉的条件在一定范围内改变的时候,知觉的映象仍然保持相对不变,这就是知觉的恒常性。恒常性在视觉中最为明显,表现在大小、形状、亮度、颜色等方面。皮亚杰指出,形状恒常性大约出现在婴儿出生后的第9个月,而大小恒常性则在第6个月出现。例如,阳光照射下的煤块的亮度远远大于黄昏时粉笔的亮度,但我们仍然认为煤块是黑色的,这就是亮度恒常性。幼儿坐在第一排座位上看老师与坐在最后一排座位上看老师,在他们视网膜上的影像大小不一,但幼儿总是把老师看成是有特定大小的形象,这就是大小恒常性。无论你在教室的哪个地方看教室的门,也无论教室的门是开着的还是关着的,你总把教室的门看成是长方形的,这就是形状恒常性。

知觉的恒常性对人的生活有很大作用。它使人在知觉条件发生一定变化时,仍能按照事物的实际面貌对它做出反应,从而能够根据对象的实际意义来适应环境。如果不具有知觉的恒常性,那么,在不同的情景下,每一认识活动,每一反应动作,都必须经过一番新的学习和适应过程,实际上也就使适应变得不可能了。

★★ 考点大默写 ★★

1. "外行看热闹,内行看门道"体现了知觉的___________。
2. ___________是人脑对直接作用于感觉器官的客观事物的个别属性的反映;___________是人脑对直接作用于感觉器官的客观事物的整体属性的反映。
3. 人把直接作用于感官的客观事物的各种属性或各个部分作为整体反应的知觉特征叫作知觉的___________。
4. 一面红旗不管是在白天或晚上,人们都会把它知觉为红色,这是知觉的___________。
5. 看到黑色让人产生沉重的感觉,听见铁皮刮擦水泥地的声音令人头皮发麻。这些现象符合感觉规律中的___________。
6. ___________岁的幼儿已能初步辨认红、橙、黄、绿、蓝等基本色,但在辨认紫色等混合色和蓝与天蓝等近似色时,往往较困难,也难以说出颜色的正确名称。
7. ___________岁的幼儿在判别积木大小时,要用手逐块地摸积木的边缘,或把积木叠在一起去比较。
8. 吉布森和沃克进行的"视崖"实验被称为发展心理学的经典实验之一,是一项旨在研究幼儿___________的实验。
9. 幼儿期对颜色的辨别往往和掌握颜色的___________结合起来。
10. 在儿童方位知觉发展的过程中,___________岁开始能以自身为中心辨别左右方位。
11. 在吃过甜点之后再吃苹果,苹果变得发酸。这是感觉的___________对比。

【参考答案】

1. 理解性　2. 感觉;知觉　3. 整体性　4. 恒常性　5. 联觉　6. 3~4　7. 4~5　8. 深度知觉　9. 名称　10. 5　11. 继时

第三节　学前儿童记忆的发展

一、记忆的概念及基本环节 【单选】 ★★

记忆是人脑对过去经验的反映,是一种较为复杂的心理过程。记忆包括识记、保持、再认或回忆三个基本环节。

(1)识记:识别和记住事物,从而积累知识经验的过程。

(2)保持:巩固已获得知识经验的过程。

(3)再认或回忆是在不同情况下恢复经验的过程。

①再认:识记过的事物重新出现时,感到熟悉,确知是以前感知过或经历过的。例如,小明跟随妈妈逛商店,指着货架上的几种玩具,告诉妈妈:"我们幼儿园也有这样的玩具!"又如,在听到一支歌曲时,幼儿高兴地说:"妈妈,我也会唱,老师教过我们!"这都是再认。

②回忆:回忆又称为再现或重现,是指识记过的事物并没有再次出现,由于其他事物的影响而使这些事物在头脑里呈现出来的过程。例如,客人请小朋友唱歌,小朋友就唱起了"我爱北京天安门"。这就是回忆。

识记、保持、再认或回忆之间的关系是极为密切的。识记和保持是再认或回忆的前提,而再认或回忆是识记和保持的结果和证明,并能进一步巩固和加强识记和保持。

真题面对面

[2020宁波,单选]可可的妈妈让可可认图片,第二天可可妈妈又新增加了一些图片,让幼儿区分哪些是昨天的,哪些是今天的。这种记忆现象在心理学上叫作(　　)

A. 识记　　B. 再认　　C. 回忆　　D. 保持

答案:B

二、学前儿童记忆的发生与发展

考点1　胎儿的听觉记忆

研究发现,如果把记录母亲的心脏跳动的声音放给婴儿听,婴儿会停止哭泣。研究者解释说,这是因为婴儿感到他们又回到了熟悉的胎内环境里。由此认为,胎儿已经有了听觉记忆。关于七八个月胎儿音乐听觉的研究,也得出类似结论。可见,胎儿末期,听觉记忆确已出现。

考点2　新生儿记忆的表现　【名词解释】★★

新生儿时期记忆主要表现在以下两个方面:

(1)建立条件反射。新生儿记忆的主要表现之一是对条件刺激物形成某种稳定的行为反应(即建立条件反射)。

(2)对熟悉的事物产生"习惯化"。新生儿记忆的另一表现是对熟悉的事物产生"习惯化":一个新异刺激出现时,人(包括新生儿)都会产生定向反射——注意它一段时间。如果同样的刺激反复出现,对它注意的时间就会逐渐减少,甚至完全消失。随着刺激物出现频率的增加而对它的注意时间逐渐减少甚至消失的现象,心理学家称之为"**习惯化**"。习惯化可以作为一种方法和指标来了解新生儿的感知能力,看他能否发现刺激物的差别;也可以用来调查其记忆能力,看他对刺激物的熟悉程度。

真题面对面

[2017统考,名词解释]习惯化

答案:详见内文

考点3　婴儿记忆的表现

婴儿期的记忆主要是再认形式。明显的再认出现在6个月左右。这时,婴儿开始"认生",即只愿意亲近妈妈及经常接触的人,陌生人走近会使孩子感到不安。

婴儿末期,"回忆"的形式开始萌芽,1~2岁时才逐渐出现。

再认先于回忆发生,是由于二者的活动机制不同。再认依靠的是感知,回忆依靠的是表象。感知是幼儿自出生以后就已经具有或开始发展的,而表象则在1岁半至2岁才开始形成。另外,感知的刺激是在眼前的,立即可以引起记忆痕迹的恢复;而表象的活动,还有待儿童在头脑中进行搜索。

三、记忆的分类

考点1　根据记忆的内容,分为运动记忆、情绪记忆、形象记忆和语词记忆

1. 运动记忆

运动记忆是指个人以过去经历过的身体运动或动作形象为内容的记忆。如幼儿对叠被子动作要领的记忆,对舞蹈动作的记忆,对学习骑自行车的记忆等。

2. 情绪记忆

情绪记忆是指个人以曾经体验过的情绪或情感为内容的记忆。如考试中紧张情绪的记忆，在独自一人时的害怕情绪，幼儿在与伙伴游戏时体会到的快乐情绪等。

3. 形象记忆

形象记忆是指个人以感知过的事物的具体形象为内容的记忆。如人们心目中对于曾经照顾自己的爷爷、奶奶的形象，童年中对老师、伙伴的印象等。形象记忆不仅是指视觉上的，听觉、触觉、嗅觉、味觉同样都可以开展形象记忆，如我们听过的音乐、品尝过的美食、触摸过的物体等都是形象记忆。幼儿的形象记忆是依靠表象进行的，其中起主要作用的是视觉表象。

4. 语词记忆

语词记忆是指个人对各种有组织的知识为内容的记忆，又称为语词逻辑记忆。如对某个生物概念、物理定理、化学公式、文章诗句的记忆。

考点 2　根据记忆的保持时间，分为瞬时记忆、短时记忆和长时记忆

1. 瞬时记忆（感觉记忆）

瞬时记忆是指在客观刺激停止作用后，记忆印象在头脑中大约只能保持在0.25～2秒的记忆。最明显的就是视觉瞬时记忆，我们看到的电影就是利用这一原理进行展示的，听觉瞬时记忆的时间略长，但也不超过4～5秒。

2. 短时记忆

短时记忆是指获得的信息在头脑中贮存不超过1分钟的记忆。如电话接线员接线时对用户号码的记忆就是短时记忆。当他们接完线后，一般来说不再把号码保持在头脑里。

3. 长时记忆

长时记忆是指获得的信息在头脑中贮存1分钟以上甚至保持终生的记忆。它是由短时记忆经过加工和重复的结果。长时记忆贮存信息的数量无法划定范围，只要有足够的复习，把信息按意义加以整理、归类，整合于已有信息的贮存系统中，就能把信息保持在记忆中。

考点 3　按照记忆的意志性和目的性，分为无意记忆和有意记忆

1. 无意记忆

无意记忆指获得的信息在头脑中贮存的是没有预定目的，不需要意志努力，也不采用任何专门有效的方法所进行的记忆。例如，看到一个很好笑的笑话而感到愉悦的情绪，日常生活中一些偶然的事件，都有可能被自然而然地记住，这种识记事前并无明确的目的，也没有相应的记忆方法和步骤，是一种被动的记忆。

2. 有意记忆

有意记忆是有预定目的，必要时需要意志努力的参与，并且采用一定的方法和步骤的记忆。有意记忆是积累系统的知识经验、动作技能的主要途径，这种记忆方法使人的记忆内容和信息更为全面、系统、完整、实用。例如，我们要学习一篇课文并将其背诵出来，幼儿要学会一套广播体操等都属于有意记忆。这是一种复杂的智力活动和意志活动，它在一切人的活动，特别是学习活动中占有极其重要的地位。

考点 4　按照记忆的理解程度，分为机械记忆和意义记忆

1. 机械记忆

机械记忆是指根据事物的外部联系或者表现形式，主要依靠机械重复的方式而进行的记忆，如通过一遍遍地复述来记忆小说名字。

采用机械记忆的材料一般有两种情况。一是材料本身有意义，但由于太过深奥、抽象，识记者一时难以理解，只能用机械重复的方式去记忆。例如，对于某些高难度的定理、公式等死记硬背。二是材料本身并无任何联系，只能靠机械记忆来记住，如历史学年代、人名、地名、电话号码等。

2. 意义记忆

意义记忆指在对材料内容理解的基础上，通过材料的内在联系或者新旧知识、经验之间的联系而进行的记忆。

意义记忆一般有两种表现形式。一是材料本身有意义，识记者能够理解其意义。例如，人们对于已经学会的课文、化学反应规律、物理学原理等的记忆。二是材料本身不具有内在意义，但识记者可以通过特殊方法或联想人为赋予材料某种意义，便于识记者结合固有的经验进行记忆。

考点5　根据信息加工处理的方式不同，分为陈述性记忆和程序性记忆

1. 陈述性记忆

陈述性记忆是指对有关事实和事件的记忆。如最喜欢的人的名字、最喜欢吃的饭店的位置、某个名词解释、定理定律等。这种类型的记忆可以通过语言传授而一次性获得，并且提取这种记忆时往往需要意识的参与。例如，入园时的自我介绍。

2. 程序性记忆

程序性记忆是指如何做事情的记忆。如电脑打字、写字、骑自行车等。它们主要被存储在小脑中。这种类型的记忆往往需要通过多次尝试才能逐渐获得，并且利用这种记忆时往往不需要意识的参与。例如，弹钢琴。

四、学前儿童记忆的发展趋势 【单选】 必背 ★★★

考点1　记忆保持时间的延长

记忆保持时间是指从识记材料开始到能对材料再认或回忆之间的间隔时间，也称为记忆的潜伏期。儿童记忆保持的时间长度可以从再认或回忆的潜伏期来看。再认或回忆的潜伏期都随着年龄的增长而增长。

短时记忆和长时记忆，表明了记忆保持时间的不同。儿童最初出现的记忆属于短时记忆。长时记忆出现和发展稍晚。

短时记忆是指一分钟以内的记忆。例如，你从朋友那里听来一个电话号码，马上根据记忆来拨号，过后就记不住了。

长时记忆是指从一分钟以上直到许多年甚至终身保持的记忆。长时记忆是对短时记忆反复加工的结果。也就是说，对短时记忆进行重复，短时记忆就会成为长时记忆。

短时记忆比长时记忆出现得早和儿童大脑发育，即记忆生理基础的成熟有关。短时记忆的痕迹是机能性的。长时记忆的痕迹是结构性的，即有关的神经组织发生了结构性的变化。

在儿童记忆保持时间的发展中，存在一些独特的现象：

1. 幼年健忘

幼年健忘是指3岁前儿童的记忆一般不能永久保持。有研究者认为这种现象与儿童脑的发育有关。

2. 记忆恢复（回涨）现象

记忆恢复（回涨）现象是指在一定条件下，学习后过几天测得的保持量比学习后立即测得的保持量要高。

产生记忆恢复(回涨)现象的原因可能是儿童的神经系统还比较弱,刚识记时接受大量的新异刺激,神经系统疲乏了,便转入抑制状态,所以不能马上恢复,过了一段时间后,经过休息便能回忆出来。

真题面对面

[2019统考,单选]学前儿童学习某种材料后,相隔一段时间所测量到的保持量,比学习后立即测量到的保持量要高。这种特有的记忆现象是(　　)

A. 运动记忆　　B. 外显记忆

C. 记忆恢复(回涨)现象　　D. 情绪记忆

答案:C

考点2　记忆容量的增加

1. 记忆广度

记忆广度是指在单位时间内能够记忆的材料的数量。这个数量是有一定限度的。一般人的记忆广度为7±2个信息单位。所谓信息单位,是指彼此之间没有明确联系的独立信息,这种信息单位称为组块。

儿童记忆广度的增加受生理发育的局限。儿童大脑皮质的不成熟,使他在极短的时间来不及对更大的信息量进行加工,因而不能达到成人的记忆广度。

记忆广度对记忆容量有一定的影响,但记忆容量的大小主要不取决于记忆广度的大小,而取决于把实际材料组织加工,并使之系统化的能力。因为每个信息单位内部的容量是不同的,加工能力强的,单位容量就大。

2. 记忆范围

记忆范围的扩大是指记忆材料种类的增多,内容的丰富。由于儿童动作的发展,和外界交往范围的扩大以及儿童活动的多样化,他们的记忆范围也随之越来越大。

记忆范围的扩大,不仅表现在能记忆更多的材料,而且还表现为儿童能对已学得的知识、经验进行系统化,逐渐形成知识结构。

3. 工作记忆

工作记忆是指在短时记忆过程中,把新输入的信息和记忆中原有的知识经验联系起来的记忆。新旧知识相联系后,可使储存的新信息内容或成分增加。儿童形成工作记忆以后,可以在30秒左右的短时间内获得更多的信息。随着年龄的增长,工作记忆的能力越来越提高。有研究让儿童看一系列图片,起初出现的是画面非常模糊难以辨认的,然后是画面越来越清晰的。在4~19岁的被试中,再认图片的平均时间随着年龄增长而缩短,其中4~5岁之间再认的进步最大。

总之,儿童记忆容量的增加,主要不在于记忆广度的扩大,而在于把识记材料联系和组织起来的能力有所发展。正是这种能力,使儿童能够识记并保持更多的范围、更广的知识和经验。这种观点可以解释下列事实:在幼儿园的同一个班上,同一年龄的两个孩子,经测验,甲的记忆广度为9,乙则只有5,可是平时学习成绩和一般动作水平,乙都比甲好。

考点3　记忆内容的变化

从记忆的内容看,记忆可以分为运动记忆、情绪记忆、形象记忆和语词记忆。幼儿记忆内容也有随年龄变化的客观趋势。

从儿童这几种记忆发生发展的顺序来看,最早出现的是运动记忆(出生后2周左右),然后是情绪记忆(6

个月左右)，再后是形象记忆(6~12个月左右)，最晚出现的是语词记忆(1岁左右)。儿童这几种记忆的发展，并不是用一种记忆简单代替另一种记忆，而是一个相当复杂的相互作用的过程。

考点4 记忆的意识性与记忆策略的形成

1. 记忆意识性的发展

随着年龄的增长，儿童记忆意识性开始逐渐萌芽、发展。有意记忆的出现意味着记忆意识性的萌芽，而元记忆的发展则意味着记忆意识性发展到了一个新的阶段。

元记忆的发展是指儿童对自己的记忆过程的认识或意识的发展，它包括以下几个方面：(1)明确记忆任务，包括认识到记忆的必要性和了解需要记忆的内容；(2)估计到完成任务过程中的困难，努力去完成任务，并选择记忆方法；(3)能够检查自己的记忆过程，评价自己的记忆水平。

2. 记忆策略的形成

(1)儿童记忆策略的发展阶段

记忆策略是指能够增强记忆效果的方法。记忆有意性的发展和记忆策略的形成有密切联系。可以说，儿童有了自觉完成记忆任务的意识以后，也就产生了运用记忆策略的要求，并且在实践中逐渐形成运用记忆策略的能力。在儿童记忆活动的各个阶段，都可以运用记忆策略。不同年龄的记忆能力差异，主要与他们使用记忆策略的能力有关。一般来说，记忆策略的发展具有三个特征：一是记忆策略产生于使人对记忆材料做最佳加工的作业中；二是记忆策略首先出现在材料易于使用的情况下；三是随着儿童年龄和知识经验的增长，他们可在各种情境中更为活跃地使用记忆策略。

儿童的记忆策略经历了一个从无到有的发展过程，这一过程分为四个阶段。

①无策略阶段(0~5岁)：儿童既不能自发地使用某一种记忆策略，也不能在他人的要求或暗示下使用策略。

②部分策略阶段(5~7岁)：儿童能部分地使用策略或使用一种策略的某种变式，表现为儿童在有些场合能使用记忆策略，而在另一些场合却不能使用策略。

③策略与效果脱节阶段(7~10岁)：儿童能在各种场合使用某一种策略，但记忆的效果并没有因策略的使用而提高，表现为记忆成绩滞后于策略使用的脱节现象。

④有效策略阶段(10岁以后)：儿童能熟练地运用记忆策略，并有效地提高记忆成绩。

(2)学前儿童的记忆策略

学前儿童处于无策略向部分策略发展的阶段，他们运用的记忆策略有以下几种：

①视觉复述策略

儿童在记忆过程中使用的一个最为简单的策略，就是将自己的注意力有选择地集中在所要记住的事物上，如不断地注视目标刺激，以加强记忆，这可以视为一种“**视觉复述**”。

②定位策略

儿童对目标刺激“贴上”某种特定的标签以便于记忆。海斯尔等进行了一项研究：主试让儿童将一个小物品藏在一个有196个格子的棋盘中，并要求儿童尽可能记住物品所藏的位置。结果发现，5岁以上的儿童倾向于选择那些较有特点的位置去藏物品(如棋盘的某一角落)；而3岁儿童就不会使用这种策略，但有些3岁儿童知道在同一个实验的不同次别里将物品藏在同一个位置会便于以后寻找。

③复述策略

在记忆过程中，儿童不断重复需要记忆的内容，以便准确、牢固地记住这些信息。**复述**是一个常用的有效记忆策略，也是将短时记忆转化为长时记忆的必要手段。随着儿童年龄的增长，使用复述策略的能力和复述的质量都在提高。

④组织性策略

主体在记忆过程中将记忆材料按不同的意义组织成各种类别，编入各种主题，使它们产生意义联系，或对内容进行改组，以便于记忆的方法，称为**组织性策略**。

⑤提取策略

个体在回忆过程中，将贮存于长期记忆中的特定信息回收到意识水平上的方法和手段称为**提取策略**。再认和再现都需要运用提取策略。当然，再现比再认要困难得多。儿童在记忆能力上表现出的年龄差异和个体差异，主要是由提取能力的不同而造成的。

总体来说，儿童在提取策略方面存在着年龄差异，年幼儿童在提取记忆信息的时候，对刺激出现的原本情景依赖性较大，同时也需要由他人提供的外在线索的帮助。

真题面对面

[2023宁波，单选]幼儿为了能记住自己好朋友的电话号码，一直重复这个电话号码，这种记忆策略属于(　　)

A. 组织性策略　　B. 复述策略

C. 提取策略　　D. 定位策略

答案：B

五、幼儿记忆发展的特点 【单选、简答】 必背 ★★★

幼儿的记忆和其他心理过程一样，是随着年龄的增长而逐渐发展的。以下我们从记忆的意识性(无意记忆与有意记忆)、理解性(机械记忆与意义记忆)、记忆的内容(形象记忆和词语记忆)以及记忆的发展几个方面来说明。

考点1　无意记忆占优势，有意记忆逐渐发展

幼儿记忆的基本特点是无意记忆占优势，有意记忆逐渐发展。

1. 无意记忆占优势

(1)无意记忆的效果优于有意记忆。3岁前儿童基本上只有无意记忆，他们不会进行有意记忆。(2)无意记忆的效果随着年龄增长而提高。(3)无意记忆是积极认知活动的副产物。幼儿的无意记忆，不是由幼儿直接接受记忆任务和完成记忆任务产生的，而是幼儿在完成感知和思维任务过程中附带产生的结果，是一种副产物。事实证明，幼儿的认知活动越积极，其无意记忆效果越好。

2. 有意记忆逐渐发展

有意记忆的发展，是幼儿记忆发展中最重要的质的飞跃，2～3岁儿童出现有意记忆的萌芽，但是有意记忆在学前末期才真正发展起来。幼儿有意识记的发展有以下特点：

(1)幼儿的有意记忆是在成人的教育下逐渐产生的。成人在日常生活和组织幼儿进行各种活动时，经常向他们提出记忆的任务。在讲故事前，预先向幼儿提出复述故事的要求；背诵儿歌时，要求他们尽快记住。这些都是促使有意识记发展的手段。

(2)有意记忆的效果依赖于对记忆任务的意识和活动动机。活动动机对幼儿有意记忆的积极性和效果都有很大影响。一些专门的实验或测验，把幼儿带到实验室里，简单地要求他们完成记忆任务，幼儿对这种活动缺乏积极性，记忆效果往往比较差。而在游戏中，有意记忆的效果比较好。

在实际生活中，如果成人提出的要求恰当，能够使幼儿明确识记的目的和任务，那么在完成任务中，有

意记忆的效果甚至超过游戏的效果。这种情况发生的原因在于完成生活中的实际任务时，幼儿的记忆效果能够得到成人或小朋友集体的评价，或者受到赞许，或者得到奖励。这种赞许或奖励有助于识记的强化。

(3)幼儿有意回忆的发展先于有意记忆。研究表明，幼儿达到有意再认或回忆较高行为类型的年龄略早于有意识记。在不同的活动条件下，幼儿有意记忆和有意回忆的水平有所不同，实验室条件下水平最低；游戏和完成实际任务的条件下水平较高。

考点 2　记忆的理解和组织程度逐渐提高

1. 机械记忆用得多

与成人相比较，幼儿常常运用机械记忆，他们反复背诵一些自己并不了解的材料，显得不是那么困难。幼儿相对较多运用机械记忆，可能出于两个原因：

(1)幼儿大脑皮质的反应性较强，感知一些不理解的事物也能够留下痕迹；

(2)幼儿对事物的理解能力较差，对许多识记材料不理解，不会进行加工，只能死记硬背，进行机械记忆。

2. 意义记忆的效果优于机械记忆

许多材料证明，幼儿对理解了的材料，记忆效果较好。在日常生活中，幼儿对儿歌的识记比不理解的诗歌效果好。另外，幼儿对理解了的内容记忆保持的时间也较长。

为什么意义记忆比机械记忆效果好？其主要原因有以下几个方面：

(1)意义记忆是通过对材料的理解进行的。理解使记忆的材料和过去头脑中已有的知识经验联系起来，把新材料纳入已有的知识经验系统中。

(2)机械记忆只能把事物作为单个、孤立的小单位来记忆，意义记忆使记忆材料互相联系，从而把孤立的小单位联系起来，形成较大的单位或系统。

(3)幼儿的机械记忆和意义记忆都在不断发展。在整个幼儿期，无论是机械记忆还是意义记忆，其效果都随着年龄的增长而有所提高。与此同时，年龄较小的幼儿意义记忆的效果比机械记忆要高得多，而随着年龄增长，两种记忆效果的差距逐渐缩小，意义记忆的优越性似乎降低了。这种现象并不表明机械记忆的发展越来越迅速，而是由于年龄增长后，意义记忆和机械记忆效果的差异减少，机械记忆中加入了越来越多的理解成分，机械记忆中的理解成分使机械记忆的效果有所提高。

考点 3　形象记忆占优势，语词记忆逐渐发展

1. 幼儿形象记忆的效果优于语词记忆

形象记忆是根据具体的形象来识记各种材料。在儿童语言发生之前，其记忆内容只有事物的形象，即只有形象记忆。儿童语言发生后，直到整个幼儿期，形象记忆仍然占主要地位。幼儿形象记忆的效果高于语词记忆的效果。

幼儿形象记忆和语词记忆的效果比较(一)

年龄	平均再现数量		
	熟悉的物体	熟悉的词	生疏的词
3～4岁	3.9	1.8	0
4～5岁	4.4	3.6	0.3
5～6岁	5.1	4.3	0.4
6～7岁	5.6	4.8	1.2

幼儿形象记忆和语词记忆的效果比较(二)

年龄	平均再现数量			
	熟悉的物体	熟悉的词	生疏的形象	生疏的词
4~5岁	4.3	2.4	1.9	0.4
6~7岁	6.1	4.0	3.7	2.1

从表(一)中可以看到,幼儿两种记忆发展的特点是,3~7岁幼儿形象记忆的效果都比语词记忆的效果好,且都是随年龄增长而逐渐提高,而语词记忆的发展速度较形象记忆快。由幼儿对熟悉物体的记忆来看,再现数量由3.9发展到5.6,增长了1.7;而语词记忆的再现数量则由1.8发展到4.8,增长了3.0。这种不相同的发展速度,使两种记忆的效果由3岁时的较大差距(2.1)缩小为7岁时的较小差距(为0.8)。

比较表(二)中幼儿对熟悉的物体与熟悉的词、生疏的形象与生疏的词的记忆再现数量,可看出形象记忆的效果更好。

教育中应该尽量鼓励个人的发展,应该引导幼儿自己进行探讨,自己去推论。幼儿对熟悉的物体的记忆效果优于熟悉的词,而对生疏的词的记忆效果显著低于熟悉的物体和熟悉的词。对熟悉物体的记忆依靠的是形象记忆。形象记忆所借助的形象带有直观性、鲜明性,所以效果最好。熟悉的词在幼儿头脑中与具体的形象相结合,因而效果也较好。至于生疏的词,在幼儿头脑中完全没有形象,因此效果最差。

真题面对面

[2021临海,简答]简要比较学前儿童形象记忆和语词记忆的效果。

答案:详见内文

2. 形象记忆和语词记忆都随着年龄的增长而发展

幼儿期形象记忆和语词记忆都在发展。研究表明,3~4岁幼儿无论是形象记忆还是语词记忆,其水平都相对较低。其后,两种记忆的结果都随年龄的增长而增长。

3. 形象记忆和语词记忆的差别逐渐缩小

各种研究显示,形象记忆和语词记忆的差距日益缩小。两种记忆效果之所以逐渐缩小,是因为随着年龄的增长,形象和语词都不是单独在幼儿头脑中起作用,而是有越来越密切的联系。一方面,幼儿对熟悉的物体能够叫出名称,那么物体的形象和相应的词就紧密联系在一起;另一方面,幼儿熟悉的词,也必然建立在具体形象的基础上,词和物体的形象是不可分割的。形象记忆和语词记忆的区别只是相对的。在形象记忆中,物体或图形起主要作用,语词在其中也起着标志和组织记忆形象的作用。在语词记忆中,主要记忆内容是语言材料,但是记忆过程要求语词所代表的事物的形象做支柱。随着儿童语言的发展,形象和词的相互联系越来越密切,两种记忆的差别也相对缩小。

考点4 幼儿记忆的意识性和记忆方法逐渐发展

前面所说到的幼儿有意记忆和意义记忆的发展,意义记忆对机械记忆的渗透,语词记忆对形象记忆的渗透以及它们的日益接近,都反映了幼儿记忆过程的自觉意识性和记忆策略、方法的发展。

真题面对面

1. [2023永康,单选]下列关于3～6岁幼儿记忆发展的特点,说法不正确的是(　　)

A. 无意记忆占优势,有意记忆逐渐发展　　B. 记忆的理解和组织程度逐渐提高

C. 语词记忆占优势,形象记忆逐渐发展　　D. 记忆的意识性和记忆方法逐渐发展

2. [2021绍兴,简答]简述幼儿记忆发展的特点。

答案:1. C　2. 详见内文

六、记忆的保持、遗忘及遗忘规律

考点1　保持和遗忘

保持是过去识记过的事物形象在头脑中得到巩固的过程。

遗忘是对识记过的材料不能再认和再现,或者是错误的再认和再现。

保持和遗忘是相反的过程,也是同一记忆活动的两个方面:保持住的东西就是没被遗忘,而遗忘的东西就是没被保持。保持越多,遗忘越少。记忆力强的人总是信息量保持得很多而极少遗忘。遗忘有各种情况:能再认不能回忆,叫不完全遗忘;不能再认也不能回忆,叫完全遗忘;一时不能再认或回忆,叫临时性遗忘;永远不能再认或回忆,叫永久性遗忘。

考点2　遗忘规律

心理学研究表明,遗忘是有规律的。德国心理学家艾宾浩斯最早对遗忘现象做了比较系统的实验研究。为避免经验对学习和记忆的影响,他在实验中用无意义音节作学习材料,以重学时所节省的时间或次数为指标测量了遗忘的进程。实验表明,在学习材料记熟后,间隔20分钟重新学习,可节省诵读时间58.2%左右;一天后再学可节省时间33.7%左右;六天以后再学习节省时间缓慢下降到25.4%左右。依据这些数据绘制的曲线就是著名的“艾宾浩斯遗忘曲线”。在艾宾浩斯之后,许多心理学家用无意义材料和有意义材料对遗忘的进程进行研究,结果都证明“艾宾浩斯遗忘曲线”基本上是正确的。

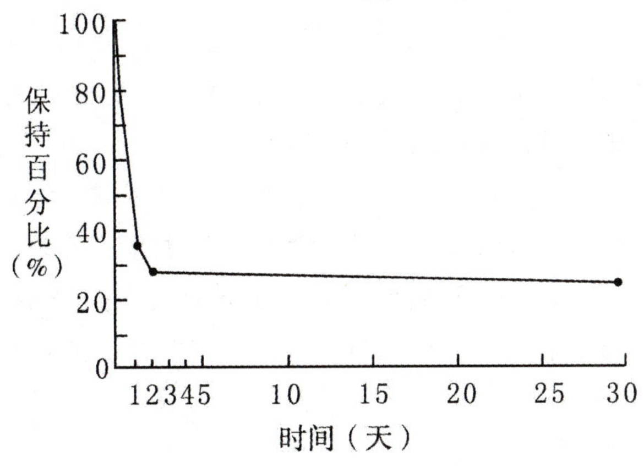

图3-4　艾宾浩斯遗忘曲线

从遗忘曲线中看出,遗忘的进程是不均衡的。在学习停止以后的短时期内,遗忘特别迅速,后来逐渐缓慢,到了一定时间,几乎不再遗忘了,即遗忘的发展是“先快后慢”的。因此,学习后及时复习是很重要的。

★★ 考点大默写 ★★

1. 当鹏鹏听到歌曲《粉刷匠》时，高兴地对妈妈说："这首歌老师教我们唱过。"这种记忆现象属于记忆环节中的____________。
2. 根据记忆保持的时间来分类，记忆可以分为____________、____________、____________。
3. 3岁以前儿童的记忆一般不能永久保持。这种现象被称作____________。
4. 幼儿的形象记忆主要依靠的是____________。
5. 根据记忆的内容，记忆可以分为运动记忆、____________、____________和语词记忆。
6. 根据儿童记忆内容发展的顺序看，最早出现的是____________，最晚出现的是____________。
7. 记忆的环节包括____________、____________、再认或回忆。
8. 遗忘有各种情况：能再认不能回忆，叫____________；不能再认也不能回忆，叫____________；一时不能再认或回忆，叫____________；永远不能再认或回忆，叫____________。
9. 德国心理学家艾宾浩斯最早对遗忘现象做了比较系统的实验研究。他总结出遗忘是有规律的，遗忘的进程是不均衡的，即先____________后____________。
10. 当刺激多次重复出现时，婴儿好像已经认识了它，会表现出和新异刺激不同的反应。这是____________。
11. 幼小儿童经常使用的最简单的记忆策略是____________。
12. 某幼儿能在各种场合使用某一种记忆策略，但记忆的效果并没有因为记忆策略的使用而提高，这说明该幼儿处于儿童记忆策略发展中的____________阶段。
13. 王老师按顺序出示"冰箱、香蕉、自行车、芒果、电饭煲、汽车"的图片让幼儿进行记忆，明明很快表示记住了，他回答说："刚刚老师的图片里有香蕉和芒果，有自行车和小汽车，还有电饭煲和冰箱。"明明运用的记忆策略是____________。
14. 离园前，张老师提醒小朋友明天带手工作品。玲玲一直念叨着这件事，一看见妈妈来接自己，赶紧扑过去告诉妈妈。玲玲使用的记忆策略是____________。
15. 在不理解的情况下，幼儿也能熟练地背诵古诗，这是____________记忆。
16. 从记忆的意识性上来看，幼儿的记忆是____________占优势，____________逐渐发展。
17. 萍萍忘不了叔叔煮的鸡汤的味道，这种记忆属于____________。

【参考答案】

1. 再认　2. 瞬时记忆；短时记忆；长时记忆　3. 幼年健忘　4. 表象　5. 情绪记忆；形象记忆　6. 运动记忆；语词记忆　7. 识记；保持　8. 不完全遗忘；完全遗忘；临时性遗忘；永久性遗忘　9. 快；慢　10. 习惯化　11. 视觉复述策略　12. 策略与效果脱节　13. 组织性策略　14. 复述策略　15. 机械　16. 无意记忆；有意记忆　17. 形象记忆

第四节　学前儿童想象的发展

一、想象的含义

想象是对头脑中已有的表象进行加工改造，建立新形象的过程。如一个没有去过江南的人，读白居易的词“日出江花红胜火，春来江水绿如蓝”，头脑中浮现出祖国江南秀丽景色的形象；发明家在发明创造时，头脑中产生的尚未存在的新产品的形象等。人脑形成这些形象的过程都属于想象。想象的两大特点是形象性和新颖性。

二、想象的分类 【单选】 ★★

考点1 无意想象和有意想象

按照想象的目的性和计划性，可以把想象分为无意想象和有意想象。

1. 无意想象

无意想象是指没有预定目的和意图，在一定的刺激影响下，不由自主地进行的想象。例如，看着天上的白云，想象成它是一匹马，一辆坦克或其他物体。无意想象是最简单最初级形式的想象。梦是无意想象的极端形式，是完全无目的被动的想象。

2. 有意想象

有意想象是指根据一定的目的、自觉地创造出新形象的过程。人们在实践活动中，为实现某个目标，完成某项任务所进行的活动，都属于有意想象。为了织一件新毛衣，想象织什么花色；为搭一座大桥，幼儿想象用什么结构材料等都是有意想象。

无意想象　　　　有意想象

考点2 再造想象和创造想象

按照想象内容的新颖性、独立性和创造性，可把有意想象分为再造想象和创造想象。

1. 再造想象

再造想象是根据语言文字的描述或图形、图解、符号等示意，在头脑中形成相应的新形象的过程。例如，我们在阅读小说、听广播时，在头脑中产生的有关人物形象、事物形象、活动场面的过程就是再造想象的过程。

2. 创造想象

创造想象是在创造活动中，根据一定的目的、任务，在人脑中独立地创造新形象的心理过程。在创造新产品、新艺术、新作品、新理论时，人脑中构成的新事物的形象都属于创造想象。创造想象不是根据现成的描述再造出事物的形象，而是在头脑里独立地创造出新的形象。例如，鲁迅先生创作的“阿Q”形象，发明家构思的新作品的形象等都是创造性的新形象。因此，它具有首创性、独立性和新颖性的特点。

幻想是创造想象的一种特殊形式，指与个人愿望相联系，并指向未来事物的想象。如：想象自己变成一只老鹰在天空翱翔，想象自己成为长发公主等，这些都属于幻想。幻想又分为理想和空想两种。理想（又称为积极幻想)是指符合事物发展的客观规律,通过努力可能实现的幻想。空想(又称为消极幻想)是指不符合事物发展的客观规律,也不可能实现的幻想。如:我想当神仙。

创造想象　　再造想象

真题面对面

[2017统考,单选]小朋友在听老师讲故事时,头脑中出现该故事的人物形象。这属于(　　)

A. 创造想象　　B. 拟人化想象

C. 夸张性想象　　D. 再造想象

答案:D

三、学前儿童想象的发生及想象发展的趋势

考点1　学前儿童想象的发生

1. 想象发生的年龄

想象的发生和儿童大脑皮质的成熟有关,也和儿童表象的发生、表象数量的积累以及儿童言语的发生发展有关。

1岁半到2岁儿童出现想象的萌芽,主要是通过动作和语言表现出来的。

2. 想象萌芽的表现与特点

儿童最初的想象可以说是记忆材料的简单迁移。具体表现如下:

(1)记忆表象在新情景下的复活。2岁儿童的想象,几乎完全重复感知过的情景,只不过是在新的情景下的复活。例如,儿童看见大人抱小娃娃,他也抱玩具娃娃。

(2)简单的相似联想。最初的想象是依靠事物外表的相似性而把事物的形象联系在一起的。例如,儿童把玩具女娃娃称作"小妹妹"。

(3)没有情节的组合。最初的想象只是一种简单的代替,以一物代替另一物。例如,从生活中掌握了把小女孩称作“小妹妹”的经验，在想象中就把玩具娃娃代替小妹妹。这种想象没有更多的情节，没有或很少把已有经验的情节成分重新组合。

考点 2 学前儿童想象发展的趋势 【简答】 必背 ★★★

学前儿童想象发展的一般趋势是从简单的自由联想向创造性想象发展。具体表现在以下三个方面：

(1)从想象的无意性，发展到开始出现有意性；(2)从想象的单纯的再造性，发展到出现创造性；(3)从想象的极大夸张性，发展到合乎现实的逻辑性。

真题面对面

[2020 杭州，简答]简述学前儿童想象发展的一般趋势。

答案：详见内文

四、幼儿想象发展的特点 【单选、判断】 必背 ★★★

考点 1 无意想象为主，有意想象开始发展

1. 无意想象的特点

幼儿以无意想象为主，主要从以下方面归纳得到的：

(1)想象的目的性不明确

幼儿想象的产生，常是由外界刺激物直接引起的，想象活动不能指向于一定的目的。如他(她)拿到什么东西，就想象可以用来干什么，拿起小竹竿，才想象成它是一匹小马，可以进行骑马活动。孩子越小，想象的目的越不明确，也就越以想象过程为满足。

(2)想象的主题易受外界的干扰而变化，内容零散，无系统

幼儿初期的孩子，想象不能按一定的目的坚持下去，很容易从一个主题转换到另一个主题，这主要是由幼儿初期孩子的直觉行动性思维决定的。想象主题极不稳定，易受外界干扰而变化。

由于想象的主题没有预定目的，主题不稳定，因此，幼儿想象的内容是零散的，所想象的形象之间不存在有机的联系。幼儿绘画常常有这种情况，画了“小人”，又画“螃蟹”；先画了“海军”，然后又画了一把“牙刷”，显然是一串无系统的自由联想。

(3)想象过程受兴趣和情绪的影响

幼儿在想象过程中常表现出很强的兴趣性和情绪性。情绪高涨时，幼儿想象就活跃，不断出现新的想象结果。在幼儿园，老师亲了一下孩子，那么他就会产生丰富的联想，头脑中浮现出老师喜欢他的情景。又如“老鹰捉小鸡”的游戏本应以小鸡被老鹰抓走而告终，可孩子们同情小鸡，又产生这样的想象：鸡妈妈和鸡爸爸赶来，把老鹰啄死，救回了小鸡。

另外，兴趣也影响孩子的想象。幼儿感兴趣的游戏和学习，他就会长时间去想象，专注于这个活动；而对不感兴趣的活动，则缺乏想象，往往是消极地应付或远离这项活动。表现在活动时间中，保持时间很短。

(4)以想象的过程为满足

幼儿的想象往往不追求达到一定目的，只满足于想象进行的过程。幼儿在绘画过程中的想象常常如此。幼儿常常在一张纸上画了一样又画一样，直到把整张纸画满为止，甚至最后把所画的东西涂满黑色，自己口中念念有词，感到极大的满足。

幼儿在游戏中的想象更是如此，游戏的特点是不要求创造任何成果，只满足于游戏活动的过程，这也是

幼儿想象活动的特点。例如，听故事，大班儿童对听过的故事不感兴趣；而小班则不然，他们对“小兔乖乖”“拔萝卜”等故事百听不厌。到了大班，幼儿不仅仅满足想象的过程，开始追求想象的结果。

2. 有意想象的发展

在教育的影响下，幼儿的有意想象开始发展。中班以后，幼儿的想象已具有一定的有意性和目的性。如通过老师对故事前半部分的描述，幼儿会有意想象，续编故事的结尾。续编故事体现出孩子已有明确的想象目的，想象的有意性开始发展了，而且想象的内容也日益丰富。

大班以后，幼儿的想象还有了他们本身的独立性。随着年龄的增长和教育的影响，幼儿想象的有意性开始发展，并逐步丰富。

考点 2　再造想象为主，创造想象开始发展

1. 再造想象的发展

再造想象和创造想象是根据想象内容的新颖性、独特性和创造性的不同而区分的。儿童最初的想象大多是再造想象，其想象的新形象和记忆的表象差别很小，在很大程度上表现出复制性和模仿性，创造性成分较低。具体来说，幼儿再造想象主要有以下三方面的特点：

(1)幼儿的想象常常依赖于成人的语言提示

在游戏中，幼儿往往根据成人的语言提示来进行相应的想象活动。这在幼儿初期表现得较明显。如较小的幼儿坐在板凳上，可能不会进行想象，只是静静坐着，这时妈妈在一旁提示说：“娃娃要骑大马了。”这时，幼儿的想象才活跃起来，开始做出骑马的样子。在听故事时，幼儿可能被其中的故事情节深深地吸引着，并随着成人的语言描述而展开着丰富的想象。如果在故事讲述过程中再加上直观形象的图片，幼儿的想象会开展得更好。稍大的幼儿，想象的内容虽然比较复杂些，但同样需要根据成人的语言提示方可有效进行想象。

真题面对面

[2020 台州，单选]幼儿在玩娃娃家的游戏时，因为人数不够，就静静的坐在旁边，这时老师提醒说：“可以用玩偶代替孩子”，幼儿的想象才活跃起来，这主要说明(　　)

A. 经验性想象对幼儿有重要作用

B. 成人的语言提示，对幼儿有意想象的发展有着重要的作用

C. 幼儿的想象受个人愿望的影响

D. 实际行动对幼儿期的想象具有重要作用

答案：B

(2)幼儿的想象常常根据外界情景的变化而变化

由于幼儿头脑中的表象贫乏，且运用内部的智力动作对已有表象进行加工改造的水平较低，幼儿的想象常常根据外界情景的变化而变化，以再造想象为主，缺乏独立性。

(3)幼儿想象中的形象大多是记忆表象的简单加工

幼儿的想象常常是在外界事物的直接诱发下产生的，其想象的形象大多是记忆表象的简单加工。在现实生活中，幼儿常常无意识地摆弄着各种物体，当摆弄的这些物体正巧与儿童头脑中的某种表象一致或相近时，儿童才能把它想象成某种物体。由于这种想象的形象与头脑中保存的有关事物的形象差不多，所以幼儿想象的新异性较低，创造性成分较少。

2. 创造想象的发展

幼儿创造想象的发展特点:(1)最初的创造想象是无意的自由联想,可以称为表露式创造;(2)创造想象的形象和原型只是略有不同,或者在常见模式上略有改造;(3)想象情节逐渐丰富,从原型发散出来的种类和数量在增加,能够从不同中找出非常规性的相似。

整个幼儿时期,幼儿是以再造想象为主的。在教育的影响下,幼儿在中班以后,再造想象中开始出现创造性的成分。

考点3　想象具有夸张性

1. 幼儿想象夸张性的表现

(1)夸大事物某个部分或某种特征

幼儿在想象中常常把事物的某个部分或某种特征加以夸大。例如,一个幼儿画小孩放风筝,把小孩子的手画得很长,比身体几乎长了3倍。幼儿说话也喜欢夸张。幼儿喜欢童话故事,原因之一就是童话的内容夸张,"大人国""小人国"里,大人"特别特别得大",小人儿则只是像手指头那么"一点儿"。

(2)混淆假想与现实

幼儿时期,常将想象的东西和现实进行混淆,表现在三个方面:

①把渴望得到的东西说成已经得到。如有的幼儿看到别人有漂亮的娃娃或"冲锋枪",他会说:"我们家也有。"可事实没有。

②把希望发生的事情当成已发生的事情来描述。如一位中班小朋友听邻居讲去玄武湖公园玩的事,很开心,于是这位小朋友也有了去玄武湖玩的愿望。他把玩的"过程"想象了一下(即根据别人的描述而想象),然后到幼儿园去对同伴说他自己去玄武湖公园玩的"经历"。

③在参加游戏或欣赏文艺作品时,往往身临其境,与角色产生同样的情绪反应。如幼儿园里小班幼儿正在玩"狡猾的狐狸,你在哪里"的游戏,当老师扮演的狐狸逮着小鸡(小朋友饰),装着要吃她的时候,这个孩子大哭起来说"你是老师,怎么可以吃人呢",并拼命挣扎。

真题面对面

[2021临海,单选]明明特别喜欢直升飞机,也非常崇拜飞行员,他回家和妈妈说:"今天有飞行员叔叔到我们幼儿园来了。"妈妈十分惊讶,后来了解到根本没有发生过这件事。明明的"说谎"行为属于(　　)

A. 掩盖式说谎　　B. 夸耀式说谎

C. 想象具有夸张性　　D. 想象具有创造性

答案:C

2. 幼儿想象夸张的原因

幼儿想象的夸张性是其心理发展特点的一种反映。

(1)由于认知水平尚处于感性认识占优势的阶段,因此往往抓不住事物的本质。幼儿的夸张往往显得可笑,因为没有抓住事物的本质和主要特征,他们在绘画中表现出来的往往是在感知过程中给他们留下了深刻印象的事物。

(2)情绪对想象过程有影响。幼儿的一个显著心理特点是情绪性强。他感兴趣的东西、他希望的东西,往往在其意识中占据主要地位。对蝴蝶有兴趣,画面上就会留给它以中心位置,希望自己家的东西比别人强,就拼命地去夸大,甚至自己有时也信以为真。

(3)幼儿想象在认知中的地位。幼儿想象的夸大性，反映了幼儿想象的发展水平，及其在认知发展中的地位。幼儿的想象是一端接近于记忆，另一端接近于创造性思维的阶段。在成人的认知活动中，想象可以作为思维的一个部分，而幼儿想象与思维则有认知发展等级的区别。幼儿想象的夸张性，想象与真实混淆，想象受情绪左右等特点，都说明想象还没有达到创造性思维的水平。当儿童进入学龄期以后，想象逐渐深入现实，想象的特点与思维融合。

(4)想象表现能力的局限。想象总要通过一定的手段来表现，幼儿想象的夸张与事实不符，往往受表现能力的限制。这一点在各种造型活动中尤为突出。

整个幼儿时期，幼儿的想象是以无意想象为主，有意想象开始发展；再造想象为主，创造性想象开始发展；幼儿想象的夸张性。据此，有人说，幼儿时期是想象发展最快的时期，甚至说，比成人更善于想象。这是不正确的。因为想象的水平直接取决于表象的数量和质量以及分析综合能力的发展程度。而幼儿的知识经验和语言水平都远不如成人，且表象的丰富性和准确性都发展得不是很完善，思维也不如成人。所以幼儿想象的有意性、协调性、丰富性和创造性都不如成人。

真题面对面

[2020台州，判断]一次绘画比赛中，一名幼儿画出了在月亮上面荡秋千的绘画作品，这说明幼儿的想象力比成人水平高。

答案：×

五、幼儿想象力的培养

1. 丰富幼儿的表象，发展幼儿的语言表现力

表象是想象的材料。表象的数量和质量直接影响着想象的水平。表象越丰富、准确，想象就越新颖、越深刻、越合理。反之，想象就会狭窄、肤浅，甚至是荒诞。因此教师在各种活动中，要有计划地采用一些直观教具，帮助幼儿积累丰富的表象，使他们多获得一些进行想象加工的“原材料”。

语言可以表现想象，语言水平直接影响想象的发展。幼儿在表达自己想象内容时能进一步激发其想象活动，使想象内容更加丰富。因此，教师在丰富幼儿表象的同时，要发展幼儿的语言表达能力。如在语言教育活动中，让幼儿讲故事、复述故事、创编故事；在科学活动中，让幼儿用丰富、正确、清晰、生动形象的语言来描绘事物，都是发展幼儿语言的途径。

2. 在文学艺术等多种活动中，创造幼儿想象发展的条件

文学活动中的讲故事能发展幼儿的再造想象；语言教育活动中的创造性讲述，更能激发幼儿广泛的联想，使他们在已有的经验基础上构思、加工，创造出自己满意的内容。如续编故事，老师将故事的前半部分讲清楚，关键处就不讲了，让孩子自己结合经验和想象往下讲，效果很好。

幼儿园开展的多种艺术教育活动，也是培养幼儿想象发展的有利条件。如美术活动中的主题画，要求幼儿围绕主题开展想象。而意愿画能活跃幼儿的想象力，使他们无拘无束地构思、创造出各种新形象。这都是发展幼儿想象力的有效途径。

3. 在游戏中，鼓励和引导幼儿大胆想象

游戏是幼儿的主要活动。在游戏活动中，特别是角色游戏和造型游戏中，随着扮演的角色和游戏情节的发展变化，幼儿的想象异常活跃。幼儿进行游戏，总离不开玩具和游戏材料。玩具和游戏材料是引起幼

儿想象的物质基础。因此，老师要为幼儿多提供玩具和游戏材料(不一定都是精致漂亮的玩具，只要安全、卫生即可)，鼓励幼儿大胆想象，同样能起到活跃幼儿想象，促进发展的作用。

4. 在活动中进行适当的训练，提高幼儿的想象力

有目的、有计划地训练，是提高幼儿想象力的重要措施。除通过讲故事、绘画、听音乐等活动培养幼儿想象力外，还可以采用其他一些形式。如在纸上画好一些线条和几何形体，让幼儿通过添画，来完成整幅画面；给孩子几幅秩序颠倒的图画，让其重新排列，并叙说整个事情经过；等等。经常进行这样的训练，可使幼儿想象的内容广泛而又新颖。

5. 抓住日常生活中的教育契机，引导幼儿进行想象

日常生活是培养幼儿想象力的主要途径。在日常生活中，成人可以采用一些有效的方法来激发孩子的创造想象。如看着天空的白云，和孩子一起想象它们像什么；列举出某种物体(杯子、水等)，请幼儿尽量多地设想它们的用途。如果成人坚持鼓励幼儿从多个角度来探讨问题，鼓励与众不同而又不失去合理的想法和答案，幼儿的创造想象能力和水平就会不断提高。

6. 引导幼儿的想象符合客观规律

对幼儿想象的夸张性既要接受与尊重，又要注意引导。

记忆有妙招

幼儿想象力的培养：**关机询问邮箱**。**关**(符合客观规律)**机**(教育契机)**询**(适当的训练)**问**(文学艺术活动)**邮**(游戏中)**箱**(丰富表象)。

考点大默写

1. 想象是对头脑中已有的＿＿＿＿＿进行加工改造，建立新形象的过程。
2. 按照想象的目的性和计划性，可以把想象分为＿＿＿＿＿和＿＿＿＿＿。
3. 一名幼儿画小朋友放风筝，将小朋友的手臂画得很长，几乎比身体长了三倍，这说明幼儿的想象具有＿＿＿＿＿的特点。
4. 小班的幼儿往往对某个故事百听不厌，这说明幼儿无意想象的特点是＿＿＿＿＿。
5. 看到天空中的浮云，我们自然会想到像山峦、像奔马、像羊群。这属于想象类型中的＿＿＿＿＿。
6. 想象的两大特点是＿＿＿＿＿和＿＿＿＿＿。

【参考答案】

1. 表象　2. 无意想象；有意想象　3. 夸张性　4. 以想象过程为满足　5. 无意想象　6. 形象性；新颖性

第五节　学前儿童思维的发展

一、思维的概念和基本特点

考点1　思维的概念

思维是人脑对客观现实的间接的和概括的反映，是人认知的高级阶段。

1. 思维与感知觉

思维与感知觉一样都是人脑对客观事物的反映。但是，感知觉是客观事物直接作用于感觉器官时所产生的反映,它反映的是事物的外部特征和事物之间的外部联系,它不能反映客观事物的本质属性和内在的规律性。感知觉是认知活动的低级阶段。思维则是对事物本质特征及内在规律的间接、概括的反映。

思维与感知觉有着联系,幼儿时期这种联系尤为密切。人的思维是在对事物感知的基础上产生的,它是认知的高级阶段。如果没有大量的感知材料,思维就无从产生。学前儿童正处于思维发展的初级阶段。学前儿童思维的发展更不可离开感知觉的发展。

2. 思维与言语

思维与言语是密不可分的。言语中的词都是对事物一般属性和联系的概括。如"车"一词就是对各式各样的车的概括。词是思维活动必不可少的材料。此外,思维的表达与交流也是借助于言语活动来实现的。在学前儿童的思维发展中,言语与思维的关系尤为密切,所以发展学前儿童的言语对发展学前儿童的思维具有非常重要的意义。

考点2 思维的基本特点

思维的基本特点

思维具有两个基本特点:间接性和概括性。

1. 间接性

思维与感知觉不同,它不是直接对事物做出反应,而是间接地反映事物。例如,我们早晨起来看到屋外地上都是湿的,我们就知道昨天夜里下过雨。这时并没有看见下雨,我们只是通过潮湿的地面,间接地知道昨天夜里下雨了。由于人的思维具有间接性的特点,所以人可以推测未来,了解远古,透过表面现象知道事物的本质。世界上许许多多无法直接感知到的事物,都是通过思维去认识的。

2. 概括性

思维不像感知觉那样只反映事物的个别属性或个别具体的事物,而是反映一类事物共同的本质属性,或事物之间的规律性联系。例如,我们判断昨天夜里下了雨,是因为我们多次见到这样的现象,认识到下雨后的共同特征就是屋外都是湿的。这就是人通过思维对下雨这一现象的概括。任何科学概念、定义、定理以及规律、法则等都是通过概括得出的结论。

思维的特点

二、儿童思维的发生与发展

考点1 儿童思维的发生

儿童思维的发生在感知、记忆等过程之后,与言语真正发生的时间相同,即2岁左右。2岁以前,是思维发生的准备时期。出现最初的用语词的概括,是儿童思维发生的标志。

考点2 儿童思维发展的趋势 【单选】 必背 ★★★

1. 思维方式的变化(思维发展的阶段性)

(1)直观行动思维

儿童最初的思维是以直观行动思维为主。直观行动思维,也称直觉行动思维,是指以直观的、行动的方式进行的思维。直观行动思维的主要特征为:①思维是在直接感知中进行的。思维不能离开直观的事物,要紧紧依靠对事物的直接感知。②思维是在实际行动中进行的。思维不能离开儿童自己的动作。

实际上,动作和感知是不可分的,动作不但为儿童提供触觉形象,而且提供不断更新的视觉和听觉形象。由此使儿童能够认识那些单凭感知所不能揭露的知识。

直观行动思维是最低水平的思维。这种思维的概括水平低,它更多依赖感知动作的概括。这种思维方式在2~3岁儿童身上表现最为突出。在3~4岁儿童身上也常有表现。这些儿童离开了实物就不能解决问题,离开了玩具就不会游戏。年龄更大的一些儿童,在遇到困难的问题时,也要依靠这种思维方式。

真题面对面

1. [2021临海,单选]儿童把玩具拆开又组合起来,动作停了思维也停了,这说明儿童处于(　　)

A. 形象思维　　B. 实践思维

C. 直观行动思维　　D. 集中思维

2. [2021温州,单选]只有有玩具的时候才能展开游戏,如果没有玩具就不能玩游戏,只能东看看西看看或者咬手指的儿童,其思维最可能在(　　)水平。

A. 直观行动　　B. 具体形象　　C. 抽象逻辑　　D. 形式逻辑

答案:1. C　2. A

(2)具体形象思维

3~6、7岁儿童的思维,以具体形象思维为主,所谓**具体形象思维**是指儿童依靠事物在头脑中的具体形象进行的思维,即依靠具体事物的表象以及对具体形象的联想而进行的思维。例如,这个阶段的学前儿童在开展游戏活动、扮演各种角色、遵守规则等活动时,主要是依靠在他们头脑中的有关角色、规则和行为方式的表象。思维的具体形象性是在直观行动性的基础上形成和发展起来的。具体形象思维是幼儿思维的典型方式。

(3)抽象逻辑思维

抽象逻辑思维反映事物的本质特征,是指运用概念、根据事物的逻辑关系来进行的思维。它是靠语言进行的思维,是人类所特有的思维。幼儿期,特别是5岁以后,明显地出现了抽象逻辑思维的萌芽。如在科学活动中,幼儿能用数字、图表整理自己观察到的现象。

直观动作思维

具体形象思维

抽象逻辑思维

真题面对面

1. [2021绍兴,单选]在个体发展过程中,思维发展的顺序为(　　)

A. 具体形象思维、直觉行动思维、抽象逻辑思维

B. 直觉行动思维、具体形象思维、抽象逻辑思维

C. 抽象逻辑思维、具体形象思维、直觉行动思维

D. 具体形象思维、抽象逻辑思维、直觉行动思维

2. [2017统考,单选]幼儿可以把小轿车、公共汽车、大卡车等称为"交通工具"。说明幼儿初步具有了(　　)

A. 抽象逻辑思维　　B. 具体形象思维

C. 直观行动思维　　D. 创造性思维

答案:1. B　2. A

2. 思维工具的变化

儿童思维方式的发展变化,是与所用工具的变化相联系的。直观行动思维所用的工具主要是感知和动作,具体形象思维所用的工具主要是表象,而抽象逻辑思维所用的工具则是语词所代表的概念。

在思维发展过程中,动作和语言在思维活动中的作用不断发生变化。变化的规律是:动作在其中的作用是由大到小,语言的作用则是由小到大。研究表明,不同年龄幼儿思维过程中动作和语言的作用变化可以分为以下三个阶段:

(1)思维活动主要依靠动作进行,语言只是行动的总结;

(2)语言伴随动作进行;

(3)思维主要依靠语言进行,语言先于动作而出现,并起着计划动作的作用。

真题面对面

[2020杭州,单选](　　)是具体形象思维的工具。

A. 行动　　B. 想象　　C. 语词　　D. 表象

答案:D

3. 思维活动的内化

儿童思维起先是外部的、展开的,以后逐渐向内部的、压缩的方向发展。

直观行动思维活动的典型方式是尝试错误,其活动过程依靠具体动作展开,而且有许多无效的多余动作。这种外部的、展开的智力活动方式虽然能够初步揭露事物的一些隐蔽属性以及事物间的一些关系。但是,这些隐蔽的属性和关系的展现,只是儿童行动的客观结果。在行动之前,儿童主观上并没有预定目的和行动计划,也不可能预见自己行动的后果。

在实际生活中,儿童对自己的行动结果不断做出分析和评价。在这种分析和评价的基础上,逐渐出现了最初的、短暂的行动目标和行动计划。于是混乱的尝试错误逐渐发展成为有系统的尝试错误或最初的探索性行动。

4. 思维内容的变化

儿童的思维是从反映事物的外部联系和现象到发展反映事物的内在的、本质的联系和属性。随着思维的内化，思维在头脑内部进行，其内容逐渐间接化、深刻化，逐渐能够全面地、客观地反映事物的关系和联系，范围日益扩大。由于思维的概括化内容逐渐形成系统，所以越来越灵活，并且反映事物的本质。从反映当前事物的本质联系和属性发展到反映未来事物的本质联系和属性。

儿童思维发展的趋势内容较多，现将主要内容以表格形式帮助大家梳理：

思维方式	年龄	思维工具	动作和语言的作用	思维活动	思维内容
直观行动思维	2~4岁	感知和动作	语言是行动的总结	外部的、展开的 ↓ 内部的、压缩的	反映事物的外部联系和现象 ↓ 反映事物的内在的、本质的联系和属性
具体形象思维	3~6、7岁	表象	语言伴随动作进行		
抽象逻辑思维	5岁萌芽	概念	语言先于动作出现，并起着计划动作的作用		

三、幼儿思维发展的特点 【简答】 必背 ★★★

幼儿以具体形象思维为主，抽象逻辑思维开始萌芽。在幼儿期的每一个年龄段，其思维特点是不同的。

考点1 幼儿初期的思维仍具有一定的直观行动性

思维的直观行动性是思维发生阶段的主要特点。直观行动思维在思维发展过程中继续发展，并且发生质的变化。这些变化主要表现在：

1. 思维解决的问题复杂化

幼儿能够更多地用相同的行为方式对相似的情景做出反应，用间接的手段达到自己的目的。在日常生活中，幼儿会用间接方式提出要求，有时不直接问妈妈要某个东西，而缠着妈妈讨论这个东西。

2. 思维解决问题的方法比较概括化

2岁左右儿童的思维方法是依靠详尽的、展开的实际行动。思维的每一步都和实际行动分不开，而且常常是由行动中的“顿悟”解决问题。例如，一岁半的小阳把装药丸的瓶子打翻了。他蹲在地上捡小药丸，每捡到一粒，就站起来，放在桌上的瓶子里，几次之后，他呆了一会儿，把瓶子拿到地上，一粒一粒地捡到瓶子里。

3岁后幼儿思维所依靠的行动逐渐概括化，解决问题过程中的某些具体行动可以压缩或省略。例如，在游戏中，幼儿端起碗来比划一下，就算是吃了饭。

3. 思维中语言的作用逐渐增强

在幼儿最初的思维中，语言只是行动的总结，往往在行动之后，幼儿根据感知和联想，说出行动的结果。以后，语言仍然离不开直观形象，直观和行动在思维中还有相当大的比重，但是，语言对思维的调节作用越来越大，而直观和行动是引起注意、补充和加强语言，并作为语言的支柱。

考点 2　具体形象思维是幼儿思维的主要特征

具体形象思维是运用已有的直观形象(表象)解决问题的思维。进入幼儿中期,在一定的生活环境和教育条件下,幼儿的思维在前一阶段的基础上有了进一步的发展,由以直观行动思维为主逐渐发展到以具体形象思维为主。

幼儿的具体形象思维主要表现出以下几个方面的特点:

1. 具体性

幼儿思维的内容是具体的。儿童在思考问题时,总是借助于具体事物或具体事物的表象。幼儿容易掌握那些代表实际东西的概念,不容易掌握比较抽象的概念。如“交通工具”这个概念比较抽象,而“小汽车”这个概念较为具体,所以幼儿掌握“小汽车”这个概念比“交通工具”要容易。幼儿对具体的语言容易理解,对抽象的语言则不易理解,如老师说:“喝完水的小朋友把杯子放到柜子里去!”刚入园的幼儿都没有反应。但老师如果说:“明明,把杯子放到柜子里去吧!”这时明明就理解老师说话的意思。对刚入园的幼儿来讲,“小朋友”这个词是不具体的,每个幼儿的名字才是具体的。

2. 形象性

幼儿思维的形象性,表现在幼儿依靠事物的形象来思维。幼儿的头脑中充满着各种各样颜色和形状等事物的生动形象。例如,爷爷总是长着白胡子,奶奶总是头发花白的;穿军装的才是解放军;兔子总是“小白兔”等。

具体性和形象性是具体形象思维的两个最为突出的特点。以下是一系列派生的特点:

3. 经验性

幼儿的思维常常根据自己的生活经验来进行。例如,幼儿把热水倒入鱼缸中,问他为什么时,他说,老师说了喝开水不生病,小鱼也应该喝开水。幼儿是从他自己的具体生活经验去思维的,而不是按老师的逻辑推理进行思维。

4. 拟人性

幼儿往往把动物或一些物体当人来对待。他们赋予小动物或玩具以自己的行动经验与思想感情,和它们说话,把它们当作好朋友。如他们认为太阳公公能看见小朋友们在玩。他们还提出许多拟人化的问题,如“风是车轮放出来的吗”等。

5. 表面性

幼儿只从表面理解事物,因而不理解词的转义。例如,幼儿听妈妈说:“看那个女孩子长得多甜!”他问:“妈妈,您舔过她吗?”儿童也难以理解“反话”。一位老师用反话对一个小朋友说:“你吃不吃饭? 不吃饭就脱衣服去睡觉吧!”孩子果真放下饭碗到床上脱衣服去了。

6. 片面性

由于幼儿的思维只是从事物的表面出发,不能反映事物的本质,因此,幼儿思维常常具有片面性,不善于全面地看问题。在解决问题的过程中,儿童常常只照顾到事物的一个维度,而不能同时兼顾两个维度。例如,把一个杯子里的水倒入形状不同的两个杯子里,其中一个杯子比另一个杯子高而窄,或矮而宽。幼儿就认为水变多了或少了。他们不能把握高矮与宽窄两个维度的相互联系。思维的片面性,还常常使幼儿“好心办坏事”。例如,一个幼儿想在妈妈下班前帮助妈妈把饭做好。他把米洗好了放在锅里,却没有放水,结果帮了“倒忙”。这就是因为他只知其一,不知其二。

7. 固定性

幼儿思维的具体性使儿童的思维缺乏灵活性。在日常生活中，儿童常常“认死理”。例如，在美工活动中，小朋友都在等着教师发剪刀，可是发到中途剪刀发完了，教师又去拿。另一位老师给他们拿手工区的剪刀，他们说什么都不肯要。这时他们的老师回来说：“没有剪刀了，你们就用手工区的吧!”可是这几个小朋友仍然不愿意用手工区的剪刀。

8. 近视性

思维的近视性表现在幼儿只能考虑到事物眼前的关系，而不会更多地去思考事情的后果。例如，一个男孩摔破了头，左右额上都缝了针。父母感到很不安，担心他将来留下疤痕。可是孩子特别高兴，他说：“我这样就像汽车了，两个车灯。”他不停地做出开汽车的动作，跑来跑去。正是由于幼儿思维的这种近视性，常常导致成人和幼儿的矛盾。成人给幼儿的告诫，他往往不能理解。

具体形象思维是幼儿期思维发展最主要的特征。这种特征在学前儿童各种思维活动中都有表现，但是在不同的年龄，表现程度是有所不同的。

真题面对面

[2017统考，简答]简述幼儿具体形象思维的主要特点。

答案：详见内文

考点3 幼儿晚期(5～6岁)抽象逻辑思维开始萌芽

幼儿初期，由于思维水平和生活经验的局限，只能认识事物的外部特征。但到了幼儿晚期，不少幼儿开始能够对事物的一些本质特征进行初步的认识。

四、学前儿童思维基本过程的发展特点

考点1 思维过程

思维活动表现为对作用于人脑的客观事物进行分析、综合、比较、归类、抽象、概括、系统化、具体化等具体过程。其中，分析与综合是思维的基本过程，它贯穿于整个思维过程之中，其他过程都是由分析与综合派生出来的具体活动。

1. 分析与综合

分析是指在人脑中把事物的整体分解成各个部分、各个方面或个别特征的思维过程。综合是指在人脑中把事物的各个部分、各个方面或个别特征结合起来进行思考的思维过程。

2. 比较与分类

比较是在头脑中把各种事物或现象加以对比，确定它们之间的异同点的思维过程。如比较思维与语言的关系。分类是在头脑中根据事物或现象的共同点和差异点，把它归入适当的类别中去的思维过程。

3. 抽象与概括

抽象是在人脑中把同类客观事物或现象的共同的、本质的特征抽取出来，舍去其个别的、非本质属性的思维过程。例如，从麻雀、杜鹃、啄木鸟、燕子、猫头鹰等对象中抽出它们“有羽毛”的共同特征，舍去“会飞、有两只脚，嘴是尖的”等非本质特征，这就是抽象的过程。

概括是在人脑中把抽象出来的事物的共同的、本质特征综合起来并推广到同类事物中去的思维过程。

如通过抽象得出结论:“有羽毛的卵生动物叫鸟”,把这个结论推广到鸡、鸭、鹅同类事物中去的思维过程就是概括。

4. 系统化与具体化

系统化是在头脑中根据事物的一般特征和本质特征,按不同的顺序与层次组成一定系统的思维过程。具体化是人脑把经过抽象、概括而获得的概念、原理和理论,应用到某一具体对象上去的思维过程,即用一般原理去解决实际问题,用理论指导实际活动的过程。

考点2　学前儿童分析综合的发展

思维是通过分析综合而在头脑中获得对客观事物更全面更本质的反映的过程。在不同的认知阶段,分析和综合有不同的水平。对事物感知形象的分析综合,是感知水平的分析综合。随着语言在学前儿童分析综合中作用的增加,学前儿童逐渐学会凭借语言在头脑中分析综合。

学前儿童在分析综合活动中,还不能把握事物的复杂的组成部分。前面我们谈到的学前儿童思维的表面性等特点,这和思维过程中分析综合的水平有关。

考点3　学前儿童比较的发展　【单选】 ★★

学前儿童对物体进行比较,有以下特点和发展趋势:

1. 逐渐学会找出事物的相应部分

儿童最初不善于寻找物体的相应部分。他们常常按照物体的颜色来进行比较。例如,要求儿童比较一幅图上的两个孩子,他们会说:“小围裙是绿色的,喷水壶也是绿色的。”可以说,他们还不会比较。问一个男孩子:“你大,还是她(站在旁边的女孩)大?”回答:“我也大,她也大。”说明他还没有形成比较的概念。

4~5岁学前儿童逐渐能够找出物体的相应部分,并进行比较。但是他们只能找到两三个相应部分。例如,他们对图上两个孩子作比较时指出:“这个孩子戴了帽子,那个孩子没有戴帽子”“这个孩子手里拿着皮球,那个孩子手里没有拿皮球”等等。说完这些后,他们就去看物体不相应的部分,孤立地说出每个部分的名称或属性。

2. 先学会找物体的不同处,后学会找物体的相同处,最后学会找物体的相似处

学前儿童倾向于比较物体的不同之处。找出物体的相似之处,既要找出物体的共同处,又要找出其不同,需要较复杂的分析和综合。这必须在成人的教育下才能学会,一般地说,加入第三种物体,有助于确定两种物体之间的相似点。

真题面对面

[2020台州,单选]幼儿比较能力发展过程中,“找相同”与“找不同”相比,(　　)

A. 后者容易　　B. 两者一样　　C. 不好说　　D. 前者容易

答案:A

考点4　学前儿童分类的发展

分类活动表现了学前儿童的概括水平。分类能力的发展是逻辑思维发展的一个重要标志。

1. 学前儿童分类的类型

儿童分类的情况,可归纳为以下五类:

(1)不能分类。把性质上毫无联系的一些图片,按原排列顺序或按数量平均地放入各个木格里,不能说明分类原因;或任意把图片分成若干类,也不能说出原因。

(2)依感知特点分类。依颜色、形状、大小或其他特点分类。例如,把桌子和椅子归为一类,因为都有四条腿等。

(3)依生活情景分类。把日常生活情景中经常在一起的东西归为一类。例如,书包是放在桌上的,就把书包和桌子归为一类。

(4)依功用分类。如桌、椅是写字用的,碗筷是吃饭用的,车船是运人用的等。儿童只能说出物体的个别功能,而不能加以概括。

(5)依概念分类。如按桌、椅、纸、笔以及交通工具、玩具、家具等分类。并能给这些概念下定义,说明分类原因,如说车船等都是载人、运东西的交通工具等。

记忆有妙招

学前儿童分类的类型:不知庆功年。不(不能分类)知(感知特点)庆(生活情景)功(功用)年(概念)。

2. 学前儿童分类的年龄特征

不同年龄儿童分类情况有所不同。随着年龄增长,从第一类到第五类依次变化。其特点如下:

(1)4岁以下儿童基本上不能分类。

(2)5~6岁是儿童处于由不会分类向开始发展初步分类能力的过渡时期。该年龄不能分类的情况已大大减少,而主要依据物体的感知特点和情境联系来分类。例如,有的儿童把几个动物放在一起,因为它们"不大也不小"(意思是大小相同)。有的把梨、老虎、胡萝卜放在一起,因为都是"黄色上面带有小黑点的"。这表明儿童能够观察到外部特征中的精细部分。可见,5岁儿童的分类活动主要是依据物体直接的可感知的特性或者在儿童的切身经验中经常发生的联系。

5~6岁儿童发生了从依靠外部特点向依靠内部隐蔽特点进行分类的显著转变,可以说是一个发展的转折期,其分类的特点迅速向6岁特点靠近。

(3)6岁以后,儿童开始逐渐摆脱具体感知和情境性的束缚,能够依物体的功用及其内在的联系进行分类,说明他们的概括水平开始发展到一个新的阶段。

考点5 学前儿童概括的发展

学前儿童的概括水平是处于表面的、具体的感知和经验的概括到开始进行某些内部的、靠近本质概括的发展阶段。

五、学前儿童概念的发展

考点1 概念的形成与掌握

概念是思维的基本形式,是人脑对客观事物的本质属性的反映。概念是用词来表示的,词是概念的物质外衣,也就是概念的名称。

概念的掌握是针对个体而言的,它是指学前儿童掌握社会上已形成的概念。成人利用语言工具,通过与学前儿童的言语交际及教学,把社会上已形成的概念传授给学前儿童。

学前儿童对概念的掌握并不是简单地、原封不动地接受,而是要把成人传授的现成概念纳入自己的经验系统中,按照自己的方式加以改造。所以学前儿童掌握的概念与社会上形成的概念之间往往有一定的差距。随着学前儿童经验的丰富和理解的加深,二者之间的差距逐渐缩小。

考点2 学前儿童掌握概念的方式

(1)通过实例获得概念。学前儿童获得的概念几乎都是这种学习方式的结果。学前儿童在日常生活中经常接触各种事物,其中有些就被成人作为概念的实例(变式)而特别加以介绍,同时用词来称呼它。学前儿童通过词(概念的名称)和各种实例(概念的外延)的结合,逐渐理解和掌握概念。

(2)通过语言理解获得概念。在较正规的学习中,成人也常用给概念下定义,即讲解的方式帮助学前儿童掌握概念。在这种讲解中,把某概念归属到更高一级的类或种属概念,并突出它的本质特征是十分关键的。学前儿童只有真正理解了定义(解释)的含义才能掌握概念。以这种方式获得概念不是日常概念(即前科学概念),而是科学概念。科学概念的掌握往往需要用语言理解的方式进行。但学前儿童由于抽象逻辑思维刚刚萌芽,很难用这种方式获得概念。

考点3 学前儿童掌握概念的一般特点

学前儿童对概念的掌握受其概括能力发展水平的制约。一般认为学前儿童概括能力的发展可以分为三种水平:动作水平概括、形象水平概括和本质抽象水平的概括。它们分别与三种思维方式相对应。学前儿童的概括能力主要属于形象水平,后期开始向本质抽象水平发展,这就决定了他们掌握概念的基本特点:

1. 以掌握具体实物概念为主,向掌握抽象概念发展

学前儿童掌握的各种概念中以实物概念为主,在实物概念中,又以掌握具体实物概念为主,即以掌握基本概念为主。随着学前儿童年龄的增长,幼儿晚期,他们开始能够掌握一些生活中常见的抽象概念,但学前儿童对这类概念的掌握也离不开事物的形象和具体活动的支持。例如,儿童对“勇敢”的理解是“打针不哭”,对“节约”的理解是“吃饭时不撒米饭”。

2. 掌握概念的名称容易,掌握概念内涵困难

每个概念都有一定的内涵和外延。内涵即含义,是指概念所反映的事物的本质特征。例如,“动物”这个概念的内涵(本质特征)就是指一种生物,这种生物有神经、有感觉、能吃食、能运动。概念的外延,则是指概念所反映的具体事物,即适用范围。“动物”这一概念的外延(实例),就是指各种各样的动物,如鸟、兽、昆虫、鱼等。

学前儿童掌握概念通常表现在掌握概念的内涵不精确、外延不恰当上,也就是说,儿童有时会说一些词,但不代表他能理解其中的真正含义。

由于儿童基本是通过实例的方式来获得概念的,而成人又常常有意无意地从各种实例中选择一些儿童常见的、并对某一概念具有代表意义的“典型实例”重点向儿童介绍,同时与概念的名称(词)相结合。这种做法固然有利于儿童较快地获得概念,但同时也可能起到一种消极的定势作用,使得儿童掌握概念的范围局限于“典型实例”,造成其内涵和外延的不准确。

从实例入手获得的概念基本上是日常概念,即前科学概念,其内涵与外延难免不准确。只有在真正理解其含义的基础上掌握的概念,才可能内涵精确,外延适当。这却是儿童的现有水平难以达到的。

为了提高学前儿童掌握概念的水平,比较可行的办法是多给他们提供具有不同典型性的实例,同时引导他们总结概括其中的共同特征。

考点4 学前儿童掌握概念的类型和特点

1. 学前儿童掌握实物概念的特点

学前儿童所掌握的概念,大量是实物概念。他们掌握实物概念的特点是:

(1)以低层次概念为主

4岁儿童不能按图片进行一级概念的独立分类，完全不能进行二级概念的独立分类。5岁儿童可以独立分类，但常常不是以类为标准，而是依靠情境、功用或其他外部特征进行分类。6岁儿童已经能够分类。5岁和6岁儿童二级概念独立分类的正确性虽略有提高，但仍然很低。

(2)以具体特征为主

以下定义为例。下定义是掌握概念的表现之一。学前儿童对实物概念所下定义可分为七种类型：

①不会说。学前儿童不会说话或表示不会。

②同义反复。例如，要求学前儿童说出“什么是灯”时，他说“灯灯”或“大灯”。

③举出实例。例如，解释灯时，说“红灯”“绿灯”“亮灯”。

④说出一般性的非本质特征。如说灯是“长的”，说鱼是“黑的”。

⑤说出重要特征。如说灯是“房顶上挂的”“在墙上挂的”“一个圆的玻璃里面特别亮”。

⑥说出功用或习性。如灯是“照亮的”“能发光的”；鱼是“给人吃的”“在水里游的”。

⑦说出初步概念。如灯是“给人照亮的东西”“有电、有用的东西”；鱼是“一种水里的动物”；鸟是“一种飞禽”；等等。

学前儿童下定义的七种类型可以分为四种水平：

①完全不会说。

②不会下定义。上述同义反复、举出实例或只说出某种非本质的、重要的特征，属于实际上不会理解词，不会下定义的水平。这些类型的表现，说明儿童头脑中的词，只代表特定的具体事物，而没有达到真正的概念水平。

③依据具体特征下定义。儿童从物体的功用，动物的习性，或物体的某种较重要的具体特征来下定义，说明了儿童思维的具体性。因为物体功用，即它与人的关系，是学前儿童在生活中能够体验到的。例如，“灯可以照亮”。动物的某些习性也是儿童常常可以见到的。例如，“鱼在水里游”“鸟会飞”。另外，物体有些突出的外部特征也是学前儿童容易见到的，如“鱼有刺”“鸟有翅膀”。

④接近下定义水平(初步概念水平)。下定义或解释，应该指出种概念和属差。这种严格的下定义水平，是学前儿童思维发展所不能达到的，即使是生活中比较熟悉的具体事物，如灯、鱼、鸟、公园等，学前儿童也只能做出带有初步概括性的、接近正确的解释。“武器”一词，是包括各种战斗工具的二级概念。儿童生活中接触到的往往是枪、炮、大刀等，而不是“武器”。因此，对“武器”的概念，掌握水平更低。

从幼儿期的发展趋势看，下定义的水平随年龄增长有所提高。不会说或不会解词的人数在4岁前所占的比例较大，4～5岁以后有所缩小，5岁以后显著降低，而达到初步概念(接近下定义水平)的人数，则在5岁以后显著增加。总之，儿童对具体名词的解释集中于具体特征水平。

2. 学前儿童掌握数概念的特点

掌握数概念是逻辑思维发展的一个重要方面。数概念比实物概念更抽象，掌握数概念比实物概念要困难。

(1)学前儿童数概念的萌芽

学前儿童数概念的发生可分为以下阶段：

①辨数。对物体大小或多少的模糊认识。例如，1.5～2岁的孩子，有些还不太会讲话，但知道伸手去抓数量多的糖果或大的苹果。

②认数。产生对物体整个数目的知觉。2～3.5岁儿童还不会口头数数，但是能根据成人的指示，拿出1个、2个或3个物体。

③点数。开始形成数概念。在3.5～4岁才发展起来。

可见，3岁前儿童对数的认识主要处于知觉阶段，只能说是出现数概念的萌芽。数概念在3岁以后开始形成。

(2)学前儿童数概念的发展

学前儿童掌握数概念包括三个成分：

①掌握数的顺序。一般3岁儿童已经能够学会口头数10以内的数。这时，他们记住了数的顺序，但是并不会真正去数物体。

②数的实际意义。当儿童学会口头数数以后，逐渐学会口手一致地数物体，即按物点数，然后学会说出物体总数，这时，可以说是掌握了数的实际意义。

③数的组成。掌握数的组成是儿童形成数概念的关键。儿童学会点数物体总数以后，逐渐能够学会用实物进行10以内的加减。

儿童的数概念的形成，经历口头数数→给物说数→按数取物→掌握数概念等四个阶段。

儿童数概念的形成过程是从感知和动作开始的。儿童计数，起先不但要用眼看，而且要动手去数。以后，儿童可以逐渐减少用手点数的动作，主要凭视觉把握物体的数量，用眼看实物，嘴里默默地数。有时还用点头来帮助数数，似乎以头的动作代替手的动作。

当儿童可以脱离感知而进行口头计算时，他还必须依靠物体数量的表象。这表现在儿童能够正确回答10以内的应用题，却往往不能正确回答10以内的式子题。因为应用题描述了情境成分，唤起儿童关于物体的表象，这些表象可以作为计算的支柱，帮助儿童从感知阶段向数概念过渡。学前儿童晚期才逐渐能够用数词进行计算，开始进入数概念阶段。

3. 学前儿童掌握空间概念的特点

儿童空间知觉和时间知觉发展较早，而掌握空间概念和时间概念则比较晚。掌握空间概念和时间概念与掌握相应的词有密切联系。

(1)左右概念的掌握特点

左右概念是一种反映事物之间关系的具有明显的相对性和灵活性的概念。儿童对空间概念中的“上下”“前后”概念较易掌握，而对“左右”概念较难掌握。在整个学前阶段，儿童只出现最初的左右概念，不能真正掌握比较概括的、灵活的左右概念。五六岁儿童只是固定化地辨识自己的左右方位，并把它和词联系起来。他们知道自己的左右手(脚)，往往直接按照自己的左右手(脚)方位来称呼对面人的左右手(脚)的方位。五六岁儿童也不能掌握两个物体的左右方位关系概念。

儿童掌握左右概念的这种特点，反映了儿童思维的具体形象性，即思维的直观性、固定性、情景性和不灵活性。7岁以后，儿童思维的抽象逻辑性逐渐发展，对左右概念的掌握也进一步概括化和灵活化。

(2)儿童掌握长度、面积、体积的特点

空间包括三个维度。一维空间体现于长度，二维空间体现于面积，三维空间体现于体积。

①掌握长度概念。让儿童从5根保险丝中确认一样长的3根，然后当着儿童的面将其中两根保险丝改变形状，结果表明，5～6岁儿童基本还不具备稳定的长度概念。他们对由自己挑出来的一样长的3根保险丝，一经变形后即认为不再一样长。绝大多数儿童认为，直的最长，弯了一下的短，弯了两下的最短。该年

龄儿童依靠实物的形象来判断长短，要是动手把弯了的保险丝重新拉直，他们就会不顾前后矛盾，肯定它们都是一样长的。

②掌握面积概念。儿童日常生活中能够掌握对实物面积进行等分概念。幼儿园大班儿童对实物等分概念已积累了一定生活经验。但是，等分概念的题目不同，儿童能够完成任务水平也不同。例如，问："1个苹果分给2个小朋友吃，每人要分得一样大，应该怎样分？"在一个实验中，87%的儿童能够边做手势边做出正确回答。再问："1个苹果要分给4个小朋友吃，每人要吃得一样多，怎样分法？"能够正确回答的占被试儿童的64%，即比前一个问题的正确率稍低。而在回答另一类题目时，情况就有不同。实验要求儿童看两张面积相同的方纸。每张纸中间对半用线条画开，一半涂上色，另一半不涂色。一张竖着画，一张横着画，问学前儿童涂色的两块是否一样大？正确回答的人数是45%。再要求儿童比较两张相等的纸片，但在中间对半分的形状不相同，一张竖着分，另一张按对角线对半分（如图3–5），能正确回答的学前儿童仅达3%～4%。

  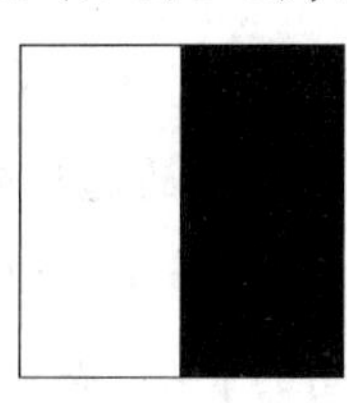 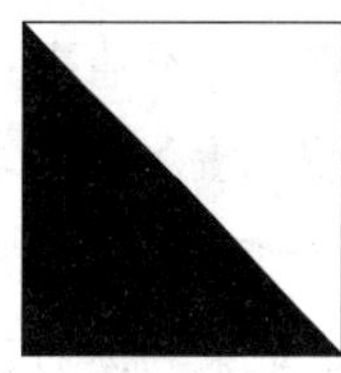

图3–5

在实验中，要求儿童进一步回答"为什么知道它们是一样大的"，五六岁儿童一般不能正确理解问题，往往答非所问，能正确回答的人数极少，能回答问题的也只是以直观感知为主导。5～7岁，绝大部分儿童没有掌握面积等分概念。

③掌握体积（或容积）。体积（或容积）守恒本身是多层次多水平的，儿童在不同层次不同水平上达到守恒的年龄是一致的，单个物体体积的概念守恒出现较早。体积（或容积）守恒在4岁前完全没有出现，同样形状、同样体积的物体，只要位置或形状一改变，他们便认为大小（体积）不一样了。例如，用4块同样大的立方体木块，每两块合成一个长方体，并排放置，对儿童说这是两幢平房，让他们比较是否一样大。当他们说是一样大后，把其中"一幢房子"的两块积木垒起来，变成"楼房"，儿童马上就认为不一样大。6岁以前的儿童还不能很好地理解物体的三维性。

4. 学前儿童掌握时间概念的特点

（1）学前儿童对时间顺序的概念明显地受时间循环、周期长短的影响。循环周期越长，掌握越差。

（2）学前儿童对一日时间的延伸与当日时序的认知。学前儿童对一日时间的延伸（昨晚和明早）的认知水平低于对当日之内时序（上午、下午、晚上）的认知，而对过去（昨晚）认知的发展水平又低于对未来（明早）的认知水平。

（3）学前儿童对时序的认知带有固定性。4岁儿童基本上不具有时间相对性概念。五六岁儿童对一日前后延伸的时序相对性认知水平也很低。他之所以能够正确认识一日之内的时序，是因为一日之内的早上、中午、晚上是固定的。儿童把这种时序看作孤立、静止的，把它从整个时间流中割裂开来。而"昨晚"是在今天早上之前，"明早"则在今天晚上之后，这种具有相对性的时间概念，要求既认识时间顺序的固定性，又认识时间概念的相对性，到7岁时才能掌握。

（4）学前儿童以自身生活经验作为时间关系的参照物。正是由于儿童对时间的认知主要依靠直接经验，每日的时序周期短，形成的印象比每周深刻，而季节的变化周期间隔的时间相当长，他们不容易对季节变化的时序形成深刻的印象，因此，对日、周、年之内的时序掌握水平的差异很明显。

(5)儿童说出时间词语和时间概念的形成互相促进，但不同步。不少儿童“记住”了时间词语，却没有掌握它的时间关系的内涵。也有一些儿童已经形成了时间概念，却尚未确切掌握相应的词。

(6)学前儿童对时序的认知经过四个连续发展的阶段：①不能对有关时间的刺激物归类；②在知觉水平上做出分类；③能把某一特定的时序与具体生活事件联系起来，并用故事的形式正确叙述先后发生的连续事件；④能够摆脱具体的直观的生活内容，把时间关系抽象概括出来，真正形成时间概念。这是最后一个阶段，发生在7岁后。

学前儿童掌握时间概念的发展过程，还表现在逐渐把时间因素和空间因素分开。儿童常常把时间因素和空间因素混淆，因为时间信息比空间信息更难输入，时间不断地在流逝，而且必须通过各种媒介物才能感知。空间因素相对来说就较为直观。另外，时间概念与距离、速度概念紧密联系，人们经常用时间来描述距离，或用距离描述时间。

四五岁儿童还常常分不清事物的空间关系和时间关系，在估计时间和再现时距时往往用空间关系代替时间关系。例如，5岁儿童把小汽车行驶路程的远近和小汽车行驶的时间长短混同起来。他们往往认为小汽车“走4米花10秒时间”比“走2米花20秒时间”所用的时间长。6岁儿童仍然表现出这种倾向，单纯根据小汽车行驶的路程远近来判断行驶时间的长短，而把小汽车行驶的速度放在一边，但是已经开始把事物的时间关系和空间关系区分开。7岁以后基本能够区分空间关系和时间关系。

六、学前儿童判断、推理的发展

考点1　学前儿童判断发展的趋势

学前儿童判断的发展变化有以下趋势：

1. 判断形式间接化

从判断形式看，学前儿童的判断从以直接判断为主，开始向间接判断发展。直接判断，主要是感知形式的判断，不需要复杂的思维加工。例如，3岁儿童指着一个戴红领巾的女孩说是“王老师的小姐姐”。这是根据感知的特征来判断，不是真正使用概念进行的。年龄较大的学前儿童就会说：“王老师的女儿。”间接判断通常需要推理，反映事物之间因果、时空、条件等联系，其中制约思维过程的基本关系是事物的因果关系。

幼儿期大量依靠直接判断。成人的判断和学前儿童的判断从形式上是不同的，实质上也反映了思维方式的不同。

2. 判断内容深入化

从判断的内容来看，儿童的判断首先反映事物的表面联系。在幼儿期开始向反映事物本质联系发展，也就是从直接判断向间接判断发展。幼儿初期往往把直接观察到的物体表面现象作为因果关系。在发展过程中，学前儿童逐渐找出比较准确而有意义的原因。例如，“球在斜面上滚下来，因为这儿有小山，球是圆的，它就滚了。要是钩子，如果不是圆的，就不会滚动了。”5～6岁学前儿童，开始能够按事物的隐蔽的、比较本质的联系做出判断和推理。例如，“皮球是圆的，它要滚”“(桌子)断了一条腿，它站不稳”“(乒乓球)空，会漂”“(磁球)不是空的，是石头做的，就会落下去”。

在这个过程中，学前儿童的判断从反映物体的个别联系逐渐向反映物体多方面的特征发展。例如，较小的学前儿童说：“火柴浮起来，因为它小。”较大的学前儿童已经知道：“钥匙沉下去是因为小而且重，不轻。”判断和推理只有在揭示事物之间的本质和规律性联系时，才是正确的。学前儿童起先对事物关系的判断是笼统而不分化的。例如，“火柴漂浮，因为在水里。”以后逐渐分化和准确化。由上述事例也可以看出，学前儿童能够把客体(或其特性)之间的联系(或关系)分解出来,并且概括出来,开始反映概括的规律,分解的深度和概括性也就逐渐提高。

3. 判断根据客观化

从判断根据看,学前儿童从以对待生活的态度为依据,开始向以客观逻辑为依据发展。幼儿初期常常不能按事物本身的客观逻辑进行判断和推理,而是按照“游戏的逻辑”或“生活的逻辑”进行。这种判断没有一般性原则,不符合客观规律,而是从自己对生活的态度出发,属于“前逻辑思维”。例如,3~4岁儿童认为,球会滚下去,是因为“它不愿意待在椅子上”,或者是因为“猫会吃掉它”。5~6岁儿童在判断面积时,也常常以生活逻辑为直接判断的依据,如“一大块地也能玩很多小朋友,几个小块地只能玩很少小朋友。”“四周都空,地方多大呀!哪儿都能跑着玩,那边一块地太小了,跑不了,一跑,再一跑,就不行了。”

学前儿童逐渐从以生活逻辑为根据的判断,向以客观逻辑为根据的判断发展。在这个过程中,还要经过以事物的偶然性特征(颜色、形状等)为根据,过渡到以孤立的、片面的、不确切的原则为根据(重的沉,轻的浮),然后,开始出现一些正确的或接近正确的客观逻辑判断(木材做的东西在水里浮)。

4. 判断论据明确化

从判断论据看,学前儿童起先没有意识到判断的根据,以后逐渐开始明确意识到自己的判断根据。幼儿初期儿童虽然能够做出判断,但是,他们没有或不能说出判断的依据,或者以别人的论据作为论据。幼儿晚期,儿童不断修改自己的论据,努力使自己的判断有合理的根据,对判断的论据日益明确,说明思维的自觉性、意识性和逻辑性开始发展。

学前儿童如果生活在一个“讲道理”的环境里,他就能够较早、较好地意识到判断的依据,经常为自己的判断找依据。

在日常生活中创造民主气氛,让学前儿童敢于争辩,对他们的思维发展是有利的,成人不要为孩子“爱顶嘴”而生气。

考点2　学前儿童推理的发展

学前儿童推理的发展

1. 最初的转导推理

儿童最初的推理是转导推理。转导推理是从一些特殊事例到另一些特殊事例的推理。这种推理还不是逻辑推理,而属于前概念的推理。

2岁儿童已经出现转导推理。这种推理是依靠表象进行的,是超出了直接感知范围的思维活动。转导推理是从个别到个别的推理。这一类型的推理,在3~4岁儿童身上是常见的。例如,一个小孩在动物园里看到梅花鹿时,问妈妈:“如果天天往它头顶上浇水,那树枝一定能长出树叶来的,是吧?”4~5岁儿童也还会出现这种推理,如一个小孩问:“妈妈,您知道世界上最骄傲动物是什么吗?我告诉您吧,是金鱼!它总是摇头晃脑的。”

学前儿童的转导推理之所以常常不符合客观逻辑,是因为:第一,缺乏知识经验;第二,不会进行分类、概括。例如,学前儿童认为:哪一天没有睡午觉,哪天就没有下午。在他的头脑中,“下午”的概念就是“睡午觉起来以后”。

幼小儿童最初的推理也有正确的。当推理过程不要求过多的层次关系,问题非常简单,而且学前儿童对有关事物已经有了实际经验时,其推理一般是正确的。例如,有人喊孩子的爸爸,爸爸没有回答。孩子说:“爸爸没有听见。”

2. 学前儿童的演绎推理

归纳和演绎属于逻辑推理，演绎推理的简单而典型的形式是三段论。三段论是由三个判断、三个概念构成，每个概念出现三次。它是从两个反映客观事物的联系和关系的判断中推出新的判断。实验证明，学前晚期（5～7岁）经过专门教学，能够正确运用三段论式的逻辑推理。3～7岁儿童三段论式逻辑推理的发展，可分为五个阶段。

（1）不会运用任何一般原理。对于自己关于物体浮沉的断言，不提任何论据，或者只提出一些极为偶然的论据。

（2）运用了一般原理，并试图引用一些从偶然特征上做出的概括，来论证自己的答案。

（3）运用了一般原理，这种原理已经能在某种程度上反映事物本质的特性，但只是近似的，不准确的，不能概括一切可能发生的个别情况，因而还不可能做出正确结论。

（4）不说明一般原理，却能正确而自信地解决问题。

（5）会运用正确反映现实的一般原理，并能做出恰当的结论。

3. 学前儿童的类比推理

类比推理也是一种逻辑推理，它在某种程度上属于归纳推理。它是对事物或数量之间关系的发现和应用。例如，从“耳朵是用来听的”推到“眼睛是用来看的”。

用几何图形、实物图片、数概括等三种形式要求学前儿童通过选择进行类比推理。结果表明，学前儿童在三种类比推理中发展的速度不完全相同，但经历的阶段基本相同，都可以分为五级水平。

Ⅰ级　高水平的推理。正确理解两图形（两物或数）之间的关系，语言表达比较概括确切。

Ⅱ级　较高水平的推理。基本上理解两图形（两物或数）之间的关系，语言表达形象具体或不够确切。

Ⅲ级　由低向较高水平过渡的推理。只能大体上看到两图形之间次要的（笼统的）不同，或依据两物的外部的（次要的或局部的）关系，或大体理解数之间的关系，语言表达部分正确。

Ⅳ级　低水平的类比推理。选择正确但不清楚选择理由，不回答或随意乱答，甚至回答错误。

Ⅴ级　不会类比，选择错误。

类比推理能力随着学前儿童年龄增加而发展提高。

从年龄特点看，3岁儿童还不会进行类比推理。

4岁儿童类比推理开始发展，水平很低。这个年龄的儿童出现根据两种事物之间外部的功用的或部分的特征来进行初级形式的类比推理。

5岁和6岁儿童三种类比推理发展速度和水平虽有不同，但主要仍处于Ⅱ级和Ⅲ级水平，大部分儿童没有达到高级水平。例如，问：“粗木头和细木头是摆在一起的，‘哭’（图片）旁边应该摆什么呢？”儿童说：“粗木头和细木头是相反的。‘哭’也要找个相反的。”他拿了“笑”的图片。问他为什么，他说：“就是这样，都是相反的。”

七、学前儿童理解的发展

考点1　学前儿童对事物理解能力的发展趋势

理解是个体运用已有的知识经验去认知事物的联系、关系乃至其本质和规律的思维活动。理解普遍存在于认识过程中，无论是对事物的知觉，还是对事物内在实质的把握，都离不开理解的参与。学前儿童对事物的理解有以下发展趋势：

1. 从对个别事物的理解，发展到理解事物之间的关系

这是从理解的内容上来谈的。从学前儿童对图画和故事的理解中，我们都可以看到这种发展趋势。学前儿童对图画的理解，最初只理解图画中最突出的个别人物，然后理解人物形象的姿势和位置，再后理解主要人物或物体之间的关系。

2. 从主要依靠具体形象来理解，发展到依靠语言说明来理解

这是从理解的依据上来谈的。由于言语发展水平的限制以及学前儿童思维的特点，学前儿童常常依靠行动和形象理解事物。随着年龄的增长，学前儿童逐渐能够摆脱对直观形象的依赖，而只靠语言描述来理解。但在有直观形象的条件下，理解的效果更好。

3. 从对事物做简单、表面的理解，发展到理解事物较复杂、深刻的含义

这是从理解的程度上来谈的。学前儿童的理解往往很直接、肤浅，年龄越小越是如此。学前儿童对语言中的转义、喻义和反义现象也比较难理解。所以对学前儿童，尤其是对小班幼儿，千万不要说反话，要坚持正面教育。

4. 从理解与情感密切联系，发展到比较客观的理解

这是从理解的客观性来谈的。学前儿童对事物的情感态度，常常影响他们对事物的理解。这种影响在4岁前的学前儿童中尤为突出。因此，学前儿童对事物的理解常常是不客观的。较大的儿童开始能够根据事物的客观逻辑来理解。

5. 从不理解事物的相对关系，发展到逐渐能理解事物的相对关系

学前儿童对事物的理解常常是固定的或极端的，不能理解事物的中间状态或相对关系。对学前儿童来说，不是有病，就是健康；不是好人，就是坏蛋。学前儿童学会了“5+2=7”后，不经过进一步学习，不知道“2+5=7”。随着年龄的增长，学前儿童逐渐能理解事物的相对关系。

记忆有妙招

学前儿童理解的发展趋势：**个别表情相聚**。**个别**（个别事物）**表**（简单、表面）**情**（与情感密切联系）**相**（相对关系）**聚**（具体形象）。

考点2　幼儿理解事物的特点

（1）幼儿理解事物的水平不高，不深刻，常受外部条件的限制。

（2）幼儿对事物的理解常是孤立的，不能发现事物之间的内在关系。年龄越小的幼儿，这个特点表现越明显。如让幼儿看一幅图，幼儿初期的孩子常常看到的只是个别的人或物。

（3）幼儿对事物的理解主要依靠事物的具体形象。如幼儿在听故事时，常需要有图形或实物来辅助，或者依靠生动的语言引起头脑中的事物形象来帮助理解。

（4）幼儿对事物的理解往往是表面的，不能理解事物的内部含义。例如，一个小朋友想上厕所，其他幼儿也要去，教师生气地说：“去，去，去，都去！”这时幼儿根本不理解教师的意思，反而高高兴兴地一拥而去了。因此，我们在实际工作中一定要注意幼儿的理解特点，幼儿不能理解反话中的内部含义。要坚持正面教育，要多结合具体形象的事物来帮助幼儿去理解和做出判断。

考点大默写

1. 直观行动思维活动的典型方式是__________。
2. 儿童最初的思维是以__________为主。
3. 幼儿期的思维以__________为主。
4. 内科医生不能直接看到病人内脏，却能以听诊化验等检验手段为中介，经过思维加工判断病情，这说明思维具有__________。
5. 思维的两个基本特点是__________和__________。
6. 青青的妈妈说："那孩子的小嘴多甜！"青青问："妈妈，你舔过她的嘴吗？"这说明青青的思维具有__________。
7. 儿童形成数概念的关键是__________。
8. 儿童边掰手指边数数，如果动作停止，思维也停止。这说明儿童的思维属于__________。
9. 学前儿童容易掌握那些代表实际东西的概念，如"小汽车""飞机"等；不容易掌握比较抽象的概念，如"交通工具"。这反映出学前儿童的思维具有__________的特点。
10. 一个男孩摔破了头，左右额上都缝了针。父母感到很不安，担心他将来留下疤痕。可是孩子特别高兴，他说："我这样就像汽车了，两个车灯。"还不停地做出开汽车的动作，跑来跑去。这体现了幼儿思维具有__________的特点。
11. 幼儿常常将书包放在桌子上，于是直接把书包和桌子归为一类。这体现了学前儿童分类形式中的依__________分类。
12. 学前儿童比较的发展顺序是：先学会找物体的__________，后学会找物体的__________，最后学会找物体的__________。
13. 儿童数概念的形成经历的四个阶段分别是__________、__________、__________和掌握数概念。

【参考答案】

1. 尝试错误　2. 直观行动思维　3. 具体形象思维　4. 间接性　5. 间接性；概括性　6. 表面性　7. 掌握数的组成　8. 直观行动思维　9. 具体性　10. 近视性　11. 生活情景　12. 不同处；相同处；相似处　13. 口头数数；给物说数；按数取物

第六节　学前儿童言语的发展

一、语言和言语的概念

考点1　语言的概念

语言是人类在社会实践中逐渐形成和发展起来的交际工具，是一种社会上约定俗成的符号系统。语言是一种社会现象。

人们在改造客观外界的活动中，产生了交际的需要，伴随着交际就产生了语言。人为了交际，或使用汉语，或使用英语，或使用俄语等，这里的汉、英、俄语，就是作为交际工具的各种语言。人类有了语言后，就可能在较短时间内认识和掌握科学知识和生活经验。

考点2　言语的概念

言语的概念

言语是运用语言进行实际活动的过程。言语是一种心理现象。使用着一定语言的人，他说话、听话、写作、阅读中的说、听、读、写等活动，就是作为交际过程的言语，它是一种心理现象。如讲课时老师用的是汉语这种语言，而讲述的过程则是言语，它是一个动态的过程。

二、言语的分类

言语通常分为外部言语和内部言语两类。外部言语包括口头言语和书面言语。

考点1　外部言语

1. 口头言语

口头言语是通过人的发音器官所发出的语言声音来表达思想和感情的言语。口头言语又可分为对话言语和独白言语。

(1)对话言语。对话言语指两个人或几个人直接交际时的言语活动，如聊天、座谈等。

(2)独白言语。独白言语是个人独自进行的，与叙述思想、情感相联系的、较长而连贯的言语，如报告、演讲等。

2. 书面言语

书面言语是人们借助于文字来表达思想感情、传授知识经验的言语。也就是写出的文字、看到的文字，例如写作、朗读。

书面言语可以突破时间和空间的限制。如想要知道先辈们的经验，就要通过书面言语；要想知道远在外地的亲人的情况，除了可以通过电话还可以写信等，书面言语可以反复阅读、回味、推敲，书面言语需要专门的教学才能掌握。

考点2　内部言语

内部言语是指只为语言使用者所意识到的内隐的言语，也叫作不出声的言语。它是人们进行思维活动时凭借的主要工具，通常以简缩的形式进行。如果说用于交往的言语是“宣之于外”的外部言语，那么，用于调节的言语则主要是“隐之于内”的内部言语。内部言语的对象不是别人，而是自己，是自己思考问题时所用的一种特殊的言语形式。内部言语的特点是隐蔽发音，默默无声，比较简约、压缩，与思维密不可分。主要执行自觉分析、综合和自我调节的机能。

内部言语与外部言语相互联系，互相促进；口头言语和书面言语是内部言语的外显表现，口头言语和书面言语的发展推动内部言语的发展，而内部言语的发展有助于口头言语和书面言语的提高。

言语的分类作为本节的基础内容，考生可结合以下表格进行梳理。

种类			概念	举例
外部言语	口头言语	对话言语	两个人或几个人直接交际时的言语活动	聊天、座谈
		独白言语	个人独自进行的，与叙述思想、情感相联系的，较长而连贯的言语	报告、演讲
	书面言语		人们借助于文字来表达思想感情、传授知识经验的言语	写作、朗读
内部言语			不出声的言语	默默思考问题

三、学前儿童言语发生发展的趋势

1. 语音知觉发展在先，正确语音发展在后

语音知觉，是指对语言中语音的辨别。即能够辨别语音的差别，再进一步则能够说出语音的名称。

2. 理解语言发生发展在先，语言表达发生发展在后

儿童学习语言是从理解语词开始的。大约在6个月以后，婴儿已能“听懂”一些词。其实那只是根据父母说话的音调（语调）变化做出不同的反应。1～1.5岁儿童能理解的词，数量增长很快。但是，儿童一般在1岁左右才能说出少数几个词，而在1岁半以后，才“开口说话”。常常有些孩子，特别是男孩，在1岁8个月时还没有“开口”，他们懂得很多，只是不说，往往使父母产生多余的担忧，以为是小哑巴，可是过了几个月，就都会说话了。

四、儿童言语发展的主要特征 【单选、简答】 ★★★

儿童出生以后，在环境和成人的教育下，言语在不断发展。进入幼儿期，言语发展主要表现为口语的发展。

考点1 儿童口语的发展

1. 语音的发展

（1）掌握本民族全部语音

随着生理上的成熟，言语知觉的发展，幼儿的发音能力也迅速发展，特别是3～4岁期间发展尤为迅速。此时，他们已初步掌握本民族、本地区的全部语音，但在实际使用语音时，对有些音发不正确。因此教师必须重视幼儿的发音练习，尤其是4岁左右的幼儿，更应实施正确的语音教育。

（2）语音意识的发生

语言活动是一种有意识的有意运动，而不是无意识的本能活动。所谓对语音的意识，就是指对语音的自觉态度，随着年龄的增长，儿童逐渐能够有意地调节自己的语音机制，即能够有意地掌握自己的发音活动。语音意识的发生发展，使儿童把语言活动作为自觉的活动，这对于儿童学习正确的发音，学习普通话以至学习外语，都有重要作用。

儿童期，主要是在4岁左右，语音意识明显地发展起来，开始自觉地对待语音。儿童语音意识的形成主要表现在他们能够评价别人发音的特点和能有意识并自觉地调节自己的发音。

①对自己的和别人的发音感兴趣。

②意识到自己发音的弱点。例如，知道自己不会发出某个音，回避不会发的音，为别人故意模仿他的错误发音而生气，如有个儿童不会发“姑”音，总是说成“嘟”，他不肯叫“姑姑”。

③努力练习新学到的语音或自己不能准确发出的声音，对自己的成绩表示高兴。一个4岁孩子对成人说：“妈妈，您听，我会说姑姑了。”

④对别人的发音有评价态度。能抓住别人的发音特点；乐意指出别人的发音错误，并给人作示范；有的幼儿常常指出他爸爸发音上的错误，并教爸爸发音。

⑤有意地改变通常的发音。为了开玩笑而把语音故意说错；为了表达某种感情，故意把语音说得跟平常不一样；对亲人说话娇声娇气；游戏中学着大人对小孩说话时的语音、语调；等等。

⑥为发音找根据。例如，“为什么阿姨那么说？应该这样说嘛”“没有人这样说的”。

⑦意识到同音字有不同意义。

⑧对发音的生理问题感兴趣。找寻发音的地方，甚至做实验。一个4岁孩子问："什么地方在说话？"当别人反过来问他时，他用手伸到嘴的深处，或说话时用手摸摸喉部。一个6岁的孩子让妈妈听他闭着嘴时如何说话，并说："你什么也听不见。"又说："我只用舌头说话，那就什么也听不见。"

2. 词汇的发展

(1)词汇量增加，内容变化大

言语是由词以一定方式组成的，因此，词汇的发展可作为言语发展的重要标志之一。幼儿期是人一生中词汇量增加最快的时期。我国近年来的一项研究表明，3～4岁儿童的词汇量为1730，4～5岁为2583，5～6岁为3562。该研究结果表明，4～5岁是词汇量增长的活跃期。

(2)词类范围日益扩大

随着年龄的增长，儿童不仅词汇量增多，同时掌握词的种类也不断扩大。儿童先掌握的是实词，然后是虚词。在实词中，儿童掌握的顺序是名词—动词—形容词。对其他实词如副词、代词、数词掌握较晚。儿童对虚词如连词、分词、助词、语气词等掌握也较晚。在各类词中，儿童使用频率最高的是代词，其次是动词和名词。

(3)词义逐渐丰富和加深

学前儿童对词义的理解具有四个突出特点：一是笼统；二是非常具体；三是对词义的理解或是失之过宽，或是失之过窄；四是出现"造词现象"，就是自己制造新词，如把"灰色"说成"小黑"，这个"小黑"就是儿童自己制造出来的，这是儿童词汇贫乏、词义掌握不确切时出现的一时现象，当儿童确切掌握了有关的词义时，他就不会出现这种错误。儿童理解词义是从理解具体意义的词到理解抽象的词，从理解词的具体意义到理解词的抽象意义。

幼儿期，随着生活经验的丰富与思维发展的同时，词的概括性联系系统也逐渐发展。对词义的理解趋向丰富和深刻化。如"兔子"一词，对较小的儿童来说，意味着只是兔子的外形特征，而对较大的儿童来说，则还包括兔子的生活习性，兔子和人类的关系等等。

此外，儿童使用词语的积极性在增加。儿童的词汇可分为消极词汇(被动词汇)和积极词汇(主动词汇)。**消极词汇**是指理解但不能运用的词汇，实际上理解也是不深不透的。**积极词汇**是指儿童自己能说能用的词汇。既理解又会运用的积极性词汇在增多，只理解不会正确使用的消极性词汇也在增多，于是出现乱用或乱造词的现象。如把"一个人"说成"一只人"，把"一条裤子"说成"一件裤子"等等。

总的来说，幼儿对词义的掌握是不够丰富和深刻的。对于多义词，幼儿通常不能掌握它的全部意义，只能掌握其最基本和最常用的意义。针对幼儿掌握词的特点，要通过具体而有趣的活动，促进他的词汇发展。结合日常生活活动教幼儿掌握词，是最重要而有效的途径。

3. 初步掌握语法

(1)句型的发展：①从不完整句到完整句；②从简单句到复合句；③从无修饰句到修饰句；④从陈述句到非陈述句。

儿童最初的句子结构是不完整的。儿童的不完整句大多发生在2岁以前，主要是单词句和双词句。大约在2岁以后，儿童逐渐出现比较完整的句子。完整句的数量和比例随年龄的增长而增长。

到6岁以后，儿童98%以上使用完整句。完整句又可以分为简单句和复合句、陈述句和非陈述句、无修饰句和修饰句。

(2)语句结构的变化:从混沌一体到表达内容、词性、结构层次的逐渐分化;从松散到逐步严谨;由压缩、呆板到逐渐扩展和灵活。

(3)句子含词量的增加。

(4)语法意识的出现。

真题面对面

[2022台州温岭,简答]简述3~6岁儿童语法发展的特点。

答案:详见内文

4. 口语表达能力进一步发展

幼儿在掌握语言成分的基础上,口语表达能力也逐渐发展起来。

(1)对话言语的发展和独白言语的出现

幼儿前期的孩子,大多是在成人的陪伴下进行活动的,他们的交际多采用对话形式。进入幼儿期,对话言语进一步发展。他们不但能回答问题,或提出问题和要求,还会在协调行动中进行商议性对话。如进行角色游戏时,会互相商量安排游戏情节等。

由于幼儿独立性的发展,活动范围的扩大,在他们和同伴或成人的交往中,需要独立向别人传达自己的思想感情,自己的知识经验等,这就促进了独白言语的产生和发展。

幼儿初期,只能主动讲述自己生活中的事情,且表达时常显得不流畅,叙述时有较多的无用词,如"这个这个""后来么后来么"等来帮助缓解表达的困难。到幼儿末期,不但能系统叙述,而且能大胆自然地、生动有感情地描述事情。

(2)情境性言语的发展和连贯性言语的产生

情境性言语是指幼儿在独自叙述时不连贯、不完整并伴有各种手势、表情,听者需结合当时的情境,审察手势表情,边听边猜才能懂得意义的言语。这种言语是幼儿言语从不连贯向连贯言语发展过程中的一种言语形式。**连贯性言语**则指句子完整、前后连贯,能反映完整而详细的思想内容,使听者从语言本身就能理解所讲述的意思的言语。情境性言语和连贯性言语的主要区别在于是否直接依靠具体事物作支柱。

3~4岁的幼儿,甚至5岁的幼儿言语仍带有情境性。他们说话断断续续的,并辅以各种手势和面部表情,对自己所讲的事,丝毫不做解释,似乎谈话对方已完全了解他所讲的一切。

随着年龄的增长,幼儿连贯性言语逐渐得到发展。6~7岁的幼儿开始能把整个思想内容前后一贯地表述;能用完整的句子,说明上下文的逻辑关系。

此外,言语表达能力进一步发展还表现在讲述逻辑性的发展和掌握言语表情技巧。

真题面对面

[2019统考,单选]幼儿园小班的孩子说话时往往断断续续、缺乏连贯和逻辑,还喜欢边说边做出相应的手势和表情。这种语言被称为(　　)

A. 情境性言语　　B. 对话言语

C. 独自言语　　D. 内部言语

答案:A

5. 出现内部言语的过渡形式——出声的自言自语

幼儿前期没有内部言语，到了幼儿中期，内部言语才产生。幼儿时期的内部言语在发展过程中，常出现一种介乎外部言语和内部言语的过渡形式，即出声的自言自语。这种自言自语有两种形式，一种是“游戏言语”；另一种是问题言语。

(1)游戏言语

游戏言语是一种在游戏、绘画活动中出现的言语。其特点是一边做动作，一边说话，用言语补充和丰富自己的行动。这种言语通常比较完整、详细，有丰富的情感和表现力。如幼儿一边搭积木——长江大桥，一边发出声音：“这里面可以走人，桥洞里可以过船……”

(2)问题言语

问题言语是在活动中遇到困难或问题时产生的言语，用以表示困惑、怀疑、惊奇等。然而，这时所提的问题并不要求别人回答。当儿童找到解决问题的办法时，还会用这种言语表示自己的思维过程和采取的办法。例如，在拼图过程中，儿童自言自语地说：“把这个放在哪里呢？……不对，应该这样。……这是什么？……就应当把它放在这里……”四五岁儿童的问题言语最为丰富。

幼儿中期以后，内部言语逐渐在自言自语的基础上形成。原来由自言自语所负担的自我调节功能，也随年龄的增长逐渐由内部言语来实现。

真题面对面

[2020杭州，单选]（　　）是幼儿内部言语产生的过渡形式。

A. 独白言语　　B. 游戏言语

C. 不出声的自言自语　　D. 出声的自言自语

答案：D

考点2　书面言语掌握的可能性

书面言语产生的基础是口头言语。严格地说，幼儿期已为书面言语的学习做了准备。具体表现在已具备以下条件：

1. 掌握口语词汇

我们知道，书面言语的掌握，必须懂得字词的实际意义。如果不懂字词的含义，只会将字形和字音联系起来，这只是简单的形——声间的联系。而掌握了口语词汇后，只要把语词和它的字形相结合，就懂得了字词的实际意义。据研究，幼儿期的儿童可掌握3000左右词汇。

2. 掌握语音

汉语拼音是儿童识字和阅读的重要辅助手段，而学习汉语拼音的重要前提条件是正确发出语音。4岁幼儿已具备这一能力。

3. 掌握基本语法和口语表达力

口头言语和书面言语的表达方式虽有不同，但是二者都需要遵循基本的语法规则。幼儿期已掌握了基本的语法和初步的口语表达力，为入小学后阅读和写作打下了良好的基础。

4. 幼儿图形知觉的发展

字母、数字、字词，特别是方块汉字，犹如图形。汉字，只不过是一种特殊的图形知觉。当儿童能辨别图形时，就能分辨字形。人们发现4岁左右的幼儿是图形知觉发展的敏感期，因此，可以认识一些字。

我们知道，幼儿期主要是学习口头语言的时期，在书面语言方面，只是处于准备时期。此期在为读写作准备中，最重要的是培养读写兴趣，而不要在入学前已使孩子产生对学习读写产生厌烦心理。既然以培养前读写兴趣为重点，对幼儿读写的要求就不要过于严格，而要多鼓励幼儿的学习积极性，肯定他的学习态度和成绩。

五、幼儿的言语与活动

考点1　活动中幼儿言语的特点分析

儿童心理学家皮亚杰早在20世纪20年代，就对儿童的言语做了详尽研究。着重研究了2～7岁儿童的言语，并将其归为两大类：

1. 自我中心言语

自我中心是指儿童把注意力集中在自己的动作和观点上的现象。在言语方面表现为讲话时不考虑自己在同谁讲话，也不在乎对方是否在听自己讲话，他或是自言自语，或是由于和一个偶然在身边的人共同活动感到愉快而说话。

知识再拔高

自我中心言语的三个范畴

1. 重复（无意义字词的重复）

儿童为了感到说话的愉快而重复这些字词和音节。他并未想到要和谁说话，甚至在讲一些有意义字词时，也是如此。

2. 独白

儿童对自己说话，似乎在大声思考，其实并不是对任何人说话。

3. 双人或集体的独白

在有人存在的情况下，儿童之间相互说话，但并不构成沟通思想或传递信息的功能。说话的儿童并不要求旁人参与谈话，也不要求他懂得这种谈话，更不注意旁人的观点，旁人只是一个刺激物的作用。这种双人或集体独白实际上只是儿童在别人面前大声地对自己说话。

2. 社会化言语

社会化言语涵盖了以下四个方面的内容：

（1）适应性告知

当儿童把某些事情告诉他的听众而不是讲给自己听，或者当儿童在对自己讲话的同时也在与别人合作时，或者他与他的听众进行对话时，便产生了适应性告知。适应性告知实际上是儿童要促使别人听他讲话并且想方设法影响别人，即在传递思想。

（2）批评和嘲笑

这是一类有关别人的工作和行为的话，它与特定的听众相关联，但富有强烈的情感因素，肯定自己而贬低别人，如“我妈给我买了一支冲锋枪，比你的大得多”。

（3）命令、请求（祈使）和威胁

这一类言语有明确的相互作用。如“你过去一点，挡住我了。”“老师，请你过来一下。”“等一会儿，现在不要进来。”“别动，我要生气了！”等等。

(4)问题与回答

问题与回答常在社会化交往时出现。儿童提出的问题大多要别人答复,而儿童的回答有拒绝和接受两种。但是,这些回答不是有关事实的答复而是有关命令和请求的答复。例如:“你把玩具还给我,好吗?”“不,我才玩了一会儿,我不给你。”

考点2 在实践中提高幼儿的言语能力

幼儿的言语能力是在社会环境与教育的影响下形成和发展的,因此,要重视在实践中发展幼儿的言语能力。

1. 有目的、有计划的幼儿园语言教育活动是发展幼儿言语能力的重要途径

幼儿园的语言教育活动,是根据《幼儿园工作规程》精神,有目的、有计划地对幼儿施加影响。在幼儿园的语言活动中,要求幼儿发音正确,用词恰当,句子完整,表达清楚、连贯,并及时帮助幼儿纠正语音;要运用有效的教学方法,调动幼儿说话的积极性,并给予反复练习的机会,以及做出良好的示范,促进幼儿语言的发展和言语的规范化。

2. 创设良好的语言环境,提供幼儿交往的机会

生活是语言的源泉,因此,要组织丰富多彩的活动,使幼儿广泛地认识周围环境,扩大眼界,丰富知识面,增长词汇。同时,要给他们提供更多的交往机会,尤其是和小朋友的交往,并重视幼儿在交往中用词的准确和说完整的句子。当孩子“见多识广”,语言自然也就丰富了。

3. 把言语活动贯穿于幼儿的一日活动之中

教师可以组织幼儿收听广播、看电视、阅读图书、朗读文学作品等活动来丰富和积累文学语言;在一日生活中,通过随时的观察、交谈等来获得大量的感性认知,并同时复习、巩固和运用在专门的语言活动中所学过的词汇和句式,更多地学习新的词汇,学会用清楚、正确、完整、连贯的语言描述周围事物,表达自己的情感和愿望。

4. 教师良好的言语榜样

在平时的教育活动中,教师要坚持说普通话,尽量做到吐字清晰、正确,潜移默化地去影响幼儿的语言发展。

5. 注重个别教育

教师在教育活动中,不可忽视对幼儿的个别教育。如对言语能力较强的,可向他们提出更高的要求,让他们完成一些有一定难度的言语交往任务;对言语能力较差的幼儿,教师要主动亲近和关心他们,有意识和他们交谈,鼓励他们大胆说话,表达自己的要求、愿望,叙述自己喜闻乐见的事,给予他们更多的语言实践机会,从而提高他们的言语水平。

记忆有妙招

提高学前儿童的言语能力:**一日动静教育**。**一日**(贯穿于一日活动之中)**动**(语言教育活动)**静**(良好的语言环境)**教**(教师良好的榜样)**育**(个别教育)。

★★ 考点大默写 ★★

1. 语言是一种____________现象,言语是一种____________现象。

2. 幼儿的言语种类中，__________是借助于文字来表达思想感情、传授知识经验的言语。

3. 儿童心理学家皮亚杰对儿童的言语做了详尽研究。他着重研究了2～7岁儿童的言语，并将其归为两大类，分别是：自我中心言语和__________。

4. 幼儿在活动中碰到困难或问题产生的言语被称为__________。

5. 儿童先掌握的是实词，其中实词中最先和大量掌握的是__________，其次是__________，再次是__________。

6. 个人独自进行的，与叙述思想、情感相联系的、较长而连贯的言语是__________。

7. 儿童出声的自言自语的形式主要有__________和问题言语。

【参考答案】

1. 社会；心理　2. 书面言语　3. 社会化言语　4. 问题言语　5. 名词；动词；形容词　6. 独白言语　7. 游戏言语

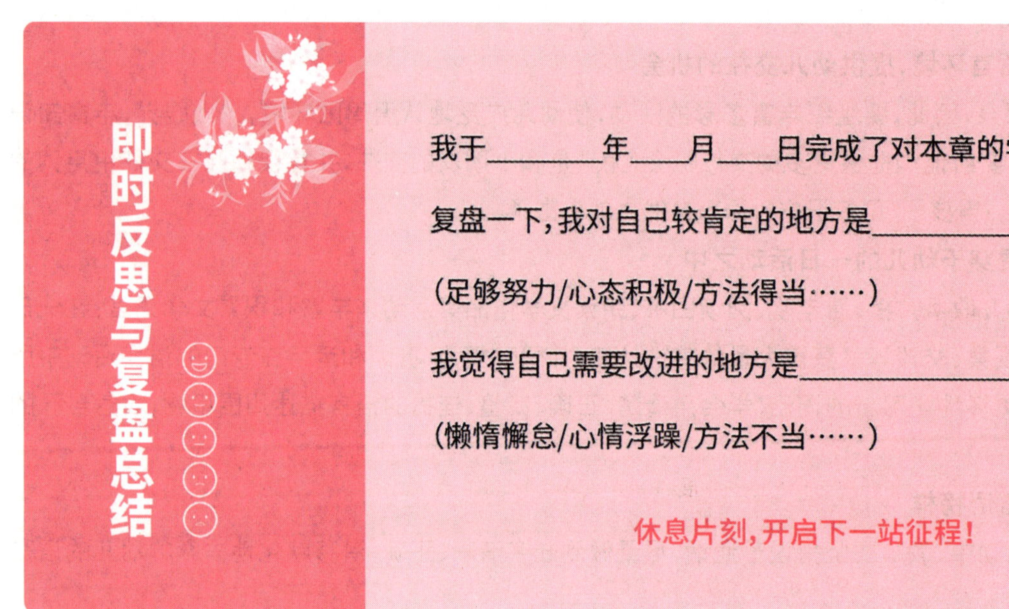

第三章 学前儿童情绪、社会性的发展

思维导图

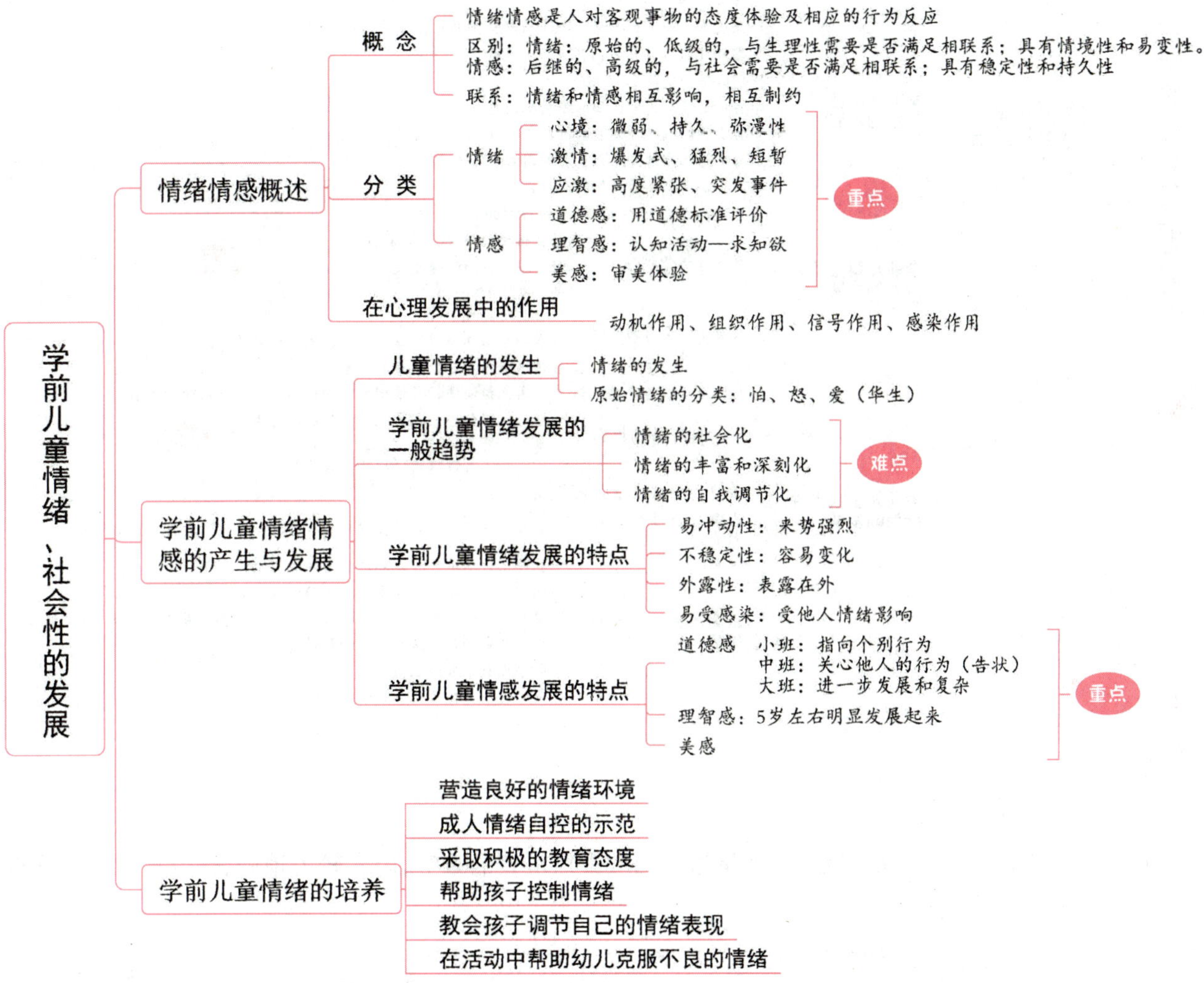

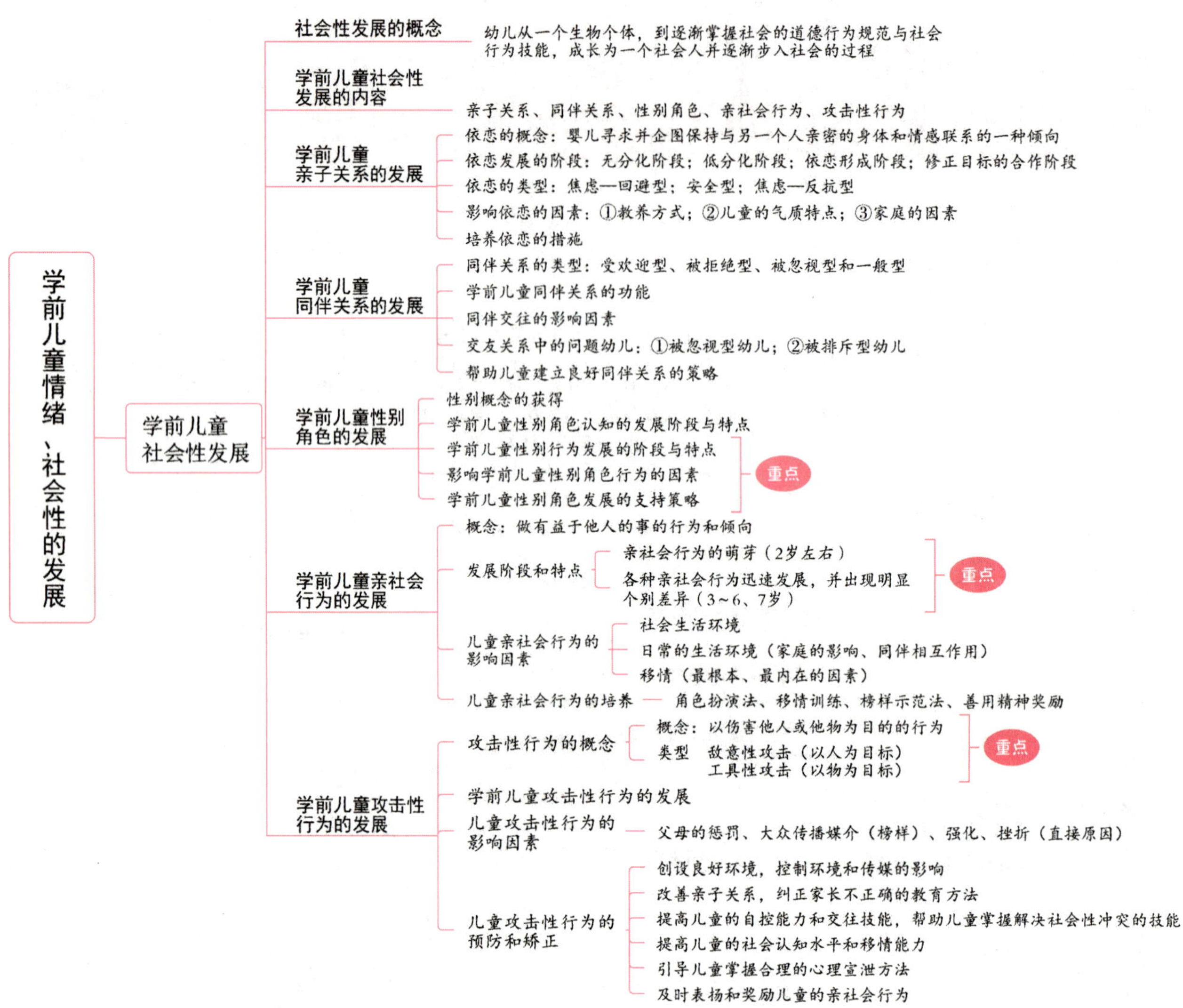

浙江考向

本章属于学前心理学的重要章节，也是浙江招教重点考查的章节，内容较为琐碎，需要识记的知识较多。现对本章考向分析如下：

高频考点	常考题型	能力层级	考查热度
情绪情感的分类	单选	识记	★★★
学前儿童情绪发展的一般趋势	单选	识记	★★
学前儿童情感发展的特点	单选	识记	★★
学前儿童情绪的培养	简答	理解	★★★
社会性发展的概念	名词解释	识记	★★
依恋的类型	单选	理解	★★
同伴关系的类型	简答	识记	★★★
学前儿童同伴关系的功能	简答	识记	★★★

续表

高频考点	常考题型	能力层级	考查热度
学前儿童性别角色发展的支持策略	简答	识记	★★★
亲社会行为的概念	单选	识记	★★
儿童亲社会行为的影响因素	判断	识记	★★
攻击性行为的概念	单选	识记	★★
儿童攻击性行为的预防和矫正	论述	理解	★★★

第一节 情绪情感概述

一、情绪情感的概念

1. 情绪情感的含义

情绪情感是人对客观事物的态度体验及相应的行为反应。人们对客观事物产生不同的态度体验是以某事物是否满足人的需要为中介的。不同的态度体验反映着客观事物与人的需要之间的不同关系。

2. 情绪情感的关系

情绪是原始的、低级的态度体验，由对事物单纯的感知觉直接引起，较多地带有情境性和易变性，与生理需要是否满足相联系，是人和动物共有的。情感是后继的、高级的态度体验，由对事物复杂意义的理解引起，较多地带有稳定性和持久性，与社会需要是否满足相联系。情绪和情感相互影响、相互制约。

二、情绪情感的分类 【单选】 必背 ★★★

考点1 情绪的分类

根据主体与客体之间关系的不同，心理学家把人的基本情绪分为快乐、悲哀、愤怒、恐惧四种类型；依据情绪发生的强度、持续性和紧张度的不同，可以把情绪状态划分为心境、激情、应激三种。

1. 心境

心境是一种**微弱的**、持续时间较长的、带有**弥漫性**的情绪状态。心境一经产生就不只表现在某一特定对象上，而是在相当长的一段时间内，使人的整个心理活动都染上某种情绪色彩，影响人的整个行为表现，成为情绪生活的背景。“忧者见之则忧，喜者见之则喜”说的就是心境。良好的心境有助于积极性的发挥，提高工作与学习的效率，促进坚强意志品质的培养；不良心境会妨碍工作和学习，影响身心健康。因此，培养良好的心境是人的个性修养的重要组成部分。

2. 激情

激情是一种爆发式的、猛烈而时间短暂的情绪状态。例如，狂喜、暴怒、恐惧、绝望、剧烈的悲痛等，都是激情的表现。它往往带有特定的指向性和较明显的外部行为表现，如暴跳如雷、浑身战栗、手舞足蹈等。激情发生时，意识范围缩小，意识对行为的控制作用明显降低，理解力降低，判断力减弱，易感情用事，不考虑后果。有人用激情爆发来原谅自己的错误，认为“激情时完全失去理智，自己无法控制”，这种说法是不对的，人能够意识到自己的激情状态，也能够有意识地调节和控制它。

3. 应激

应激是出乎意料的紧迫情况所引起的急速而高度紧张的情绪状态。当人们遇到突然出现的事件或意外发生危险时，为了应付瞬息万变的紧急情况，就得果断地采取决定，迅速地做出反应。应激正是在这种情境中产生的内心体验。

应激状态既有积极的作用，也有消极的作用。一般的应激状态是一种行为保护机制，能使机体具有特殊防御、排险机能，使人更加机智勇敢，集中全身精力以应付危急局面，急中生智，摆脱困境。应激状态持续的时间不可过长，否则会有害健康。

激情　　心境　　应激

考点 2　高级情感的分类

1. 道德感

道德感是因自己或别人的言行举止是否符合社会道德标准而引起的情感体验。

2. 理智感

理智感是在认知客观事物的过程中所产生的情感体验，它与人的求知欲、认识兴趣、解决问题的需要等满足与否相联系。

3. 美感

美感是人对事物审美的体验，它是根据一定的美的标准而产生的。

真题面对面

1. [2021 杭州，单选]（　　）和道德感、理智感并称为高级的情感。

A. 羞耻感　　B. 美感　　C. 兴奋感　　D. 快乐感

2. [2018 杭州，单选]幼儿看见同伴欺负别人会生气，看到同伴帮助别人会赞同。这种体验是（　　）

A. 理智感　　B. 美感　　C. 道德感　　D. 自主感

3. [2017 统考，单选]幼儿喜欢五颜六色的气球，这说明幼儿具有了一定的（　　）

A. 理智感　　B. 美感　　C. 道德感　　D. 实践感

答案：1. B　2. C　3. B

三、情绪情感在学前儿童心理发展中的作用

情绪、情感在学前儿童心理发展的过程中起重要的作用，主要表现在以下几方面：

1. 动机作用

情绪、情感是伴随人的需要是否得到满足而产生的体验，它对人的行为具有推动或抑制作用。例如，无论在任何时候和任何情况中，恐惧均能使人退缩，愤怒均能使人发生攻击，厌恶均能引起人躲避。相反，愉快、喜爱等积极情绪、情感则会使人愿意去接近和探索。

对于学前儿童来说，情绪的动机作用表现得更加明显，直接影响学前儿童的各种行为。例如，喜欢小动物的孩子就会经常去接近小动物，在接触的过程中，他会逐渐了解小动物的生活习性，掌握很多关于小动物的常识。但对于那些害怕、讨厌小动物的孩子来说，这是很难做到的。学前儿童的行为目的性和受理智支配的程度很低，他们不能有意识地控制自己去做不愿意做的事，因此，他们比成人更多地受情绪的支配。

2. 组织作用

情绪、情感是心理活动的监控者，它对其他心理活动具有组织作用。积极的情绪、情感起协调、组织的作用，消极的情绪、情感起破坏、瓦解的作用。研究表明，不同的情绪状态对幼儿的智力操作有不同的影响，过度兴奋不利于儿童的智力操作，适中的愉快情绪可以提高幼儿智力活动的效果，其中起核心作用的是幼儿的兴趣。相反，痛苦、惧怕等消极情绪对幼儿的智力活动有明显的抑制作用，痛苦、惧怕越大，操作效果越差。在日常生活中，我们也可以看到，虽然很多孩子在学习各种技能，如弹琴、画画等，但学习效果差别非常大，这当然不能排除孩子天赋的作用，但更重要的还是孩子的兴趣。有兴趣的孩子在活动过程中会充满愉快的情绪，这种愉快和兴趣对他们的活动起到了协调和组织的作用，能提高其活动的效果。而那些缺乏兴趣的孩子进行学习，更多的是出于父母的压力，他们甚至会产生害怕、厌恶等消极情绪，其活动效果就非常差。因此，加强对学前儿童兴趣的培养，对提高学前儿童的学习效果是十分必要的。

3. 信号作用

情绪和情感是个体向他人表达、传递自身需要及状态(如愉快、愤怒等)的信号，这种信号功能主要通过情绪、情感的外显形式(表情及言语)来实现。学前儿童在与父母、教师的交往中，更多的是从父母、教师的言行中获得一种感情的信号:喜爱或不喜爱。而儿童在接收这些信号之后，就会逐渐学会将类似的信号(友好或不友好)传达给周围的其他人，并产生相应的友好或不友好的行为。学前儿童与父母、教师的关系，特别是与父母的关系，对其人格发展具有重大影响。

由于情绪、情感具有信号功能，因此，父母或教师应该注意孩子的感情信号。例如，孩子对父母、教师、同伴的态度，孩子是否紧张、焦虑等，从而了解孩子的情绪、情感发展是否正常，及时发现孩子在发展中存在的问题并进行教育，以保证学前儿童心理的健康发展。

4. 感染作用

情绪、情感的感染作用是指在一定的条件下，一个人的情绪、情感可以影响别人，使之产生同样的情绪、情感。此种以情动情的现象称为情绪、情感的感染作用。

情绪、情感的这种作用在学前初期表现得尤为明显。例如，新生入园，班里有一个孩子哭，其他孩子也会莫名其妙地跟着哭；教师在组织教育活动时，以自己积极的情绪、情感去感染孩子，孩子们也会满腔热情，积极投入。因此，幼儿园积极、愉快的生活环境对学前儿童的健康成长是非常必要的。

★★ 考点大默写 ★★

1. 小芮正在使用学步车，前面道路突然出现了一排钉子，小芮赶紧停下脚步，此时他产生的紧张的情绪体验属于____________。

2. 明明是个好奇心很强的孩子，喜欢打破砂锅问到底，当成人给他满意的答案时，他就觉得很愉悦。这种情感属于____________。

3. 幼儿对其他小朋友违反规则的行为产生不满，对自己做错事感到内疚的情感属于____________。

4. 情绪和情感在幼儿心理发展中的作用主要有____________作用、____________作用、____________作用、____________作用。

5. 孩子看到陌生人刚开始会惧怕，但如果大人用微笑、点头等表情鼓励他，他就会慢慢接触从而对他不陌生，这体现了情绪和情感的____________作用。

6. 幼儿喜欢欣赏日月星辰、艺术作品，装饰自己的娃娃屋。这说明幼儿高级情感中的____________正在发展。

【参考答案】

1. 应激　2. 理智感　3. 道德感　4. 动机；组织；信号；感染　5. 信号　6. 美感

第二节　学前儿童情绪情感的产生与发展

一、儿童情绪的发生

考点1　情绪的发生

观察和研究普遍表明，儿童出生后就有情绪。初生的婴儿即可有情绪反应，如新生儿或哭，或安静，或四肢舞动等，可以称为原始的情绪反应。

经过多年的研究，现在人们普遍倾向认为，原始的、基本的情绪是进化来的，是不学就会的，天生的，儿童先天就有情绪反应。

最初表现出来的情绪反应具有两个突出特点：(1)与生理需要是否得到满足直接相关；(2)是儿童与生俱来的遗传本能，具有先天性。

考点2　原始情绪的分类

行为主义的创始人华生根据对医院500多名婴儿的观察提出：新生儿有三种天生的主要情绪，即怕、怒和爱。

1. 怕

华生认为新生儿的怕是由于大声和失持引起的。当婴儿安静地躺着时，在其头部附近敲击钢条，会立即引起他的惊跳，肌肉猛缩，继之以哭；当婴儿的身体突然失去支持，或身体下面的毯子被人猛抖时，婴儿会发抖、大哭、呼吸急促、双手乱抓。

2. 怒

怒是由于限制新生儿运动引起的。如用毯子把孩子紧紧地裹住，不准其活动，婴儿会发怒，会把身体挺直，或手脚乱蹬。

3. 爱

爱是由于抚摸、轻拍或触及身体敏感区域产生的。如抚摸婴儿的皮肤，或是温柔地轻拍他，会使他安静，产生一种广泛的松弛反应，或是展开手指、脚趾。

随着行为主义的兴起，关于新生儿有三大基本情绪的推论流行起来。但是后来的一些研究都未能证实华生对原始情绪的划分。多数心理学家认为新生儿的情绪状态是笼统的，还没有分化。

二、学前儿童情绪发展的一般趋势 【单选】 ★★

学前儿童情绪的发展趋势主要有三个方面：社会化、丰富和深刻化、自我调节化。

考点1 情绪的社会化

情绪的社会化

儿童最初出现的情绪是与生理需要相联系的，随着年龄的增长，儿童情绪逐渐与社会性需要相联系。社会化成为儿童情绪发展的一个主要趋势。

1. 情绪中社会性交往的成分不断增加

儿童的情绪活动中涉及社会性交往的内容，随着年龄的增长而增加。一项研究发现，儿童交往中的微笑可以分为三类：(1)儿童自己玩得高兴时的微笑；(2)儿童对教师微笑；(3)儿童对小朋友微笑。在这三类微笑中，第一类不是社会性情感的表现，后两类则是社会性的。

真题面对面

[2018统考，单选]下列哪种幼儿的微笑不属于社会性情感表现(　　)

A. 幼儿自己玩得开心时的微笑　　B. 幼儿对其他幼儿微笑

C. 幼儿对老师微笑　　D. 幼儿对阿姨微笑

答案：A

2. 引起情绪反应的社会性动因不断增加

引起儿童情绪反应的原因，称为情绪动因。婴儿的情绪反应，主要和他的基本生活需要是否得到满足相联系。总的来说，在3岁前儿童情绪反应的动因中，生理需要是否满足是其主要动因。

3～4岁是儿童情绪的动因从主要为满足生理需要向主要为满足社会性需要的过渡阶段。在中班和大班儿童中，社会性需要的作用越来越大。儿童非常希望被人注意，被人重视、关爱，要求与别人交往。与人交往的社会性需要是否得到满足，和人际关系状况如何，直接影响着儿童情绪的产生和性质。

不仅与成人的交往需要及状况是制约儿童情绪产生的重要社会性动因，而且，同伴交往的状况也日益成为影响儿童情绪的重要原因。

由此可见，儿童的情绪情感与社会性交往、社会性需要的满足密切联系，儿童的情绪情感正日益摆脱与生理需要的联系而逐渐社会化，其与成人(包括教师、家长)和同伴的交往密切联系，社会性交往、人际关系对儿童情绪影响很大，是左右其情绪情感产生的最主要动因。

3. 情绪表达的社会化

表情是情绪的外部表现。有些表情是生物学性质的本能表现。儿童在成长过程中，逐渐掌握周围人们的表情手段，表情日益社会化。

儿童表情社会化的发展主要包括两个方面：一是理解(辨别)面部表情的能力；二是运用社会化表情手段的能力。

(1)理解(辨别)面部表情的能力

表情提供的信息，对儿童与成人交往的发展和社会性行为的发展起着特别重要的作用。近1岁的婴儿已经能够笼统地辨别成人的表情。例如，对他微笑，他会笑；如果接着立即对他拉长脸，做出严厉的表情，婴儿马上会哭起来。有研究表明，小班的儿童已经能够辨认别人高兴的表情，对愤怒表情的识别，则大约在幼儿园中班开始。

(2)运用社会化表情的能力

先天的表情能力只能保持一定水平，如果缺乏后天的学习，先天的表情能力就会下降。盲童由于缺乏对表情的人际知觉条件，其表情的社会化受到了阻碍。

研究表明，随着年龄的增长，儿童解释面部表情和运用表情手段的能力都有所增长。一般而言，辨别表情的能力高于制造表情的能力。

考点2　情绪的丰富和深刻化

从情绪所指向的事物来看，其发展趋势是越来越丰富和深刻。

1. 丰富

所谓情绪的日益丰富，包括两种含义：一是情绪过程越来越分化；二是情绪指向的事物不断增加。

(1)情绪过程越来越分化。刚出生的婴儿只有少数的几种情绪，随着年龄的增长情绪不断分化、增加。

(2)情绪指向的事物不断增加。有些先前不引起儿童情绪体验的事物，随着年龄的增长，引起了儿童的情绪体验。

2. 深刻化

情绪的深刻化即指向事物性质的变化，从指向事物的表面到指向事物更内在的特点。如年幼儿童对父母的依恋，主要由于父母是满足他们基本生活需要的来源，而年长儿童则已包含对父母的尊重和爱戴等内容。

考点3　情绪的自我调节化

从情绪的进行过程看，其发展趋势是越来越受自我意识的支配。随着年龄的增长，婴幼儿对情绪过程的自我调节能力越来越强。这种发展趋势主要表现在三个方面：

1. 情绪的冲动性逐渐减少

幼小儿童常常处于激动的情绪状态。在日常生活中，婴幼儿往往由于某种外来刺激的出现而非常兴奋，情绪冲动强烈。儿童的情绪冲动性还常常表现在他用过激的动作和行为表现自己的情绪。

随着儿童脑的发育及语言的发展，情绪的冲动性逐渐减少。儿童对自己情绪的控制，起初是被动的，即在成人要求下，由于服从成人的指示而控制自己的情绪。到儿童晚期，对情绪的自我调节能力才逐渐发展。成人经常不断的教育和要求，以及儿童所参加的集体活动和集体生活的要求，都有利于儿童逐渐养成控制自己情绪的能力，减少冲动性。

2. 情绪的稳定性逐渐提高

婴幼儿的情绪是非常不稳定且短暂的。随着年龄的增长，儿童情绪的稳定性逐渐提高，但总的来说，儿童的情绪仍然是不稳定、易变化的。

婴幼儿的情绪不稳定，与其情绪的情境性有关。婴幼儿的情绪常常被外界情境支配，情绪往往随着某种情境的出现而产生，又随着情境的变化而消失。婴幼儿情绪的不稳定还与情绪的受感染性有关。

儿童晚期情绪比较稳定，情境性和受感染性逐渐减少，这时期儿童的情绪较少受一般人感染，但仍然容易受亲近的人，如家长和教师的感染。因此，父母和教师在幼儿面前必须注意控制自己的不良情绪。

3. 情绪从外显到内隐

婴儿期和幼儿初期的儿童，不能意识到自己情绪的外部表现。他们的情绪完全表露于外，随着言语和儿童心理活动有意性的发展，儿童逐渐能够调节自己的情绪及其外部表现。儿童调节情绪外部表现的能力发展比调节情绪本身的能力发展得早。往往有这种情况，儿童开始产生某种情绪体验时，自己还没有意识到，直到情绪过程已在进行时，才意识到它。这时儿童才记起对情绪及其表现应有的要求，才去控制自己。幼儿晚期，能较多地调节自己情绪的外部表现，但控制自己的情绪表现还常常受周围情境的左右。

婴幼儿情绪外显的特点有利于成人及时了解孩子的情绪，给予正确的引导和帮助。但是，控制调节自己的情绪表现以至情绪本身，是社会交往的需要，主要依赖于正确的培养。同时，由于幼儿晚期情绪已经开始有内隐性，要求成人细心观察和了解其内心的情绪体验。

三、学前儿童情绪发展的特点

1. 情绪的易冲动性

学前儿童常常处于激动状态，而且来势强烈，不能自制，往往全身心都受到不可遏制的威力所支配。年龄越小，这种冲动越明显。例如，想要一个玩具而得不到，就会大哭大闹，短时间内不能平静下来。随着年龄的增长、语言的发展，儿童逐渐学会接受成人的语言指导，调节控制自己的情绪。5~6岁儿童情绪的易冲动性逐渐降低，情绪的调节控制能力逐渐加强。

2. 情绪的不稳定性

学前儿童的情绪是非常不稳定的，容易变化，表现为两种对立的情绪（如喜与怒、哀与乐）在短时间内互相转换。例如，儿童因得不到喜爱的玩具而哭泣时，成人递给他一块糖，他会立刻笑起来。这种脸上挂着泪水又笑起来——破涕为笑的情况，在学前儿童身上是常见的。

儿童情绪的不稳定性与他们易受情境支配有关。儿童的情绪常常受到外界情境所支配，一种情绪往往随着某种情境的出现而产生，又随着某种情境的变化而消失。例如，新入园的幼儿，看着妈妈离开时，会伤心地哭，但当妈妈的身影消失后，经教师引导，很快就会愉快地玩起来。如果妈妈从窗口再次出现，又会立刻引起幼儿的不愉快情绪。

3. 情绪的外露性

婴儿时期，儿童不能意识到自己情绪的外部表现，他们的情绪完全表露在外，丝毫不加控制和掩饰。例如，婴儿想哭就哭，想笑就笑。他们不认为这样做有什么不合理。到了2岁左右，孩子从日常生活中，逐渐了解了一些初步的行为规范，知道了有些行为是要加以克制的。例如，一个孩子摔倒会引起本能的哭泣，但刚一哭，马上就自己对自己说："我不哭！我不哭！"这时的孩子脸上还挂着泪珠，甚至还在继续哭。这种矛盾的情况，说明儿童开始产生调节自己情绪表现的意识，但由于自我控制的能力差，还不能完全控制自己的情绪表现。这种情况一直持续到幼儿初期。

4. 情绪的易受感染

所谓情绪的易受感染是指情绪非常容易受周围人的情绪影响。幼儿情绪的易受感染与暗示有关。如新入园的幼儿哭着要妈妈，会引起已经适应幼儿园生活的其他孩子也跟着哭；有一个孩子笑，其他幼儿也会莫名其妙地跟着笑，如果老师问"你为什么笑"，幼儿往往说"不知道"，或者指着别人说"他也笑"，这些现象在小班较为明显。

记忆有妙招

学前儿童情绪发展的特点：不易外感。不（不稳定）易（易冲动）外（外露）感（易受感染）。

因为幼儿情绪的不稳定(易变)与幼儿情绪易受感染有关。因此,在有些说法当中,学前儿童情绪的“易受感染”被划分到了“不稳定性”特点的范畴之内。

在做选择题时,考生可以根据题意灵活选择。如果题干中给出了幼儿情绪“易受感染”的例子,请考生选择该例子体现了幼儿情绪的哪个特点。但是给的选项中未体现“易受感染”,那么可以灵活选择“不稳定性”。

四、学前儿童情感发展的特点 【单选】 ★★

1. 道德感

儿童3岁前只有某些道德感的萌芽,进入幼儿园以后,特别是在集体生活环境中,孩子逐渐掌握了各种行为规范,道德感也逐步发展起来。小班的孩子道德感主要是指向个别行为的,如知道打人、咬人是不好的。中班孩子不但关心自己的行为是否符合道德标准,而且开始关心别人的行为,并由此产生相应的情感。如中班幼儿的告状行为就是幼儿对别人行为方面的评价,它是基于一定的道德标准而产生的。到了大班,儿童的道德感进一步发展和复杂化。他们对好与坏、好人与坏人,有鲜明的不同感情。如看小人书时,往往把大灰狼和坏人的眼睛挖掉,这个年龄段的儿童的集体情感也开始发展起来。

儿童的羞愧感或内疚感也开始发展。特别是羞愧感从幼儿中期,开始明显发展,儿童对自己出现的错误行为会感到羞愧,这对幼儿道德行为的发展具有非常重要的意义。

总的来说,幼儿期的道德感是不深刻的,大都是模仿成人、执行成人的口头要求,在集体活动中和在成人的道德评价的影响下逐渐发展起来的。

2. 理智感

先学前期是儿童理智感开始发生的时期。儿童理智感的发展,突出表现在他们开始对周围事物感到好奇,他们很喜欢提问题,并由于提问和得到满意回答而感到愉快。日常生活中在成人看来十分平常的事情,在儿童看来都很新奇。2~3岁儿童喜欢问“这是什么?”“那是什么?”这是理智感萌芽的表现。5岁左右,理智感明显发展。他们不但问“是什么?”而且更喜欢打破砂锅问到底,想弄清“怎么样?”“为什么?”他们提的问题包罗万象,上至天文,下至地理。这突出反映了他们对所处世界的好奇和兴趣。如果他们的问题得到解决,他们会感到极大的愉快和满足。否则,会感到失落、不高兴。同时,他们开始自主探索世界,以自己的行动来改变相应环境而获得心理满足。3~4岁儿童还只会用积木搭房子等简单物品,5~6岁儿童开始迷恋创造性游戏,如用积木、泥沙或水等工具创造出自己心目中的事物。6岁儿童还喜欢进行各种智力游戏,如下棋、猜谜语,或者动脑筋、解决问题的活动。这些活动不但使儿童产生满意、愉快、自豪等积极体验,还会推动他们完成新的、更为复杂的认识活动。值得注意的是,儿童理智感的另一种表现形式就是与动作相联系的“破坏”行为,如把玩具分拆以弄清事物的真相。

3. 美感

儿童对色彩鲜艳的艺术作品或物品容易产生喜爱之情。在教育的影响下,幼儿中期儿童能从音乐、绘画作品中,从自己参与的美术活动、跳舞、朗诵中得到美的享受。幼儿晚期,儿童开始不满足于颜色鲜艳,还要求颜色搭配协调。

真题面对面

[2018温州,单选]幼儿到6岁时,特别喜欢智力游戏,并表现出争强好胜的特点,这说明其(　　)发展起来了。

A. 理智感　　B. 道德感　　C. 荣誉感　　D. 成就感

答案:A

考点大默写

1. "破涕为笑"现象在学前儿童身上较为常见。这说明他们的情绪具有__________。
2. 幼儿的理智感明显发展起来的年龄是__________岁左右。
3. 行为主义的创始人华生认为,新生儿有三种天生的主要情绪,即__________、__________和__________。
4. 小班儿童在看图书时,常常把书中的"坏人"抠掉,造成这种行为的原因是幼儿的情绪具有__________。
5. 学前儿童情绪的发展趋势主要有三个方面:__________、丰富和深刻化、__________。

【参考答案】

1. 不稳定性　2. 5　3. 怕;怒;爱　4. 易冲动性　5. 社会化;自我调节化

第三节　学前儿童情绪的培养

一、营造良好的情绪环境

婴幼儿情绪发展主要依靠周围情绪气氛的熏陶。因此,在幼儿园教育中应注意保持和谐的气氛,并且与幼儿之间建立良好的师生情。

二、成人情绪自控的示范

为人之师，也要学会控制自己的情绪。优秀教师能够做到把自己的一切忧伤留在教室之外，情绪饱满地走进课堂，这样才能使幼儿保持良好的情绪状态。教师还要理智地对待每个幼儿，有的幼儿容易引起教师的好感，教师对他的态度也自然较好，并且经常委派他们任务，使他们得到更多锻炼机会，也容易进步，跟教师的感情也越来越好；另一些幼儿不为别人喜爱，爱哭闹，不专心学习，不听劝说等，由于干扰集体活动常受到批评，他们和教师疏远，学习也不好。上述这两种情况，在师幼感情上，前者表现为良性循环，后者则为恶性循环。教师应自觉地控制自己的情绪，主动关心幼儿，发现其优点，耐心给予帮助。

三、采取积极的教育态度

1. 正面肯定和鼓励

许多父母常常对孩子说："你不行！""太笨了！""没出息！"经常处于这些负面影响下，孩子情绪消极，也没有活动热情。有一个孩子平时不爱说话，一天他主动发言，教师高兴地说："太好了！我知道你能行！"回到家，妈妈也给他鼓励，他非常高兴。从此以后，这个小朋友发言越来越大胆，越来越积极。

2. 耐心倾听幼儿说话

耐心倾听幼儿说话，对培养幼儿良好的情绪十分重要。幼儿总是愿意把自己的见闻向亲人诉说。当幼儿感受到和教师亲，对教师信任时，也总是愿意向教师诉说。可是成人往往由于太忙，没有时间听幼儿说话。有时成人认为幼儿说的话幼稚可笑，不屑于听。这些都会使幼儿感到压抑和孤独，因而情绪不佳。有时幼儿因此出现逆反心理，会故意做出错误行为，以引起成人的注意。

3. 正确运用暗示和强化

幼儿的情绪在很大程度上受成人的暗示。例如，有个家长在外人面前总是对自己的孩子加以肯定，说："我们孩子上幼儿园从来不哭。"她的孩子果真能控制自己的情绪。另一个家长则常常对别人说："我们孩子就是爱哭。"这种暗示则容易使孩子形成消极情绪。

幼儿的情绪发展也往往受成人强化的影响。例如，有的父母在孩子哭闹时总是给孩子吃糖果，或尽量满足孩子的其他要求。孩子受到了强化，以后有什么不满意时更是大哭。另一种情况是，当孩子摔倒要哭时，大人说："不怕！男子汉摔倒了，自己爬起来！"虽然泪水在眼眶里转，孩子硬是自己站了起来。类似这样的强化，对于现代儿童抵御挫折、减少焦虑十分必要。

四、帮助孩子控制情绪 【简答】 必背 ★★★

幼儿不会控制自己的情绪。成人可以用各种方法帮助他们控制情绪。

1. 转移注意法

3岁孩子刚进入幼儿园时往往会哭闹，教师常常用转移注意的方法，要么逗他玩玩具，要么指着书上的动物给他讲故事，一会儿孩子的情绪会有所好转。对4岁以后的幼儿，当他处于情绪困扰之中时，可以用精神的而非物质的转移方法。例如，孩子哭时，对他说："看这里这么多的泪水，就像下雨一样。下雨了，我们多难受啊！"也许孩子会被这幽默的话语逗笑。

2. 冷处理法

孩子情绪十分激动时，可以采取暂时置之不理的办法，孩子自己会慢慢地停止哭喊。当孩子处于激动状态时，成人切忌激动起来。例如，对孩子大声喊叫"你再哭！我打你！"或"你哭什么？不准哭，赶快闭上嘴"之类的。这样做会使孩子情绪更加激动，无异于火上浇油。

3. 消退法

消退法就是通过减少引起不良情绪的因素来减少不良情绪。例如,一个幼儿在睡觉前只要父母离去,他就大发脾气,哭闹不休,以至父母不得不陪伴他1~2小时,直到他熟睡后才离去。后来父母决定用消退法,对他的哭闹行为进行矫治。母亲照旧将他放在床上,但是告诉幼儿不再陪伴他睡觉了,然后离去,不再进屋。第1天,该幼儿哭闹的时间长达50分钟之久;第2天,哭闹的时间就缩短到15分钟以下;第10天晚上,哭闹行为就完全消失了。可见,父母的妥协和陪伴就是幼儿哭闹的强化物,只要撤销了这种强化物,幼儿的不良情绪就会逐渐消退。

真题面对面

[2020丽水,简答]成人如何帮助幼儿控制情绪?

答案:详见内文

五、教会孩子调节自己的情绪表现

1. 行为反思法

让孩子想一想自己的情绪表现是否合适。例如,在孩子哭闹后,让他想一想这样哭闹好不好;和小朋友为玩玩具发生争执时,想一想自己行为对不对,还有哪些解决问题的办法。

2. 想象法

当幼儿遇到困难或挫折而伤心时,教他想想自己是"大姐姐""大哥哥""男子汉"或某个英雄人物等。

3. 自我说服法

孩子初入园由于要找妈妈而伤心地哭泣时,可以教他对自己大声说:"好孩子不哭。"孩子起先是边说边抽泣,以后渐渐地不哭了。孩子和小朋友打架,很生气时,可以要求他讲述打架发生的过程,孩子会越讲越平静。随着年龄增长,在正确的引导和培养下,幼儿能学会恰当地调节自己的情绪并学会情绪的适当表现方式。

六、在活动中帮助幼儿克服不良的情绪

幼儿期是情感自由表现的时期,幼儿对自己的情感不想掩饰,也不会掩饰,都自然地毫无保留地表现在他们的活动中。这也给教师提供了观察幼儿情绪、帮助幼儿克服不良情绪的良好条件。怎样及时发现幼儿的不良情绪并及时给予引导呢?

1. 成人要善于发现与辨别孩子的情绪

有时一个活泼的孩子突然默不作声,就很可能是遇到了不顺心的事;而一向温顺内向的孩子突然有粗暴言行,很可能是他发泄情绪的一种方式。很多成人特别是家长往往认为,孩子有吃有穿有玩,还有什么理由不开心,分明是"捣蛋"。其实不然,孩子在幼儿园或家庭中,会遇到许多不称心的事,易使孩子紧张焦虑,失去心理平衡。那么,如何对待发脾气的幼儿呢?要找出原因,帮助幼儿分析问题,解除孩子心中的忧虑,同时,允许孩子以适当的方式表达自己的心情。当然,教师和家长可以针对不同的情况,给予灵活的处理。

2. 从幼儿的情绪表现来分析幼儿的内心情感世界

孩子的行为往往反映了孩子内心已经形成的一些品质。发现孩子的情绪时要正确进行分析,对那些有益的部分,要及时表扬并加以保护;而对不良的部分,则要帮助幼儿克服、纠正。

3. 注意幼儿的个别差异,对不同的孩子采取不同的方法

如有的幼儿较内向,有人说他衣服不好看时,他会坐在一旁闷闷不乐,对于这样的孩子要与他交朋友,增进感情的交流;而有的孩子不一样,一不顺心就大哭大闹,这样的孩子"来得快,去得也快",可以"冷处理",等孩子冷静下来再与之谈心,而不要"火上浇油"。

4. 注意孩子积极情感的引导,让积极情感成为幼儿情感的主旋律,减少消极情感的产生

不要以为孩子年龄小就不懂感情,其实幼儿的情感敏感而脆弱,更需要大人的保护和关心;也不要以为幼儿无忧无虑,幼儿的情感世界同样丰富多彩,风云变幻。幼儿的情感世界需要父母、教师的关注、爱护并引导其趋向成熟。

★★ 考点大默写 ★★

1. 爸爸关掉电脑后,贝贝又哭又闹,爸爸没有理会,过了一会儿,贝贝慢慢地平静了下来。爸爸采用的情绪处理方法是____________。
2. 成人帮助幼儿控制情绪的方法有____________、____________、____________。
3. 乐乐小朋友经常对自己说"我是好孩子""我最棒,我不哭"等词语。乐乐这种自我调节情绪的方法是____________。

【参考答案】

1. 冷处理法 2. 转移注意法;冷处理法;消退法 3. 自我说服法

第四节 学前儿童社会性发展

一、社会性发展的概念 【名词解释】 ★★

社会性发展(有时也称幼儿的社会化)是指幼儿从一个生物个体,到逐渐掌握社会的道德行为规范与社会行为技能,成长为一个**社会人**并逐渐步入社会的过程。它是在个体与社会群体、幼儿集体以及同伴的相互作用和相互影响的过程中实现的。

真题面对面

[2017统考,名词解释]社会性发展

答案:详见内文

二、学前儿童社会性发展的内容

学前儿童社会性发展的主要内容有:亲子关系、同伴关系、性别角色、亲社会行为、攻击性行为。

亲子关系和同伴关系既是幼儿社会性发展的重要内容(人际关系),又是影响幼儿社会性发展的重要因素;性别角色是作为一个有特定性别的人在社会中适当行为的总和,是社会性发展的主要方面;而亲社会行为和攻击性行为则属于幼儿道德发展的范畴。

三、学前儿童亲子关系的发展

亲子关系有狭义与广义之分。狭义的**亲子关系**是指幼儿早期与父母的情感关系,即**依恋**;广义的亲子关系是指父母与子女的相互作用方式,即父母的教养态度与方式。

考点1 依恋的概念 【单选】★

依恋是婴儿寻求并企图保持与另一个人亲密的身体和情感联系的一种倾向。一般认为，婴儿与主要照料者(母亲)的依恋在第六至第七个月里形成。与此同时，会开始对陌生人出现害怕的表现，即俗话所说的“认生”。

真题面对面

[2019统考，单选]婴儿寻求并企图保持与另一个人亲密的身体和情感联系，这种现象反映的是(　　)

A. 跟随　　B. 依恋　　C. 分离焦虑　　D. 认生

答案：B

考点2 依恋发展的阶段

在儿童的早期发展过程中，依恋不是突然发生的，而是在婴儿与母亲的相互作用中逐渐建立的。鲍尔比提出依恋的发展分为四个阶段。其中，婴儿经历了依恋发展的前三个阶段。

第一阶段：无分化阶段(0~3个月)(无差别社会反应的阶段)

婴儿开始探索周围环境，尤其是人，表现为倾听、追视、吸吮。婴儿对人的探索只能借助哭泣、微笑和咿呀语等。一旦成人给予回应，或是留在孩子身边，或是抱起孩子轻轻摇晃，都能使之高兴、兴奋，并且感到愉快、满足。这个时期婴儿对人反应的最大特点是不加区分，没有差别，婴儿对所有人的反应几乎都是一样的，同时，所有的人对婴儿的影响也是一样的。因为此时的儿童还未能实现对人际关系客体的分化，他们并不介意被陌生人抱起。

第二阶段：低分化阶段(3~6个月)(有差别社会反应的阶段)

婴儿继续探索环境，开始识别熟悉的人(如父母)与不熟悉的人的差别，也能区别一个熟悉的人与另一个熟悉的人。如婴儿用不同的微笑和发声区别不同的人。对熟悉的人表现为更敏感。他们在母亲面前表现出更多的微笑、咿呀学语、依偎、接近，而在其他熟悉的人面前这些反应就要相对少些，若是面对陌生人这些反应则更少。但此时的儿童除了能从人群中找出母亲，仍旧不会介意和父母分开。

第三阶段：依恋形成阶段(6个月至2.5岁)(特殊情感联结阶段)

从这时起，孩子对母亲的存在尤其关注，特别愿意与母亲在一起，而当母亲离开时则非常不安，表现出一种分离焦虑。同时，当陌生人出现时，孩子则会显得谨慎、恐惧甚至哭泣、大喊大叫，表现出怯生、无所适从。不过，这时候的孩子已经明白成人不在视野范围内后还会继续出现，所以他们以母亲为安全保障，在新环境中探寻、冒险，然后又回来寻求保护。

第四阶段：修正目标的合作阶段(2.5岁以后)

随着认知水平和语言能力的提高，儿童的自我中心减少，能从母亲的角度看待问题。亲子之间形成了更为复杂的关系，具有“目标—矫正”的“伙伴关系”性质。儿童能认识并理解母亲的情感、需要、愿望，知道她爱自己，不会抛弃自己，他们已经理解父母离去的原因，也知道他们什么时候回来，这样分离焦虑便降低了。这时的儿童会同父母协商，向成人提出要求，亲子之间的合作性加强，而不是跟在他们后面或拉住他们。

考点 3　依恋的类型　【单选】★★

美国心理学家安斯沃斯及其同事运用陌生情境实验研究儿童的依恋。在陌生情境研究中观察母亲与其孩子的相互作用，在标准程序的第一步，儿童被带进一个有很多玩具的陌生房间，在母亲在场的情况下，儿童被鼓励去探索房间和使用玩具。几分钟后，一个陌生人走进屋和母亲交谈，并接近这个儿童。接着，母亲离开房间。经过短暂分离后，母亲返回，与儿童在一起，陌生人离开。观察发现，不同婴儿对陌生情境的反应有明显的差异。根据儿童和依恋对象的关系密切程度、交往质量不同，儿童的依恋存在不同的类型。

1. 焦虑—回避型

母亲在场或不在场对这类幼儿影响不大。母亲离开时，他们并无特别紧张或忧虑的表现。母亲回来了，他们往往也不予理会，有时也会欢迎母亲的到来，但只是暂时的，接近一下又走开了。这种幼儿接受陌生人的安慰和接受母亲的安慰一样。实际上，这类幼儿并未形成对母亲的依恋，因此，有的人把这类幼儿称为"无依恋的幼儿"。一般来说，回避型依恋的幼儿较少。

2. 安全型

这类幼儿与母亲在一起时，能安逸地玩弄玩具，对陌生人的反应比较积极，并不总是依偎在母亲身旁。当母亲离开时，探索性行为会受影响，明显地表现出一种苦恼。当母亲回来时，他们会立即寻求与母亲的接触，但很快又平静下来，继续做游戏。

3. 焦虑—反抗型

这类幼儿遇到母亲要离开之前，总显得很警惕，有点大惊小怪。如果母亲要离开他，他就会表现出极度的反抗。但是与母亲在一起时，又无法把母亲作为他安全探究的基地。这类幼儿见到母亲回来时就寻求与母亲的接触，但同时又反抗与母亲接触，甚至还有点发怒的样子。如孩子见到母亲立刻要求母亲抱他，可刚被抱起来又挣扎着要下来。要他重新回去做游戏似乎不太容易，他会不时地朝母亲那里看。

在所有的依恋类型中，安全型依恋是较好的依恋类型。

学前儿童的依恋类型在考试中常以客观题出现，考生可结合以下表格做到理解掌握。

依恋类型	母亲在时	母亲离开	母亲回来
回避型	无所谓	无所谓	无所谓
安全型	积极探索	苦恼不安	愉快投入母亲怀抱
反抗型	时刻警惕	极度反抗	矛盾挣扎

真题面对面

[2017 统考，单选]幼儿对陌生人的反应比较积极，并不总是依偎在母亲身旁。这类依恋类型属于(　　)

A. 回避型　　B. 反抗型　　C. 安全型　　D. 依赖型

答案：C

考点4　影响依恋的因素

1. 教养方式

在生命的早期阶段，儿童被养育的过程中，教养方式是影响他们与母亲形成情感连接的主要因素。

2. 儿童的气质特点

依恋关系是父母和婴儿双方共同构筑的，因此，婴儿形成哪种类型的依恋不止与母亲的养育、教养方式有关，也可能与婴儿本身的气质特点有关。

婴儿早期的这些气质特征很可能影响了父母对他们的印象与态度。难以教养的儿童往往被归结为反抗型不安全依恋，易教养型儿童被归结为安全型依恋，行动缓慢型儿童则被归结为回避型不安全依恋。

此外，儿童的智力水平及生理缺陷对依恋的发展具有重要影响。大多数有智力障碍的儿童在与母亲交往中往往消极被动，交往的主动权在于母亲，不像正常儿童那样能够把握主动权。而聋童对父母的依恋通常发展缓慢，而且衰减的速度也快，其主要原因在于聋童与父母之间未能建立起有效的信号反应系统，使他们的交流受阻。如果父母与聋童之间建立起相互理解的符号系统，情况就有所改善。

3. 家庭的因素

(1)儿童的生存条件。在家庭的构成要素中，诸如失业、婚姻失败、经济困难和其他一些因素都会影响父母对儿童照料的质量，从而破坏儿童的依恋安全。

(2)孩子受重视的程度。孩子在养育环境中是否得到关爱，是否被精心抚养，会直接影响到孩子的依恋安全。有一项研究表明，第一个出生的孩子会因第二个孩子的出生而降低依恋安全性。

(3)家庭的氛围。正常家庭，尤其是婚姻美满、成人之间充满温馨、较少有摩擦的家庭，会使儿童的依恋的安全感增强。相反，成人之间充满愤怒的交往，对孩子不适宜的照料，会直接影响孩子的安全依恋。

考点5　培养依恋的措施

1. 注意“母性敏感期”的母子接触

有研究认为，最佳依恋的发展需要在“母性敏感期”孩子与母亲的接触。他们把正常医院条件下的母子接触和理想条件下的接触做比较。医院的标准做法是：出生时让妈妈看一下孩子，10小时后孩子再在妈妈身边稍留一会儿。然后每隔4小时喂奶一次。理想条件是：出生后3小时起便有定时的母子（女）接触，在开始3天里，每天另有5小时让妈妈搂抱孩子。结果发现，理想条件下的孩子与妈妈更密切，面对面注视的次数更多，而且，后期依恋关系好。

2. 尽量避免父母与孩子的长期分离

研究表明，孩子与父母的长期分离会造成孩子的“分离焦虑”，而影响孩子正常的心理发展。特别是6～8个月后的分离，会产生严重的影响。因为这个时期，正好是孩子与他人建立情感联系的关键时期。所以，不管存在什么样的困难，父母都要尽量自己负担起养育、教育孩子的责任。

3. 父母与孩子之间要保持经常的身体接触

如抱孩子，还要适当和孩子一起玩耍。同时，父母在和孩子接触时，要保持愉快的情绪，高高兴兴地和孩子玩。

4. 父母对孩子所发出的信号要敏感地做出反应

要注意孩子的行为（如找人、哭闹等），并给予一定的关照。

四、学前儿童同伴关系的发展

同伴关系是指儿童与其他孩子之间的关系，是年龄相同或相近的儿童之间的一种共同活动并相互协作的关系。具有平等、互惠的特点。

考点1 同伴关系的类型 【简答】 必背 ★★★

同伴关系的类型

庞丽娟(1991)采用“同伴提名法”对4~6岁儿童同伴交往的类型进行研究。她把儿童的同伴交往分为受欢迎型、被拒绝型、被忽视型和一般型四种基本类型。她还对各种同伴关系类型的基本特征作了比较详细的描述，为我们对各类儿童采取针对性的教育培养措施提供了主要的心理依据。

(1)受欢迎型：喜欢与人交往，在交往中积极主动，并表现出友好的交往行为，因而被大多数同伴所接纳、喜爱。他们在同伴中的地位较高，具有较强的影响力。

(2)被拒绝型：在交往中活跃、主动，但常常表现出不友好的交往方式，如强行加入其他小朋友的活动、抢夺玩具、大声喊叫、喜欢推打等等，由于他们的攻击性行为较多，友好行为较少，因此被多数儿童拒绝。

(3)被忽视型：不喜欢交往，常常独处或一人活动，在交往中表现得退缩或畏缩，他们对同伴既很少有友好、合作行为，也很少有不友好、侵犯性行为。因此，没有多少同伴喜欢他们，也没有多少同伴讨厌他们，这类儿童实际上是被多数同伴忽视和冷落的幼儿。

(4)一般型：这类儿童在与同伴交往中表现一般，既不特别主动、友好，也不特别不主动、不友好；他们既不被同伴所特别喜爱、接纳，也不被同伴特别忽视、拒绝，因此在同伴心目中的地位一般。

真题面对面

[2023台州，简答]简述学前儿童同伴关系的类型及表现。

答案：详见内文

考点2 学前儿童同伴关系的功能 【简答】 ★★★

1. 同伴关系给予安全感和归属感

归属、爱以及尊重是儿童的基本需要，儿童通过与同伴的交往，表达情感，受到同伴接受，产生安全感和归属感，并成为儿童的一种情感依赖，对学前儿童具有重要的情感支持作用。良好的同伴关系是学前儿童积极情感的重要后盾。

2. 同伴交往有利于儿童学习社交技能和策略，促使其社会性行为向友好、积极的方向发展

(1)同伴交往有助于促进儿童社交技能及策略的获得

儿童在与同伴交往中不仅需要自己去引发和维持，而且他从同伴那儿得到的反应远比从父母那得到的反应要模糊和缺乏指导性。因此，儿童必须提高自己的社交技能，使其信号和行为反应更富有表现性，以使交往活动得以顺利进行。由此可见，同伴交往系统比亲子交往系统更能促进儿童社交技能的提高。另外，与亲子交往相比，在同伴交往中，儿童更会遇到各种不同的交往场合和情景，这自然要求儿童要根据这些场合与情景性质的不同来确定自己的行为、反应，发展多种社交技能和策略，以适应这种变化。

(2)同伴交往中的同伴反馈有助于儿童的社会行为向积极、友好的方向发展

与亲子交往相比较，同伴交往中同伴反馈更真实、自然和及时。儿童积极、友好的行为，如分享、微笑等，能马上引发另一儿童的积极反应，得到肯定性的反馈。而消极、不友好的行为则正好相反，如抢夺、抓人

等会马上引发其他儿童的反感，或引起相应性的行为。儿童正是在与同伴的交往中通过不断地调整、修正自己的行为方式，掌握、巩固较为适宜的交往方式。

研究发现：同伴的行为会成为儿童社会性行为的强化物，当一个儿童表现出攻击性行为时，同伴的消极反应会强化儿童的攻击性行为。同伴间的行为是会随着交往双方的行为及其反馈而发生变化，交互影响的，同伴的行为模式也会作为一种社会模式或榜样，影响儿童的行为发展。

3. 同伴交往有利于促进学前儿童认知能力的发展

不同的儿童带有各自不同的生活经验和认知基础，他们在共同的活动中会做出各不相同的具体表现（同样的玩具，可能玩出不一样的花样）。这种由不同个体组成的集体能够对儿童产生教育性的影响，他们通过观察“更有能力”的伙伴们的所作所为来学习。因此，同伴交往为儿童提供了分享知识经验，相互模仿，学习的重要机会。

同伴交往也为儿童提供了大量的同伴交流、直接教导、协商、讨论的机会，儿童常在一起探索物体的多种用途或问题的多种解决方式。这些都有助于儿童扩展知识，丰富认知，发展自己的思考、操作和解决问题的能力。

4. 同伴交往有助于儿童自我意识和人格的发展

儿童通过与同伴的比较进行自我认知。同伴的行为和活动就像一面“镜子”，为儿童提供自我评价的参照，使儿童能够通过社会性的比较更好地认识自己，对自身的能力做出判断。同时，与同伴的交往为儿童对行为的自我调控提供了丰富的信息和参照标准，同伴交往可以为儿童自我意识的发展提供有效的基础。

良好的同伴关系还可以促进人格的健康发展，甚至在儿童处于不利的发展状况下，可以抵消不良环境对其发展的影响。早期的不良同伴关系将导致儿童短期或长期的社会适应困难。另外，儿童在早期同伴交往中获得的经验对塑造其个性、价值观及人生态度都有独特的影响。同伴交往关系不良的幼儿更易出现下列问题：退学或逃学、孤僻、退缩、冷漠、压抑或其他心理障碍、加入不良团伙乃至犯罪。

5. 同伴交往可以帮助儿童去自我中心

学前儿童在思维上常有自我中心的特点，既不愿也不能意识到同伴的观点、企图和情感。他们只有在与同伴平等互惠的过程中才会认识到别人的想法和立场，改变自己不合理的想法，学会与人相处。

真题面对面

[2021 绍兴，简答]简述幼儿同伴交往的意义。

答案：详见内文

考点 3　同伴交往的影响因素　【单选】　★

1. 早期亲子交往的经验

亲子关系对今后的同伴关系有预告和定型的作用，而更近一些的观点则认为二者是相互影响的。

幼儿在与父母的交往过程中不但实际练习着社交方式，而且发现自己的行为可以引起父母的反应，由此可以获得一种最初的“自我肯定”的概念。这种概念是幼儿将来自信心和自尊感的基础，也是其同伴交往积极、健康发展的先决条件之一。再有，不少心理学研究指出，婴儿最初的同伴交往行为，几乎都是来自于更早些时候与父母的交往。例如，婴儿第一次对成人微笑和发声之后的2个月，在同伴交往中才开始出现相同的行为。

2. 幼儿自身的特征

幼儿的身心特征一方面制约着同伴对他们的态度和接纳程度，另一方面也决定着他们在交往中的行为方式。(1)性别、长相、年龄等生理因素和姓名影响着幼儿被同伴选择和接纳的程度；(2)幼儿的气质、情感、能力、性格等个性、情感特征影响着他们对同伴的态度和交往中的行为特征，由此影响同伴对他们的反应和其在同伴中的关系类型；(3)对幼儿同伴交往关系影响最大的是其在交往中的积极主动性、交往行为和交往技能。

真题面对面

[2019统考，单选]以下对幼儿同伴关系影响最大的是(　　)

A. 幼儿的外貌　　B. 幼儿的衣着

C. 幼儿的交往技能　　D. 幼儿的名字

答案：C

3. 活动材料和活动性质

活动材料，特别是玩具，是幼儿同伴交往的一个不可忽视的影响因素，尤其是从婴儿期到幼儿初期，幼儿之间的交往大多围绕玩具发生。

活动性质对同伴交往的影响主要体现在：在自由游戏的情境下，不同社交类型的幼儿表现出交往行为上的巨大差异，而在有一定任务的情境下，如在表演游戏或集体活动中，即使是不受同伴欢迎的幼儿，也能与同伴进行一定的配合、协作，因为活动情境本身已规定了同伴间的作用关系，对其行为有许多制约性。

4. 父母的鼓励

学龄前儿童在各种不同场合及不同活动中努力寻找着自己的游戏伙伴，但是他们的这种能力是有限的，他们通常依靠父母来为自己建立与同龄人的伙伴关系。

5. 教师的影响

一个儿童在教师心目中的地位如何，会间接地影响到同伴对这个儿童的评价。社会心理学家认为，在同伴群体中的评价标准出现之前，教师是影响儿童最有力的人物。因此，作为教师，在教育过程中必须注意自己的言行对儿童的影响。

考点4　交友关系中的问题幼儿

在幼儿间的交往中，有的孩子受同伴欢迎，有的较普通，而还有一些孩子的交往存在一些问题。这些存在交友困难的幼儿可以分成两种：被忽视型幼儿和被排斥型幼儿。他们具有各自的行为特点。

1. 被忽视型幼儿

体质弱、力气小、能力较差；积极行为与消极行为均较少，性格内向、慢性、好静、不太活泼、胆小、不爱说话、不爱交往，在交往中缺乏积极主动性，且不善交往；孤独感较重，对没有同伴与自己玩感到比较难过与不安。

2. 被排斥型幼儿

体质强、力气大、行为表现最为消极、不友好、积极行为很少；能力较强、聪明、爱玩、性格外向、脾气急躁、容易冲动、过于活泼好动、喜欢交往、在交往中积极主动但又很不善于交往，对自己的社交地位缺乏正确评价(估计过高)，对没有朋友一起玩不太在乎。

考点 5　帮助儿童建立良好同伴关系的策略

1. 教会儿童合作，增强儿童的自信感

对于那些因为有攻击性行为而遭到同伴拒绝的儿童，教师需要教他们如何用积极的方式解决冲突，小组讨论、木偶表演、角色扮演等活动和阅读一些相关的儿童读物，都会有利于减少儿童的攻击性行为。而对于那些害羞和孤僻的儿童，可以引导他们与更小的儿童提前活动，从而增强其交往的信心，提高他们的社会交往能力，“大带小”的混龄教育活动是一种很有效的方法。把被忽略的儿童和其他儿童分在一起，或是在特定的情境中将他们安排到乐于接纳他人的小组中去，也可以增加被忽略儿童与同伴交往的信心。

2. 教会儿童游戏，提高儿童的参与度

在幼儿园的实际活动中我们注意到，能够进行高水平游戏的儿童会被教师和成人评价为有社交能力、能积极地表现自己、合群、好交际和具有亲社会性等。所以，在游戏中教师可以通过以下方式来提高儿童对游戏的参与度：(1)提供游戏的主题和一些需要的材料；(2)用多种方式鼓励儿童参与到游戏中去；(3)主动参与儿童的游戏，并担任一个角色；(4)针对目标，略作示范。一些不会游戏或对参与游戏缺乏方法的儿童，在游戏中学到被同伴群体接受的必要的社交技能，并能在游戏中改善与其他儿童的关系，从而进一步提高其交往的技能。

3. 教会儿童接纳，融洽儿童的同伴关系

帮助被忽略型儿童和被拒绝型儿童积极和适当地对待同伴的参与，接纳他人的加入，有助于帮助他们形成良好的人际关系。那些在早期能接受同伴加入、善于接纳他人的儿童，在以后的成长中也更能被其他儿童所接受和接纳。

(1)要使他们了解受欢迎幼儿的性格特点及自身存在的问题，帮助他们学习如何与他人友好相处。总的来说，影响幼儿同伴交往的主要因素是幼儿性格的特点，如是否友好、帮助、分享、合作、谦让、性子急慢、脾气大小、活泼程度、爱说话程度、胆子大小等。

(2)教师要引导其他幼儿发现这些幼儿的长处，要及时鼓励和表扬，提高这些幼儿在同伴心目中的地位，通过有效的教育活动促进幼儿的交往。

(3)要使得同伴之间的互相接纳成为儿童的一种日常的交往行为，教师应当关注对儿童交往策略的指导，通过各种途径，运用多种形式，让儿童学会诸如表示友好(微笑、拥抱、问好等)、服从、交换、轮流、模仿、借、收回、声明、道歉、提问、赞赏、安慰、建议、说理、协商、申辩等，并且在实际的过程中去操练这些策略，形成愉悦的、融洽的交往氛围，培育良好的同伴关系。

4. 教会儿童表达，培养儿童的积极情感

儿童心理学的研究表明：儿童情感的个体差异在学前期是很明显的，而且直接影响着儿童在以后的发展时期中社交能力的提高。对同伴的积极情感可以通过言语或非言语的形式表达出来，这本身就是一种策略，从研究中我们看到，在幼儿年龄阶段言语的形式更多些。教师在幼儿园的一日活动中应当注意引导幼儿，如说话礼貌，对同伴表示同意和赞赏，微笑、拥抱、轮流做事(玩)、共享一些东西，以及互相帮助等。对于这些行为，教师不但要教给儿童，更重要的是教师自己要亲身示范，以示榜样，对幼儿有效交往行为的培养始终是十分必要的。

记忆有妙招

帮助儿童建立良好同伴关系的策略：**表姐做游戏。表**(教会表达)**姐**(教会接纳)**做**(教会合作)**游戏**(教会游戏)。

五、学前儿童性别角色的发展

性别角色是被社会认可的男性和女性在社会上的一种地位，也是社会对男性和女性在行为方式和态度上期望的总称。包括性别概念、性别角色知识、性别行为三方面。幼儿性别角色行为的发展，是在对性别角色认知的基础上，逐渐形成较为稳定的行为习惯的过程，从而导致幼儿之间在心理和行为上的性别差异。

考点1　性别概念的获得

性别概念的获得

根据现有的研究，学者们普遍认为儿童的性别概念主要包括三种成分：性别认同、性别稳定性和性别恒常性。

1. 性别认同的发展

性别认同是指对自己和他人的性别的正确认识。性别认同出现的年龄较早，一般在1.5～2岁。在这一阶段儿童开始知道一些特定的活动或物品同性别的联系。例如，知道领带是"爸爸的"，口红是"妈妈的"。到3岁时，大部分儿童都能正确地识别自己和别人的性别，这时他们已经有了性别认同。

2. 性别稳定性的发展

性别稳定性是指对自己的性别不随其年龄、情境等的变化而改变这一特征的认识。儿童的性别稳定性一般在3～4岁的时候就出现了。例如，在被问及"当你是个婴儿的时候，你是个男孩还是女孩？""当你长大以后，你是爸爸还是妈妈？"4岁以上的儿童能够做出正确的回答。

3. 性别恒常性的发展

性别恒常性是指对人的性别不因为外表（如衣着打扮等）和活动的变化而改变的认识。儿童一般要到六七岁才能获得性别恒常性的认识，这一年龄也正是儿童对液体和面积等物理特征开始守恒的年龄。儿童首先对自己的性别认识产生了恒常性，然后才能应用到别人身上。其发展顺序大致表现为：（1）自身的性别恒常性；（2）与自己相同性别的他人的性别恒常性；（3）异性的性别恒常性。

有研究者认为，性别稳定性的发展依赖于儿童对其心理方面的特征的感知，性别恒常性的发展是儿童对其活动、外表特性的认识，这就导致了性别稳定性的发展早于性别恒常性的发展。

总之，儿童性别认同、性别稳定性与性别恒常性之间的关系具有以下特征：（1）性别认同的产生早于性别稳定性；（2）性别恒常性出现最晚，儿童所处的生活环境对其性别恒常性的发展影响不大；（3）大约在9岁，儿童开始能够用语言解释性别的稳定性和恒常性。

考点2　学前儿童性别角色认知的发展阶段与特点　【判断】★

儿童性别角色的认知经历了四个发展阶段，对于幼儿而言，主要经历了前三个阶段的发展。

1. 知道自己的性别，并初步掌握性别角色知识(2～3岁)

儿童的性别概念包括两个方面：一是对自己性别的认识；二是对他人性别的认识。儿童对他人的性别认识是从2岁开始的，但这时还不能准确说出自己是女孩还是男孩。直到2.5～3岁，绝大多数孩子能准确说出自己的性别。同时，这个年龄的孩子已经有了一些关于性别角色的初步知识，如女孩要玩娃娃，男孩要玩小汽车等。

2. 自我中心地认识性别角色(3～4岁)

这个阶段的儿童已经能明确分辨出自己的性别，并对性别角色的知识逐渐增多，如男孩和女孩在穿衣服和游戏、玩具方面的不同等。但这个时期的孩子能接受各种与性别习惯不符的行为偏差，如认为男孩穿裙子也很好。

3. 刻板地认识性别角色(5～7岁)

这个阶段的儿童不仅对男孩和女孩在行为方面的区别认识得越来越清楚，而且开始认识到一些与性别有关的心理因素，如男孩要胆大、勇敢等。儿童对性别角色的认识也表现出刻板性，他们认为违反性别角色习惯是错误的，如一个男孩玩娃娃会遭到同性别孩子的反对等。

真题面对面

[2020宁波，判断]自我中心的认识性别角色是在3～4岁儿童阶段发生的。

答案：√

考点3　学前儿童性别行为发展的阶段与特点

1. 性别行为的产生(2岁左右)

2岁左右是儿童性别行为初步产生的时期，具体体现在儿童的活动兴趣、同伴选择和社会性发展三个方面。例如，14～22个月的幼儿，通常男孩在所有玩具中更喜欢卡车和小汽车，而女孩则更喜欢玩具娃娃或柔软的玩具。儿童对同性别玩伴的偏好也出现得很早。在托幼机构中，2岁的女孩就表现出更喜欢与其他女孩玩，而不喜欢跟男孩玩。2岁的女孩对父母或其他成人的要求有更多的遵从，而男孩对父母要求的反应则更趋于多样化。

2. 幼儿性别行为的发展(3～6、7岁)

进入幼儿期后，幼儿之间的性别角色差异日益稳定、明显，具体体现在以下三个方面：

(1)游戏活动兴趣方面的差异

在现实中我们不难发现，幼儿期的游戏活动中，已经可以看到男女幼儿明显的兴趣差异。男孩更喜欢有汽车参与的运动性、竞赛性游戏，女孩则更喜欢“过家家”的角色游戏。

(2)选择同伴和同伴相互作用方面的差异

进入3岁后，幼儿选择同性别伙伴的倾向日益明显。研究发现，3岁的男孩就明显地选择男孩而不选择女孩作为伙伴。还有研究发现，男孩和女孩在同伴之间的相互作用方式也不同。男孩之间更多打闹、为玩具争斗、大声叫喊、发笑，女孩则很少有身体上的接触，更多是通过规则协调。

(3)个性和社会性方面的差异

幼儿期在个性和社会性方面已经开始有了比较明显的性别差异，并且这种差异不断发展。一项跨文化研究发现，在所有文化中，女孩早在3岁时就对照看比她们小的婴儿感兴趣。还有研究显示，4岁女孩在独立能力、自控能力、关心他人三个方面优于同龄男孩；6岁男孩的好奇心、情绪稳定性和观察力优于女孩；6岁女孩对人与物的关心优于男孩。

考点4　影响学前儿童性别角色行为的因素

1. 生物因素对学前儿童性别行为有一定的影响

影响学前儿童性别行为的生物因素主要是性激素（荷尔蒙）。研究发现，在胎儿期雄性激素过多的女孩，在抚养过程中虽然按女孩来养，但仍然具有典型的假小子的特征。她们喜欢消耗较多精力的体育活动，如玩球。这类女孩在幼儿期也不喜欢玩娃娃。

2. 父母的行为对学前儿童性别角色和行为起着引导、被模仿和强化的作用

在承认生物因素对学前儿童性别行为产生影响的同时，人们普遍认为，社会文化因素，特别是家庭因素对学前儿童的性别角色和相应的性别行为的形成起着更重要的作用。

（1）父母是孩子性别行为的引导者

在孩子还不知道自己的性别和应该具有什么样的行为之前，父母就已经开始对孩子的性别行为进行引导了。如孩子出生以后，大多数父母对孩子房间的布置、玩具的选择、衣服的式样与颜色的安排等，都是根据孩子的性别决定的。随着孩子年龄的增长，父母就更加明显地用男孩或女孩的行为模式来约束自己的孩子，其中，强化在孩子形成性别行为的过程中起着重要的作用，如男孩应该勇敢、像个男子汉，女孩则应该温柔、文静等。父母的态度和行为直接引导孩子朝着符合自己性别行为的方向发展。

（2）父母是孩子性别行为的模仿对象

孩子从知道自己是男孩或女孩开始，一般会把自己的同性别父母作为模仿对象。如小女孩就开始学着妈妈的样子，给娃娃喂饭、拍娃娃睡觉等；男孩则更容易看到爸爸做什么就学着做什么。

（3）父母对孩子性别行为的强化

父母对孩子性别行为的强化是儿童性别社会化的重要因素。有人发现，从孩子刚出生，母亲就用不同的方式对待男孩和女孩。例如，在我们中国的传统社会中，当女儿做出女性行为（如安静、不淘气）时，母亲就会做出积极的反应；而当女儿做出男性行为（淘气、爱活动）时，母亲会做出消极的反应。父母的这种强化在孩子形成性别行为过程中起着重要作用，使他们（她们）逐渐形成符合自己性别的行为。对父亲和母亲对孩子性别行为反应的比较研究发现，父亲比母亲的强化作用更明显。重视父亲对儿童性别行为发展的影响作用是十分必要的。

通过父母的引导，对父母行为的模仿及父母对孩子行为的强化，儿童的性别行为逐渐定型。

3. 大众媒体的强化

大众媒体在一定程度上也会强化儿童的性别角色差异。它们对人们的社会生活影响巨大，是传播性别角色观念的有效途径。通过观看电影、电视，阅读报纸杂志等，人们看到其塑造的男性角色大都刚强稳健，女性角色大都多情温顺。这必然也会影响到男女儿童对性别角色的模仿学习。

4. 教学环境

学校是儿童性别角色知识扩展和加深的场所。在这里，对儿童的性别角色起重要作用的是教师对儿童的性别角色期待。

5. 模仿与扮演游戏

在儿童习得性别区分的过程中，父母及周围人给予的赏罚起着直接而巨大的强化作用。儿童往往以同性家长为榜样，求得同样的行为和感受。模仿在性别角色的获得与发展中起着不同的作用，其中之一就是替代性获得。

游戏是儿童的主导活动。由于这个时期儿童想象活动异常活跃,因而他们的游戏也非常有趣,他们可以给任何一样东西加上他们所想象的象征性意义。

记忆有妙招

影响学前儿童性别角色行为的因素:生父大方学。生(生物因素)父(父母的行为)大(大众媒体)方(模仿与扮演游戏)学(教学环境)。

考点5 学前儿童性别角色发展的支持策略 【简答】 必背 ★★★

1. 转变传统的性别观念,给儿童提供“双性化人格教育”

在日常教育中,父母和教师要消除性别角色刻板观念的束缚,应了解和认同先进的社会性别公平的理念,了解男女儿童差异的表现和影响性别差异的主要因素,教育儿童除了保持男女性别特质以外,还要求两性兼容,即男女之间相互吸收对方的优点,从而完善自我的人格。如教育男孩也应该温柔体贴、彬彬有礼、不失风度,教育女孩也应该坚强独立、乐观宽容。

2. 对儿童既要“因性施教”,又要注意性别之间的取长补短

在组织各种教育活动时,教师要根据男女儿童的不同兴趣和特点,因材施教。如教师可组织一些科学小实验、观察动植物活动等以满足男孩的好奇心和求知欲;可组织女孩参加一些艺术表演等社会性活动。教师还应针对不同性别儿童的心理差异进行教育,如注意培养男孩的自控能力、耐心细致和同情心等,培养女孩的自主性、独立性和创造性等品质。

3. 发挥社会教育与大众传播媒介的交互作用

在儿童性别角色社会化过程中,除了教师、家庭等影响因素以外,社会教育和大众传播媒介的影响也是不可忽视的。从事媒介传播的人员应当了解和认同先进的社会性别公平的理念,消除性别刻板化的认识,树立正确的社会性别意识。特别是在媒介传播中,降低两性间的偏差和歧视。

4. 改变幼儿园教育的女性教育模式

教师是幼儿模仿的对象,教师对待不同性别儿童所采取的不同态度和方式,在很大程度上能够对儿童性别角色的发展产生影响。现代幼儿园普遍以女性教师为主,针对这种情况,一方面要采取各种措施加大力度引进男教师,另一方面女教师要努力克服已经形成的性别意识的影响,努力创设适合培养幼儿双性化性格的环境。

5. 坚持适度原则

儿童的心理特征尚未定型,对自我性别的认识比较模糊,如果教育幅度过大可能会导致儿童对性别角色的认知产生偏差,引发一系列不当的行为。另外,“双性化”学说中的某些性别观念、性别期待可能会发生变化,从而引起一些角色冲突,成为儿童被社会接纳和进行社会融合的阻力。因此,在双性化教育的实施过程中,要警惕“过度”所造成的负面影响。

真题面对面

[2019统考,简答]简述学前儿童性别角色发展的支持策略。

答案:详见内文

六、学前儿童亲社会行为的发展

考点1　亲社会行为的概念　【单选】★★

亲社会行为又称为积极的社会行为，指一个人帮助或打算帮助他人，做有益于他人的事的行为和倾向。幼儿的亲社会行为主要有：同情、关心、分享、合作、谦让、帮助、抚慰、援助等。亲社会行为的发展是儿童道德发展的核心问题。

真题面对面

[2019统考，单选]豆豆看到丁丁一个人搬积木搬不动，他就跑过去帮忙。豆豆的这种行为属于（　　）

A. 亲社会行为　　B. 反社会行为

C. 攻击性行为　　D. 依恋行为

答案：A

考点2　亲社会行为的发展阶段和特点

1. 亲社会行为的萌芽（2岁左右）

研究证明，2岁左右，儿童的亲社会行为即已萌芽。

观察发现，1岁之前的幼儿当看到别人处于困境，如摔倒、哭泣时，他们会加以关注，并出现皱眉、伤心的表情。到1岁左右，幼儿还会做出积极的抚慰动作，如轻拍或抚摸等。

2岁以后，随着生活范围和交往经验的增多，儿童的亲社会行为进一步发展，他们逐渐能够根据一些不太明显的细微变化来识别他人的情绪体验，推断他人的处境，并做出相应的抚慰或帮助行为。

2. 各种亲社会行为迅速发展，并出现明显个别差异（3~6、7岁）

（1）合作行为发展迅速

儿童亲社会行为发生频率最多的是**合作行为**。有研究发现，在儿童的亲社会行为中，合作行为的发生频率最高，占一半以上。关于儿童的合作行为的发展可以从儿童同伴交往的发展中看出。

（2）分享行为受物品的特点、数量、分享的对象的不同而变化

分享行为是幼儿期亲社会行为发展的主要方面。目前国内有研究发现，儿童分享行为的发展具有如下特点：

①儿童的“均分”观念占主导地位。其中，4~5岁时分享观念增强，表现为从不会均分到会均分。5~6岁时分享水平提高，表现为慷慨行为的增多。

②儿童的分享水平受分享物品数量的影响。当分享物品与分享人数相等时，几乎所有儿童都做出均分反应。当分享物品不足或只有一件时，表现出慷慨的反应最高。随分享物数量的递增而渐次下降，满足自我的反应渐次增高，这说明儿童利他观念不稳定。

③当物品在人手一份之外有多余的时候，儿童倾向于将多余的那份分给需要的儿童，非需要的儿童则不被重视。

④当分享对象不同时，儿童的分享反应也不同。当分享对象是家长，且物品少的时候，儿童慷慨反应较对同伴的多。但当物品有多余时，则慷慨反应下降。

⑤儿童更注重于食物，对这些东西，儿童的均分反应高，而慷慨反应少，而对玩具，儿童慷慨反应稍多。

(3)出现明显的个性差异

有人观察3~7岁儿童对同伴困境的反应，记录一个儿童大哭引起的他附近的儿童的反应。结果发现，毫无反应的儿童极少，只占了7%；目睹事件的儿童有一半呈现面部表情；有17%的儿童直接去安慰大哭者；其他同情行为包括10%的儿童去寻找成人帮助，5%的儿童去威胁肇事者，但有12%的儿童回避，2%的儿童表现了明显的非同情性反应，表明儿童的亲社会行为存在个别差异。这说明亲社会行为的发展需要适当的引导和教育。

考点3 儿童亲社会行为的影响因素 【判断】★★

1. 社会生活环境

社会生活环境包括**社会文化**的影响和**电视媒介**的影响。社会宏观环境的影响要通过儿童具体的生活环境来起作用，因为儿童是生活在具体的家庭和同伴环境中的。

2. 儿童日常的生活环境

(1)家庭的影响

家庭是儿童形成亲社会行为的**主要影响因素**。家庭对儿童亲社会行为的影响，主要表现在两个方面：

①榜样的作用，父母自身的亲社会行为成为儿童模仿学习的对象；

②父母的教养方式，这是关键因素。从目前的研究看，人们普遍认为，民主型家庭有利于培养儿童的亲社会行为。

(2)同伴相互作用

同伴关系对儿童的亲社会行为具有非常重要的影响。同伴的作用在于模仿和强化两个方面。同伴可以作为一种社会模式或榜样影响儿童的行为发展。如果让儿童和那些更为成熟的儿童在一起玩，他们就会变得更加合作，更多地采用建议或请求的方式，而不是用武力来对待别人。儿童还没有足够评定自己行为的能力，于是就常把同伴的行为作为衡量自己的尺码。这种社会比较过程是儿童建立自我形象与自我尊重的过程。

3. 移情

移情是指从他人的角度来考虑问题。不论是社会生活环境的影响，还是儿童具体生活环境的影响，最终都要通过儿童的移情起作用。移情是幼儿亲社会行为的基础。移情是导致亲社会行为**最根本、最内在的因素**。对学前儿童来说，由于其认识的局限，特别是容易自我中心地考虑问题，因此，帮助他们从他人角度去考虑问题，是发展亲社会行为的主要途径。

记忆有妙招

儿童亲社会行为的影响因素：**挺会同情**。**挺**（家庭的影响）**会**（社会生活环境）**同**（同伴相互作用）**情**（移情）。

真题面对面

[2020杭州，判断]移情是幼儿亲社会行为的基础。

答案：√

考点4　儿童亲社会行为的培养

1. 角色扮演法

角色扮演是一种使人暂时置身于他人的社会位置，并按这一位置所要求的方式和态度行事，以增进对他人社会角色及自身原有角色的理解，从而更有效地履行自己角色的心理学技术。

2. 移情训练

移情一方面可以使儿童从他人的角度考虑问题，产生利他思想，另一方面可以引起儿童的情感共鸣，产生同情心和羞愧感。

3. 榜样示范法

心理学的研究表明，模仿是儿童获得相应的社会行为的重要途径。儿童亲社会行为的获得与表现在一定程度上与模仿有密切的关系。因此，为儿童提供亲社会行为的榜样是培养其亲社会行为的最基本方法。

(1)在教育、教养儿童的过程中，为儿童提供亲社会行为的榜样。有关研究表明，父母教育、教养儿童的不同方式影响着儿童社会行为的发展，其中民主型的教育、教养方式有利于发展儿童的社会适应能力和亲社会行为。

(2)家长、教师应注意在自己的日常生活中为儿童树立良好的行为榜样。家长、教师要切实提高自身的修养，规范自己的行为，注意与周围的人和睦相处、积极合作，并热心为他人排忧解难等，优化儿童的生活环境，让孩子从中找到学习、模仿的良好榜样。

(3)教师和家长要通过故事书、电视节目等多种途径为儿童提供分享、合作、助人等良好行为榜样。有很多童话、寓言、儿歌、卡通片等讲述了亲社会行为故事，教师、家长要充分利用这些生动、形象、富有童趣的文学形象来提高儿童的利他认识，发展他们的同情心、自豪感、内疚感等利他情感，从而培养儿童的亲社会行为。

4. 善用精神奖励

儿童亲社会行为无论是自觉的还是不自觉的，都需要得到群体的认可。儿童一旦出现了利他行为，成人和教师要及时强化，如表扬、奖励等，使儿童获得积极反馈，达到逐渐巩固的目的。反之，习得的利他行为可能消退。

七、学前儿童攻击性行为的发展

考点1　攻击性行为的概念　【单选】　★★

攻击性行为是一种以伤害他人或他物为目的的行为，是一种不受欢迎但却经常发生的行为。攻击性行为最大的特点是其目的性。儿童的许多攻击性行为并非对对方有明确的敌意，而是为了其他目的而对他人造成伤害。研究者将这两类实质上有差别的行为称为**敌意性攻击行为和工具性攻击行为**。

工具性攻击指儿童为了获得某个物品所做出的抢夺、推搡等动作，这类攻击本身指向于一个主要的目标或某一物品的获取。敌意性攻击则以人为指向目标，其目的在于打击、伤害他人，如嘲笑、讽刺、殴打等。

真题面对面

[2020杭州，单选]幼儿攻击性行为的主要特点是(　　)

A. 情绪性　　B. 破坏性　　C. 目的性　　D. 情境性

答案：C

考点2 学前儿童攻击性行为的发展

1岁左右儿童开始出现工具性攻击行为，到2岁左右儿童之间表现出一些明显的冲突，如打、推、咬等。幼儿期儿童的攻击性行为在频率、表现形式和性质上发生了很大的变化。从频率上看，4岁之前，攻击性行为的数量逐渐增多，到4岁最多，之后数量就逐渐减少。从具体表现上看，多数儿童采用身体动作的方式，如推、拉、踢等，尤其是年龄较小的儿童。随着言语的发展，儿童从中班开始逐渐增加了言语的攻击。言语攻击在人际冲突中表现得越来越多，而身体动作的攻击反应则逐渐减少。从攻击性质看，以工具性攻击行为为主，但慢慢出现敌意性攻击行为。

幼儿期攻击行为有如下特点：

(1)儿童攻击性行为频繁，主要表现为为了玩具和其他物品而争吵、打架，行为更多是直接争夺或破坏玩具和物品。

(2)儿童更多依靠身体上的攻击，而不是言语的攻击。

(3)从工具性攻击向敌意性攻击转化，小班儿童的工具性攻击行为多于敌意性攻击行为，而大班儿童的敌意性攻击则显著多于工具性攻击行为。

(4)儿童的攻击性行为有着明显的性别差异，幼儿园男孩比女孩更多地怂恿和卷入攻击性事件。男孩比女孩更容易在受到攻击以后发动报复行为，碰到对方是男性比对方是女性更容易发生攻击性行为。

考点3 儿童攻击性行为的影响因素

儿童攻击性行为的影响因素

1. 父母的惩罚

研究发现，有攻击性行为的男孩的父母对他们惩罚更多，而且即使他们行为正确也经常受到惩罚。惩罚对攻击型和非攻击型的儿童能产生不同的影响。惩罚能抑制非攻击型儿童的攻击性，却不能抑制攻击型儿童的攻击性，反而会加重他们的攻击性行为。因此，以惩罚作为抑制儿童攻击性行为的方法往往给儿童树立了攻击性行为的榜样。

2. 大众传播媒介(榜样)

大众传播媒介里的攻击性榜样会增加儿童以后的攻击性行为，儿童会从这些电视、电影暴力节目中观察学习到各种具体的攻击性行为。儿童不仅能从暴力节目中学习到攻击性行为，更为重要的是，电视、电影人物的经历会使许多儿童将武力视为解决人际冲突的有效手段，并在现实生活中依靠攻击性行为来解决与他人的矛盾。

3. 强化

当儿童出现攻击性行为时，父母或教师不加制止或听之任之，就等于强化了儿童的侵犯行为。同伴之间也能学会攻击性行为，如果一个儿童成功地运用了攻击策略来控制同伴，就可以加强和增加他以后的攻击性。

4. 挫折

攻击性行为产生的**直接原因**主要是挫折。挫折是人在活动过程中遇到障碍或干扰，使自己的目的不能实现、需要不能满足时的情绪状态。研究认为，一个受挫折的儿童很可能比一个心满意足的儿童更具攻击性。对儿童来说，家长或教师的不公正是挫折产生的主要原因之一。因此，教师和家长在处理问题时，要保持公正的态度和采用公正的方式。

记忆有妙招

儿童攻击性行为的影响因素：**挫样逞强**。**挫**(挫折)**样**(榜样)**逞**(惩罚)**强**(强化)。

考点 4 儿童攻击性行为的预防和矫正 【论述】 必背 ★★★

1. 创设良好环境，控制环境和传媒的影响

由于儿童攻击性行为的发生很多时候与活动场地狭小、玩具过少等因素有关。因而，创设足够的游戏空间和玩具数量非常重要。此外，由于许多儿童的攻击性行为都是从社会环境中学来的，家长应从社会环境中寻找那些可能导致儿童攻击性行为的因素，并予以消除。

2. 改善亲子关系，纠正家长不正确的教育方法

家长首先要从自身做起，在教育孩子时应尽量避免动不动就打骂的方法，多与孩子进行思想上的沟通，多听孩子的声音，以便更多地了解孩子的内心世界。

家长要正确处理自己的孩子被欺负和欺负别人的行为。当自己的孩子被欺负后，家长应告诉他要向老师反映，不要动手还击；当自己的孩子欺负别人后，家长不应有任何偏袒的行为，要及时对他进行批评教育，并让他向被欺负的同学当面道歉。

3. 提高儿童的自控能力和交往技能，帮助儿童掌握解决社会性冲突的技能

易发生攻击性行为的儿童大多情绪易冲动，自控能力差。因此，可以通过提高儿童的自控能力来减少攻击行为的发生。提高儿童的自控能力可以采用轮流等待法、放松疗法、警告暂停法、正强化法等有效的方法。当遇到儿童自身无法解决的社会性冲突问题时，要教会儿童向成人请教，或者教师利用角色扮演、移情训练、价值澄清等方法，开展故事讲述、情景表演、谈话活动等，组织儿童积极参与学习、观察、讨论，为儿童提供正确的榜样示范。

4. 提高儿童的社会认知水平和移情能力

只有丰富儿童相关的社会性知识和经验，才能提高儿童的社会认知水平。如果让攻击者更多地了解他的攻击行为给对方造成的不良后果，觉察和体验到别人的痛苦，就能有效地减少攻击行为。其中，角色扮演法、移情训练法等在发展儿童的社会理解力、减少攻击性行为、改善同伴关系方面起着非常重要的作用。

5. 引导儿童掌握合理的心理宣泄方法

在社会规范允许的范围内，要教会儿童对他人和自己没有破坏性的幻想攻击活动等进行合理宣泄的方法。

6. 及时表扬和奖励儿童的亲社会行为

有些儿童的攻击性表现仅仅是为了引起成人的关注。这时候，成人采取的策略可以是不予理睬。当儿童知道这种方法并不能达到目的，甚至还会弄巧成拙，导致成人反感时，就会终止自己的攻击性行为。成人的这种态度在一定程度上可以适当减少攻击性行为的出现。当儿童采取与同伴之间的友好合作做法时，成人要给予积极的关注，及时地给予表扬和奖励。这样，儿童的攻击性行为就会明显减少。这些做法，对于提高攻击性儿童解决社会性冲突问题的技能和策略能够达到正强化的作用。

知识再拔高

幼儿攻击性行为的矫治

在学前期，矫正幼儿的攻击行为十分重要，首先要让家长明白，不能把进取性和攻击性混淆在一起。幼儿期的攻击行为可以发展成为成人期严重的人际交往和社会适应困难，甚至还可能发展为斗殴、凶杀等违法行为。矫治严重的攻击行为可采取以下方法：

一是**榜样法**。将有攻击行为的幼儿置身于无攻击行为的楷模之中，可减少其攻击行为，或者让他们观察其他幼儿的攻击行为如何受到禁止或惩罚，也可起到同样的作用。

二是**阳性强化法**。如攻击性强的幼儿在规定时间内没有攻击行为，则可结合具体情况适当给予奖励。

三是**消退法**。在幼儿园若对攻击行为采取不予理睬的方式，而对合作行为则给予奖励，就可能减少攻击行为。在这种方法实行的初期，不良行为发生的次数会明显增加而且剧烈程度也会大大增加，并且会出现一些情感反应性行为（如哭叫、绷脸、噘嘴等），这时应坚持执行下去，这样不良行为的发生就会逐渐地减少。

四是**暂时隔离法**。即当幼儿出现某种不良行为时，让他离开他很感兴趣的阳性增强的环境，或暂时停止接触阳性增强物。如两兄弟在动物园玩，突然打起架来，这时可以把他们带离动物园，让他们承认错误并保证以后再不打架。采取隔离法时应让孩子明白被隔离的原因，并且事先要提出警告，如果警告无效才予以实行隔离，而且隔离的环境必须是安静的，不会有其他的阳性刺激物，如不能有朝向大街的窗口，或房间里正在播精彩的电视节目或音乐，此外应保证幼儿在隔离室的安全。如果幼儿园没有隔离室，也可让幼儿罚站或坐在角落。隔离时间一般为十几秒至数分钟，最好在幼儿的攻击行为消失后15秒左右即中止隔离。

此外，需要注意的是，不可采用体罚的方法，因为体罚往往会增加幼儿的攻击行为，有的幼儿还会因此而产生自伤行为或造成焦虑等精神疾病。

真题面对面

[2018统考，论述]试论述如何预防幼儿攻击性行为的发生。

答案：详见内文

考点大默写

1. 母亲在场或者不在场对婴儿影响不大。母亲离开时，他们并无特别紧张或者忧虑的表现。母亲回来了，他们也往往不予理会。这类婴儿的依恋类型是＿＿＿＿＿＿依恋。
2. 随着认知水平和语言能力的提高，儿童的自我中心减少，能从母亲的角度看待问题。这一阶段处于依恋的＿＿＿＿＿＿阶段。
3. 美国心理学家安斯沃斯及其同事运用＿＿＿＿＿＿实验研究儿童的依恋。
4. ＿＿＿＿＿＿是年龄相同或相近的儿童之间的一种共同活动并相互协作的关系。
5. 同伴关系具有＿＿＿＿＿＿、互惠的特点。
6. 中班幼儿在选举今年最受欢迎的“公主”活动中，班级中只有几个幼儿认为玲玲是最受欢迎的，其余的幼儿都认为玲玲不受欢迎，并且认为玲玲的攻击性强，又很骄傲。在幼儿同伴关系类型中，玲玲属于＿＿＿＿＿＿。
7. 户外活动时间，6岁的明明在操场上奔跑时，不小心和另一个小朋友撞到了一起，摔倒在地，膝盖上蹭掉一块皮。只见他站起来，强忍住泪水并自我安慰“我是男子汉，我最勇敢。哭是会被别人笑话的。”明明的话语表明他处在学前儿童性别角色认知发展的＿＿＿＿＿＿阶段。
8. 3～4岁的儿童所处的性别角色认知发展阶段是＿＿＿＿＿＿。
9. ＿＿＿＿＿＿是指对自己的性别不随其年龄、情境等的变化而改变这一特征的认识。

10. 幼儿能够知道无论自己或别人穿什么衣服，留什么样的发型，其性别都保持不变。这表明幼儿的性别概念发展处于＿＿＿＿＿＿阶段。

11. ＿＿＿＿＿＿岁左右是儿童性别行为初步产生的时期。

12. ＿＿＿＿＿＿岁左右，儿童已经出现了亲社会行为的萌芽。

13. ＿＿＿＿＿＿的发展是儿童道德发展的核心问题。

14. ＿＿＿＿＿＿是导致亲社会行为最根本、最内在的因素。

15. 儿童在＿＿＿＿＿＿岁时分享观念增强，在＿＿＿＿＿＿岁时分享水平提高。

16. ＿＿＿＿＿＿是指从他人的角度来考虑问题。

17. 攻击性行为产生的直接原因主要是＿＿＿＿＿＿。

18. 影响幼儿攻击性行为的因素有父母的惩罚、大众传播媒介（榜样）、＿＿＿＿＿＿、挫折。

19. ＿＿＿＿＿＿攻击以人为指向目标，其目的在于打击、伤害他人，如嘲笑、讽刺、殴打等。

20. 幼儿甲为了得到玩具动手打了幼儿乙，这种攻击性行为属于＿＿＿＿＿＿。

【参考答案】

1. 回避型　2. 修正目标的合作　3. 陌生情境　4. 同伴关系　5. 平等　6. 被拒绝型　7. 刻板地认识性别角色　8. 自我中心地认识性别角色　9. 性别稳定性　10. 性别恒常性　11. 2　12. 2　13. 亲社会行为　14. 移情　15. 4～5；5～6　16. 移情　17. 挫折　18. 强化　19. 敌意性　20. 工具性攻击

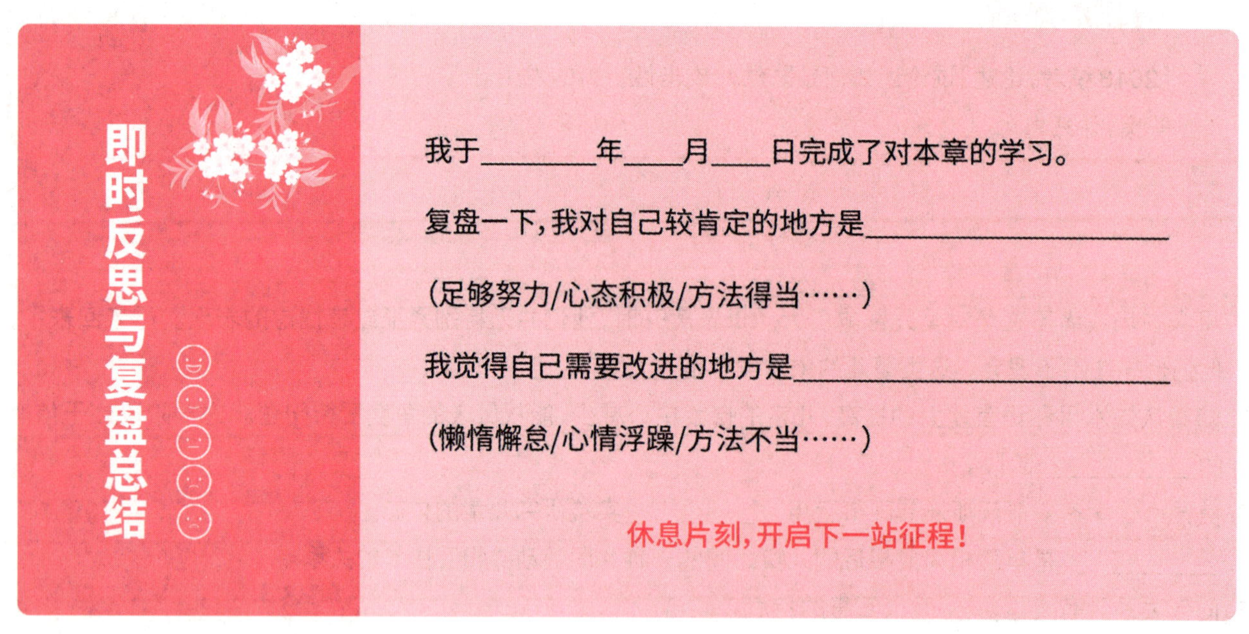

第四章 学前儿童个性、道德的发展

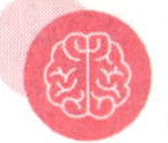

思维导图

学前儿童个性、道德的发展

- 个性概述
  - 概念：比较稳定的、具有一定倾向性的各种心理特点或品质的独特组合
  - 结构
    - 广义：个性倾向性、个性心理特征、自我意识 、心理过程、心理状态
    - 狭义：个性调控系统（个性调节系统、个性倾向性）、个性心理特征
  - 基本特征：独特性：独一无二。整体性：方方面面的整合。稳定性：不易改变。社会性：受社会环境影响。积极能动性：积极地反映、适应或改造客观现实
  - 个性开始形成的主要标志
- 学前儿童气质和性格的发展
  - 气质
    - 概念：心理活动的稳定的动力特征
    - 特性：天赋性、遗传性、稳定性
    - 类型及其行为特征：胆汁质、多血质、黏液质、抑郁质
    - 学前儿童气质发展的特点：相对稳定、有一定变化、无所谓好坏但影响父母教养方式、有个体差异（重点）
    - 气质的培养及教育适宜性
      - 了解学前儿童的气质特征
      - 不要轻易对学前儿童的气质类型下结论
      - 要善于理解不同气质类型儿童的不足之处
      - 针对学前儿童气质的特点，采取适宜的教育措施
  - 性格
    - 概念：对现实的态度和行为方式中比较稳定的心理特征的总和
    - 性格的结构：态度特征、意志特征、情绪特征、理智特征
    - 幼儿性格的年龄特点：活泼好动；好奇好问；喜欢交往；独立性不断发展；易受暗示，模仿性强；坚持性随年龄增长不断提高；易冲动，自制力差，同时自制力不断发展（重点）
- 学前儿童能力的发展
  - 概念：完成某种活动所必需的个性心理特征
  - 类型：一般能力和特殊能力；模仿能力和创造能力；认识能力、操作能力和社交能力
  - 学前儿童能力发展的一般趋势
    - 智力发展迅速
    - 特殊能力有所表现
    - 模仿能力发展较快
    - 创造能力开始萌芽
    - 认识能力发展，并出现有意性
    - 操作能力最早表现，并逐步发展
    - 社交能力逐渐显现
    - 身体运动能力不断发展
    - 语言能力发展迅速
  - 多元智能理论（重点）
    - 多元智能理论的本质
    - 结构：言语—语言智力、音乐—节奏智力、逻辑—数理智力、视觉—空间智力、身体—动觉智力、自知—自省智力、交往—交流智力、自然观察智力
    - 多元智能理论的基本观点
    - 加德纳的多元智能理论对学前教育的启示
  - 学前儿童能力的培养
    - 正确了解学前儿童能力发展水平
    - 组织学前儿童参加各种活动
    - 指导学前儿童掌握有关的知识技能
    - 培养兴趣
    - 教育好能力异常的学前儿童

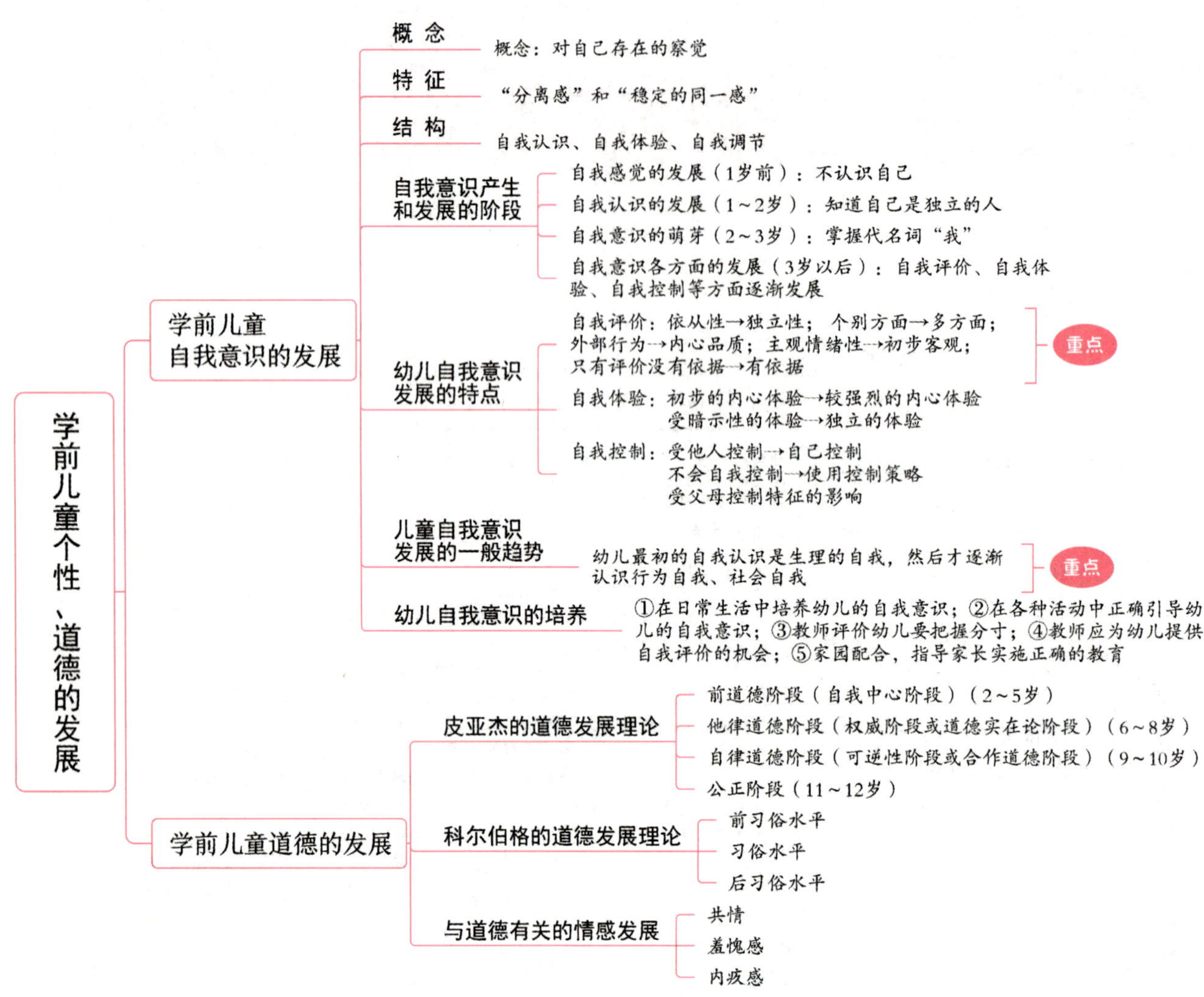

浙江考向

本章属于学前心理学的重要章节，也是浙江招教重点考查的章节，内容较为琐碎，需要识记的知识较多。现对本章考向分析如下：

高频考点	常考题型	能力层级	考查热度
气质的特性	单选	理解	★★
气质的类型及其行为特征	单选、判断	理解	★★★
学前儿童气质发展的特点	单选	理解	★★
性格的结构	单选	理解	★★
幼儿性格的年龄特点	简答	识记	★★★
多元智能理论	单选	识记	★★
自我意识的结构	单选	识记	★★
幼儿自我评价发展的特点	简答	识记	★★★
幼儿自我体验发展的特点	简答	识记	★★★
科尔伯格的道德发展理论	单选	识记	★★

核心考点

第一节 个性概述

一、个性的概念

个性是指一个人比较稳定的、具有一定倾向性的各种心理特点或品质的独特组合。人与人之间个性的差异主要体现在每个人待人接物的态度和言行举止中，行为表现更能反映一个人的真实个性。心理学所说的个性，又称人格，其概念与日常生活中所说的个性和人格的含义不同。

二、个性的结构

考点 1 广义的个性心理结构

1. 个性倾向性

个性倾向性包括需要、动机、兴趣、理想、信念、世界观等，表明人对周围环境的态度，是个性心理结构中最活跃的成分。

2. 个性心理特征

个性心理特征包括气质、性格、能力等，这些特征最突出地表现出人的心理的个别差异。

3. 自我意识

自我意识包括自我认识、自我体验、自我调节，是个性心理结构中的控制系统。

4. 心理过程

心理过程包括感知、记忆、思维、想象以及情感等。这些过程是人心理活动的基本成分或基础成分，是人对现实发生反映和联系的基本形式。

5. 心理状态

心理状态包括注意、激情、心境等，是心理活动的背景，表明心理活动进行时所处的相对稳定的水平，起提高或降低个性积极性的作用。

考点 2 狭义的个性心理结构

1. 个性的调控系统

个性的调控系统包含两方面，即个性的**调节系统**和**个性倾向性**。个性的调节系统以自我意识为核心。个性倾向性是以人的需要为基础的动机系统，它是推动个体行为的动力。对于幼儿来说，个性倾向性主要是需要、动机和兴趣。

2. 个性心理特征

个性心理特征是指一个人身上经常地、稳定地表现出来的心理特点，是人的多种心理特点的一种独特结合。个性心理特征主要包括能力、气质和性格。对于幼儿来说，个性发展的主要内容就是个性特征开始形成。

三、个性的基本特征

1. 个性的独特性

个性的独特性是指人与人之间没有完全相同的个性，人的个性千差万别。但对于同一民族、同一性别、同一年龄的人来说，个性中往往存在着一定的共性。从这个意义上说，个性是独特性与共同性的统一。

2. 个性的整体性

个性是一个统一的整体结构，是由各个密切联系的成分构成的多层次、多水平的统一体。在这个整体中各个成分相互影响、相互依存，使每个人行为的各方面都体现出统一的特征，这就是个性的整体性含义。因此，从个体行为的一个方面往往可以看出他的个性，这就是个性整体性的具体表现。

3. 个性的稳定性

个性具有稳定性的特点。个人偶然的行为不能代表他真正的个性，只有比较稳定的、在行为中经常表现出来的心理倾向和心理特征才能代表一个人的个性。

个性是相对稳定的，但并不是一成不变的，因为现实生活是非常复杂的，现实生活的多样性和多变性带来了个性的可变性。对于一个处于成长发育期的孩子来说，即使已经形成了一些比较稳定的个性特点，在一定的外界条件作用下，这些个性特点也会产生不同程度的改变。所以说，个性是稳定性和可变性的统一。

4. 个性的社会性

在人的个性形成、发展中，个性的本质方面是由人的社会关系决定的，社会因素对个性的影响还表现在：即使一些比较基本的个性特征的形成，也与人所处的社会环境密不可分。比较典型的例子就是不同国家、不同民族的人的个性有比较明显的差异。因此，个性具有强烈的社会性，是社会生活的产物。影响个性形成的社会因素可以分为两个方面，即宏观环境和微观环境。宏观环境主要指一个人的民族、国家、所处的时代及其社会生活条件和社会风气。微观环境主要是指家庭、学校及工作生活环境。对于幼儿来说，影响其个性发展的主要因素是家庭和幼儿园。个性具有社会性，但个性的形成也离不开生物因素。现代心理学已经证明，生物因素给个性发展提供了可能性，社会因素使这一可能变成现实。因此，我们说个性是社会性和生物性的统一。

5. 个性的积极能动性

每个人对事物都有不同的反应，每个个体都积极地以不同的态度、特有的行为方式去反映、适应或改造客观现实。

四、个性开始形成的主要标志

2岁前，幼儿的各种心理成分还没有完全发展起来（还没有很好地掌握语言，思维没有形成等），在这一阶段，其心理活动是零碎、片段的，还没有形成系统，因此个性不可能发生。2岁左右，个性逐步萌芽。3～6岁幼儿的个性开始形成，其主要标志为以下四个方面：

1. 心理活动整体性的形成

3岁前是儿童的各种心理现象逐渐发生的时期，但这时孩子的心理活动是零散的、混乱的。到了幼儿末期，幼儿调节、控制自己行为的能力逐渐增强，开始能够按照一定目的、计划去活动。只有当一个人能够按照自己的目的控制自己的行为的时候，才能说开始形成了一个完整的主观世界。由此可以看出，幼儿期心理活动开始具有系统性、完整性的特点。

2. 心理活动稳定性的增长

新生儿和幼小婴儿的心理活动变化多端，不论是注意、记忆、思维，还是情感各方面，都是如此。随着年龄的增长，心理活动的稳定性逐渐增长。孩子可以按照自己的目的进行观察、学习、思考，受外界环境影响的程度相对婴儿降低，而受自身控制的水平逐渐提高。这一点从幼儿心理过程的发展中可以看出。

3. 心理活动独特性的发展

幼儿的个性特征已显示出明显的差异。在能力方面，幼儿的智力差异及特殊能力也开始显露出来，特别是作为个性特征核心部分的性格开始形成。同时，幼儿的个人特点在不同的情境中表现渐趋一致，出现稳定的个人特点。可以通过对幼儿日常生活的行为观察，对每个幼儿做出比较准确的个性评定。幼儿期的这种差异成为幼儿日后发展的基础，俗话说的"3岁看大，7岁看老"，虽然有些绝对，但它肯定了幼儿期个性的特点及基础作用。

4. 心理活动积极能动性的发展

积极能动性对幼儿心理的各个方面都产生巨大的影响。在自我意识方面，孩子对自己的评价及相应的自信心已经表现出差异。如有的孩子对自己充满信心，有的退缩；有的孩子能够控制自己，有的则自制力差。而自我意识水平的高低直接影响着幼儿的学习、生活，甚至对自己以后的发展产生影响。在兴趣、爱好方面，有的孩子对事物充满好奇，喜欢探索，有的对什么都无所谓；有的喜欢昆虫，有的喜欢画画，有的则喜欢舞蹈等。兴趣、爱好的不同决定了幼儿的发展好坏和朝哪个方向发展的可能性。兴趣性强的孩子会有更好的发展，因为孩子的兴趣是影响其学习效果的最主要因素。

★★ 考点大默写 ★★

1. ____________是指一个人比较稳定的、具有一定倾向性的各种心理特点或品质的独特组合。
2. 有的幼儿表现出对表演的兴趣，而有的幼儿表现出对画画的兴趣，这体现的是幼儿个性结构中____________的差异。
3. 2岁左右，个性逐步萌芽；____________岁幼儿的个性开始形成。
4. 丽丽脾气急，在生活中还表现出动作快，吃饭快，做事喜欢一气做完，易冲动。这反映丽丽个性的____________特征。
5. "江山易改，本性难移"体现的是个性的____________特征。
6. 个性的调节系统以____________为核心。

【参考答案】

1. 个性　2. 个性倾向性　3. 3～6　4. 整体性　5. 稳定性　6. 自我意识

第二节　学前儿童气质和性格的发展

一、学前儿童气质的发展

考点 1　气质的概念和特性

1. 气质的概念

气质是个人心理活动的稳定的动力特征。心理活动的动力特征主要指心理过程的速度和稳定性，心理过程的强度和心理活动的指向性等方面的特点。“禀性”“脾气”是气质的通俗说法。现代心理学一般认为，气质是不以活动目的和内容为转移的典型的、稳定的心理活动的动力特征。

2. 气质的特性　【单选】　★★

（1）天赋性。气质是出生就有的，在新生儿期就有表现。

（2）遗传性。气质与人的神经系统联系密切，因此，和其他心理现象相比，气质和遗传的关系更为密切。

（3）稳定性。气质与性格、能力等其他心理特征相比，更具有稳定性。但气质也不是完全不能改变的，在环境、教育影响下，在一定程度上是可以改变的。

真题面对面

[2017统考，单选]孩子刚出生时，有些很安静，有些则哭闹不止。这主要体现了（　　）的差异。

A. 气质类型　　B. 言语特征　　C. 思维特征　　D. 记忆过程

答案：A

考点 2　气质的类型及其行为特征　【单选、判断】　必背　★★★

1. 传统的体液说

气质类型是指在一类人身上共有的或相似的心理活动特征的有规律的结合。气质类型的划分多种多样，从古希腊沿袭下来的四种气质类型的划分最有生命力。

气质类型	特征	代表人物
胆汁质	精力旺盛、表里如一、刚强、易感情用事	张飞、李逵
多血质	反应迅速、有朝气、活泼好动、动作敏捷、情绪不稳定、粗枝大叶	王熙凤
黏液质	稳重，但灵活性不足；踏实，但有些死板；沉着冷静，但缺乏生气	沙僧、林冲
抑郁质	敏锐、稳重、体验深刻、外表温柔、怯懦、孤独、行动缓慢	林黛玉

真题面对面

1. [2018统考，单选]情感发生迅速、强烈、持久，行为迅速、强烈、有力，脾气急躁，心境变化剧烈，易动感情。具有这种特征的气质类型是( )

A. 胆汁质　　B. 黏液质　　C. 多血质　　D. 抑郁质

2. [2021温州，判断]某小朋友情绪易兴奋、精力旺盛、容易冲动、行动敏捷，但脾气暴躁，容易被激怒，其气质类型最可能为多血质。

答案：1. A　2. ×

2. 巴甫洛夫高级神经活动类型论

巴甫洛夫在研究高等动物的条件反射时发现，动物高级神经系统活动的兴奋和抑制有强度、平衡性、灵活性三种特性。根据这三种特性的结合，巴甫洛夫将动物的高级神经活动分为四种类型：强、不平衡(不可遏制型)；强、平衡、灵活(活泼型)；强、平衡、不灵活(安静型)；弱(弱型)。

四种不同类型动物的活动特点是：强而不平衡型的动物易激动，不易约束；强而平衡且灵活型的动物容易兴奋，较灵活；强而平衡但不灵活型的动物难以兴奋，迟钝而不灵活；弱型的动物难以形成条件反射，容易疲劳。

高级神经活动类型	高级神经活动过程	气质类型
不可遏制型	强、不平衡	胆汁质
活泼型	强、平衡、灵活	多血质
安静型	强、平衡、不灵活	黏液质
弱型	弱	抑郁质

巴甫洛夫用高级神经活动类型学说解释气质的生理基础，但是从现在生理学的发展来看，这四种气质类型的生理根据是不科学的。

3. 托马斯—切斯的三类型说(婴儿的气质类型)

托马斯和切斯发现，新生儿1～3个月就有明显、持久的气质特征，不大容易改变，一直持续到成年。他们根据儿童活动水平、生理活动的规律性、对新异刺激反应的害怕或抑制等九个维度，把婴儿的气质分为三种类型。

(1)容易型

托马斯等人认为，这类儿童的人数最多，占40%。他们情绪稳定，活泼、爱玩、愉快，睡眠和饮食都有规律，容易适应新的环境，容易接近陌生人，容易接受新事物。通常这类儿童被看成可爱的孩子而更多地受到成人的关怀。

(2)迟缓型

这类儿童占15%。他们平时不够活泼，有时大惊小怪，表现为安静和退缩，对新环境和新事物适应缓慢。但是通过抚爱和教育可以逐渐培养起对新事物的兴趣，反应渐渐积极起来。

对具有迟缓型气质的婴儿只要给予足够的关爱和耐心，通常不会发生心理问题。但如果家长对他们缺乏应有的敏感和关心，如漠视、粗暴等，他们也容易形成不安全依恋；而且进入学校后，与同龄人相比，显得有些适应困难，如表现出焦虑不安等。

(3)困难型

这类儿童占10%。他们经常大惊小怪，生理活动没有规律，害怕生人，对新环境表现出强烈的退缩和激动，反应迟缓。他们心情不愉快，与成人关系不密切，并且缺乏教育。这类儿童具有发生心理问题的危险性。一项研究表明，这类儿童到7岁时，有情绪问题的人数要比其他两种类型的儿童多。

属于困难型气质的婴儿，如果家长照料态度不当，容易发生心理问题，易形成不安全依恋。进入学校后，大多数这类气质的儿童会发生更多的适应问题；而且，这类儿童在幼儿期和童年期表现为焦虑退缩，或有较多的侵犯性行为。

托马斯和切斯认为，以上三种类型只涵盖了65%的研究对象，另有35%的婴儿不能简单地划归到上述任何一种气质类型中去。他们往往具有上述两种或三种气质类型混合的特点，情绪、行为倾向性和个人特点不明显，属于上述类型中的中间型或过渡型。

考点3　学前儿童气质发展的特点　【单选】★★

学前儿童气质发展的特点

1. 学前儿童的气质具有相对稳定性

人的各种个性心理特征中，气质是最早出现的，也是变化最缓慢的。因为气质和儿童的生理特点关系最直接。儿童出生时就已经具备一定的气质特点，在大多数儿童身上，早期的气质特征以后一直保持稳定不变。

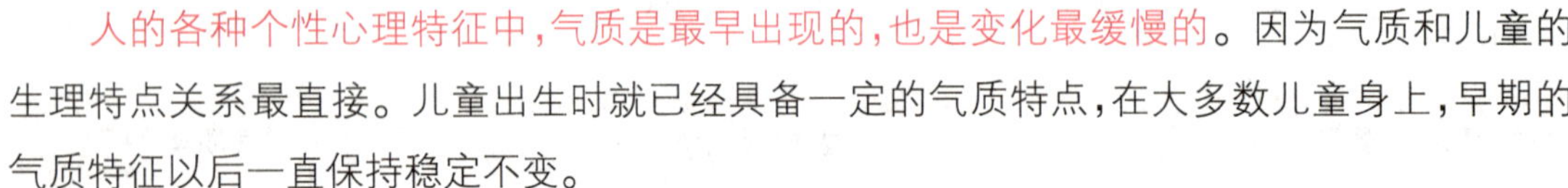

真题面对面

[2017杭州，单选]在人的各种个性心理特征中，(　　)是最早出现的，也是变化最缓慢的。

A. 思维　　B. 想象　　C. 气质　　D. 性格

答案：C

2. 学前儿童的气质类型有一定变化

(1)气质不是一成不变的

有研究证明，气质随着年龄的增长有所变化，3～7岁的儿童，神经活动最易兴奋，5岁时更明显。以后，兴奋型比例有所下降。

学前儿童的神经系统正处在发育过程中，其气质的形成也往往是先天和后天的“合金”。有研究证明，消极特征的纠正和积极特征的发展导致整个气质类型的改变。但是，也应注意儿童在不良教育或坏榜样的影响下，也可形成气质的消极特征。

(2)生活环境可以改变儿童的气质

儿童气质发展中存在“掩蔽现象”。所谓气质“**掩蔽现象**”就是指一个人气质类型没有改变，但是形成了一种新的行为模式，表现出一种不同于原来类型的气质外貌。如一个儿童的行为表现明显地属于抑郁质，但神经类型的检查结果都是“强、平衡、灵活型”。究其原因，发现这个儿童长期处于十分压抑的生活条件下，在这种生活条件下形成的特定行为方式掩盖了原有的气质类型，而出现了萎顿、畏缩、缺乏生气等行为特点。由此可见，儿童的气质类型具有相对稳定的特点，但并不是一成不变的，其后天的生活环境与教育可以改变原来的气质类型。

3. 气质无所谓好坏但它影响父母的教养方式

研究发现，儿童的气质类型对父母的教养方式有较大影响。母亲对待不同类型的孩子的行为方式是不同的。如果孩子的适应性强、乐观开朗、注意持久，则母亲的民主性就表现突出。而影响母亲教养方式的消极气质因素包括：较高的反应强度（如平时大哭大闹）、高活动水平（如爱动、淘气）、适应性差及注意力不集中等。可见，儿童自身的气质类型，通过父母教养方式而间接影响自身的发展。因此，父母和教师平时要注意孩子的气质特点，同时，还要避免儿童气质中的消极因素对自己教育方式的影响。

4. 具有个体差异

婴儿出生后即表现出气质的个体差异。到幼儿期，儿童已经比较明显地出现不同的气质类型。儿童个性初步形成，个性的个体差异在气质方面表现出来。一个有经验的教师很容易发现儿童的气质特征，找出具有各种气质特点的儿童。

考点 4　学前儿童气质的培养及教育适宜性

1. 要了解学前儿童的气质特征

教师或父母可以运用行为评定法，通过对学前儿童在游戏、学习、劳动等活动中的情感表现、行为态度等进行反复细致的观察，来了解其气质特点。

2. 不要轻易对学前儿童的气质类型下结论

学前儿童虽然表现出各种气质特征，但教师或父母不应轻率地对学前儿童的气质类型做出判定。因为在实际生活中纯粹属于某种气质类型的人是极少的，某一种行为特点可能为几种气质类型所共有，而且学前儿童虽然表现出气质的个别差异，但他们的气质还在发展之中，尚未稳定，还可能发生变化。因此，教师必须经过长期地反复观察各种行为特点，再审慎地确定学前儿童的气质接近或属于哪种类型，以免引起教育上的失误。

3. 要善于理解不同气质类型儿童的不足之处

尽管我们说气质类型无所谓好坏，但作为个体的行为特征，在社会生活中会表现出适宜或不适宜的情况。

成人要善于利用每一气质类型的积极方面，给儿童提供充分表现的机会。同时，对于儿童气质中所表现出来的不尽如人意之处，也要表现出充分的理解，并考虑采取更有策略的方法来对待。

4. 针对学前儿童气质的特点，采取适宜的教育措施

教师进行教育和教学工作时，要针对学前儿童的气质特点，采取相应的教育措施。对于容易兴奋的儿童，要教会他们自制，午睡先醒时要安静地躺着，养成安静、遵守纪律的习惯；对于行动畏怯的儿童，要多肯定他们的成绩，培养他们的自信心，激发他们活动的积极性；对于热情活泼、难以安静下来的儿童，要着重培养他们专心工作、耐心做事的习惯；对于反应迟缓、沉默寡言的儿童，要鼓励他们多参加集体活动，引导他们多与同伴交往，教给他们各种活动技能和工作方法。

气质本身没有好坏之分，每一种气质既有优点，又有缺点。教育的目的不是设法改变儿童原有的气质，而是要克服缺点，发展优点，使儿童在原有气质的基础上建立优良的个性特征。对于胆汁质的孩子，要培养勇于进取、豪放的品质，防止任性、粗暴；对于多血质的孩子，要培养热情开朗的性格及稳定的兴趣，防止粗枝大叶、虎头蛇尾；对于黏液质的孩子，要培养积极探索精神及踏实、认真的优点，防止墨守成规、谨小慎微；对于抑郁质的孩子，要培养机智、敏锐和自信心，防止疑虑、孤独。

二、学前儿童性格的发展

考点1 性格的概念

性格是人对现实的态度和行为方式中比较稳定的心理特征的总和。性格和个性不是一个意思，不能把个性归结为性格，也不能把性格只看作个性的一种特征。性格是具有核心意义的个性特征，它是个性的核心。性格具有完整性、复杂性、稳定性和可塑性的特点。

考点2 性格的结构 【单选】 ★★

人的性格是非常复杂的，它是由各种各样的性格特征有机结合组成的统一体。具体包括性格的态度特征、性格的意志特征、性格的情绪特征和性格的理智特征。

1. 性格的态度特征

表现在人对现实态度方面的特点。由以下三方面组成：

(1)对社会、集体和他人的态度(集体主义、同情心、诚实、正直等)；(2)对工作和学习的态度(勤劳、有责任心、认真、创新性等)；(3)对自己的态度(谦虚、自信等)。

2. 性格的意志特征

表现在人自觉调节自己行为方面的特点。由以下四方面组成：

(1)对行为目的的明确程度(冲动性、独立性、纪律性等)；(2)对行为的自觉控制水平(主动性、自制力等)；(3)在长期工作中表现出来的特征(恒心、坚韧性、顽固性等)；(4)在紧急或困难情况下表现出来的特征(勇敢、果断、镇定、顽强等)。

真题面对面

[2021临海，单选]顾老师常用独立、依赖、勇敢、怯懦来形容班上幼儿的性格，其侧重的是幼儿性格的(　　)

A. 态度特征　　B. 意志特征　　C. 情绪特征　　D. 理智特征

答案：B

3. 性格的情绪特征

表现在人受情绪影响的程度和情绪受意志控制的程度。由以下四方面组成：

(1)情绪的强度(是否易受感染及反应强度)；(2)情绪的稳定性(波动与否)；(3)情绪的持久性(持续时间长短)；(4)主动心境(愉快与否)。

4. 性格的理智特征

也称人的认知风格，表现在人的认识活动方面的特点。分别表现在四个方面：

(1)感知(观察的主动性、目的性、快速性及精确性)；(2)想象(想象的主动性和大胆性)；(3)记忆(记忆的主动性和自信程度)；(4)思维(思维的独立性、分析性及综合性)。

考点3 幼儿性格的年龄特点 【简答】 必背 ★★★

1. 活泼好动

活泼好动是幼儿的天性，也是幼儿期幼儿性格**最明显**的特征之一，不论何种类型的幼儿都是如此。

2. 好奇好问

好奇心是一种认识兴趣，它是人在认识事物过程中表现出来的短暂的探索性行为。幼儿的好奇心很强，主要表现在探索行为和提出问题两个方面。

埃德斯兰等人的研究表明幼儿的好奇心与其母亲的教养态度和母亲的榜样以及强化密切相关。

3. 喜欢交往

随着幼儿年龄的增长，他们越来越喜欢和同龄或年龄相近的小朋友交往。

4. 独立性不断发展

独立性反映一个人在行动中的自主程度。3岁前儿童的心理活动几乎完全是直接依赖于外界环境的影响，随着外界环境的改变而变化，没有自己的目的性和独立性。3岁左右，幼儿独立性的发展进入一个新的阶段。他们不再满足于按照成人的直接命令来行动，而开始渴望像成人一样独立行动。这个阶段的幼儿常常想到什么就做什么，不考虑后果，也不知道失败的危险，表现出不听话、执拗、顶撞，经常说“我自己来”“我偏要……”这一类话。3~5岁的幼儿几乎普遍存在这种倾向。

幼儿独立性发展还表现为行为的模仿性。在模仿过程中，一般没有他人的指令，模仿是主动的。幼儿好模仿，他们经常模仿老师、父母、兄弟姐妹和小朋友，也模仿电影和故事里的人物，更喜欢模仿他们尊敬和喜爱的人物的言行。

幼儿独立性发展最后表现在他们能够自己进行各种活动，不再完全依赖和成人共同进行活动。幼儿在游戏中能够自己确定主题、角色和规则。如果成人对幼儿的游戏干涉过多，幼儿就会自觉或不自觉地反抗，不想再玩了。

5. 易受暗示，模仿性强

模仿性强是幼儿期的典型特征，小班幼儿表现尤为突出。幼儿往往没有主见，常常受外界环境影响而改变自己的意见，受暗示性强。幼儿模仿的对象可以是成人，也可以是其他小朋友。此外，儿童之间会相互模仿。

6. 坚持性随年龄增长不断提高

坚持性表现为坚持行动，努力达到预定的目的。幼儿初期行动的坚持性很差，在游戏中，3岁左右儿童常常有违反游戏规则的现象，要他们坚持10分钟坐着不动都是困难的。幼儿的坚持性随着年龄的增长而不断提高，但是4~5岁是幼儿坚持性发展最快的年龄。正是这个年龄，外界环境对幼儿的坚持性影响最大，因此有人认为4~5岁是幼儿坚持性发展的关键期。

7. 易冲动，自制力差，同时自制力不断发展

易冲动，自制力差是幼儿性格的一个非常突出的特点。幼儿很容易受外界情景或他人的影响而情绪激动，行为变化，或者受自己主观情绪或兴趣的左右而行为冲动。幼儿心理与行为受外界刺激和自身主观情绪的支配性很大，而自我控制能力较差，和这一特征相联系的是缺乏深思熟虑。幼儿又具有坦率、诚实的性格特征。他们的情绪、思想比较外露，喜怒形于色。对人真诚，不虚伪。

自制力是指一个人善于控制自己的情绪，约束自己言行的品质。自制力不仅表现在调节活动能持久地进行上，也表现在对不符合成人要求和集体规则的行为抑制上。坚持性也可以说是一种推进性的自制，即在活动中抑制那些干扰性因素，保持着有效行为。抗拒诱惑和延迟满足被看作是幼儿自制的两种形式。抗拒诱惑是抑制自己，不去从事能够得到满足，但又为社会所不允许的行为，无论在有人还是无人的情况下，

都拒绝有诱惑力却被禁止的愿望和行动。延迟满足是为了长远利益而自愿延缓当前的享受。

以上列举了幼儿性格的一些典型特点。在这里，我们再次强调，独特性是个性的基本要素。幼儿的性格虽然有共同性，但每个幼儿仍有个人的性格特征。例如，同属活泼好动，有的幼儿相对好静一些；同属受暗示性强，有的则相对有些主见。

真题面对面

[2018统考，简答]简述幼儿性格的年龄特点。

答案：详见内文

考点大默写

1. ____________是人对现实的态度和行为方式中比较稳定的心理特征的总和。
2. 表现出“精力旺盛，表里如一，刚强，易感情用事”特征的传统气质类型是____________。
3. 托马斯和切斯将婴儿的气质分为____________、____________和____________三种类型。
4. 传统体液说认为人的气质类型包括____________、____________、____________和抑郁质。其中，针对____________的孩子，应防止粗枝大叶、虎头蛇尾。
5. 周老师发现有个幼儿善于克制忍让，埋头苦干，注意力不易转移，缺乏激情。该幼儿的气质类型属于传统气质类型中的____________。
6. ____________是个人心理活动的稳定的动力特征。
7. ____________是幼儿期性格的典型特征，小班幼儿表现尤为突出。
8. 君君一遇到困难就退缩，这反映的是其性格结构中的____________特征。
9. 点点爱发脾气，经常大哭大闹、大喊大叫。这种心理现象反映的是其性格结构中的____________特征。

【参考答案】

1. 性格　2. 胆汁质　3. 容易型；迟缓型；困难型　4. 胆汁质；多血质；黏液质；多血质　5. 黏液质
6. 气质　7. 模仿性强　8. 意志　9. 情绪

第三节　学前儿童能力的发展

一、能力的概念

能力是指人们成功地完成某种活动所必需的个性心理特征。一般认为，能力有两种含义：其一是指已经发展出或是表现出的实际能力；其二是指可能发展的潜在能力。潜在能力只是各种实际能力展现的可能性，只有通过学习才有可能变为实际能力。潜在能力是实际能力形成的基础和条件，而实际能力则是潜在能力的展现，实际能力和潜在能力密切地联系着。

二、能力的类型

能力的类型

能力是由各种成分结合而成的复杂的心理结构，为了便于分析，一般把能力分为三大类：

1. 一般能力和特殊能力

一般能力是指大多数活动所共同需要的能力。一般能力以抽象概括能力为核心。特殊能力指某项专门活动所必需的能力，又称专门能力，它只在特殊领域内发挥作用，是完成有关活动不可缺少的能力。完成一种活动通常需要两种能力的共同参与。

2. 模仿能力和创造能力

模仿能力指仿效他人的举止行为而引起的与之相类似活动的能力。创造能力指产生新思想，发现和创造新事物的能力。模仿能力和创造能力是相互联系的。创造能力是在模仿能力的基础上发展起来的。

3. 认识能力、操作能力和社交能力

认识能力是学习、研究、理解、概括和分析的能力。操作能力是操纵、制作和运动的能力。社交能力是人们在社会交往活动中表现出来的能力。

三、学前儿童能力发展的一般趋势

1. 智力发展迅速

美国著名心理学家布卢姆曾对上千名婴幼儿进行长期的跟踪研究，他最后得出的结论是：5岁以前是儿童智力发展最迅速的时期，如果把17岁时个体所达到的智力水平定为100%的话，那么出生后的前4年他已获得了50%，到8岁时已获得了80%，从8岁到17岁之间又获得了最后的20%。

2. 特殊能力有所表现

有些人在幼儿期就已表现出某些方面的优异能力。能力的早期表现是能力发展中一个带有普遍性的现象，这种现象在音乐、绘画等领域最为常见。根据哈克和齐汉的研究，儿童音乐能力开始表现的年龄，在1～3岁年龄阶段出现人数的比例最大，其次是4～6岁阶段，10岁以后明显减少。例如，我国诗人白居易，1岁开始认字，5～6岁就会作诗，9岁已精通声韵；奥地利著名作曲家莫扎特，在3岁时已能在洋琴上弹奏简单的和弦，4岁时能弹《梅奴哀》和简单的小曲，5岁开始创作，12岁创作了大型的歌剧；德国数学家高斯，3岁时就会心算，八九岁就会解级数求和的问题等。

3. 模仿能力发展较快

儿童的模仿能力是随着延迟模仿一起发展起来的，延迟模仿大约发生在18～24个月。

4. 创造能力开始萌芽

儿童的创造能力发展较晚，到幼儿晚期才出现创造能力的萌芽，这种创造能力明显地表现在儿童的绘画作品中。

5. 认识能力发展，并出现有意性

儿童出生时只具备基本的感知能力，随着年龄的增长，各种认识能力逐渐发展，并逐步向比较高级的心理水平发展，认识活动的有意性开始发展。

6. 操作能力最早表现，并逐步发展

从1岁开始，儿童操作物体的能力逐步发展起来，开始进行各种游戏活动。同时儿童的各种动作能力也逐渐完善。

7. 社交能力逐渐显现

随着儿童言语的发展，儿童的社交能力也逐渐发展起来。儿童言语的连贯性、完整性和逻辑性的发展，为儿童的学习和交往创造了良好的条件。

8. 身体运动能力不断发展

儿童从出生开始，已具有一定的运动能力。之后随着身体的不断成长，身体运动能力不断发展。进入幼儿期，儿童的身体运动能力进一步得到发展，能掌握基本的走、跑、跳、攀、钻、爬、踢、跨等，并能灵活组合运用，动作也越来越复杂化。

9. 语言能力发展迅速

在1岁左右，儿童开始发展语言能力。在之后短短的几年时间里，儿童从不会说话到能用单个字，再到能用两个词，最终能够用简单句比较清楚地表达意思。进入幼儿期，儿童的语言表达能力进一步发展和提高，特别是言语的连贯性、完整性和逻辑性迅速发展。

四、多元智能理论 【单选】 ★★

传统的智力发展理论认为，智力是以语言能力和数理—逻辑能力为核心的、以整合方式存在的一种能力。智力具有单一的性质，通过纸笔测验就可以很容易地对个体智力水平的高低做出判断。近几十年来，西方不少心理学家在批评传统智力观的基础上，提出了人具有多种智力。其中，美国著名的心理学家加德纳提出的“多元智能理论”引起了世界范围的关注，成为世界各国20世纪90年代以来教育改革的重要理论基础和指导思想，对学前教育的理论完善和实践产生了广泛的积极影响。

考点1 多元智能理论的本质

加德纳的智力理论提出，人是具有多种智力的个体，人的多种智力都与具体的认知领域或知识范畴紧密相关且独立存在。加德纳的多元智能理论把智力看作是有待于环境和教育激发及培养的潜能，并把智力的本质看作是个体的实践能力和创造能力，而这种实践能力和创造能力是置于一定的文化环境之中的，具有明显的文化属性。

考点2 多元智能的结构 必背

加德纳最早提出的多元智能框架中主要包括七种智力，后来又增加到八种，这八种智力分别是言语—语言智力、音乐—节奏智力、逻辑—数理智力、视觉—空间智力、身体—动觉智力、自知—自省智力和交往—交流智力，以及后又增加的自然观察智力。

1. 言语—语言智力

这种智力主要是指听、说、读、写的能力，表现为个人能够顺利而高效地利用语言描述事、表达思想并与人交流的能力。这种智力在记者、编辑、作家、演讲家和政治领袖等人身上有比较突出的表现，例如，由记者转变为演说家、作家和政治领袖的丘吉尔。

2. 音乐—节奏智力

这种智力主要是指感受、辨别、记忆、改变和表达音乐的能力，表现为个人对音乐包括节奏、音调、音色和旋律的敏感以及通过作曲、演奏和歌唱等表达音乐的能力。这种智力在作曲家、指挥家、歌唱家、演奏家、乐器制造者和乐器调音师身上有比较突出的表现，例如，音乐天才莫扎特。

3. 逻辑—数理智力

这种智力主要是指运算和推理的能力，表现为对事物间类比、对比、因果和逻辑等各种关系的敏感，以及通过数理运算和逻辑推理等进行思维的能力。这种智力在侦探、律师、工程师、科学家和数学家身上有比较突出的表现，例如，相对论的提出者爱因斯坦。

4. 视觉—空间智力

这种智力主要是指感受、辨别、记忆、改变物体的空间关系并借此表达思想和情感的能力，表现为对线条、形状、结构、色彩和空间关系的敏感以及通过平面图形和立体造型将它们表现出来的能力。这种智力在画家、雕刻家、建筑师、航海家、博物学家和军事战略家的身上有比较突出的表现，例如，画家毕加索。

5. 身体—动觉智力

这种智力主要是指运用四肢和躯干的能力，表现为能够较好地控制自己的身体，或对事件能够做出恰当的身体反应以及善于利用身体语言来表达自己的思想和情感的能力。这种智力在运动员、舞蹈家、外科医生、赛车手和发明家身上有比较突出的表现，例如，篮球运动员乔丹。

6. 自知—自省智力

这种智力主要是指认识、洞察和反省自身的能力，表现为能够正确地意识和评价自身的情绪、动机、欲望、个性、意志，并在正确的自我意识和自我评价的基础上形成自尊、自律和自制的能力。这种智力在哲学家、小说家、律师等人身上有比较突出的表现，例如，哲学家柏拉图。

7. 交往—交流智力

这种智力主要是指与人相处和交往的能力，表现为觉察、体验他人情绪、情感和意图，并据此做出适宜反应的能力。这种智力在教师、律师、推销员、公关人员、谈话节目主持人、管理者和政治家等的身上有比较突出的表现。

8. 自然观察智力

这种智力主要是指对自然现象敏感，喜欢探索大自然，善于对自然现象观察、分类和鉴别，乐于种植、饲养等的能力。例如，探险家、考古工作者、农业工作人员、饲养员、登山运动员等。

记忆有妙招

多元智能结构：**语数音体美，一交两自。语**（言语—语言智力）**数**（逻辑—数理智力）**音**（音乐—节奏智力）**体**（身体—动觉智力）**美**（视觉—空间智力），**一交**（交往—交流智力）**两自**（自知—自省智力；自然观察智力）。

真题面对面

1. [2023永康，单选]在关于学前儿童智力发展的理论中，提出智力框架中包含言语—语言、音乐—节奏、逻辑—数理、视觉—空间、身体—动觉、自知—自省、交往—交流和自然观察八种智力的是（　　）

A. 加德纳的多元智能理论　　B. 卡特尔的智力形态理论

C. 皮亚杰的智力发展理论　　D. 斯滕伯格的智力三元理论

2. [2021临海，单选]微微妈妈发现微微具有优势智能，认为她会成为舞蹈演员，于是重点培养孩子。说明微微具有（　　）智能。

A. 语言　　B. 视觉—空间　　C. 音乐　　D. 身体—动觉

答案：1. A　2. D

考点3 多元智能理论的基本观点

1. 每位个体同时拥有相对独立的八种智力

加德纳认为，每位个体都同时拥有八种相对独立的智力，但大部分的人都只能在2到3种智能方面表现出较为优越的智力。例如，爱因斯坦是数学与自然科学方面的天才，然而他在音乐、肢体运作与人际方面却没有同样天才的表现。

2. 每位个体的智力都呈现出独特的表现方式

根据加德纳的多元智能理论，作为个体，我们每个人身上的八种智力都是错综复杂地、有机地以不同方式、不同程度组合在一起的。正因为如此，每个人的智力都呈现出独特的表现方式，并各具特点。

3. 智力发展的核心是提高个体解决实际问题的能力

在加德纳看来，语言能力和抽象逻辑思维能力并不能成为衡量智力水平高低的标准，而应该以解决现实生活中实际问题的能力，或生产及创造出社会需要产品的能力作为衡量的标准。智力发展的核心，就是通过多种形式的教育活动，一方面提高个体解决实际问题的能力，另一方面提高个体生产及创造产品的能力。

4. 环境与教育会影响和制约个体智力的发展方向和程度

尽管每位个体身上同时拥有八种智力，但个体智力的发展却受到社会环境、自然环境和教育条件的极大影响和制约。由此使得每位个体智力发展的方向和程度，因环境和教育条件的差异而表现出明显的区别。然而，需要注意的是，个体所拥有的不同智能只有优势之别，而无优劣之分，也就是说，我们很难判断莫扎特与爱因斯坦谁更聪明，我们只能说他们各自在哪个方面聪明，以及他们各自怎样聪明。

5. 重视从多维度看待个体的智力问题

根据加德纳的多元智能理论，因为每个人的智力都有独特的表现方式，每种智力又有多种表现方式，因此，我们很难找到一个适用于任何人的统一的评价标准来评价一个人的聪明与否、成功与否。我们也不能说八种智力中哪种重要、哪种不重要，我们只能说八种智力在个体的智力结构中都占有重要的位置，只不过由于组合方式的不同而使它们在每位个体身上呈现出独特的表现形式。我们应该改变单一以语言能力和数理—逻辑能力为核心评价个体智力水平的传统观念，多维度地看待个体的智力发展问题。

考点4 加德纳的多元智能理论对学前教育的启示

加德纳的多元智能理论的应用领域是广泛的，但在教育领域的应用尤为引人注目。这个理论给学前教育带来的启示有以下三个方面：

1. 树立多元评价标准，智能面前人人平等

每个儿童都有独特的智能倾向和结构，只要以他的智能为标准去评价他，我们就会发现每个儿童都是美丽的，都是可以培养的。在实际教学中要平等地对待每一种智能，每个儿童都有可能受到尊重。“多彩光谱项目”就是运用多元智能理论对学前儿童智能进行测试的一种新方法。

2. 创设多元活动场景，让每个儿童享受生活的乐趣

学前教育以活动为主，让每个儿童感受到活动的愉悦，是尊重儿童的表现。从多元智能理论出发，创设符合儿童个性的多元的活动场景，使儿童在和谐、快乐的环境中度过每一天。教师应依据儿童的智能特征，构建符合其智能发展的学习活动，使儿童从小就享受到学习带来的快乐，体验生命的魅力。

3. 采用多元教学方法，发展每个儿童的智能

多元教学法使尊重儿童个性、体现多元智能得以实现。由于每个儿童的智能潜力是不同的，而且是不断丰富发展的，所以教师应分别对待，不仅对全班儿童而且对每一个儿童都应采用多元的教学方法。

五、学前儿童能力的培养

父母和教师应该关心学前儿童能力的发展，积极培养学前儿童的能力。我们认为，学前儿童的能力是在参加实践活动和成人的积极培养中得到发展的，关于学前儿童能力的培养应注意下列各点。

1. 正确了解学前儿童能力发展水平

要培养学前儿童能力，先要正确了解学前儿童能力发展的实际水平。在日常生活中，成人和学前儿童长期接触，通过日常观察，可以粗略地评定一个学前儿童能力发展的特点和水平。*例如，看出某个学前儿童有音乐才能，某个学前儿童聪明或愚鲁。*但这种评定不精确，而且容易受评定者主观因素影响，不能客观反映学前儿童能力发展的实际水平。

2. 组织学前儿童参加各种活动

学前儿童的能力是在需要该种能力的实践活动中形成和发展的。学前儿童的实践活动是学前儿童能力发展的基础。成人要根据学前儿童所必须具备的能力，为他们组织适宜的活动，并鼓励和指导他们积极参加。*例如，为了发展学前儿童的创造力，就要为学前儿童安排各种创造活动，如绘画、音乐、计算、主题游戏、戏剧表演、搭积木等，鼓励他们积极参加，自由创作，独立思索，使创造力得到锻炼和发展。*

3. 指导学前儿童掌握有关的知识技能

能力和知识技能之间有着密切联系，掌握了与能力有关的知识技能，有助于相应能力的发展。*例如，指导学前儿童掌握丰富的词汇和正确的发音技能，可以促进学前儿童言语表达能力的发展。*

4. 培养兴趣

能力和兴趣有着密切联系，学前儿童如果对某项活动具有浓厚兴趣，便会积极持久地参加该项活动，并逐渐获得有关知识技能，改进活动的方法等。这样，能力也就得到了发展。

5. 教育好能力异常的学前儿童

对于有特殊才能的学前儿童应创造条件，给予特殊的专业培养。对于智力超常儿童可以采取加快教学进度，增加教学内容等方式使他们的智力充分发展，求知欲得到满足。儿童智力落后的原因是多方面的，对于智力落后的儿童要一视同仁，耐心教育，而且要更多关怀，*如可以减少活动的内容，放慢教学进度，降低学习难度，帮助其解决困难。*更要经常鼓励，使他们改变沮丧、失望和压抑的心情，逐步形成自信、积极和愉快的心理。

★★ 考点大默写 ★★

1. 一般能力以____________为核心。
2. 提出多元智能理论的是美国心理学家____________。
3. 加德纳提出，人是具有多种智力的个体。中班的微微从小就喜欢跳舞，微微妈妈认为她会成为舞蹈演员，于是妈妈重点培养她跳舞。据此可以推断微微具有____________智力。

4. ____________是指仿效他人的举止行为而引起的与之相类似活动的能力。

5. 儿童各种主要能力中，最早表现的是____________。

6. 美国著名心理学家布卢姆曾对上千名婴幼儿进行长期的跟踪研究，他最后得出的结论是：____________岁以前是儿童智力发展最迅速的时期。

7. 美国著名心理学家布卢姆指出，如果把17岁时个体所达到的智力水平定为100%的话，那么出生后的前4年他已获得了____________。

【参考答案】

1. 抽象概括能力　2. 加德纳　3. 身体—动觉　4. 模仿能力　5. 操作能力　6. 5　7. 50%

第四节　学前儿童自我意识的发展

一、自我意识的概念

自我也称**自我意识**，是对自己存在的察觉，即自己认识自己的一切，包括认识自己的生理状况（如身高、体重、形态等）、心理特征（如兴趣爱好、能力、性格、气质等）以及自己与他人的关系（如自己与周围人们相处的关系、自己在集体中的位置与作用等）。总之，自我意识是人对自己身心状态及对自己与客观世界的关系的意识。自我意识是人类特有的反映形式，是人的心理区别于动物心理的一大特征。

二、自我意识的特征

自我意识有两个基本特征，即“分离感”和“稳定的同一感”。“分离感”，即一个人意识到自己为一个独立的个体，是和他人不同的。“稳定的同一感”，即知道不管自己怎样变化，都是同一个人。分离感是自我意识发展的初级阶段，形成稳定的同一感才是自我意识发展的最终目的。而这种稳定的同一感的形成要到青年期才能真正完成。

三、自我意识的结构 【单选】 ★★

自我意识包括自我认识、自我体验和自我调节。

1. 自我认识

自我认识是自我意识的认知成分。它是自我意识的**主要成分**，也是自我调节控制的**心理基础**。自我认识包括自我感觉、自我概念、自我观察、自我分析和自我评价。自我概念就是个体对自己的知觉，它是指自我系统中的认知方面或描述性内容，所表达的是人们关于自己身心特点的主观知识，所回答的是“我是谁”的问题。学前儿童自我认识的对象包括自己的身体，自己的动作和行动，自己的内心活动。自我评价是对自己能力、品德、行为等方面社会价值的评估，它最能代表一个人自我认识的水平。

2. 自我体验

自我体验是自我意识在情感方面的表现。自尊心、自信心是自我体验的主体内容，自尊心是指个体在社会交往中通过比较所获得的有关自我价值的积极的评价与体验。自信心是对自己的能力是否适合所承担的任务而产生的自我体验。自信心与自尊心都是和自我评价紧密联系的。

真题面对面

[2017统考,单选]自尊心、自信心、羞愧感反映了幼儿自我意识结构中(　　)的内容。

A. 自我认识　　B. 自我体验　　C. 自我评价　　D. 自我控制

答案:B

3. 自我调节

自我调节是自我意识的意志成分。自我调节主要表现为个人对自己的行为、活动和态度的调控。它包括自我检查、自我监督、自我控制等。自我检查是主体在头脑中将自己的活动结果与活动目的加以比较、对照的过程。自我监督是一个人以其良心或内在的行为准则对自己的言行实行监督的过程。自我控制是主体对自身心理与行为的主动的掌握。自我调节是自我意识中直接作用于个体的环节,它是一种自我教育、自我发展的重要机制。自我调节的实现是自我意识的能动性质的表现。

四、学前儿童自我意识产生和发展的阶段

1. 自我感觉的发展(1岁前)

1岁前儿童不能把自己作为一个主体同周围的客体区别开,甚至不知道手脚是自己身体的一部分,因而常常可以看到七八个月的孩子咬自己的手指、脚趾,有时会把自己咬疼而哭叫起来。逐渐地,儿童知道了手脚是自己身体的一部分,这就是自我意识的最初级形式,即自我感觉阶段。

2. 自我认识的发展(1~2岁)

孩子认识到自己是一个独立的人的前提是要和妈妈分离。这个过程从儿童发展中的一个有趣的现象,即"母子同一性"可以看出。孩子很小的时候觉得自己和妈妈是同一个人,之后逐渐知道妈妈和自己是两个人,自己是一个独立的个体,才开口叫妈妈。孩子会叫"妈妈",说明孩子已经开始把自己作为一个独立的个体来看待了。

3. 自我意识的萌芽(2~3岁)

自我意识的真正出现是和儿童言语的发展相联系的。在掌握了有关的词后,孩子逐渐学会像其他人那样叫自己的名字。这时儿童只是把名字理解为自己的信号,遇到别人也叫相同的名字时就会感到困惑。

自我意识

儿童在2~3岁的时候,掌握代名词"我",是儿童自我意识萌芽的最重要标志。这个年龄的孩子经常说"我的",开始不让别人动自己的东西。经过一段时间以后,孩子逐渐会较准确地使用"我"这个词来表达自己的愿望。这时可以说儿童的自我意识产生了。

4. 自我意识各方面的发展(3岁以后)

2~3岁时,在孩子知道自己是一个独立的个体的基础上,逐渐开始了对自己的评价,如评价自己好不好、乖不乖等。但这种评价是非常简单的。进入幼儿期后,孩子的自我评价逐渐发展起来,同时,自我体验、自我控制也开始发展。

知识再拔高

阿姆斯特丹的点红实验

1. 实验目的

研究婴儿的自我意识水平。

2. 实验过程

阿姆斯特丹借用动物学家盖勒帕在黑猩猩研究中使用的点红测验(测定黑猩猩是否知觉“自我”这个客体),使有关婴儿自我觉知的研究取得了突破性进展。实验的被试是88名3~24个月的儿童。实验开始,在儿童毫无察觉的情况下,主试在其鼻子上涂一个无刺激红点,然后观察婴儿照镜子时的反应。研究者假设,如果婴儿在镜子里能立即发现自己鼻子上的红点,并用手去摸它或试图抹掉,表明婴儿已能区分自己的形象和加在自己形象上的东西,这种行为可作为自我认识出现的标志。

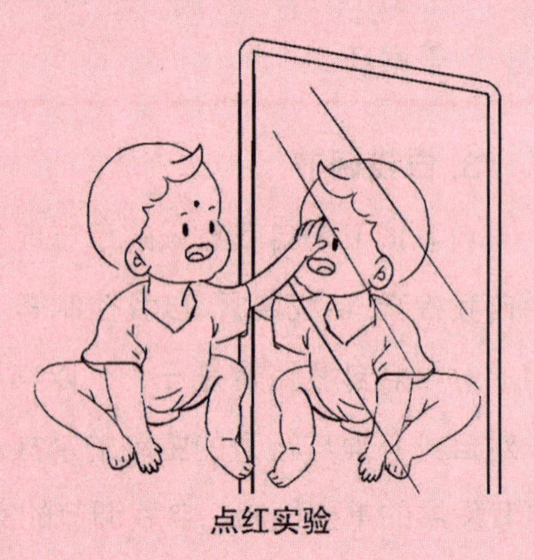
点红实验

五、幼儿自我意识发展的特点

幼儿期自我意识的发展主要表现在自我评价、自我体验、自我控制的发展上。

考点1　幼儿自我评价发展的特点　【简答】　必背　★★★

自我评价是自我意识的核心,自我评价能力的发展是自我意识发展的重要标志。幼儿自我意识的发展主要表现为自我评价的发展。整个幼儿期,幼儿对自己的评价能力不高,仍处于学习评价和前自我评价的阶段。这是因为自我评价能力的发展与其认识、情感的发展水平密切相关。幼儿自我评价的发展有下列特点:

1. 从依从性的评价发展到自己独立性的评价

幼儿初期对自己或别人的评价带有依从性,往往都是对成人评价简单的复述。例如,要幼儿评价他是不是好孩子时,他会说:“妈妈说我是好孩子。”“老师说我乖。”这种自我评价还不是真正的自我评价,只能算作“前自我评价”。从发生过程讲,自我评价开始是接受别人对自己的评价,而以后是把自己和别人相比较这一过程不断内化的结果。此外,幼儿晚期开始出现独立性评价。特别表现在当成人的评价与幼儿自我评价不一致时,幼儿会提出申辩,表示反感和不信任。

2. 从对个别方面的评价发展到对多方面的评价

4岁的幼儿可以进行自我评价,但主要是个别方面或局部的自我评价。6岁的幼儿则不仅能从个别方面进行自我评价,而且已能从几方面进行自我评价,表现出自我评价的多向性。

3. 先有对自己外部行为的评价,逐渐出现对内心品质的评价

幼儿基本上是对自己的外部行为进行自我评价,而不能深入到对自己内心品质进行自我评价。例如,前面所讲幼儿在回答自己是好孩子的理由时,一般都倾向于外部行为作答。只有到幼儿晚期,极少数孩子在自我评价中,涉及内心品质,但是这种自我评价仍属于过渡状态。严格地说,这不是真正地对自己内心品质的自我评价,只是从对自己外部行为评价向对自己内心品质评价的转化倾向。

4. 从主观情绪性的评价到初步客观的评价

幼儿的自我评价常常不从具体事实出发，而是从情绪出发，带有主观片面性。例如，幼儿对美工作品作比较评价时，当幼儿知道是老师的作品时，即便作品的质量比自己的差，幼儿总是评价老师的作品好。幼儿对自己的作品和小朋友的作品作比较时，总是评价自己的作品好。在一般情况下，幼儿总倾向于过高评价自己。

5. 从只有评价没有依据发展到有依据的评价

幼儿初期常常做了评价后说不出依据，幼儿中期逐渐意识到评价应该有依据，并逐渐能给出比较明确、清晰的依据。

真题面对面

[2017统考，简答]简述幼儿自我评价的发展特点。

答案：详见内文

考点2 幼儿自我体验发展的特点 【简答】 ★★★

1. 从初步的内心体验发展到较强烈的内心体验

3岁左右的孩子基本上不会用语言来表达自己的内心体验。到了4岁以后，孩子会用语言来表达自己内心的感受，如"我不高兴""我生气"，而到了五六岁，孩子则会用一些修饰词，如"很""太"等，来表达自己内心较强烈的体验。

2. 从受暗示性的体验发展到独立的体验

在幼儿自我体验的产生中，成人的暗示起着重要的作用，年龄越小，表现越明显。如问幼儿，如果你做捂眼睛贴鼻子的游戏时，你私自拉下毛巾，被老师发现，你会觉得怎样？3岁的孩子只有3.33%的人有自我体验。在暗示下(你做了错事，觉得难为情吗？)有26.67%的人有自我体验。而随着年龄的增长，孩子自我体验的受暗示性会逐渐降低。

真题面对面

[2020丽水，简答]简述学前儿童自我体验的发展特点。

答案：详见内文

考点3 幼儿自我控制能力发展的特点

幼儿自我控制能力的发展和其品质的发展水平密切相关。3～4岁的幼儿坚持性和自制力都很差，到了5～6岁，幼儿才有一定的坚持性和自制力。因此，总的来说，幼儿的自我控制能力还是较弱的。

幼儿自我控制发展的趋势如下：

1. 从主要受他人控制发展到自己控制

2岁的孩子，其自我控制的水平是很低的。当遇到外界诱惑时，主要受成人的控制，而一旦成人离开，则很难自己控制自己，很快就会违反行为的规则。随着年龄的增长，在教育的影响下，幼儿自我控制的能力逐渐增强。

2. 从不会自我控制发展到使用控制策略

控制策略是影响幼儿控制能力的一个重要因素，对于年龄小的孩子来说，他们还不会使用有效的控制策略。美国斯坦福大学心理学教授沃尔特·米歇尔用“延迟满足”的实验来研究幼儿的自我控制。实验者发给被试儿童每人一颗好吃的软糖，同时告诉孩子们如果马上吃，只能吃一颗，如果等15分钟后再吃，就能吃两颗。实验表明，三分之二的孩子不能坚持到15分钟。随着幼儿年龄的增长，他们逐渐学会使用简单的控制策略进行自我控制，如有少数幼儿能运用“小声地唱歌”“眼睛看天花板”等许多分心的策略而坚持等到15分钟。

3. 幼儿自我控制的发展受父母控制特征的影响

有研究表明，父母要求少或要求低的幼儿有高攻击性的特征；严厉控制下的幼儿有情绪压抑、盲目顺从等过度自我控制的倾向，在幼儿后期自我控制的发展中有一定的稳定性。

六、儿童自我意识发展的一般趋势 【单选】 ★

随着儿童年龄的增长，儿童的自我会不断地发展变化，主要呈现以下发展趋势：

(1)自我认识的发展是从反映外部的、可直接观察到的、具体的自我特点到反映内部的、不能直接观察的、抽象的自我特点，如幼儿最初的自我认识是生理的自我，然后才逐渐认识行为自我、社会自我。

(2)幼儿自我意识的结构从简单的结构发展到分化的、多重的结构，并逐渐出现层次性，最后形成复杂的、整合的自我结构系统。

(3)幼儿的自我评价一方面从以他人评价为标准发展到独立的自我评价，另一方面不断脱离自我中心，自我评价的客观化程度逐渐提高。

(4)从自我控制能力来看，社会适应性越来越高，区分外部自我和内部自我的能力逐渐增强，自我控制的能力也越来越强，能根据外在的情景状况适时调整自己的行为。

真题面对面

[2019统考，单选]幼儿自我认识的内容中，最先认识到的是(　　)

A. 行为自我　　B. 社会自我　　C. 生理自我　　D. 心理自我

答案：C

七、幼儿自我意识的培养

1. 在日常生活中培养幼儿的自我意识

幼儿园的日常生活包括盥洗、进餐、喝水、午睡等环节，这些看起来很琐碎的事情，却在幼儿的一日生活中占有相当多的时间，所以我们应抓住日常生活中的每一个契机，培养幼儿正确的自我意识。

(1)培养幼儿自我服务能力和简单的劳动技能，增强其自信心

在日常生活中经常开展一些竞赛活动，锻炼幼儿的生活能力。如开展看谁衣服穿得快、被子叠得好等比赛游戏，使孩子们在轻松愉快的气氛中提高自理能力。成人应教会幼儿一些简单的劳动技能，如扫地、拖地、擦桌椅、整理床铺等，尽可能多地安排缺乏自信心的孩子做值日生。每当这些孩子有点滴的进步，都及时给予肯定。孩子在获得成功体验后，逐渐能够正确认识自我，增强自信。

(2)创设良好的精神环境，帮助幼儿认识自己、了解自己

幼儿需要在互相平等、尊重、信任的环境中生活，成人要给幼儿营造轻松、和谐的氛围。对于那些自信

心差、胆小畏缩、缺乏上进心的孩子，老师要给予他们多一些爱护和关心，用亲切的微笑、和蔼的语言来打动他们，让他们从老师的每一个眼神、每一个动作和每一句话中都感受到老师对他们的喜爱。如早晨来园，微笑着向孩子问好；离园时帮他们整理整理衣装；交谈时摸他们的头等，都可以让幼儿感受到老师的喜欢。

2. 在各种活动中正确引导幼儿的自我意识

人的能力是在活动中展现的，每个儿童都有自己的潜能和特长，儿童只有通过活动，才能客观地认识、评价自己的能力。幼儿在参与活动的过程中，必须放弃“自我中心”，站在别人角度思考问题，关心、理解他人的心情；必须学会自我控制，克服任性、暴躁等缺点，重新认识自己，调整自己的言行。因此在活动中应鼓励幼儿大胆尝试，积极参与活动的组织和设计。如让幼儿讨论游戏的玩法、材料的选择、角色的分工等，在尝试中取得成功，这样幼儿既获取了一定的经验，又从亲身体验中逐步认识自我、肯定自我。

3. 教师评价幼儿要把握分寸

幼儿处于自我意识形成的初期，由于他们知识经验少，认识水平低，他们的自我评价是根据成人的态度形成的，是以成人对他的评价为标准的，所以教师对幼儿的评价要有分寸，必须客观、公正，不可褒扬过高，也不可随意贬损，要注意自己的评价对幼儿的影响，以免幼儿产生自满、自卑心理。

4. 教师应为幼儿提供自我评价的机会

自我评价是自我意识的一种形式，自我评价的发展对幼儿良好个性的形成、心理的健康发展，以及良好人际关系的建立，都具有十分重要的意义。因此，在日常活动中为幼儿提供自我评价的机会，有助于幼儿正确地认识自己。如在游戏、绘画或做完操之后，可以问幼儿“你玩得怎么样？”“你画的画好吗？”“你今天做操表现怎么样？”等等，以后，可以进一步提问：“你的画哪儿画得好，哪儿不好，怎样改就好了？”“你在活动区的游戏中玩得好吗？为什么？”逐渐引导幼儿从笼统简单的评价向具体细致的评价发展。经过多次反复练习，幼儿自我评价的能力就会逐渐提高，自我意识也会不断加强。

5. 家园配合，指导家长实施正确的教育

家庭教育是幼儿教育的重要组成部分，家长的言谈举止有意无意地、潜移默化地影响着幼儿。幼儿园教师要经常和家长交流情况，通过书面联系、面谈、请家长观摩幼儿的活动、召开家长会、举办专题讲座等形式，帮助家长全面了解自己的孩子，指导家长实施正确的教育，不要将自己的孩子与别人的孩子横向比较。通过家园配合使幼儿在家中也能接受比较正确的教育，得到恰当的评价。

★★ 考点大默写 ★★

1. 儿童自我意识萌芽的最重要标志是__________。
2. 学前儿童自我意识萌芽的时间在__________岁。
3. __________是自我意识的核心，其发展是自我意识发展的重要标志。
4. 幼儿初期的孩子还未形成独立的自我评价，他们常常依赖成人的评价，这种评价是__________。
5. 米歇尔用延迟满足实验来研究幼儿的__________。

【参考答案】

1. 掌握代名词“我”　2. 2～3　3. 自我评价　4. 依从性评价　5. 自我控制

第五节　学前儿童道德的发展

一、皮亚杰的道德发展理论

皮亚杰对儿童道德判断进行了研究，他采用了开放式的临床访谈，运用成对的故事，在故事中，人物的行为意图与行为后果是冲突的，看幼儿如何判断好坏，以了解儿童的道德判断。下面是皮亚杰采用的对偶故事之一：

A. 一个叫约翰的小男孩在他的房间里，家里人叫他去吃饭，他走进餐厅，但门背后有一把椅子，椅子上有一个放着15个杯子的托盘，约翰并不知道门背后有这些东西，他推门进去，门撞倒了托盘，结果15个杯子都撞碎了。

B. 有一个叫亨利的小男孩。一天，他母亲外出了，他想从碗橱里拿出一些果酱，他爬到一把椅子上，并伸手去拿，由于放果酱的地方太高，他的手够不着，在试图取果酱时，他碰倒了一个杯子，结果杯子掉下来打碎了。

当被试听懂故事后，皮亚杰问被试两个问题：(1)这两个男孩的过错是否相同？(2)这两个孩子中，谁的过错更大？为什么？

从儿童的反应中，皮亚杰认为儿童的道德发展是一个从低级到高级、从他律到自律逐渐发展的、有阶段的连续过程，每一个阶段儿童又形成了一个相对一致的做出道德决定的模式。

1. 前道德阶段(自我中心阶段)(2～5岁)

此时儿童尚没有道德的概念，儿童还不能把自己与外界区分开来，将自己与外界混为一谈，规则对儿童来说不具有约束力，儿童不能把规则当成一种义务去遵守。皮亚杰把这一阶段称作道德的自我中心主义。

2. 他律道德阶段(权威阶段或道德实在论阶段)(6～8岁)

“他律”是指按照外在的他人的标准判断事物的好坏。他律道德，也称强制道德、道德现实主义，是指早期儿童的道德判断只注意行为的客观后果，不关心行为者的主观动机，是受自身以外的价值标准所支配的道德判断，具有客体性。在约翰和亨利的故事中，他们认为约翰更淘气，因为他打坏了更多的杯子，尽管他的动机是相反的。

服从权威、遵守规则是这一阶段的主要特征。儿童会服从父母、老师等权威者，且认为权威者制定的规则是固定的，不可改变的，必须绝对地服从与遵守。谁破坏了规则谁就要受到惩罚。皮亚杰把儿童绝对服从规则的倾向称为道德实在论。他认为，成人的约束和滥用权力对儿童的道德发展极其有害。

3. 自律道德阶段(可逆性阶段或合作道德阶段)(9～10岁)

自律道德，是指儿童根据自己的主观价值标准所支配的道德判断，具有主体性。这一阶段的儿童既不简单地服从权威，也不机械地遵守规则，他们已不把准则看成是不可改变的，而把它看作是同伴间共同约定的，并且一般都形成了这样的概念：“如果所有的人都同意的话，规则是可以改变的。”儿童意识到同伴间的社会关系是应当相互尊重的。准则对他们来说已具有一种保证他们相互行动、互惠的可逆特征。同伴间的可逆关系的出现，标志着道德由他律阶段开始进入自律阶段。

4. 公正阶段(11～12岁)

这一阶段的公正观念是从可逆的道德认知中脱胎而来的。儿童开始倾向于主持公正、公平等。公正的奖惩不能是千篇一律的，应根据个人的具体情况进行。也就是说，儿童不再刻板地按固定的规则去判断，在依据规则判断时应该考虑到同伴的一些具体情况，从关心和同情出发去进行判断。

二、科尔伯格的道德发展理论 【单选】 ★★

科尔伯格是皮亚杰道德认知发展理论的追随者，同时，他又在皮亚杰的"对偶故事"的基础上进行改良，进一步修改、提炼和扩充，提出了自己的一套关于儿童道德发展阶段的理论。

他采用道德两难故事，让儿童在两难推理中做出选择并说明理由，其中最著名的是"海因兹偷药"的故事：在欧洲，一个妇女得了癌症快要死了，医生认为有一种药可以救她。同城的一个药商有这种药，但是这个药商要索取高于药本身十倍的价钱来卖它。得病妇女的丈夫海因兹尽全力去借钱，但是他仅仅凑够了药费的一半。药商拒绝便宜一些卖这种药，并且让海因兹凑够钱以后再来买，海因兹很绝望，为了救妻子的命，他闯进这个人的药店把药偷了出来，结果被警察逮捕。故事讲完之后问儿童海因兹应该那样做吗？为什么？

依据儿童对道德两难故事的选择推理，科尔伯格把儿童道德的发展划分为三种主要水平，包括了六个阶段。分别是：前习俗水平（阶段1和阶段2）、习俗水平（阶段3和阶段4）、后习俗水平（阶段5和阶段6）。

1. 前习俗水平

前习俗水平出现在学前期至小学低、中年级。该时期的特征是：儿童的道德观念是纯外在的，儿童为了免受惩罚或获得奖励而顺从权威人物规定的行为准则，根据行为的直接后果和自身的利害关系判断好坏是非。此水平又分为以下两个阶段：

阶段1：服从与惩罚的道德定向阶段

这一阶段儿童的道德价值来自对外力的屈从或对惩罚的逃避。他们衡量是非的标准是由成年人来决定的，对成人或准则采取服从的态度，缺乏是非善恶的观念。他们会认为，海因兹不能去偷药，因为如果被人抓住的话会坐牢的。

阶段2：相对功利的道德定向阶段

这一阶段儿童的道德价值来自对自己要求的满足，偶尔也来自对他人需要的满足。在进行道德评价时，他们开始从不同角度将行为与需要联系起来，但具有较强的自我中心性，认为符合自己需要的行为就是正确的。他们会认为，海因兹应该去偷药，谁让那个药商那么坏，便宜一点就不行吗。

2. 习俗水平

习俗水平是在小学中年级出现的，一直到青年、成年。这一阶段的特征是：个体着眼于社会的希望和要求，能够从社会成员的角度去思考道德问题；开始意识到人的行为必须符合群体或社会的准则；能够了解、认识社会行为规范，并遵守、执行这些规范。此水平又分为以下两个阶段：

阶段3：好孩子的道德定向阶段

这一阶段儿童的价值是以人际关系的和谐为导向，顺从传统的要求，符合大众的意见，谋求大家的称赞。在进行道德评价时，总是考虑到社会对一个"好孩子"的期望和要求，并总是按照这种要求去展开思维。他们会认为，海因兹应该去偷药，因为做一个好丈夫就应该照顾好自己的妻子。如果他不这样做，结果妻子死了，别人都会骂他见死不救，没有良心。

阶段4：维护权威或秩序的道德定向阶段

这一阶段个体的道德价值是以服从权威为导向，包括服从社会规范，遵守公共秩序，尊重法律的权威，以法制观念判断是非、知法守法。儿童会认为,海因兹不应该去偷药,因为如果人人都违法去偷东西的话,社会就会变得很混乱。

3. 后习俗水平

大约自青年末期接近人格成熟时开始。该时期的特点是:个体不只是自觉遵守某些行为规则,还认识到法律的人为性,并在考虑全人类的正义和个人尊严的基础上形成某些超越法律的普遍原则。此水平又分为以下两个阶段:

阶段5:社会契约的道德定向阶段

这一阶段仍以法制观念为导向,有强烈的责任心和义务感,但不再把社会规则和法律看成是死板的、一成不变的条文,而认识到了它们的人为性和灵活性,他们尊重法制但不拘泥于法律条文,认为法律是人制定的,不合时宜的条文可以修改。也就是说,他们认识到法律或习俗的道德规范仅仅是一种社会契约,它由大家商定,可以改变,而不是固定僵死的。他们会认为,海因兹应该去偷药,因为一个人生命的价值远远大于药商对个人财产的所有权。

阶段6:普遍原则的道德定向阶段

这一阶段个体以价值观念为导向,有自己的人生哲学,对是非善恶的判断有独立的价值标准,思想超越了现实道德规范的约束,行为完全自律。由于认识到了社会秩序的重要性与维持这种共同秩序所带来的弊病,看到了社会准则与法律的界限性,所以在进行道德评价时,能超越以前的社会契约所规定的责任,而且是以正义、公平、平等、尊严等这些最高的原则为标准进行思考,以普遍的标准来判断人们的行为。他们认为,海因兹应该去偷药,因为和种种可考虑的事情相比,没有什么比人类的生命更有价值。

考生易混淆科尔伯格的不同道德发展阶段的特点,做题时应抓住关键词:前习俗水平强调逃避惩罚和利己;习俗水平强调“好孩子”和“好公民”;后习俗水平强调法治和伦理。

真题面对面

[2018统考,单选]提出儿童道德发展三个水平六个阶段理论的心理学家是( )

A. 皮亚杰　　B. 杜威　　C. 科尔伯格　　D. 蒙台梭利

答案:C

三、与道德有关的情感发展

道德情感是人的道德需要是否得到满足所引起的一种内心体验,它反映、伴随并影响着人的道德认知和道德行为。与道德有关的情感包括共情、羞愧感与内疚感等。

考点1　共情

一般认为,共情是对他人状态的一种替代性情感反应和体验,即由他人的情绪情感引起的与之一致的情绪和情感反应,是一种重要的社会性情感。共情与亲社会行为和攻击性行为有着密切的联系。研究者一致认为共情是维系积极的社会关系的重要社会动机因素,它作为帮助、抚慰、合作与分享等行为的动机基础,能激发、促进亲社会行为的发展,而且对攻击性行为的产生有一定的抑制作用。霍夫曼等人经过研究,把人的共情能力大致分为以下四个阶段:

1. 普遍性共情

在婴儿出生后的第一年，他的共情是被动的、不随意的。来自母亲或其他人的痛苦或快乐线索，会使他(她)感到不适、惊恐或高兴、微笑。也有学者把这种现象称为“情绪传染”。这些反应类似于先天性的。

2. 自我中心共情

在出生后的第二年，儿童渐渐意识到自己是独立的个体，他们对他人痛苦的反应发生改变。儿童面对痛苦的人时，他们能够明白是别人而不是他们自己感到痛苦。这种认识使儿童能够将注意力由对自身的关心转到对别人的安慰上。但是儿童的共情是以自我为参照系的，其并不能理解别人内在的想法，也不能用恰当的方式去安慰关心别人。

3. 对他人感情的共情

在2～3岁，儿童逐渐意识到他人是独立于自己而存在，并且具有与自己不同的情感、需要、思维等内部状态的实体，开始运用关于他人和周围世界的信息来推测、判断具体的、直接的情境，从他人在此情境下产生的相应情绪表现来理解和体验他人的情绪情感，根据情境的要求，表现出对他人更为有效的共情性行为。

4. 对他人的生活情境产生共情

童年期或青春初期的儿童，角色获取的能力日益提高，能准确地评估他人的情绪状态及其起因，共情不再拘泥于具体的、直接的情境，而是扩展到更抽象、概括的情境。

总体而言，婴幼儿时期共情并不是很普遍，但儿童的共情能力也不是随着年龄的增长而自然发展的，需要教育者采用具有针对性的方式进行引导。

考点 2　羞愧感

羞愧感是个人知觉到自己在一定情境中的行动与这种情境要求的合理的、道德的或公认的行动标准相背离时产生的情感体验。它是道德良知发展的基础。

儿童只有形成了个人自尊感受，理解自己的各种品质，弄清了什么是对与错，才能从道德角度对自己进行评价，并为自己不当的行为感到羞愧，因此，儿童的羞愧感与道德认知有着密切的联系。苏联的研究者通过实验研究表明，学前儿童的羞愧感有以下一些特点：

(1)3岁儿童已出现萌芽状态的羞愧感，这种羞愧感还没有与恐惧感完全分离，常常与难为情、胆怯交织在一起，并不是由于儿童自身认识到自己的过失而产生，而是由于成人对其行为的态度而产生，其表现方式也是比较外露的。

(2)4～5岁儿童已不需要成人的刺激，能自己认识到行为不对而感到羞愧，恐惧感已与羞愧感分开。小班和中班儿童只在成人面前才感到羞愧，大班儿童在同伴面前也会感到羞愧，表明集体舆论开始发挥作用。

随着年龄的增长，儿童羞愧感的范围不断扩大，但外部表现在减少，对其体验在加深。儿童还会逐渐记住产生这种情感的条件，以后再遇到类似的情境，便会努力克制可能使他再做错事的行为和动机，将成人对他们的要求逐渐变为自己的要求。

考点 3　内疚感

内疚感是个体对自己的过错或过失的感知。个体的行为违反了内部道德准则时，就产生了悔恨自责的内疚情感。

研究者通过研究发现内疚感在个体身上的发展经历了一个从模糊到深刻的过程。基本的内疚感可能很早就出现了，因为婴儿不能分清自己和他人，当看到他人处于困境时，不能肯定其起因，可能模糊地归因于自己，从而产生类似于内疚感的反应。随后的发展中，儿童能较好地区分自我与他人，并能更好地做出归因。当他理解他人的观点并将自己的行为看作他人困境的原因时，就产生内疚。随着儿童抽象思维的发展和群体共情范围的扩大，儿童可能超越现实情境，将自己的某个行动看作他人痛苦的原因，内疚感的来源也更为复杂。

事实上，学前儿童道德感的发展并不是某个方面的线性发展，而是在多种维度之间交织发展的。它与道德认知、道德行为相互影响，协同发展。

考点大默写

1. 科尔伯格用__________故事，研究道德发展问题。
2. 游戏时，小华不再把游戏规则看成是不可改变的，而把它看作是伙伴共同约定的，只要大家觉得游戏规则不合理就可以改。依据皮亚杰的道德认知发展阶段理论，小华的道德认知发展处于__________阶段。
3. 依据皮亚杰的道德认知发展阶段理论，道德发展的第四个阶段为__________。
4. 小美早上上学迟到了十分钟，因为她在上学路上捡到了一个钱包，为了交给警察而耽误了上学的时间。而甜甜认为小美迟到了就应当受到惩罚。根据皮亚杰的道德认知发展阶段理论，甜甜处于__________阶段。
5. 科尔伯格把个体的道德发展分为三个水平，分别是前习俗水平、__________、__________。
6. 根据科尔伯格的道德发展论，大多数9岁以下的儿童的道德认识处于__________水平。

【参考答案】

1. 道德两难　2. 自律道德　3. 公正阶段　4. 他律道德　5. 习俗水平；后习俗水平　6. 前习俗

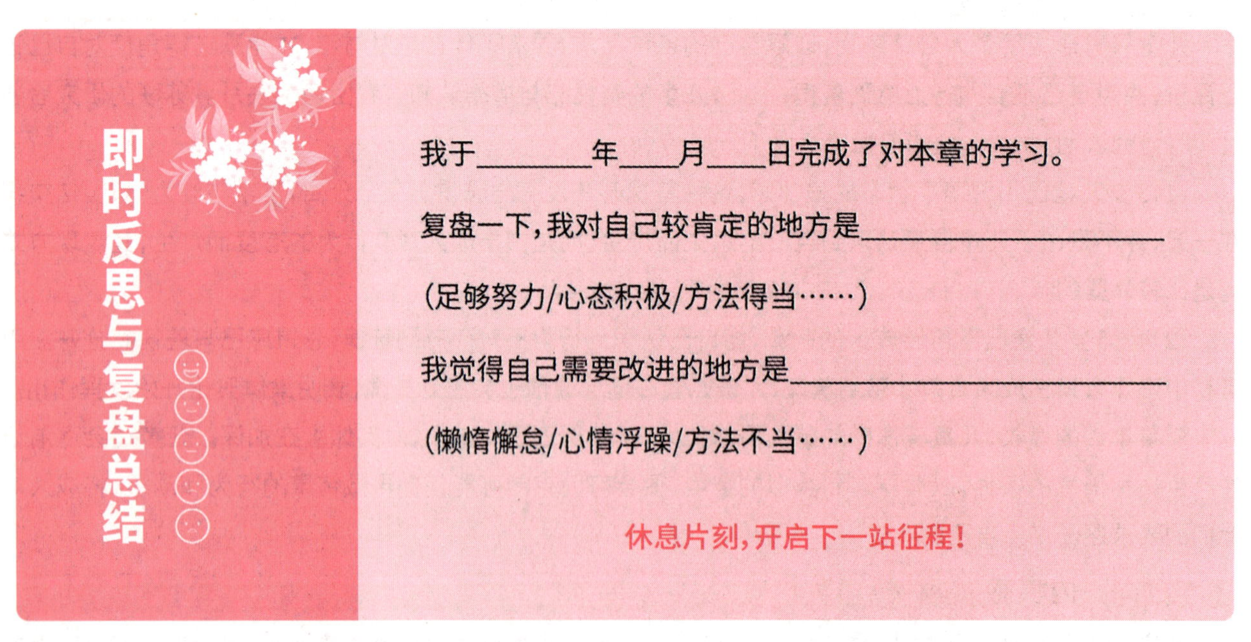

第四部分

幼儿教育心理学

SHAN XIANG

内容导学

- 幼儿园教师招聘考试幼儿教育心理学部分，共两章。
- 第一章主要是对幼儿学习理论的阐述，第二章主要是对学习心理的阐述。
- 本部分内容在历年考试中暂未涉及，考生可结合自身情况有针对性地进行复习。

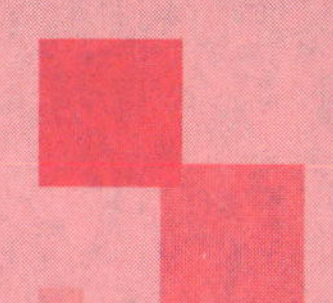

第一章　幼儿学习理论

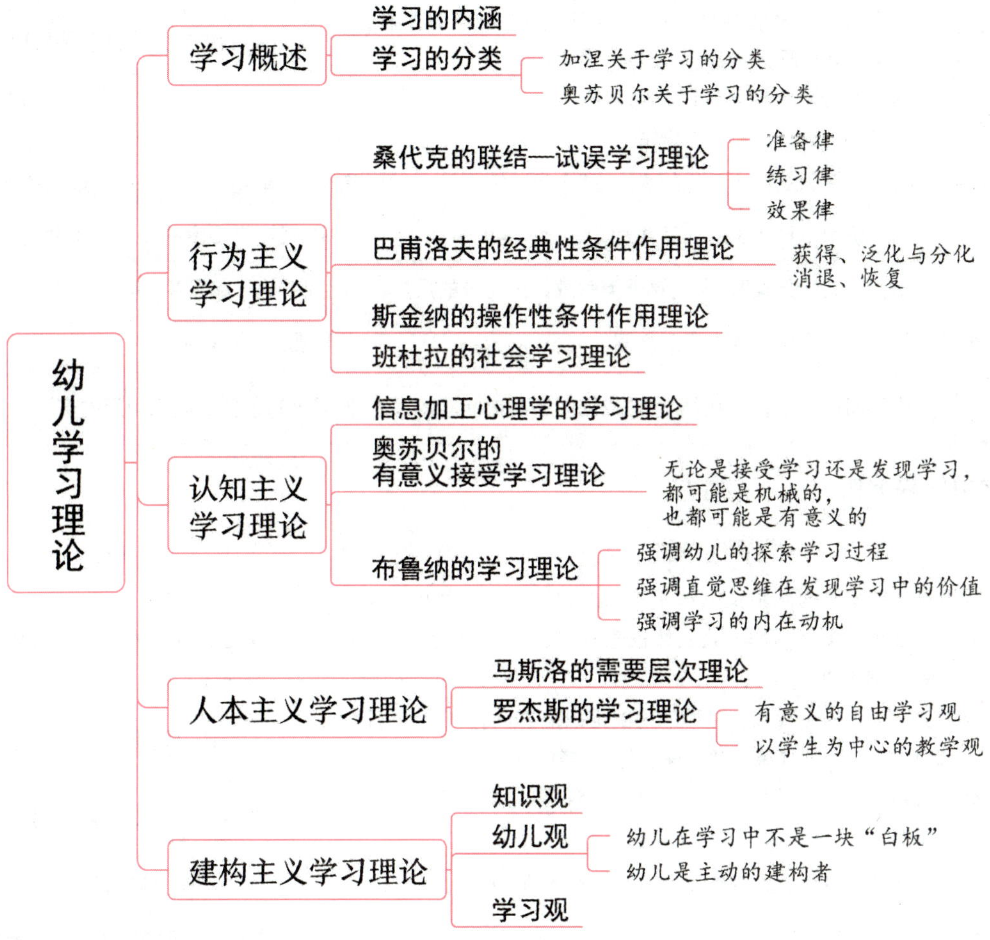

浙江考向

本章属于幼儿教育心理学的基础知识，但在历年考试中暂未涉及，本章内容考生了解即可，也不再设置考点大默写。

核心考点

第一节　学习概述

一、学习的内涵

学习是个体在特定情境下由于练习或反复经验而产生的行为或行为潜能的相对持久的变化。

二、学习的分类

考点1　加涅关于学习的分类

1. 按学习水平分类

分类	含义	典例
信号学习	学习对某种信号做出某种反应，其过程为：刺激—强化—反应	巴甫洛夫的经典性条件反射
刺激—反应学习	学会对某一情境中的刺激做出某种反应，以获得某种结果。其过程是：情境—反应—强化	桑代克和斯金纳的操作性条件反射
连锁学习	学习联合两个或两个以上的刺激—反应动作，以形成一系列刺激—反应动作联结	儿童学习打篮球，学会了一系列的接球、躲闪动作
言语联结学习	形成一系列的言语单位的联结，即言语连锁化	造句，将单词组成合乎语法规则的句子
辨别学习	学会识别多种刺激的异同并对之做出不同的反应	对相似的、易混淆的单词分别做出正确的反应
概念学习	对刺激进行分类时，学会对一类刺激做出同样的反应	学生将“狗”“猪”“牛”等概括为“动物”
规则或原理学习	学习两个或两个以上概念之间的关系	各种规律、定理的学习
解决问题学习（高级规则的学习）	在不同情况下，使用所学原理或规则去解决问题	根据已知条件证明三角形的度数

2. 按学习结果分类

分类	含义	典例
智慧技能	运用符号或概念与环境交互作用的能力的学习。智慧技能又可分为五个小类：辨别学习、具体概念学习、定义性概念学习、规则学习、高级规则学习	学生通过计算将分数化为小数
认知策略	用以支配个人的心智加工过程的内部组织能力，调控自己的注意、学习、记忆和思维等内部心理过程的技能的学习	通过谐音法记忆单词
言语信息	有关事物的名称、时间、地点、定义以及特征等方面的事实性信息的学习	学生通过学习后，能说出“诚信”的含义
动作技能	通过身体动作的质量的不断改善而形成整体动作模式的学习	学会游泳的动作
态度	个体对人、事、物等逐渐形成某种特定内部状态的学习	幼儿初入托儿所时害怕生人，几天后就不怕了

考点2　奥苏贝尔关于学习的分类

分类依据	学习类型	概念
学习材料与学习者原有知识的关系（学生是否理解学习材料）	机械学习	学习者尚未理解符号所代表的知识，只是依据字面上的联系，记住某些符号的词句或组合，死记硬背
	有意义学习	符号所代表的新知识与学习者认知结构中已有的适当观念建立起非人为的和实质性的联系
学习进行的方式	接受学习	教师把学习内容以定论的形式传授给学生。对学生来讲，学习不包括任何的发现，只是需要把学习内容与自己已有的知识相联系
	发现学习	学习的内容不是以定论的形式教给学生，而是由学生自己先从事某些心理活动，发现学习内容，然后再把这些内容与已有知识相联系

第二节 行为主义学习理论

一、桑代克的联结—试误学习理论

桑代克最初研究学习问题是从各种动物实验开始的，其中最著名的是饿猫打开迷箱的实验。在实验中，一只饿猫被关在他专门设计的一个实验迷箱里，箱门紧闭，箱子附近放着一条鲜鱼，箱内有一个开门的旋钮，碰到这个旋钮，门便会启开。开始饿猫无法走出箱子，只是在里面乱碰乱撞，偶然一次碰到旋钮打开门，便得以逃出吃到鱼。经多次尝试错误，猫学会了碰旋钮去开箱门的行为。

根据上述实验，桑代克认为学习是一种渐进的、盲目的、尝试错误的过程。随着错误的反应逐渐减少，正确反应逐渐增加，终于形成固定的刺激反应，即在刺激与反应之间形成了联结。桑代克认为动物的学习没有任何推理演绎的思想，没有任何观念的作用。动物的基本学习方式是试探式的、尝试与错误式的学习，从而提出了他的“尝试与错误”的学习理论。所以，他的学习理论又被称为错误说或试误说。

桑代克根据对动物的研究，提出了三条基本的学习规律。

1. 准备律

准备律指学习者在学习开始时的预备定势。学习者有准备而又给予活动就感到满意，有准备而未给予活动则感到烦恼，学习者无准备而强制给予活动也会感到烦恼。

2. 练习律

练习律指刺激与反应之间联结的强度取决于使用该联结的频次，即S-R联结受到练习和使用的频次越多，联结得就越强；反之，就变得越弱。在桑代克后来的著作中，他修改了这一规律，因为他发现没有奖励的练习是无效的，联结只有通过有奖励的练习才能得以增强。

3. 效果律

如果一个动作跟随以情境中一个满意的变化，那么，在类似的情境中这个动作重复的可能性将增加；反之，如果跟随的是一个不满意的变化，那么，这个行为重复的可能性将减少。

二、巴甫洛夫的经典性条件作用理论

考点1 巴甫洛夫的经典性条件作用

巴甫洛夫在研究狗的进食行为时发现：狗吃到食物时，会分泌唾液。这是自然的生理反应，不需要学习，这种反应叫无条件反射，引起这种反应的刺激是食物，称为无条件刺激。如果在狗每次进食时发出铃声，一段时间后，狗只要听到铃声也会分泌唾液，这时作为中性刺激的铃声由于与无条件刺激联结而成了条件刺激，由此引起的唾液分泌就是条件反射，这种单独呈现条件刺激即能引起的唾液分泌反应叫作条件反应，后人称之为“经典性条件作用”。

考点2 经典性条件作用的主要规律

1. 获得

条件作用的获得过程是通过条件刺激反复与无条件刺激相匹配，从而使个体学会对条件刺激做出条件反应的过程。在条件作用的获得过程中，条件刺激与无条件刺激之间的时间间隔十分重要。一方面，条件刺激和无条件刺激必须同时或近于同时呈现，间隔太久则难以建立联系；另一方面，条件刺激作为无条件刺激出现的信号，必须先于无条件刺激而呈现，否则也将难以建立联系。

2. 泛化与分化

机体对与条件刺激相似的刺激做出条件反应，属于刺激的泛化。如果只对条件刺激做出条件反应，而对其他相似刺激不做反应，则出现了刺激的分化。

3. 消退

条件反射形成以后，如果得不到强化，条件反应会逐渐减弱，直至消失，这称为消退现象。

4. 恢复

消退现象发生后，如果个体得到一段时间的休息，条件刺激再度出现，这时条件反射可能又会自动恢复。这种未经强化而条件反射自动重现的现象被称为恢复。

三、斯金纳的操作性条件作用理论

具体内容参看本书第三部分第一章第二节“儿童发展主要理论流派”的有关内容。

四、班杜拉的社会学习理论

具体内容参看本书第三部分第一章第二节“儿童发展主要理论流派”的有关内容。

第三节　认知主义学习理论

认知主义的学习理论是许多派系理论的总称，其中最主要的有两派理论：一是信息加工学习论，二是认知结构学习论。前者更关注个体对事物经由认识、辨别、理解而获得新知识的认知历程；后者认为，个体所学到的是思维方式，即认知主义心理学者所谓的认知结构。

一、信息加工心理学的学习理论

信息加工心理学者提出了学习的理论模型，这些模型对于更好地理解与促进幼儿的学习有重要的帮助。

(1)**加工水平理论**。加工水平理论认为幼儿对刺激的加工水平程度不同，只有经过细致加工的信息才可能被完整地保留下来。

(2)**双重编码理论**。双重编码理论认为，信息在长时记忆中有两种储存方式：表象的记忆和言语的记忆。这两种方式分别对应于情景记忆和语义记忆。如果幼儿在记忆时用两种方式表征的话，回忆效果要好于只用一种方式。

(3)**联结主义模型**。联结主义模型强调知识是以联结网络的方式储存在头脑中，而不是按照线性规则系统储存的。按此观点，学习的产生是由于某些联结的加强以及其他联结的减弱。

二、奥苏贝尔的有意义接受学习理论

奥苏贝尔认为，学习应该主要通过接受发生，而不是通过发现。发现学习往往浪费时间，一般不宜作为大量获取知识的手段。接受学习绝非被动学习，学习者仍然是主动的，在学习一种新知识时，学生在教师的引导下，尝试运用其既有的知识，从不同的角度去吸收新知识，最后将新知识纳入其认知结构中，成为他自己的知识。

奥苏贝尔认为，不能错误地认为接受学习就必然是机械的，发现学习就是有意义的。无论是接受学习还是发现学习，都可能是机械的，也都可能是有意义的，关键在于学生是否将新知识与认知结构中已有的知识进行了联系。

三、布鲁纳的学习理论

发现学习，是布鲁纳主张的学习方式。发现学习是指给学生提供有关的学习材料，让学生通过探索、操作和思考，自行发现知识、理解概念和原理的教学方法。

布鲁纳的发现学习有如下几个特点：

1. 强调幼儿的探索学习过程

布鲁纳认为在教学过程中，幼儿是一名积极的探究者。教师的角色是为幼儿创设独立探究的情境，而

不是提供现成的知识。他认为教一门学科,不是要建造一个小型藏书室,而是要让幼儿自己去思考,参与知识获得的过程,“认识是一个过程,而不是一种产品”。幼儿探索学习的过程,就是他们主动参与建立学科知识体系的过程。同时,幼儿的探索需要教师积极引导。

2. 强调直觉思维在发现学习中的价值

传统教学一般注重分析思维,要求思维的逻辑性、严密性。直觉思维与分析思维不同,它提倡幼儿可以用跃进、跨越式和走捷径的方式来思考。布鲁纳认为直觉思维是发现学习的重要特征,“机灵的推测、丰富的假设和大胆迅速地做出试验性结论,这些是从事任何一项工作的思想家都应具备的极其珍贵的财富。我们应该引导幼儿掌握这种天赋”。

3. 强调学习的内在动机

布鲁纳强调,学习应成为幼儿主动发现的过程,真正对幼儿学习有作用的是内在动机,而不是成绩、奖赏、竞争之类的外部动机。他认为发现活动有助于激发幼儿的好奇心。幼儿容易受好奇心的驱使,对探究未知的结果感兴趣。布鲁纳把好奇心称为“幼儿内部动机的原型”。

布鲁纳主张,与其让幼儿把同伴竞争作为主要动机,不如让幼儿向自己的能力提出挑战。所以,他提出要形成幼儿的能力动机,就是使幼儿有一种发展能力与才能的内驱力,通过激励幼儿提高自己的才能需求,提高学习效率。

第四节　人本主义学习理论

人本主义的学习理论以人本主义心理学的基本理论框架为基础,人本主义学习理论的代表人物是马斯洛和罗杰斯。

一、马斯洛的需要层次理论

具体内容参看本书第三部分第一章第二节“儿童发展主要理论流派”的有关内容。

二、罗杰斯的学习理论

考点 1　有意义的自由学习观

罗杰斯认为,学生学习主要有两种类型:认知学习和经验学习,其学习方式也主要有两种:无意义学习和有意义学习,并且认为认知学习和无意义学习、经验学习和有意义学习是完全对应的。罗杰斯所倡导的学习原则的核心就是让学生自由学习。

考点 2　以学生为中心的教学观

罗杰斯从人本主义的学习观出发,认为凡是可以教给别人的知识,相对来说都是无用的;能够影响个体行为的知识,只能是他自己发现并加以同化的知识。因此,教学的结果是毫无意义的或者是有害的。教师的任务不是教学生知识,也不是教学生如何学习,而是为学生提供各种学习的资源,提供一种促进学习的气氛,让学生自己决定如何学习。

第五节　建构主义学习理论

一、建构主义的知识观

建构主义在一定程度上对知识的客观性和确定性提出质疑,强调知识的动态性。(1)建构主义认为知识并不是问题的最终答案,而是随着人类进步而不断改正并随之出现的新的假设和解释;(2)知识并不能精确地概括世界的法则,而是需要针对具体情境进行再创造。此外,知识不可能以实体的形式存在于具体个体之外，尽管我们通过语言符号赋予了知识一定的外在形式，但学习者仍然会基于自己的经验背景进行理解并建构属于自己的知识。

二、建构主义的幼儿观

建构主义学习理论认为，幼儿不是消极、被动、有待教师填充知识的客体，不是装知识的容器，而是有主观能动性的学习者。建构主义学习理论认为幼儿的主体性表现在两个方面：

1. 幼儿在学习中不是一块“白板”

幼儿在任何时候都不是空着脑袋进入课堂的，他们有已有的经验。幼儿在以往的学习中，在日常生活中已经形成了各种直观的经验，即使有些问题他们并没有接触过，也没有现成的经验，但他们可以基于以往的相关经验，对自身的各种经验重新组织，以形成对新问题的解释。这说明幼儿在遇到问题时，是从已有经验背景出发来解决问题的。教学不能无视幼儿的原有经验，而要把幼儿的原有经验作为新信息或新知识的生长点或平台。教师不能只做简单的知识传递工作，而要注重幼儿对各种问题的理解，倾听他们的想法，引导幼儿形成新的知识结构。

2. 幼儿是主动的建构者

建构主义认为幼儿是以自己的方式建构对事物的理解，并且通过同伴合作，有利于他们更加丰富和全面地理解事物的内涵。传统教学认为，可以将观念、概念，甚至整个知识体系由教师完全无误地传递给幼儿，但事实上这是一种误解。建构主义认为，事物的意义并非完全独立于个体而存在，而是源于学习者的主动建构。由于每个幼儿都以自己的方式理解事物的某些方面，所以，教学要增进幼儿之间的合作，使他们能彼此发现不同的观点及其原因。因此，建构主义学者非常重视幼儿的合作学习。

三、建构主义的学习观

建构主义在学习观上强调学习的主动建构性、社会互动性和情境性三方面，认为“情境”“协作”“会话”“意义建构”是学习环境中的四大要素或四大属性。

即时反思与复盘总结

我于________年____月____日完成了对本章的学习。

复盘一下，我对自己较肯定的地方是________________________

（足够努力/心态积极/方法得当……）

我觉得自己需要改进的地方是________________________

（懒惰懈怠/心情浮躁/方法不当……）

休息片刻，开启下一站征程！

第二章 幼儿学习心理

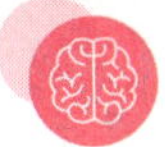

思维导图

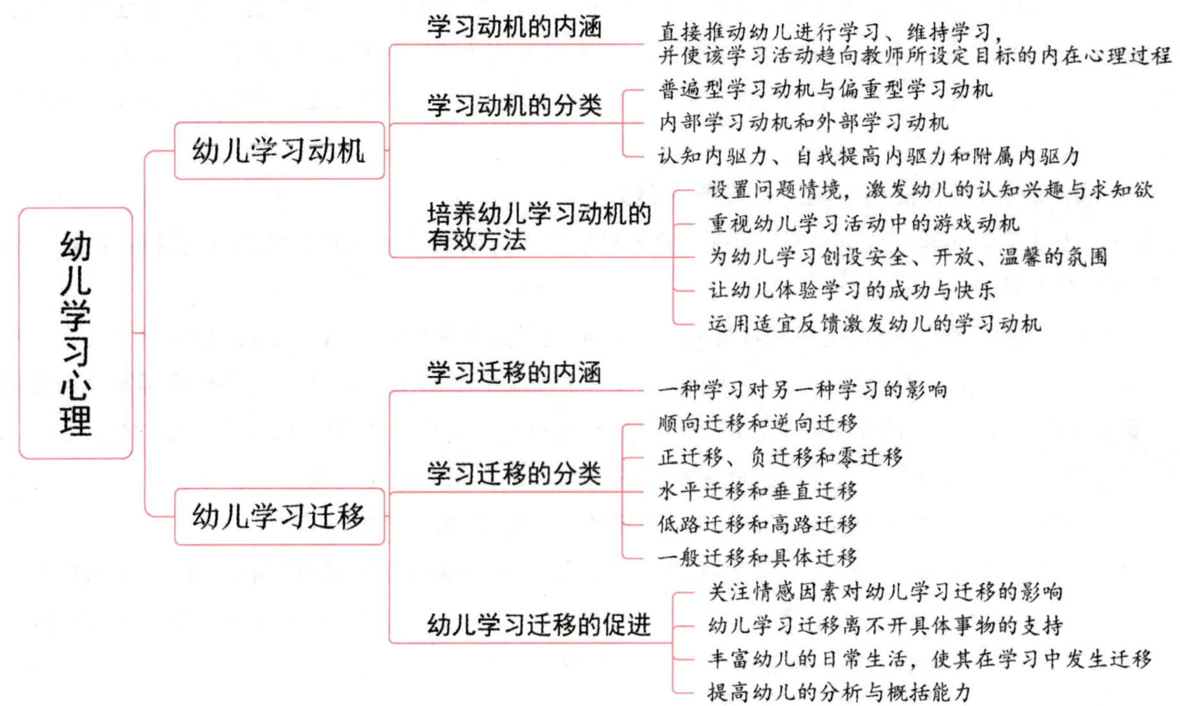

浙江考向

本章属于幼儿教育心理学的基础知识，但在历年考试中暂未涉及，本章内容考生了解即可，也不再设置考点大默写。

核心考点

第一节 幼儿学习动机

一、学习动机的内涵

动机是激发、引起个体的活动，引导、维持已引发的活动，并促进活动朝向某一目标的内在动力作用。通俗地讲，动机就是使幼儿开始行动，维持行动，并且决定行动方向的动力。动机不仅决定幼儿如何行动，而且决定幼儿从活动和接受的信息中学到多少知识。

学习动机是指直接推动幼儿进行学习、维持学习，并使该学习活动趋向教师所设定目标的内在心理过程。它是激励和指引幼儿进行学习活动的一种需要，对幼儿的学习有重要影响。有学者提出，动机的强度适中，能激发幼儿的学习成效，动机过高易使幼儿产生焦虑，过低则难以激发幼儿学习的欲望。

二、学习动机的分类

1. 普遍型学习动机与偏重型学习动机

普遍型学习动机是指幼儿对各项学习活动均有较强的内在学习动力;偏重型学习动机是指幼儿只对某一项或几项领域的学习有较强的动机,而对其他领域的学习缺乏强烈的动机。

2. 内部学习动机和外部学习动机

按学习动机产生的诱因来源,可分为内部学习动机和外部学习动机。

内部学习动机是指诱因来自学习者本身的内在因素,即学生因对活动本身发生兴趣而产生的动机。具有内部动机的学生,活动本身就能使其得到满足,无需外力的作用如报酬和奖赏,也能产生荣誉感。

外部学习动机是指诱因来自学习者外部的某种因素,即在学习活动以外由外部的诱因激发出来的学习动机。

3. 认知内驱力、自我提高内驱力和附属内驱力

根据学校情境中的学业成就动机的不同,奥苏贝尔等人把动机分为认知内驱力、自我提高内驱力和附属内驱力三个方面。

认知内驱力是指要求了解、理解和掌握知识以及解决问题的需要。一般来说,这种内驱力大多是从好奇倾向中派生出来的。在有意义学习中,认知内驱力是最重要而且稳定的动机。这种动机指向学习任务本身(为了获得知识),满足这种动机的奖励(知识的实际获得)是由学习本身提供的,属于内部动机。

自我提高内驱力是指个体因自己的胜任或工作能力而赢得相应地位的需要。自我提高内驱力并非直接指向学习任务本身,而是把成就看作赢得地位与自尊心的根源,属于外部动机。

附属内驱力是指个体为了获得长者们(如家长、教师)的赞许或认可而表现出把工作、学习做好的一种需要。它既不直接指向学习任务本身,也不把学业成就看作赢得地位的手段,而是为了从长者或同伴那里获得赞许和接纳。附属内驱力是一种间接的学习需要,属于外部动机。

三、培养幼儿学习动机的有效方法

1. 设置问题情境,激发幼儿的认知兴趣与求知欲

教师应创设激发幼儿探索的问题情境,即让活动内容与幼儿已有的认知结构之间产生矛盾,激发幼儿产生“这是为什么”“为什么是这样的呢”等一些冲突性问题,从而激发幼儿主动探索与发现。同时,教师还要设计有趣的活动内容,让幼儿积极参与学习活动,做到让幼儿“动”起来。这个“动”不仅仅是手动,更重要的是心动,即幼儿内在学习动机的激发和思维的活动。此外,教师还要特别注意对幼儿提问的方式,尤其是多运用开放式提问而非封闭式提问。

2. 重视幼儿学习活动中的游戏动机

游戏是幼儿认知世界的重要方式。游戏适应幼儿心理发展的需要,符合幼儿心理发展的水平。形式多样的游戏可以最大程度的淡化教育痕迹。

3. 为幼儿学习创设安全、开放、温馨的氛围

根据马斯洛的需要层次理论,幼儿在产生求知需求前,必须满足其基本的生理、安全、归属与爱的需要。因此,为激发幼儿学习与探索的主动性,教师必须创设安全、开放、温馨的学习氛围。

4. 让幼儿体验学习的成功与快乐

获得成功与快乐是幼儿学习的重要动力。假如幼儿在追求成功的过程中屡遭失败,学习动机就难以维持。教师必须针对幼儿学习的个别差异,使每个幼儿获得成功的体验,以期在努力之后获得满足,肯定自己

的价值。教师在评定幼儿学习时，应该重视幼儿学习的努力与进步，并予以积极表扬。教师不能用“一刀切”的标准，使在集体中处于下游的幼儿总是受到批评。

5. 运用适宜反馈激发幼儿的学习动机

韦纳的归因理论指出，幼儿内部或外部归因的形成与教师的评价和影响有关，教师的反馈对幼儿的学习归因与学习动机有很大影响。教师的反馈无论是正面的（赞许或鼓励），还是负面的（批评或训斥），均会成为幼儿对自己学习成败归因的根据。

第二节　幼儿学习迁移

一、学习迁移的内涵

学习迁移也称训练迁移，是指一种学习对另一种学习的影响，或习得的经验对完成其他活动的影响。迁移是学习的一种普遍现象，广泛存在于各种知识、技能、行为规范与态度的学习中，平时所说的“举一反三”“触类旁通”等就是典型的迁移形式。通过迁移，各种经验得以沟通，经验结构得以整合。

二、学习迁移的分类

1. 顺向迁移和逆向迁移

根据迁移发生的方向，可分为顺向迁移和逆向迁移。

顺向迁移指先前的学习对后来学习的影响，如先学习了汉语拼音对后学英语音标的影响。

逆向迁移指后来的学习对先前学习的影响，如后学习的“发展与教育心理学”对先学习的“普通心理学”的影响。

2. 正迁移、负迁移和零迁移

根据迁移的性质和结果，可分为正迁移、负迁移和零迁移。

正迁移指在一种学习中学得的经验对另一种学习起促进作用（或产生积极影响）。正迁移通常表现为一种学习使学习者对另一种学习具有了良好的心理准备状态，使学习者学习所需的时间或练习次数减少；或使另一种学习的深度增加、单位时间内的学习量增加；或者已经具有的知识经验使学习者顺利地解决了问题等情况。如骑自行车有助于更快地学会骑摩托车。

负迁移也称干扰，指在一种学习中学得的经验对另一种学习起阻碍作用（或产生消极影响）。负迁移表现为一种学习使另一种学习所需的学习时间或所需的练习次数增加，或阻碍另一种学习的顺利进行以及知识的正确掌握。如学习汉语拼音对学习英语的干扰，学会打羽毛球（压腕）会影响到打网球（不压腕）。

零迁移是指在一种学习中学得的经验对另一种学习不起作用（或没有影响）。零迁移表现为一种学习对另一种学习所需的学习时间、练习次数等没有任何影响。如体育锻炼对数学教学没有影响。

3. 水平迁移和垂直迁移

根据迁移内容抽象和概括水平的不同，可分为水平迁移和垂直迁移。

水平迁移也叫横向迁移，指处于同一概括水平的经验之间的相互影响。学习内容之间的逻辑关系是并列的，如婴儿学会称呼邻居家比自己大的女孩为“姐姐”后，他可能称呼遇到的任何陌生女孩为“姐姐”。

垂直迁移也称纵向迁移，指处于不同概括水平的经验之间的相互影响，即具有较高概括水平的上位经验与具有较低概括水平的下位经验之间的相互影响。垂直迁移包括自上而下和自下而上两种迁移。如在概念学习中，学习了上位概念“水果”后，有助于下位概念“猕猴桃”“香蕉”“苹果”等的学习；学习了“老虎”“狐狸”“狮子”等下位概念，有助于对上位概念“野兽”特征的理解和概括等。

4. 低路迁移和高路迁移

根据迁移路径的不同,可分为低路迁移和高路迁移。

1989年,所罗门和帕金斯依据迁移的自动化程度(或意识的参与程度)将迁移划分为低路迁移和高路迁移。

低路迁移指经过充分练习的技能可自动迁移。如能熟练地骑自己的电瓶车的人,也能轻松地骑朋友的电瓶车。这种迁移的关键在于原先的技能已经过充分的练习,而且练习是在变化的情境中进行的。

高路迁移指有意识地将某种情境中学到的抽象知识应用于另一种情境中的迁移。如师范生在学习教育学、心理学的相关知识时,能想到这些知识在今后教学实践中的应用。高路迁移的关键在于有意识地进行抽象概括,或精心地鉴别出不限于特殊情境,能普遍应用的原理、主要观点、策略或步骤。

5. 一般迁移和具体迁移

根据迁移内容的不同,可分为一般迁移和具体迁移。

一般迁移也称非特殊迁移、普遍迁移,是指一种学习中所习得的一般原理、原则和态度对另一种具体内容学习的影响,即原理、原则和态度的具体应用。例如,获得基本的运算技能、阅读技能后运用到各种具体的学科学习中。

具体迁移也称特殊迁移,是指学习迁移发生时,学习者原有的经验组成要素及其结构没有变化,只是将一种学习中习得的经验要素重新组合并移用到另一种学习之中。例如:学习了“日”“月”对学习“明”的影响。

三、幼儿学习迁移的促进

(1)关注情感因素对幼儿学习迁移的影响;(2)幼儿学习迁移离不开具体事物的支持;(3)丰富幼儿的日常生活,使其在学习中发生迁移;(4)提高幼儿的分析与概括能力。

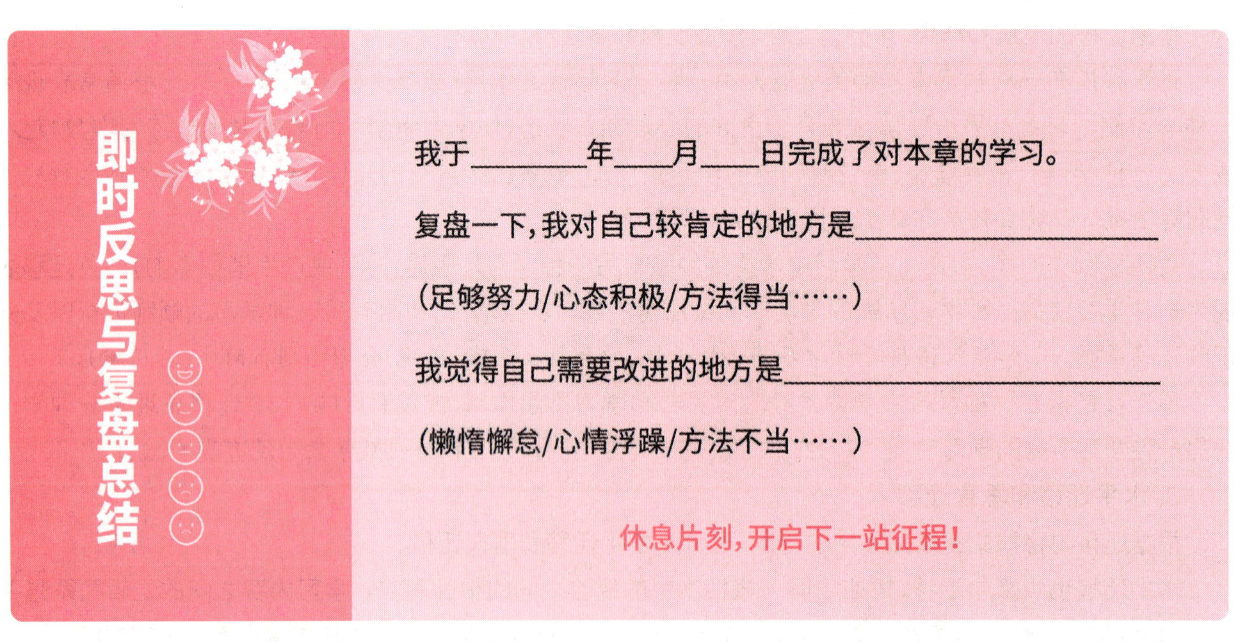

幼儿教育法规政策

SHAN XIANG

内容导学

- 幼儿园教师招聘考试幼儿教育法规政策部分共八章。
- 主要包含《幼儿园管理条例》《幼儿园工作规程》《幼儿园教育指导纲要（试行）》《3～6岁儿童学习与发展指南》《幼儿园教师专业标准（试行）》《幼儿园保育教育质量评估指南》《新时代幼儿园教师职业行为十项准则》《教育部关于大力推进幼儿园与小学科学衔接的指导意见》教育法规政策。考查题型主观题、客观题均有涉及。其中《幼儿园教育指导纲要（试行）》《3～6岁儿童学习与发展指南》为高频考查内容。
- 在备考时，应结合历年真题与自身实际，有针对性地复习。

思维导图

- 幼儿教育法规政策
  - 幼儿园管理条例
    - 第十一条登记注册制；第十四条招生、编班；第二十三条园长负责制
  - 幼儿园工作规程
    - 第二条幼儿教育的性质；第三条幼儿园的任务；第五条幼儿园的目标；第八条招生制度；第十五条幼儿园安全制度；第十八条一日生活制度（重点）
  - 幼儿园教育指导纲要（试行）（重点）
    - 幼儿园教育是基础教育的重要组成部分，是我国学校教育和终身教育的奠基阶段
    - 幼儿园必须把保护幼儿的生命和促进幼儿的健康放在工作的首位
    - 社会领域的教育具有潜移默化的特点
    - 艺术是实施美育的主要途径，应充分发挥艺术的情感教育功能
    - 家庭是幼儿园重要的合作伙伴，应本着尊重、平等、合作的原则
    - 幼儿园教育工作评价实行以教师自评为主
  - 3~6岁儿童学习与发展指南（重点）
    - 关注幼儿学习与发展的整体性
    - 尊重幼儿发展的个体差异
    - 理解幼儿的学习方式和特点
    - 重视幼儿的学习品质
  - 幼儿园教师专业标准（试行）
    - 师德为先；幼儿为本；能力为重；终身学习（重点）
  - 幼儿园保育教育质量评估指南
    - 坚持正确方向；坚持儿童为本；坚持科学评估；坚持以评促建（重点）
  - 新时代幼儿园教师职业行为十项准则
    - 坚定政治方向；自觉爱国守法；传播优秀文化；潜心培幼育人；加强安全防范；关心爱护幼儿；遵循幼教规律；秉持公平诚信；坚守廉洁自律；规范保教行为
  - 教育部关于大力推进幼儿园与小学科学衔接的指导意见
    - 坚持儿童为本
    - 坚持双向衔接
    - 坚持系统推进
    - 坚持规范管理

浙江考向

本部分属于幼儿教育法规的基础知识，特点是内容较为琐碎，需要识记的知识较多。现对本部分考向分析如下：

高频考点	常考题型	能力层级	考查热度
幼儿园工作规程	单选	识记	★★★
幼儿园教育指导纲要（试行）	单选、多选、判断、简答、论述	识记	★★★
3～6岁儿童学习与发展指南	单选、判断、简答、论述	识记	★★★
幼儿园教师专业标准（试行）	单选、论述	识记	★★★
幼儿园保育教育质量评估指南	简答	识记	★★★

核心考点

第一章　幼儿园管理条例

1989年8月20日经国务院批准，1989年9月11日中华人民共和国国家教育委员会令第4号发布，1990年2月1日起施行。

第一章　总　则

第一条　为了加强幼儿园的管理，促进幼儿教育事业的发展，制定本条例。

第二条　本条例适用于招收三周岁以上学龄前幼儿，对其进行保育和教育的幼儿园。

第三条　幼儿园的保育和教育工作应当促进幼儿在体、智、德、美诸方面和谐发展。

第四条　地方各级人民政府应当根据本地区社会经济发展状况，制订幼儿园的发展规划。幼儿园的设置应当与当地居民人口相适应。

乡、镇、市辖区和不设区的市的幼儿园的发展规划，应当包括幼儿园设置的布局方案。

第五条　地方各级人民政府可以依据本条例举办幼儿园，并鼓励和支持企业事业单位、社会团体、居民委员会、村民委员会和公民举办幼儿园或捐资助园。

第六条　幼儿园的管理实行地方负责、分级管理和各有关部门分工负责的原则。

国家教育委员会主管全国的幼儿园管理工作；地方各级人民政府的教育行政部门，主管本行政辖区内的幼儿园管理工作。

第二章　举办幼儿园的基本条件和审批程序

第七条　举办幼儿园必须将幼儿园设置在安全区域内。严禁在污染区和危险区内设置幼儿园。

第八条　举办幼儿园必须具有与保育、教育的要求相适应的园舍和设施。幼儿园的园舍和设施必须符合国家的卫生标准和安全标准。

第九条　举办幼儿园应当具有符合下列条件的保育、幼儿教育、医务和其他工作人员：

（一）幼儿园园长、教师应当具有幼儿师范学校（包括职业学校幼儿教育专业）毕业程度，或者经教育行政部门考核合格。

（二）医师应当具有医学院校毕业程度，医士和护士应当具有中等卫生学校毕业程度，或者取得卫生行政部门的资格认可。

（三）保健员应当具有高中毕业程度，并受过幼儿保健培训。

（四）保育员应当具有初中毕业程度，并受过幼儿保育职业培训。慢性传染病、精神病患者，不得在幼儿园工作。

第十条　举办幼儿园的单位或者个人必须具有进行保育、教育以及维修或扩建、改建幼儿园的园舍与设施的经费来源。

第十一条　国家实行幼儿园登记注册制度，未经登记注册，任何单位和个人不得举办幼儿园。

第十二条　城市幼儿园的举办、停办，由所在区、不设区的市的人民政府教育行政部门登记注册。农村幼儿园的举办、停办，由所在乡、镇人民政府登记注册，并报县人民政府教育行政部门备案。

第三章　幼儿园的保育和教育工作

第十三条　幼儿园应当贯彻保育与教育相结合的原则，创设与幼儿的教育和发展相适应的和谐环境，引导幼儿个性的健康发展。幼儿园应当保障幼儿的身体健康，培养幼儿的良好生活、卫生习惯；促进幼儿的智力发展；培养幼儿热爱祖国的情感以及良好的品德行为。

第十四条　幼儿园的招生、编班应当符合教育行政部门的规定。

第十五条　幼儿园应当使用全国通用的普通话。招收少数民族为主的幼儿园，可以使用本民族通用的语言。

第十六条　幼儿园应当以游戏为基本活动形式。幼儿园可以根据本园的实际，安排和选择教育内容与方法，但不得进行违背幼儿教育规律，有损于幼儿身心健康的活动。

第十七条　严禁体罚和变相体罚幼儿。

第十八条　幼儿园应当建立卫生保健制度，防止发生食物中毒和传染病的流行。

第十九条　幼儿园应当建立安全防护制度，严禁在幼儿园内设置威胁幼儿安全的危险建筑物和设施，严禁使用有毒、有害物质制作教具、玩具。

第二十条　幼儿园发生食物中毒、传染病流行时，举办幼儿园的单位或者个人应当立即采取紧急救护措施，并及时报告当地教育行政部门或卫生行政部门。

第二十一条　幼儿园的园舍和设施有可能发生危险时，举办幼儿园的单位或个人应当采取措施，排除险情，防止事故发生。

第四章　幼儿园的行政事务

第二十二条　各级教育行政部门应当负责监督、评估和指导幼儿园的保育、教育工作，组织培训幼儿园的师资，审定、考核幼儿园教师的资格，并协助卫生行政部门检查和指导幼儿园的卫生保健工作，会同建设行政部门制定幼儿园园舍、设施的标准。

第二十三条　幼儿园园长负责幼儿园的工作。幼儿园园长由举办幼儿园的单位或个人聘任，并向幼儿园的登记注册机关备案。幼儿园的教师、医师、保健员、保育员和其他工作人员，由幼儿园园长聘任，也可由举办幼儿园的单位或个人聘任。

第二十四条　幼儿园可以依据本省、自治区、直辖市人民政府制定的收费标准，向幼儿家长收取保育费、教育费。幼儿园应当加强财务管理，合理使用各项经费，任何单位和个人不得克扣、挪用幼儿园经费。

第二十五条　任何单位和个人，不得侵占和破坏幼儿园园舍和设施，不得在幼儿园周围设置有危险、有污染或影响幼儿园采光的建筑和设施，不得干扰幼儿园正常的工作秩序。

第五章　奖励与处罚

第二十六条　凡具备下列条件之一的单位或者个人，由教育行政部门和有关部门予以奖励：

(一)改善幼儿园的办园条件成绩显著的；

(二)保育、教育工作成绩显著的；

(三)幼儿园管理工作成绩显著的。

第二十七条　违反本条例，具有下列情形之一的幼儿园，由教育行政部门视情节轻重，给予限期整顿、停止招生、停止办园的行政处罚：

(一)未经登记注册，擅自招收幼儿的；

(二)园舍、设施不符合国家卫生标准、安全标准，妨害幼儿身体健康或者威胁幼儿生命安全的；

(三)教育内容和方法违背幼儿教育规律，损害幼儿身心健康的。

第二十八条　违反本条例，具有下列情形之一的单位或者个人，由教育行政部门对直接责任人员给予警告、罚款的行政处罚，或者由教育行政部门建议有关部门对责任人员给予行政处分：

(一)体罚或变相体罚幼儿的；

(二)使用有毒、有害物质制作教具、玩具的；

(三)克扣、挪用幼儿园经费的；

(四)侵占、破坏幼儿园园舍、设备的；

(五)干扰幼儿园正常工作秩序的；

(六)在幼儿园周围设置有危险、有污染或者影响幼儿园采光的建设和设施的。前款所列情形，情节严重，构成犯罪的，由司法机关依法追究刑事责任。

第二十九条　当事人对行政处罚不服的，可以在接到处罚通知之日起十五日内，向做出处罚决定的机关的上一级机关申请复议，对复议决定不服的，可在接到复议决定之日起十五日内，向人民法院提起诉讼。当事人逾期不申请复议或者不向人民法院提起诉讼又不履行处罚决定的，由做出处罚决定的机关申请人民法院强制执行。

第六章　附　则

第三十条　省、自治区、直辖市人民政府可根据本条例制定实施办法。

第三十一条　本条例由国家教育委员会解释。

第三十二条　本条例自1990年2月1日起施行。

★★　考点大默写　★★

1.《幼儿园管理条例》规定，幼儿园的管理实行______、______和______的原则。

2.《幼儿园管理条例》规定，幼儿园应当使用全国通用的______。招收少数民族为主的幼儿园，可以使用本民族通用的语言。

3.《幼儿园管理条例》规定，幼儿园______负责幼儿园的工作。

4.《幼儿园管理条例》规定，幼儿园园长由举办幼儿园的单位或个人______，并向幼儿园的登记注册机关______。

5.《幼儿园管理条例》规定，国家实行幼儿园______制度。

6.《幼儿园管理条例》规定，幼儿园的招生、编班应当符合______的规定。

7.《幼儿园管理条例》规定，幼儿园的设置应当与______相适应。

【参考答案】

1. 地方负责;分级管理;各有关部门分工负责　2. 普通话　3. 园长　4. 聘任;备案　5. 登记注册　6. 教育行政部门　7. 当地居民人口

第二章　幼儿园工作规程

《幼儿园工作规程》已经于2015年12月14日第48次部长办公会议审议通过，自2016年3月1日起施行。

第一章　总　则

第一条　为了加强幼儿园的科学管理，规范办园行为，提高保育和教育质量，促进幼儿身心健康，依据《中华人民共和国教育法》等法律法规，制定本规程。

第二条　幼儿园是对3周岁以上学龄前幼儿实施保育和教育的机构。幼儿园教育是基础教育的重要组成部分，是学校教育制度的基础阶段。

第三条　幼儿园的任务是：贯彻国家的教育方针，按照保育与教育相结合的原则，遵循幼儿身心发展特点和规律，实施德、智、体、美等方面全面发展的教育，促进幼儿身心和谐发展。

幼儿园同时面向幼儿家长提供科学育儿指导。

第四条　幼儿园适龄幼儿一般为3周岁至6周岁。

幼儿园一般为三年制。

第五条　幼儿园保育和教育的主要目标是：

（一）促进幼儿身体正常发育和机能的协调发展，增强体质，促进心理健康，培养良好的生活习惯、卫生习惯和参加体育活动的兴趣。

（二）发展幼儿智力，培养正确运用感官和运用语言交往的基本能力，增进对环境的认识，培养有益的兴趣和求知欲望，培养初步的动手探究能力。

（三）萌发幼儿爱祖国、爱家乡、爱集体、爱劳动、爱科学的情感，培养诚实、自信、友爱、勇敢、勤学、好问、爱护公物、克服困难、讲礼貌、守纪律等良好的品德行为和习惯，以及活泼开朗的性格。

（四）培养幼儿初步感受美和表现美的情趣和能力。

第六条　幼儿园教职工应当尊重、爱护幼儿，严禁虐待、歧视、体罚和变相体罚、侮辱幼儿人格等损害幼儿身心健康的行为。

第七条　幼儿园可分为全日制、半日制、定时制、季节制和寄宿制等。上述形式可分别设置，也可混合设置。

第二章　幼儿入园和编班

第八条　幼儿园每年秋季招生。平时如有缺额，可随时补招。

幼儿园对烈士子女、家中无人照顾的残疾人子女、孤儿、家庭经济困难幼儿、具有接受普通教育能力的残疾儿童等入园，按照国家和地方的有关规定予以照顾。

第九条　企业、事业单位和机关、团体、部队设置的幼儿园，除招收本单位工作人员的子女外，应当积极创造条件向社会开放，招收附近居民子女入园。

第十条　幼儿入园前，应当按照卫生部门制定的卫生保健制度进行健康检查，合格者方可入园。

幼儿入园除进行健康检查外，禁止任何形式的考试或测查。

第十一条 幼儿园规模应当有利于幼儿身心健康，便于管理，一般不超过360人。

幼儿园每班幼儿人数一般为：小班（3周岁至4周岁）25人，中班（4周岁至5周岁）30人，大班（5周岁至6周岁）35人，混合班30人。寄宿制幼儿园每班幼儿人数酌减。

幼儿园可以按年龄分别编班，也可以混合编班。

第三章 幼儿园的安全

第十二条 幼儿园应当严格执行国家和地方幼儿园安全管理的相关规定，建立健全门卫、房屋、设备、消防、交通、食品、药物、幼儿接送交接、活动组织和幼儿就寝值守等安全防护和检查制度，建立安全责任制和应急预案。

第十三条 幼儿园的园舍应当符合国家和地方的建设标准，以及相关安全、卫生等方面的规范，定期检查维护，保障安全。幼儿园不得设置在污染区和危险区，不得使用危房。

幼儿园的设备设施、装修装饰材料、用品用具和玩教具材料等，应当符合国家相关的安全质量标准和环保要求。

入园幼儿应当由监护人或者其委托的成年人接送。

第十四条 幼儿园应当严格执行国家有关食品药品安全的法律法规，保障饮食饮水卫生安全。

第十五条 幼儿园教职工必须具有安全意识，掌握基本急救常识和防范、避险、逃生、自救的基本方法，在紧急情况下应当优先保护幼儿的人身安全。

幼儿园应当把安全教育融入一日生活，并定期组织开展多种形式的安全教育和事故预防演练。

幼儿园应当结合幼儿年龄特点和接受能力开展反家庭暴力教育，发现幼儿遭受或者疑似遭受家庭暴力的，应当依法及时向公安机关报案。

第十六条 幼儿园应当投保校方责任险。

真题面对面

［2018统考，单选］幼儿园教职工必须具有安全意识，掌握基本急救常识和防范、避险、逃生、自救的基本方法，在紧急情况下应优先保护（　　）

A. 幼儿园的财产安全　　B. 幼儿的人身安全

C. 教师的人身安全　　D. 幼儿的财产安全

答案：B

第四章 幼儿园的卫生保健

第十七条 幼儿园必须切实做好幼儿生理和心理卫生保健工作。

幼儿园应当严格执行《托儿所幼儿园卫生保健管理办法》以及其他有关卫生保健的法规、规章和制度。

第十八条 幼儿园应当制定合理的幼儿一日生活作息制度。正餐间隔时间为3.5～4小时。在正常情况下，幼儿户外活动时间（包括户外体育活动时间）每天不得少于2小时，寄宿制幼儿园不得少于3小时；高寒、高温地区可酌情增减。

真题面对面

[2021绍兴,单选]《幼儿园工作规程》规定,在幼儿园,幼儿每日户外活动时间不得少于( )

A. 1小时　　B. 1小时半　　C. 2小时　　D. 2小时半

答案:C

第十九条　幼儿园应当建立幼儿健康检查制度和幼儿健康卡或档案。每年体检一次,每半年测身高、视力一次,每季度量体重一次;注意幼儿口腔卫生,保护幼儿视力。

幼儿园对幼儿健康发展状况定期进行分析、评价,及时向家长反馈结果。

幼儿园应当关注幼儿心理健康,注重满足幼儿的发展需要,保持幼儿积极的情绪状态,让幼儿感受到尊重和接纳。

第二十条　幼儿园应当建立卫生消毒、晨检、午检制度和病儿隔离制度,配合卫生部门做好计划免疫工作。

幼儿园应当建立传染病预防和管理制度,制定突发传染病应急预案,认真做好疾病防控工作。

幼儿园应当建立患病幼儿用药的委托交接制度,未经监护人委托或者同意,幼儿园不得给幼儿用药。幼儿园应当妥善管理药品,保证幼儿用药安全。

幼儿园内禁止吸烟、饮酒。

第二十一条　供给膳食的幼儿园应当为幼儿提供安全卫生的食品,编制营养平衡的幼儿食谱,定期计算和分析幼儿的进食量和营养素摄取量,保证幼儿合理膳食。

幼儿园应当每周向家长公示幼儿食谱,并按照相关规定进行食品留样。

第二十二条　幼儿园应当配备必要的设备设施,及时为幼儿提供安全卫生的饮用水。

幼儿园应当培养幼儿良好的大小便习惯,不得限制幼儿便溺的次数、时间等。

第二十三条　幼儿园应当积极开展适合幼儿的体育活动,充分利用日光、空气、水等自然因素以及本地自然环境,有计划地锻炼幼儿肌体,增强身体的适应和抵抗能力。正常情况下,每日户外体育活动不得少于1小时。

幼儿园在开展体育活动时,应当对体弱或有残疾的幼儿予以特殊照顾。

第二十四条　幼儿园夏季要做好防暑降温工作,冬季要做好防寒保暖工作,防止中暑和冻伤。

第五章　幼儿园的教育

第二十五条　幼儿园教育应当贯彻以下原则和要求:

(一)德、智、体、美等方面的教育应当互相渗透,有机结合。

(二)遵循幼儿身心发展规律,符合幼儿年龄特点,注重个体差异,因人施教,引导幼儿个性健康发展。

(三)面向全体幼儿,热爱幼儿,坚持积极鼓励、启发引导的正面教育。

(四)综合组织健康、语言、社会、科学、艺术各领域的教育内容,渗透于幼儿一日生活的各项活动中,充分发挥各种教育手段的交互作用。

(五)以游戏为基本活动,寓教育于各项活动之中。

(六)创设与教育相适应的良好环境,为幼儿提供活动和表现能力的机会与条件。

第二十六条　幼儿一日活动的组织应当动静交替,注重幼儿的直接感知、实际操作和亲身体验,保证幼儿愉快的、有益的自由活动。

第二十七条 幼儿园日常生活组织，应当从实际出发，建立必要、合理的常规，坚持一贯性和灵活性相结合，培养幼儿的良好习惯和初步的生活自理能力。

第二十八条 幼儿园应当为幼儿提供丰富多样的教育活动。

教育活动内容应当根据教育目标、幼儿的实际水平和兴趣确定，以循序渐进为原则，有计划地选择和组织。

教育活动的组织应当灵活地运用集体、小组和个别活动等形式，为每个幼儿提供充分参与的机会，满足幼儿多方面发展的需要，促进每个幼儿在不同水平上得到发展。

教育活动的过程应注重支持幼儿的主动探索、操作实践、合作交流和表达表现，不应片面追求活动结果。

第二十九条 幼儿园应当将游戏作为对幼儿进行全面发展教育的重要形式。

幼儿园应当因地制宜创设游戏条件，提供丰富、适宜的游戏材料，保证充足的游戏时间，开展多种游戏。

幼儿园应当根据幼儿的年龄特点指导游戏，鼓励和支持幼儿根据自身兴趣、需要和经验水平，自主选择游戏内容、游戏材料和伙伴，使幼儿在游戏过程中获得积极的情绪情感，促进幼儿能力和个性的全面发展。

第三十条 幼儿园应当将环境作为重要的教育资源，合理利用室内外环境，创设开放的、多样的区域活动空间，提供适合幼儿年龄特点的丰富的玩具、操作材料和幼儿读物，支持幼儿自主选择和主动学习，激发幼儿学习的兴趣与探究的愿望。

幼儿园应当营造尊重、接纳和关爱的氛围，建立良好的同伴和师生关系。

幼儿园应当充分利用家庭和社区的有利条件，丰富和拓展幼儿园的教育资源。

第三十一条 幼儿园的品德教育应当以情感教育和培养良好行为习惯为主，注重潜移默化的影响，并贯穿于幼儿生活以及各项活动之中。

第三十二条 幼儿园应当充分尊重幼儿的个体差异，根据幼儿不同的心理发展水平，研究有效的活动形式和方法，注重培养幼儿良好的个性心理品质。

幼儿园应当为在园残疾儿童提供更多的帮助和指导。

第三十三条 幼儿园和小学应当密切联系，互相配合，注意两个阶段教育的相互衔接。

幼儿园不得提前教授小学教育内容，不得开展任何违背幼儿身心发展规律的活动。

第六章　幼儿园的园舍、设备

第三十四条 幼儿园应当按照国家的相关规定设活动室、寝室、卫生间、保健室、综合活动室、厨房和办公用房等，并达到相应的建设标准。有条件的幼儿园应当优先扩大幼儿游戏和活动空间。

寄宿制幼儿园应当增设隔离室、浴室和教职工值班室等。

第三十五条 幼儿园应当有与其规模相适应的户外活动场地，配备必要的游戏和体育活动设施，创造条件开辟沙地、水池、种植园地等，并根据幼儿活动的需要绿化、美化园地。

第三十六条 幼儿园应当配备适合幼儿特点的桌椅、玩具架、盥洗卫生用具，以及必要的玩教具、图书和乐器等。

玩教具应当具有教育意义并符合安全、卫生要求。幼儿园应当因地制宜，就地取材，自制玩教具。

第三十七条 幼儿园的建筑规划面积、建筑设计和功能要求，以及设施设备、玩教具配备，按照国家和地方的相关规定执行。

第七章　幼儿园的教职工

第三十八条　幼儿园按照国家相关规定设园长、副园长、教师、保育员、卫生保健人员、炊事员和其他工作人员等岗位，配足配齐教职工。

第三十九条　幼儿园教职工应当贯彻国家教育方针，具有良好品德，热爱教育事业，尊重和爱护幼儿，具有专业知识和技能以及相应的文化和专业素养，为人师表，忠于职责，身心健康。

幼儿园教职工患传染病期间暂停在幼儿园的工作。有犯罪、吸毒记录和精神病史者不得在幼儿园工作。

真题面对面

[**2021临海，单选**]下列人员中，(　　)不能进入幼儿园工作。

①有犯罪记录的　②有吸毒史的　③有精神病史的

A. 仅①　　B. 仅②　　C. ①和②　　D. ①②③

答案：D

第四十条　幼儿园园长应当符合本规程第三十九条规定，并应当具有《教师资格条例》规定的教师资格、具备大专以上学历、有三年以上幼儿园工作经历和一定的组织管理能力，并取得幼儿园园长岗位培训合格证书。

幼儿园园长由举办者任命或者聘任，并报当地主管的教育行政部门备案。

幼儿园园长负责幼儿园的全面工作，主要职责如下：

（一）贯彻执行国家的有关法律、法规、方针、政策和地方的相关规定，负责建立并组织执行幼儿园的各项规章制度；

（二）负责保育教育、卫生保健、安全保卫工作；

（三）负责按照有关规定聘任、调配教职工，指导、检查和评估教师以及其他工作人员的工作，并给予奖惩；

（四）负责教职工的思想工作，组织业务学习，并为他们的学习、进修、教育研究创造必要的条件；

（五）关心教职工的身心健康，维护他们的合法权益，改善他们的工作条件；

（六）组织管理园舍、设备和经费；

（七）组织和指导家长工作；

（八）负责与社区的联系和合作。

第四十一条　幼儿园教师必须具有《教师资格条例》规定的幼儿园教师资格，并符合本规程第三十九条规定。

幼儿园教师实行聘任制。

幼儿园教师对本班工作全面负责，其主要职责如下：

（一）观察了解幼儿，依据国家有关规定，结合本班幼儿的发展水平和兴趣需要，制订和执行教育工作计划，合理安排幼儿一日生活；

（二）创设良好的教育环境，合理组织教育内容，提供丰富的玩具和游戏材料，开展适宜的教育活动；

（三）严格执行幼儿园安全、卫生保健制度，指导并配合保育员管理本班幼儿生活，做好卫生保健工作；

（四）与家长保持经常联系，了解幼儿家庭的教育环境，商讨符合幼儿特点的教育措施，相互配合共同完成教育任务；

（五）参加业务学习和保育教育研究活动；

（六）定期总结评估保教工作实效，接受园长的指导和检查。

第四十二条　幼儿园保育员应当符合本规程第三十九条规定，并应当具备高中毕业以上学历，受过幼儿保育职业培训。

幼儿园保育员的主要职责如下：

（一）负责本班房舍、设备、环境的清洁卫生和消毒工作；

（二）在教师指导下，科学照料和管理幼儿生活，并配合本班教师组织教育活动；

（三）在卫生保健人员和本班教师指导下，严格执行幼儿园安全、卫生保健制度；

（四）妥善保管幼儿衣物和本班的设备、用具。

第四十三条　幼儿园卫生保健人员除符合本规程第三十九条规定外，医师应当取得卫生行政部门颁发的《医师执业证书》；护士应当取得《护士执业证书》；保健员应当具有高中毕业以上学历，并经过当地妇幼保健机构组织的卫生保健专业知识培训。

幼儿园卫生保健人员对全园幼儿身体健康负责，其主要职责如下：

（一）协助园长组织实施有关卫生保健方面的法规、规章和制度，并监督执行；

（二）负责指导调配幼儿膳食，检查食品、饮水和环境卫生；

（三）负责晨检、午检和健康观察，做好幼儿营养、生长发育的监测和评价；定期组织幼儿健康体检，做好幼儿健康档案管理；

（四）密切与当地卫生保健机构的联系，协助做好疾病防控和计划免疫工作；

（五）向幼儿园教职工和家长进行卫生保健宣传和指导。

（六）妥善管理医疗器械、消毒用具和药品。

第四十四条　幼儿园其他工作人员的资格和职责，按照国家和地方的有关规定执行。

第四十五条　对认真履行职责、成绩优良的幼儿园教职工，应当按照有关规定给予奖励。

对不履行职责的幼儿园教职工，应当视情节轻重，依法依规给予相应处分。

第八章　幼儿园的经费

第四十六条　幼儿园的经费由举办者依法筹措，保障有必备的办园资金和稳定的经费来源。

按照国家和地方相关规定接受财政扶持的提供普惠性服务的国有企事业单位办园、集体办园和民办园等幼儿园，应当接受财务、审计等有关部门的监督检查。

第四十七条　幼儿园收费按照国家和地方的有关规定执行。

幼儿园实行收费公示制度，收费项目和标准向家长公示，接受社会监督，不得以任何名义收取与新生入园相挂钩的赞助费。

幼儿园不得以培养幼儿某种专项技能、组织或参与竞赛等为由，另外收取费用；不得以营利为目的组织幼儿表演、竞赛等活动。

第四十八条　幼儿园的经费应当按照规定的使用范围合理开支，坚持专款专用，不得挪作他用。

第四十九条　幼儿园举办者筹措的经费，应当保证保育和教育的需要，有一定比例用于改善办园条件和开展教职工培训。

第五十条　幼儿膳食费应当实行民主管理制度，保证全部用于幼儿膳食，每月向家长公布账目。

第五十一条　幼儿园应当建立经费预算和决算审核制度，经费预算和决算应当提交园务委员会审议，并接受财务和审计部门的监督检查。

幼儿园应当依法建立资产配置、使用、处置、产权登记、信息管理等管理制度，严格执行有关财务制度。

第九章　幼儿园、家庭和社区

第五十二条　幼儿园应当主动与幼儿家庭沟通合作，为家长提供科学育儿宣传指导，帮助家长创设良好的家庭教育环境，共同担负教育幼儿的任务。

第五十三条　幼儿园应当建立幼儿园与家长联系的制度。幼儿园可采取多种形式，指导家长正确了解幼儿园保育和教育的内容、方法，定期召开家长会议，并接待家长的来访和咨询。

幼儿园应当认真分析、吸收家长对幼儿园教育与管理工作的意见与建议。

幼儿园应当建立家长开放日制度。

第五十四条　幼儿园应当成立家长委员会。

家长委员会的主要任务是：对幼儿园重要决策和事关幼儿切身利益的事项提出意见和建议；发挥家长的专业和资源优势，支持幼儿园保育教育工作；帮助家长了解幼儿园工作计划和要求，协助幼儿园开展家庭教育指导和交流。

家长委员会在幼儿园园长指导下工作。

第五十五条　幼儿园应当加强与社区的联系与合作，面向社区宣传科学育儿知识，开展灵活多样的公益性早期教育服务，争取社区对幼儿园的多方面支持。

第十章　幼儿园的管理

第五十六条　幼儿园实行园长负责制。

幼儿园应当建立园务委员会。园务委员会由园长、副园长、党组织负责人和保教、卫生保健、财会等方面工作人员的代表以及幼儿家长代表组成。园长任园务委员会主任。

园长定期召开园务委员会会议，遇重大问题可临时召集，对规章制度的建立、修改、废除，全园工作计划，工作总结，人员奖惩，财务预算和决算方案，以及其他涉及全园工作的重要问题进行审议。

第五十七条　幼儿园应当加强党组织建设，充分发挥党组织政治核心作用、战斗堡垒作用。幼儿园应当为工会、共青团等其他组织开展工作创造有利条件，充分发挥其在幼儿园工作中的作用。

第五十八条　幼儿园应当建立教职工大会制度或者教职工代表大会制度，依法加强民主管理和监督。

第五十九条　幼儿园应当建立教研制度，研究解决保教工作中的实际问题。

第六十条　幼儿园应当制订年度工作计划，定期部署、总结和报告工作。每学年年末应当向教育等行政主管部门报告工作，必要时随时报告。

第六十一条　幼儿园应当接受上级教育、卫生、公安、消防等部门的检查、监督和指导，如实报告工作和反映情况。

幼儿园应当依法接受教育督导部门的督导。

第六十二条　幼儿园应当建立业务档案、财务管理、园务会议、人员奖惩、安全管理以及与家庭、小学联系等制度。

幼儿园应当建立信息管理制度，按照规定采集、更新、报送幼儿园管理信息系统的相关信息，每年向主管教育行政部门报送统计信息。

第六十三条　幼儿园教师依法享受寒暑假期的带薪休假。幼儿园应当创造条件，在寒暑假期间，安排工作人员轮流休假。具体办法由举办者制定。

第十一章　附　则

第六十四条　本规程适用于城乡各类幼儿园。

第六十五条　省、自治区、直辖市教育行政部门可根据本规程，制订具体实施办法。

第六十六条　本规程自2016年3月1日起施行。1996年3月9日由原国家教育委员会令第25号发布的《幼儿园工作规程》同时废止。

★★ 考点大默写 ★★

1. 最新的《幼儿园工作规程》是从__________年开始施行。
2. 幼儿园一般为__________年制。
3. 《幼儿园工作规程》规定，幼儿园不得设置在__________，不得使用危房。
4. 《幼儿园工作规程》规定，幼儿园应当将__________作为对幼儿进行全面发展教育的重要形式。
5. 《幼儿园工作规程》规定，幼儿一日活动的组织应当__________，注重幼儿的直接感知、实际操作和亲身体验，保证幼儿愉快的、有益的自由活动。
6. 《幼儿园工作规程》规定，幼儿园的经费由__________依法筹措，保障有必备的办园资金和稳定的经费来源。
7. 《幼儿园工作规程》规定，幼儿园玩教具应当具有教育意义并符合__________、__________要求。幼儿园应当因地制宜，就地取材，自制玩教具。
8. 幼儿园应当建立患病幼儿用药的__________制度，未经监护人委托或者同意，幼儿园不得给幼儿用药。幼儿园应当妥善管理药品，保证幼儿用药安全。
9. 幼儿园家长委员会在__________指导下工作。
10. 幼儿园教师实行__________制。
11. 幼儿园每班幼儿人数一般为：小班（3周岁至4周岁）__________人，中班（4周岁至5周岁）__________人，大班（5周岁至6周岁）__________人，混合班__________人。
12. 幼儿园每年__________季招生。平时如有缺额，可__________。
13. 《幼儿园工作规程》规定，幼儿园应当以__________为基本活动，寓教育于各项活动之中。
14. 幼儿园应当制定合理的幼儿一日生活作息制度。正餐间隔时间为__________。在正常情况下，幼儿户外活动时间（包括户外体育活动时间）每天不得少于__________，寄宿制幼儿园不得少于__________；高寒、高温地区可酌情增减。
15. 幼儿园应当把安全教育融入一日生活，并定期组织开展多种形式的__________和事故预防演练。
16. 幼儿园可分为全日制、__________、__________、__________和寄宿制等。

【参考答案】

1. 2016　2. 三　3. 污染区和危险区　4. 游戏　5. 动静交替　6. 举办者　7. 安全；卫生　8. 委托交接　9. 幼儿园园长　10. 聘任　11. 25；30；35；30　12. 秋；随时补招　13. 游戏　14. 3.5～4小时；2小时；3小时　15. 安全教育　16. 半日制；定时制；季节制

第三章　幼儿园教育指导纲要(试行)

(2001年7月2日中华人民共和国国家教育委员会令第20号发布，自2001年9月1日起试行)

第一部分　总　则

一、为贯彻《中华人民共和国教育法》《幼儿园管理条例》和《幼儿园工作规程》，指导幼儿园深入实施素质教育，特制定本纲要。

二、幼儿园教育是基础教育的重要组成部分，是我国学校教育和终身教育的奠基阶段。城乡各类幼儿园都应从实际出发，因地制宜地实施素质教育，为幼儿一生的发展打好基础。

三、幼儿园应与家庭、社区密切合作，与小学相互衔接，综合利用各种教育资源，共同为幼儿的发展创造良好的条件。

四、幼儿园应为幼儿提供健康、丰富的生活和活动环境，满足他们多方面发展的需要，使他们在快乐的童年生活中获得有益于身心发展的经验。

五、幼儿园教育应尊重幼儿的人格和权利，尊重幼儿身心发展的规律和学习特点，以游戏为基本活动，保教并重，关注个别差异，促进每个幼儿富有个性的发展。

真题面对面

[2019统考，单选]《幼儿园教育指导纲要(试行)》对幼儿园合作共育对象描述完整的是(　　)

A. 幼儿园应与家庭密切合作，与小学相互衔接

B. 幼儿园应与社区密切合作，与小学相互衔接

C. 幼儿园应与早教机构合作，与小学相互衔接

D. 幼儿园应与家庭、社区密切合作，与小学相互衔接

答案：D

第二部分　教育内容与要求

幼儿园的教育内容是全面的、启蒙性的，可以相对划分为健康、语言、社会、科学、艺术等五个领域，也可作其他不同的划分。各领域的内容相互渗透，从不同的角度促进幼儿情感、态度、能力、知识、技能等方面的发展。

一、健康【单选、简答】★★★

(一)目标

1. 身体健康，在集体生活中情绪安定、愉快；
2. 生活、卫生习惯良好，有基本的生活自理能力；
3. 知道必要的安全保健常识，学习保护自己；
4. 喜欢参加体育活动，动作协调、灵活。

记忆有妙招

健康领域的目标：**身情习理，体动安保**。**身**（身体）**情**（情绪）**习**（习惯）**理**（生活自理），**体**（体育活动）**动**（动作）**安**（安全保健知识）**保**（保护自己）。

真题面对面

[2022湖州长兴，简答]请简述健康领域的目标。

答案：详见内文

（二）内容与要求

1. 建立良好的师生、同伴关系，让幼儿在集体生活中感到温暖，心情愉快，形成安全感、信赖感；

2. 与家长配合，根据幼儿的需要建立科学的生活常规，培养幼儿良好的饮食、睡眠、盥洗、排泄等生活习惯和生活自理能力；

3. 教育幼儿爱清洁、讲卫生，注意保持个人和生活场所的整洁和卫生；

4. 密切结合幼儿的生活进行安全、营养和保健教育，提高幼儿的自我保护意识和能力；

5. 开展丰富多彩的户外游戏和体育活动，培养幼儿参加体育活动的兴趣和习惯，增强体质，提高对环境的适应能力；

6. 用幼儿感兴趣的方式发展基本动作，提高动作的协调性、灵活性；

7. 在体育活动中，培养幼儿坚强、勇敢、不怕困难的意志品质和主动、乐观、合作的态度。

（三）指导要点

1. 幼儿园必须把保护幼儿的生命和促进幼儿的健康放在工作的首位，树立正确的健康观念，在重视幼儿身体健康的同时，要高度重视幼儿的心理健康；

2. 既要高度重视和满足幼儿受保护、受照顾的需要，又要尊重和满足他们不断增长的独立要求，避免过度保护和包办代替，鼓励并指导幼儿自理、自立的尝试；

3. 健康领域的活动要充分尊重幼儿生长发育的规律，严禁以任何名义进行有损幼儿健康的比赛、表演或训练等；

4. 培养幼儿对体育活动的兴趣是幼儿园体育的重要目标，要根据幼儿的特点组织生动有趣、形式多样的体育活动，吸引幼儿主动参与。

真题面对面

[2018杭州，单选]幼儿园必须把保护幼儿的生命和（　　）放在工作的首位。

A. 促进幼儿情感和态度的发展　　B. 促进幼儿知识和技能的发展

C. 使幼儿获得快乐　　D. 促进幼儿的健康

答案：D

二、语言

（一）目标

1. 乐意与人交谈，讲话礼貌；

2. 注意倾听对方讲话，能理解日常用语；

3. 能清楚地说出自己想说的事;

4. 喜欢听故事、看图书;

5. 能听懂和会说普通话。

记忆有妙招

语言领域的目标:**谈听说图谱。谈**(交谈)**听**(倾听)**说**(说出)**图**(图书)**谱**(普通话)。

真题面对面

[2021 临海,简答]简述《幼儿园教育指导纲要(试行)》中语言领域的目标。

答案:详见内文

(二)内容与要求

1. 创造一个自由、宽松的语言交往环境,支持、鼓励、吸引幼儿与教师、同伴或其他人交谈,体验语言交流的乐趣,学习使用适当的、礼貌的语言交往;

2. 养成幼儿注意倾听的习惯,发展语言理解能力;

3. 鼓励幼儿大胆、清楚地表达自己的想法和感受,尝试说明、描述简单的事物或过程,发展语言表达能力和思维能力;

4. 引导幼儿接触优秀的儿童文学作品,使之感受语言的丰富和优美,并通过多种活动帮助幼儿加深对作品的体验和理解;

5. 培养幼儿对生活中常见的简单标记和文字符号的兴趣;

6. 利用图书、绘画和其他多种方式,引发幼儿对书籍、阅读和书写的兴趣,培养前阅读和前书写技能;

7. 提供普通话的语言环境,帮助幼儿熟悉、听懂并学说普通话。少数民族地区还应帮助幼儿学习本民族语言。

(三)指导要点

1. 语言能力是在运用的过程中发展起来的,发展幼儿语言的关键是创设一个能使他们想说、敢说、喜欢说、有机会说并能得到积极应答的环境;

2. 幼儿语言的发展与其情感、经验、思维、社会交往能力等其他方面的发展密切相关,因此,发展幼儿语言的重要途径是通过互相渗透的各领域的教育,在丰富多彩的活动中去扩展幼儿的经验,提供促进语言发展的条件;

3. 幼儿的语言学习具有个别化的特点,教师与幼儿的个别交流、幼儿之间的自由交谈等,对幼儿语言发展具有特殊意义;

4. 对有语言障碍的儿童要给予特别关注,要与家长和有关方面密切配合,积极地帮助他们提高语言能力。

三、社会 【多选、判断】 ★★★

(一)目标

1. 能主动地参与各项活动,有自信心;

2. 乐意与人交往,学习互助、合作和分享,有同情心;

3. 理解并遵守日常生活中基本的社会行为规则;

4. 能努力做好力所能及的事，不怕困难，有初步的责任感；

5. 爱父母长辈、老师和同伴，爱集体、爱家乡、爱祖国。

记忆有妙招

社会领域的目标：**两心两则各种爱。两心**（自信心、同情心）**两则**（社会行为规则、责任感）**各种爱**（爱父母长辈、老师……）。

真题面对面

[2021温州，多选]学前儿童社会教育的主要目标包含（　　）

A. 能主动地参与各项活动，有自信心

B. 乐意与人交往，学习互助、合作和分享，有同情心

C. 理解并遵守日常生活中基本的社会行为规则

D. 能努力做好力所能及的事，不怕困难，有初步的责任感

答案：ABCD

（二）内容与要求

1. 引导幼儿参加各种集体活动，体验与教师、同伴等共同生活的乐趣，帮助他们正确认识自己和他人，养成对他人、社会亲近合作的态度，学习初步的人际交往技能；

2. 为每个幼儿提供表现自己长处和获得成功的机会，增强其自尊心和自信心；

3. 提供自由活动的机会，支持幼儿自主地选择、计划活动，鼓励他们通过多方面的努力解决问题，不轻易放弃克服困难的尝试；

4. 在共同的生活和活动中，以多种方式引导幼儿认识、体验并理解基本的社会行为规则，学习自律和尊重他人；

5. 教育幼儿爱护玩具和其他物品，爱护公物和公共环境；

6. 与家庭、社区合作，引导幼儿了解自己的亲人以及与自己生活有关的各行各业人们的劳动，培养其对劳动者的热爱和对劳动成果的尊重；

7. 充分利用社会资源，引导幼儿实际感受祖国文化的丰富与优秀，感受家乡的变化和发展，激发幼儿爱家乡、爱祖国的情感；

8. 适当向幼儿介绍我国各民族和世界其他国家、民族的文化，使其感知人类文化的多样性和差异性，培养理解、尊重、平等的态度。

（三）指导要点

1. 社会领域的教育具有潜移默化的特点。幼儿社会态度和社会情感的培养尤应渗透在多种活动和一日生活的各个环节之中，要创设一个能使幼儿感受到接纳、关爱和支持的良好环境，避免单一呆板的言语说教。

2. 幼儿与成人、同伴之间的共同生活、交往、探索、游戏等，是其社会学习的重要途径。应为幼儿提供人际间相互交往和共同活动的机会和条件，并加以指导。

3. 社会学习是一个漫长的积累过程，需要幼儿园、家庭和社会密切合作，协调一致，共同促进幼儿良好社会性品质的形成。

真题面对面

[2018杭州,判断]教师应该以多种方式引导幼儿认识、体验并理解基本的社会行为规则。

答案:√

四、科学 【单选、判断】★★

(一)目标

1. 对周围的事物、现象感兴趣,有好奇心和求知欲;
2. 能运用各种感官,动手动脑,探究问题;
3. 能用适当的方式表达、交流探索的过程和结果;
4. 能从生活和游戏中感受事物的数量关系并体验到数学的重要和有趣;
5. 爱护动植物,关心周围环境,亲近大自然,珍惜自然资源,有初步的环保意识。

记忆有妙招

科学领域的目标:**好奇探究得结果,数量环保要做好。好奇**(好奇心和求知欲)**探究**(探究问题)**得结果**(交流探索的过程和结果),**数量**(数量关系)**环保**(环保意识)**要做好。**

(二)内容与要求

1. 引导幼儿对身边常见事物和现象的特点、变化规律产生兴趣和探究的欲望;
2. 为幼儿的探究活动创造宽松的环境,让每个幼儿都有机会参与尝试,支持、鼓励他们大胆提出问题,发表不同意见,学会尊重别人的观点和经验;
3. 提供丰富的可操作的材料,为每个幼儿都能运用多种感官、多种方式进行探索提供活动的条件;
4. 通过引导幼儿积极参加小组讨论、探索等方式,培养幼儿合作学习的意识和能力,学习用多种方式表现、交流、分享探索的过程和结果;
5. 引导幼儿对周围环境中的数、量、形、时间和空间等现象产生兴趣,建构初步的数概念,并学习用简单的数学方法解决生活和游戏中某些简单的问题;
6. 从生活或媒体中幼儿熟悉的科技成果入手,引导幼儿感受科学技术对生活的影响,培养他们对科学的兴趣和对科学家的崇敬;
7. 在幼儿生活经验的基础上,帮助幼儿了解自然、环境与人类生活的关系。从身边的小事入手,培养初步的环保意识和行为。

真题面对面

[2021临海,单选]通过引导幼儿积极参加小组讨论、探索等方式,培养幼儿合作学习的意识和能力,学习用多种方式表现、交流、分享探索的过程和结果。这属于(　　)的内容。

A. 健康领域　　B. 社会领域　　C. 科学领域　　D. 艺术领域

答案:C

(三)指导要点

1. 幼儿的科学教育是科学启蒙教育,重在激发幼儿的认识兴趣和探究欲望;
2. 要尽量创造条件让幼儿实际参加探究活动,使他们感受科学探究的过程和方法,体验发现的乐趣;
3. 科学教育应密切联系幼儿的实际生活进行,利用身边的事物与现象作为科学探索的对象。

真题面对面

[2017杭州,判断]幼儿的科学教育是科学启蒙教育,重在激发幼儿的认识兴趣和探究欲望。

答案:√

五、艺术

(一)目标

1. 能初步感受并喜爱环境、生活和艺术中的美;
2. 喜欢参加艺术活动,并能大胆地表现自己的情感和体验;
3. 能用自己喜欢的方式进行艺术表现活动。

(二)内容与要求

1. 引导幼儿接触周围环境和生活中美好的人、事、物,丰富他们的感性经验和审美情趣,激发他们表现美、创造美的情趣;

2. 在艺术活动中面向全体幼儿,要针对他们的不同特点和需要,让每个幼儿都得到美的熏陶和培养,对有艺术天赋的幼儿要注意发展他们的艺术潜能;

3. 提供自由表现的机会,鼓励幼儿用不同艺术形式大胆地表达自己的情感、理解和想象,尊重每个幼儿的想法和创造,肯定和接纳他们独特的审美感受和表现方式,分享他们创造的快乐;

4. 在支持、鼓励幼儿积极参加各种艺术活动并大胆表现的同时,帮助他们提高表现的技能和能力;

5. 指导幼儿利用身边的物品或废旧材料制作玩具、手工艺品等来美化自己的生活或开展其他活动;

6. 为幼儿创设展示自己作品的条件,引导幼儿相互交流、相互欣赏、共同提高。

(三)指导要点

1. 艺术是实施美育的主要途径,应充分发挥艺术的情感教育功能,促进幼儿健全人格的形成,要避免仅仅重视表现技能或艺术活动的结果,而忽视幼儿在活动过程中的情感体验和态度的倾向;

2. 幼儿的创作过程和作品是他们表达自己的认识和情感的重要方式,应支持幼儿富有个性和创造性的表达,克服过分强调技能技巧和标准化要求的偏向;

3. 幼儿艺术活动的能力是在大胆表现的过程中逐渐发展起来的,教师的作用应主要在于激发幼儿感受美、表现美的情趣,丰富他们的审美经验,使之体验自由表达和创造的快乐。在此基础上,根据幼儿的发展状况和需要,对表现方式和技能技巧给予适时、适当的指导。

真题面对面

[2018杭州,判断]幼儿艺术活动的能力是在艺术技能训练中形成的。

答案:×

第三部分　组织与实施

一、幼儿园的教育是为所有在园幼儿的健康成长服务的,要为每一个儿童,包括有特殊需要的儿童提供积极的支持和帮助。

二、幼儿园的教育活动,是教师以多种形式有目的、有计划地引导幼儿生动、活泼、主动活动的教育过程。

三、教育活动的组织与实施过程是教师创造性地开展工作的过程。教师要根据本《纲要》,从本地、本园的条件出发,结合本班幼儿的实际情况,制订切实可行的工作计划并灵活地执行。

四、教育活动目标要以《幼儿园工作规程》和本《纲要》所提出的各领域目标为指导,结合本班幼儿的发展水平、经验和需要来确定。

真题面对面

[2021温州,判断]教育活动目标要以《幼儿园工作规程》和《幼儿园教育指导纲要(试行)》所提出的各领域目标为指导,结合本班幼儿的发展水平、经验和需要来确定。

答案:√

五、教育活动内容的选择应遵照本《纲要》第二部分的有关条款进行,同时体现以下原则:

(一)既适合幼儿的现有水平,又有一定的挑战性;

(二)既符合幼儿的现实需要,又有利于其长远发展;

(三)既贴近幼儿的生活来选择幼儿感兴趣的事物和问题,又有助于拓展幼儿的经验和视野。

六、教育活动内容的组织应充分考虑幼儿的学习特点和认识规律,各领域的内容要有机联系,相互渗透,注重综合性、趣味性、活动性,寓教育于生活、游戏之中。

七、教育活动的组织形式应根据需要合理安排,因时、因地、因内容、因材料灵活地运用。

八、环境是重要的教育资源,应通过环境的创设和利用,有效地促进幼儿的发展。

(一)幼儿园的空间、设施、活动材料和常规要求等应有利于引发、支持幼儿的游戏和各种探索活动,有利于引发、支持幼儿与周围环境之间积极的相互作用;

(二)幼儿同伴群体及幼儿园教师集体是宝贵的教育资源,应充分发挥这一资源的作用;

(三)教师的态度和管理方式应有助于形成安全、温馨的心理环境,言行举止应成为幼儿学习的良好榜样;

(四)家庭是幼儿园重要的合作伙伴,应本着尊重、平等、合作的原则,争取家长的理解、支持和主动参与,并积极支持、帮助家长提高教育能力;

(五)充分利用自然环境和社区的教育资源,扩展幼儿生活和学习的空间,幼儿园同时应为社区的早期教育提供服务。

九、科学、合理地安排和组织一日生活。

(一)时间安排应有相对的稳定性与灵活性,既有利于形成秩序,又能满足幼儿的合理需要,照顾到个体差异;

(二)教师直接指导的活动和间接指导的活动相结合,保证幼儿每天有适当的自主选择和自由活动时间,教师直接指导的集体活动要能保证幼儿的积极参与,避免时间的隐性浪费;

(三)尽量减少不必要的集体行动和过渡环节,减少和消除消极等待现象;

(四)建立良好的常规,避免不必要的管理行为,逐步引导幼儿学习自我管理。

记忆有妙招

科学、合理地安排和组织一日生活:**食指极度长。食**(时间安排)**指**(直接指导和间接指导)**极度**(集体行动和过渡环节)**长**(常规)。

十、教师应成为幼儿学习活动的支持者、合作者、引导者。

(一)以关怀、接纳、尊重的态度与幼儿交往,耐心倾听,努力理解幼儿的想法与感受,支持、鼓励他们大胆探索与表达;

(二)善于发现幼儿感兴趣的事物、游戏和偶发事件中所隐含的教育价值,把握时机,积极引导;

(三)关注幼儿在活动中的表现和反应,敏感地察觉他们的需要,及时以适当的方式应答,形成合作探究式的师生互动;

(四)尊重幼儿在发展水平、能力、经验、学习方式等方面的个体差异,因人施教,努力使每一个幼儿都能获得满足和成功;

(五)关注幼儿的特殊需要,包括各种发展潜能和不同发展障碍,与家庭密切配合,共同促进幼儿健康成长。

记忆有妙招

教师应成为幼儿学习活动的支持者、合作者、引导者:**用特殊态度发现个体活动。用特殊**(关注特殊需要)**态度**(关怀、接纳、尊重的态度)**发现**(善于发现)**个体**(尊重个体差异)**活动**(关注幼儿在活动中的表现)。

十一、幼儿园教育要与0~3岁儿童的保育教育以及小学教育相互衔接。

真题面对面

[2018统考,论述]《幼儿园教育指导纲要(试行)》中关于“科学、合理地安排和组织一日生活”提出了四点要求,试结合实例论述你的理解。

答案:详见内文

第四部分 教育评价

一、教育评价是幼儿园教育工作的重要组成部分,是了解教育的适宜性、有效性,调整和改进工作,促进每一个幼儿发展,提高教育质量的必要手段。

二、管理人员、教师、幼儿及其家长均是幼儿园教育评价工作的参与者。评价过程是各方共同参与、相互支持与合作的过程。

三、评价的过程,是教师运用专业知识审视教育实践,发现、分析、研究、解决问题的过程,也是其自我成长的重要途径。

四、幼儿园教育工作评价实行以教师自评为主,园长以及有关管理人员、其他教师和家长等参与评价的制度。

五、评价应自然地伴随着整个教育过程进行。综合采用观察、谈话、作品分析等多种方法。

六、幼儿的行为表现和发展变化具有重要的评价意义,教师应视之为重要的评价信息和改进工作的依据。

七、教育工作评价宜重点考察以下方面:

(一)教育计划和教育活动的目标是否建立在了解本班幼儿现状的基础上;

(二)教育的内容、方式、策略、环境条件是否能调动幼儿学习的积极性;

(三)教育过程是否能为幼儿提供有益的学习经验,并符合其发展需要;

（四）教育内容、要求能否兼顾群体需要和个体差异，使每个幼儿都能得到发展，都有成功感；

（五）教师的指导是否有利于幼儿主动、有效地学习。

八、对幼儿发展状况的评估，要注意：

（一）明确评价的目的是了解幼儿的发展需要，以便提供更加适宜的帮助和指导；

（二）全面了解幼儿的发展状况，防止片面性，尤其要避免只重知识和技能，忽略情感、社会性和实际能力的倾向；

（三）在日常活动与教育教学过程中采用自然的方法进行，平时观察所获的具有典型意义的幼儿行为表现和所积累的各种作品等，是评价的重要依据；

（四）承认和关注幼儿的个体差异，避免用划一的标准评价不同的幼儿，在幼儿面前慎用横向的比较；

（五）以发展的眼光看待幼儿，既要了解现有水平，更要关注其发展的速度、特点和倾向等。

本《纲要》从2001年9月起施行。

真题面对面

1. [2018杭州，判断]幼儿也是幼儿园教育评价工作的参与者。
2. [2019杭州，简答]对幼儿发展状况的评估需注意哪些方面？
3. [2017统考，简答]简述《幼儿园教育指导纲要（试行）》中对幼儿园教育工作评价的重点内容。

答案：1. √　2. 详见内文　3. 详见内文

考点大默写

1. 幼儿的语言能力是在__________的过程中发展起来的，发展幼儿语言的关键是创设一个能使他们__________、敢说、喜欢说、__________并能得到积极应答的环境。
2. 艺术是实施__________的主要途径，应充分发挥艺术的情感教育功能。
3. 幼儿园教育应尊重幼儿的人格和权利，尊重幼儿__________和__________，以__________为基本活动，保教并重，关注个别差异，促进每个幼儿富有个性的发展。
4. 教师应以关怀、__________、__________的态度与幼儿交往。
5. 《幼儿园教育指导纲要（试行）》中提出，要建立良好的师生、__________关系，让幼儿在集体生活中感到温暖，心情愉快，形成安全感、__________。
6. 《幼儿园教育指导纲要（试行）》教育评价部分指出，评价应自然地伴随着整个教育过程进行。综合采用观察、谈话、__________等多种方法。
7. 幼儿园应与家庭、__________密切合作，与小学相互衔接，综合利用各种教育资源，共同为幼儿的发展创造良好的条件。

【参考答案】

1. 运用；想说；有机会说　2. 美育　3. 身心发展的规律；学习特点；游戏　4. 接纳；尊重　5. 同伴；信赖感　6. 作品分析　7. 社区

第四章　3～6岁儿童学习与发展指南

2012年9月

说　明

一、为深入贯彻《国家中长期教育改革和发展规划纲要（2010～2020年）》和《国务院关于当前发展学前教育的若干意见》（国发〔2010〕41号），指导幼儿园和家庭实施科学的保育和教育，促进幼儿身心全面和谐发展，制定《3～6岁儿童学习与发展指南》（以下简称《指南》）。

二、《指南》以为幼儿后继学习和终身发展奠定良好素质基础为目标，以促进幼儿体、智、德、美各方面的协调发展为核心，通过提出3～6岁各年龄段儿童学习与发展目标和相应的教育建议，帮助幼儿园教师和家长了解3～6岁幼儿学习与发展的基本规律和特点，建立对幼儿发展的合理期望，实施科学的保育和教育，让幼儿度过快乐而有意义的童年。

三、《指南》从健康、语言、社会、科学、艺术五个领域描述幼儿的学习与发展。每个领域按照幼儿学习与发展最基本、最重要的内容划分为若干方面。每个方面由学习与发展目标和教育建议两部分组成。

目标部分分别对3～4岁、4～5岁、5～6岁三个年龄段末期幼儿应该知道什么、能做什么，大致可以达到什么发展水平提出了合理期望，指明了幼儿学习与发展的具体方向；教育建议部分列举了一些能够有效帮助和促进幼儿学习与发展的教育途径与方法。

真题面对面

[2023永康，单选]《3～6岁儿童学习与发展指南》将幼儿的学习与发展分为(　　)五个领域。

A. 德育、智育、体育、美育、劳育　　B. 身心、动作、生活、阅读、写作

C. 健康、语言、社会、科学、艺术　　D. 健康、认知、情感、意志、性格

答案：C

四、实施《指南》应把握以下几个方面：

1. **关注幼儿学习与发展的整体性。**儿童的发展是一个整体，要注重领域之间、目标之间的相互渗透和整合，促进幼儿身心全面协调发展，而不应片面追求某一方面或几方面的发展。

2. **尊重幼儿发展的个体差异。**幼儿的发展是一个持续、渐进的过程，同时也表现出一定的阶段性特征。每个幼儿在沿着相似进程发展的过程中，各自的发展速度和到达某一水平的时间不完全相同。要充分理解和尊重幼儿发展进程中的个别差异，支持和引导他们从原有水平向更高水平发展，按照自身的速度和方式到达《指南》所呈现的发展“阶梯”，切忌用一把“尺子”衡量所有幼儿。

真题面对面

[2021杭州，判断]幼儿的发展是一个持续、渐进的过程，同时也表现出一定的阶段性特征。

答案：√

3. **理解幼儿的学习方式和特点**。幼儿的学习是以直接经验为基础，在游戏和日常生活中进行的。要珍视游戏和生活的独特价值，创设丰富的教育环境，合理安排一日生活，最大限度地支持和满足幼儿通过直接感知、实际操作和亲身体验获取经验的需要，严禁“拔苗助长”式的超前教育和强化训练。

4. **重视幼儿的学习品质**。幼儿在活动过程中表现出的积极态度和良好行为倾向是终身学习与发展所必需的宝贵品质。要充分尊重和保护幼儿的好奇心和学习兴趣，帮助幼儿逐步养成积极主动、认真专注、不怕困难、敢于探究和尝试、乐于想象和创造等良好学习品质。忽视幼儿学习品质培养，单纯追求知识技能学习的做法是短视而有害的。

真题面对面

1. [2018杭州，判断]《3～6岁儿童学习与发展指南》在目标部分分别对3～4岁、4～5岁、5～6岁三个年龄段中期幼儿应该知道什么、能做什么，大致可以达到什么发展水平提出了合理期望。

2. [2018统考，简答]简述实施《3～6岁儿童学习与发展指南》应把握的几个方面。

答案：1. × 2. 详见内文

一、健康 【单选、简答】★★★

健康是指人在身体、心理和社会适应方面的良好状态。幼儿阶段是儿童身体发育和机能发展极为迅速的时期，也是形成安全感和乐观态度的重要阶段。发育良好的身体、愉快的情绪、强健的体质、协调的动作、良好的生活习惯和基本生活能力是幼儿身心健康的重要标志，也是其他领域学习与发展的基础。

为有效促进幼儿身心健康发展，成人应为幼儿提供合理均衡的营养，保证充足的睡眠和适宜的锻炼，满足幼儿生长发育的需要；创设温馨的人际环境，让幼儿充分感受到亲情和关爱，形成积极稳定的情绪情感；帮助幼儿养成良好的生活与卫生习惯，提高自我保护能力，形成使其终身受益的生活能力和文明生活方式。

幼儿身心发育尚未成熟，需要成人的精心呵护和照顾，但不宜过度保护和包办代替，以免剥夺幼儿自主学习的机会，养成过于依赖的不良习惯，影响其主动性、独立性的发展。

真题面对面

[2019杭州，简答]幼儿身心健康的重要标志是什么？

答案：详见内文

（一）身心状况

目标1 具有健康的体态

3～4岁	4～5岁	5～6岁
1. 身高和体重适宜。参考标准： 男孩：身高：94.9～111.7厘米 体重：12.7～21.2公斤 女孩：身高：94.1～111.3厘米 体重：12.3～21.5公斤	1. 身高和体重适宜。参考标准： 男孩：身高：100.7～119.2厘米 体重：14.1～24.2公斤 女孩：身高：99.9～118.9厘米 体重：13.7～24.9公斤	1. 身高和体重适宜。参考标准： 男孩：身高：106.1～125.8厘米 体重：15.9～27.1公斤 女孩：身高：104.9～125.4厘米 体重：15.3～27.8公斤
2. 在提醒下能自然坐直、站直。	2. 在提醒下能保持正确的站、坐和行走姿势。	2. 经常保持正确的站、坐和行走姿势。

注：身高和体重数据来源：《2006年世界卫生组织儿童生长标准》4、5、6周岁儿童身高和体重的参考数据

教育建议：

1. 为幼儿提供营养丰富、健康的饮食。如：

·参照《中国孕期、哺乳期妇女和0～6岁儿童膳食指南》，为幼儿提供谷物、蔬菜、水果、肉、奶、蛋、豆制品

等多样化的食物，均衡搭配。

·烹调方式要科学，尽量少煎炸、烧烤、腌制。

2. 保证幼儿每天睡11～12小时，其中午睡一般应达到2小时左右。午睡时间可根据幼儿的年龄、季节的变化和个体差异适当减少。

3. 注意幼儿的体态，帮助他们形成正确的姿势。如：

·提醒幼儿要保持正确的站、坐、走姿势；发现有八字脚、罗圈腿、驼背等骨骼发育异常的情况，应及时就医矫治。

·桌、椅和床要合适。椅子的高度以幼儿写画时双脚能自然着地、大腿基本保持水平状为宜；桌子的高度以写画时身体能坐直，不驼背、不耸肩为宜；床不宜过软。

4. 每年为幼儿进行健康检查。

目标2　情绪安定愉快

3～4岁	4～5岁	5～6岁
1. 情绪比较稳定，很少因一点小事哭闹不止。 2. 有比较强烈的情绪反应时，能在成人的安抚下逐渐平静下来。	1. 经常保持愉快的情绪，不高兴时能较快缓解。 2. 有比较强烈情绪反应时，能在成人提醒下逐渐平静下来。 3. 愿意把自己的情绪告诉亲近的人，一起分享快乐或求得安慰。	1. 经常保持愉快的情绪。知道引起自己某种情绪的原因，并努力缓解。 2. 表达情绪的方式比较适度，不乱发脾气。 3. 能随着活动的需要转换情绪和注意。

教育建议：

1. 营造温暖、轻松的心理环境，让幼儿形成安全感和信赖感。如：

·保持良好的情绪状态，以积极、愉快的情绪影响幼儿。

·以欣赏的态度对待幼儿。注意发现幼儿的优点，接纳他们的个体差异，不简单与同伴做横向比较。

·幼儿做错事时要冷静处理，不厉声斥责，更不能打骂。

2. 帮助幼儿学会恰当表达和调控情绪。如：

·成人用恰当的方式表达情绪，为幼儿做出榜样。如生气时不乱发脾气，不迁怒于人。

·成人和幼儿一起谈论自己高兴或生气的事，鼓励幼儿与人分享自己的情绪。

·允许幼儿表达自己的情绪，并给予适当的引导。如幼儿发脾气时不硬性压制，等其平静后告诉他什么行为是可以接受的。

·发现幼儿不高兴时，主动询问情况，帮助他们化解消极情绪。

目标3　具有一定的适应能力

3～4岁	4～5岁	5～6岁
1. 能在较热或较冷的户外环境中活动。 2. 换新环境时情绪能较快稳定，睡眠、饮食基本正常。 3. 在帮助下能较快适应集体生活。	1. 能在较热或较冷的户外环境中连续活动半小时左右。 2. 换新环境时较少出现身体不适。 3. 能较快适应人际环境中发生的变化。如换了新老师能较快适应。	1. 能在较热或较冷的户外环境中连续活动半小时以上。 2. 天气变化时较少感冒，能适应车、船等交通工具造成的轻微颠簸。 3. 能较快融入新的人际关系环境。如换了新的幼儿园或班级能较快适应。

教育建议：

1. 保证幼儿的户外活动时间，提高幼儿适应季节变化的能力。

·幼儿每天的户外活动时间一般不少于两小时，其中体育活动时间不少于1小时，季节交替时要坚持。

·气温过热或过冷的季节或地区应因地制宜，选择温度适当的时间段开展户外活动，也可根据气温的变化和幼儿的个体差异，适当减少活动的时间。

2. 经常与幼儿玩拉手转圈、秋千、转椅等游戏活动，让幼儿适应轻微的摆动、颠簸、旋转，促进其平衡机能的发展。

3. 锻炼幼儿适应生活环境变化的能力。如：

·注意观察幼儿在新环境中的饮食、睡眠、游戏等方面的情况，采取相应的措施帮助他们尽快适应新环境。

·经常带幼儿接触不同的人际环境，如参加亲戚朋友聚会，多和不熟悉的小朋友玩，使幼儿较快适应新的人际关系。

（二）动作发展

目标1　具有一定的平衡能力，动作协调、灵敏

3~4岁	4~5岁	5~6岁
1. 能沿地面直线或在较窄的低矮物体上走一段距离。 2. 能双脚灵活交替上下楼梯。 3. 能身体平稳地双脚连续向前跳。 4. 分散跑时能躲避他人的碰撞。 5. 能双手向上抛球。	1. 能在较窄的低矮物体上平稳地走一段距离。 2. 能以匍匐、膝盖悬空等多种方式钻爬。 3. 能助跑跨跳过一定距离，或助跑跨跳过一定高度的物体。 4. 能与他人玩追逐、躲闪跑的游戏。 5. 能连续自抛自接球。	1. 能在斜坡、荡桥和有一定间隔的物体上较平稳地行走。 2. 能以手脚并用的方式安全地爬攀登架、网等。 3. 能连续跳绳。 4. 能躲避他人滚过来的球或扔过来的沙包。 5. 能连续拍球。

教育建议：

1. 利用多种活动发展身体平衡和协调能力。如：

·走平衡木，或沿着地面直线、田埂行走。

·玩跳房子、踢毽子、蒙眼走路、踩小高跷等游戏活动。

2. 发展幼儿动作的协调性和灵活性。如：

·鼓励幼儿进行跑跳、钻爬、攀登、投掷、拍球等活动。

·玩跳竹竿、滚铁环等传统体育游戏。

3. 对于拍球、跳绳等技能性活动，不要过于要求数量，更不能机械训练。

4. 结合活动内容对幼儿进行安全教育，注重在活动中培养幼儿的自我保护能力。

真题面对面

1. [2021杭州，单选]3~4岁儿童动作发展目标中，具有一定的平衡能力，动作协调、灵敏，行为表现之一是能够（　　）

A. 双手向上抛球　　B. 连续自抛自接球

C. 连续拍球　　D. 双手抛接球

2. [2022衢州龙游，简答]发展幼儿身体平衡和协调能力的活动有哪些？

答案：1. A　2. 详见内文

目标2　具有一定的力量和耐力

3～4岁	4～5岁	5～6岁
1. 能双手抓杠悬空吊起10秒左右。 2. 能单手将沙包向前投掷2米左右。 3. 能单脚连续向前跳2米左右。 4. 能快跑15米左右。 5. 能行走1公里左右(途中可适当停歇)。	1. 能双手抓杠悬空吊起15秒左右。 2. 能单手将沙包向前投掷4米左右。 3. 能单脚连续向前跳5米左右。 4. 能快跑20米左右。 5. 能连续行走1.5公里左右(途中可适当停歇)。	1. 能双手抓杠悬空吊起20秒左右。 2. 能单手将沙包向前投掷5米左右。 3. 能单脚连续向前跳8米左右。 4. 能快跑25米左右。 5. 能连续行走1.5公里以上(途中可适当停歇)。

教育建议：

1. 开展丰富多样、适合幼儿年龄特点的各种身体活动，如走、跑、跳、攀、爬等，鼓励幼儿坚持下来，不怕累。

2. 日常生活中鼓励幼儿多走路、少坐车；自己上下楼梯、自己背包。

在“具有一定的力量和耐力”方面，不同年龄阶段幼儿的发展目标是个易混点，为方便考生对该表格内容进行区分，现将记忆方法为考生总结如下：

4～5岁(中班)年龄阶段发展目标是“4投5跳跑20，15秒吊，1.5公里走”。4投(投沙包4米)5跳(单脚跳5米)跑20(快跑20米)，15秒吊(悬空吊起15秒)，1.5公里走(连续行走1.5公里)。

3～4岁(小班)整体水平比4～5岁(中班)低，5～6岁(大班)整体水平比4～5岁(中班)高。考生可根据表格发现其规律。

真题面对面

1. [2021绍兴，单选]《3～6岁儿童学习与发展指南》中，对小班幼儿单脚连续向前跳的距离要求是(　　)

A. 2米　　B. 3米　　C. 4米　　D. 5米

2. [2018杭州，单选]5～6岁幼儿基本能够达到双手抓杠悬空吊起(　　)

A. 10秒左右　　B. 20秒左右　　C. 30秒左右　　D. 40秒左右

3. [2022湖州长兴，简答]请简述4～5岁幼儿动作发展中力量和耐力的目标。

答案：1. A　2. B　3. 详见内文

目标3　手的动作灵活协调

3～4岁	4～5岁	5～6岁
1. 能用笔涂涂画画。 2. 能熟练地用勺子吃饭。 3. 能用剪刀沿直线剪，边线基本吻合。	1. 能沿边线较直地画出简单图形，或能边线基本对齐地折纸。 2. 会用筷子吃饭。 3. 能沿轮廓线剪出由直线构成的简单图形，边线吻合。	1. 能根据需要画出图形，线条基本平滑。 2. 能熟练使用筷子。 3. 能沿轮廓线剪出由曲线构成的简单图形，边线吻合且平滑。 4. 能使用简单的劳动工具或用具。

教育建议：

1. 创造条件和机会，促进幼儿手的动作灵活协调。如：

•提供画笔、剪刀、纸张、泥团等工具和材料，或充分利用各种自然、废旧材料和常见物品，让幼儿进行画、剪、折、粘等美工活动。

•引导幼儿生活自理或参与家务劳动，发展其手的动作。如练习自己用筷子吃饭、扣扣子，帮助家人择菜叶、做面食等。

•幼儿园在布置娃娃家、商店等活动区时，多提供原材料和半成品，让幼儿有更多机会参与制作活动。

2. 引导幼儿注意活动安全。如：

•为幼儿提供的塑料粒、珠子等活动材料要足够大，材质要安全，以免造成异物进入气管、铅中毒等伤害。提供幼儿用安全剪刀。

•为幼儿示范拿筷子、握笔的正确姿势以及使用剪刀、锤子等工具的方法。

•提醒幼儿不要拿剪刀等锋利工具玩耍，用完后要放回原处。

(三)生活习惯与生活能力

目标1　具有良好的生活与卫生习惯

3~4岁	4~5岁	5~6岁
1. 在提醒下，按时睡觉和起床，并能坚持午睡。 2. 喜欢参加体育活动。 3. 在引导下，不偏食、挑食。喜欢吃瓜果、蔬菜等新鲜食品。 4. 愿意饮用白开水，不贪喝饮料。 5. 不用脏手揉眼睛，连续看电视等不超过15分钟。 6. 在提醒下，每天早晚刷牙、饭前便后洗手。	1. 每天按时睡觉和起床，并能坚持午睡。 2. 喜欢参加体育活动。 3. 不偏食、挑食，不暴饮暴食。喜欢吃瓜果、蔬菜等新鲜食品。 4. 常喝白开水，不贪喝饮料。 5. 知道保护眼睛，不在光线过强或过暗的地方看书，连续看电视等不超过20分钟。 6. 每天早晚刷牙、饭前便后洗手，方法基本正确。	1. 养成每天按时睡觉和起床的习惯。 2. 能主动参加体育活动。 3. 吃东西时细嚼慢咽。 4. 主动饮用白开水，不贪喝饮料。 5. 主动保护眼睛。不在光线过强或过暗的地方看书，连续看电视等不超过30分钟。 6. 每天早晚主动刷牙，饭前便后主动洗手，方法正确。

教育建议：

1. 让幼儿保持有规律的生活，养成良好的作息习惯。如：早睡早起、每天午睡、按时进餐、吃好早餐等。

2. 帮助幼儿养成良好的饮食习惯。如：

•合理安排餐点，帮助幼儿养成定点、定时、定量进餐的习惯。

•帮助幼儿了解食物的营养价值，引导他们不偏食不挑食、少吃或不吃不利于健康的食品；多喝白开水，少喝饮料。

•吃饭时不过分催促，提醒幼儿细嚼慢咽，不要边吃边玩。

3. 帮助幼儿养成良好的个人卫生习惯。如：

•早晚刷牙、饭后漱口。

•勤为幼儿洗澡、换衣服、剪指甲。

•提醒幼儿保护五官，如不乱挖耳朵、鼻孔，看电视时保持3米左右的距离等。

4. 激发幼儿参加体育活动的兴趣，养成锻炼的习惯。如：

•为幼儿准备多种体育活动材料，鼓励他选择自己喜欢的材料开展活动。

•经常和幼儿一起在户外运动和游戏，鼓励幼儿和同伴一起开展体育活动。

•和幼儿一起观看体育比赛或有关体育赛事的电视节目，培养他对体育活动的兴趣。

目标2　具有基本的生活自理能力

3～4岁	4～5岁	5～6岁
1. 在帮助下能穿脱衣服或鞋袜。 2. 能将玩具和图书放回原处。	1. 能自己穿脱衣服、鞋袜、扣纽扣。 2. 能整理自己的物品。	1. 能知道根据冷热增减衣服。 2. 会自己系鞋带。 3. 能按类别整理好自己的物品。

真题面对面

[2021温州，单选]在健康领域，“能自己穿脱衣服、鞋袜、扣纽扣”“能整理自己的物品”属于(　　)幼儿具有“基本的生活自理能力”方面的目标。

A. 小班　　B. 中班　　C. 大班　　D. 小小班

答案：B

教育建议：

1. 鼓励幼儿做力所能及的事情，对幼儿的尝试与努力给予肯定，不因做不好或做得慢而包办代替。

2. 指导幼儿学习和掌握生活自理的基本方法，如穿脱衣服和鞋袜、洗手洗脸、擦鼻涕、擦屁股的正确方法。

3. 提供有利于幼儿生活自理的条件。如：

•提供一些纸箱、盒子，供幼儿收拾和存放自己的玩具、图书或生活用品等。

•幼儿的衣服、鞋子等要简单实用，便于自己穿脱。

目标3　具备基本的安全知识和自我保护能力

3～4岁	4～5岁	5～6岁
1. 不吃陌生人给的东西，不跟陌生人走。 2. 在提醒下能注意安全，不做危险的事。 3. 在公共场所走失时，能向警察或有关人员说出自己和家长的名字、电话号码等简单信息。	1. 知道在公共场合不远离成人的视线单独活动。 2. 认识常见的安全标志，能遵守安全规则。 3. 运动时能主动躲避危险。 4. 知道简单的求助方式。	1. 未经大人允许不给陌生人开门。 2. 能自觉遵守基本的安全规则和交通规则。 3. 运动时能注意安全，不给他人造成危险。 4. 知道一些基本的防灾知识。

教育建议：

1. 创设安全的生活环境，提供必要的保护措施。如：

•要把热水瓶、药品、火柴、刀具等物品放到幼儿够不到的地方；阳台或窗台要有安全保护措施；要使用安全的电源插座等。

•在公共场所要注意照看好幼儿；幼儿乘车、乘电梯时要有成人陪伴；不把幼儿单独留在家里或汽车里等。

2. 结合生活实际对幼儿进行安全教育。如：

•外出时，提醒幼儿要紧跟成人，不远离成人的视线，不跟陌生人走，不吃陌生人给的东西；不在河边和马路边玩耍；要遵守交通规则等。

•帮助幼儿了解周围环境中不安全的事物，不做危险的事。如不动热水壶，不玩火柴或打火机，不摸电源插座，不攀爬窗户或阳台等。

•帮助幼儿认识常见的安全标识，如：小心触电、小心有毒、禁止下河游泳、紧急出口等。

·告诉幼儿不允许别人触摸自己的隐私部位。

3. 教给幼儿简单的自救和求救的方法。如：

·记住自己家庭的住址、电话号码、父母的姓名和单位，一旦走失时知道向成人求助，并能提供必要信息。

·遇到火灾或其他紧急情况时，知道要拨打110、120、119等求救电话。

·可利用图书、音像等材料对幼儿进行逃生和求救方面的教育，并运用游戏方式模拟练习。

·幼儿园应定期进行火灾、地震等自然灾害的逃生演习。

二、语言 【简答】 ★★★

语言是交流和思维的工具。幼儿期是语言发展，特别是口语发展的重要时期。幼儿语言的发展贯穿于各个领域，也对其他领域的学习与发展有着重要的影响：幼儿在运用语言进行交流的同时，也在发展着人际交往能力、理解他人和判断交往情境的能力、组织自己思想的能力。通过语言获取信息，幼儿的学习逐步超越个体的直接感知。

幼儿的语言能力是在交流和运用的过程中发展起来的。应为幼儿创设自由、宽松的语言交往环境，鼓励和支持幼儿与成人、同伴交流，让幼儿想说、敢说、喜欢说并能得到积极回应。为幼儿提供丰富、适宜的低幼读物，经常和幼儿一起看图书、讲故事，丰富其语言表达能力，培养阅读兴趣和良好的阅读习惯，进一步拓展学习经验。

幼儿的语言学习需要相应的社会经验支持，应通过多种活动扩展幼儿的生活经验，丰富语言的内容，增强理解和表达能力。应在生活情境和阅读活动中引导幼儿自然而然地产生对文字的兴趣，用机械记忆和强化训练的方式让幼儿过早识字不符合其学习特点和接受能力。

（一）倾听与表达

目标1 认真听并能听懂常用语言

3~4岁	4~5岁	5~6岁
1. 别人对自己说话时能注意听并做出回应。 2. 能听懂日常会话。	1. 在群体中能有意识地听与自己有关的信息。 2. 能结合情境感受到不同语气、语调所表达的不同意思。 3. 方言地区和少数民族幼儿能基本听懂普通话。	1. 在集体中能注意听老师或其他人讲话。 2. 听不懂或有疑问时能主动提问。 3. 能结合情境理解一些表示因果、假设等相对复杂的句子。

教育建议：

1. 多给幼儿提供倾听和交谈的机会。如：经常和幼儿一起谈论他感兴趣的话题，或一起看图书、讲故事。

2. 引导幼儿学会认真倾听。如：

·成人要耐心倾听别人（包括幼儿）的讲话，等别人讲完再表达自己的观点。

·与幼儿交谈时，要用幼儿能听得懂的语言。

·对幼儿提要求和布置任务时要求他注意听，鼓励他主动提问。

3. 对幼儿讲话时，注意结合情境使用丰富的语言，以便于幼儿理解。如：

·说话时注意语气、语调，让幼儿感受语气、语调的作用。如对幼儿的不合理要求以比较坚定的语气表示不同意；讲故事时，尽量把故事人物高兴、悲伤的心情用不同的语气、语调表现出来。

·根据幼儿的理解水平有意识地使用一些反映因果、假设、条件等关系的句子。

目标2　愿意讲话并能清楚地表达

3~4岁	4~5岁	5~6岁
1. 愿意在熟悉的人面前说话，能大方地与人打招呼。 2. 基本会说本民族或本地区的语言。 3. 愿意表达自己的需要和想法，必要时能配以手势动作。 4. 能口齿清楚地说儿歌、童谣或复述简短的故事。	1. 愿意与他人交谈，喜欢谈论自己感兴趣的话题。 2. 会说本民族或本地区的语言，基本会说普通话。少数民族聚居地区幼儿会用普通话进行日常会话。 3. 能基本完整地讲述自己的所见所闻和经历的事情。 4. 讲述比较连贯。	1. 愿意与他人讨论问题，敢在众人面前说话。 2. 会说本民族或本地区的语言和普通话，发音正确清晰。少数民族聚居地区幼儿基本会说普通话。 3. 能有序、连贯、清楚地讲述一件事情。 4. 讲述时能使用常见的形容词、同义词等，语言比较生动。

教育建议：

1. 为幼儿创造说话的机会并体验语言交往的乐趣。

•每天有足够的时间与幼儿交谈。如谈论他感兴趣的话题，询问和听取他对自己事情的意见等。

•尊重和接纳幼儿的说话方式，无论幼儿的表达水平如何，都应认真地倾听并给予积极的回应。

•鼓励和支持幼儿与同伴一起玩耍、交谈，相互讲述见闻、趣事或看过的图书、动画片等。

•方言和少数民族地区应积极为幼儿创设用普通话交流的语言环境。

2. 引导幼儿清楚地表达。如：

•和幼儿讲话时，成人自身的语言要清楚、简洁。

•当幼儿因为急于表达而说不清楚的时候，提醒他不要着急，慢慢说；同时要耐心倾听，给予必要的补充，帮助他理清思路并清晰地说出来。

真题面对面

[2021温州，简答]《3~6岁儿童学习与发展指南》语言领域中，为了培养幼儿达到“愿意讲话并能清楚地表达”这一目标有哪些教育建议？

答案：详见内文

目标3　具有文明的语言习惯

3~4岁	4~5岁	5~6岁
1. 与别人讲话时知道眼睛要看着对方。 2. 说话自然，声音大小适中。 3. 能在成人的提醒下使用恰当的礼貌用语。	1. 别人对自己讲话时能回应。 2. 能根据场合调节自己说话声音的大小。 3. 能主动使用礼貌用语，不说脏话、粗话。	1. 别人讲话时能积极主动地回应。 2. 能根据谈话对象和需要，调整说话的语气。 3. 懂得按次序轮流讲话，不随意打断别人。 4. 能依据所处情境使用恰当的语言。如在别人难过时会用恰当的语言表示安慰。

教育建议：

1. 成人注意语言文明，为幼儿做出表率。如：

•与他人交谈时，认真倾听，使用礼貌用语。

•在公共场合不大声说话，不说脏话、粗话。

•幼儿表达意见时，成人可蹲下来，眼睛平视幼儿，耐心听他把话说完。

2. 帮助幼儿养成良好的语言行为习惯。如：

•结合情境提醒幼儿一些必要的交流礼节。如对长辈说话要有礼貌，客人来访时要打招呼，得到帮助时要说谢谢等。

•提醒幼儿遵守集体生活的语言规则，如轮流发言，不随意打断别人讲话等。

•提醒幼儿注意公共场所的语言文明，如不大声喧哗。

(二)阅读与书写准备

目标1 喜欢听故事，看图书

3~4岁	4~5岁	5~6岁
1. 主动要求成人讲故事、读图书。 2. 喜欢跟读韵律感强的儿歌、童谣。 3. 爱护图书，不乱撕、乱扔。	1. 反复看自己喜欢的图书。 2. 喜欢把听过的故事或看过的图书讲给别人听。 3. 对生活中常见的标识、符号感兴趣，知道它们表示一定的意义。	1. 专注地阅读图书。 2. 喜欢与他人一起谈论图书和故事的有关内容。 3. 对图书和生活情境中的文字符号感兴趣，知道文字表示一定的意义。

教育建议：

1. 为幼儿提供良好的阅读环境和条件。如：

•提供一定数量、符合幼儿年龄特点、富有童趣的图画书。

•提供相对安静的地方，尽量减少干扰，保证幼儿自主阅读。

2. 激发幼儿的阅读兴趣，培养阅读习惯。如：

•经常抽时间与幼儿一起看图书、讲故事。

•提供童谣、故事和诗歌等不同体裁的儿童文学作品，让幼儿自主选择和阅读。

•当幼儿遇到感兴趣的事物或问题时，和他一起查阅图书资料，让他感受图书的作用，体会通过阅读获取信息的乐趣。

3. 引导幼儿体会标识、文字符号的用途。如：

•向幼儿介绍医院、公用电话等生活中的常见标识，让他知道标识可以代表具体事物。

•结合生活实际，帮助幼儿体会文字的用途。如买来新玩具时，把说明书上的文字念给幼儿听，了解玩具的玩法。

目标2 具有初步的阅读理解能力

3~4岁	4~5岁	5~6岁
1. 能听懂短小的儿歌或故事。 2. 会看画面，能根据画面说出图中有什么，发生了什么事等。 3. 能理解图书上的文字是和画面对应的，是用来表达画面意义的。	1. 能大体讲出所听故事的主要内容。 2. 能根据连续画面提供的信息，大致说出故事的情节。 3. 能随着作品的展开产生喜悦、担忧等相应的情绪反应，体会作品所表达的情绪情感。	1. 能说出所阅读的幼儿文学作品的主要内容。 2. 能根据故事的部分情节或图书画面的线索猜想故事情节的发展，或续编、创编故事。 3. 对看过的图书、听过的故事能说出自己的看法。 4. 能初步感受文学语言的美。

教育建议：

1. 经常和幼儿一起阅读，引导他以自己的经验为基础理解图书的内容。如：

•引导幼儿仔细观察画面，结合画面讨论故事内容，学习建立画面与故事内容的联系。

•和幼儿一起讨论或回忆书中的故事情节，引导他有条理地说出故事的大致内容。

·在给幼儿读书或讲故事时，可先不告诉名字，让幼儿听完后自己命名，并说出这样命名的理由。

·鼓励幼儿自主阅读，并与他人讨论自己在阅读中的发现、体会和想法。

2. 在阅读中发展幼儿的想象和创造能力。如：

·鼓励幼儿依据画面线索讲述故事，大胆推测、想象故事情节的发展，改编故事部分情节或续编故事结尾。

·鼓励幼儿用故事表演、绘画等不同的方式表达自己对图书和故事的理解。

·鼓励和支持幼儿自编故事，并为自编的故事配上图画，制成图画书。

3. 引导幼儿感受文学作品的美。如：

·有意识地引导幼儿欣赏或模仿文学作品的语言节奏和韵律。

·给幼儿读书时，通过表情、动作和抑扬顿挫的声音传达书中的情绪情感，让幼儿体会作品的感染力和表现力。

目标3　具有书面表达的愿望和初步技能

3～4岁	4～5岁	5～6岁
喜欢用涂涂画画表达一定的意思。	1. 愿意用图画和符号表达自己的愿望和想法。 2. 在成人提醒下，写写画画时姿势正确。	1. 愿意用图画和符号表现事物或故事。 2. 会正确书写自己的名字。 3. 写画时姿势正确。

教育建议：

1. 让幼儿在写写画画的过程中体验文字符号的功能，培养书写兴趣。如：

·准备供幼儿随时取放的纸、笔等材料，也可利用沙地、树枝等自然材料，满足幼儿自由涂画的需要。

·鼓励幼儿将自己感兴趣的事情或故事画下来并讲给别人听，让幼儿体会写写画画的方式可以表达自己的想法和情感。

·把幼儿讲过的事情用文字记录下来，并念给他听，使幼儿知道说的话可以用文字记录下来，从中体会文字的用途。

2. 在绘画和游戏中做必要的书写准备。如：

·通过把虚线画出的图形轮廓连成实线等游戏，促进手眼协调，同时帮助幼儿学习由上至下、由左至右的运笔技能。

·鼓励幼儿学习书写自己的名字。

·提醒幼儿写画时保持正确姿势。

三、社会 【简答、论述】★★★

幼儿社会领域的学习与发展过程是其社会性不断完善并奠定健全人格基础的过程。人际交往和社会适应是幼儿社会学习的主要内容，也是其社会性发展的基本途径。幼儿在与成人和同伴交往的过程中，不仅学习如何与人友好相处，也在学习如何看待自己、对待他人，不断发展适应社会生活的能力。良好的社会性发展对幼儿身心健康和其他各方面的发展都具有重要影响。

家庭、幼儿园和社会应共同努力，为幼儿创设温暖、关爱、平等的家庭和集体生活氛围，建立良好的亲子关系、师生关系和同伴关系，让幼儿在积极健康的人际关系中获得安全感和信任感，发展自信和自尊，在良好的社会环境及文化的熏陶中学会遵守规则，形成基本的认同感和归属感。

幼儿的社会性主要是在日常生活和游戏中通过观察和模仿潜移默化地发展起来的。成人应注重自己言行的榜样作用，避免简单生硬的说教。

(一)人际交往

目标1　愿意与人交往

3～4岁	4～5岁	5～6岁
1. 愿意和小朋友一起游戏。 2. 愿意与熟悉的长辈一起活动。	1. 喜欢和小朋友一起游戏，有经常一起玩的小伙伴。 2. 喜欢和长辈交谈，有事愿意告诉长辈。	1. 有自己的好朋友，也喜欢结交新朋友。 2. 有问题愿意向别人请教。 3. 有高兴的或有趣的事愿意与大家分享。

教育建议：

1. 主动亲近和关心幼儿，经常和他一起游戏或活动，让幼儿感受到与成人交往的快乐，建立亲密的亲子关系和师生关系。

2. 创造交往的机会，让幼儿体会交往的乐趣。如：

·利用走亲戚、到朋友家做客或有客人来访的时机，鼓励幼儿与他人接触和交谈。

·鼓励幼儿参加小朋友的游戏，邀请小朋友到家里玩，感受有朋友一起玩的快乐。

·幼儿园应多为幼儿提供自由交往和游戏的机会，鼓励他们自主选择、自由结伴开展活动。

真题面对面

[2021温州，简答]培养幼儿愿意与人交往有何教育建议？

答案：详见内文

目标2　能与同伴友好相处

3～4岁	4～5岁	5～6岁
1. 想加入同伴的游戏时，能友好地提出请求。 2. 在成人指导下，不争抢、不独霸玩具。 3. 与同伴发生冲突时，能听从成人的劝解。	1. 会运用介绍自己、交换玩具等简单技巧加入同伴游戏。 2. 对大家都喜欢的东西能轮流、分享。 3. 与同伴发生冲突时，能在他人帮助下和平解决。 4. 活动时愿意接受同伴的意见和建议。 5. 不欺负弱小。	1. 能想办法吸引同伴和自己一起游戏。 2. 活动时能与同伴分工合作，遇到困难能一起克服。 3. 与同伴发生冲突时能自己协商解决。 4. 知道别人的想法有时和自己不一样，能倾听和接受别人的意见，不能接受时会说明理由。 5. 不欺负别人，也不允许别人欺负自己。

教育建议：

1. 结合具体情境，指导幼儿学习交往的基本规则和技能。如：

·当幼儿不知怎样加入同伴游戏，或提出请求不被接受时，建议他拿出玩具邀请大家一起玩；或者扮成某个角色加入同伴的游戏。

·对幼儿与别人分享玩具、图书等行为给予肯定，让他对自己的表现感到高兴和满足。

·当幼儿与同伴发生矛盾或冲突时，指导他尝试用协商、交换、轮流玩、合作等方式解决冲突。

·利用相关的图书、故事，结合幼儿的交往经验，和他讨论什么样的行为受大家欢迎，想要得到别人的接纳应该怎样做。

·幼儿园应多为幼儿提供需要大家齐心协力才能完成的活动，让幼儿在具体活动中体会合作的重要性，学习分工合作。

2. 结合具体情境，引导幼儿换位思考，学习理解别人。如：

·幼儿有争抢玩具等不友好行为时，引导他们想想“假如你是那个小朋友，你有什么感受？”让幼儿学习理解别人的想法和感受。

3. 和幼儿一起谈谈他的好朋友，说说喜欢这个朋友的原因，引导他多发现同伴的优点、长处。

目标3　具有自尊、自信、自主的表现

3~4岁	4~5岁	5~6岁
1. 能根据自己的兴趣选择游戏或其他活动。 2. 为自己的好行为或活动成果感到高兴。 3. 自己能做的事情愿意自己做。 4. 喜欢承担一些小任务。	1. 能按自己的想法进行游戏或其他活动。 2. 知道自己的一些优点和长处，并对此感到满意。 3. 自己的事情尽量自己做，不愿意依赖别人。 4. 敢于尝试有一定难度的活动和任务。	1. 能主动发起活动或在活动中出主意、想办法。 2. 做了好事或取得了成功后还想做得更好。 3. 自己的事情自己做，不会的愿意学。 4. 主动承担任务，遇到困难能够坚持而不轻易求助。 5. 与别人的看法不同时，敢于坚持自己的意见并说出理由。

教育建议：

1. 关注幼儿的感受，保护其自尊心和自信心。如：

•能以平等的态度对待幼儿，使幼儿切实感受到自己被尊重。

•对幼儿好的行为表现多给予具体、有针对性的肯定和表扬，让他对自己优点和长处有所认识并感到满足和自豪。

•不要拿幼儿的不足与其他幼儿的优点作比较。

2. 鼓励幼儿自主决定，独立做事，增强其自尊心和自信心。如：

•与幼儿有关的事情要征求他的意见，即使他的意见与成人不同，也要认真倾听，接受他的合理要求。

•在保证安全的情况下，支持幼儿按自己的想法做事；或提供必要的条件，帮助他实现自己的想法。

•幼儿自己的事情尽量放手让他自己做，即使做得不够好，也应鼓励并给予一定的指导，让他在做事中树立自尊和自信。

•鼓励幼儿尝试有一定难度的任务，并注意调整难度，让他感受经过努力获得的成就感。

目标4　关心尊重他人

3~4岁	4~5岁	5~6岁
1. 长辈讲话时能认真听，并能听从长辈的要求。 2. 身边的人生病或不开心时表示同情。 3. 在提醒下能做到不打扰别人。	1. 会用礼貌的方式向长辈表达自己的要求和想法。 2. 能注意到别人的情绪，并有关心、体贴的表现。 3. 知道父母的职业，能体会到父母为养育自己所付出的辛劳。	1. 能有礼貌地与人交往。 2. 能关注别人的情绪和需要，并能给予力所能及的帮助。 3. 尊重为大家提供服务的人，珍惜他们的劳动成果。 4. 接纳、尊重与自己的生活方式或习惯不同的人。

教育建议：

1. 成人以身作则，以尊重、关心的态度对待自己的父母、长辈和其他人。如：

•经常问候父母，主动做家务。

•礼貌地对待老年人，如坐车时主动为老人让座。

•看到别人有困难能主动关心并给予一定的帮助。

2. 引导幼儿尊重、关心长辈和身边的人，尊重他人劳动及成果。如：

•提醒幼儿关心身边的人，如妈妈累了，知道让她安静休息一会儿。

•借助故事、图书等给幼儿讲讲父母抚育孩子成长的经历，让幼儿理解和体会父爱与母爱。

•结合实际情境，提醒幼儿注意别人的情绪，了解他们的需要，给予适当的关心和帮助。

•利用生活机会和角色游戏，帮助幼儿了解与自己关系密切的社会服务机构及其工作，如商场、邮局、医院等，体会这些机构给大家提供的便利和服务，懂得尊重工作人员的劳动，珍惜劳动成果。

3. 引导幼儿学习用平等、接纳和尊重的态度对待差异。如：

•了解每个人都有自己的兴趣、爱好和特长，可以相互学习。

•利用民间游戏、传统节日等，适当向幼儿介绍我国主要民族和世界其他国家和民族的文化，帮助幼儿感知文化的多样性和差异性，理解人们之间是平等的，应该互相尊重，友好相处。

（二）社会适应

目标1　喜欢并适应群体生活

3～4岁	4～5岁	5～6岁
1. 对群体活动有兴趣。 2. 对幼儿园的生活好奇，喜欢上幼儿园。	1. 愿意并主动参加群体活动。 2. 愿意与家长一起参加社区的一些群体活动。	1. 在群体活动中积极、快乐。 2. 对小学生活有好奇和向往。

教育建议：

1. 经常和幼儿一起参加一些群体性的活动，让幼儿体会群体活动的乐趣。如：参加亲戚、朋友和同事间的聚会以及适合幼儿参加的社区活动等，支持幼儿和不同群体的同伴一起游戏，丰富其群体活动的经验。

2. 幼儿园组织活动时，可以经常打破班级的界限，让幼儿有更多机会参加不同群体的活动。

3. 带领大班幼儿参观小学，讲讲小学有趣的活动，唤起他们对小学生活的好奇和向往，为入学做好心理准备。

目标2　遵守基本的行为规范

3～4岁	4～5岁	5～6岁
1. 在提醒下，能遵守游戏和公共场所的规则。 2. 知道不经允许不能拿别人的东西，借别人的东西要归还。 3. 在成人提醒下，爱护玩具和其他物品。	1. 感受规则的意义，并能基本遵守规则。 2. 不私自拿不属于自己的东西。 3. 知道说谎是不对的。 4. 知道接受了的任务要努力完成。 5. 在提醒下，能节约粮食、水电等。	1. 理解规则的意义，能与同伴协商制定游戏和活动规则。 2. 爱惜物品，用别人的东西时也知道爱护。 3. 做了错事敢于承认，不说谎。 4. 能认真负责地完成自己所接受的任务。 5. 爱护身边的环境，注意节约资源。

教育建议：

1. 成人要遵守社会行为规则，为幼儿树立良好的榜样。如：答应幼儿的事一定要做到、尊老爱幼、爱护公共环境，节约水电等。

2. 结合社会生活实际，帮助幼儿了解基本行为规则或其他游戏规则，体会规则的重要性，学习自觉遵守规则。如：

•经常和幼儿玩带有规则的游戏，遵守共同约定的游戏规则。

•利用实际生活情境和图书故事，向幼儿介绍一些必要的社会行为规则，以及为什么要遵守这些规则。

•在幼儿园的区域活动中，创设情境，让幼儿体会没有规则的不方便，鼓励他们讨论制定规则并自觉遵守。

•对幼儿表现出的遵守规则的行为要及时肯定，对违规行为给予纠正。如：幼儿主动为老人让座时要表扬；幼儿损害别人的物品或公共物品时要及时制止并主动赔偿。

3. 教育幼儿要诚实守信。如：

•对幼儿诚实守信的行为要及时肯定。

•允许幼儿犯错误，告诉他改了就好。不要打骂幼儿，以免他因害怕惩罚而说谎。

•小年龄幼儿经常分不清想象和现实，成人不要误认为他是在说谎。

•发现幼儿说谎时，要反思是否是因自己对幼儿的要求过高过严造成的。如果是，要及时调整自己的行为，同时要严肃地告诉幼儿说谎是不对的。

•经常给幼儿分配一些力所能及的任务，要求他完成并及时给予表扬，培养他的责任感和认真负责的态度。

真题面对面

[2022衢州龙游，论述]结合《3～6岁儿童学习与发展指南》内容，说说培养儿童遵守基本的行为规范的教育建议。

答案：详见内文

目标3　具有初步的归属感

3～4岁	4～5岁	5～6岁
1. 知道和自己一起生活的家庭成员及与自己的关系，体会到自己是家庭的一员。 2. 能感受到家庭生活的温暖，爱父母，亲近与信赖长辈。 3. 能说出自己家所在街道、小区（乡镇、村）的名称。 4. 认识国旗，知道国歌。	1. 喜欢自己所在的幼儿园和班级，积极参加集体活动。 2. 能说出自己家所在地的省、市、县（区）名称，知道当地有代表性的物产或景观。 3. 知道自己是中国人。 4. 奏国歌、升国旗时能自动站好。	1. 愿意为集体做事，为集体的成绩感到高兴。 2. 能感受到家乡的发展变化并为此感到高兴。 3. 知道自己的民族，知道中国是一个多民族的大家庭，各民族之间要互相尊重，团结友爱。 4. 知道国家一些重大成就，爱祖国，为自己是中国人感到自豪。

教育建议：

1. 亲切地对待幼儿，关心幼儿，让他感到长辈是可亲、可近、可信赖的，家庭和幼儿园是温暖的。如：

•多和孩子一起游戏、谈笑，尽量在家庭和班级中营造温馨的氛围。

•通过和幼儿一起翻阅照片、讲幼儿成长的故事等，让幼儿感受到家庭和幼儿园的温暖，老师的和蔼可亲，对养育自己的人产生感激之情。

2. 吸引和鼓励幼儿参加集体活动，萌发集体意识。如：

•幼儿园和班级里的重大事情和计划，请幼儿集体讨论决定。

•幼儿园应经常组织多种形式的集体活动，萌发幼儿的集体荣誉感。

3. 运用幼儿喜闻乐见和能够理解的方式激发幼儿爱家乡、爱祖国的情感。如：

•和幼儿说一说或在地图上找一找自己家所在的省、市、县（区）名称。

•和幼儿一起外出游玩，一起看有关的电视节目或画报等；和他们一起收集有关家乡、祖国各地的风景名胜、著名的建筑、独特物产的图片等，在观看和欣赏的过程中激发幼儿的自豪感和热爱之情。

•利用电视节目或参加升旗等活动，向幼儿介绍国旗、国歌以及观看升旗、奏国歌的礼仪。

•向幼儿介绍反映中国人聪明才智的发明和创造，激发幼儿的民族自豪感。

四、科学【单选、简答、论述】★★★

幼儿的科学学习是在探究具体事物和解决实际问题中，尝试发现事物间的异同和联系的过程。幼儿在对自然事物的探究和运用数学解决实际生活问题的过程中，不仅获得丰富的感性经验，充分发展形象思维，而且初步尝试归类、排序、判断、推理，逐步发展逻辑思维能力，为其他领域的深入学习奠定基础。

幼儿科学学习的核心是激发探究兴趣，体验探究过程，发展初步的探究能力。成人要善于发现和保护幼儿的好奇心，充分利用自然和实际生活机会，引导幼儿通过观察、比较、操作、实验等方法，学习发现问题、分析问题和解决问题；帮助幼儿不断积累经验，并运用于新的学习活动，形成受益终身的学习态度和能力。

幼儿的思维特点是以具体形象思维为主，应注重引导幼儿通过直接感知、亲身体验和实际操作进行科学学习，不应为追求知识和技能的掌握，对幼儿进行灌输和强化训练。

真题面对面

[2018杭州，单选]幼儿科学学习的核心是激发探究兴趣，体验探究过程，发展初步的(　　)能力。

A. 探究　　B. 认知　　C. 思维　　D. 感知

答案：A

(一)科学探究

目标1　亲近自然，喜欢探究

3～4岁	4～5岁	5～6岁
1. 喜欢接触大自然，对周围的很多事物和现象感兴趣。 2. 经常问各种问题，或好奇地摆弄物品。	1. 喜欢接触新事物，经常问一些与新事物有关的问题。 2. 常常动手动脑探索物体和材料，并乐在其中。	1. 对自己感兴趣的问题总是刨根问底。 2. 能经常动手动脑寻找问题的答案。 3. 探索中有所发现时感到兴奋和满足。

教育建议：

1. 经常带幼儿接触大自然，激发其好奇心与探究欲望。如：

•为幼儿提供一些有趣的探究工具，用自己的好奇心和探究积极性感染和带动幼儿。

•和幼儿一起发现并分享周围新奇、有趣的事物或现象，一起寻找问题的答案。

•通过拍照和画图等方式保留和积累有趣的探索与发现。

2. 真诚地接纳、多方面支持和鼓励幼儿的探索行为。如：

•认真对待幼儿的问题，引导他们猜一猜、想一想，有条件时和幼儿一起做一些简易的调查或有趣的小实验。

•容忍幼儿因探究而弄脏、弄乱、甚至破坏物品的行为，引导他们活动后做好收拾整理。

•多为幼儿选择一些能操作、多变化、多功能的玩具材料或废旧材料，在保证安全的前提下，鼓励幼儿拆装或动手自制玩具。

目标2　具有初步的探究能力

3～4岁	4～5岁	5～6岁
1. 对感兴趣的事物能仔细观察，发现其明显特征。 2. 能用多种感官或动作去探索物体，关注动作所产生的结果。	1. 能对事物或现象进行观察比较，发现其相同与不同。 2. 能根据观察结果提出问题，并大胆猜测答案。 3. 能通过简单的调查收集信息。 4. 能用图画或其他符号进行记录。	1. 能通过观察、比较与分析，发现并描述不同种类物体的特征或某个事物前后的变化。 2. 能用一定的方法验证自己的猜测。 3. 在成人的帮助下能制订简单的调查计划并执行。 4. 能用数字、图画、图表或其他符号记录。 5. 探究中能与他人合作与交流。

教育建议：

1. 有意识地引导幼儿观察周围事物，学习观察的基本方法，培养观察与分类能力。如：

•支持幼儿自发的观察活动，对其发现表示赞赏。

•通过提问等方式引导幼儿思考并对事物进行比较观察和连续观察。

•引导幼儿在观察和探索的基础上，尝试进行简单的分类、概括。如：根据运动方式给动物分类，根据生长环境给植物分类，根据外部特征给物体分类等。

2. 支持和鼓励幼儿在探究的过程中积极动手动脑寻找答案或解决问题。如：

•鼓励幼儿根据观察或发现提出值得继续探究的问题，或成人提出有探究意义且能激发幼儿兴趣的问题。如：皮球、轮胎、竹筒等物体滚动时都走直线吗？怎样让橡皮泥球浮在水面上？

•支持和鼓励幼儿大胆联想、猜测问题的答案，并设法验证。如：玩风车时，鼓励幼儿猜测风车转动方向及速度快慢的原因和条件，并实际去验证。

•支持、引导幼儿学习用适宜的方法探究和解决问题，或为自己的想法收集证据。如：想知道院子里有多少种植物，可以进行实地调查；想知道球在平地上还是在斜坡上滚得快，可以动手试一试；想证明影子的方向与太阳的位置有关，可以做个小实验进行验证等。

3. 鼓励和引导幼儿学习做简单的计划和记录，并与他人交流分享。如：

•和幼儿共同制定调查计划，讨论调查对象、步骤和方法等，也可以和幼儿一起设法用图画、箭头等标识呈现计划。

•鼓励幼儿用绘画、照相、做标本等办法记录观察和探究的过程与结果，注意要让记录有意义，通过记录帮助幼儿丰富观察经验、建立事物之间的联系和分享发现。

•支持幼儿与同伴合作探究与分享交流，引导他们在交流中尝试整理、概括自己探究的成果，体验合作探究和发现的乐趣。如一起讨论和分享自己的问题与发现，一起想办法收集资料和验证猜测。

4. 帮助幼儿回顾自己探究的过程，讨论自己做了什么，怎么做的，结果与计划目标是否一致，分析一下原因以及下一步要怎样做等。

真题面对面

[2022金华兰溪，论述]根据《3~6岁儿童学习与发展指南》的内容，对“具有初步的探究能力”，有什么指导建议。

答案：详见内文

目标3　在探究中认识周围事物和现象

3~4岁	4~5岁	5~6岁
1. 认识常见的动植物，能注意并发现周围的动植物是多种多样的。 2. 能感知和发现物体和材料的软硬、光滑和粗糙等特性。 3. 能感知和体验天气对自己生活和活动的影响。 4. 初步了解和体会动植物和人们生活的关系。	1. 能感知和发现动植物的生长变化及其基本条件。 2. 能感知和发现常见材料的溶解、传热等性质或用途。 3. 能感知和发现简单物理现象，如物体形态或位置变化等。 4. 能感知和发现不同季节的特点，体验季节对动植物和人的影响。 5. 初步感知常用科技产品与自己生活的关系，知道科技产品有利也有弊。	1. 能察觉到动植物的外形特征、习性与生存环境的适应关系。 2. 能发现常见物体的结构与功能之间的关系。 3. 能探索并发现常见的物理现象产生的条件或影响因素，如影子、沉浮等。 4. 感知并了解季节变化的周期性，知道变化的顺序。 5. 初步了解人们的生活与自然环境的密切关系，知道尊重和珍惜生命，保护环境。

教育建议：

1. 支持幼儿在接触自然、生活事物和现象中积累有益的直接经验和感性认识。如：

•和幼儿一起通过户外活动、参观考察、种植和饲养活动，感知生物的多样性和独特性，以及生长发育、繁殖和死亡的过程。

•给幼儿提供丰富的材料和适宜的工具，支持幼儿在游戏过程中探索并感知常见物质、材料的特性和物体的结构特点。

2. 引导幼儿在探究中思考，尝试进行简单的推理和分析，发现事物之间明显的关联。如：

•引导5岁以上幼儿关注和思考动植物的外部特征、习性与生活环境对动植物生存的意义。如兔子的长耳朵具有自我保护的作用；植物种子的形状有助于其传播等。

•引导幼儿根据常见物质、材料的特性和物体的结构特点，推测和证实它们的用途。如：带轮子的物体方便移动；不同用途的车辆有不同的结构等等。

3. 引导幼儿关注和了解自然、科技产品与人们生活的密切关系，逐渐懂得热爱、尊重、保护自然。如：

•结合幼儿的生活需要，引导他们体会人与自然、动植物的依赖关系。如动植物、季节变化与人们生活的关系、常见灾害性天气给人们生产和生活带来的影响等。

•和幼儿一起讨论常见科技产品的用途和弊端，如汽车等交通工具给生活带来的方便和对环境的污染等。

(二)数学认知

目标1　初步感知生活中数学的有用和有趣

3~4岁	4~5岁	5~6岁
1. 感知和发现周围物体的形状是多种多样的，对不同的形状感兴趣。 2. 体验和发现生活中很多地方都用到数。	1. 在指导下，感知和体会有些事物可以用形状来描述。 2. 在指导下，感知和体会有些事物可以用数来描述，对环境中各种数字的含义有进一步探究的兴趣。	1. 能发现事物简单的排列规律，并尝试创造新的排列规律。 2. 能发现生活中许多问题都可以用数学的方法来解决，体验解决问题的乐趣。

教育建议：

1. 引导幼儿注意事物的形状特征，尝试用表示形状的词来描述事物，体会描述的生动形象性和趣味性。如：

•参观游览后，和幼儿一起谈论所看到的事物的形状，鼓励幼儿产生联想，并用自己的语言进行描述。如熊猫的身体圆圆的，全身好像是一个个的圆形组成的。

•和幼儿交谈或读书讲故事时，适当地运用一些有关形状的词汇来描述事物，如看图片时，和幼儿讨论奥运会场馆的形状，体会为什么有的场馆叫“水立方”，有的叫“鸟巢”。

2. 引导幼儿感知和体会生活中很多地方都用到数，关注周围与自己生活密切相关的数的信息，体会数可以代表不同的意义。如：

•和幼儿一起寻找发现生活中用数字作标识的事物，如电话号码、时钟、日历和商品的价签等。

•引导幼儿了解和感受数用在不同的地方，表示的意义是不一样的。如天气预报中表示气温的数代表冷热状况；钟表上的数表明时间的早晚等。

•鼓励幼儿尝试使用数的信息进行一些简单的推理。如知道今天是星期五，能推断明天是星期六，爸爸妈妈休息。

3. 引导幼儿观察发现按照一定规律排列的事物，体会其中的排列特点与规律，并尝试自己创造出新的排列规律。如：

•和幼儿一起发现和体会按一定顺序排列的队形整齐有序。

•提供具有重复性旋律和词语的音乐、儿歌和故事，或利用环境中有序排列的图案(如按颜色间隔排列的瓷砖、按形状间隔排列的珠帘等)，鼓励幼儿发现和感受其中的规律。

•鼓励幼儿尝试自己设计有规律的花边图案、创编有一定规律的动作，或者按某种规律进行搭建活动。

•引导幼儿体会生活中很多事情都是有一定顺序和规律的，如一周七天的顺序是从周一到周日，一年四季按照春夏秋冬轮回等。

4. 鼓励和支持幼儿发现、尝试解决日常生活中需要用到数学的问题，体会数学的用处。如：

•拍球、跳绳、跳远或投沙包时，可通过数数、测量的方法确定名次。讨论春游去哪里玩时，让幼儿商量想去哪里玩？每个想去的地方有多少人？根据统计结果做出决定。

•滑滑梯时，按照“先来先玩”的规则有序地排队玩。

目标2　感知和理解数、量及数量关系

3～4岁	4～5岁	5～6岁
1. 能感知和区分物体的大小、多少、高矮长短等量方面的特点，并能用相应的词表示。 2. 能通过一一对应的方法比较两组物体的多少。 3. 能手口一致地点数5个以内的物体，并能说出总数。能按数取物。 4. 能用数词描述事物或动作。如我有4本图书。	1. 能感知和区分物体的粗细、厚薄、轻重等量方面的特点，并能用相应的词语描述。 2. 能通过数数比较两组物体的多少。 3. 能通过实际操作理解数与数之间的关系，如5比4多1；2和3合在一起是5。 4. 会用数词描述事物的排列顺序和位置。	1. 初步理解量的相对性。 2. 借助实际情境和操作(如合并或拿取)理解“加”和“减”的实际意义。 3. 能通过实物操作或其他方法进行10以内的加减运算。 4. 能用简单的记录表、统计图等表示简单的数量关系。

真题面对面

[2018杭州，单选]中班幼儿小明能通过数数比较两组物体的多少，这说明他已能感知和理解(　　)的关系。

A. 数量与形状　　B. 形状与空间

C. 数、量及数量　　D. 数量与空间

答案：C

教育建议：

1. 引导幼儿感知和理解事物“量”的特征。如：

•感知常见事物的大小、多少、高矮、粗细等量的特征，学习使用相应的词汇描述这些特征。

•结合具体事物让幼儿通过多次比较逐渐理解“量”是相对的。如小亮比小明高，但比小强矮。

•收拾物品时，根据情况，鼓励幼儿按照物体量的特征分类整理。如整理图书时按照大小摆放。

2. 结合日常生活，指导幼儿学习通过对应或数数的方式比较物体的多少。如：

•鼓励幼儿在一对一配对的过程中发现两组物体的多少。如在给桌子上的每个碗配上勺子时，发现碗和勺多少的不同。

•鼓励幼儿通过数数比较两样东西的多少。如数一数有多少个苹果，多少个梨，判断苹果和梨哪个多，哪个少。

3. 利用生活和游戏中的实际情境，引导幼儿理解数概念。如：

•结合生活需要，和幼儿一起手口一致点数物体，得出物体的总数。通过点数的方式让幼儿体会物体的数量不会因排列形式、空间位置的不同而发生变化。如鼓励幼儿将一定数量的扣子以不同的形式摆放，体会扣子的数量是不变的。

•结合日常生活，为幼儿提供“按数取物”的机会，如游戏时，请幼儿按要求拿出几个球。

4. 通过实物操作引导幼儿理解数与数之间的关系，并用“加”或“减”的办法来解决问题。如：

•游戏中遇到让4个小动物住进两间房子的问题，或生活中遇到将5块饼干分给两个小朋友问题时，让幼儿尝试不同的分法。

•鼓励幼儿尝试自己解决生活中的数学问题。如家里来了5位客人，桌子上只有3个杯子，还需要几个杯子等。

•购少量物品时，有意识地鼓励幼儿参与计算和付款的过程等。

目标3　感知形状与空间关系

3～4岁	4～5岁	5～6岁
1. 能注意物体较明显的形状特征，并能用自己的语言描述。 2. 能感知物体基本的空间位置与方位，理解上下、前后、里外等方位词。	1. 能感知物体的形体结构特征，画出或拼搭出该物体的造型。 2. 能感知和发现常见几何图形的基本特征，并能进行分类。 3. 能使用上下、前后、里外、中间、旁边等方位词描述物体的位置和运动方向。	1. 能用常见的几何形体有创意地拼搭和画出物体的造型。 2. 能按语言指示或根据简单示意图正确取放物品。 3. 能辨别自己的左右。

真题面对面

[2021温州，单选]下列属于大班幼儿“感知形状与空间关系”方面的目标的是(　　)

A. 能用常见的几何形体有创意地拼搭和画出物体的造型

B. 能注意物体较明显的形状特征，并能用自己的语言描述

C. 能感知物体基本的空间位置与方位

D. 能对常见的几何图形进行分类

答案：A

教育建议：

1. 用多种方法帮助幼儿在物体与几何形体之间建立联系。如：

•引导幼儿感受生活中各种物品的形状特征，并尝试识别和描述。如感受和识别盘子、桌子、车轮、地砖等物品的形状特征。

•鼓励和支持幼儿用积木、纸盒、拼板等各种形状材料进行建构游戏或制作活动。如用长方形的纸盒加两个圆形瓶盖制作“汽车”。

•收拾整理积木时，引导幼儿体验图形之间的转换。如两个三角形可组合成一个正方形，两个正方形可组合成一个长方形。

•引导幼儿注意观察生活物品的图形特征，鼓励他们按形状分类整理物品。

2. 丰富幼儿空间方位识别的经验，引导幼儿运用空间方位经验解决问题。如：

•请幼儿取放物体时，使用他们能够理解的方位词，如把桌子下面的东西放到窗台上，把花盆放在大树旁边等。

•和幼儿一起识别熟悉场所的位置。如超市在家的旁边，邮局在幼儿园的前面。

•在体育、音乐和舞蹈活动中，引导幼儿感受空间方位和运动方向。

•和幼儿玩按指令找宝的游戏。对年龄小的幼儿要求他们按语言指令寻找，对年龄大些的幼儿可要求按照简单的示意图寻找。

真题面对面

[2023杭州，简答]简述《3~6岁儿童学习与发展指南》中科学领域的目标。

答案：详见内文

五、艺术 【简答】★★★

艺术是人类感受美、表现美和创造美的重要形式，也是表达自己对周围世界的认识和情绪态度的独特方式。

每个幼儿心里都有一颗美的种子。幼儿艺术领域学习的关键在于充分创造条件和机会，在大自然和社会文化生活中萌发幼儿对美的感受和体验，丰富其想象力和创造力，引导幼儿学会用心灵去感受和发现美，用自己的方式去表现和创造美。

幼儿对事物的感受和理解不同于成人，他们表达自己认识和情感的方式也有别于成人。幼儿独特的笔触、动作和语言往往蕴含着丰富的想象和情感，成人应对幼儿的艺术表现给予充分的理解和尊重，不能用自己的审美标准去评判幼儿，更不能为追求结果的"完美"而对幼儿进行千篇一律的训练，以免扼杀其想象与创造的萌芽。

(一)感受与欣赏

目标1　喜欢自然界与生活中美的事物

3~4岁	4~5岁	5~6岁
1. 喜欢观看花草树木、日月星空等大自然中美的事物。 2. 容易被自然界中的鸟鸣、风声、雨声等好听的声音所吸引。	1. 在欣赏自然界和生活环境中美的事物时，关注其色彩、形态等特征。 2. 喜欢倾听各种好听的声音，感知声音的高低、长短、强弱等变化。	1. 乐于收集美的物品或向别人介绍所发现的美的事物。 2. 乐于模仿自然界和生活环境中有特点的声音，并产生相应的联想。

教育建议：

1. 和幼儿一起感受、发现和欣赏自然环境和人文景观中美的事物。如：

•让幼儿多接触大自然，感受和欣赏美丽的景色和好听的声音。

•经常带幼儿参观园林、名胜古迹等人文景观，讲讲有关的历史故事、传说，与幼儿一起讨论和交流对美的感受。

2. 和幼儿一起发现美的事物的特征，感受和欣赏美。如：

•让幼儿观察常见动植物以及其他物体，引导幼儿用自己的语言、动作等描述它们美的方面，如颜色、形状、形态等。

•让幼儿倾听和分辨各种声响，引导幼儿用自己的方式来表达他对音色、强弱、快慢的感受。

•支持幼儿收集喜欢的物品并和他一起欣赏。

目标2　喜欢欣赏多种多样的艺术形式和作品

3~4岁	4~5岁	5~6岁
1. 喜欢听音乐或观看舞蹈、戏剧等表演。 2. 乐于观看绘画、泥塑或其他艺术形式的作品。	1. 能够专心地观看自己喜欢的文艺演出或艺术品，有模仿和参与的愿望。 2. 欣赏艺术作品时会产生相应的联想和情绪反应。	1. 艺术欣赏时常常用表情、动作、语言等方式表达自己的理解。 2. 愿意和别人分享、交流自己喜爱的艺术作品和美感体验。

教育建议：

1. 创造条件让幼儿接触多种艺术形式和作品。如：

•经常让幼儿接触适宜的、各种形式的音乐作品，丰富幼儿对音乐的感受和体验。

•和幼儿一起用图画、手工制品等装饰和美化环境。

•带幼儿观看或共同参与传统民间艺术和地方民俗文化活动，如皮影戏、剪纸和捏面人等。

•有条件的情况下，带幼儿去剧院、美术馆、博物馆等欣赏文艺表演和艺术作品。

2. 尊重幼儿的兴趣和独特感受，理解他们欣赏时的行为。如：

•理解和尊重幼儿在欣赏艺术作品时的手舞足蹈、即兴模仿等行为。

•当幼儿主动介绍自己喜爱的舞蹈、戏曲、绘画或工艺品时，要耐心倾听并给予积极回应和鼓励。

(二)表现与创造

目标1　喜欢进行艺术活动并大胆表现

3~4岁	4~5岁	5~6岁
1. 经常自哼自唱或模仿有趣的动作、表情和声调。 2. 经常涂涂画画、粘粘贴贴并乐在其中。	1. 经常唱唱跳跳，愿意参加歌唱、律动、舞蹈、表演等活动。 2. 经常用绘画、捏泥、手工制作等多种方式表现自己的所见所想。	1. 积极参与艺术活动，有自己比较喜欢的活动形式。 2. 能用多种工具、材料或不同的表现手法表达自己的感受和想象。 3. 艺术活动中能与他人相互配合，也能独立表现。

教育建议：

1. 创造机会和条件，支持幼儿自发的艺术表现和创造。如：

•提供丰富的便于幼儿取放的材料、工具或物品，支持幼儿进行自主绘画、手工、歌唱、表演等艺术活动。

•经常和幼儿一起唱歌、表演、绘画、制作，共同分享艺术活动的乐趣。

2. 营造安全的心理氛围，让幼儿敢于并乐于表达表现。如：

•欣赏和回应幼儿的哼哼唱唱、模仿表演等自发的艺术活动，赞赏他独特的表现方式。

•在幼儿自主表达创作过程中，不做过多干预或把自己的意愿强加给幼儿，在幼儿需要时再给予具体的帮助。

•了解并倾听幼儿艺术表现的想法或感受，领会并尊重幼儿的创作意图，不简单用“像不像”“好不好”等成人标准来评价。

•展示幼儿的作品，鼓励幼儿用自己的作品或艺术品布置环境。

目标2　具有初步的艺术表现与创造能力

3~4岁	4~5岁	5~6岁
1. 能模仿学唱短小歌曲。 2. 能跟随熟悉的音乐做身体动作。 3. 能用声音、动作、姿态模拟自然界的事物和生活情景。 4. 能用简单的线条和色彩大体画出自己想画的人或事物。	1. 能用自然的、音量适中的声音基本准确地唱歌。 2. 能通过即兴哼唱、即兴表演或给熟悉的歌曲编词来表达自己的心情。 3. 能用拍手、踏脚等身体动作或可敲击的物品敲打节拍和基本节奏。 4. 能运用绘画、手工制作等表现自己观察到或想象的事物。	1. 能用基本准确的节奏和音调唱歌。 2. 能用律动或简单的舞蹈动作表现自己的情绪或自然界的情景。 3. 能自编自演故事，并为表演选择和搭配简单的服饰、道具或布景。 4. 能用自己制作的美术作品布置环境、美化生活。

教育建议：

尊重幼儿自发的表现和创造，并给予适当的指导。如：

•鼓励幼儿在生活中细心观察、体验，为艺术活动积累经验与素材。如观察不同树种的形态、色彩等。

•提供丰富的材料，如图书、照片、绘画或音乐作品等，让幼儿自主选择，用自己喜欢的方式去模仿或创作，成人不做过多要求。

•根据幼儿的生活经验，与幼儿共同确定艺术表达表现的主题，引导幼儿围绕主题展开想象，进行艺术表现。

•幼儿绘画时，不宜提供范画，特别不应要求幼儿完全按照范画来画。

•肯定幼儿作品的优点，用表达自己感受的方式引导其提高。如“你的画用了这么多红颜色，感觉就像过年一样喜庆”“你扮演的大灰狼声音真像，要是表情再凶一点就更好了”等。

知识再拔高

教师引导幼儿对美的表达与表现的核心要点

(1)尊重幼儿自发的表达与表现，如对幼儿的自由涂画和随意唱跳的行为要给予认同；(2)创设让幼儿自主表达与表现的机会和条件，如要提供空间、时间、材料和艺术作品，让幼儿有机会自发模仿、自由涂画和随意唱跳；(3)营造宽松的心理环境使幼儿敢于表达和表现，如在幼儿自由表现时，对幼儿的作品不轻易给予否定的评价。

真题面对面

[2019杭州，简答]教师引导幼儿对美的表达与表现的核心要点有哪些？

答案：详见内文

考点大默写

1.《3~6岁儿童学习与发展指南》从健康、语言、社会、科学、艺术五个领域描述幼儿的学习与发展。每个领域按照幼儿学习与发展最基本、最重要的内容划分为若干方面。每个方面由__________和__________两部分组成。

2.《3~6岁儿童学习与发展指南》科学领域指出，幼儿的思维特点是以__________为主，应注重引导幼儿通过__________、亲身体验和__________进行科学学习。

3.《3～6岁儿童学习与发展指南》健康领域指出，__________岁幼儿能熟练使用筷子，并能单脚连续向前跳__________米左右，能单手将沙包向前投掷__________米左右。

4.《3～6岁儿童学习与发展指南》语言领域指出，4～5岁的幼儿具有书面表达的愿望。他们愿意用图画和__________表达自己的愿望和想法。

5.《3～6岁儿童学习与发展指南》将健康领域划分为__________、__________、__________。

6.《3～6岁儿童学习与发展指南》指出，5～6岁儿童能双手抓杠悬空吊起__________秒左右。

7. __________和__________是幼儿社会学习的主要内容。

8. 在实施《3～6岁儿童学习与发展指南》时，要关注幼儿学习与发展的__________，尊重幼儿发展的__________，理解幼儿的__________和__________，重视幼儿的__________。

【参考答案】

1. 学习与发展目标；教育建议　2. 具体形象思维；直接感知；实际操作　3. 5～6；8；5　4. 符号　5. 身心状况；动作发展；生活习惯与生活能力　6. 20　7. 人际交往；社会适应　8. 整体性；个体差异；学习方式；特点；学习品质

第五章 幼儿园教师专业标准(试行)

为促进幼儿园教师专业发展,建设高素质幼儿园教师队伍,根据《中华人民共和国教师法》,特制定《幼儿园教师专业标准(试行)》(以下简称《专业标准》)。

幼儿园教师是履行幼儿园教育教学工作职责的专业人员,需要经过严格的培养与培训,具有良好的职业道德,掌握系统的专业知识和专业技能。《专业标准》是国家对合格幼儿园教师专业素质的基本要求,是幼儿园教师实施保教行为的基本规范,是引领幼儿园教师专业发展的基本准则,是幼儿园教师培养、准入、培训、考核等工作的重要依据。

真题面对面

[2018杭州,单选]幼儿园教师培养、准入、培训、考核等工作的重要依据是(　　)

A.《中华人民共和国教师法》　　B.《中华人民共和国教育法》

C.《中小学教师职业道德规范》　　D.《幼儿园教师专业标准(试行)》

答案:D

一、基本理念 【单选】★

(一)师德为先

热爱学前教育事业,具有职业理想,践行社会主义核心价值体系,履行教师职业道德规范,依法执教。关爱幼儿,尊重幼儿人格,富有爱心、责任心、耐心和细心;为人师表,教书育人,自尊自律,做幼儿健康成长的启蒙者和引路人。

(二)幼儿为本

尊重幼儿权益,以幼儿为主体,充分调动和发挥幼儿的主动性;遵循幼儿身心发展特点和保教活动规律,提供适合的教育,保障幼儿快乐健康成长。

(三)能力为重

把学前教育理论与保教实践相结合,突出保教实践能力;研究幼儿,遵循幼儿成长规律,提升保教工作专业化水平;坚持实践、反思、再实践、再反思,不断提高专业能力。

(四)终身学习

学习先进学前教育理论,了解国内外学前教育改革与发展的经验和做法;优化知识结构,提高文化素养;具有终身学习与持续发展的意识和能力,做终身学习的典范。

真题面对面

[2017杭州,单选]《幼儿园教师专业标准(试行)》的基本理念是(　　)

A. 师德为先　幼儿为本　能力为重　终身学习

B. 幼儿为先　教育为本　能力为重　自主学习

C. 幼儿为先　教育为本　专业为重　终身学习

D. 师德为先　幼儿为本　专业为重　自主学习

答案:A

二、基本内容 【单选、论述】★★★

维度	领域	基本要求
专业理念与师德	(一)职业理解与认识	1.贯彻党和国家教育方针政策,遵守教育法律法规。 2.理解幼儿保教工作的意义,热爱学前教育事业,具有职业理想和敬业精神。 3.认同幼儿园教师的专业性和独特性,注重自身专业发展。 4.具有良好职业道德修养,为人师表。 5.具有团队合作精神,积极开展协作与交流。
	(二)对幼儿的态度与行为	6.关爱幼儿,重视幼儿身心健康,将保护幼儿生命安全放在首位。 7.尊重幼儿人格,维护幼儿合法权益,平等对待每一个幼儿。不讽刺、挖苦、歧视幼儿,不体罚或变相体罚幼儿。 8.信任幼儿,尊重个体差异,主动了解和满足有益于幼儿身心发展的不同需求。 9.重视生活对幼儿健康成长的重要价值,积极创造条件,让幼儿拥有快乐的幼儿园生活。
	(三)幼儿保育和教育的态度与行为	10.注重保教结合,培育幼儿良好的意志品质,帮助幼儿形成良好的行为习惯。 11.注重保护幼儿的好奇心,培养幼儿的想象力,发掘幼儿的兴趣爱好。 12.重视环境和游戏对幼儿发展的独特作用,创设富有教育意义的环境氛围,将游戏作为幼儿的主要活动。 13.重视丰富幼儿多方面的直接经验,将探索、交往等实践活动作为幼儿最重要的学习方式。 14.重视自身日常态度言行对幼儿发展的重要影响与作用。 15.重视幼儿园、家庭和社区的合作,综合利用各种资源。
	(四)个人修养与行为	16.富有爱心、责任心、耐心和细心。 17.乐观向上、热情开朗,有亲和力。 18.善于自我调节情绪,保持平和心态。 19.勤于学习,不断进取。 20.衣着整洁得体,语言规范健康,举止文明礼貌。
专业知识	(五)幼儿发展知识	21.了解关于幼儿生存、发展和保护的有关法律法规及政策规定。 22.掌握不同年龄幼儿身心发展特点、规律和促进幼儿全面发展的策略与方法。 23.了解幼儿在发展水平、速度与优势领域等方面的个体差异,掌握对应的策略与方法。 24.了解幼儿发展中容易出现的问题与适宜的对策。 25.了解有特殊需要幼儿的身心发展特点及教育策略与方法。
	(六)幼儿保育和教育知识	26.熟悉幼儿园教育的目标、任务、内容、要求和基本原则。 27.掌握幼儿园各领域教育的学科特点与基本知识。 28.掌握幼儿园环境创设、一日生活安排、游戏与教育活动、保育和班级管理的知识与方法。 29.熟知幼儿园的安全应急预案,掌握意外事故和危险情况下幼儿安全防护与救助的基本方法。 30.掌握观察、谈话、记录等了解幼儿的基本方法和教育心理学的基本原理和方法。 31.了解0~3岁婴幼儿保教和幼小衔接的有关知识与基本方法。
	(七)通识性知识	32.具有一定的自然科学和人文社会科学知识。 33.了解中国教育基本情况。 34.具有相应的艺术欣赏与表现知识。 35.具有一定的现代信息技术知识。

续表

维度	领域	基本要求
专业能力	(八)环境的创设与利用	36.建立良好的师幼关系,帮助幼儿建立良好的同伴关系,让幼儿感到温暖和愉悦。 37.建立班级秩序与规则,营造良好的班级氛围,让幼儿感受到安全、舒适。 38.创设有助于促进幼儿成长、学习、游戏的教育环境。 39.合理利用资源,为幼儿提供和制作适合的玩教具和学习材料,引发和支持幼儿的主动活动。
	(九)一日生活的组织与保育	40.合理安排和组织一日生活的各个环节,将教育灵活地渗透到一日生活中。 41.科学照料幼儿日常生活,指导和协助保育员做好班级常规保育和卫生工作。 42.充分利用各种教育契机,对幼儿进行随机教育。 43.有效保护幼儿,及时处理幼儿的常见事故,危险情况优先救护幼儿。
	(十)游戏活动的支持与引导	44.提供符合幼儿兴趣需要、年龄特点和发展目标的游戏条件。 45.充分利用与合理设计游戏活动空间,提供丰富、适宜的游戏材料,支持、引发和促进幼儿的游戏。 46.鼓励幼儿自主选择游戏内容、伙伴和材料,支持幼儿主动地、创造性地开展游戏,充分体验游戏的快乐和满足。 47.引导幼儿在游戏活动中获得身体、认知、语言和社会性等多方面的发展。
	(十一)教育活动的计划与实施	48.制订阶段性的教育活动计划和具体活动方案。 49.在教育活动中观察幼儿,根据幼儿的表现和需要,调整活动,给予适宜的指导。 50.在教育活动的设计和实施中体现趣味性、综合性和生活化,灵活运用各种组织形式和适宜的教育方式。 51.提供更多的操作探索、交流合作、表达表现的机会,支持和促进幼儿主动学习。
	(十二)激励与评价	52.关注幼儿日常表现,及时发现和赏识每个幼儿的点滴进步,注重激发和保护幼儿的积极性、自信心。 53.有效运用观察、谈话、家园联系、作品分析等多种方法,客观地、全面地了解和评价幼儿。 54.有效运用评价结果,指导下一步教育活动的开展。
	(十三)沟通与合作	55.使用符合幼儿年龄特点的语言进行保教工作。 56.善于倾听,和蔼可亲,与幼儿进行有效沟通。 57.与同事合作交流,分享经验和资源,共同发展。 58.与家长进行有效沟通合作,共同促进幼儿发展。 59.协助幼儿园与社区建立合作互助的良好关系。
	(十四)反思与发展	60.主动收集分析相关信息,不断进行反思,改进保教工作。 61.针对保教工作中的现实需要与问题,进行探索和研究。 62.制定专业发展规划,积极参加专业培训,不断提高自身专业素质。

真题面对面

1. [2021 临海,单选]《幼儿园教师专业标准(试行)》中对幼儿一日生活的组织与保育要求包括(　　)

①充分利用各种教育契机,对幼儿进行随机教育

②建立班级秩序与规则,营造良好的班级氛围,让幼儿感受到安全、舒适

③关注幼儿日常表现,及时发现和赏识每个幼儿的点滴进步,注重激发和保护幼儿的积极性、自信心

④有效保护幼儿,及时处理幼儿的常见事故,危险情况优先救护幼儿

A. ①②　　B. ②③　　C. ③④　　D. ①④

2. [2019统考,论述]根据《幼儿园教师专业标准(试行)》,论述幼儿园教师进行保育和教育的态度与行为。

答案:1. D 2. 详见内文

三、实施建议

(一)各级教育行政部门要将《专业标准》作为幼儿园教师队伍建设的基本依据。根据学前教育改革发展的需要,充分发挥《专业标准》引领和导向作用,深化教师教育改革,建立教师教育质量保障体系,不断提高幼儿园教师培养培训质量。制定幼儿园教师准入标准,严把幼儿园教师入口关;制定幼儿园教师聘任(聘用)、考核、退出等管理制度,保障教师合法权益,形成科学有效的幼儿园教师队伍管理和督导机制。

(二)开展幼儿园教师教育的院校要将《专业标准》作为幼儿园教师培养培训的主要依据。重视幼儿园教师职业特点,加强学前教育学科和专业建设。完善幼儿园教师培养培训方案,科学设置教师教育课程,改革教育教学方式;重视幼儿园教师职业道德教育,重视社会实践和教育实习;加强从事幼儿园教师教育的师资队伍建设,建立科学的质量评价制度。

(三)幼儿园要将《专业标准》作为教师管理的重要依据。制订幼儿园教师专业发展规划,注重教师职业理想与职业道德教育,增强教师育人的责任感与使命感;开展园本研修,促进教师专业发展;完善教师岗位职责和考核评价制度,健全幼儿园绩效管理机制。

(四)幼儿园教师要将《专业标准》作为自身专业发展的基本依据。制订自我专业发展规划,爱岗敬业,增强专业发展自觉性;大胆开展保教实践,不断创新;积极进行自我评价,主动参加教师培训和自主研修,逐步提升专业发展水平。

★★ 考点大默写 ★★

1.《幼儿园教师专业标准(试行)》的基本理念包括:__________、__________、__________、__________。

2.《幼儿园教师专业标准(试行)》中规定,幼儿教师应具备的专业知识有__________、__________、__________。

3.《幼儿园教师专业标准(试行)》中规定,幼儿教师应鼓励幼儿自主选择游戏内容、伙伴和材料,支持幼儿__________、__________开展游戏,充分体验游戏的快乐和满足。

4.《幼儿园教师专业标准(试行)》要求幼儿教师具备幼儿为本的教育理念,以幼儿为主体,充分调动和发挥幼儿的__________。

5.《幼儿园教师专业标准(试行)》的基本内容包括专业理念与师德、__________及__________三个维度。

6.《幼儿园教师专业标准(试行)》是国家对合格幼儿园教师专业素质的基本要求,是幼儿园教师实施保教行为的基本规范,是引领幼儿园教师__________的基本准则,是幼儿园教师__________、__________、__________、__________等工作的重要依据。

【参考答案】

1. 师德为先;幼儿为本;能力为重;终身学习 2. 幼儿发展知识;幼儿保育和教育知识;通识性知识 3. 主动地;创造性地 4. 主动性 5. 专业知识;专业能力 6. 专业发展;培养;准入;培训;考核

第六章　幼儿园保育教育质量评估指南

为深入贯彻全国教育大会精神，加快建立健全教育评价制度，促进学前教育高质量发展，根据中共中央、国务院《关于学前教育深化改革规范发展的若干意见》和《深化新时代教育评价改革总体方案》精神，制定本指南。

一、总体要求

（一）指导思想

以习近平新时代中国特色社会主义思想为指导，全面贯彻党的教育方针，落实立德树人根本任务，遵循幼儿发展规律和教育规律，完善以促进幼儿身心健康发展为导向的学前教育质量评估体系，切实扭转不科学的评估导向，强化评估结果运用，推动树立科学保育教育理念，全面提高幼儿园保育教育水平，为培养德智体美劳全面发展的社会主义建设者和接班人奠定坚实基础。

（二）基本原则

1. 坚持正确方向。坚持社会主义办园方向，践行为党育人、为国育才使命，树立科学评价导向，推动构建科学保育教育体系，整体提升幼儿园办园水平和保育教育质量。

2. 坚持儿童为本。尊重幼儿年龄特点和成长规律，注重幼儿发展的整体性和连续性，坚持保教结合，以游戏为基本活动，有效促进幼儿身心健康发展。

3. 坚持科学评估。完善评估内容，突出评估重点，改进评估方式，切实扭转“重结果轻过程、重硬件轻内涵、重他评轻自评”等倾向。

4. 坚持以评促建。充分发挥评估的引导、诊断、改进和激励功能，注重过程性、发展性评估，引导办好每一所幼儿园，促进幼儿园安全优质发展。

二、评估内容　【简答】 ★★★

坚持以促进幼儿身心健康发展为导向，聚焦幼儿园保育教育过程质量，评估内容主要包括办园方向、保育与安全、教育过程、环境创设、教师队伍等5个方面，共15项关键指标和48个考查要点。

（一）办园方向。包括党建工作、品德启蒙和科学理念等3项关键指标，旨在促进幼儿园全面贯彻党的教育方针，落实立德树人根本任务，强化党组织战斗堡垒作用，树立科学保育教育理念，确保正确办园方向。

（二）保育与安全。包括卫生保健、生活照料、安全防护等3项关键指标，旨在促进幼儿园加强膳食营养、疾病预防、健康检查等工作，建立合理的生活常规，强化医护保健人员配备、安全保障和制度落实，确保幼儿生命安全和身心健康。

（三）教育过程。包括活动组织、师幼互动和家园共育等3项关键指标，旨在促进幼儿园坚持以游戏为基本活动，理解尊重幼儿并支持其有意义地学习，强化家园协同育人，不断提高保育教育质量。

（四）环境创设。包括空间设施、玩具材料等2项关键指标，旨在促进幼儿园积极创设丰富适宜、富有童趣、有利于支持幼儿学习探索的教育环境，配备数量充足、种类多样的玩教具和图画书，有效支持保育教育工作科学实施。

（五）教师队伍。包括师德师风、人员配备、专业发展和激励机制等4项关键指标，旨在促进幼儿园加强教师师德工作，注重教师专业能力建设，提高园长专业领导力，采取有效措施激励教师爱岗敬业、潜心育人。

真题面对面

[2023杭州，简答]简述《幼儿园保育教育质量评估指南》中评估的内容。

答案：详见内文

三、评估方式

（一）注重过程评估。重点关注保育教育过程质量，关注幼儿园提升保教水平的努力程度和改进过程，严禁用直接测查幼儿能力和发展水平的方式评估幼儿园保育教育质量。

（二）强化自我评估。幼儿园应建立常态化的自我评估机制，促进教职工主动参与，通过集体诊断，反思自身教育行为，提出改进措施。同时，有效发挥外部评估的导向、激励作用，有针对性地引导幼儿园不断完善自我评估，改进保育教育工作。

（三）聚焦班级观察。通过不少于半日的连续自然观察，了解教师与幼儿互动情况，准确判断教师对促进幼儿学习与发展所做的努力与支持，全面、客观、真实地了解幼儿园保育教育过程和质量。外部评估的班级观察采取随机抽取的方式，覆盖面不少于各年龄班级总数的三分之一。

四、组织实施

（一）加强组织领导。各地要高度重视幼儿园保育教育质量评估工作，将其作为促进学前教育高质量发展、办好人民满意教育的重要举措，纳入本地深化教育评价改革重要内容，建立党委领导、政府教育督导部门牵头、部门协同、多方参与的组织实施机制。各省（区、市）要结合实际，完善本地质量评估具体标准，编制幼儿园保育教育质量自评指导手册，增强质量评估的操作性，确保评估工作有效实施。要逐步将幼儿园保育教育质量评估工作与已经开展的对地方政府履行教育职责评价、学前教育普及普惠督导评估、幼儿园办园行为督导评估等工作统筹实施，避免重复评估，切实减轻基层和幼儿园迎检负担。

（二）明确评估周期。幼儿园每学期开展一次自我评估，教育部门要加强对幼儿园保育教育工作和自评的指导。县级督导评估依据所辖园数和工作需要，原则上每3～5年为一个周期，确保每个周期内覆盖所有幼儿园。省、市结合实际适当开展抽查，具体抽查比例由各省（区、市）自行确定。

（三）强化评估保障。各地要为幼儿园保育教育质量评估提供必要的经费保障，支持开展评估研究。要切实加强评估队伍建设，建立一支尊重学前教育规律、熟悉幼儿园保育教育实践、事业心责任感强、相对稳定的专业化评估队伍，评估人员主要由督学、学前教育行政人员、教研人员、园长、骨干教师等组成，强化评估人员专业能力建设。加强对本指南的学习培训，推动幼儿园园长、教师自觉运用对本指南自我反思改进，不断提高保育教育水平。

（四）注重激励引导。各地要将幼儿园保育教育质量评估结果作为对幼儿园表彰奖励、政策支持、资源配置、园长考核以及民办园年检、普惠性民办园认定扶持等方面工作的重要依据。对履职不到位、违反有关政策规定、违背幼儿身心发展规律、保教质量持续下滑的幼儿园，要及时督促整改，并视情况依法依规追究责任。要通过幼儿园保育教育质量评估工作，积极推动地方政府履行相应教育职责，为办好学前教育提供充分的条件保障和良好的政策环境。

（五）营造良好氛围。要广泛宣传国家关于学前教育改革发展的政策措施，深入解读幼儿园保育教育质量评估的重要意义、内容要求和指标体系，认真总结推广质量评估工作先进典型经验，有效发挥示范引领作用，积极开展国际交流与合作，营造有利于促进学前教育高质量发展的良好氛围。

★★ 考点大默写 ★★

1.《幼儿园保育教育质量评估指南》中基本原则包括________、________、________、________。

2.《幼儿园保育教育质量评估指南》中评估内容包括________、________、________、________、________。

3.《幼儿园保育教育质量评估指南》评估方式方面指出，要注重过程评估，重点关注________，关注幼儿园提升保教水平的努力程度和改进过程，严禁用直接测查幼儿能力和发展水平的方式评估幼儿园保育教育质量。

4.《幼儿园保育教育质量评估指南》组织实施方面指出，要明确评估周期，幼儿园________开展一次自我评估，教育部门要加强对幼儿园保育教育工作和自评的指导。

【参考答案】

1. 坚持正确方向；坚持儿童为本；坚持科学评估；坚持以评促建　2. 办园方向；保育与安全；教育过程；环境创设；教师队伍　3. 保育教育过程质量　4. 每学期

第七章　新时代幼儿园教师职业行为十项准则

教师是人类灵魂的工程师，是人类文明的传承者。长期以来，广大教师贯彻党的教育方针，教书育人，呕心沥血，默默奉献，为国家发展和民族振兴作出了重大贡献。新时代对广大教师落实立德树人根本任务提出新的更高要求，为进一步增强教师的责任感、使命感、荣誉感，规范职业行为，明确师德底线，引导广大教师努力成为有理想信念、有道德情操、有扎实学识、有仁爱之心的好老师，着力培养德智体美劳全面发展的社会主义建设者和接班人，特制定以下准则。

一、坚定政治方向。坚持以习近平新时代中国特色社会主义思想为指导，拥护中国共产党的领导，贯彻党的教育方针；不得在保教活动中及其他场合有损害党中央权威和违背党的路线方针政策的言行。

二、自觉爱国守法。忠于祖国，忠于人民，恪守宪法原则，遵守法律法规，依法履行教师职责；不得损害国家利益、社会公共利益，或违背社会公序良俗。

三、传播优秀文化。带头践行社会主义核心价值观，弘扬真善美，传递正能量；不得通过保教活动、论坛、讲座、信息网络及其他渠道发表、转发错误观点，或编造散布虚假信息、不良信息。

四、潜心培幼育人。落实立德树人根本任务，爱岗敬业，细致耐心；不得在工作期间玩忽职守、消极怠工，或空岗、未经批准找人替班，不得利用职务之便兼职兼薪。

五、加强安全防范。增强安全意识，加强安全教育，保护幼儿安全，防范事故风险；不得在保教活动中遇突发事件、面临危险时，不顾幼儿安危，擅离职守，自行逃离。

六、关心爱护幼儿。呵护幼儿健康，保障快乐成长；不得体罚和变相体罚幼儿，不得歧视、侮辱幼儿，严禁猥亵、虐待、伤害幼儿。

七、遵循幼教规律。循序渐进，寓教于乐；不得采用学校教育方式提前教授小学内容，不得组织有碍幼儿身心健康的活动。

八、秉持公平诚信。坚持原则，处事公道，光明磊落，为人正直；不得在入园招生、绩效考核、岗位聘用、职称评聘、评优评奖等工作中徇私舞弊、弄虚作假。

九、坚守廉洁自律。严于律己，清廉从教；不得索要、收受幼儿家长财物或参加由家长付费的宴请、旅游、娱乐休闲等活动，不得推销幼儿读物、社会保险或利用家长资源谋取私利。

十、规范保教行为。尊重幼儿权益，抵制不良风气；不得组织幼儿参加以营利为目的的表演、竞赛等活动，或泄露幼儿与家长的信息。

记忆有妙招

《新时代幼儿园教师职业行为十项准则》：**尖子传心安，爱幼并守规。尖**（坚定政治方向）**子**（自觉爱国守法）**传**（传播优秀文化）**心**（潜心培幼育人）**安**（加强安全防范），**爱**（关心爱护幼儿）**幼**（遵循幼教规律）**并**（秉持公平诚信）**守**（坚守廉洁自律）**规**（规范保教行为）。

★★ 考点大默写 ★★

1. “体罚和变相体罚幼儿，歧视、侮辱幼儿”的行为违反了《新时代幼儿园教师职业行为十项准则》中的___________的要求。
2. “落实立德树人根本任务，爱岗敬业，细致耐心；不得在工作期间玩忽职守、消极怠工，或空岗、未经批准找人替班，不得利用职务之便兼职兼薪”。这符合《新时代幼儿园教师职业行为十项准则》中___________的要求。
3. 陈老师在幼儿园午休期间责令四名嬉戏打闹、影响他人休息的幼儿自己打自己嘴巴。陈老师的行为违反了《新时代幼儿园教师职业行为十项准则》中___________的规定。
4. 在《新时代幼儿园教师职业行为十项准则》中的第十条“规范保教行为”要求教师要尊重幼儿权益，抵制不良风气；不得组织幼儿参加以___________为目的的表演、竞赛等活动，或泄露幼儿与家长的信息。
5. 《新时代幼儿园教师职业行为十项准则》要求教师要遵循幼教规律。循序渐进，寓教于乐；不得采用___________方式提前教授小学内容，不得组织有碍幼儿身心健康的活动。
6. 朱老师收受家长钱物的清单被曝光，经查属实。朱老师的行为违反了《新时代幼儿园教师职业行为十项准则》中___________的规定。

【参考答案】

1. 关心爱护幼儿　2. 潜心培幼育人　3. 关心爱护幼儿　4. 营利　5. 学校教育　6. 坚守廉洁自律

第八章　教育部关于大力推进幼儿园与小学科学衔接的指导意见

教基〔2021〕4号

各省、自治区、直辖市教育厅(教委),新疆生产建设兵团教育局:

为深入贯彻党的十九届五中全会“建设高质量教育体系”的要求,落实党中央、国务院《关于学前教育深化改革规范发展的若干意见》和《关于深化教育教学改革全面提高义务教育质量的意见》,推进幼儿园与小学科学有效衔接,现提出如下指导意见。

一、总体要求

(一)指导思想

以习近平新时代中国特色社会主义思想为指导,全面贯彻党的教育方针,落实立德树人根本任务,遵循儿童身心发展规律和教育规律,深化基础教育课程改革,建立幼儿园与小学科学衔接的长效机制,全面提高教育质量,促进儿童德智体美劳全面发展和身心健康成长。

(二)基本原则

坚持儿童为本。关注儿童发展的连续性,尊重儿童的原有经验和发展差异;关注儿童发展的整体性,帮助儿童做好身心全面准备和适应;关注儿童发展的可持续性,培养有益于儿童终身发展的习惯与能力。

坚持双向衔接。强化衔接意识,幼儿园与小学协同合作,科学做好入学准备和入学适应,促进儿童顺利过渡。

坚持系统推进。整合多方教育资源,行政、教科研、幼儿园和小学统筹联动,家园校共育,形成合力。

坚持规范管理。建立动态监管机制,加大治理力度,纠正和扭转校外培训机构、幼儿园和小学违背儿童身心发展规律的做法和行为。

(三)主要目标

全面推进幼儿园和小学实施入学准备和入学适应教育,减缓衔接坡度,帮助儿童顺利实现从幼儿园到小学的过渡。幼儿园和小学教师及家长的教育观念与教育行为明显转变,幼小协同的有效机制基本建立,科学衔接的教育生态基本形成。

二、重点任务

(一)改变衔接意识薄弱,小学和幼儿园教育分离的状况,建立幼小协同合作机制,为儿童搭建从幼儿园到小学过渡的阶梯,推动双向衔接。

(二)改变过度重视知识准备,超标教学、超前学习的状况,规范学校和校外培训机构的教育教学行为,合理做好入学准备和入学适应,做好科学衔接。

（三）改变衔接机制不健全的状况，建立行政推动、教科研支持、教育机构和家长共同参与的机制，整合多方资源，实现有效衔接。

三、主要举措

（一）幼儿园做好入学准备教育。幼儿园要贯彻落实《3～6岁儿童学习与发展指南》和《幼儿园教育指导纲要》，促进幼儿身心全面和谐发展，为入学做好基本素质准备，为终身发展奠定良好基础。要进一步引导教师树立科学衔接的理念，大班下学期要有针对性地帮助幼儿做好生活、社会和学习等多方面的准备，建立对小学生活的积极期待和向往。要防止和纠正把小学的环境、教育内容和教育方式简单搬到幼儿园的错误做法。

（二）小学实施入学适应教育。小学要强化衔接意识，将入学适应教育作为深化义务教育课程教学改革的重要任务，纳入一年级教育教学计划，教育教学方式与幼儿园教育相衔接。国家修订义务教育课程标准，调整一年级课程安排，合理安排内容梯度，减缓教学进度。小学将一年级上学期设置为入学适应期，重点实施入学适应教育，地方课程、学校课程和综合实践活动主要用于组织开展入学适应活动，确保课时安排。改革一年级教育教学方式，国家课程主要采取游戏化、生活化、综合化等方式实施，强化儿童的探究性、体验式学习。要切实改变忽视儿童身心特点和接受能力的现象，坚决纠正超标教学、盲目追赶进度的错误做法。

（三）建立联合教研制度。各级教研部门要把幼小衔接作为教研工作的重要内容，纳入年度教研计划，推动建立幼小学段互通、内容融合的联合教研制度。教研人员要深入幼儿园和小学，根据实践需要确定研究专题，指导区域教研和园（校）本教研活动，总结推广好做法好经验。鼓励学区内小学和幼儿园建立学习共同体，加强教师在儿童发展、课程、教学、管理等方面的研究交流，及时解决入学准备和入学适应实践中的突出问题。

（四）完善家园校共育机制。幼儿园和小学要把家长作为重要的合作伙伴，建立有效的家园校协同沟通机制，引导家长与幼儿园和小学积极配合，共同做好衔接工作。要及时了解家长在入学准备和入学适应方面的困惑问题及意见建议，积极宣传国家和地方的有关政策要求，宣传展示幼小双向衔接的科学理念和做法，帮助家长认识过度强化知识准备、提前学习小学课程内容的危害，缓解家长的压力和焦虑，营造良好的家庭教育氛围，积极配合幼儿园和小学做好衔接。

（五）加大综合治理力度。各级教育部门要会同有关部门持续加大对校外培训机构、小学、幼儿园违反教育规律行为的治理力度，开展专项治理。落实国家有关规定，校外培训机构不得对学前儿童违规进行培训。小学严格执行免试就近入学，严禁以各类考试、竞赛、培训成绩或证书等作为招生依据，坚持按课程标准零起点教学。幼儿园满足需要的地方，小学不得举办学前班。幼儿园不得提前教授小学课程内容，不得布置读写算家庭作业，不得设学前班，幼儿园出现大班幼儿流失的情况，应及时了解原因和去向，并向当地教育部门报告。教育部门应根据有关线索，对接收学前儿童违规开展培训的校外培训机构进行严肃查处并列入黑名单，将黑名单信息纳入全国信用信息共享平台，按有关规定实施联合惩戒。对办学行为严重违规的幼儿园和小学，追究校长、园长和有关教师的责任。

四、进度安排

（一）精心部署，试点先行。省级教育行政部门统筹推进幼儿园入学准备和小学入学适应教育，制订推进幼小科学衔接攻坚行动实施方案，遴选实验区和试点园（校），实验区制订具体实施方案，2021年5月底前完成。地方各级教研部门建立联合教研制度，先行组织开展教师培训。试点园（校）建立深度合作机制，试点园探索实施入学准备活动，试点校同步研究入学适应活动，2021年秋季学期开始实施。

（二）总结经验，全面铺开。在研究分析入学准备和入学适应教育成效，梳理总结试点工作经验的基础上，2022年秋季学期开始，各省（区、市）全面推行入学准备和入学适应教育，建立幼小协同的合作机制，加强在课程、教学、管理和教研等方面的研究合作。

（三）完善政策，健全机制。在系统总结本地区实践经验成果基础上，地方各级教育行政部门完善幼小衔接政策举措，健全工作机制，加强幼儿园和小学深度合作，提高入学准备和入学适应教育的科学性和有效性，健全联合教研制度，加强业务指导，及时研究解决教师在幼小衔接实践中的困惑问题，2023年底前完成。

五、组织实施

（一）加强组织领导。幼小衔接是一项系统工程，各级教育部门要充分认识做好幼小衔接工作的重要意义，研究制订本地幼小科学衔接具体实施方案，切实把幼小衔接工作纳入基础教育课程改革的重要内容，统筹各方资源，提供经费支持，确保幼小衔接工作取得实效。

（二）设立幼小衔接实验区。各省（区、市）要以县（区）为单位确立一批幼小衔接实验区，遴选确定一批试点小学和幼儿园，先行试点，分层推进。省级教育行政部门要成立省级专家组，遴选具有儿童发展研究基础、幼儿园教育改革和义务教育课程教学改革经验的专家，指导县级教育行政部门做好具体试点方案，对试点幼儿园和小学提供专业指导。

（三）建立工作推进机制。教育行政部门要加强统筹协调，整合专业资源，发挥教研部门和专家在指导教育教学实践、促进教师专业成长等方面的作用，加强幼小衔接科学研究。健全科学的评价机制，将入学准备和入学适应纳入幼儿园和义务教育质量评估的重要内容，对成绩突出的学校和教师给予表彰奖励，并作为学校评优评先和教师职称晋升的重要依据。

（四）加强宣传引导。各地要加大社会宣传力度，利用多种媒体宣传科学做好幼小衔接的重要意义和有效途径，及时总结推广典型案例和经验做法，树立科学导向，引导家长自觉抵制违背儿童身心发展规律的行为，支持和参与幼小衔接工作，形成良好的社会氛围。

★★ 考点大默写 ★★

1.《教育部关于大力推进幼儿园与小学科学衔接的指导意见》指出，幼小衔接应坚持__________、__________、__________和__________的原则。

2.《教育部关于大力推进幼儿园与小学科学衔接的指导意见》基本原则中的“坚持双向衔接”是指，幼儿园与小学协同合作，科学做好__________和__________，促进儿童顺利过渡。

3.《教育部关于大力推进幼儿园与小学科学衔接的指导意见》主要举措部分指出，幼儿园要做好入学准备教育，大班下学期要有针对性地帮助幼儿做好________、________和________等多方面的准备，建立对小学生活的积极期待和向往。

4.《教育部关于大力推进幼儿园与小学科学衔接的指导意见》主要举措部分指出，要加大综合治理力度，幼儿园不得提前________，不得________，不得________。

【参考答案】

1. 儿童为本；双向衔接；系统推进；规范管理　2. 入学准备；入学适应　3. 生活；社会；学习　4. 教授小学课程内容；布置读写算家庭作业；设学前班

我于________年____月____日完成了对本部分的学习。

复盘一下，我对自己较肯定的地方是________________

（足够努力/心态积极/方法得当……）

我觉得自己需要改进的地方是________________

（懒惰懈怠/心情浮躁/方法不当……）

恭喜完成对本书的学习，小香祝您金榜题名！

图书反馈

重磅!真题有奖征集!

「**凡提供当年度考试真题者,根据真题完整度,可获得500元以内现金奖励。**」

具体请联系QQ:1831595423

(温馨提示:所提供真题须是当年度考试真题,且真实有效。)

联系方式:400-600-3363　　研发部QQ:1831595423

招教网
招考资讯平台

山香官网
考编服务平台

山香网校
线上学习平台

图书订正链接
勘误更新平台